R. G. D. ALLEN

Makroökonomische Theorie

R. G. D. ALLEN

Makroökonomische Theorie

Eine mathematische Analyse

Aus dem Englischen übersetzt von

Dr. E. Fürst und Dr. F. Schebeck

DUNCKER & HUMBLOT / BERLIN

Aus dem Englischen übersetzt von Dr. E. Fürst und Dr. F. Schebeck. Die Originalausgabe „Macro-Economic Theory — A mathematical Treatment“ erschien 1967 bei MacMillan & Co, Ltd., London, Melbourne, Toronto.

Gedruckt 1972 bei
Berliner Buchdruckerei Union GmbH, Berlin 61
Printed in Germany

ISBN 3 428 02731 0

Vorwort

Dieses Buch über makroökonomische Theorie beschränkt sich auf die Behandlung deterministischer Modelle im Gegensatz zu den stochastischen Modellen der Ökonometrie und im großen und ganzen auch auf die positive Ökonomie im Gegensatz zu den Problemen der Planung und Optimierung. Die einfacheren Teile des Buches sind für die Benützung in ökonomischen Spezialvorlesungen für Diplomstudenten des letzten Jahres bestimmt, der Rest für Doktorandenvorlesungen. Mit Ausnahme der Außenhandelstheorie kommen im Laufe der Darstellung fast alle Gebiete der positiven makroökonomischen Theorie vor, die von einem mathematisch interessierten Studenten benötigt werden. Bei den Entscheidungen darüber, was in die Analyse aufgenommen und wie sie durchgeführt werden sollte, stützte ich mich sehr dankbar auf den Rat meiner Kollegen von der London School of Economics, insbesondere auf den Dr. S. A. Ozga's auf Grund seiner viel größeren Erfahrung in der Entwicklung und im Lehren der Makroökonomie.

Ich habe keine Entschuldigung für die Annahme, daß die im Buch verwendete mathematische Technik keiner besonderen Darstellung bedarf. Heutzutage wird allgemein anerkannt, daß ernsthafte theoretische Arbeit auf dem Gebiet der Wirtschaftslehre ein grundlegendes mathematisches Wissen erfordert. Einer der Vorteile der Beschränkung auf die positive Makroökonomie ist der, daß die benötigte Mathematik relativ einfach ist. Jeder, der ein Buch über Differential- und Integralrechnung sowie verwandte Gebiete durchgearbeitet hat, wie z. B. meine „Mathematik für Volks- und Betriebswirte" (1956) oder T. Yamane's „Mathematics for Economists" (1962), kann mit den hier verwendeten Techniken umgehen. Vielleicht benötigt er etwas mehr über Differentialgleichungen, das er sich aus dem einen oder anderen der verschiedenen guten Lehrbücher über dieses Gebiet aneignen kann, und eine speziellere Behandlung der Differenzengleichungen, wie sie sich in S. Goldberg: „Introduction to Difference Equations" (1958) findet.

Was immer man über die Verbindung von Mikro- und Makroanalyse in der Lehre und über die Vermischung von Theorie und Anwendungen denken mag, es spricht einiges für eine einheitliche Darstellung der makroökonomischen Theorie, wie sie hier versucht wurde, die eine gemeinsame und solide Basis für alle makroökonomischen Gleichgewichts- und Ungleichgewichtsmodelle schafft. Viel wurde schon über die kurzfristige keynesianische Analyse und über die langfristigen Wachstumsmodelle geschrieben. In jüngerer Zeit wandte sich die Aufmerksamkeit der mathematischen Ökonomen und Ökonometriker solchen Optimierungsproblemen zu, die z. B. auf dem Turnpike-Theorem basieren. Die vorliegende Arbeit zielt auf eine einheitliche Behandlung von kurzfristigem und langfristigem Gleichgewicht und im weiteren auf die Entwicklung von Ungleichgewichtsmodellen ab. Dabei bricht sie noch weit vor dem Turnpike-Problem ab. Hier gibt es aber meiner Meinung nach noch ein weites Gebiet zu erforschen, das zwischen den Wachstumstheorien und der Optimierung liegt und das mit mittelfristigem Ungleichgewicht zu tun hat, wie es im letzten Abschnitt dieses Buches behandelt wird. Dieses Gebiet ist es wert, daß nicht nur Theoretiker sondern auch Ökonometriker sich intensiv damit beschäftigen. Ich hoffe, daß nicht alle Ökonometriker bei der Weiterführung der Turnpike-Probleme eingespannt sind.

Ich sollte noch einige warnende Worte für jene hinzufügen, die in erster Linie mit Wirtschaftspolitik befaßt sind. Die hier betrachteten Modelle sind noch viele Stufen von der wirtschaftspolitischen Anwendung entfernt, so eindrucksvoll sie auch manchmal wirken mögen. Sie versuchen zu erklären, wie die Dinge in präziser mathematischer Formulierung vor sich gehen. Aber gerade wegen dieser Präzision können sie nur schwer bei der Betrachtung darüber herangezogen werden, wie das ökonomische System in der Praxis funktioniert, wenn sich die strategischen Variablen von einem Fall zum andern verändern. Um diese Exaktheit zu erreichen, wurden darüber hinaus die Modelle drastisch vereinfacht, damit die Zahl der Variablen und Parameter klein gehalten wird. Möglicherweise wird nun der Wirtschaftspolitiker die strategischen Variablen, die er braucht, nicht in der kurzen Liste finden, die für theoretische Modelle verwendet wird. Um Sir Eric Roll aus einem Vortrag vor dem Department of Economic Affairs zu zitieren, sind wir vielleicht in Gefahr, in der Wirtschaftspolitik einer „Makroökonomikose“ zu erliegen: „es ist beinahe, als ob wir einen Konjunkturzyklus durchschritten hätten; und nachdem wir uns daran gewöhnt hatten, daß das wirtschaftliche Verhalten des Staates auf der makroökonomischen Analyse aufbauen müsse, die Keynes uns nahegebracht hat, begannen wir ihre Grenzen zu erkennen und die Notwendigkeit, sie durch eine selektivere Vorgangsweise zu ergänzen“.

R. G. D. Allen

London School of Economics
März 1966

Inhalt

Kapitel 1

Einführung

1.1 Makroökonomie

Der Ausdruck „Makroökonomie", von Ragnar Frisch 1933 eingeführt, findet auf die Untersuchung von Beziehungen zwischen großen ökonomischen Aggregaten Anwendung, im Gegensatz zu den Entscheidungsprozessen von Individuen und Firmen, die Gegenstand der Mikroökonomie sind. Selbst dann ist das Gebiet, das die Makroökonomie umfaßt, noch sehr weitläufig, viel zu weitläufig sogar, um in ernst zu nehmender Weise in einem einzigen Lehrbuch behandelt zu werden.

Erstens kann sich die Makroökonomie mit zwei oder mehreren wirtschaftlichen Sektoren beschäftigen und zwischen ihr und der Mikroökonomie noch immer eine weite Kluft offenlassen. Der vorliegende Text konzentriert sich auf ökonomische Variable, die zu einem einzigen Sektor zusammengefaßt sind, so daß z. B. der Ausstoß Y ein einziges, umfassendes Aggregat ist, das nicht einmal in Ausstöße für Konsum- und Investitionszwecke aufgespalten ist. Es wird zwar etwas Raum der entsprechenden Analyse der zwei Sektoren: Konsumgüterproduktion und Kapitalgüterproduktion gegeben, doch ist sie nicht sehr ausführlich und die Disaggregation wird auch nicht weiter vorangetrieben. Ferner ist es keineswegs nötig, Makroökonomie auf eine geschlossene Wirtschaft zu beschränken. Tatsächlich ist doch eine der wesentlichen Nutzanwendungen der Zwei- oder Mehrsektorenanalyse die, eine makroökonomische Theorie des internationalen Handels zu liefern. Nichtsdestoweniger beschränken wir uns hier auf eine geschlossene Wirtschaft; darüber hinauszugehen erforderte einen zusätzlichen Band. Glücklicherweise gibt es für die Außenhandelstheorie gute Literatur[1].

Darüber hinaus ist die Entscheidungsfindung nicht nur Gegenstand der Mikroökonomie. Es gibt Entscheidungen, die auf dem Gebiet der Makroökonomie in geeigneter Weise kollektiv getroffen werden können, z. B. durch die Regierung. Im folgenden werden eher zufällig Hin-

[1] Siehe den Übersichtsartikel von J. *Bhagwati*, „The Pure Theory of International Trade: A Survey", Economic Journal (März 1964), und solche Werke wie M. C. *Kemp*, The Pure Theory of International Trade (1964), H. G. *Johnson*, International Trade and Economic Growth (1958) und sein späteres Money, Trade and Economic Growth (1962).

weise auf die öffentliche Nachfrage und ihre Veränderung aus Gründen der Wirtschaftspolitik (Stabilisierung) gegeben, und die Entscheidungen der Masse der Individuen und Firmen werden durch die üblichen Grenzproduktivitätsbedingungen bei vollständiger Konkurrenz in einfacher Weise erfaßt. Im großen und ganzen beschränkt sich das Buch jedoch auf positive Ökonomie im Sinne einer Analyse, wie aggregierte Modelle tatsächlich arbeiten. Alle Wohlfahrts-, Planungs- und Optimierungsüberlegungen werden im allgemeinen weggelassen. Dies würde noch einen weiteren und schwierigeren Band erforderlich machen, mit Techniken (lineare Algebra u. ä.), die mehr in der Mikroökonomie als in der positiven Makroökonomie verwendet werden. Es existieren zwei Einführungswerke in die Analyse effizienter Kapitalakkumulation über die Zeit und anderer Optimierungsprobleme, die auf Neumanns Gleichgewichtskonzept zurückgehen und von denen jedes in seiner Art ganz hervorragend ist[2].

Schließlich ist es möglich, viel Zeit auf eine statische Behandlung makroökonomischer Beziehungen zu verwenden, und einige sehr bekannte Bücher gehen kaum darüber hinaus. Um das durchführen und noch die Investitionen in das Modell einschließen zu können, bedarf es der Annahme, daß Zukunftserwartungen mit Hilfe einer bestimmten Ertragsrate (eines Zinssatzes) auf Gegenwartswerte reduziert werden können, daß die Investitionen autonom sind und durch Ausstoßänderungen nicht beeinflußt werden; und, im besonderen, daß der betrachtete Zeitraum so kurz ist, daß die durch die Investition hervorgerufene Kapitalakkumulation nicht innerhalb dieser Periode eintritt. Aber Zeit ist ein essentieller Bestandteil der Makroökonomie. Keine Makrotheorie ist auch nur im entferntesten zur Erfassung der Wirklichkeit geeignet, wenn sie nicht die Probleme der Kapitalakkumulation und des Ungleichgewichts, das aus Verzögerungen und Fehleranpassungen resultiert, in Angriff nimmt. Diesen dynamischen Analysen wird im vorliegenden Werk mehr Aufmerksamkeit geschenkt als dem keynesianischen System, das keine Zeit kennt; beide Probleme sind für die Makrotheorie sehr wichtig und werden dennoch in Standardwerken unvollständig behandelt.

1.2 Bestand- und Stromgrößen: Die Zeitdimensionen

Es gibt zwei Arten von makroökonomischen Aggregaten: Die einen sind **Bestände,** ein typisches Beispiel ist der Kapitalstock K, und sind zeitunabhängige Konzepte — soviel ist jetzt und hier davon vorhanden. Selbst

---

[2] J. R. *Hicks*, Capital and Growth (1965) und F. H. *Hahn* und R. C. O. *Matthews*, „The Theory of Economic Growth: A Survey", Economic Journal (Dezember 1964).

in der Periodenanalyse muß ein Bestand (stock) zu einem bestimmten Zeitpunkt spezifiziert werden. Andere Aggregate, und sie sind in der Mehrzahl, sind **Ströme** (flows) wie Einkommen und Ausstoß, Konsum und Investition. Eine Stromgröße hat die Zeitdimension t — so viel pro Zeiteinheit oder Periode. Es ist wesentlich, sich die Zeitdimension vor Augen zu führen, wenn man ein wirtschaftliches Aggregat zu einem anderen in Beziehung setzt.

Um eine Zeitdimension in unmißverständlicher Form darzustellen, schreiben wir eine Stromgröße als so viel pro Zeiteinheit, aber für unseren augenblicklichen Zweck können wir sie auch mit Δt multiplizieren, wodurch wir den Betrag in einer Periode von Δt Zeiteinheiten erhalten. Wenn Y die konstante Rate des Einkommens (Ausstoß) in der Zeiteinheit ist, gibt $Y\Delta t$ den Betrag des in einer Periode von Δt Zeiteinheiten erzielten Einkommens oder produzierten Ausstoßes an. Wenn z. B. die Zeiteinheit ein Jahr ist, ist dieser Betrag gleich $Y/4$ im Quartal oder $5\,Y$ in einem Zeitraum von 5 Jahren. Zur Illustration und als Beispiel für gleichartige Behandlung nehmen wir solche Ströme wie Konsum C und Sparen S, Beschäftigung L in realen Einheiten wie Arbeiterjahre oder Arbeiterstunden und die nominellen Aggregate der Löhne W und der Gewinne P.

Das **Verhältnis zweier Ströme** hat keine Zeitdimension. Z. B. ist die durchschnittliche Sparneigung $s = S/Y$, die man in dieser Form durch die Division zweier Mengen in jeder Periode Δt erhält: $S\Delta t/Y\Delta t = S/Y = s$. Dasselbe gilt für die Ableitung einer Stromgröße nach einer anderen, z. B. für die Grenzneigung zum Sparen: dS/dY. Andererseits hat das **Verhältnis eines Bestandes zu einem Strom** die Zeitdimension t, wenn der Bestand im Nenner ist, oder t^{-1}, wenn der Bestand im Zähler ist. So hat die Profitrate $\varrho = P/K$ die Zeitdimension t; in jeder Periode Δt ist die Menge der Profite pro Kapitaleinheit $P\Delta t/K = \varrho\Delta t$. Der Kapitalstock pro Kopf (genauer: pro Arbeiterjahr) $k = K/L$ hat dagegen die Zeitdimension t^{-1}; die Kapitalmenge pro Beschäftigten in jeder Periode Δt ist $K/L\Delta t = k/\Delta t$.

Eine andere Variable bzw. ein Parameter, den wir häufig benutzen, ist die **proportionale Veränderungsrate** einer Variable X über die Zeit. Diese ist als Verhältnis oder häufiger als ein Prozentsatz pro Zeiteinheit definiert und hat die Zeitdimension t. Wenn z. B. X die Menge Geldes ist, die mit dem Zinssatz r (oder $100r$ %) wächst, ist der tatsächliche Zuwachs während der Periode Δt gleich $rX\Delta t$, d. h. $(r\Delta t)\,X$. Wenn der Zinssatz gleich r pro Jahr ist, ist er $r\Delta t$ während einer Periode von Δt Jahren.

Die folgende Tabelle zeigt die Zeitdimensionen einiger häufig verwendeter Variablen und Parameter.

Zeitdimension	Variable	Wert in Periode Δt	Zeitdimension	Variable	Wert in Periode Δt
keine	Sparneigung ($s = S/Y$ oder dS/dY)	s	t	Gewinnrate ($\varrho = P/K$)	$\varrho \Delta t$
	Lohnsatz ($w = W/L$)	w		Kapitalproduktivität ($1/v = Y/K$)	$(1/v)\, \Delta t$
	Ausstoß pro Kopf ($y = Y/L$)	y		Wachstumsrate g einer Variable	$g \Delta t$
t^{-1}	Kapital pro Kopf ($k = K/L$)	$k/\Delta t$		Zinssatz r	$r \Delta t$
	Kapitalkoeffizient ($v = K/Y$)	$v/\Delta t$			

1.3 Die Formulierung von Modellen

Bei der Aufstellung eines Modells spezifizieren wir zuerst die Variablen (z. B. Y, K und L) und die Parameter (z. B. die Sparneigung s und den Kapitalkoeffizienten v), die wir in das Modell hereinnehmen wollen. Im Verhältnis zu den Variablen sind die Parameter Konstante, aber in vergleichenden statischen oder dynamischen Studien können wir sehen, wie sich das Ergebnis verändert, wenn der eine oder andere Parameter sich ändert.

Der nächste und kritische Schritt besteht darin, die Funktionsbedingungen des Modells zu formulieren. Sie lassen sich in drei Arten einteilen:

(1) **Definitionen oder Identitäten.** Diese geben eine Beziehung an, die definitionsgemäß gilt, so z. B. die Gesamtnachfrage (oder der Umsatz) als Summe der Konsum- und Investitionsnachfrage: $Z = C + I$; oder die Gleichheit von Sparen und Investieren ex post, wie sie in der Volkseinkommensrechnung per definitionem gilt.

(2) **Funktionalbeziehungen.** Dies sind Beziehungen, die im Modell ex ante angenommen werden; z. B. $C_t = C\,(Y_t)$ für den Ex-ante-Konsum in Abhängigkeit vom Einkommen Y_t in der Periode t. Die Funktionen können linear sein, z. B. $C_t = cY_t$ für konstantes c; aber das ist nicht mehr als ein spezieller, angenehmer Fall.

(3) **Modellbedingungen.** Diese drücken die Annahmen über den Gleichgewichts- oder Ungleichgewichtsmechanismus des Modells aus und kön-

nen einfach in **Strombedingungen** und **Bestandbedingungen** eingeteilt werden.

Als illustratives Beispiel nehmen wir jene Strombedingung in einem Periodenmodell, die eine einperiodige Verzögerung in der Anpassung des Ausstoßes an die Nachfrage ausdrückt: $Y_t = Z_{t-1}$. Eine Bestandbedingung kann andererseits die volle Auslastung des Kapitalbestandes K_t wiedergeben, sodaß der entsprechende Vollauslastungsausstoß durch eine Gleichung wie z. B. $K_t = vY_t$ gegeben wird.

Der letzte Schritt besteht in der Reduktion der Bedingungen des Modells, falls ihre Zahl gleich der der Variablen ist, auf eine einzige Gleichung für eine der Variablen, die nach Vereinfachungsgesichtspunkten ausgewählt wird. Es kann sich um eine algebraische Gleichung entweder in den Variablen selbst (statische Analyse) oder in ihren Veränderungsraten (Wachstumstheorie) handeln. In einem vollkommen dynamischen System beinhaltet jedoch die Endgleichung Differenzen und/oder Ableitungen und vielleicht auch noch andere Konstruktionen, die eine Zeitkomponente beinhalten, wie z. B. Integrale. Die Lösung des Modells besteht dann in der Lösung einer Gleichung, so daß wir einen algebraischen Wert der Variable entweder als statische, absolute Größe, oder als Wachstumsrate, oder aber einen Zeitpfad der Variable erhalten. Die anderen Variablen finden wir dann, indem wir in die Modellbedingungen einsetzen. Die dabei verwendete Mathematik ist im allgemeinen recht einfach, sie umfaßt Algebra, Differential- und Integralrechnung, Differenzen- und Differentialgleichungen.

1.4 Kontinuierliche Analyse im Gegensatz zur Periodenanalyse

Bei der Aufstellung eines Modells haben wir die Wahl, es in kontinuierlicher oder in Periodenform darzustellen, sowohl was den ökonomischen Inhalt als auch die mathematische Formulierung anbelangt. Wofür man sich entscheidet, ist vielfach Geschmackssache, wobei aber die ökonomische und mathematische Einfachheit berücksichtigt wird.

In der **Periodenanalyse** wird die Zeit in aufeinanderfolgende Abschnitte gleicher Länge geteilt, die als Zeiteinheit gewählt werden. Eine Variable, z. B. der Ausstoß, wird dann als Y_t für die Perioden $t = 0, 1, 2, 3, \ldots$ angeschrieben. Wenn das Modell dynamisch in dem Sinn ist, daß es Variable zu verschiedenen Zeitpunkten beinhaltet, ist die Endgleichung im wesentlichen eine **Differenzengleichung.** In unserem illustrativen Beispiel ist die Strombedingung des Modells $Y_t = Z_{t-1}$, die Definitionsbedingung $Z_t = C_t + I_t$, die wir durch die Funktionalbeziehungen $C_t = cY_t$ und $I_t = A$, das für alle Perioden konstant ist, ergänzen können. Wie beinahe immer, nehmen wir auch hier an, daß die Ex-ante-Konsum- und die Ex-ante-Investitionsnachfrage ex post in Form von Käufen realisiert wird, in diesem Fall ohne Verzögerung. Die Reduktion zu einer Gleichung für Y_t geht folgendermaßen vor sich:

$$Y_t = Z_{t-1} = C_{t-1} + I_{t-1} = cY_{t-1} + A \ ,$$

und das Ergebnis ist eine Differenzengleichung erster Ordnung:

$$Y_t - (1-s)\, Y_{t-1} = A \qquad (s = 1-c) \ . \tag{1}$$

In der **kontinuierlichen Analyse** geht die Zeit kontinuierlich weiter und jede Variable wird als stetige und differenzierbare Funktion der Zeit angenommen. Der Ausstoß zur Zeit t wird z. B. als $Y(t)$ geschrieben, was bedeutet, daß dies die **Rate** pro Zeiteinheit ist und daß annähernd der **Betrag** in jedem Zeitintervall Δt gleich $Y(t)\, \Delta t$ ist. Normal genügt es, für die Variable Y zu schreiben und die Abhängigkeit von t als selbstverständlich anzunehmen. Die Bedingungen eines dynamischen Modells reduzieren sich dann im wesentlichen zu einer **Differentialgleichung.** Zur Illustration kann das von uns verwendete Beispiel in kontinuierliche Form übergeführt werden. Die Strombedingung für die Verzögerung im Ausstoß muß anders formuliert werden, am einfachsten so: $dY/dt = \lambda\, (Z-Y)$ für eine positive Konstante λ. Die Bedingung drückt die Annahme aus, daß die Produzenten auf einen gegenwärtig im Verhältnis zur Nachfrage unzureichenden Ausstoß $(Z-Y)$ mit einer Erhöhung des Ausstoßes reagieren, die proportional (λ) dem Auseinanderklaffen zwischen Ausstoß und Nachfrage ist. Die Definitionsgleichung ist wieder $Z = C + I$ und die Funktionalbeziehungen sind $C = cY$ und $I = A$. Wieder wird angenommen, daß der sich aus der Funktionalbeziehung ergebende Ex-ante-Konsum (die Ex-ante-Investition) in Ex-post-Käufen realisiert wird. Die Zurückführung auf eine Gleichung für Y geht folgendermaßen vor sich:

$$\frac{1}{\lambda}\frac{dY}{dt} = Z - Y = C + I - Y = cY + A - Y = A - sY \quad (s = 1-c) \ ,$$

d. h. $$\frac{1}{\lambda}\frac{dY}{dt} + sY = A, \tag{2}$$

was eine Differentialgleichung erster Ordnung darstellt.

Bei der Wahl zwischen den beiden Analysen ist die Frage, welche **mathematisch vorteilhaft** ist, leicht zu beantworten. Oft gibt es nur einen geringen Unterschied zwischen beiden, aber wo ein Unterschied ist, zeigt sich beinahe immer, daß die kontinuierliche Form leichter zu handhaben ist und die Lösung der Differentialgleichung schneller und einfacher zu finden ist als die der Differenzengleichung. In unserem Illustrationsbeispiel geben beide Gleichungen (1) und (2) schnelle und beinahe identische Ergebnisse. Die Lösungen sind:

$$(1) \quad Y_t = \frac{A}{s} + \left(Y_0 - \frac{A}{s}\right)(1-s)^t \quad \text{und} \quad (2) \quad Y = \frac{A}{s} + \left(Y_0 - \frac{A}{s}\right)e^{-s\lambda t}$$

für irgendeinen Anfangswert Y_0. Beide konvergieren stetig zum stationären Niveau $Y = A/s$, wenn $0 < s < 1$ und $\lambda > 0$. In komplizierteren Beispielen können Differenzen- und Differentialgleichungen verschiedene Lösungsbereiche ergeben, wie in der Übung 1.7 unten gezeigt wird. Die Differenzengleichung gibt vielfach ein komplizierteres Ergebnis, das oft durch kurzfristige Veränderungen gestört wird, die davon abhängen, was innerhalb einer Periode oder zwischen aufeinanderfolgenden Perioden vor sich geht.

Daher zieht der Mathematiker die kontinuierliche Analyse vor, die sich in den Naturwissenschaften so bewährt. Letztlich muß aber gefragt werden, ob nicht wesentliche **ökonomische Gründe** dazu führen, die Entscheidung umzustoßen. Es kann festgestellt werden, daß Wirtschaftseinheiten, seien es nun Individuen oder Firmen, in Perioden denken und planen. Das kann ein guter Grund für die Behandlung der Mikroökonomie in Periodenanalyse sein; aber kann man sagen, daß die Masse der Wirtschaftseinheiten mit einer und derselben Periode plant? Es kann auch angeführt werden, daß die Daten des wirklichen Lebens in Periodenform auftreten, z. B. monatlich oder jährlich. Aber ist dies nicht eine künstliche Methode die Zeit einzufangen, um Statistiken zu produzieren? Abgesehen von diesen Überlegungen scheinen die ökonomischen Gründe, die für die Periodenanalyse sprechen, eher Geschmackssache zu sein.

Wenn es das Hauptziel ist, Wirtschaftstheorie Nichtmathematikern nahezubringen, mag der Autor tatsächlich die Methode der Periodenanalyse wählen. Die tatsächlichen Lösungen einfacher Modelle mögen durch nichtmathematische Argumente gefunden werden, während in komplizierteren Fällen die mathematischen Schritte besser in die gewöhnliche Sprache übertragen werden können, wenn Periodenanalyse verwendet wird. Aber es ist zweifelhaft, ob der tatsächliche ökonomische Gehalt der Theorie uns eher in die eine Richtung als in die andere drängt. So sieht z. B. die Strombedingung, die hinter dem Modell (1) oben steht, verführerisch einfach aus: eine einperiodige Ausstoßverzögerung $Y_t = Z_{t-1}$. Dieselbe Bedingung in (2) scheint komplizierter: die kontinuierliche Fehleranpassung $dY/dt = \lambda\,(Z-Y)$. Aber darin liegt die echte ökonomische Fragestellung: reagieren die Produzenten gemeinsam nach Ablauf einer Periode oder passen sie ihren Ausstoß kontinuierlich an?

Da die folgenden Kapitel eine mathematische Darstellung der makroökonomischen Theorie geben, wurde beschlossen, die Modelle in kontinuierlicher Form aufzubauen und die sich ergebenden Differentialgleichungen (manchmal sind es auch gemischte Gleichungen) mit den Methoden der Differential- und Integralrechnung zu lösen. Während jedoch die komplizierteren Modelle in ihrer leichter zu handhabenden kontinuierlichen Form belassen wurden, werden viele der einfacheren Modelle auch in der alternativen Form der Periodenanalyse dargestellt.

1.5 Notwendige und hinreichende Bedingungen

Die Mathematik, die im Laufe dieses Buches auftritt, ist gewöhnlich nicht sehr schwer und es wird daher nicht versucht, eine einfachere Darstellung als die des mathematischen Arguments selbst zu geben. Auf einen Punkt müssen wir allerdings etwas näher eingehen, der eher ein logisches als ein mathematisches Problem darstellt. Es handelt sich um die Unterscheidung von Bedingungen, die notwendig und solche, die hinreichend sind (oder beides), eine Unterscheidung, die nicht allgemein entsprechend beachtet wird. Wir haben folgende Definition, wenn eine Behauptung oder eine Schlußfolgerung q gegeben ist:

Die Bedingung p_1 ist notwendig für q, wenn q p_1 impliziert; die Bedingung p_2 ist hinreichend für q, wenn p_2 q impliziert; die Bedingung p ist notwendig und hinreichend für q, wenn q p impliziert und p q impliziert.

Was die verwendete Notation betrifft, ist es am einfachsten, eine notwendige Bedingung für q als: „q nur dann, wenn p_1“; eine hinreichende als: „ q wenn p_2“; eine notwendige und hinreichende Bedingung als: „q dann und nur dann, wenn p“, zu schreiben. Wenn wir auf die letzte dieser Bedingungen abstellen, erkennen wir, daß wir die Äquivalenz von p und q herstellen, indem wir zwei Dinge beweisen: daß p q impliziert für den „Wenn“-Teil oder den hinreichenden Teil und daß q p impliziert für den „Nur-dann-wenn“-Teil oder den notwendigen Teil.

Beide können wir in allgemeiner Form durch eine schematische Darstellung mittels Venn-Diagrammen illustrieren und in speziellen Fällen durch mathematische und ökonomische Beispiele.

Im Venn-Diagramm der Figur 1.5 stellt das Rechteck alle logischen Möglichkeiten dar. Wir interessieren uns für die Aussage q, die sich als wahre Aussage in einer Untermenge aller Möglichkeiten befindet, welche durch Q dargestellt wird. Q ist hier die Wahrheitsmenge der Aussage q. Jede notwendige Bedingung für q, z. B. die Aussage p_1 mit der Wahrheitsmenge P_1 muß so beschaffen sein, daß Q in P_1 enthalten ist, und zwar als echte Untermenge oder als P_1 selbst. Denn daß p_1 eine notwendige Bedingung für q ist bedeutet, daß q p_1 impliziert; wenn also q (in Q) wahr ist, dann muß auch p_1 wahr sein, wenn es eine notwendige Bedingung ist (d. h. Q in P_1 ist). Natürlich mag es andere Fälle geben, wo p_1 gilt, aber nicht q (der Teil von P_1 außerhalb von Q). In gleicher Weise muß eine hinreichende Bedingung p_2 eine Wahrheitsmenge P_2 haben, die in Q enthalten ist. Denn daß p_2 q impliziert, bedeutet, daß wenn p_2 (in P_2) wahr ist, muß es auch q sein (P_2 in Q). Andere Fälle mögen existieren, wo q gilt, aber nicht p_2 (der Teil von Q außerhalb von P_2).

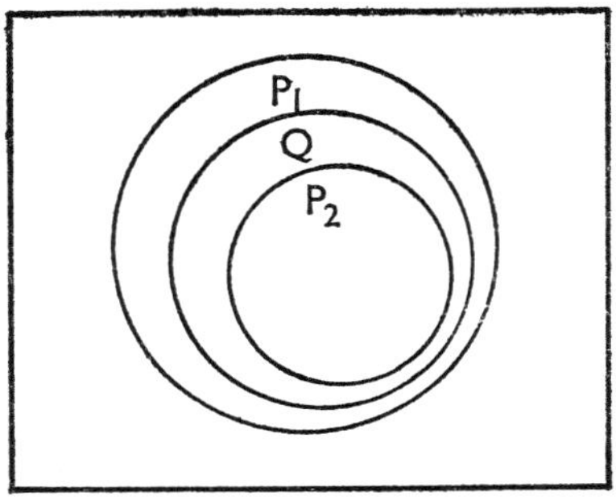

Fig. 1.5

Daraus folgt, daß man eine notwendige und hinreichende Bedingung, nämlich q dann und nur dann, wenn p, nicht durch ein einfaches Hinzufügen einer notwendigen Bedingung p_1 zu einer hinreichenden p_2 erhält. Die Bedingung p muß beide Erfordernisse selbst erfüllen, was bedeutet, daß die Wahrheitsmenge P sowohl Q enthalten als auch in ihr enthalten sein muß, d. h. P und Q müssen gleich sein. Also sind für eine notwendige und hinreichende Bedingung p und q äquivalent, bzw. P und Q stellen dieselbe Menge dar.

Weiters folgt daraus, daß ein logisches Argument aus einer Kette von hinreichenden Bedingungen: $p_2 \rightarrow p_3 \rightarrow p_4 \ldots$ und eventuell $\rightarrow q$ bestehen kann, die durch eine Menge chinesischer Schachteln $P_2 \subseteq P_3 \subseteq P_4 \ldots \subseteq Q$ dargestellt werden. Aber wenn nicht die **ganze** Folge aus notwendigen und hinreichenden Bedingungen besteht, kann der Schluß nicht umgekehrt werden, so daß man von q nach p_2 zurückgeht. So können eventuell zwei oder mehrere verschiedene Modelle zu ein und derselben Differentialgleichung führen mit ein und derselben Lösung. Wenn die Differentialgleichung und ihre Lösung gegeben sind, können wir hier nicht zurückgehen und sagen, sie muß von einem bestimmten Modell stammen.

Unsere ersten Illustrationsbeispiele kommen aus der Differentialrechnung: z. B. die bekannte Bedingung, daß $f(x)$ an der Stelle $x = x_0$ ein Maximum hat. Nehmen wir zuerst als gegeben an, wir wissen, daß $f'(x)$ für alle x in der engen Umgebung von x_0 existiert; genau, daß es ein δ gibt, so daß $f'(x)$ für alle $x_0 - \delta < x < x_0 + \delta$ existiert. Eine notwendige Bedingung für ein Maximum an der Stelle x_0 ist, daß $f'(x)$ das Vorzeichen ändert, wenn x durch x_0 geht; eine hinreichende Bedingung ist, daß $f'(x)$ vom positiven Vorzeichen ins negative wechselt, wenn x wächst und durch x_0 geht. Die erste Bedingung ist keineswegs auch eine hinreichende, da sie ebenfalls bei einem Minimum von $f(x)$ gilt. Die zweite dagegen ist auch notwendig, d. h. sie ist einem Maximum von $f(x)$ äquivalent. Also hat $f(x)$ an der Stelle $x = x_0$ dann und nur dann ein Maximum, wenn, für ein gegebenes δ, $f'(x) > 0$ für $x_0 - \delta < x < x_0$ und $f'(x) < 0$ für $x_0 < x < x_0 + \delta$.

Als nächstes nehmen wir an, $f(x)$ besitze an der Stelle $x = x_0$ alle benötigten Ableitungen: $f'(x_0), f''(x_0), f'''(x_0), \ldots$. Dann können wir folgende Bedingungen angeben:

1) $f(x)$ hat ein Maximum an der Stelle $x = x_0$ nur dann, wenn $f'(x_0) = 0$.

2) $f(x)$ hat ein Maximum an der Stelle $x = x_0$, wenn $f'(x_0) = 0$ und $f''(x_0) < 0$.

Keine dieser beiden Bedingungen ist notwendig und hinreichend. 1) ist notwendig, aber nicht hinreichend, denn sie gilt auch für ein Minimum. 2) ist hinreichend, aber nicht notwendig, da es Maximumpunkte gibt, bei denen $f''(x_0) = 0$. Um eine sowohl notwendige wie auch hinreichende Bedingung zu bekommen, müssen wir überlegen und die schärfere Bedingung stellen:

3) $f(x)$ hat ein Maximum an der Stelle $x = x_0$ dann und nur dann, wenn $f'(x_0) = f''(x_0) = \ldots = f^{(n-1)}(x_0) = 0$ und $f^{(n)}(x_0) < 0$ für ein gerades ganzzahliges n.

In Worten: ein Maximum ergibt sich bei jenem Punkt, bei dem die erste Ableitung, die ungleich Null ist, von gerader Ordnung und ihr Vorzeichen negativ ist.

Unsere zweite Gruppe von Beispielen bezieht sich auf eine Funktion $F(K, L)$, die als Produktionsfunktion interpretiert werden kann (Kapitel 3 unten), wenn K als Kapitalbestand und L als Beschäftigung angenommen wird, und auf Bedingungen, unter denen F linear und homogen ist. Die Definition ist: F ist linear und homogen, wenn für jedes λ gilt:

$$F(\lambda K, \lambda L) = \lambda F(K, L) .$$

Wir wollen zwei Ergebnisse festhalten. Das erste ist:

(a) $F(K, L)$ ist linear und homogen, wenn (aber nicht: nur dann, wenn ...) $F(K, L) = K^{\alpha} L^{1-\alpha}$ für eine Konstante α (gewöhnlich wird $0 < \alpha < 1$ angenommen) gilt.

Beweis des „Wenn"-Teiles oder hinreichenden Teiles: gegeben $F(K, L) = K^{\alpha} L^{1-\alpha}$, haben wir

$$F(\lambda K, \lambda L) = (\lambda K)^{\alpha} (\lambda L)^{1-\alpha} = \lambda^{\alpha + (1-\alpha)} K^{\alpha} L^{1-\alpha} = \lambda K^{\alpha} L^{1-\alpha} = \lambda F(K, L)$$

und F ist linear und homogen. **Bewiesen**

Um festzustellen, daß der „Nur-dann-wenn"-Teil nicht gilt, also die Bedingung hinreichend, aber nicht notwendig ist, müssen wir nur ein Gegenbeispiel konstruieren. Mittels derselben Beweismethode stellen wir fest, daß $F(K, L) = (a K^{\alpha} + L^{\alpha})^{1/\alpha}$ linear und homogen ist, d. h., es ist das benötigte Gegenbeispiel. Von den einzelnen spezifizierten Funktionen ist die erste eine Cobb-Douglas-Funktion und die zweite eine Funktion mit konstanter Substitutionselastizität, auch CES-Funktion genannt (Kapitel 3).

Das zweite Resultat ergibt eine Bedingung, die sowohl notwendig wie auch hinreichend ist:

(b) $F(K, L)$ ist linear und homogen dann und nur dann, wenn $F(K, L) = Lf(K/L)$,

$$\text{wobei} \quad f\left(\frac{K}{L}\right) = F\left(\frac{K}{L}, 1\right).$$

Beweis des „Wenn"-Teiles oder hinreichenden Teiles: gegeben $F(K, L) = Lf(K/L)$, haben wir

$$F(\lambda K, \lambda L) = \lambda L f\left(\frac{\lambda K}{\lambda L}\right) = \lambda L f\left(\frac{K}{L}\right) = \lambda F(K, L)$$

und F ist linear und homogen. **Bewiesen**

Beweis des „Nur-dann-wenn"-Teils oder notwendigen Teils: gegeben $F(K, L)$ als lineare und homogene Funktion, gilt $F(\lambda K, \lambda L) = \lambda F(K, L)$ für jedes λ.

Setzen wir $\lambda = 1/L$: $$F\left(\frac{K}{L}, 1\right) = \frac{1}{L} F(K, L),$$

d. h. $$F(K, L) = LF\left(\frac{K}{L}, 1\right) = Lf\left(\frac{K}{L}\right).$$ **Bewiesen**

1.6 Die Variablen der Modelle

Die Variablen und Parameter der Modelle, die wir betrachten, werden, mit bestimmten Ausnahmen, durch einheitliche Symbole gekennzeichnet. In der kontinuierlichen Analyse, die wir gewöhnlich verwenden, vereinfachen wir die Notation durch die Verwendung des Operators $D = d/dt$

für eine Ableitung nach der Zeit, z. B. DY für dY/dt, die Veränderungsrate des Ausstoßes und

$$D \log Y = \frac{1}{Y} DY = \frac{1}{Y}\frac{dY}{dt}$$

für die proportionale Veränderungsrate. Die wichtigsten der verwendeten Symbole scheinen in der Tabelle weiter unten auf.

Die Ausnahmen treten in den Kapiteln 6 - 8 und im Kapitel 20 auf, wo wir das vollständige keynesianische System der Güter-, Geld- und Arbeitsmärkte im Vergleich zum entsprechenden klassischen System betrachten. Hier müssen wir in unseren Symbolen zwischen Real- und Geldgrößen unterscheiden. In den Kapiteln 6 - 8 geschieht das, indem wir Kleinbuchstaben für reale Größen (z. B. für den realen Ausstoß) und die entsprechenden Großbuchstaben für die Geldgrößen (z. B. Y für den Wert des Ausstoßes) schreiben. Eine andere Bestandsvariable tritt in diesem Zusammenhang auf und wird mit M = Geldmenge bezeichnet. Um Geld- und Realwerte in Beziehung zu setzen, verwenden wir das Preisniveau P, ein Buchstabe, der sonst den Gewinnen vorbehalten ist. In Kapitel 20, wo das gesamte keynesianische System in eine dynamische Form (Ungleichgewichtsform) gebracht wird, sind wir noch knapper an Symbolen. Wir verwenden daher c für das Grenzprodukt des Kapitals

Die Symboltabelle:

Symbol	Aggregat	Symbol	Verhältnis von Aggregaten	Symbol	Proportionale Wachstumsraten
Y	Einkommen	y	Einkommen pro Kopf (Y/L)	m	Rate des technischen Fortschritts
Q	Ausstoß*	q	Ausstoß pro Kopf (Q/L)	n	Wachstumsrate der Arbeitskraft
Z	Nachfrage	i	Investition pro Kopf (I/L)	μ	Natürliche Wachstumsrate ($\mu = m + n$)
I	Investition	k	Kapital pro Kopf (K/L)	g	Befriedigende Wachstumsrate ($g = s/v$)
K	Kapitalbestand	c	Konsumneigung	r	Zinssatz
C	Konsum	s	Sparneigung	D	Ableitung nach der Zeit $\frac{d}{dt}$
S	Sparen	v	Kapitalkoeffizient (K/Y)		
L	Beschäftigung (Arbeitskraft)	p	Preis der Kapitalgüter		
U	Arbeitslosigkeit	w	Lohnsatz		
W	Löhne	ϱ	Gewinnrate (P/K) oder Ertragsrate		
P	Gewinne				

* Das Symbol Y wird für den Ausstoß verwendet, wenn er dasselbe wie das Einkommen ist.

(und nicht für die Konsumneigung) und ϱ für die Rate des technischen Fortschritts (anstelle von m, das nun für die Wachstumsrate des Geldangebots M steht).

Alle Aggregate in dieser Liste sind reale Größen. Zum größten Teil wird in einem homogenen Gut, dem Ausstoß Y, gemessen. Der Kapitalbestand K kann auch in demselben Gut gemessen werden oder als Maschinenaggregat in Vintage-Modellen. Die Arbeit L wird nicht ganz exakt als in „Personen" gemessen beschrieben und Verhältnisse wie y scheinen dann (ebenfalls nicht ganz exakt) als Pro-Kopf-Variable auf. Genauer gesagt, ist L eher ein Strom von Arbeiterjahren oder Arbeiterstunden als von „Personen"; und y ist eher das Einkommen pro Arbeiterjahr oder pro Arbeiterstunde als „pro Kopf". Die beiden Preise p und w müssen im Lichte dieser Bemerkungen interpretiert werden. Der Preis p eines Kapitalgutes ist der Preis in Konsumgütern ausgedrückt, d. h. er ist ein relativer Preis in Beziehung zum Einheitspreis der Konsumgüter. Ebenso wird der Lohnsatz in Konsumgütern ausgedrückt; es handelt sich um den realen Lohnsatz.

1.7 Der Aufbau des Buches

Wenn wir im Text weitergehen, ist es nützlich, den Aufbau des Buches zu kennen. Wir geben daher hier einen Führer für den Weg, dem wir folgen wollen. Es ist allerdings nur der direkte Weg vom kurzfristigen Gleichgewicht zu den volldynamischen Modellen im Bereich der positiven Makroökonomie. Dabei wird die Wirtschaft zu einem einzigen Sektor zusammengefaßt. Größere Abweichungen von diesem Weg sind die Untersuchung von Zwei-Sektoren-Modellen, die Stabilisierungspolitik und die Erarbeitung spezieller Varianten der Hauptsysteme.

Der erste Block von vier Kapiteln handelt von den bei der Analyse verwendeten **Instrumenten** (Kap. 2 - 5). Die wichtigsten Variablen, die in der Analyse des Gütermarkts vorkommen, werden durch mehrere Ex-ante-Funktionen verbunden, die auf irgendeine Art in allen Modellen vorkommen. Sie werden der Reihe nach untersucht; einerseits die Konsum- und/oder Sparfunktionen, andererseits die Produktions- und/oder Investitionsfunktionen entsprechend der postulierten Technologie. Die Frage, wie man Verzögerungen und Fehleranpassungsmechanismen in die Funktionen einbauen soll, wird separat und ziemlich ausführlich behandelt, da diese Dinge oft nur ungenügend beachtet werden. Der einzige Aspekt des Gütermarkts, der einer späteren Behandlung vorbehalten ist, ist der technische Fortschritt. Die Funktionen für andere Märkte, z. B. die Geldnachfrage und das Arbeitsangebot, treten erst im entsprechenden Zusammenhang auf.

Die **Strombedingungen** des Gütermarktes werden beinahe ausnahmslos in gleicher Weise sowohl für die dynamischen Gleichgewichts- wie auch Ungleichgewichtsmodelle angenommen. Sie werden bereits in (2.4) in der allgemeinen Form dargelegt:

Nachfrage: $Z = C + I$, wobei C eine verzögerte Konsumfunktion und I eine verzögerte Investitionsfunktion ist.

Ausstoß: Y ist in bezug auf Z verzögert.

Wenn notwendig wird Z um verschiedene autonome Ausgaben erweitert. Dann und nur dann, wenn keine Verzögerung im Konsum oder im Ausstoß eintritt, reduzieren sich die Strombedingungen zur Indentität von geplanter Investition und geplanter Ersparnis, wobei die Investition (nicht die Ersparnis) noch immer verzögert sein kann. Die **Multiplikatoranalyse** folgt sofort, sofern die Investition autonom ist, und damit das Konzepts des **stationären Zustandes,** das allen Modellen des Gütermarkts gemeinsam ist (2.6). Worin sich die Modelle sehr stark unterscheiden, ist die Spezifikation der verzögerten oder unverzögerten Investitionsfunktion, wobei am häufigsten der Akzelerator verwendet wird (4.7).

Der nächste Block von vier Kapiteln behandelt das **kurzfristige Gleichgewicht** in realen und nominellen Größen (Kapitel 6 - 9). Hier ist eine statische Analyse nur unter der Annahme einer so kurzen Periode möglich, daß alle Investitionen autonom sind (also nicht von Ausstoßveränderungen abhängen) und sich nicht auf den Kapitalbestand in der betreffenden Periode auswirken. Die Haupteigenschaft des keynesianischen Systems im Gegensatz zur klassischen Makrotheorie ist die, daß das Modell nicht in einfach zu handhabende Blöcke geteilt werden kann. Daher verlangt die Darstellung eine künstliche Teilung mittels einer Verknüpfungsvariablen. Zwei Fälle werden unterschieden, wobei einmal das Preisniveau (P) und das andere Mal die Beschäftigung (n) als Verknüpfungsvariable verwendet werden. Das keynesianische System wird hier weder sehr ausgearbeitet, noch findet es sehr weitgehende Anwendung; und zwar deswegen, weil dafür mehrere gute Bücher vorhanden sind[3]. Dafür wird der **dynamische Multiplikator** (Kapitel 9) in einiger Ausführlichkeit als erster Schritt zur volldynamischen Makroanalyse entwickelt.

Der umfangreichste Block von Kapiteln behandelt Wachstumsmodelle in **langfristiger Gleichgewichtsanalyse** (Kapitel 10 - 12 und 14 - 16), gemeinsam mit einem Verbindungskapitel über **technischen Fortschritt** (Kapitel 13). Die Wachstumsmodelle sind grundsätzlich vom Harrod-Domar-Typ, aber sie kommen in zwei Versionen vor, die in kontinuierlicher Darstellung äquivalent sind, aber sich im ökonomischen Gehalt

[3] Insbesondere eine einfache Darstellung von F. S. *Brooman,* Macroeconomics (1962), ein umfangreicheres Buch von T. F. *Dernburg* und D. M. *McDougall,* Macro-Economics (2. Aufl., 1963) und eine formalere und systematischere Analyse von M. J. *Bailey,* National Income and the Price Level (1962) sind hier zu nennen.

unterscheiden. Die Version mit fixen Koeffizienten enthält eine Kapazitätsvollauslastungsbedingung auf dem Gütermarkt ($K = vY$); die Multiplikator-Akzelerator-Version enthält eine Investitionsfunktion ($I = vDY$). Beide ergeben die Differentialgleichung $DY = gY$ und die Lösung $Y = Y_0 e^{gt}$, wobei $g = s/v$. Die Interpretationen unterscheiden sich dadurch, daß in der ersten Version die Kapazitätskapitalproduktivität (capacity output-capital ratio $1/v$) konstant angenommen wird, in der zweiten aber der gewünschte Kapitalkoeffizient (v). Das Verhältnis zwischen K und Y kann auch in der Form von Zuwächsen definiert sein, so daß eher die Investition als der Kapitalbestand verwendet wird. Ein dreifaches Problem tritt auf: das „Messerschneide-Problem" (knife-edge problem) der Instabilität; das Problem, die befriedigende Wachstumsrate ($g = s/v$) der natürlichen ($\mu = m + n$) anzugleichen, die durch die Arbeitskraft und den technischen Fortschritt gegeben ist; und die Frage, wie der technische Fortschritt in ungebundener oder gebundener (Vintage-) Form eingeführt werden soll.

Der letzte Block von vier Kapiteln, auf den alles Vorhergehende hinführt, behandelt Probleme des **mittelfristigen Ungleichgewichts** und stellt auf die Konjunkturbewegungen im Verhältnis zum Wachstum ab. Das Multiplikator-Akzelerator-Wachstumsmodell kann ganz leicht in nachfrageorientierte Konjunkturmodelle des Gütermarktes übergeführt werden. Das wesentliche Merkmal ist eine Fehleranpassungsbedingung, die als verzögerte Investitionsfunktion erscheint. Die Beschränkungen bestehen erstens darin, daß die Modelle entweder Schwingungen oder Wachstum wiedergeben, aber nicht beides, und zweitens, daß (wegen der angenommenen Linearität der Modelle) die Schwingungen die idealisierte Form einer Kosinuskurve annehmen. Für die Anwendung in der **Konjunkturtheorie** müssen realistischere Schwingungen durch die Einführung von nicht-linearen Elementen erreicht werden. Gleichzeitig kann den Zyklen noch ein Wachstumsprozeß hinzugefügt werden, indem man exogene Faktoren auf dem Gütermarkt über die Zeit variiert. Schließlich wird der Modellbereich zu einem System mit **endogenem zyklischem Wachstum** erweitert, wobei Einflüsse sowohl der realen wie auch der monetären Sphäre einbezogen werden, wie es im keynesianischen System der Fall ist. Der exogene Bereich ist nun die Angebotsseite der Geldgleichung, die von den Währungsbehörden kontrolliert wird. Solche Modelle sind kompliziert; wir können kaum weiter in der Entwicklung deterministischer, makroökonomischer Modelle gehen.

Übungen

1.1 Eine Änderung der Zeiteinheit verändert den Wert eines Parameters mit einer Zeitdimension, z. B. den Kapitalkoeffizienten $v = K/Y$. Man nehme den Kapitalstock doppelt so groß wie den jährlichen Ausstoß an und schreibe v an, wenn die Zeiteinheit 1. 6 Monate, 2. ein Jahr und 3. 5 Jahre ist.

1.2 Zeigen Sie, daß ein Preis keine Zeitdimension hat und daher der Ausstoß Y die Dimension t hat, ob er nun real oder nominell gegeben ist.

1.3 Das Geldangebot M ist eine Bestandgröße ohne Zeitdimension; was ist die Dimension von PY/M, dem Verhältnis des nominellen Ausstoßes zum Geldbestand?

1.4 Alle Glieder einer Gleichung müssen dieselbe Zeitdimension haben, so daß den Konstanten in der Gleichung entsprechende Dimensionen zugeordnet werden können. Illustrieren Sie das an Hand der Gleichung für den Zinssatz: $r = a + b\,(PY/M)$. Was sind die Zeitdimensionen der Konstanten a und b?

1.5 Variieren Sie das Modell, das die Differenzengleichung (1) in 1.4 ergibt, indem Sie die einperiodige Verzögerung vom Ausstoß auf die Konsumfunktion übertragen:

$$Y_t = Z_t\,,\ \text{wobei}\ Z_t = C_t + A\ \text{und}\ C_t = cY_{t-1}\,.$$

Zeigen Sie, daß sich dieselbe Differenzengleichung ergibt. Schreiben Sie parallel dazu das Modell in kontinuierlicher Analyse an und kommen Sie wieder auf die Differentialgleichung (2) in 1.4.

1.6 Betrachten Sie das folgende Modell ohne Verzögerungen und in kontinuierlicher Form:

$$Y = Z,\ \text{wobei}\ Z = C + I,\ C = cY\ \text{und}\ I = vDY.$$

Für die Konstanten gilt $0 < c < 1$ und $v > 0$. Finden Sie die Differentialgleichung und lösen Sie sie, so daß Sie $Y = Y_0\,e^{gt}$ erhalten, wobei $g = s/v$ $(s = 1-c)$, d. h. stetiges Wachstum mit der befriedigenden (proportionalen) Rate g liegt vor.

1.7 Übertragen Sie das Modell der vorhergehenden Übung in Periodenform unter Verwendung alternativer Investitionsfunktionen: 1. $I_t = v\,(Y_{t+1} - Y_t)$ und 2. $I_t = v\,(Y_t - Y_{t-1})$. Suchen und lösen Sie in beiden Fällen die Differenzengleichung, so daß Sie erhalten: 1. $Y = Y_0\,(1+g)^t$ und 2. $Y_t = Y_0/(1-g)^t$, wobei $g = s/v$. Fall 1 ist eine exakte Parallele zum kontinuierlichen Modell; aber was ist mit Fall 2? Was sind die Pfade von Y_t, wenn $0 < g < 1$, $1 < g \leqslant 2$ und $g > 2$? Interpretieren Sie die Funktionen I_t ökonomisch und kommentieren Sie die Schwierigkeiten der Periodenanalyse in diesem Modell.

1.8 Δ sei irgendein Dreieck; zeigen Sie, daß „alle Winkel sind gleich" eine hinreichende Bedingung und „zwei Winkel sind gleich" eine notwendige und „zwei Winkel sind 45°" eine notwendige und hinreichende Bedingung für rechtwinkelige und gleichschenkelige Dreiecke ist.

1.9 Nehmen Sie an, daß $f(x)$ an der Stelle $x = x_0$ alle Ableitungen besitzt und daß ein Wendepunkt der Kurve $y = f(x)$ an der Stelle $x = x_0$ äquivalent damit ist, daß $f'(x)$ entweder ein Maximum oder ein Minimum an der Stelle $x = x_0$ erreicht. Zeigen Sie, daß an der Stelle $x = x_0$ ein Wendepunkt nur existiert, wenn 1. $f''(x_0) = 0$ und 2. wenn $f''(x_0) = 0$ und $f'''(x_0) \neq 0$. Suchen und interpretieren Sie eine Bedingung, die notwendig und hinreichend ist.

Kapitel 2

Konsum- und Sparfunktionen

2.1 Der Einkommenskreislauf

Die Gesamtnachfrage, die wir mit Z bezeichnen, setzt sich aus den Käufen der Konsumenten, den Investitionskäufen, den Regierungsausgaben und vielleicht aus anderen Komponenten, wie z. B. der ausländischen Nachfrage, zusammen. Von Beginn an muß das Verhältnis zwischen der Nachfrage Z und dem Einkommen Y auf der einen Seite und dem Ausstoß Q auf der anderen Seite geklärt werden. Diese Beziehung kann begrifflich als der Einkommenskreislauf in der Wirtschaft betrachtet werden, oder aber in den Rahmen der Aggregate der volkswirtschaftlichen Gesamtrechnung gestellt werden.

Der Einkommenskreislauf wird rein schematisch in Fig. 2.1A illustriert. Es ist gleichgültig, wo wir beginnen, aber wir müssen der Richtung des Einkommensstromes folgen. Wenn wir mit dem erzielten Einkommen beginnen, folgt die Nachfrage Z aus den Plänen, nach denen das Einkommen von Konsumenten, Unternehmern und der Regierung ausgegeben wird. Die Nachfrage Z läßt den Ausstoß Q entstehen, alle Güter und Dienstleistungen, die vom Unternehmenssektor zur Befriedigung der Nachfrage hergestellt werden. Aus den Erträgen des Ausstoßes erhalten die Produktionsfaktoren ihre Entlohnung, woraus sich das Einkommen Y ergibt; wir befinden uns wieder am Ausgangspunkt. Das alles geht in Geldgrößen vor sich, aber gewöhnlich halten wir die Preise konstant und haben dann einen Strom in realen Größen (d. h. ausgedrückt in Konsumgütereinheiten), oder aber in Aggregaten zu fixen (Basis)-Preisen.

Wir vernachlässigen im Augenblick die Tatsache, daß Sparer und Investoren nicht dieselben Leute sein müssen, was den Strom vom Einkommen zur Nachfrage kompliziert. Ebenso vernachlässigen wir die Existenz von Regierungsausgaben und Besteuerung. Diese Dinge gewinnen später an Bedeutung; es ist nicht schwer, sie in die Analyse einzubauen, wann immer wir es möchten.

Im Ausgaben-Produktions-Einkommens-Zyklus kann es Verzögerungen geben. Wir unterscheiden deren drei:

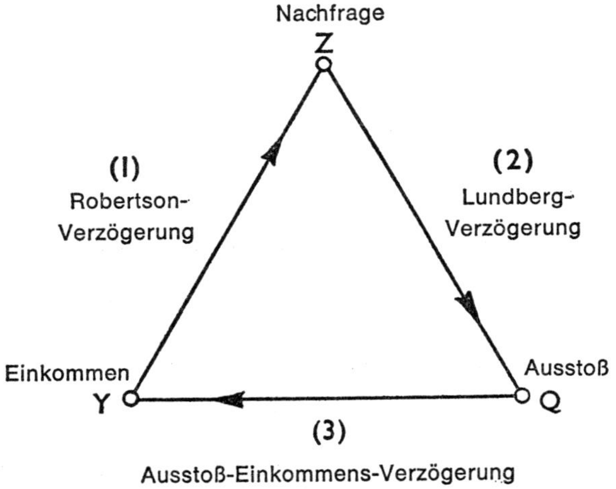

Fig. 2.1 A

(1) Die **Robertson-Verzögerung** zwischen Einkommen und Ausgabe, also das Intervall vom Einkommensempfang Y über die Ausgabepläne bis zu den tatsächlichen Käufen Z.

(2) Die **Lundberg-Verzögerung** zwischen Ausgabe und Produktion, also die Zeit, die notwendig ist, um die Nachfrage Z nach Gütern und Dienstleistungen in den neuen Ausstoß Q zu übersetzen.

(3) Die **Ausstoß-Einkommensverzögerung** zwischen den Einnahmen der Betriebe aus dem Ausstoß Q und der Bezahlung der Faktoren in der Form von Einkommen Y.

Wenn wir Erwartungen zur Interpretation der Verzögerungen heranziehen, entsteht die erste Verzögerung durch die Erwartungen der Haushalte und anderer Wirtschaftseinheiten, die Ausgaben tätigen, und die zweite durch die Erwartungen der Unternehmer. Die dritte Verzögerung ist weniger wichtig als die beiden anderen, und wir werden in den Modellen, die wir in diesem Buch behandeln, immer annehmen, es gäbe keine Verzögerung zwischen Ausstoß und Einkommen.

Wenn wir die Verzögerung der dritten Art mit Null annehmen, können wir vertauschbar entweder Ausstoß Q oder Einkommen Y schreiben. Wenn wir unsere Aufmerksamkeit auf die Produktionsaspekte der Wirtschaft z. B. durch Angabe einer Produktionsfunktion konzentrieren, würden wir Q für den Ausstoß verwenden. Aber im allgemeinen genügt es, Y sowohl für Einkommen, wie auch für den Ausstoß zu schreiben.

Tatsächlich gibt es dann nur zwei unterschiedliche Aggregate, die Nachfrage Z und das Einkommen (Ausstoß) Y. Wenn irgendeine Verzögerung im Modell, entweder von der Robertson- oder von der Lundbergart oder beide vorkommen, nehmen Z und Y zu jedem Zeitpunkt verschiedene Werte an. Die einfachste und am häufigsten verwendete Form einer Verzögerung ist eine Verzögerung um eine Periode. Wenn wir eine Folge von Perioden $t = 0, 1, 2, 3, \ldots$ annehmen, bezeichnen wir die Periode, zu der ein Aggregat gehört, mit dem entsprechenden Index. Eine einperiodige Robertson-Verzögerung impliziert, daß Z_t von Y_{t-1} abhängt; eine gleichartige Lundberg-Verzögerung läßt Q_t (oder Y_t) von Z_{t-1} abhängen. Kompliziertere Verzögerungen können eingeführt werden, sie werden dann später untersucht.

Das Kreislaufschema der Fig. 2.1A kann in die Begriffe der Volkseinkommensrechnung übersetzt werden. Wir zeigen die Übertragung in Gestalt der Fig. 2.1B. Von Verzögerungen abgesehen, stellt das Einkommensaggregat das Volkseinkommen dar; die aggregierte Nachfrage ist die Summe aller Güter- und Dienstleistungskäufe oder die Gesamtausgabe Z; und der aggregierte Ausstoß ist die Produktion aller Güter und Dienstleistungen oder das Nationalprodukt Q. Die drei Aggregate sind definitionsgemäß in jeder Periode (z. B. ein Jahr) gleich. Sie können alle entweder brutto oder netto angenommen werden; solange nicht das Gegenteil präzisiert wird, nehmen wir sie netto an.

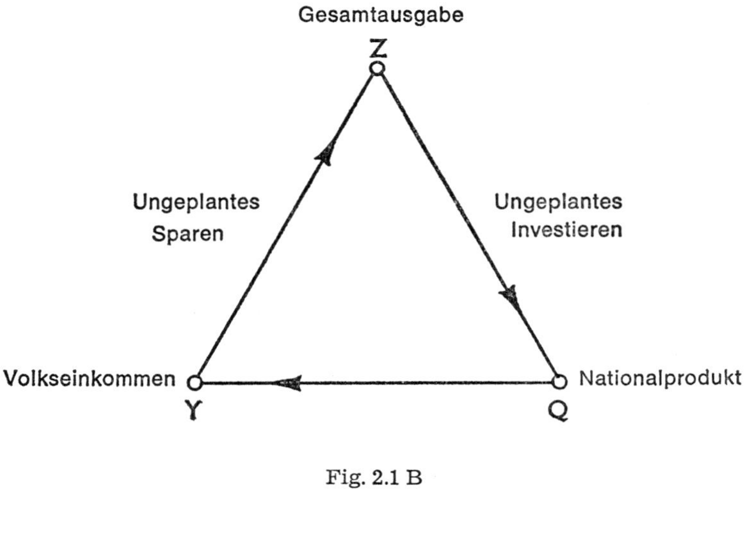

Fig. 2.1 B

Die Frage stellt sich: was geschieht im Schema der Volkseinkommensrechnung, wenn Robertson- und/oder Lundberg-Verzögerungen auftreten? Die Aggregate Z und Y (oder Q) bleiben identisch gleich, wie sie in einer gegebenen Periode festgestellt wurden. Die Existenz von Verzögerungen muß sich auf andere Art ausdrücken. Nehmen wir an, es existiere eine einperiodige Verzögerung zwischen Nachfrage und Einkommen und weiters (wie üblich), die Konsumpläne werden verwirklicht. Wegen der Verzögerung unterscheiden sich die für die Periode t gemachten Ausgaben-Sparpläne von den realisierten Größen; sie basieren auf dem Volkseinkommen Y_{t-1} der Vorperiode. Es wird angenommen, daß die Konsumpläne als C_t Wirklichkeit werden; die Ersparnis absorbiert die Differenz. Die in der Periode t erwartete Ersparnis ist $Y_{t-1} - C_t$, die nicht der realisierten Ersparnis $Y_t - C_t$ gleich ist, solange sich das Einkommen verändert. Wenn das Einkommen steigt, $(Y_t > Y_{t-1})$, übersteigt die verwirklichte Ersparnis die erwartete und umgekehrt bei fallendem Einkommen. Also impliziert das Vohandensein einer **Robertson-Verzögerung,** daß es **unbeabsichtigte Ersparnis** (oder unbeabsichtigte Entsparung) immer dann gibt, wenn sich das Einkommen ändert.

Ähnlich ist bei Vorhandensein einer einperiodigen Verzögerung zwischen Ausstoß und Nachfrage das, was in der Periode t produziert wird (auf Basis der vorjährigen Nachfrage) ungleich dem, was tatsächlich in der Periode gekauft wird. Wenn Einkommen (und Nachfrage) zunehmen, übersteigen die Käufe den Ausstoß und die Lager gehen zurück; wenn die Einkommen fallen, geschieht das Gegenteil und die Lager wachsen an. Also impliziert das Vorhandensein einer **Lundberg-Verzögerung,** daß es **unbeabsichtigte Investition** (oder unbeabsichtigte Desinvestition) gibt, wobei die ungeplante Investition in der Form von Veränderungen des Umlaufkapitals vor sich geht.

2.2 Die Konsumfunktion

Im Einkommenskreislauf ist der Konsum ein Teil der aggregierten Nachfrage Z. Also hängt der Konsum vom Einkommen ab und kann diesem nachhinken. Das bezieht sich aber auf die tatsächlichen Konsumkäufe. Hinter diesem Aggregat liegt der Konsum als ein geplantes oder Ex-ante-Konzept, d. h. eine Konsumfunktion, die den geplanten Konsum mit dem Einkommen in Verbindung setzt. Im wesentlichen wird die Funktion mit dem laufenden Konsum und dem laufenden Einkommen, ohne Verzögerungen, angeschrieben, später werden in das Modell entsprechende Verzögerungen eingeführt.

Zu jedem Zeitpunkt oder in jeder Zeitperiode schreiben wir C für Konsum und Y für Einkommen und nehmen den geplanten Konsum als Funktion des Einkommens an:

$$\text{Konsumfunktion: } C = C(Y)$$

Es wird angenommen, daß die Funktion stetig und differenzierbar ist, im Bereich aller nichtnegativen Y-Werte definiert ist und einen gewissen Bereich von nichtnegativen Werten besitzt. Bei jedem Einkommen haben wir die Ableitung:

$$\text{Grenzneigung zum Konsum: } c = dC/dY$$

und auch diese variiert mit dem Einkommen, außer im Fall, wo C in Y linear ist.

Ganz allgemein gesprochen ist es möglich, daß die Konsumfunktion bei einem bestimmten Einkommensniveau einen negativen Zuwachs angibt, oder einen Zuwachs, der größer als der entsprechende Einkommenszuwachs ist. Wir können sinnvollerweise annehmen, daß diese Fälle so selten sind, daß wir sie vernachlässigen können. Gewöhnlich legen wir der Konsumfunktion folgende Beschränkung auf:

$$0 < c < 1 \text{ für alle } Y.$$

Also steigt die Konsumkurve in der (Y, C)-Ebene, wenn das Einkommen steigt und ihre Steigung ist in allen Punkten kleiner als eins.

Die entsprechende Sparfunktion und -kurve erhält man sofort, wieder als geplantes oder Ex-ante-Konzept:

$$\text{Sparfunktion: } S = S(Y), \text{ wobei } S(Y) = Y - C(Y)$$

$$\text{Grenzneigung zum Sparen: } s = dS/dY, \text{ wobei } s = 1 - c$$

und ist derselben Beschränkung unterworfen:

$$0 < s < 1 \text{ für alle } Y.$$

Wir können von der Konsumfunktion zur Sparfunktion übergehen oder umgekehrt, wie es gerade günstig ist; beide Funktionen enthalten genau dieselbe Information.

Die Konsum- und Sparfunktionen können entweder mittels Bruttoeinkommens (vor Abzug der Abschreibungen) oder mittels Nettoeinkommens (nach Abzug der Abschreibungen) definiert werden. Wie bei anderen relevanten Aggregaten, z. B. den Gewinnen und der Investition, ist die Ersparnis dann entsprechend eine Brutto- oder Nettoersparnis. Doch ist das natürliche Konzept wohl, die Nettoaggregate zu verwenden, was auch hier getan wird, außer es wird ausdrücklich das Gegenteil gesagt. Insbesondere ist die Grenzneigung zum Sparen als Nettogröße aufzufassen; verwendeten wir das Bruttokonzept, so müßten wir s neu interpretieren.

Ein spezieller — und sehr angenehmer — Fall tritt auf, wenn wir es mit einer **linearen Konsumfunktion** zu tun haben:

$$C = C_0 + cY \qquad (C_0 \geqslant 0,\ c \text{ konstant und } 0 < c < 1)\,.$$

Dann ist: $S = sY - C_0 \qquad (s = 1 - c \quad \text{und} \quad 0 < s < 1)\,.$

Die Vereinfachung besteht darin, daß die Grenzneigungen zum Konsum und zum Sparen bei allen Einkommensniveaus konstant sind. Wenn C_0 positiv ist, ist es so zu interpretieren, daß der Konsum bei niederem Einkommen das Einkommen übersteigt und die Ersparnis negativ ist. Später wird noch diskutiert, wie die vom Einkommen unabhängige Komponente C_0 des Konsums zu behandeln ist.

2.3 Verzögerte Konsumfunktionen

Das Konzept des laufenden Konsums in Abhängigkeit vom laufenden Einkommen ist klar genug, aber offensichtlich sehr vereinfacht, wenn es das tatsächliche Konsumverhalten darstellen soll.

Wenn wir die Konsumfunktion $C = C(Y)$ anschreiben, übergehen wir die Schwierigkeiten, die sich beim Übergang vom individuellen Nachfrager zum Aggregat ihrer Nachfragen ergeben. Wir müssen das erkennen, aber akzeptieren. Die mikroökonomische Analyse der Konsumentennachfrage liefert die Nachfrage eines individuellen Konsumenten in Abhängigkeit von seinem Einkommen und dem Komplex der Marktpreise. Viele Schritte liegen zwischen dieser und der makroökonomischen Konsumfunktion. Summierung über alle Konsumenten ist nötig und der aggregierte Konsum muß auch von der Einkommensverteilung und nicht nur vom aggregierten Einkommen Y abhängen. $C = C(Y)$ anschreiben impliziert, daß der Einkommensverteilung kein Einfluß zugeschrieben wird, was eine recht schwerwiegende Annahme ist. Sie kann auf verschiedene Art und Weise gelockert werden, z. B. dadurch, daß (siehe 2.7 unten) Konsum und Sparen von der Verteilung des Einkommens in Lohn- und Nichtlohneinkommen abhängig gemacht.

Die Form der Funktion $C = C(Y)$ impliziert auch, daß die Marktpreise keinen Einfluß haben. Da wir die Funktion in realen Größen spezifizieren, hat das allgemeine Preisniveau definitionsgemäß keinen Einfluß. Aber die relativen Preise der Güter und Dienstleistungen, die in die Konsumfunktion eingehen, sind sicherlich relevant. Die makroökonomische Vereinfachung, die wir vornehmen, besteht in der Annahme, der Einfluß der relativen Preise könne vernachlässigt werden.

Nach diesen Ausführungen können wir darangehen, kurz die Modifikationen der einfachen Form $C = C(Y)$ zu betrachten, die wir bei dem makroökonomischen Niveau, auf dem wir arbeiten, vornehmen können. Die Modifikationen beziehen sich auf Verzögerungen zwischen Konsum und Einkommen. Die einfachste Vorgangsweise ist, die Form der Funktion C beizubehalten, aber sie nicht auf das laufende Einkommen, sondern auf irgendein oder mehrere Einkommen der Vergangenheit anzuwenden. Der Fall einer einperiodigen Verzögerung illustriert diesen Punkt: wir schreiben einfach $C_t = C(Y_{t-1})$, so daß sich der Konsum der Periode t auf das Einkommen der Vorperiode bezieht. Das mag der Fall sein, weil die Konsumenten ihr Einkommen zurückhalten, um es in der nächsten Periode auszugeben, oder weil ihre Ausgabenpläne in der laufenden Periode auf der Erwartung basieren, daß ihr laufendes Einkommen dasselbe wie in der Vorperiode sein wird. Nachdem wir so weit gekommen sind, mögen wir fragen: warum beschränken wir die Abhängigkeit des laufenden Konsums vom vergangenen Einkommen auf ein bestimmtes Einkommen, und gerade das Einkommen der Vorperiode? Dafür gibt es überhaupt keinen offensichtlichen Grund.

Also kann der laufende Konsum auf Grund einer Vielfalt von Verzögerungen des Robertson-Typs von vergangenen Einkommen abhängig gemacht werden. Das Problem kann am besten mittels Periodenanalyse für eine Folge von Perioden $t = 0, 1, 2, 3, \ldots$, dargestellt werden, wobei die Zeiteinheit die gemeinsame Länge aller Perioden darstellt. Wir schreiben C_t für den Konsum der Periode t, der mit den vergangenen Einkommen Y_τ für ein $\tau < t$ in Verbindung gebracht werden soll. Im Fall einer **einperiodigen Verzögerung** gilt:

$$C_t = C(Y_{t-1}) .$$

Dann kann

$$c = \frac{dC_t}{dY_{t-1}}$$

als die Grenzneigung zum Konsum (in der Periode t) auf Grund des Einkommens Y_{t-1} geschrieben werden. Die üblichen Restriktionen $(0 < c < 1)$ können auferlegt werden. Für die allgemeinere **verteilte Verzögerung** (distributed lag) gilt:

$$C_t = C(Y_0, Y_1, \ldots, Y_{t-2}, Y_{t-1}),$$

wobei angenommen wird, daß alle vergangenen Einkommen, zurück bis zu einem Anfangswert Y_0, den laufenden Konsum beeinflussen. In solch einem allgemeinen Ausdruck hängt viel von der Gewichtung ab, mit der kürzer und weiter zurückliegende Einkommen versehen werden. Die Gewichte werden leicht durch Anschreiben einer Folge von Grenzneigungen zum Konsum spezifiziert:

$$c_r = \frac{\partial C_t}{\partial Y_{t-r}} \qquad \text{für } r = 1, 2, 3, \ldots$$

Es ist sinnvoll, $c_r \geqslant 0$ für alle r anzunehmen. Um eine entsprechende Obergrenze zu finden, schreiben wir:

$$c = c_1 + c_2 + c_3 + \ldots + c_t$$

und nennen c die totale Grenzneigung zum Konsum. Wenn alle vergangenen Einkommen um denselben Betrag ΔY erhöht werden, ist die Erhöhung des Konsums $\Delta C = c\Delta Y$. Es scheint ziemlich sinnvoll anzunehmen, daß c zwischen 0 und 1 liegt.

Der Spezialfall einer **linearen Konsumfunktion** bringt die totale Grenzneigung zum Konsum deutlicher zum Ausdruck. Für die allgemeine verteilte Verzögerung gilt:

$$C_t = C_0 + c_1 Y_{t-1} + c_2 Y_{t-2} + c_3 Y_{t-3} + \dots$$

Wenn alle vergangenen Einkommen gleich sind und Y ihr gemeinsamer Wert ist, erhalten wir:

$$C_t = C_0 + cY, \quad \text{wobei} \quad c = c_1 + c_2 + c_3 + \dots$$

Wenn die vergangenen Einkommen nicht alle gleich sind, spezifiziert die Verteilung von c_r ($r = 1, 2, 3, \dots$) die den Einkommen der verschiedenen Perioden der Vergangenheit zukommende Gewichtung bei der Bestimmung von C_t.

Die verteilte Verzögerung kann mehrfach interpretiert werden. Sie würde auftreten, wenn die Konsumenten einen Durchschnitt ihrer vergangenen Einkommen zur Bestimmung des laufenden Konsums bildeten, oder wenn ihre laufende Ausgabe von bestimmten Einkommen der Vergangenheit dominiert würde, z. B. vom letzten größeren Einkommenszuwachs. Ebenso kann angenommen werden, daß die laufenden Ausgaben von einem Komplex von zu verschiedenen Zeiten getroffenen Entscheidungen abhängen, von denen einige in der unmittelbaren Vergangenheit, andere aber (z. B. über Ratenkäufe) in der ferneren Vergangenheit gemacht wurden.

Die Konsumfunktion mit einer verteilten Verzögerung hängt mit einer von Duesenberry angeregten Formulierung des Konsumentenverhaltens zusammen, bei der der Konsum sowohl eine Funktion des letzten Spitzeneinkommens als auch des laufenden Einkommensniveaus ist[1]. Eine andere Methode, vergangene Einkommen indirekt in die Konsumfunktion einzuführen, besteht darin, den laufenden Konsum sowohl vom gegebenen Vermögensbestand wie auch vom laufenden Einkommen abhängig zu machen; der Vermögensbestand wieder reflektiert die vergangenen Einkommen unter Einschluß der vererbten Vermögen. Andere Formulierungen des Problems sehen dagegen die Erwartungen als relevanter an. Insbesondere Friedman und Watts bevorzugen den Konsum

---

[1] J. S. *Duesenberry,* Income, Saving and the Theory of Consumer Behavior (1949).

als Funktion des „permanenten Einkommens“ im Sinne eines diskontierten Gegenwartswertes des erwarteten Stroms zukünftiger Einkommen[2].

2.4 Der Gütermarkt: Strombedingungen

Alle makroökonomischen Modelle, ob es sich nun um dynamische Gleichgewichts- oder Ungleichgewichtsmodelle handelt, basieren auf den für den Gütermarkt angenommenen Strombedingungen. Die Bedingungen drücken den Einkommenskreislauf aus und lassen die Möglichkeit von Verzögerungen zwischen Einkommen und Nachfrage und zwischen Nachfrage und Ausstoß zu. Wir nehmen keine Verzögerung zwischen Ausstoß und Einkommen an und vernachlässigen im Augenblick alle Formen von autonomen Ausgaben, (z. B. der Regierung). Zwei Schenkel des Dreiecks der Fig. 2.1 A geben dann in allgemeiner Form die **Strombedingungen:**

Nachfrage: $Z = C + I$, wobei C eine verzögerte Konsumfunktion und I eine verzögerte Investitionsfunktion ist.
Ausstoß: Y ist in bezug auf Z verzögert. (1)

Die Bedingungen haben eine sehr komplizierte Struktur im Hinblick auf die Unterscheidungen in 1.3 oben. Die Bedingung $Z = C + I$ ist eine **definitionsgemäße Identität.** Daneben gibt es zwei **Funktionalbeziehungen** für den Konsum und die Investition. Abgesehen von Verzögerungen wird die Konsumfunktion als $C = C(Y)$ geschrieben; die Investitionsfunktion wird später betrachtet (Kapitel 4). Um die Ex-ante-Konsum- und Ex-ante-Investitionsfunktionen mit den die Nachfrage bildenden Ex-post-Käufen zu verbinden, nehmen wir einfach an, daß die (verzögerten oder unverzögerten) Pläne in beiden Fällen verwirklicht werden. Wenn die Konsumenten (oder Investoren) soundsoviel auszugeben planen, nehmen wir einfach an, daß sie hingehen und diese Käufe durchführen[3].

Es bleiben noch die operationalen **Modellbedingungen:** die genaue Spezifizierung, welche Verzögerungen — wenn überhaupt — angenommen werden. In einem **Gleichgewichtsmodell** gibt es überhaupt keine Ver-

---

[2] M. *Friedman*, A Theory of the Comsumption Function (1955); H. *Watts*, Studies in Household Economic Behavior (1958).

[3] Es existiert eine Alternativannahme, die ganz andere Modelltypen ergibt: nämlich, daß die Sparpläne verwirklicht werden. Der Unterschied besteht in den Vorkehrungen, die man für unbeabsichtigtes Sparen (bei verwirklichtem Konsum) und für unbeabsichtigten Konsum (bei verwirklichtem Sparen) trifft. Friedmans Hypothese des permanenten Einkommens, wonach der Konsum stabil ist und die Ersparnis mit dem Einkommen kurzfristig schwankt, unterstützt die von uns hier gemachte Annahme.

zögerungen. In einem **Ungleichgewichtsmodell** gibt es zumindest eine Verzögerung, gewöhnlich sogar mehrere. Ein wichtiges Ergebnis folgt sofort aus (1), wenn es keine Verzögerung im Konsum oder im Ausstoß gibt:

$$Y = Z = C + I = C(Y) + I.$$

Daher:

$$\text{Investieren} = \text{Sparen: } I = S(Y), \quad \text{wobei} \quad S(Y) = Y - C(Y). \tag{2}$$

Also: **Dann und nur dann, wenn im Konsum oder im Ausstoß keine Verzögerung auftritt, reduzieren sich die Strombedingungen des Gütermarktes zur Gleichheit von geplanter Investition und Ersparnis.**

Dieses Ergebnis besagt nichts über das Vorhandensein oder Nichtvorhandensein einer Investitionsverzögerung; in (2) ist I eine verzögerte oder unverzögerte Funktion. Es folgt, daß (2) anstelle von ursprünglich (1) für *alle* Gleichgewichtsmodelle und für *einige* Ungleichgewichtsmodelle verwendet werden kann.

Die Strombedingungen sind keine ausreichende Spezifizierung des Gütermarkts. Im Gleichgewicht ist es üblich, eine Bestandbedingung hinzuzufügen: Vollauslastung des Kapitals. Im Ungleichgewicht wird diese Bedingung fallengelassen und durch einen Fehleranpassungsmechanismus ersetzt. Üblicherweise wird die Fehleranpassung bei der Investition angewendet und kann als Verzögerung interpretiert werden, so daß sie in (1) oder (2) eingebaut werden kann.

2.5 Das Verhältnis von Sparen zu Investieren

Wir können erfolgversprechend die Probleme der Strombedingungen auf dem Gütermarkt und der Unterscheidung zwischen Gleichgewichts- und Ungleichgewichtsmodellen weiter verfolgen. Auf jeden Fall ist es wichtig, Klarheit über das Verhältnis von Sparen und Investieren in makroökonomischen Modellen zu schaffen.

Der erste Punkt ist, daß Sparen und Investieren ex-post als Definitionsbedingung in allen Modellen einander gleich sind. Wie in 2.1 oben ist dies eine Sache der volkswirtschaftlichen Gesamtrechnung. Das Volkseinkommen Y ist identisch mit der Gesamtausgabe Z, da (wenn es Verzögerungen gibt) ungeplante Ersparnis und Investition in den Aggregaten eingeschlossen sind. Dieselbe Identität macht Investition und Sparen ex post identisch gleich, wobei beide, wenn Verzögerungen vorkommen, ungeplante Elemente enthalten. Ex-post-Ersparnis ist nicht für Konsum ausgegebenes Einkommen; Ex-post-Investition ist nicht an Konsumenten verkaufter Ausstoß. Die Ex-post-Identität kann als $S^* = I^*$ geschrieben werden, wobei der Stern die Ex-post-Aggregate kennzeichnet.

Ex-ante-Investition und Ex-ante-Ersparnis können als I und S angeschrieben werden. Wir brauchen hier nichts über I zu sagen, das sehr unterschiedlich definiert sein kann, angefangen von einer konstanten autonomen Ausgabe bis zu einer komplizierten verzögerten Funktion mehrerer Variablen. Andererseits folgt S aus der Konsumfunktion und im allgemeinen können sowohl im Konsum wie im Ausstoß Verzögerungen auftreten, so daß es keine Beziehung zwischen S und I oder zwischen einem von beiden und den identisch gleichen Ex-post-Werten gibt. Wir haben also allgemein:

$$I \neq S \neq S^* = I^* .$$

Die Unterschiede werden durch unbeabsichtigtes Sparen auf Grund der Konsumverzögerung und durch unbeabsichtigte Investition auf Grund der Ausstoßverzögerung überbrückt. Wenn eine der Verzögerungen nicht auftritt, wird die eine oder die andere Ungleichung zu einer Gleichung. Aber nur in Abwesenheit *beider* Verzögerungen reduzieren sich die Strombedingungen (1) von 2.4 zu einer einfachen Form, wo Investition und Ersparnis *ex ante* gleich sind und beide *ex post* realisiert werden. In diesem Fall gilt:

$$I = S = S^* = I^*.$$

Es darf nicht vergessen werden, daß die von uns gemachte Unterscheidung vom Nichtvorhandensein sowohl der Konsum- wie auch der Ausstoßverzögerung abhängt, im Gegensatz zum Vorhandensein der einen oder der anderen Verzögerung. Es handelt sich *nicht* um eine Unterscheidung zwischen Gleichgewichts- und Ungleichgewichtsmodellen. Das am Ende von 2.4 erhaltene Ergebnis kann wie folgt angeschrieben werden:

Die Strombedingungen auf dem Gütermarkt reduzieren sich zu der Gleichheit von geplanter Investition und geplantem Sparen dann, aber nicht nur dann, wenn auf dem Markt Gleichgewicht herrscht.

So können die Strombedingungen *immer* in einem Gleichgewichtsmodell als „Investition = Sparen" geschrieben werden und *manchmal* auch in einem Ungleichgewichtsmodell, d. h. wenn die einzige Verzögerung des Modells in der Investition vorkommt. Es ist ziemlich klar — und wird später noch ausgeführt — daß eine Verzögerung, und wahrscheinlich eine komplizierte noch dazu, zwischen den Investitionsentscheidungen und den entsprechenden Ausgaben und Ausrüstungslieferungen ein wesentliches Charakteristikum des Ungleichgewichts ist. Wenn diese wichtige Verzögerung auch die einzige ist, können wir „Investition = Ersparnis" als die Strombedingung des Gütermarktes anschreiben. Einige Ungleichgewichtsmodelle können als mögliche Zusätze auch Konsum-

und/oder Ausstoßverzögerungen haben und dann müssen die kompletten Strombedingungen angeschrieben werden.

Es ist auch klar, daß es eine Vielzahl von Gleichgewichtsmodellen und eine noch größere von Ungleichgewichtsversionen geben kann. Gleichgewichtsmodelle des Gütermarkts unterscheiden sich zum Teil in der Spezifizierung der Konsumfunktion, aber noch mehr in der Beziehung zwischen Investition und irgendeiner angenommenen Bedingung, die die Vollauslastung eines Bestandes zum Inhalt hat. Die Vielzahl der Ungleichgewichtsmodelle geht auf die große Zahl der Möglichkeiten zurück, in das System Verzögerungen einzuführen, Fehleranpassungsprozesse miteingeschlossen.

2.6 Der Multiplikator

Wir schlagen die Bestimmung des Gleichgewichtseinkommens Y für den Fall vor, wo es keine Verzögerungen gibt und die **ganze Investition autonom** und als I_0 gegeben ist. Schreiben wir $C = C(Y)$ und $S = Y - C(Y)$ für die Konsum- und Sparfunktion. Wenn keine Verzögerungen auftreten, ergeben sich die Strombedingungen des Gütermarkts (2.4 oben) als $Y = C + I_0$, wobei $C = C(Y)$. Sie entsprechen der Gleichheit von geplanter Investition und Ersparnis: $I_0 = S$, wobei $S = Y - C(Y)$. Aus beiden Formen erhalten wir die Gleichgewichtsbedingung für das Einkommen Y:

$$Y - C(Y) = I_0 \,. \tag{1}$$

Das ist die einfachste (keynesianische) Version eines Modells zur Einkommensbestimmung. Gegeben die autonome Investition I_0, ist die algebraische Gleichung (1) für das Gleichgewichtsniveau von Y zu lösen. Der Wert von Y — ob er nun überhaupt existiert und eindeutig ist — hängt von der Form der Konsumfunktion ab.

Fall: Lineare Konsumfunktion. Nehmen wir an $C = C_0 + cY$, wobei die Grenzneigung zum Konsum bei allen Einkommensniveaus eine Konstante c $(0 < c < 1)$ ist. (1) ergibt dann:

$$Y - C_0 - cY = I_0 \,,$$

d. h. $$Y = \frac{C_0 + I_0}{1-c} = \frac{C_0 + I_0}{s} \qquad (\text{wobei } s = 1-c,\ 0 < s < 1) \,.$$

Die Konstante C_0 der Konsumfunktion, d. h. jener Teil, der autonom und vom Einkommen unabhängig ist, dient einfach bei der Bestimmung von Y als Zusatz zur gegebenen autonomen Investition. Es kann also die autonome Konsumausgabe zur autonomen Investitionsausgabe I_0 hinzugezählt werden, so daß sich die gesamte **autonome Ausgabe** ergibt:

$$A = C_0 + I_0 \,.$$

In diesem Modell ist A vorgegeben. Die Konsum- und Sparfunktion kann neu angeschrieben werden:

$$C = cY \text{ und } S = sY, \text{ wobei } s = 1 - c \ .$$

Das Gleichgewichtseinkommen folgt als:

$$Y = \frac{A}{s}, \qquad \text{wobei } s = 1 - c \ , \tag{2}$$

und wir haben das Ergebnis des **linearen Multiplikators:**

Wenn die Grenzneigung zum Sparen eine Konstante s ($0 < s < 1$) ist, ist das Gleichgewichtseinkommen Y ein Vielfaches ($1/s > 1$) der autonomen Ausgabe A.

Alle Formen der autonomen Ausgabe, für Konsum- und Investitionszwecke, werden zu Einkommen „hinaufmultipliziert".

Allgemeiner Fall. In der Konsumfunktion $C = C(Y)$ sei C gleich C_0, wenn $Y = 0$ und annahmegemäß $C_0 > 0$. Dann ist wie früher C_0 eine autonome Ausgabe, die zur autonomen Investition I_0 hinzugezählt werden muß. Schreiben wir die Konsumfunktion neu an, indem wir den autonomen Teil abtrennen:

$$C = C(Y), \text{ wobei } C = 0 \text{ wenn } Y = 0 \ .$$

Das ist äquivalent damit, den Ursprung in der (Y, C) Ebene in Fig. 2.6 bei O anstatt bei O' anzunehmen. Die Gleichgewichtsbedingung (1) wird dann zu:

$$Y - C(Y) = A, \qquad \text{wobei } A = C_0 + I_0 \, . \tag{3}$$

Hier ist A die gesamte, im Modell vorgegebene autonome Ausgabe.

Wenn die Grenzneigung zum Konsum überall $c < 1$ ist, folgt daraus, daß das Gleichgewichtsniveau des Einkommens existiert und eindeutig ist. Das kann in Fig. 2.6 gesehen werden, die die Kurve $C = C(Y)$ im Verhältnis zur 45°-Linie durch den Punkt mit den Koordinaten $(0, -A)$ in der (Y, C)-Ebene zeigt. Da die Steigung von $C(Y)$ überall kleiner als die Steigung von eins der 45°-Geraden ist, schneidet die Kurve die Gerade in einem und nur in einem Punkt P. In diesem Punkt gilt auf Grund der Geraden:

$$NP = LN = OM = Y$$

und auf Grund der Kurve:

$$NP = NM + MP = LO + MP = A + C(Y) \ .$$

Also ist das durch P bestimmte Y derart, daß

$$Y = A + C(Y),$$

d. h. Y erfüllt die Gleichgewichtsgleichung (3). Die Gleichung hat eine eindeutige Lösung. Das Gleichgewichtseinkommen Y wird mit Hilfe der Fig. 2.6 mit A in Verbindung gebracht. Es gibt kein einfaches (Multiplikator)-Ergebnis wie in (2).

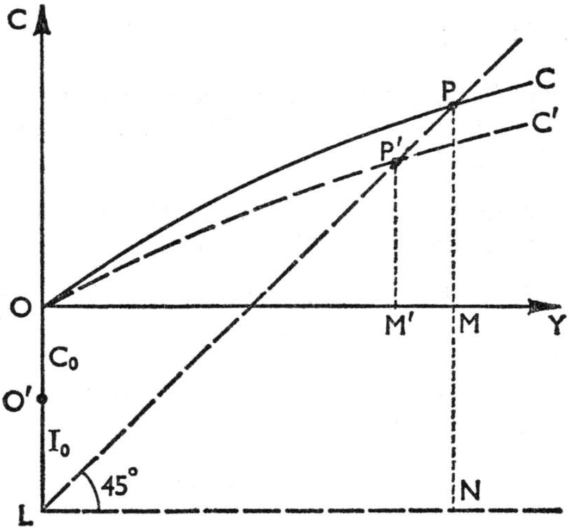

Fig. 2.6

Was wir dennoch tun können, ist den Parameter A zu variieren und aus (3) die entsprechende Änderung des Gleichgewichtseinkommens zu bestimmen. Differenzieren wir (3):

$$\left(1 - \frac{dC}{dY}\right)\frac{dY}{dA} = 1\,,$$

d. h. $$\frac{dY}{dA} = \frac{1}{1-c} = \frac{1}{s}\,, \qquad \text{wobei } s = 1 - c\ .$$

Hier sind c und s die Grenzneigungen beim Gleichgewichtsniveau, d. h. c ist die Neigung der Tangente in P und $s = 1 - c$. In Zuwächsen ausgedrückt gilt annähernd:

$$\Delta Y = \frac{\Delta A}{s}\,, \qquad \text{wobei } s = 1 - c \tag{4}$$

und das Ergebnis für den **Grenzmultiplikator** ist:

Wenn die Grenzneigung zum Sparen beim Gleichgewichtseinkommensniveau s ($0 < s < 1$) ist, führt ein Zuwachs ΔA an autonomer Ausgabe zu einem Einkommenszuwachs ΔY, der annähernd ein Vielfaches ($1/s > 1$) von ΔA ist.

Hier ist es die zusätzliche autonome Ausgabe, die zu einem entsprechenden Einkommenszuwachs „hinaufmultipliziert" wird. Der Multiplikator ($1/s$) nimmt unterschiedliche Werte bei unterschiedlichen Gleichgewichtseinkommensniveaus an.

Die Wirkung einer gestiegenen Sparneigung (d. h. eines Sinkens der Konsumneigung) kann auch sehr leicht aus Fig. 2.6 ersehen werden. Die Kurve C wird überall flacher und nach unten in die Lage C' verschoben. Die Gleichgewichtsposition wird zu P' und das Gleichgewichtseinkommensniveau fällt von OM auf OM'. Doch da $P'P$ die 45°-Linie ist, entspricht dem Abfallen von Y ein ebensostarker Rückgang von C und $S = Y - C$ bleibt unverändert. Dies muß so sein, da $S = A$, die gegebene autonome Ausgabe. Wenn also eine größere Sparneigung auftritt, bleibt die Gesamtersparnis unverändert, wird aber aus einem kleineren Einkommensniveau heraus getätigt.

Der Fall der **linearen Konsumfunktion** $C = cY$ ist offensichtlich der bequemste und am meisten verwendete; der Multiplikator tritt dann eher in linearer (2) als in marginaler (4) Form auf. Nehmen wir nun an, daß, wenn $C = cY$ ($0 < c < 1$), die autonome Ausgabe A konstant und die übrige (induzierte) Investition *zu jeder Zeit* Null ist, so daß das Einkommen $Y = A/s$ als stationäres Niveau interpretiert werden kann. Wir haben ein einfaches dynamisches Gleichgewichtsmodell, das den **stationären Zustand** angibt: $Y = A/s$ für alle t. Weiters sind, mit Ausnahme einer autonomen Investition A, die Ersparnis und die Investition Null und der Kapitalstock optimal. Wenn der Kapitalkoeffizient v konstant ist, ist der optimale Kapitalstock $K = vY = vA/s$.

Solch ein stationärer Zustand scheint von geringem Interesse; die Situation ohne Sparen und ohne Investition erscheint nicht nur stationär, sondern tot. Und doch ist sie, wie wir sehen werden, die Grundlage aller dynamischen Gleichgewichts- oder Ungleichgewichtsmodelle. Sie kann nicht übergangen werden. Das Ergebnis ist:

Wenn $C = cY$ ($0 < c < 1$) und wenn es keine induzierte Investition gibt und die autonome Ausgabe A über die Zeit konstant ist, so ergibt in Abwesenheit von Verzögerungen der stationäre Zustand: $Y = A/s$ für alle t.

Bei der Behandlung der auf diesem Multiplikatorergebnis aufbauenden Modelle ist es oft günstig, die autonome Ausgabe A zu vernachlässigen.

Dies ist eine Frage der Wahl des Ursprungs für die Messung des Ausstoßes (Einkommens) beim stationären Niveau A/s, so daß $Y = 0$ der stationäre Zustand ist:

Wenn der Ausstoß (das Einkommen) vom durch den Multiplikator bestimmten Niveau A/s aus gemessen wird, kann die konstante autonome Ausgabe A vernachlässigt werden und das Modell hat als stationären Zustand Y = 0.

Wenn wir zusätzlich annehmen, daß der Kapitalkoeffizient v konstant ist, ergibt sich der optimale Kapitalstock $K = vA/s$ im stationären Zustand und wir schreiben $K = 0$ durch geeignete Wahl des Ursprungs. Die implizite Annahme hier besteht darin, daß A keine Form der Investition beinhaltet, die den Kapitalstock erhöht. Wenn es aber einen konstanten Bestandteil a von A gibt, der eine autonome Investition darstellt, die K erhöht, gilt im stationären Zustand:

$$K = (vA/s) + at \quad \text{für alle } t \geqslant 0 \ .$$

Wenn wir K vom Ursprung vA/s aus messen, wird der optimale Bestand $K = at$. K beinhaltet eine Trendkomponente, die eine einfache Version dessen darstellt, was wir später als kapitalvermehrenden technischen Fortschritt beschreiben.

2.7 Besondere Formen der Sparfunktion

Wir begannen mit einer Formulierung der Konsumfunktion, aber in einem Modell, das der Einkommensbestimmung dient, sind wir mehr an der komplementären Sparfunktion interessiert. Insbesondere da der Multiplikator $1/s$ ist, wobei s die Grenzneigung zum Sparen aus dem Einkommen heraus ist. Wir können die Multiplikatoranalyse weiterführen, indem wir nicht mehr über die Sparfunktion annehmen als die Beschränkung, daß die Grenzneigung $s = S'(Y)$ für alle Y zwischen 0 und 1 liegt. Aber es ist klarerweise angenehm, wenn nötig, spezifischere und leichter zu handhabende Formen von Sparfunktionen zur Verfügung zu haben.

Die einfachste Sparfunktion ist die aus der linearen Konsumfunktion abgeleitete, wenn der autonome Konsum abgesondert worden ist. Der Funktion kann eine neue Bezeichnung gegeben werden:

Proportionale Sparfunktion:

$$S = sY \ ,$$

wobei s eine gegebene Verhältniszahl $(0 < s < 1)$ ist. Die Annahme dabei ist einfach die, daß ein konstanter und vorgegebener Teil des Einkommens bei allen Einkommensniveaus gespart wird.

Eine in 2.3 oben angeregte Erweiterung besteht darin, Konsum und Sparen von der Einkommensverteilung zwischen Löhnen und Profiten ($W : P$) wie auch vom Einkommensniveau $Y = W + P$ abhängig sein zu lassen. Die einfachste Form ergibt sich, wenn ein konstanter Anteil der Löhne und ein konstanter (aber unterschiedlicher) Anteil der Profite gespart wird. Schreiben wir die entsprechenden Verhältniszahlen als s_w und s_p, wobei für beide die Beschränkung gilt, daß sie zwischen 0 und 1 liegen, diese Grenzen nun aber einschließen. Es ist sinnvoll anzunehmen, daß die aus den Profiten getätigte Ersparnis nicht kleiner als die aus den Löhnen getätigte ist. Also nehmen wir an: $0 \leqslant s_w \leqslant s_p \leqslant 1$.

Wir schreiben:

Differenzierte Sparfunktion:

$$S = s_w W + s_p P \quad \text{und} \quad Y = W + P \; .$$

Wenn wir zur Standardform $S = sY$ übergehen, um eine Grenzneigung zum Sparen zu bekommen, die von der Einkommensverteilung abhängt. ergibt sich:

$$S = s_w (Y-P) + s_p P = \left\{ s_w + (s_p - s_w) \frac{P}{Y} \right\} Y \, ,$$

d. h. $\quad S = sY, \quad \text{wobei} \quad s = s_w + (s_p - s_w) \frac{P}{Y}$

und s hängt von der Einkommensverteilung ab, wie sie durch das Verhältnis der Gewinne zum Ausstoß (Absatz) dargestellt wird:

$$\pi = P/Y \, .$$

Das entsprechende Verhältnis der Löhne zum Ausstoß ist:

$$\frac{W}{Y} = 1 - \frac{P}{Y} = 1 - \pi \; .$$

Als Spezialfall ergibt die differenzierte Sparfunktion die proportionale Form ($S = sY$), wenn $s_w = s_p = s$ und Profit- und Lohnsparen im selben Verhältnis auftreten. Die proportionale Form ergibt sich auch, wenn die Einkommensverteilung sich nicht ändert, so daß s eine Konstante ist, die von gegebenen Werten von s_w, s_p und $\pi = P/Y$ abhängt.

Einen anderen Spezialfall, der manche makroökonomischen Modelle sehr vereinfacht, erhält man, wenn nur Sparen aus den Gewinnen angenommen wird ($s_w = 0$). Dieser Fall ergibt eine Sparfunktion der „klassischen“ Form:

Klassische Sparfunktion:

$$S = s_p P,$$

wobei s_p eine gegebene Verhältniszahl ($0 < s_p \leqslant 1$) ist. Die gesamte Grenzneigung zum Sparen hängt noch immer von der Einkommensverteilung ab, da s das Produkt aus dem Anteil der gesparten Gewinne (s_p) und dem Verhältnis der Gewinne zum Absatz (π) ist:

$$S = sY, \text{ wobei } s = s_p \frac{P}{Y} = s_p \pi \ .$$

Der Multiplikator in marginaler Form ($\Delta Y = \Delta A/s$) gelangt zur Anwendung, was immer auch die gesamte Grenzsparneigung für einen Wert in der Gleichgewichtslage annimmt. Der lineare Multiplikator ($Y = A/s$) kann nur angeschrieben werden, wenn s bei allen Einkommensniveaus konstant ist, wie in der proportionalen Sparfunktion. Wenn wir im klassischen Fall annehmen, daß *sowohl* der Anteil s_p der gesparten Gewinne, *wie auch* das Verhältnis π der Gewinne zum Absatz konstant sind, ergibt der lineare Multiplikator:

$$Y = A/s_p \pi \ .$$

Das Gleichgewichtsniveau des Einkommens sinkt, wenn s_p und π steigen, d. h. wenn sich die Neigung, aus den Gewinnen zu sparen, oder der Anteil der Gewinne erhöht.

Übungen

2.1 Betrachten Sie die Konsumfunktionen: 1. $C = C_0\, e^{aY}$ und 2. $C = C_0 + b\,(1 - e^{-aY})$, wobei $C_0 > 0$ und $0 < a < 1$ ist. Schreiben Sie die Grenzneigung zum Konsum c in jedem Fall an und zeigen Sie, daß $0 < c < 1$ für alle Y nur in Fall 2 mit $b < 1/a$ gilt. Kommentieren Sie die Eignung dieser Funktionen, den Konsum darzustellen.

2.2 Schreiben Sie im Multiplikatormodell von 2.6 die Gleichung für die Bestimmung von Y an, wenn $C = (1 - e^{-aY})$. Geben Sie an, wie Y graphisch aus $Z = e^{-aY}$ und $Z = (1 + A) - Y$ in der (Y, Z)-Ebene gefunden wird und zeigen Sie, daß Y für jedes $A > 0$ eindeutig ist.

2.3 Betrachten Sie die Strombedingungen des Gütermarkts unter der alternativen Annahme, daß die Spar- und nicht die Konsumpläne realisiert werden (2.4 oben). Zeigen Sie, daß sich die Bedingung bei Nichtvorhandensein einer Ausstoßverzögerung zu $S = I$ reduziert, wobei S und I verzögerte Spar- und Investitionsfunktionen darstellen.

2.4 Nehmen Sie in der proportionalen Sparfunktion $S_t = sY_{t-1}$ eine einperiodige Verzögerung an unter der Hypothese, daß die Sparpläne realisiert werden. Zeigen Sie, daß in der Periode t der unbeabsichtigte Konsum $Y_t - Y_{t-1}$ ist. Konstruieren Sie ein verzögertes Multiplikatormodell in Periodenform: A und $S_t = sY_{-1}$ seien gegeben und die Sparpläne verwirklicht. Leiten Sie ab, daß $Y_t = A/s$ für alle t, daß man also das lineare Multiplikatorergebnis im verzögerten Modell erhält.

2.5 Nehmen Sie die klassische Sparfunktion (2.7 oben) an und setzen Sie $s_p = 1$. Zeigen Sie, daß ein unverzögertes (Gleichgewichts-)Modell die Strombedingung $P = I$ hat und daß der stationäre Zustand $Y = A/\pi$ erreicht wird, wenn $I = A$ (konstant) und wenn P ein konstanter Teil (π) des Einkommens ist.

2.6 Schreiben Sie eine lineare verteilte Verzögerung im Konsum an:

$$C_t = \sum_{\tau=1}^{\infty} c_\tau Y_{t-\tau}$$

unter der Bedingung: $$c = \sum_{\tau=1}^{\infty} c\tau \, .$$

Nehmen Sie an, daß die Gewichte geometrisch abnehmen: $c_\tau = \lambda c r^{\tau-1}$ (der Quotient ist $r < 1$) und zeigen Sie, daß $\lambda = 1-r$. Schreiben Sie C_{t+1} und C_t an und subtrahieren Sie, so daß Sie erhalten: $\Delta C_t = \lambda\,(cY_t - C_t)$, wobei $\Delta C_t = C_{t+1} - C_t$. Drücken Sie nun diese geometrische Verzögerung in Operatorform aus:

$$C_t = \frac{\lambda}{\Delta + \lambda}\,(cY_t).$$

2.7 Die kontinuierliche Form der verteilten Verzögerung in der vorigen Übung ist

$$C\,(t) = \int_0^\infty c\,(\tau)\,Y\,(t-\tau)\,d\tau \, ,$$

wobei $$c = \int_0^\infty c\,(\tau)\,d\tau \, .$$

Nehmen Sie den Fall exponentieller Gewichte: $c\,(\tau) = ae^{-\lambda\tau}$ und zeigen Sie, daß $a = c\lambda$. Führen Sie die Substitution $x = t-\tau$ durch, zeigen Sie, daß

$$C\,(t) = c\lambda e^{-\lambda\tau} \int_{-\infty}^{t} e^{\lambda x}\,Y\,(x)\,dx$$

und leiten Sie ab, daß $DC = \lambda\,(cY - C)$, d. h.

$$C = \frac{\lambda}{D+\lambda}\,(cY), \quad \text{wobei} \quad D = \frac{d}{dt} \, .$$

2.8 Nehmen Sie beim Einkommenskreislauf (siehe Fig. 2.1 A) in jedem der drei Schenkel des Dreiecks eine einperiodige Verzögerung (auch vom Ausstoß zum Einkommen) an und nehmen Sie weiter an, daß der proportional zum Einkommen in Beziehung gesetzte Konsum die einzige Nachfrage sei: $Z_t = cY_{t-1}$, $Q_t = Z_{t-1}$ und $Y_t = Q_{t-1}$. Zeigen Sie, daß das Modell komplett ist und daß der Einkommenspfad aus der Differenzengleichung $Y_t - cY_{t-3} = 0$ gewonnen wird. Was ist die Lösung, wenn Y_0, Y_1 und Y_2 gegeben sind?

2.9 Übertragen Sie das Kreislaufmodell der Übung 2.8 in kontinuierliche Form, wobei Sie für diesen Zweck die exponentielle Verzögerung der Übung 2.7 mit $\lambda = 1$ (d. h. von der Länge eines Jahres) verwenden. Zeigen Sie, daß das Einkommen Y die Differentialgleichung $D^3 Y + 3D^2 Y + 3DY + (1-c) Y = 0$ erfüllt. Schreiben Sie den Pfad von Y in der Form: $Y = B_1 e^{p_1 t} + B_2 e^{p_2 t} + B_3 e^{p_3 t}$, wobei p_1, p_2 und p_3 Wurzeln von $(p + 1)^3 = c$ sind. Zeigen Sie, daß die Wurzeln $-(1-\gamma)$ und $-\{1 + (\gamma/2)\} \pm i (\sqrt{3}/2)\gamma$ sind, wobei $\gamma = \sqrt[3]{c}$. Leiten Sie ab, daß, ausgenommen für eine stetige Komponente, die wegfällt, der Pfad von Y eine gedämpfte Schwingung mit der Periode $4\pi/\gamma\sqrt{3}$ Jahre ist. Wie groß ist die Periode, wenn $c = 0{,}729$?

Kapitel 3

Die Technologie der Wirtschaft

3.1 Kapital und Kapitalproduktivität

In der makroökonomischen Analyse eines Ein-Sektor-Modells wird die Technologie der Wirtschaft mittels drei Faktoren (Land, Arbeit und Kapital) beschrieben; sie spezifiziert die mit verschiedenen Faktorkombinationen erzielbaren Ausstöße. Durch die Vernachlässigung des Faktors Land in einer fortgeschrittenen Technologie ist eine Vereinfachung möglich. Ein Weg wäre, das Land als fixen Faktor anzunehmen und als Folge davon allgemein sinkende Skalenerträge in der Produktion in Kauf zu nehmen; eine proportionale Vermehrung von Arbeit und Kapital, auf eine fixierte Menge Land angewendet, ergibt eine unterproportionale Ausstoßerhöhung. Andererseits müssen wir annehmen, um den sehr angenehmen Fall konstanter Erträge zu ermöglichen, daß Einflüsse existieren, die zu steigenden Erträgen als Ausgleich für die sinkenden Erträge des fixen Landbestandes führen. Eine alternative und hier verfolgte Art, den Faktor Land zu behandeln, ist die Annahme, es lege der Produktion keinerlei Beschränkung auf. Land wird einfach als Produktionsfaktor weggelassen und wir können ohne weiteres den Fall konstanter Skalenertäge akzeptieren, wenn Arbeit und Kapital proportional vermehrt werden, außer es gibt einen bestimmten Grund anzunehmen, die Erträge seien zu- oder abnehmend.

Kapital ist ein Bestand K, der zur Verwendung in der Produktion verfügbar ist. In der Praxis wird der Bestand durch eine Bewertung zu konstanten Preisen aller individuellen Vermögensgüter, aus denen er sich zusammensetzt, gemessen; dabei treten die bekannten Probleme der Indexzahlenkonstruktion auf. In der Theorie finden es viele Ökonomen schwer, das Konzept einer realen Messung des Kapitalbestandes zu akzeptieren. Wir vermeiden dieses Problem hier, indem wir eines von drei möglichen Verfahren anwenden. Das erste, dem wir jetzt und oft noch in der späteren Analyse folgen, besteht darin, eine extreme Annahme zu machen, die aber äußerst vorteilhaft ist, weil sie die Analyse vereinfacht; und zwar, daß es nur ein homogenes Gut gibt, das sowohl als Konsum- wie auch als vollkommen flexibles Kapitalgut verwendet werden kann. Der Ausstoß wird dann ebenso wie der Kapitaleinsatz real gemessen, in einem einzigen homogenen Gut, auf die gleiche Art, wie die Erträge (Gewinne und Löhne) der Faktoren. Nur die Arbeit wird separat in ihren eigenen natürlichen Einheiten gemessen, d. h. in Arbeiterstunden. Eine Alternative, die für Modelle geeignet ist, in welchen Kapital die Form nicht-homogener „Maschinen“ annimmt, besteht darin, den Kapitalstock in disaggregierter Form anzunehmen, als eine Sammlung von Maschinen verschiedenen Alters oder verschiedenen „Jahrganges“ (vintage). Wir betrachten später an geeigneter Stelle diese Modelle und konstruieren aus der Altersverteilung der Maschinen ein entsprechendes Maß des ganzen Kapitalbestandes.

Das dritte, sehr häufig verwendete Verfahren besteht darin, das Konzept eines Kapitalbestandes aufzugeben und nur mit der Nettoinvestition I zu arbeiten. In kontinuierlichen, dynamischen Modellen ergibt sich I als eine Funktion der Zeit, die den Pfad, dem die Nettoinvestition folgt, beschreibt. Wenn es ein geeignet definiertes Maß des Kapitalbestandes K gibt, dann gilt:

$$\frac{dK}{dt} = I \quad \text{und} \quad K = \int_0^t I\,dt\,.$$

Aber es ist möglich, daß die Funktion I nicht integrierbar ist, und selbst wenn sie es ist, wollen wir vielleicht nicht das Integral als Kapitalbestand definieren.

Wenn ein Kapitalmaß gegeben ist, kann der Bestand K zu den verschiedenen Strömen in Verbindung gesetzt werden (z. B. zur eingesetzten Arbeit oder zum produzierten Ausstoß), die als Variable in einer makroökonomischen Analyse vorkommen. Ein Verhältnis erscheint oft, das den Kapitalbestand mit dem Ausstoßstrom verbindet. In diesem Kapitel beschäftigen wir uns in erster Linie mit dem Ausstoß und seinen Determinanten und nicht mit dem Einkommen. Schreiben wir also Q für Ausstoß und erinnern wir uns daran, daß Q später als Einkommen Y identifiziert werden kann. Unsere Kapitalkoeffizienten verbinden dann K und Q, können aber auf zwei Arten angeschrieben werden, je nachdem, welche Variable auf die andere bezogen wird. Dabei können viele Unklarheiten auftreten.

Eine der Schwierigkeiten besteht darin, daß das Verhältnis eine Zeitdimension hat (1.2 oben). Wenn es also $v = K/Q$ geschrieben wird, hat v die Zeitdimension t^{-1}; wenn es aus Vierteljahresdaten für den Ausstoß Q berechnet wird, ist es für den gleichen Ausstoßstrom viermal so groß wie bei Jahresdaten. Ein und derselbe Kapitalstock repräsentiert v mal den Jahresausstoß und $4\,v$-mal den Vierteljahresausstoß.

Die hauptsächlichen Unklarheiten ergeben sich aber aus der Tatsache, daß das Verhältnis entweder als K/Q oder als Q/K *geschrieben* werden kann, während es im Sinne des Verhältnisses oder im entgegengesetzten Sinn *interpretiert* werden kann. Es ist in der Praxis nicht möglich, die Schreibweise so zu beschränken, daß sie mit der Interpretation Hand in Hand geht. Es ist also wichtig, die Interpretation, die dem Verhältnis gegeben wird, ganz explizit zu machen und dann alle Freiheit zu haben, es in direkter oder reziproker Form anzuschreiben, wie es gerade günstig ist.

Von der Technologie der Wirtschaft her gesehen, ist die gewöhnliche Interpretation die, daß wir angeben, welcher Ausstoß mit dem Kapitalstock (und anderen Faktoren) erzielt werden kann, d. h. wenn K gegeben ist, folgt Q daraus und Q ist eine Funktion von K (und anderen Variablen). Also ist das relevante Verhältnis die Kapitalproduktivität (Q/K), die gewöhnlich als Kapazitätsausstoß/Kapitalbestand interpretiert werden muß, oder vielleicht, je nachdem wie sie auftritt, als tatsächlicher Ausstoß/eingesetztes Kapital. In der gewöhnlichen Interpretation wird Vollauslastung des Kapitals angenommen; im anderen Fall lassen wir unausgenützte Kapazität zu und betrachten nur den aus der Verwendung eines Teils, aber nicht des ganzen Kapitalbestandes erzielten tatsächlichen Ausstoß.

Unter anderen Umständen, besonders bei der Betrachtung von Investitionsentscheidungen, ist das relevante Verhältnis das zwischen dem gewünschten (oder erforderlichen) Kapitalbestand und dem Ausstoß, der produziert werden soll. Die geeignete Form des Verhältnisses ist der Kapitalkoeffizient (K/Q), der als gewünschter Kapitalbestand/gegebener Ausstoß zu interpretieren ist.

Eine übliche Notation ist, v für das Verhältnis K/Q zu schreiben. In der technologischen Interpretation ist dann die Kapitalproduktivität $1/v = Q/K$. In der alternativen Interpretation (z. B. für die Investition) ist der Kapitalkoeffizient $v = K/Q$. Aber wenn wir einmal festgelegt haben, welche Interpretation wir dem Verhältnis geben, müssen wir es ungehindert in beiden Arten anschreiben können.

3.2 Fixe Koeffizienten

Die einfachste Technologie hat einen Ausstoß Q, der genau proportional zum Kapitalbestand K und zum Arbeitseinsatz L ist. K sei hier der ganze Bestand und L die gesamte Arbeitskraft, so daß Q der Kapazitätsausstoß ist; oder aber K und L seien die tatsächlichen Einsätze (innerhalb der Kapazitätsgrenze) und Q der tatsächliche Ausstoß. Die Implikationen einer solchen Technologie sind, daß Kapital und Arbeit in einem fixen Verhältnis kombiniert werden müssen und daß es konstante

Skalenerträge gibt. Also schreiben wir für eine **Technologie mit fixen Koeffizienten:**

$$Q = \frac{K}{v} = \frac{L}{u}, \quad \text{wobei } u > 0,\ v > 0 \quad \text{gegebene Konstanten sind}\,. \tag{1}$$

Das gegebene Verhältnis $v : u$ bestimmt die Proportion, in der Kapital und Arbeit verwendet werden müssen.

Die Beziehungen (1) fixieren die notwendigen Faktormengen K und L, um einen Ausstoß Q zu erzeugen. Wenn mehr Arbeit (oder mehr Kapital) vorhanden ist, wird sie (es) vergeudet. Strenggenommen brauchen wir eine **Produktionsfunktion,** die für jede zur Verfügung stehende Menge Kapital und Arbeit den Ausstoß Q angibt; sie muß folgendermaßen angeschrieben werden:

$$Q = \min\left(\frac{K}{v}, \frac{L}{u}\right). \tag{2}$$

Dann ist K oder L (aber nicht beide) in (2) von dem in (1) verschieden. Z. B., wenn K/v das Minimum von (2) ist, ist $Q = K/v$ und die erforderliche Arbeitskraft wird durch $L^* = uQ = u\,(K/v) \leqslant u\,(L/u)$ in (2) angegeben. Also gilt $L^* \leqslant L$ und L^* muß in (1) eingeführt werden. Wir verwenden aber (1) für unsere Produktionsfunktion mit dem Einverständnis, daß es entweder mehr Arbeit zusätzlich zu L gibt, die verloren geht, oder mehr Kapital, aber nicht beides.

Die Technologie (1) ist eine Produktionsfunktion ohne jede Substitution zwischen den Faktoren. Sie kann, zumindest annäherungsweise, unter verschiedenen Umständen auftreten. Als ein Extrem ist es möglich, daß die Technologie nur einen möglichen Produktionsprozeß besitzt, nämlich den, bei dem Kapital und Arbeit immer im Verhältnis von $v : u$ kombiniert werden. Das sind fixe **technische** Koeffizienten. Als anderes Extrem kann es eine Vielzahl von Produktionsprozessen geben, von denen jeder sein eigenes Kapital-Arbeits-Verhältnis hat, aber nur einer dieser Prozesse gelangt auf Grund von Bedingungen zur Anwendung, die in bezug auf das betrachtete Modell exogen sind. Dann sind u und v **ausgewählte** fixe Koeffizienten. In einer ersten Analyse wird inzwischen aus analytischen Gründen ein spezieller Produktionsprozeß (Kapital-Arbeits-Verhältnis $v : u$) angenommen und später, auf einer zweiten Stufe, werden zusätzliche Bedingungen eingeführt, um die optimale Wahl von $v : u$ zu bestimmen. Der Fall fixer Koeffizienten (1) ist wichtiger, als auf den ersten Blick scheinen mag.

Die Produktionsfunktion (1) ohne Substitution wird in Fig. 3.2 in der (L, K)-Ebene dargestellt. Sie dient eher dazu, die Beziehung des hier verwendeten einfachen Falls zu den später entwickelten Konstruktionen zu zeigen, als das Verständnis der Funktion (1) selbst zu fördern. Das

Diagramm zeigt die Einheitsproduktisoquante, d. h. die Faktorkombination, die zur Produktion von $Q = 1$ notwendig ist. Wegen (1) gibt es nur eine solche Kombination: $L = u$ und $K = v$, was durch den Punkt A dargestellt wird. Die Isoquante wird durch die unterbrochene horizontale und vertikale Linie von A weg vervollständigt, um zu zeigen, daß zusätzliches L (oder K) vergeudet ist. Die Isoquante kann entweder als ein einziger Punkt A oder als eine „Kurve" mit einem rechten Winkel in A angesehen werden. Der Strahl OA hat die Steigung v/u, die das fixe Verhältnis widergibt, in dem die Faktoren verwendet werden. Es gibt konstante Skalenerträge und andere Isoquanten erhält man durch „Aufblähen" (oder Reduzieren) der Einheitsisoquante radial zu O. Die Isoquante Q wird durch den Punkt dargestellt (oder durch die „Kurve", deren Scheitel in dem Punkt liegt), der durch die Koordinaten (Q_u, Q_v) bestimmt ist und auf dem gegebenen Strahl OA liegt.

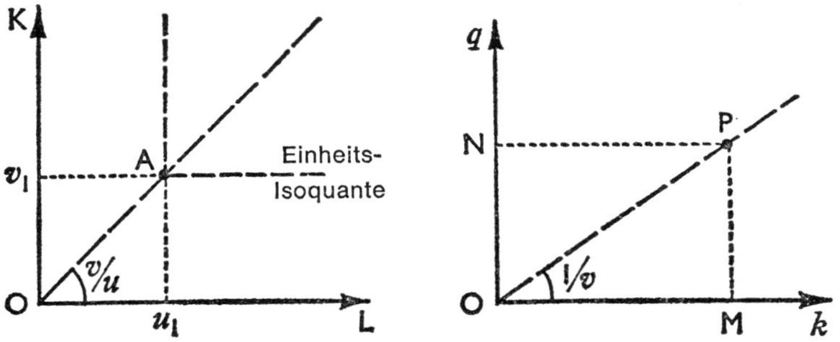

Fig. 3.2

Um die Eigenschaft konstanter Erträge der Produktionsfunktion (1) hervorzuheben, können wir sie in Form zweier getrennter Verhältnisse anschreiben:

$$\left.\begin{array}{ll} \text{Ausstoß pro Kopf,} & q = Q/L = 1/u \\ \text{und} \quad \text{Kapital pro Kopf,} & k = K/L = v/u. \end{array}\right\} \qquad (3)$$

Hier bedeutet „pro Kopf" soviel wie pro Arbeiterjahr oder pro Arbeiterstunde, je nachdem, wie der Arbeitseinsatz L gemessen wird. Die absolute Produktionshöhe kommt in den Verhältnissen q und k nicht zum Ausdruck, aber Q kann durch Multiplikation von q mit L und K durch Multiplikation von k mit L gefunden werden. Ähnlich kann die konstante Kapitalproduktivität auch nach (3) geschrieben werden:

$$\text{Kapitalproduktivität } 1/v = Q/K = q/k\ . \qquad (4)$$

Die Produktionsfunktion, in *Pro-Kopf*-Werten von (3) ausgedrückt, wird in der (k, q)-Ebene der Figur 3.2 durch einen einzigen Punkt P mit den Koordinaten $OM = v/u$ und $ON = 1/u$ dargestellt. Der Strahl OP ist fixiert und seine Steigung stellt die konstante Kapitalproduktivität $(1/v)$ dar.

Zusammenfassend kann gesagt werden, daß sich die Produktionsfunktion (1) auf eine Folge von Isoquanten in der (L, K)-Ebene reduziert, von denen jede durch einen einzigen Punkt auf dem Strahl OA mit einer Steigung dargestellt wird, die durch das fixe Verhältnis $v:u$ gegeben ist, in dem die Faktoren verwendet werden müssen. Es gibt konstante Skalenerträge und die Produktionsfunktion kann in der Form (4) ausgedrückt werden, die den Pro-Kopf-Ausstoß q zum Kapital pro Kopf k in Beziehung setzt. Die spezielle Form, die diese Funktion annimmt, ist: $q = (1/v)\,k$, definiert für den Bereich von k, der einen einzigen Wert $k = v/u$ darstellt. Die „Kurve", die q als eine Funktion von k darstellt, reduziert sich zu dem einzigen Punkt P in der (k, q)-Ebene.

3.3 Die lineare Programmierungsform

Sogleich bietet sich eine Erweiterung der einfachen Technologie mit fixen Koeffizienten an. Anstelle eines einzigen durch das Kapital-Arbeitsverhältnis $v : u$ spezifizierten Prozesses, nehmen wir an, mehrere solcher Prozesse stünden getrennt oder in Kombination zur Verfügung.

$$Q = K/v_r = L/u_r \quad \text{für } r = 1, 2, 3, \ldots, \tag{1}$$

wobei $u_r > 0$ und $v_r > 0$ gegebene Konstanten sind. Die Beschreibung der Technologie geht folgendermaßen vor sich. Wenn ein Produktionsprozeß (der r-te) allein verwendet wird, wird der Ausstoß in Form der Arbeits- und Kapitaleinsätze durch (1) angegeben, wobei es konstante Skalenerträge gibt. Wenn von zwei Produktionsprozessen beide (der r-te und der s-te) verwendet werden, müssen sie linear in irgend einem Verhältnis λ $(0 < \lambda < 1)$ miteinander verbunden werden. Einen Anteil λ des Ausstoßes ergibt dann der r-te Prozeß und einen Anteil $(1-\lambda)$ der s-te Prozeß, wobei jeder der Prozesse durch (1), für r und s angeschrieben, gekennzeichnet ist. Kombinationen von drei oder mehreren Prozessen werden auf ähnliche Weise durchgeführt.

Die diagrammatische Darstellung der Einheitsisoquante in der (L, K)-Ebene im Fall von drei Prozessen $r = 1, 2, 3$ wird in Fig. 3.3 gegeben. Wird der erste Prozeß allein verwendet, erhält man den Einheitsausstoß durch die Kombination von $L = u_1$ an Arbeit und $K = v_1$ an Kapital, wie es der Punkt A_1 mit den Koordinaten (u_1, v_1) zeigt. Ähnlich stellen A_2 und A_3 den Einheitsausstoß dar, der bei Verwendung des zweiten oder dritten Prozesses allein erzielt wird. Um den ersten und den zwei-

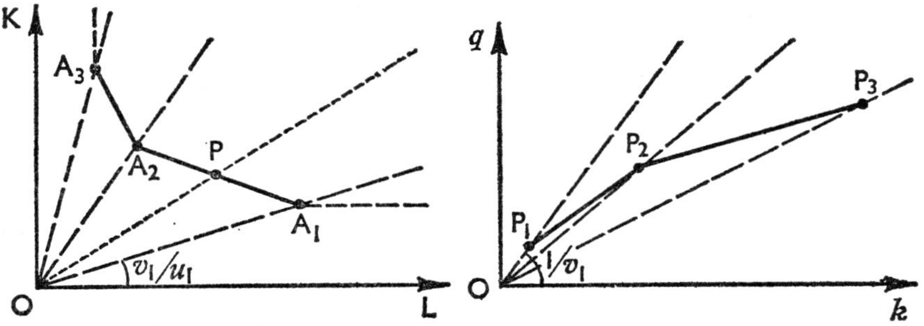

Fig. 3.3

ten Prozeß zu kombinieren, weist man dem ersten Prozeß λu_1 Einheiten Arbeit zu, so daß er λ Ausstoß erbringt und dem zweiten $(1-\lambda)\,u_2$ Einheiten Arbeit für einen Ausstoß von $(1-\lambda)$. Also gibt die gesamte Verwendung von $L = \lambda u_1 + (1-\lambda)\,u_2$ Arbeit den Einheitsausstoß. Das entsprechende Kapital, das eingesetzt werden muß, ist nach (1) für den ersten Prozeß λv_1 und für den zweiten $(1-\lambda)\,v_2$, so daß insgesamt $K = \lambda v_1 + (1-\lambda)\,v_2$ Kapital verwendet wird. Also ist ein anderer Punkt der Einheitsisoquante der mit den Koordinaten $L = \lambda u_1 + (1-\lambda)\,u_2$ und $K = \lambda v_1 + (1-\lambda)\,v_2$ für $0 < \lambda < 1$, d. h. ein Punkt P auf dem Segment $A_1 A_2$. Wenn λ von 0 auf 1 ansteigt, bewegt sich P entlang des Segments von A_2 nach A_1. Auf dieselbe Weise werden Kombinationen des zweiten und dritten Prozesses durch Punkte auf $A_2 A_3$ angegeben, während Kombinationen des ersten und dritten Prozesses als Punkte auf $A_1 A_3$ aufscheinen. Nun ist es klar, daß einige Kombinationen **effizient** sind und andere nicht. In dem dargestellten, rein illustrativen Fall sind Kombinationen auf $A_1 A_2$ und auf $A_2 A_3$ effizient; aber die auf $A_1 A_3$ sind nicht effizient, da derselbe Ausstoß durch geringeren Faktoreinsatz erzielt werden kann, indem man den zweiten Prozeß in Verbindung mit einem der beiden anderen anwendet. Die komplette Einheitsisoquante wird durch das Streckenpaar $A_1 A_2 A_3$ dargestellt, das horizontal rechts von A_1 und vertikal über A_3 hinaus fortgesetzt wird, um anzuzeigen, daß in diesen Bereichen Kapital oder Arbeit vergeudet wird. Es gibt konstante Erträge und alle anderen Isoquanten werden durch „Aufblähen“ der Einheitsisoquante radial zu O gefunden.

Es ist zu bemerken, daß die Technologie in einem zweifachen Sinn linear ist. Es gibt konstante Erträge, so daß wir Q linear entlang irgendeines Strahles vom Ursprung in der (L, K)-Ebene wandern lassen können, nachdem wir die Kombination der zu verwendenden Prozesse ausgewählt haben. Weiters werden die Prozesse linear kombiniert, wobei jeder Prozeß einen bestimmten Ausstoßanteil ergibt, unabhängig vom

Produktionsniveau. Das kann z. B. der Fall sein, weil einige Firmen in der Wirtschaft den einen Prozeß benutzen und einige den anderen.

Da die Technologie konstante Erträge hat, kann sie in *Pro-Kopf*-Variablen dargestellt werden. Wenn der r-te Prozeß allein verwendet wird, haben wir

$$\left.\begin{aligned} &\text{Ausstoß pro Kopf,} \quad q_r = \frac{1}{u_r} \\ \text{und} \\ &\text{Kapital pro Kopf,} \quad k_r = \frac{v_r}{u_r} \quad (r = 1, 2, 3, \ldots) \end{aligned}\right\} \tag{2}$$

Für den ersten Prozeß wird das Ergebnis durch den Punkt P_1 in der (k, q)-Ebene der Figur 3.3 wiedergegeben, wobei der Anstieg von OP_1 die konstante Kapitalproduktivität $(1/v_1)$ des ersten Prozesses darstellt. Ähnlich repräsentieren P_2 und P_3 die getrennten Anwendungen des zweiten und des dritten Prozesses. Um zwei Prozesse von (2) zu kombinieren, nehmen wir für jedes Verhältnis μ, das wir wählen wollen $(0 < \mu < 1)$, L Einheiten Arbeit und teilen sie zwischen den Prozessen auf, μL Einheiten für den einen und $(1-\mu) L$ Einheiten für den anderen. So haben wir bei der Kombination der Prozesse 1 und 2 μL Einheiten Arbeit dem Prozeß 1 und $(1-\mu) L$ Einheiten dem Prozeß 2 zugeteilt. Wegen (1) verlangt das einen gesamten Kapitaleinsatz von:

$$K = \left\{\mu \frac{v_1}{u_1} + (1-\mu) \frac{v_2}{u_2}\right\} L$$

und ergibt einen Ausstoß von:

$$Q = \left\{\mu \frac{1}{u_1} + (1-\mu) \frac{1}{u_2}\right\} L \, .$$

Nun gilt wegen (2): $q = \mu q_1 + (1-\mu) q_2$ und $k = \mu k_1 + (1-\mu) k_2$ für den Ausstoß und das Kapital pro Kopf in der Kombination $(0 < \mu < 1)$. Der entsprechende Punkt in der (k, q)-Ebene der Fig. 3.3 liegt auf dem Segment $P_1 P_2$ und wandert von P_2 nach P_1, wenn μ von 0 auf 1 steigt.

Daher folgt aus (2), daß der Pro-Kopf-Ausstoß q eine Funktion des Pro-Kopf-Kapitals k ist. Diese Funktion wird im Fall von drei Prozessen durch die Strecken $P_1 P_2 P_3$ der Fig. 3.3 dargestellt. Der Bereich aller möglichen Werte von k besteht in diesem illustrativen Fall aus allen k zwischen v_1/u_1 (in P_1) und v_3/u_3 (in P_3). Wenn P irgendein Punkt auf den Strecken $P_1 P_2 P_3$ ist, wird der Prozeß 2 gemeinsam mit Prozeß 1 verwendet (P links von P_2) oder gemeinsam mit Prozeß 3 (P rechts von P_2). Die Kapitalproduktivität $(1/v)$ wird durch die Steigung von OP gegeben.

Die Technologie (1) oder (2) gestattet die Verwendung jeder endlichen Zahl von Prozessen, allein oder in Kombination mit anderen. Fig. 3.3

illustriert die Produktionsfunktion, wenn es eine kleine Zahl (hier drei) von Prozessen gibt. Aber man kann leicht sehen, was geschieht, wenn die Zahl der (effizienten) Prozesse anwächst und groß wird. Die Einheitsisoquante besteht dann aus einer großen Zahl von kleinen Segmenten: $A_1 A_2 A_3 A_4 \ldots$ Die Beziehung des Pro-Kopf-Ausstoßs q zum Kapital pro Kopf k wird durch eine große Zahl von kleinen Segmenten angegeben: $P_1 P_2 P_3 P_4 \ldots$

Die auf diese Art spezifizierte Technologie ist die Basis für die Analyse von Problemen der linearen Programmierung der üblichen Form, die Optimierung unter der Beschränkung begrenzter Mittel durchführen. Diese Probleme sind für mikroökonomische Modelle wichtiger als für makroökonomische und werden hier nicht weiter behandelt. Wenn wir etwas ins Detail gingen, so teilweise, um zu zeigen, wie zwei oder mehrere Prozesse (mit fixen Koeffizienten) kombiniert werden können, und teilweise, um von der nicht ganz glatten Produktionsfunktion, die wir jetzt haben, zum Grenzfall einer stetigen Produktionsfunktion überzuführen.

Wenn die Zahl der (effizienten) Prozesse unendlich anwächst und jeder in den nächsten übergeht, werden die Isoquanten der Produktionsfunktion an der Grenze nach und nach Kurven, die man als stetig und differenzierbar annehmen kann. Ebenso geht die Beziehung von q zu k in *Pro-Kopf*-Größen nach und nach in eine Kurve über, die wieder als stetig und differenzierbar angenommen werden kann. Die nicht so glatte (lineare Programmierungs-)Technologie wird nach und nach eine glatte (kontinuierliche) Technologie.

Die lineare Programmierungs-Technologie hat konstante Skalenerträge. Wir hätten gerne, daß diese Eigenschaft im Grenzfall erhalten bleibt und insbesondere, daß die Beziehung der *Pro-Kopf*-Variablen (q und k) in stetiger Form weitergilt. Wenn wir aber bereit sind, die *Pro-Kopf*-Darstellung aufzugeben und zur Isoquantendarstellung der Produktionsfunktion überzugehen, kann die Beschränkung auf konstante Erträge beim Grenzübergang eliminiert werden.

Nehmen wir an, die Isoquanten seien an der Grenze durch die stetige und differenzierbare Beziehung: $F(K, L) =$ konstant wiedergegeben. Die Konstante stellt das Ausstoßniveau der gerade gewählten Isoquante dar. Also kann $Q = F(K, L)$ als stetige und differenzierbare Produktionsfunktion angeschrieben werden, die den Ausstoß Q als Funktion zweier Einsätze K und L angibt. Jedoch ist die Wahl von F bis zu einem gewissen Grade willkürlich; das Isoquantenfeld ist eine geordnete Menge und kann nicht nur durch ein spezielles F, sondern auch durch $\psi(F)$, wobei ψ eine monoton ansteigende Funktion ist, dargestellt werden. Also können wir schreiben: $\psi\{F(K, L)\} =$ konstant für die Isoquanten und $Q = \psi F(K, L)$ für die Produktionsfunktion. Ob es nun konstante, zu- oder abnehmende Erträge gibt, hängt von der Wahl von ψ ab.

Es ist also möglich, die glatte (stetige) Produktionsfunktion der Form $Q = \psi F(K, L)$ als Grenzform und daher als Annäherung der nicht ganz glatten Technologie vom Typ der linearen Programmierung aufzufassen. Wir müssen aber diese Auffassung nicht akzeptieren, sondern können neu beginnen und eine stetige Produktionsfunktion für kontinuierlich substituierbare Faktoren formulieren. Das wollen wir tun.

3.4 Produktionsfunktionen

Unter der Annahme, daß die Einsätze K an Kapital und L an Arbeit stetig variierbar und kontinuierlich in der Produktion substituierbar sind und daß jeder Kombination (K, L) ein einziger Ausstoß Q entspricht, können wir die **Produktionsfunktion** schreiben als:

$$Q = F(K, L), \text{ definiert für } K \geqslant 0, L \geqslant 0 \;. \tag{1}$$

Man kann noch immer Q als Kapazitätsausstoß (wie es üblicherweise getan wird) interpretieren, zum Kapitalstock K und zur Arbeitskraft L in Beziehung gesetzt; oder wir können alternativ Q als tatsächlichen Ausstoß auf Grund von tatsächlichen Einsätzen im Rahmen der Kapazität des Kapitalstocks und der Arbeitskraft annehmen.

Wir legen der Produktionsfunktion (1) folgende Restriktionen auf. Q wird als stetig und zweimal differenzierbar angenommen. Wir bezeichnen die partiellen Ableitungen mit $\delta Q / \delta K = F_K$ und $\delta Q / \delta L = F_L$ und ähnlich die Ableitungen zweiter Ordnung und nehmen an:

$$F_K > 0,\; F_{KK} < 0 \quad \text{und} \quad F_L > 0,\; F_{LL} < 0 \;.$$

Jede dieser partiellen Ableitungen, selbst eine Funktion von K und L, muß als Grenzprodukt interpretiert werden. Für die **Grenzproduktivität der Arbeit** gilt:

$$\text{Grenzprodukt } \frac{\partial Q}{\partial L} = F_L > 0 \text{ und es sinkt, wenn } L \text{ steigt} \tag{2}$$

und ähnlich für das Grenzprodukt des Kapitals.

Die Isoquanten (konstante Produktmenge) sind: $F(K, L) =$ konstant. Also gilt für jede Verschiebung entlang einer Isoquante (Q konstant):

$$F_K \, dK + F_L \, dL = 0 \;.$$

Wenn K durch L für ein gegebenes Q von irgendeinem gegebenen Punkt (K, L) aus substituiert wird, ist die **Grenzrate der Substitution**

$$R(K, L) = -\frac{dK}{dL} = \frac{F_L}{F_K} \,, \tag{3}$$

wie sie durch den absoluten Wert der Steigung der Isoquante in (K, L) angegeben wird. Es wird angenommen, daß R bei fortschreitender Substitution kleiner wird, es liegt also der Fall der **abnehmenden Grenzrate der Substitution** vor; die Isoquanten sind dann konvex zum Ursprung. Dies ist der Fall in der glatten Version der Fig. 3.3 oben. Das wird noch weiter in Fig. 3.4A illustriert. Der Punkt P wird durch $L = OM$ und $K = ON$ gegeben. Q ist die Isoquante durch P. Die Grenzrate der Substitution R in P ist wegen (3) der Zahlenwert der Steigung der abwärts geneigten Tangente an die Isoquante im Punkt P. Bei fortschreitender Substitution sinkt der Wert von R, während K entlang der Isoquante sinkt und L ansteigt, die Tangente wird flacher und die Isoquante ist zu O konvex.

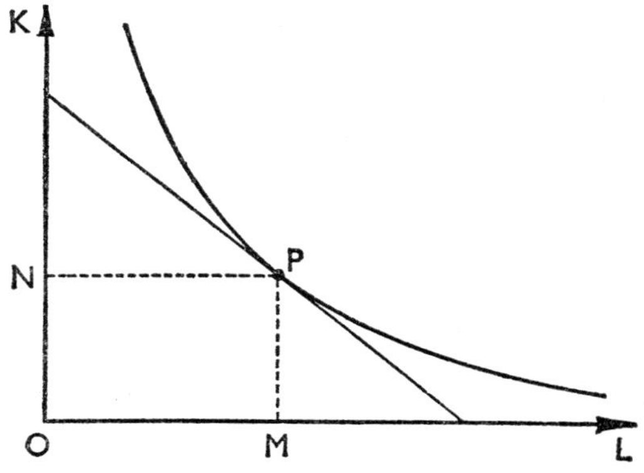

Fig. 3.4 A

In einer kurzfristigen Analyse kann K konstant angenommen werden $(\bar{K})$ und nur L variabel. Die Produktionsfunktion (1) ist dann:

$$Q = \varphi(L), \text{ wobei } \varphi(L) = F(\bar{K}, L)$$

und die Grenzproduktivitätsbedingungen (2) reduzieren sich zu:

$$\text{Grenzprodukt der Arbeit } \varphi'(L) > 0 \text{ und } \varphi''(L) < 0,$$

d. h. das Grenzprodukt ist positiv und sinkt, wenn L steigt.

Zwei einander nicht ausschließende spezielle Formen der Produktionsfunktion sind in makroökonomischen Modellen wichtig. In einer Form ist die Funktion entweder im additiven oder multiplikativen Sinn **teilbar:**

$$Q = F_1(K) + F_2(L) \quad \text{oder} \quad Q = F_1(K) \times F_2(L) \, .$$

Es ist gleichgültig, welche dieser beiden teilbaren Formen verwendet wird, da sich die multiplikative durch eine logarithmische Transformation in eine additive überführen läßt:

$$\log Q = \log F_1 (K) + \log F_2 (L).$$

Eine wichtige Eigenschaft der teilbaren Form ist es, daß man viel leichter ersehen kann, wie die Funktion durch Aggregation aus dahinterliegenden Mikrofunktionen der Technologie abgeleitet werden kann[1]. Die Form von 3.2 mit fixen Koeffizienten ist teilbar, wie auch die unten entwickelten Cobb-Douglas- und C. E. S.-Funktionen.

Die zweite spezielle Form hat **konstante Skalenerträge.** Die allgemeine Form (1) kann so beschaffen sein, daß, wenn K und L gleichmäßig zunehmen, Q überproportional, proportional oder unterproportional wächst. Welcher Fall nun zutrifft, kann von einer Faktorkombination zur anderen verschieden sein. Der wichtigste Spezialfall ist der konstanter Erträge überall, so daß Q immer im selben Verhältnis wie K und L wächst und die Funktion **linear und homogen** ist:

$$F(\lambda K, \lambda L) = \lambda F(K, L) \quad \text{für alle } \lambda > 0\,. \tag{4}$$

Auf Grund des Eulerschen Theorems[2] folgt dann, daß:

$$Q = F_K K + F_L L \text{ für alle } K \text{ und } L\,. \tag{5}$$

Die Interpretation von (5) ist genügend bekannt: wenn die Faktoren mit ihren Grenzprodukten entlohnt werden, teilt sich das Produkt Q unter ihnen ohne Überschuß oder Defizit auf. Diese Grenzproduktivitätseigenschaft wird unten noch weiter behandelt.

Die lineare und homogene Produktionsfunktion (konstante Erträge) ist einer Funktion mit einer *Pro-Kopf*-Variable wegen des Ergebnisses (b) von 1.5 äquivalent:

$$Q = F(K, L) = Lf\left(\frac{K}{L}\right), \quad \text{wobei } f\left(\frac{K}{L}\right) = F\left(\frac{K}{L}, 1\right).$$

So gilt:

$$q = f(k)\,, \quad \text{wobei } q = \frac{Q}{L} \text{ und } k = \frac{K}{L}\,. \tag{6}$$

Die *Pro-Kopf*-Form (6) ist für die lineare und homogene Funktion spezifisch, d. h. für den Fall konstanter Erträge.

---

[1] Siehe A. A. *Walters* „Production and Cost Functions", Econometrica (April 1963). Die additive teilbare Form leitet sich von arithmetischen Mittelwerten und Aggregaten, die multiplikative von geometrischen Mittelwerten ab.

[2] Siehe R. G. D. *Allen,* Mathematical Analysis for Economists (1938), S. 317 deutsch: Mathematik für Volks- und Betriebswirte, 2. Aufl. Berlin 1962, S. 329.

Das Grenzprodukt des Kapitals ist $\partial Q/\partial K = \partial q/\partial k = f'(k)$. Also werden die Bedingungen (2) für die Grenzprodukte zu $f'(k) > 0$ und $f''(k) < 0$. Zusätzlich ist es noch angenehm (aber nicht notwendig), die Form von f so anzunehmen, daß $f'(k) \to \infty$, wenn $k \to 0$ (unendlich steigendes Grenzprodukt, wenn das Kapital pro Kopf sinkt) und so, daß $f'(k) \to 0$, wenn $k \to \infty$ (Grenzprodukt sinkt auf Null, wenn das Kapital pro Kopf steigt). Wenn all diese Bedingungen erfüllt sind, spricht man von der Produktionsfunktion (6) als „wohlgestalteter" Funktion und ihre Form ist die in der (k, q)-Ebene der Fig. 3.4B dargestellte. Bei der Menge

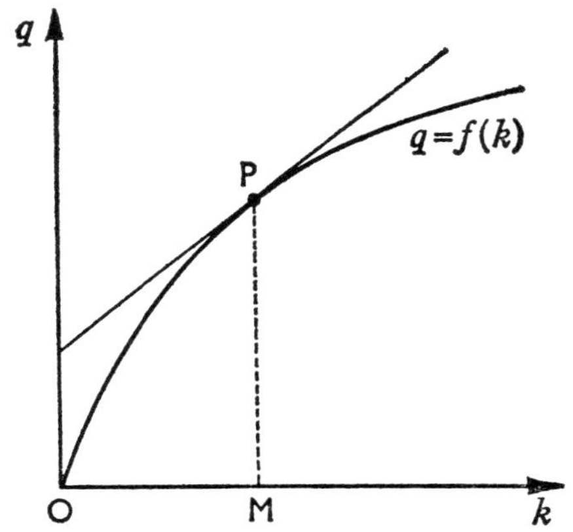

Fig. 3.4 B

$k = OM$ an Pro-Kopf-Kapital ist der Pro-Kopf-Ausstoß MP und das Grenzprodukt des Kapitals ist gleich der Steigung der Tangente in P. Das Grenzprodukt sinkt, wenn k steigt, und ist bei $k = 0$ unendlich und strebt nach Null, wenn $k \to \infty$. So ist die Funktion $q = f(k)$ in diesem Sinn **wohlgestaltet**, wenn

$$f'(k) > 0\,; \quad f''(k) < 0\,; \quad f'(k) \to \infty\,, \quad \text{wenn} \quad k \to 0\,; \quad f'(k) \to 0\,, \quad \text{wenn} \quad k \to \infty \tag{7}$$

Der Vorteil all der Bedingungen (7) für eine wohlgestaltete Produktionsfunktion ist, daß ihre Tangentenneigung, das Grenzprodukt des Kapitals $f'(k)$, jeden positiven Wert von Null bis unendlich für jedes k annimmt.

3.5 Die Verteilung des Produkts

Wir nehmen nun an, daß die Produktion auf **Gewinnmaximierung** unter **vollständiger Konkurrenz** sowohl auf dem Güter- wie auch auf dem Arbeitsmarkt beruhe. Daraus folgt, daß die Produzenten den Preis des Produkts (hier als 1 angesetzt) als gegeben betrachten und ebenso den Lohnsatz w und die Profitrate ϱ, wobei alle Preise in Produkteinheiten ausgedrückt werden. Die Gewinnrate ϱ ist der Gewinn bezogen auf das verwendete Kapital. Als einen ersten Fall, für die kurzfristige Betrachtung geeignet, nehmen wir $K = \bar{K}$ als gegeben an, so daß die Produktionsfunktion $Q = \varphi(L)$ ist. Der Nettoertrag ist dann:

$$\Pi = Q - wL = \varphi(L) - wL$$

und Π ist maximal, wenn

$$\frac{d\Pi}{dL} = \varphi'(L) - w = 0 \quad \text{und} \quad \frac{d^2\Pi}{dL^2} = \varphi''(L) < 0 .$$

Die zweite Bedingung ist erfüllt (sinkendes Grenzprodukt) und die erste gibt:

$$\varphi'(L) = w ,$$

d. h. die Produktion wird bis zu dem Punkt vorangetrieben, wo das Grenzprodukt der Arbeit gleich dem gegebenen Lohnsatz w ist.

Allgemeiner, wenn die Produktionsfunktion $Q = F(K, L)$ nur den in 3.4 spezifizierten Bedingungen unterworfen ist, ist der Nettoertrag:

$$\Pi = F(K, L) - \varrho K - wL$$

und die notwendigen Bedingungen dafür, daß Π ein Maximum ist, wenn w und ϱ gegeben sind, lauten:

$$\frac{\partial \Pi}{\partial K} = F_K - \varrho = 0 \quad \text{und} \quad \frac{\partial \Pi}{\partial L} = F_L - w = 0 .$$

Die hinreichenden Bedingungen gelten wegen der Annahme sinkender Grenzrate der Substitution (Isoquanten konvex zu O). Also wird die Produktion bis zu dem Punkt ausgeweitet, wo die Grenzprodukte den entsprechenden (gegebenen) Preisen gleich sind:

$$F_K = \varrho \quad \text{und} \quad F_L = w .$$

Der maximale Nettoertrag ist: $\Pi = F(K, L) - F_K K - F_L L$. Das Vorzeichen von Π hängt davon ab, ob die Erträge zu- oder abnehmend sind. Π ist Null dann und nur dann, wenn es konstante Skalenerträge gibt, wegen (5) in 3.4 oben, d. h. dann und nur dann, wenn das Produkt folgendermaßen aufgeteilt wird: $Q = F_K K + F_L L = \varrho K + wL$.

Der Fall **konstanter Skalenerträge** kann detaillierter untersucht und mittels Diagramm illustriert werden, indem wir die Produktionsfunktion in *Pro-Kopf*-Größen anschreiben:

$$q = f(k)\,, \quad \text{wobei} \quad q = Q/L \quad \text{und} \quad k = K/L\,.$$

Die Funktion wird normalerweise in ihrer wohlgestalteten Form (7) in 3.4 oben angenommen.

Zuerst benötigen wir explizite Ausdrücke für die Grenzprodukte, die man durch Differenzieren von $Q = Lf(k)$ erhält, wobei $k = K/L$:

$$\frac{\partial Q}{\partial K} = L\,\frac{d}{dk}\,f(k)\,\frac{dk}{dK} = Lf'(k)\,\frac{1}{L} = f'(k)$$

und $$\frac{\partial Q}{\partial L} = f(k) + L\,\frac{d}{dk}\,f(k)\frac{dk}{dL} = f(k) + Lf'(k)\left(-\,\frac{K}{L^2}\right) = f(k) - kf'(k)\,.$$

Also werden beide Grenzprodukte durch $f(k)$ und dessen Ableitung ausgedrückt:

$$\frac{\partial Q}{\partial K} = f'(k) \quad \text{und} \quad \frac{\partial Q}{\partial L} = f(k) - kf'(k)\,. \tag{1}$$

Bei Gewinnmaximierung unter vollkommener Konkurrenz werden die Grenzprodukte (1) der Gewinnrate ϱ und dem Lohnsatz w gleichgesetzt:

Wenn die Produktionsfunktion bei konstanten Erträgen als $\mathbf{q = f(k)}$ in Pro-Kopf-Größen angeschrieben wird und wenn die Gewinnrate ϱ und der Lohnsatz w den Produzenten unter vollkommener Konkurrenz vorgegeben sind, erfüllt die optimale Produktion die Grenzproduktivitätsbedingungen:

$$\varrho = \mathbf{f'(k)} \quad \textbf{und} \quad \mathbf{w = f(k) - kf'(k)}\,. \tag{2}$$

Diese Bedingungen führen automatisch zur Aufteilung des Produkts. Wir haben:

$$\varrho k + w = kf'(k) + f(k) - kf'(k) = f(k) = q\,.$$

Also verteilt sich das Produkt in *Pro-Kopf*-Werten:

$$q = \varrho k + w$$

und nach Multiplikation mit L ergibt sich die Aufteilung in der vertrauten Form:

$$Q = \varrho K + wL\,.$$

Unter vollkommener Konkurrenz auf beiden Märkten sind die Profitrate ϱ und der Lohnsatz w den Produzenten bei der Bestimmung ihrer optimalen Produktion vorgegeben. Wir müssen noch sehen, wie diese Variablen für das Gleichgewicht auf den beiden Märkten bestimmt werden. Wir finden dafür nur mit Hilfe der Produktionsfunktion einen Weg. Solange das Arbeitsangebot, das der von den Produzenten bestimmten Nachfrage entgegentritt, nicht spezifiziert ist, nehmen wir w als vorgegeben an. Dann ist durch die zweite Bedingung von (2) k bestimmt. Es folgt, daß $q = f(k)$ und $\varrho = f'(k)$ auch bestimmt sind. Also werden durch den Lohnsatz die Profitrate ϱ, der Pro-Kopf-Ausstoß q und das Pro-Kopf-Kapital k fixiert. Was noch übrig bleibt, ist die Bestimmung von w durch den Arbeitsmarkt und das Produktionsniveau (Q, K und L separat) auf dem Gütermarkt. Wir sind weder so weit, das Ausstoß- oder Einkommensniveau zu jedem Zeitpunkt oder über die Zeit wachsend anzugeben, noch haben wir gesehen, wie der Kapitalstock K über die Zeit wächst. Aber wir haben hier zumindest die Basis für neoklassische Wachstumsmodelle. Unser Ergebnis ist wichtig und kann geschrieben werden als:

Bei konstanten Erträgen unter vollkommener Konkurrenz ist die Profitrate ϱ, ausgedrückt durch den Lohnsatz w, nur durch technische Bedingungen bestimmt, d. h. durch die Wahl von k (Kapital pro Kopf) in der Produktionsfunktion q = f (k).

Die Ergebnisse werden diagrammatisch in der (k, q)-Ebene der Fig. 3.5 dargestellt. P ist die optimale Produktionslage auf der Produktionskurve $q = f(k)$. Die Steigung der Tangente in P ist $f'(k)$, im Optimum gleich ϱ. Also:

$$\varrho = \frac{WN}{NP} = \frac{WN}{OM} = \frac{WN}{k},$$

d. h.

$$\text{Profite pro Kopf} = k\varrho = WN.$$

Da durch die Aufteilung des Produkts $w = q - \varrho k$ und da $q = ON$, ergibt sich:

$$\text{Löhne pro Kopf} = w = OW.$$

Schließlich ergibt sich wieder aus der Steigung der Tangente:

$$\varrho = \frac{OW}{OR} = \frac{w}{OR} \quad \text{oder} \quad OR = \frac{w}{\varrho}.$$

Also wird die optimale Lage bei konstanten Erträgen und unter vollkommener Konkurrenz sehr klar und eindeutig durch die Fig. 3.5 beschrieben:

Die Profitrate ϱ ist die Steigung der Tangente im optimalen Punkt P; der Lohnsatz w ist das Interzept OW auf Oq; und das Verhältnis des Lohnsatzes zur Profitrate ist das Interzept OR auf Ok.

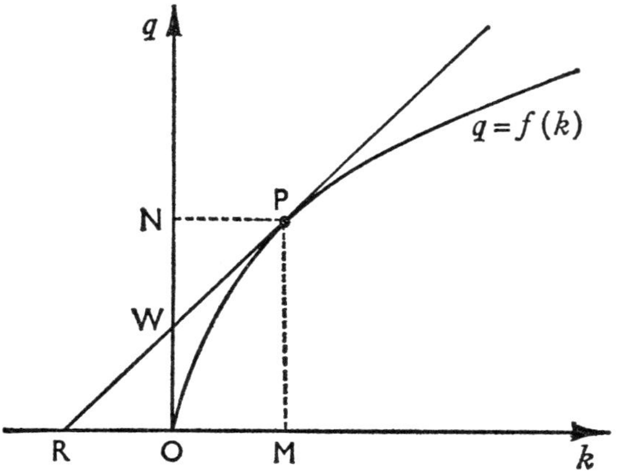

Fig. 3.5

Wenn w gegeben ist, wird die Bestimmung von ϱ, q, und k mit Hilfe der Fig. 3.5 gezeigt. Der gegebene Lohnsatz w bestimmt den Punkt W auf Oq. Von W legen wir eine Tangente an die Produktionskurve, wobei der Berührungspunkt die optimale Lage P ist. Dann ist ϱ die Steigung der Tangente; q und k sind die Koordinaten von P. Man sieht nun, daß, wenn die Produktionsfunktion wohlgestaltet (wie beschrieben) ist, es eine und nur eine Tangente von W an die Produktionskurve gibt. In diesem Fall existiert das Optimum und ist eindeutig.

3.6 Die Substitutionselastizität zwischen den Faktoren

Wenn die Produktionsfunktion $Q = F(K, L)$ gegeben ist, wird angenommen, die Grenzrate der Substitution $R = -dK/dL = F_L/F_K$ (für konstantes Q) nehme bei fortschreitender Substitution ab, d. h. R sinkt, wenn K/L sinkt. Die **Substitutionselastizität** zwischen den Faktoren wird dann definiert als[3]:

$$\sigma = \frac{d \log (K/L)}{d \log R} = \frac{L}{K} R \frac{d (K/L)}{dR}$$

und $\sigma > 0$, da R mit K/L sinkt.

Wenn Profitmaximierung und vollkommene Konkurrenz vorliegt, ist für das optimale Pro-Kopf-Kapital K/L die Grenzrate der Substitution R gleich dem Verhältnis zwischen Lohnsatz und Profitrate. Im allgemeinen aber ändern sich R und σ mit der verwendeten Faktorkombination (K, L).

---

[3] Von J. R. *Hicks* eingeführt, in: Theory of Wages (1932), S. 289.

Im Falle **konstanter Skalenerträge** schreiben wir die Produktionsfunktion als $q = f(k)$ in *Pro-Kopf*-Größen und erhalten R und σ wie folgt, ausgedrückt in $f(k)$ und dessen Ableitungen. Wir schreiben f, f' und f'' für die Funktion und ihre Ableitungen. Aus (1) von 3.5 erhalten wir:

$$R = \frac{F_L}{F_K} = \frac{f(k) - kf'(k)}{f'(k)} = \frac{f - kf'}{f'} \tag{1}$$

und

$$\sigma = \frac{d \log k}{d \log R} = \frac{1}{k} \Big/ \frac{d \log R}{dk} . \tag{2}$$

Aus (1):

$$\log R = \log (f - kf') - \log f'$$

und

$$\frac{d}{dk} \log R = \frac{-kf''}{f - kf'} - \frac{f''}{f'} = - \frac{ff''}{f'(f - kf')} .$$

Aus (2):

$$\sigma = - \frac{f'(f - kf')}{kff''} > 0 . \tag{3}$$

Das positive Vorzeichen von σ kann in (3) nachgeprüft werden; f' und $f - kf'$ sind beide positiv (als Grenzprodukte) und f'' ist negativ (abnehmendes Grenzprodukt).

Wir schreiben w für den Ausdruck $(f - kf')$, eine Funktion von k. Bei Profitmaximierung und vollkommener Konkurrenz muß w als Lohnsatz interpretiert werden. Allgemeiner betrachtet aber ist w einfach die angegebene Funktion von k. Wenn w sich ändert, können wir nun die daraus folgende Änderung in k und damit in $q = f(k)$ darstellen.

Aus $w = f - kf'$ erhalten wir $dw/dk = f' - kf'' - f' = -kf''$. Aus $q = f(k)$ erhalten wir $dq/dk = f'$. Also gilt $dq/dw = -f'/kf''$ und damit:

$$\frac{w}{q} \frac{dq}{dw} = \frac{f - kf'}{f} \left(- \frac{f'}{kf''} \right) = - \frac{f'(f - kf')}{kff''} = \sigma .$$

Wenn also $q = f(k)$ und $w = f(k) - kf'(k)$, ist die Elastizität von q in bezug auf w:

$$\frac{w}{q} \frac{dq}{dw} = \sigma . \tag{4}$$

Bei der optimalen Lage sei π der Anteil der Profite (am Produkt):

$$\pi = \varrho \frac{k}{q} = \frac{kf'(k)}{f(k)} .$$

Wenn w steigt, steigt auch k (siehe Fig. 3.5) und die resultierende Änderung in π ist:

$$\frac{d\pi}{dk} = \frac{d}{dk} \left(\frac{kf'}{f} \right) = \frac{1}{f^2} \{ f(f' + kf'') - kf'^2 \} = \frac{kf''}{f} \left\{ \frac{f'(f - kf')}{kff''} + 1 \right\} .$$

Aus (3): $$\frac{d\pi}{dk} = \frac{k}{f}(-f'')(\sigma-1)\,.$$

Wenn also $\sigma > 1$, steigt der Profitanteil mit k (und mit w); wenn $\sigma < 1$, sinkt der Profitanteil. Im Spezialfall $\sigma = 1$ bleibt der Anteil der Profite (und daher der Löhne) für alle Verschiebungen von w und k konstant.

3.7 Die Cobb-Douglas-Produktionsfunktion

Die allgemeine Form der als Cobb-Douglas-Funktion bezeichneten besonderen Produktionsfunktion ist $Q = AK^\alpha L^\beta$, wobei A ein konstanter Koeffizient und α und β positive Parameter sind[4]. Die Konstante A kann in die zur Messung des Ausstoßes gewählten Maßeinheiten einbezogen werden, was eine Vereinfachung der Algebra mit sich bringt, und so schreiben wir die **Cobb-Douglas-Form** als:

$$Q = K^\alpha L^\beta \; (\alpha > 0, \beta > 0)\,. \tag{1}$$

Nun ist diese Produktionsfunktion $F(K, L) = K^\alpha L^\beta$ so geartet, daß

$$F(\lambda K, \lambda L) = \lambda^{\alpha+\beta} F(K, L)\,.$$

Also gibt es stets zunehmende Erträge, wenn $\alpha + \beta > 1$ und stets abnehmende Erträge, wenn $\alpha + \beta < 1$.

Durch Logarithmieren kann die Funktion (1) sehr leicht gehandhabt werden:

$$\log Q = \alpha \log K + \beta \log L\,. \tag{2}$$

Es folgt, daß die Isoquanten (Q konstant) in der (L, K)-Ebene durch

$$\log K = \text{Konstante} - \frac{\beta}{\alpha} \log L$$

gegeben sind,

d. h. $$K = \text{Konstante} \times L^{-\beta/\alpha}\,.$$

Diese Kurven verlaufen zu beiden Achsen asymptotisch und zum Ursprung konvex. Die Grenzprodukte erhält man durch Differenzieren von (2):

$$\frac{1}{Q}\frac{\partial Q}{\partial K} = \frac{\alpha}{K} \quad \text{und} \quad \frac{1}{Q}\frac{\partial Q}{\partial L} = \frac{\beta}{L}\,.$$

So ist: $$\frac{\partial Q}{\partial K} = \alpha \frac{Q}{K} \quad \text{und} \quad \frac{\partial Q}{\partial L} = \beta \frac{Q}{L} \tag{3}$$

und $$K \frac{\partial Q}{\partial K} + L \frac{\partial Q}{\partial L} = (\alpha + \beta)\, Q\,.$$

---

[4] Siehe M. *Bronfenbrenner* und *P. H. Douglas*, „Cross Section Studies in the Cobb-Douglas Function", Journal of Political Economy (Dezember 1939).

Wenn die Faktoren mit ihren Grenzprodukten entlohnt werden, übersteigt der gemeinsame Anteil der Faktoren Q, wenn $\alpha + \beta > 1$ (zunehmende Erträge), und er ist kleiner als Q, wenn $\alpha + \beta < 1$ (abnehmende Erträge).

Die Cobb-Douglas-Funktion mit **konstanten Skalenerträgen** hat nur einen Parameter:

$$Q = K^{\alpha} L^{1-\alpha}, \quad \text{wobei} \quad 0 < \alpha < 1 \,, \tag{4}$$

da $\alpha + \beta = 1$ und daher gilt $\beta = 1 - \alpha$ $(0 < \alpha < 1)$. Wegen (3) sind die Grenzprodukte:

$$\frac{\partial Q}{\partial K} = \alpha \frac{Q}{K} \quad \text{und} \quad \frac{\partial Q}{\partial L} = (1-\alpha) \frac{Q}{L} \,, \tag{5}$$

so daß sich das Produkt aufteilt: $Q = K \dfrac{\partial Q}{\partial K} + L \dfrac{\partial Q}{\partial L}$.

In *Pro-Kopf*-Form reduziert sich (4) zu:

$$q = k^{\alpha}, \quad \text{wobei} \quad q = Q/L \quad \text{und} \quad k = K/L \tag{6}$$

und diese Funktion ist wohlgestaltet, wie in Fig. 3.4 illustriert wird, da $f(k) = k^{\alpha}$

$$f'(k) = \frac{\alpha}{k^{1-\alpha}} > 0 \,, \quad f''(k) = -\frac{\alpha(1-\alpha)}{k^{2-\alpha}} < 0 \,,$$

$$f'(k) \to \infty \,, \quad \text{wenn} \quad k \to 0 \,, \quad f'(k) \to 0 \,, \quad \text{wenn} \quad k \to \infty$$

ergibt.

Die Grenzprodukte (5) in k ausgedrückt, sind:

$$\frac{\partial Q}{\partial K} = f'(k) = \frac{\alpha}{k^{1-\alpha}} \quad \text{und} \quad \frac{\partial Q}{\partial L} = f(k) - kf'(k) = (1-\alpha)\, k^{\alpha} \tag{7}$$

und die Grenzrate der Substitution ist:

$$R = \frac{(1-\alpha)\, k^{\alpha}}{\alpha k^{-(1-\alpha)}} = \frac{1-\alpha}{\alpha} k \,.$$

Wir beweisen nun, daß die Substitutionselastizität der Cobb-Douglas-Form (konstante Erträge) überall eins ist und daß sie die einzige Funktion mit dieser Eigenschaft ist:

Wenn die Produktionsfunktion linear und homogen ist, ist die Substitutionselastizität σ überall dann und nur dann gleich eins, wenn die Funktion die Form $\mathbf{Q = K^{\alpha} L^{1-\alpha}}$ hat.

Beweis: Wir zeigen zuerst, daß die Funktion $Q = K^{\alpha} L^{1-\alpha}$ überall $\sigma = 1$ hat. Wir haben:

$$\sigma = -\frac{f'(f-kf')}{kff''}, \quad \text{wobei} \quad f(k) = k^\alpha .$$

Es gilt: $f'(f-kf') = \frac{\alpha}{k^{1-\alpha}}\left(k^\alpha - k\frac{\alpha}{k^{1-\alpha}}\right) = \frac{\alpha}{k^{1-\alpha}}(1-\alpha)\,k^\alpha = \alpha(1-\alpha)\,k^{2\alpha-1}$

und $kf(-f'') = kk^\alpha \frac{\alpha(1-\alpha)}{k^{2-\alpha}} = \alpha(1-\alpha)\,k^{2\alpha-1}$.

Also: $\sigma = 1$. **Bewiesen**

Umgekehrt zeigen wir, daß, wenn überall $\sigma = 1$ und wenn die Produktionsfunktion $q = f(k)$ linear und homogen ist, $q = k^\alpha$. Aus (4) von 3.6 oben haben wir:

$$\frac{w}{q}\frac{dq}{dw} = \sigma = 1, \quad \text{wobei} \quad w = f - kf'.$$

Also ist $(d \log q)/(d \log w) = 1$ und nach Integration $\log q = \log w +$ Konstante $= \log Aw$, wobei A eine Konstante ist. So gilt: $q = Aw = A(f-kf')$. Wir haben eine Differentialgleichung in q:

$$q = A\left(q - k\frac{dq}{dk}\right),$$

die für $q = f(k)$ gelöst werden muß. Die Gleichung ist:

$$q\left(1 - \frac{1}{A}\right) = k\frac{dq}{dk}.$$

Die Variablen werden getrennt und wir haben:

$$\alpha\frac{dk}{k} = \frac{dq}{q} \quad \left(\alpha = 1 - \frac{1}{A}\right).$$

Integration führt zu:

$$\alpha \log k = \log q,$$

d. h.

$$q = k^\alpha,$$

was die Cobb-Douglas-Form darstellt. **Bewiesen**

3.8 Die C.E.S.-Produktionsfunktion

Betrachten wir eine Produktionsfunktion, bei der die Variablen $Q^{-\beta}$, $K^{-\beta}$ und $L^{-\beta}$ (für ein konstantes β) additiv verbunden sind:

$$Q^{-\beta} = aK^{-\beta} + bL^{-\beta} \quad (a > 0, \quad b > 0, \quad \text{Konstante}). \tag{1}$$

Es gibt zwei Parameter: $\beta \neq 0$, dessen Interpretation erst gefunden werden muß; und das Verhältnis $a : b$, das die Verteilung zwischen den

Faktoren bestimmt. Die Werte von a und b kommen nicht getrennt vor, da sie in (1) in die gewählte Maßeinheit für Q eingebaut werden können. Es gibt immer konstante Skalenerträge und (1) kann geschrieben werden:

$$q^{-\beta} = ak^{-\beta} + b\,, \quad \text{wobei} \quad q = Q/L \quad \text{und} \quad k = K/L\,. \tag{2}$$

Das noch zu beweisende Hauptergebnis ist:

Wenn die Produktionsfunktion linear und homogen ist, ist die Substitutionselastizität überall $\sigma = 1/(1+\beta)$ $(\beta \neq 0)$ dann und nur dann, wenn die Funktion $Q^{-\beta} = aK^{-\beta} + bL^{-\beta}$ ist.

Beweis: Das direkte Ergebnis, daß die gezeigte Funktion $\sigma = 1/(1+\beta)$ hat, ist eine Sache der Substitution in die Formel für σ; sie ist mühsam, aber nicht schwierig (siehe Übung 3.8).

Das umgekehrte Ergebnis besagt, daß, wenn überall $\sigma = 1/(1+\beta)$ für $q = f(k)$, dann ist $q = (ak^{-\beta} + b)^{-1/\beta}$. Wir beginnen wieder mit (4) in 3.6:

$$\frac{w}{q}\frac{dq}{dw} = \sigma\,, \quad \text{wobei} \quad w = f - kf' \quad \text{und} \quad \sigma = \frac{1}{1+\beta}\,.$$

Also: $(d \log q)/(d \log w) = \sigma$, was nach Integration

$$\log q = \text{Konstante} + \sigma \log w = \sigma \log Aw \quad \text{ergibt,} \quad (A \text{ konstant}).$$

So ist
$$q = (Aw)^{\sigma}\,,$$

d. h.
$$\frac{q^{1/\sigma}}{A} = w = q - k\frac{dq}{dk}\,.$$

Dies ist eine Differentialgleichung in $q = f(k)$, die für $f(k)$ gelöst werden muß. Wir haben:

$$k\frac{dq}{dk} = q\,(1 - bq^{\beta})\,, \quad \text{wobei} \quad \beta = \frac{1}{\sigma} - 1\,, \quad b = \frac{1}{A}\,.$$

Die Variablen werden getrennt und wir integrieren mittels Partialbruchzerlegung:

$$\frac{dk}{k} = \frac{dq}{q\,(1 - bq^{\beta})} = \frac{dq}{q} - \frac{1}{\beta}\frac{b\beta q^{\beta-1}}{1 - bq^{\beta}}\,dq\,,$$

was
$$\log k = \text{Konstante} + \log q - (1/\beta)\log(1 - bq^{\beta}) \quad \text{ergibt,}$$

d. h.
$$\log k^{\beta} = \log a + \log q^{\beta} - \log\,(1 - bq^{\beta}) \quad (a \text{ konstant})\,,$$

d. h.
$$\log k^{\beta} = \log \frac{aq^{\beta}}{1 - bq^{\beta}} = \log\left(\frac{a}{q^{-\beta} - b}\right),$$

d. h.
$$k^{\beta} = \frac{a}{q^{-\beta} - b}\,.$$

Die erforderliche Form ergibt sich dann als $q = (ak^{-\beta} + b)^{-1/\beta}$.

Bewiesen

Auf Grund dieses Ergebnisses beschreiben wir die Funktion (1) in den ursprünglichen Variablen oder (2) in *Pro-Kopf*-Variablen als die Produktionsfunktion mit konstanter Substitutionselastizität (constant elesticity of substitution) oder **C.E.S.-Produktionsfunktion**[5]. Um Q oder q explizit zu erhalten, kann (1) oder (2) geschrieben werden als:

$$Q = (aK^{-\beta} + bL^{-\beta})^{-1/\beta} \quad \text{und} \quad q = (ak^{-\beta} + b)^{-1/\beta} .$$

Der Parameter β wird durch die konstante Substitutionselastizität interpretiert:

$$\sigma = \frac{1}{1+\beta} \quad \text{oder} \quad \beta = \frac{1}{\sigma} - 1 .$$

Da $\sigma > 0$, sind die möglichen Werte von $\beta : \beta > -1$ $(\beta \neq 0)$. Alle positiven Werte von σ können vorkommen außer $\sigma = 1$ $(\beta = 0)$.

Andere Eigenschaften der C. E. S.-Produktionsfunktion folgen ohne große Schwierigkeit. Wir differenzieren (1) und erhalten

$$(-\beta)\, Q^{-(1+\beta)} \frac{\partial Q}{\partial K} = (-\beta)\, aK^{-(1+\beta)} ,$$

d. h.

$$\frac{\partial Q}{\partial K} = a \left(\frac{Q}{K}\right)^{1+\beta} = a \left(\frac{Q}{K}\right)^{1/\sigma} .$$

Das andere Grenzprodukt wird auf ähnliche Weise gefunden. Also gilt:

$$\frac{\partial Q}{\partial K} = a \left(\frac{Q}{K}\right)^{1/\sigma} ; \quad \frac{\partial Q}{\partial L} = b \left(\frac{Q}{L}\right)^{1/\sigma} ; \quad R = \frac{b}{a} \left(\frac{K}{L}\right)^{1/\sigma} . \tag{3}$$

Bei vollkommener Konkurrenz ist die Grenzrate der Substitution, die in (3) durch $k = K/L$ ausgedrückt wird (Kapital pro Kopf), gleich dem Verhältnis w/ϱ des Lohnsatzes zur Profitrate. Also folgt:

$$\frac{w}{\varrho} = \frac{b}{a}\, k^{1/\sigma} ,$$

was den Verteilungsparameter (b/a) in der Produktionsfunktion illustriert.

Viele Eigenschaften hängen davon ab, ob $\sigma > 1$ oder $\sigma < 1$ ist. Wir unterscheiden:

---

[5] Eingeführt von K. J. *Arrow*, H. B. *Chenery*, B. S. *Minhas* und R. M. *Solow*, 'Capital-Labor Substitution and Economic Efficiency', Review of Economics and Statistics (August 1961).

Fall: $\sigma > 1$. Hier ist $-1 < \beta < 0$. Wir schreiben $\lambda = -1/\beta > 1$ und die Isoquanten sind:

$$aK^{1/\lambda} + bL^{1/\lambda} = \text{konstant} .$$

Sie sind konvex zum Ursprung und schneiden beide Achsen in der (L, K)-Ebene. Nun betrachten wir Veränderungen im Kapital pro Kopf k. Der Ausstoß pro Kopf ist:

$$q = (ak^{1/\lambda} + b)^{\lambda} \quad \text{und} \quad \frac{dq}{dk} = a\left(\frac{q}{k}\right)^{1-(1/\lambda)} > 0 \quad \text{aus (2) und (3).}$$

So wächst q mit k und $q \to \infty$, wenn $k \to \infty$. Wenn mehr Kapital (im Verhältnis zur Arbeit) verwendet wird, steigt der Pro-Kopf-Ausstoß unendlich an. Auf der anderen Seite sinkt der Pro-Kopf-Ausstoß bis zum Grenzwert b^{λ}, wenn mehr Arbeit verwendet wird ($k \to 0$).

Fall: $\sigma < 1$. Hier ist $\beta > 0$ und die Isoquanten sind:

$$\frac{a}{K^{\beta}} + \frac{b}{L^{\beta}} = \text{konstant.}$$

Wenn $K \to 0$, wächst der erste Ausdruck unendlich an und daher (um die Summe konstant zu halten) muß der zweite Ausdruck gegen Null streben und $L \to \infty$. Ähnlich geht $K \to \infty$, wenn $L \to 0$. Die Isoquanten sind konvex zum Ursprung und zu beiden Achsen asymptotisch. Der Pro-Kopf-Ausstoß ist:

$$q = 1 \Big/ \left(\frac{a}{k^{\beta}} + b\right)^{1/\beta} \quad \text{und} \quad \frac{dq}{dk} = a\left(\frac{q}{k}\right)^{1+\beta} \quad \text{aus (2) und (3).}$$

q wächst also mit k, aber nun $q \to b^{-1/\beta}$, wenn $k \to \infty$. Auf der anderen Seite geht der Pro-Kopf-Ausstoß $q \to 0$, wenn $k \to 0$; sowohl k und q gehen beide gegen Null.

Zwei **Grenzfälle** der C.E.S.-Funktion treten auf. Wenn $\beta \to 0$ (und $\sigma \to 1$) wird die Funktion durch die Cobb-Douglas-Form ersetzt, die auf genau dieselbe Art (aber mit $\sigma = 1$) in 3.7 oben abgeleitet wird. Wenn $\beta \to \infty$ (und $\sigma \to 0$), hört jede Substitution zwischen den Faktoren auf und die Produktionsfunktion geht in eine mit fixen Koeffizienten über (3.2 oben).

Das Verhältnis der Cobb-Douglas-Form zur C.E.S.-Form kann kurz zusammengefaßt werden: wenn die Technologie so geartet ist, daß es *sowohl* konstante Skalenerträge *als auch* überall eine Substitutionselastizität von eins gibt, *muß* die Produktionsfunktion von der Cobb-Douglas-Form $Q = K^{\alpha} L^{1-\alpha}$ sein. Jede der beiden Restriktionen kann aufgehoben werden. Wenn es keine konstanten Erträge, aber überall ein σ von eins gibt, ist die Produktionsfunktion von der allgemeineren

Cobb-Douglas-Art: $Q = K^{\alpha} L^{\beta}$. Wenn auf der anderen Seite die Substitutionselastizität konstant (aber nicht eins) ist, während es konstante Skalenertäge gibt, ist die Produktionsfunktion von der C.E.S.-Form:

$$Q^{-\beta} = aK^{-\beta} + bL^{-\beta} \quad (\text{wobei } \beta = \frac{1}{\sigma} - 1 \neq 0) \;.$$

Um beide Restriktionen aufzuheben, brauchte man eine komplexere Produktionsfunktion, z. B. eine verallgemeinerte C.E.S.-Funktion, die nicht-konstante Erträge zuläßt.

Übungen

3.1 Die Cobb-Douglas-Form ist nicht die einzige wohlgestaltete Produktionsfunktion, aber sie ist die einfachste. Versuchen Sie $f(k) = \log(1 + k)$ und zeigen Sie, daß sie wohlgestaltet ist, außer daß $f'(k) \to 1$, wenn $k \to 0$. Leiten Sie daraus ab, daß das Grenzprodukt des Kapitals und die Kapitalproduktivität alle Werte von eins abwärts annehmen.

3.2 Die Produktionsfunktion sei $Q = F(K, L)$ und es herrschen konstante Erträge. Zeigen Sie, daß für jede Veränderung der Variablen über die Zeit $DQ = F_K\, DK + F_L\, DL$ $(D = d/dt)$ gilt. Leiten Sie ab, daß, wenn zwei der Variablen mit derselben proportionalen Rate λ wachsen, auch die dritte so wächst. Kommentieren Sie die Bedeutung konstanter Erträge für Wachstumsmodelle.

3.3 Nehmen Sie bei konstanten Erträgen unter vollkommener Konkurrenz $Q = \sqrt{(KL)}$ als die Produktionsfunktion an und finden Sie aus den Grenzproduktivitätsbedingungen die Nachfrage nach Arbeit L, ausgedrückt durch den Lohnsatz w, wobei K gegeben ist. Zeigen Sie, daß sie $L = 1/w^2$ ist, wenn $K = 4$. Suchen Sie den Lohnsatz, die Beschäftigung und den Ausstoß im Gleichgewicht (gegeben $K = 4$), wenn das Arbeitsangebot $L = 16\, w^2$ ist.

3.4 Wiederholen Sie die Berechnungen der vorigen Übung, wenn $Q = \sqrt[3]{(K^2 L)}$, $K = 8$ und das Arbeitsangebot $L = (\frac{3}{4}\, w)^3$ gegeben sind.

3.5 Nehmen Sie die Cobb-Douglas-Produktionsfunktion $(q = k^{\alpha})$ unter vollkomener Konkurrenz und zeigen Sie, daß die Profitrate und der Lohnsatz $\varrho = \alpha\,(q/k)$ und $w = (1-\alpha)\, q$ sind und durch k bestimmt werden. Ilustrieren Sie das Ergebnis, daß ϱ durch w auf Grund von technischen Gegebenheiten bestimmt ist, indem Sie zeigen, daß in diesem Fall gilt:

$$\varrho = \alpha \left(\frac{1-\alpha}{w} \right)^{(1-\alpha)/\alpha} .$$

3.6 Zeigen Sie an irgendeiner Produktionsfunktion mit konstanten Erträgen, daß k (Kapital pro Kopf) eine wachsende Funktion von R (Grenzrate der Substitution) ist und daß die Elastizität der Funktion σ (Substitutionselastizität) ist. Leiten Sie ab, daß k/R konstant ist, wenn $\sigma = 1$ und daß unter vollkommener Konkurrenz der relative Anteil $(\varrho K/wL)$ der Profite und Löhne konstant ist. (Vergleichen Sie dazu das Ergebnis am Ende von 3.6 oben.) Überprüfen Sie das Ergebnis mit der Cobb-Douglas-Funktion, und zeigen Sie, daß die Konstante $\alpha/(1-\alpha)$ ist.

3.7 Zeigen Sie, daß $q = k/(1+k)$ eine C.E.S.-Produktionsfunktion ist und leiten Sie direkt aus (3) von 3.6 oben ab, daß $\sigma = \frac{1}{2}$. Zeigen Sie, daß unter vollkommener Konkurrenz $\varrho = 1/(1+k)^2$ und $w = k^2/(1+k)^2$. Leiten Sie ab, daß der relative Anteil $(\varrho k/w)$ der Profite und Löhne sinkt, wenn mehr Kapital pro Kopf verwendet wird.

3.8 Die Produktionsfunktion $q = f(k)$ sei von der C.E.S.-Form: $q^{-\beta} = ak^{-\beta} + b$. Differenzieren Sie zweimal, so daß Sie

$$f' = a\left(\frac{f}{k}\right)^{1+\beta} \quad \text{und} \quad -f'' = a\,(1+\beta)\left(\frac{f}{k}\right)^{\beta} \frac{f - kf'}{k^2}$$

erhalten. Leiten Sie nun aus (3) von 3.6 ab, daß $\sigma = 1/(1+\beta)$.

3.9 Zeigen Sie an der C.E.S.-Produktionsfunktion der vorigen Übung, daß $\varrho = a(q/k)^{1+\beta}$ unter vollkommener Konkurrenz, so daß der Anteil (π) der Profite am Ausstoß durch $1/\pi = 1 + (b/a)\,k^{\beta}$ gegeben ist. Leiten Sie ab, daß π sinkt, wenn k steigt und $\sigma < 1$.

Kapitel 4

Investitionsfunktionen

4.1 Bestimmungsgründe der Investition

Wir beschäftigen uns nun damit, die Nettoinvestition mit den verschiedenen Einflußfaktoren in Verbindung zu bringen. Es ist keineswegs, wie z. B. bei der Konsum- oder Produktionsfunktion, klar, welche Faktoren das sind. Auch die Beziehungen einer Investitionsfunktion zu einer Produktionsfunktion sind keineswegs offensichtlich. In einigen makroökonomischen Modellen scheint die Investitionsfunktion ein Substitut für die Produktionsfunktion zu sein; andererseits ist es möglich, sowohl eine Investitionsfunktion wie auch eine Produktionsfunktion als komplementäre Konstruktionen zu haben. Unter gewissen Umständen (wie in 4.6 unten gezeigt wird), kann eine Investitionsfunktion aus einer Produktionsfunktion abgeleitet werden.

Beim Versuch, die Faktoren zusammenzustellen, die die Investition beeinflussen können, nehmen wir zuerst einen Komplex von Variablen heraus, der wahrscheinlich die grundlegende Determinante darstellt. Bei der Bestimmung, ob Anlagen erworben werden oder nicht und in welchem Ausmaß investiert wird, stellen wir im wesentlichen den Preis (die Kosten) der Anlagen dem Strom der Nettoerträge gegenüber, die sie in Zukunft produzieren werden. Das wesentliche Kennzeichen ist ein technisches: die mittels Diskontierung berechnete Ertragsrate einer Anlage. Bei entsprechenden Marktbedingungen kann die Ertragsrate an der Grenze mit dem Zinssatz identifiziert werden; aber das ist ein zweiter Schritt, den man nicht machen muß[1].

Die nächste Einflußgröße, die sich selbst anbietet, sind die Nachfragebedingungen für das Produkt. In einem makroökonomischen Ein-Sektor-Modell kann die Nachfrage durch das aggregierte Einkommen Y dargestellt werden, d. h. die Nettoinvestition I hängt vom Einkommen Y ab. Es bleibt die Frage, ob das *Niveau* oder die *Veränderungsrate* des Einkommens oder beides genommen werden soll. Das wird in 4.6 und 4.7 unten untersucht.

Ein zusätzlicher oder alternativer Faktor, der die Investition beeinflußt, ist die Höhe des Profits, den die Produktion abwirft. In makro-

---

[1] Siehe R. M. *Solow*, Capital Theory and the Rate of Return (1963).

ökonomischer Schreibweise kann dieser Faktor eher durch die Profitrate auf das Kapital ($\varrho = P/K$) als durch das Profitniveau P dargestellt werden. Wieder stellt sich die Frage, ob es ϱ oder die Veränderungsrate von ϱ ist, die wir verwenden sollen. Das wird kurz in 4.8 unten diskutiert.

Schließlich können die erwähnten Faktoren untereinander korreliert sein; sicher müssen wir uns nicht entscheiden, einen auf Kosten der anderen hineinzunehmen. Die Investitionsfunktion kann am besten als Funktion mehrerer Variablen dargestellt werden. Darüber hinaus können wir noch immer, nachdem wir eine oder mehrere Variable ausgewählt haben und noch ein ungeklärter Rest übrig bleibt, den gegebenen Kapitalstock einbeziehen, zu dem die Investition hinzugefügt wird.

4.2 Die Ertragsrate: Abzinsung

Die Art, in der ein Strom von Erträgen einer Anlage zu einer Ertragsrate reduziert wird, ist in der **Periodenanalyse,** der wir uns zuerst bedienen, anders als in kontinuierlicher Schreibweise.

Die Ertragsrate r in einer Periode ist eine proportionale Wachstumsrate von einer Periode zur anderen; sie ist ein Faktor, der aufeinanderfolgende Perioden in der Analyse verkettet. Doch wird r für eine Zeiteinheit ausgedrückt (hier als ein Jahr angenommen), die der Periodenlänge entsprechen kann, oder auch nicht. Wir schreiben r als einen entsprechenden Bruch an (der normal recht klein ist), der $100r$ % pro Jahr äquivalent ist. So scheint eine Ertragsrate von 5 % als $r = 0{,}05$ auf. Wir stellen fest, daß r die Zeitdimension t hat, so daß z. B. ein proportionales Wachstum von 5 % für Jahresperioden eines von 1,25 % für Quartalsperioden ist.

Wir nehmen allgemein an — obwohl diese Annahme um den Preis von Rechenkomplikationen fallengelassen werden kann — daß r über das betrachtete zukünftige Zeitintervall konstant bleibt. Die Perioden werden angeschrieben als $t = 0$ (Gegenwart) und $t = 1, 3, 4, \ldots$ (Zukunft). Wenn wir die Analyse auf ein bestimmtes Zeitintervall von T Perioden in der Zukunft beschränken, haben wir $t = T$ als die letzte betrachtete Periode.

Ein Wert A, z. B. die Bewertung eines Anlagegutes, wächst über die Zeit mit einer konstanten jährlichen Wachstumsrate r. Ihr Gegenwartswert ist A_0 und ihr Wert ist A_n in der Periode n. Wenn als Periode ein Jahr genommen wird (d. h. für jährliche Auf- oder Abzinsung), gilt:

$$\text{Wachstum: } A_n = A_0 (1 + r)^n . \qquad (1)$$

Kehrt man (1) um, erhält man den Gegenwartswert von A_n für n Jahre:

$$\text{Gegenwartswert: } A_0 = A_n/(1 + r)^n . \qquad (2)$$

Der Ausdruck (2) ist das Ergebnis der **Abzinsung** von A_n, das nach n Jahren anfällt, auf die Gegenwart.

Das Hauptproblem stellt sich, wenn es einen Strom von Erträgen, z. B. einer Anlage, gibt, die für aufeinanderfolgende Jahresperioden spezifiziert sind:

$$A_1, A_2, A_3, \ldots A_n \ldots .$$

Wie auch immer der Verlauf dieses Stroms sein mag, finden wir es angenehm, ihn in einer einzigen Zahl zusammenzufassen, nämlich dem Wert des Stroms zu einem bestimmten Zeitpunkt oder in einer bestimmten Periode. Nehmen wir einen endlichen Strom über die nächsten T Jahre in der Zukunft an. Bei einer konstanten Rate r ist der **Endwert** des Stroms zum Zeitpunkt $t = T$:

$$V_T = A_1 (1 + r)^{T-1} + A_2 (1 + r)^{T-2} + \ldots . + A_T ,$$

d. h.
$$V_T = \sum_{n=1}^{T} A_n (1 + r)^{T-n} .$$

Der **Gegenwartswert** des Stroms ist:

$$V_0 = \frac{A_1}{1 + r} + \frac{A_2}{(1 + r)^2} + \ldots . + \frac{A_T}{(1 + r)^T},$$

d. h.
$$V_0 = \sum_{n=1}^{T} \frac{A_n}{(1 + r)^n} . \tag{3}$$

Wir brauchen nicht beide Werte benützen, da einer aus dem anderen folgt:

$$V_T = V_0 (1 + r)^T .$$

was einfach die Tatsache wiedergibt, daß V_0 nach (1) auf V_T nach T Jahren anwächst. Gewöhnlich wird der Gegenwartswert V_0 verwendet.

Es können auch Werte in irgendeinem Zwischenjahr genommen werden, indem man den restlichen Strom der Erträge abzinst. Z. B. kann V_0, wenn der Strom der Erträge von einer Anlage stammt, die im Jahr 0 neu ist, als der Neupreis der Anlage identifiziert werden. Dann ist

$$V_t = \sum_{n=t+1}^{T} \frac{A_n}{(1 + r)^{n-t}}$$

der Gebrauchtwert der Anlage nach t Jahren.

Im Spezialfall, in dem der Ertragsstrom in jeder zukünftigen Periode eine Konstante A ist, wird der Gegenwartswert über ein Intervall von T Jahren durch (3) zu:

$$V_0 = A \sum_{n=1}^{T} \frac{1}{(1 + r)^n} = \frac{A}{1 + r} \, \frac{1 - \{1/(1 + r)^T\}}{1 - \{1/(1 + r)\}} = \frac{A}{r} \left\{1 - \frac{1}{(1 + r)^T}\right\} ,$$

wenn man die geometrische Reihe summiert. Für einen unendlichen Strom, wenn wir $T \to \infty$ gehen lassen, bekommen wir ein besonders einfaches Ergebnis für den Gegenwartswert:

$$V_0 = \frac{A}{r} .$$

Z. B. ergibt ein ständiger jährlicher Ertrag von £ 100, wenn er mit 5 % pro Jahr abgezinst wird, einen Gegenwartswert von £ V_0, wobei

$$V_0 = \frac{100}{0{,}05} = 2{,}000 .$$

Prüfen wir nach: £ 2.000, mit 5 % angelegt, ergeben für alle Zeit £ 100 pro Jahr.

Als anderen Spezialfall nehmen wir an, der Ertragsstrom sei eine abnehmende Reihe über die Zeit, wobei die Abnahme von Periode zu Periode in geometrischer Progression mit der Rate d vor sich gehe: $A_n = A/(1 + d)^n$. Dann gilt für einen zukünftigen Strom über ein Intervall von T Jahren:

$$V_0 = \sum_{n=1}^{T} \frac{A_n}{(1+r)^n} = A \sum_{n=1}^{T} \frac{1}{(1+r)^n (1+d)^n} .$$

Das Ergebnis ist dasselbe wie zuvor, außer daß $(1 + r)$ durch $(1 + r)(1 + d)$ ersetzt wird. Für einen in dieser Form abnehmenden unendlichen Strom ist der Gegenwartswert annähernd:

$$V_0 = \frac{A}{(1+r)(1+d)-1} = \frac{A}{r+d} .$$

Wir gehen nun zur **stetigen Analyse** des Problems über. Der Wert A_n von A_0 nach n Jahren wird für den Fall jährlicher Aufzinsung durch (1) angegeben. Wenn während eines Zeitraums von t Jahren k-mal pro Jahr aufgezinst wird, erhalten wir:

$$A_t = A_0 \left(1 + \frac{r}{k}\right)^{kt} = A_0 \left\{\left(1 + \frac{1}{m}\right)^m\right\}^{rt}, \text{ wobei } m = \frac{k}{r} .$$

Lassen wir k (und daher m) $\to \infty$ gehen, so daß die Aufzinsung kontinuierlich wird. An der Grenze ist dann das kontinuierliche Wachstum mit $100r$ % pro Jahr für t Jahre:

$$\text{Wachstum: } A(t) = A_0 e^{rt} . \qquad (4)$$

Die Konstante e ist als $\lim_{m \to \infty} \{1 + (1/m)^m\}$ definiert; sie ist eine irrationale Zahl und ihr Näherungswert ist 2,71828 ...

Die Ertragsrate ist r, noch immer pro Jahr als Zeiteinheit berechnet; aber die Akkumulation geht kontinuierlich vor sich und wird durch die exponentielle Wachstumsfunktion (4) angegeben. Den Gegenwartswert von $A(t)$ über einen Zeitraum von t Jahren, kontinuierlich mit der Rate r abgezinst, erhält man aus (4):

$$\text{Gegenwartswert: } A_0 = A(t)\, e^{-rt} . \tag{5}$$

Diese Formel wird hauptsächlich auf einen Strom von Erträgen in einem Intervall von T zukünftigen Jahren angewendet. Nehmen wir an, die Erträge flössen kontinuierlich mit der Rate $A(t)$ zum Zeitpunkt t, wobei $A(t)$ eine gegebene Funktion ist. Dieser variable Strom muß als ein Betrag $A(t)\,dt$ interpretiert werden, der im Zeitraum $(t, t + dt)$ zufließt. Den Gegenwartswert des Stroms, der der Formel (3) der Periodenanalyse entspricht, erhält man durch Integration der Gegenwartswerte in der Form (5):

$$V_0 = \int_0^T A(t)\, e^{-rt}\, dt . \tag{6}$$

Im Spezialfall, wo $A(t) = A$, konstant für alle $t \geqslant 0$, haben wir:

$$V_0 = A \int_0^T e^{-rt}\, dt = \frac{A}{r}\,(1 - e^{-rT}) .$$

Für einen unendlichen Strom ($T \to \infty$) ist der Gegenwartswert derselbe wie in der Periodenanalyse, d. h. das einfache Ergebnis:

$$V_0 = \frac{A}{r} .$$

Als anderen Spezialfall nehmen wir $A(t) = Ae^{-dt}$ an, so daß der Ertrag kontinuierlich und exponentiell mit der Rate d pro Jahr abnimmt. Dann erhalten wir aus (6):

$$V_0 = A \int_0^T e^{-(r+d)t}\, dt = \frac{A}{r+d}\,(1 - e^{-(r+d)T}) .$$

Für einen unendlichen Strom ist das Ergebnis nun genau:

$$V_0 = \frac{A}{r+d} .$$

Die Ertragsrate r und die Abnahmerate d des Ertrages scheinen additiv auf.

Die kontinuierliche Form der Wachstums- und Diskontierungsanalyse hat viele Vorteile gegenüber einer Darstellung in Periodenform. Im allgemeinen ist es viel leichter, Integrale zu handhaben, die Exponentialfunktionen beinhalten, als die entsprechenden Summierungen über die Perioden. In der folgenden Darstellung wird im wesentlichen die kontinuierliche Form verwendet.

4.3 Veränderliche Ertragsraten

Wir können kurz die Komplikationen betrachten, die auftreten, wenn wir die (eher einschränkende) Annahme fallen lassen, daß die Ertragsrate über die Zeit konstant bleibt. Die Analyse geht hier in kontinuierlicher Form vor sich, aber der entsprechende Fall, in dem die Rate sich von Periode zu Periode verändert, kann leicht entwickelt werden (siehe Übung 4.4).

Die Ertragsrate wird als $r(t)$ für $t \geqslant 0$ angeschrieben, und sie verändert sich, ausgehend von der Gegenwart ($t = 0$), kontinuierlich in der Zukunft. Nehmen wir an, daß sich mit veränderlicher Rate r ein Anfangswert A_0 akkumuliert, der zum Zeitpunkt t den Wert $A(t)$ erreicht. Dann ist die laufende Wachstumsrate:

$$\frac{1}{A}\frac{dA}{dt} = \frac{d}{dt}\log A \, .$$

Sie wird als $r(t)$ angegeben. Also haben wir die Differentialgleichung in $A(t)$:

$$d \log A = r(t)\, dt \, ,$$

deren Integration

$$\log A(t) = \text{Konstante} + \int_0^t r(\tau)\, d\tau$$

ergibt, d. h.

$$A(t) = A_0\, e^{\int_0^t r(\tau) d\tau} \, .$$

Wir schreiben

$$\bar{r}(t) = \frac{1}{t}\int_0^t r(\tau)\, d\tau$$

als den Mittelwert der Rate $r(t)$ im Intervall von 0 bis t, d. h. für t Jahre in die Zukunft, von der Gegenwart aus gerechnet. Dann ist die Wachstumsformel, die (4) in 4.2 ersetzt:

$$\text{Wachstum:} \quad A(t) = A_0\, e^{\bar{r} t}$$

und die entsprechende Formel für den Gegenwartswert, die (5) in 4.2 ersetzt ist:

$$\text{Gegenwartswert:} \quad A_0 = A(t)\, e^{-\bar{r} t} \, .$$

Der einzige Unterschied ist der, daß die konstante Rate r von 4.2 nun durch die mittlere Rate $\bar{r} = \bar{r}(t)$ ersetzt wird, die über die Zeit variiert, da über alle Raten von der Gegenwart bis jeweils zur Zeit t Durchschnitte gebildet werden.

Dieser Unterschied kompliziert ganz beträchtlich die Analyse des Gegenwartswertes. Nehmen wir einen Strom von Erträgen an, der über das Zeitintervall $0 \leqslant t \leqslant T$ durch $A(t)$ wiedergegeben wird. Den Gegenwartswert erhält man wie zuvor durch Integration:

$$V_0 = \int_0^T A(t)\, e^{-\bar{r}t}\, dt\,, \quad \text{wobei} \quad \bar{r} = \bar{r}(t)\ .$$

Selbst wenn wir den Strom $A(t) = A$ konstant über die Zeit annehmen, ergibt das keine große Vereinfachung:

$$V_0 = A \int_0^T e^{-\bar{r}t}\, dt.$$

Um V_0 zu finden, brauchen wir einen expliziten Ausdruck für die Veränderung der Rate $r = r(t)$ im Intervall $0 \leqslant t \leqslant T$, so daß der kumulative Mittelwert

$$\bar{r}(t) = \frac{1}{t} \int_0^t r(\tau)\, d\tau$$

für die Substitution in den Ausdruck für V_0 gefunden werden kann.

4.4 Investition und Zinssatz

Wir gehen das Problem des Einflusses des Zinssatzes auf die aggregierte (Netto-) Investition im makroökonomischen Sinne an, indem wir die Investitionsentscheidung einer einzelnen Firma betrachten, nämlich die Entscheidung, ob eine bestimmte Anlage erworben werden soll oder nicht. Das Ganze wird in kontinuierlicher Schreibweise entwickelt und wir nehmen an, daß alle Entscheidungen auf einem fixen Zeithorizont T, von der Gegenwart weg berechnet, basieren. Als Spezialfall können wir zulassen, daß $T \to \infty$, so daß die Investoren unendlich weit in die Zukunft schauen.

Nehmen wir an, daß eine Anlage, wenn sie jetzt erworben wird, in t Jahren einen Nettoertrag $a(t)$ ergibt, wobei $a(t)$ das Bruttoprodukt minus Betriebskosten darstellt. Wir nehmen an, $a(t)$ sei eine gegebene Funktion für $0 \leqslant t \leqslant T$. Üblicherweise ist $a(t) \geqslant 0$ für alle t $(0 \leqslant t \leqslant T)$, aber man kann auch negative Werte zulassen, z. B. in den ersten Jahren.

Schreiben wir den Gegenwartswert des Ertragsstroms als $V(a, \varrho)$ an, um seine Abhängigkeit sowohl vom Ertragsstrom $a(t)$ wie auch von der Diskontrate ϱ anzuzeigen:

$$V(a, \varrho) = \int_0^T a(t)\, e^{-\varrho t}\, dt \ ,$$

wobei ϱ als konstant über die Zeit angenommen wird. Die Ableitungen von V werden als $\partial V/\partial a$ und $\partial V/\partial \varrho$ angeschrieben, wobei die erste die Auswirkung einer bestimmten Veränderung des Ertragsstroms $a(t)$ darstellt. Wenn $a(t) \geqslant 0$ für alle t $(0 \leqslant t \leqslant T)$ ist, haben wir:

$$\frac{\partial V}{\partial a} > 0 \quad \text{und} \quad \frac{\partial V}{\partial \varrho} < 0 \ .$$

Nehmen wir nun an, der Preis (die Kosten) eines Anlagegutes in der Gegenwart sei als p gegeben. Dann hängt die Entscheidung zu kaufen oder nicht zu kaufen vom Verhältnis von p zum Ertragsstrom ab, wie er im Gegenwartswert V zusammengefaßt ist. Wir suchen zuerst jene Diskontrate, die V und p gleich macht. Nennen wir diese Rate r die **Ertragsrate** des Anlagegutes. Sie wird durch

$$p = V(a, r) = \int_0^T a(t)\, e^{-rt}\, dt \tag{1}$$

gegeben. Wenn $a(t) \geqslant 0$, so daß $\partial V(a, \varrho)/\partial \varrho < 0$, ist der durch (1) für r gegebene Wert eindeutig[2].

Nehmen wir an, die Firma, die eine Investition plant, orientiere sich an einer Standard- (oder Markt-)ertragsrate r^*. Das mag eine Rate sein, die die Firma gewöhnlich anwendet; oder sie mag das sein, was andere Firmen im allgemeinen akzeptieren. Üblicherweise wird r^* als Marktzinsfuß betrachtet; das ist zwar in unserer Annahme nicht notwendigerweise eingeschlossen, aber für unser augenblickliches Problem von Vorteil.

Wir schlagen vor, als Investitionskriterium der Firma folgendes anzunehmen: das Anlagegut mit $a(t)$ als Nettoertragsstrom wird so lange erworben, als seine Ertragsrate r, die durch (1) angegeben wird, nicht unter r^* liegt, d. h. solange, als $r \geqslant r^*$. Das Kriterium folgt der Methode des **diskontierten Stroms der Ein- und Ausgänge** (discounted cash flow) oder D.C.F.[3] oder einfach **Barwertmethode**.

---

[2] Mehrfache Lösungen sind möglich, wenn $a(t) < 0$ für ein bestimmtes t; siehe J. D. *Pitchford* und A. J. *Hagger*, „A Note on the Marginal Efficiency of Capital", Economic Journal (September 1958).

[3] Siehe z. B. A. J. *Merrett* und A. *Sykes*, The Finance and Analysis of Capital Projects (1963).

Unser Problem betrifft Investitionsentscheidungen einer einzelnen Firma, zu einem gegebenen Zeitpunkt, unter der Annahme, ihr vorhandener Kapitalstock sei gegeben und ihre Erwartungen über den Verlauf der Preise, Löhne etc. bekannt. Eine Reihe möglicher Investitionen stehen der Firma offen, jede mit ihrem Ertragsstrom und daher ihrer Ertragsrate r. Es wird angenommen, die Firma maximiere ihre Profite unter vollkommener Konkurrenz, wobei der Marktzinsfuß r^* gegeben ist. Dann werden von den möglichen Investitionen jene realisiert, für die $r \geqslant r^*$ ist, und jene, für die $r < r^*$ ist, werden unterlassen. Das bedeutet dann Profitmaximierung. Denn falls ein Anlagegut erworben wird, wenn $r < r^*$, werden die Finanzierungskosten des Erwerbs (zum Preis p) durch die erzielte Ertragsrate nicht gedeckt und die Profite durch den Erwerb geschmälert; wenn andererseits ein Anlagegut eine Ertragsrate über r^* besitzt, dann übersteigt der Ertrag die Finanzierungskosten und die Profite werden durch den Erwerb erhöht. Unter den angenommenen Profitmaximierungsbedingungen tätigt die Firma ihre Investition bis zu jenem Punkt, bei dem für das Grenzanlagegut $r = r^*$ gilt. Es gelangt die Barwertmethode zur Anwendung.

Die Investitionsentscheidung der Firma impliziert also, daß das erworbene Grenzanlagegut, das $a_m(t)$ einbringt, eine dem Zinssatz r^* gleiche Ertragsrate hat:

$$p = V(a_m, r^*) = \int_0^T a_m(t)\, e^{-r^* t}\, dt\,. \tag{2}$$

Das ist **die Grenzertragsbedingung** für die Investition. Durch Aggregation über alle Firmen, wobei jede ihren Profit unter vollkommener Konkurrenz maximiert, können wir annehmen, daß dieselbe Bedingung für das makroökonomische Problem der gesamten Wirtschaft angeschrieben weren kann[4]. Wir nehmen Kapitalgüter als homogen und ihren Preis P als gegeben an. Wenn der Kapitalstock K zu jedem Zeitpunkt gegeben ist, werden bis zu jenem Punkt Investitionen I getätigt, bei dem die Ertragsrate r an der Grenze dem gegebenen Zinsfuß r^* gleich ist. Die Bedingung ist die in (2) angegebene, wenn a_m als Ertrag der marginalen Investitionseinheit und p als der gegebene Preis einer Einheit des Investitionsgutes interpretiert wird. Der Grenzertrag $a_m(t)$ hängt von der Investitionsmenge I ab und sinkt, wenn I ansteigt, für jedes t. (2) bestimmt also I eindeutig als Funktion von r^*.

Wir haben nun eine **kurzfristige Investitionsfunktion,** die wir als

$$I = I(r)$$

[4] Aggregation involviert wieder das Indexzahlenproblem, aber die Schwierigkeiten bei der Aggregation über Firmen sind geringer als jene bei der Aggregation über Konsumenten mit ihren unvergleichbaren Präferenzordnungen.

anschreiben können, wobei r für den Zinssatz steht. Das ist ein kurzfristiges Konzept, da sowohl angenommen wird, daß der Kapitalstock K gegeben ist, wie auch, daß der Preis der Investitionsgüter fixiert ist. Die Ertragsrate der Grenzinvestition, die dem Marktzinssatz gleichgesetzt wird, wird auch **Grenzeffizienz der Investition** genannt. Das Verhältnis der Investitionsfunktion zur Grenzeffizienz der Investition, das durch die Grenzeffizienzkurve angegeben wird, wird später (in 6.5 unten) weiter ausgeführt, wenn die Preise der Investitionsgüter variabel angesetzt werden.

Bei der Bestimmung von I aus (2): $V(a_m, r) = p$, nehmen wir $a_m = a_m(t, I)$ als von I abhängig an; es sinkt, wenn I steigt, für alle t. Wenn also I ansteigt, verschiebt sich der Strom a_m nach unten und

$$V = \int_0^T a_m(t, I)\, e^{-rt}\, dt$$

sinkt für ein gegebenes r. So gilt also: $\partial V/\partial I < 0$ wie auch $\partial V/\partial r < 0$. Daher erhalten wir bei Ableitung nach r (p ist gegeben):

$$\frac{\partial V}{\partial I}\frac{\partial I}{\partial r} + \frac{\partial V}{\partial r} = 0 \; ,$$

d. h.
$$\frac{dI}{dr} = -\frac{\partial V}{\partial r} \Big/ \frac{\partial V}{\partial I} < 0 \, .$$

Wie erwartet hat die Investitionsfunktion $I = I(r)$ als Ableitung $I'(r) < 0$. Bei gegebenem Kapitalstock ist die Investition desto niederer, je höher der Zinssatz ist.

Spezialfall: $a(t) = a$, konstant für alle t $(0 \leqslant t \leqslant T)$.

Hier gilt:
$$V(a, r) = a \int_0^T e^{-rt}\, dt = \frac{a}{r}(1 - e^{-rT})$$

und
$$\frac{dV}{dr} = -\frac{a}{r^2}(1 - e^{-rT}) + \frac{a}{r} T e^{-rT} = -\frac{a}{r^2}[1 - (1 + rT)\, e^{-rT}] \; ,$$

d. h.
$$\frac{1}{V}\frac{dV}{dr} = -\frac{1}{r}\,\frac{1 - (1 + rT)\, e^{-rT}}{1 - e^{-rT}} \; .$$

Wenn T groß ist, ist dV/Vdr annähernd $-1/r$, d. h. die proportionale Abnahme des Gegenwartswertes V bei einer Zunahme von r ist gleich dem reziproken Wert von r.

Um dieses Ergebnis bei der Bestimmung der makroökonomischen Investitionsfunktion anzuwenden, schreiben wir:

$$p = V(a, r) = \frac{a}{r}(1 - e^{-rT})$$

und interpretieren a als den Grenzertrag der Investition beim Niveau I. Setzen wir $a = a(I)$, wobei $a'(I) < 0$. Dann ist die Gleichung für I als eine Funktion von r (wobei p und T gegeben sind):

$$a(I) = \frac{pr}{1 - e^{-rT}} .$$

Wir lassen z. B. $T \rightarrow \infty$ und nehmen die lineare Form $a(I) = \alpha - \beta I$.

Dann gilt:

$$\alpha - \beta I = pr .$$

Die Investitionsfunktion ist linear in r: $I = (1/\beta)(\alpha - pr)$.

Die spezielle Annahme, daß der Ertrag $a(t)$ eine Konstante a über die Zeit sei, ist nicht so einschränkend, wie es auf den ersten Blick scheinen mag. Die Annahme ist, daß der Ertrag im Zeitpunkt $t = 0$ konstant über die Periode bis zum Zeithorizont T *erwartet* wird, nicht, daß er sich tatsächlich als konstant erweist, wenn die Zeit fortschreitet. Ohne irgendeine Information ist die natürliche Vermutung, daß sich nichts ändern wird.

4.5 Gegenüberstellung der Barwertmethode und der Methode der festen Amortisationsperiode

Die Barwertmethode (discounted cash flow) ist eine „Regel“, die beim Fällen von Investitionsentscheidungen angewendet wird, und wir haben darauf hingewiesen, daß sie eine Regel ist, die mit Profitmaximierung bei vollkommener Konkurrenz konsistent ist. In der Praxis einer entwickelten Wirtschaft mögen die Profite nicht maximiert werden, und es mag sicher nicht vollkommene Konkurrenz vorliegen. Die Barwertmethode kann dennoch verwendet werden, und zwar einfach als „Regel“, um festzustellen, ob eine bestimmte Investition gemacht werden soll oder nicht. Die Schritte sind: man schätze zuerst die Ertragsströme der Investition; dann berechne man die Ertragsrate als jenen Abzinsungsfaktor, der den Gegenwartswert der Erträge gleich dem Preis der Investitionsgüter macht; schließlich vergleiche man die Ertragsrate mit dem Zinssatz und investiere, wenn die erstgenannte nicht kleiner ist als der letztgenannte. Aggregierte Investition, die nach der Barwertmethode getätigt wird, hängt vom Zinssatz ab.

Die Barwertmethode ist nicht die einzige „Regel“, auf der Investitionsentscheidungen beruhen können und es in der Praxis auch tun. Eine schnellere und gröbere Entscheidung kann durch die bekannte Daumenregel erzielt werden, wonach der Preis einer Investition innerhalb einer von vornherein festgesetzten Amortisationszeit hereingebracht werden muß. Das Konzept des „Hereinbringens" beruht auf der Summe der Erträge während der Amortisationszeit ohne Abzinsung. Die Grenzbedingung (2) der Barwertmethode in 4.4 oben wird durch die Bedingung der fixen Amortisationszeit:

$$p = \int_0^h a_m(t)\,dt \tag{1}$$

ersetzt, wobei h die im voraus festgelegte Länge der Amortisationsperiode ist. Wenn die aggregierte Investition I bis zu jenem Punkt vorangetrieben wird, bei dem (1) an der Grenze erfüllt ist, hängt I eher von der Länge h der Amortisationsperiode als vom Zinssatz ab.

Der Unterschied zwischen beiden Methoden kann durch die Analyse eines speziellen (und vereinfachten) Falles dargestellt werden[5]. Der Fall betrifft Investitionen in Maschinen vom „Vintage"-Typ; neue Maschinen unterscheiden sich von älteren und, wenn sie einmal installiert sind, laufen sie weiterhin mit einer festen Menge Arbeitskraft und produzieren einen fixen Ausstoß über die Zeit. Investition I zum Zeitpunkt $t = 0$ umfaßt die zu diesem Zeitpunkt neu eingestellten Maschinen; die Maschinen werden mit einer festen Menge Arbeit L betrieben und produzieren einen festen Ausstoß Q zu allen folgenden Zeitpunkten ($t \geqslant 0$). Für den Lohnsatz schreiben wir $w(t)$ und für den Zinssatz $r(t)$; beide verändern sich in der Zeit ($t \geqslant 0$).

Die Investition bestimmt sich nach dem verwendeten Kriterium. Wir verwenden beide nacheinander:

(1) **Barwertmethode:**

$$I = \int_0^T [Q - w(t)\,L]\, e^{-rt}\,dt\ ,$$

wobei der Nettoertrag der in $t = 0$ installierten Maschinen mit der (veränderlichen) Rate r über ein bestimmtes Zeitintervall ($0 \leqslant t \leqslant T$) abgezinst wird. D. h.:

$$I = Q \int_0^T e^{-rt}\,dt - L \int_0^T w(t)\, e^{-rt}\,dt\,.$$

Ein spezifischeres Ergebnis kann nur durch die Verwendung bestimmter Zeitprofile für w und r gefunden werden. Nehmen wir als Spezialfall

[5] Siehe N. *Kaldor* und J. A. *Mirrlees*, „A New Model of Economic Growth", Review of Economic Studies (Juni 1962). Dieses Modell wird im Detail in Kapitel 16 unten untersucht.

$w = w_0 e^{mt}$, wobei der Lohnsatz über die Zeit mit einer gegebenen proportionalen Rate m wächst und r konstant ist:

$$I = Q \int_0^T e^{-rt} dt - L \int_0^T w_0 e^{-(r-m)t} dt$$

$$= \frac{Q}{r} (1 - e^{-rT}) - \frac{w_0 L}{r-m} (1 - e^{-(r-m)T}) .$$

Wenn T groß und m ($< r$) klein ist, schreiben wir annäherungsweise:

$$I = \frac{Q}{r} - \frac{w_0 L}{r} = \frac{P}{r} ,$$

wobei $P = Q - w_0 L$ das Anfangsniveau der mit den neuen Maschinen erzielten Profite ist. Im allgemeinen ist die Abhängigkeit der Investition I von r eine komplexe und involviert den Zeithorizont T und die Lohnsatzsteigerungen über die Zeit. Aber in grober Annäherung hängt I direkt vom Ausgangsniveau der Profite aus den Maschinen und umgekehrt vom Zinssatz ab.

(2) **Fixe Amortisationszeit:** $$I = \int_0^h [Q - w(t) L] dt ,$$

d. h. $$I = hQ - L \int_0^h w(t) dt .$$

Wir betrachten wieder den Spezialfall konstanten, proportionalen Wachstums von w. Dann gilt:

$$I = hQ - w_0 L \int_0^h e^{mt} dt ,$$

d. h. $$I = hQ - \frac{w_0 L}{m} (e^{mh} - 1) .$$

Wenn m klein ist, so daß ungefähr $e^{mh} = 1 + mh$, ergibt sich als Annäherung:

$$I = h (Q - w_0 L) = hP .$$

In grober Annäherung ist also I direkt proportional dem ursprünglichen Profitniveau (wie vorher) und ebenso der im vorhinein fixierten Länge der Amortisationszeit.

4.6 Investition und Einkommen

Das bisherige Ergebnis ist, daß kurzfristig, wenn der Kapitalstock K als fix angenommen wird, das Niveau der Nettoinvestition I vom Zinssatz r abhängt. Längerfristig muß K als veränderlich angenommen werden und daher muß I sowohl von r wie auch von K abhängen. Wir bringen nun einen Faktor ins Spiel, mit dem wir eben zu tun hatten, (in 4.5 oben), nämlich daß die Investition von den Profiten sowohl als Indikator für die Rentabilität der Produktion (oder für das Nachfrageniveau) abhängen muß, wie auch als Indikator der vorhandenen Investitionsfinanzierungsquellen. Im weiteren Sinn können wir aber statt der Profite das Einkommen Y als Indikator der Nachfragehöhe und der vorhandenen Finanzierungsmöglichkeiten nehmen.

Wenn wir so vorgehen, schreiben wir die **Investitionsfunktion** an als:

$$I = I\,(Y, r, K) \ ,$$

wobei r eine Variable ist, die besonders kurzfristig wirkt und K eine, die langfristig wirkt. Die Restriktionen, die sinnvoll auferlegt werden können, sind:

$$\frac{\partial I}{\partial Y} > 0 \ ; \quad \frac{\partial I}{\partial r} < 0 \ ; \quad \text{und} \quad \frac{\partial I}{\partial K} < 0 \ .$$

Spezialfall: $I = aY - bK$ ($a > 0$, $b > 0$, konstant).

Hier ist I linear in Y und K, während der Einfluß des Zinssatzes längerfristig vernachlässigt wird. Dieser Fall entspricht dem von Matthews vorgeschlagenen „Kapitalstockanpassungsprinzip"[6].

Ableitung aus einer Produktionsfunktion: Bei einigen (ziemlich drastischen) Annahmen, kann ein einfacher Fall der Investitionsfunktion $I = I\,(Y, r, K)$ aus einer Cobb-Douglas-Produktionsfunktion abgeleitet werden.

Die Grundannahme ist, daß das Kapital vom „Vintage"-Typ ist, so daß zu einem gegebenen Zeitpunkt die Investition I aus neuer Ausrüstung besteht, während der Kapitalstock K sich aus aufeinanderfolgenden Schichten älterer Ausrüstung zusammensetzt. Der Ausstoß besteht dann aus zwei Teilen. Der erste, nämlich der Ausstoß A des bestehenden Kapitalstocks, wird einfach als von der Höhe des Kapitalstocks K abhängig angenommen, wobei die im Kapitalstock „eingeschlossene" Arbeit proportional zu K angenommen wird. Der Ausstoß wird also angeschrieben als $A\,(K)$, wobei $A'\,(K) > 0$, da der Ausstoß desto größer ist, je größer der Kapitalstock ist. Der zweite, der Ausstoß, der von der neuen Ausrüstung produziert wird, sei durch eine Produktionsfunktion vom Cobb-Douglas-Typ gegeben, in Abhängigkeit von der Investition I in neue Ausrüstung und der ihr zugewiesenen Arbeitskraft L. So wird

---

[6] R. C. O. *Matthews*, The Trade Cycle (1959).

der Ausstoß ausgedrückt durch $I^{\alpha} L^{1-\alpha}$ für irgendeine Konstante α $(0 < \alpha < 1)$. Das Gesamteinkommen (der Ausstoß) ist dann:

$$Y = A(K) + I^{\alpha} L^{1-\alpha} .$$

Wenn wir alle Betriebskosten vernachlässigen, ergibt sich der Ertrag a einer marginalen Einheit einer neuen Ausrüstung als:

$$a = \frac{\partial Y}{\partial I} = \alpha I^{-(1-\alpha)} L^{1-\alpha} = \alpha I^{-(1-\alpha)} \frac{Y - A(K)}{I^{\alpha}} = \alpha \frac{Y - A(K)}{I} . \tag{1}$$

Die Annahme ist nun, daß der Grenzertrag a einer neuen Investition in der Gegenwart $(t = 0)$ für alle Zeit $t \geqslant 0$ konstant bleibt und daß er einem gegebenen Preis p der neuen Ausrüstung durch die Diskontierungsformel angeglichen wird, die über das fixe Zeitintervall T genommen wird:

$$p = a \int_0^T e^{-rt} \, dt .$$

Nehmen wir r als den über die Zeit konstanten Zinssatz. So gilt:

$$p = a \frac{1}{r} (1 - e^{-rT}) ,$$

d. h.

$$a = \frac{pr}{1 - e^{-rT}} . \tag{2}$$

Aus (1) und (2) erhalten wir einen Ausdruck für das (Gleichgewichts)-Niveau der neuen Investition I als Funktion der anderen Variablen:

$$\frac{pr}{1 - e^{-rT}} = \alpha \frac{Y - A(K)}{I} ,$$

d. h.

$$I = \frac{\alpha}{p} [Y - A(K)] \frac{1 - e^{-rT}}{r} . \tag{3}$$

Die Formel (3) ist die unter den erwähnten Annahmen aus der Cobb-Douglas-Produktionsfunktion für den von der neuen Ausrüstung produzierten Ausstoß abgeleitete Investitionsfunktion. Die Investitionsfunktion ist ein einfacher Fall der allgemeinen Form $I = I(Y, r, K)$. Die partiellen Ableitungen haben die entsprechenden Vorzeichen:

$$\frac{\partial I}{\partial Y} = \frac{\alpha}{p} \frac{1 - e^{-rT}}{r} > 0$$

$$- \frac{\partial I}{\partial r} = \frac{\alpha}{p} [Y - A(K)] \frac{1 - (1 + rT) e^{-rT}}{r^2} > 0$$

$$- \frac{\partial I}{\partial K} = \frac{\alpha}{p} \frac{1 - e^{-rT}}{r} A'(K) > 0 .$$

Hier benützen wir die Entwicklung $e^{rT} = 1 + rT + r^2 T^2/2! + \ldots$, so daß $e^{rT} > 1$ und $e^{rT} > 1 + rT$, d. h. $1 - e^{-rT} > 0$ und $1 - (1 + rT)\, e^{-rT} > 0$ für jedes $r > 0$, $T > 0$.

Die Auswirkung einer Verkürzung des Zeitintervalls T, d. h. der Annahme eines engeren Zeithorizontes, zeigt sich unmittelbar in diesen Ergebnissen. Wir haben:

$$\frac{d}{dT}(1 - e^{-rT}) = re^{-rT} > 0$$

$$\frac{d}{dT}[1 - (1 + rT)\, e^{-rT}] = r^2 Te^{-rT} > 0 \ .$$

Wenn also T abnimmt, nehmen auch alle Ableitungen $\partial I/\partial Y$, $-\partial I/\partial r$ und $-\partial I/\partial K$ ab. Die Investitionsfunktion wird in bezug auf jede Variable unelastischer. Insbesondere wird I bei Verkürzung von T weniger zinselastisch. Eine zinsunelastische Investitionsfunktion kommt zustande, wenn der Zeithorizont T kurz ist.

4.7 Das Akzelerationsprinzip

Die eben betrachtete Investitionsfunktion läßt die Investition vom Einkommensniveau (z. B. als Profitindikator) abhängen. Andererseits kann argumentiert werden, daß die Investition von der *Veränderungsrate* des Ausstoßes (Einkommens) und nicht vom Niveau abhängt. Das ist das *Akzelerationsprinzip*. Solange der Ausstoß Y unverändert ist, ist der Kapitalstock adäquat und keine Investition nötig. Ausstoßerhöhungen dagegen verlangen zusätzlichen Kapitalstock und die Nettoinvestition ist positiv; Ausstoßsenkungen verlangen in ähnlicher Weise eine negative Nettoinvestition. Unter Vernachlässigung des Einflusses des Zinssatzes und der Höhe des Kapitalstocks schreiben wir die Investition I als Funktion der Veränderungsrate von Y. Die Entwicklung ist etwas unterschiedlich, je nachdem, ob wir in kontinuierlicher Form oder Periodenanalyse arbeiten.

In **stetiger Form** wird die Investitionsfunktion im allgemeinen so angeschrieben:

$$I = I\left(\frac{dY}{dt}\right),$$

aber der einfachste und üblicherweise verwendete Fall weist eine Beziehung in linearer (proportionaler) Form auf:

$$I = v\,\frac{dY}{dt} \quad (v > 0, \text{ konstant}) \ . \tag{1}$$

Die Konstante v kann als **Akzeleratorkoeffizient** beschrieben werden; sie ist eine Konstante mit der Zeitdimension t^{-1}.

Nehmen wir nun an, der *Kapitalstock sei meßbar* und schreiben wir ihn als $K(t)$ an, eine stetige und differenzierbare Funktion der Zeit, so daß $I = dK/dt$. Der konstante Akzeleratorkoeffizient v muß dann als Kapitalkoeffizient (3.1 oben) interpretiert werden, aber in marginaler Form:

$$v = \frac{dK}{dt} \Big/ \frac{dY}{dt} = \frac{\Delta K}{\Delta Y} \quad \text{annäherungsweise}$$

für kleine Veränderungen Δ. Die Interpretation bringt Änderungen im gewünschten Kapitalstock mit den sie auslösenden Änderungen im Ausstoß in Beziehung:

$$v = \frac{\text{Veränderung des gewünschten Kapitalstocks}}{\text{Ausstoßveränderung}}\,.$$

Doch ist die marginale Form mit einer entsprechenden Anfangsbedingung dem direkten Kapitalkoeffizienten äquivalent:

$$v = \frac{\text{gewünschter Kapitalstock}}{\text{Ausstoß}}$$

als eine Folge des Satzes:

Wenn der Kapitalstock meßbar ist, ist für ein konstantes v die Investitionsfunktion I = vdY/dt unter der Bedingung $K_0 = vY_0$ äquivalent einem konstanten erwünschten Kapitalkoeffizienten v = K/Y.

Beweis: Wenn $v = K/Y$ konstant ist, dann gilt $K = vY$ und $I = dK/dt$, d. h. $I = vdY/dt$, die Investitionsfunktion.

Umgekehrt, wenn $I = vdY/dt$ für ein konstantes v und alle t, dann gilt:

$\frac{dK}{dt} = v\frac{dY}{dt}$, was $K = A + vY$ ergibt (A ist eine willkürliche Konstante).

Am Anfang gilt: $K_0 = vY_0$, so daß $A = 0$.

So folgt: $K = vY$ und $v = K/Y$ ist konstant. **Bewiesen**

Die allgemeine Interpretation dieses Ergebnisses ist: vorausgesetzt, daß der ursprüngliche Kapitalstock dem Ausstoß entspricht (K_0 gleich dem gewünschten vY_0), hält eine dem Akzelerationsprinzip entsprechende Investition den Kapitalstock stets in der notwendigen Höhe (K stets dem gewünschten vY gleich).

In der **Periodenanalyse** schreiben wir I_t für die Investition in der Periode $t = 1, 2, 3, \ldots$ Der Ausstoß (das Einkommen) in der Periode t ist Y_t und in der Vorperiode Y_{t-1}, so daß der Ausstoßzuwachs von

Periode $t-1$ gleich $\Delta Y_t = Y_t - Y_{t-1}$ ist. Beim Akzelerationsprinzip ist I_t eine Funktion von ΔY_t und im linearen (proportionalen) Fall gilt:

$$I_t = v\,(Y_t - Y_{t-1}) \qquad (v > 0, \text{konstant})\ , \tag{2}$$

wobei v der Akzeleratorkoeffizient ist, eine Konstante mit der Zeitdimension t^{-1}. Wenn eingeworfen wird, daß in dieser Periodenschreibweise die Investition in der Periode t nicht von vornherein von dem in dieser Periode entstehenden Ausstoß abhängig gemacht werden kann, ist die Antwort die, daß in (2) eine Verzögerung eingeführt werden kann, z. B. von einer Periode:

$$I_t = v\,(Y_{t-1} - Y_{t-2})\ .$$

Das Akzelerationsprinzip in Periodenschreibweise führt ganz natürlich zur Annahme einer Verzögerung vom Robertson-Typ (zwischen Einkommen und Nachfrage). Für den Augenblick jedoch verwenden wir weiter die unverzögerte Form (2).

Unter der Annahme eines meßbaren Kapitalstocks schreiben wir K_t für den *Stock am Beginn* der Periode t und führen die Beziehung (2) in die Form über:

$$K_{t+1} - K_t = v\,(Y_t - Y_{t-1})\ .$$

Wir schreiben die aufeinanderfolgenden Beziehungen an und summieren:

$$\begin{aligned} K_2 - K_1 &= v\,(Y_1 - Y_0) \\ K_3 - K_2 &= v\,(Y_2 - Y_1) \\ \vdots\quad & \qquad \vdots \\ K_t - K_{t-1} &= v\,(Y_{t-1} - Y_{t-2})\ , \end{aligned}$$

was

$$K_t - K_1 = v\,(Y_{t-1} - Y_0)$$

ergibt, d. h.

$$K_t = v\,Y_{t-1} + (K_1 - v\,Y_0)\ .$$

Wenn die Konstante $(K_1 - vY_0) \neq 0$ ist, fehlt schon zu Beginn die Übereinstimmung zwischen Ausstoß und Kapitalstock. Wenn die Konstante Null ist, erhält man den gewünschten Kapitalkoeffizienten: $K_t = vY_{t-1}$ oder $v = K_t/Y_{t-1}$. Hier wird der Kapitalstock am Beginn einer Periode mit dem Ausstoß der Vorperiode verbunden (oder der Stock am Ende einer Periode mit dem Ausstoß dieser Periode). So entspricht der Akzeleratorkoeffizient v wieder einem konstanten Verhältnis des erwünschten Kapitalstocks zum Ausstoß.

Alternativ können wir das Akzelerationsprinzip betrachten, indem wir von der linearen Investitionsfunktion $I_t = aY_t - bK_t$ ausgehen, auf der Grundlage von Matthews **Kapitalstockanpassungsprinzip** (4.6 oben). Betrachten wir den Spezialfall dieses Prinzips, wenn $b = 1$. Wir haben:

$$aY_t = K_t + I_t = K_{t+1}\ .$$

So gilt: $K_{t+1} = aY_t$ und $K_t = aY_{t-1}$, was

$$I_t = K_{t+1} - K_t = a\,(Y_t - Y_{t-1})$$

ergibt.

Das Akzelerationsprinzip erhält man als Spezialfall ($a = v$, $b = 1$) des Kapitalstockanpassungsprinzips.

Wie man auch immer das Akzelerationsprinzip angeht, es erhebt sich die Frage, ob wir sinnvoll annehmen können (wie es das Prinzip impliziert), daß der Investitionsausweitung keine Grenzen gesetzt sind, solange das Einkommen wächst. Gibt es nicht eine durch die Kapazität der Kapitalgüterindustrie und deren Wachstum gesetzte Grenze? Gibt es nicht ebenso eine Grenze für die Desinvestition, wenn das Einkommen sinkt, z. B. die durch die Abschreibung obsoleter Ausrüstung gesetzte? Diese Schwierigkeiten führen nicht zu einer Verwerfung des Akzelerators, sondern eher zu dem Schluß, daß der Akzelerator nicht eine einfache technische Beziehung zwischen Einkommensänderungen und der Investition oder zwischen dem Einkommen und dem Kapitalstock ist. Das Akzelerationsprinzip darf in der Wachstums- oder Konjunkturtheorie nicht starr oder mechanisch angewendet werden.

4.8 Investition und Gewinne

Ein Problem muß noch näher betrachtet werden, gleichzeitig mit einem Einwand gegen das Akzelerationsprinzip in der einfachen Form, in der es oben formuliert ist. Wir führten die Abhängigkeit der Investition von den Profiten ein, z. B. in dem in 4.5 oben analysierten Spezialfall, und in allgemeinerer Form durch das Anschreiben der Investition als Funktion des Einkommens als Repräsentant der Profite. Als wir zum Akzelerationsprinzip übergingen, schien es, als hätten wir jede direkte Verbindung zwischen Investition und Profiten fallengelassen. Wie können die Profite einen Einfluß haben, wenn die Investition zu einer Funktion der Einkommensveränderungsrate gemacht wurde? Sollten wir die Investition als Funktion sowohl des Niveaus als auch der Veränderungsrate des Einkommens annehmen und so den Einfluß der Profithöhe und ihrer Veränderung einbeziehen?

Alternativ können wir weiterhin wie beim Akzelerationsprinzip annehmen, die Investition sei in erster Linie durch Veränderungen im Einkommen und/oder in den Profiten bestimmt. Dann könnte argumentiert werden, daß die Einkommensveränderung die einzige Variable ist, die wir in der Investitionsfunktion brauchen und daß Profitänderungen hinreichend durch Einkommensänderungen repräsentiert werden. Das vernachlässigt aber noch immer den Einfluß des existierenden Kapitalstocks. Insbesondere ist es möglich, daß es nicht auf die Höhe oder die

Veränderung der Profite ankommt, sondern eher auf die Profite im Verhältnis zum Kapitalstock, d. h. auf die üblicherweise verwendete Profitrate ($\varrho = P/K$).

Kaldor macht in dieser Richtung eine besondere Einwendung gegen das Akzelerationsprinzip[7]. Er lehnt den Akzelerator keineswegs ab; er würde ihn eher so erweitern, daß die Investition *sowohl* von der Einkommensveränderung, *als auch* von der Veränderung der Profitrate abhängt. Die von Kaldor vorgeschlagene Investitionsfunktion kann wie folgt abgeleitet werden.

Wir können vom Kapitalkoeffizienten K/Y ausgehen. Das Akzelerationsprinzip impliziert, daß es sich um ein konstantes Verhältnis v handelt. Als Erweiterung schreiben wir das Verhältnis als linear ansteigende Funktion der Profitrate $\varrho = P/K$.

$$\frac{K}{Y} = v + b\varrho \quad (v > 0, \quad b > 0, \quad \text{konstant}) .$$

Der konstante Ausdruck hier ergibt den Akzelerator; dazu kommt der zweite Ausdruck. Dann gilt:

$$K = vY + b\varrho Y$$

und es folgt daraus die Investition $I = dK/dt$:

$$I = v\frac{dY}{dt} + b\frac{d}{dt}(\varrho Y).$$

Bei dieser Form der Investitionsfunktion hängt I von der Veränderungsrate von Y (wie beim Akzelerator) ab, aber auch von der Veränderung der Profitrate ϱ. Wenn sich die Profitrate über die Zeit nicht ändert, vereinfacht sich die Funktion zu:

$$I = (v + b\varrho)\frac{dY}{dt},$$

wobei das der Akzelerator mit dem Koeffizienten $(v + b\varrho)$ ist, nur eben anders interpretiert, so daß er auch die Wirkung der konstanten Profitrate beinhaltet.

Übungen

4.1 Ein Anlagegut mit dem Preis p hat einen Ertragsstrom von $a(t) = ae^{-dt}$ $(d > 0)$ für $t \geqslant 0$. Zeigen Sie, daß die Ertragsrate r über eine Periode T durch $p(r + d) = a[1-e^{-(r+d)T}]$ gegeben ist, so daß $r = (a/p) - d$ annäherungsweise, wenn T groß ist.

---

[7] N. *Kaldor*, „A Model of Economic Growth", Economic Journal (Dezember 1957).

4.2 Verwenden Sie beim Problem der vorhergehenden Übung $a(t) = \alpha t + \beta$ (α und β konstant) und zeigen Sie, daß $V(a, r) = (1/r^2)\,[(\alpha + \beta r) - (\alpha + \alpha r T + \beta r)\, e^{-rT}]$. Zeigen Sie, daß, wenn T groß ist und α und β nicht von T abhängen, die Ertragsrate r durch $pr^2 - \beta r - \alpha = 0$ gegeben ist und daß es eine einzige positive Lösung gibt, wenn $\alpha > 0$.

4.3 Nehmen Sie $a(t) = a\,[1-(t/T)]$ als einen Spezialfall der vorhergehenden Übung und zeigen Sie, daß $V(a, r) = (a/r^2 T)\,(e^{-rT} - 1 + rT)$. Zeigen Sie, daß, wenn rT klein ist, annähernd $V(a, r) = \frac{1}{2}\,aT\,(1 - \frac{1}{3}\,rT)$, so daß die Ertragsrate annäherungsweise $r = (3/aT^2)\,(aT - 2p)$ ist. Interpretieren Sie das als Fall, wo die Erträge des Anlagegutes über die Periode T stetig nach Null absinken.

4.4 In der Periodenanalyse einer veränderlichen Wachstumsrate sei r_s die Rate vom Jahre $(s-1)$ zum Jahr s und A_0 wachse nach n Jahren auf A_n an. Zeigen Sie, daß

$$A_n = A_0\,(1 + r_1)\,(1 + r_2)\,\ldots\,(1 + r_n)\,.$$

Leiten Sie für kleine r_s ab, daß annähernd $(1/n)\log(A_n/A_0) = \bar{r}(n)$, wobei $\bar{r}(n)$ der Mittelwert $\frac{1}{n}\sum_{s=1}^{n} r_s$ ist. (Verwenden Sie dabei folgende Annäherung: $\log(1 + x) = x$ für kleines x). Schreiben Sie also $A_n = A_0\, e^{n\bar{r}}$, als eine Annäherung an A_n und $A_n = A_0\,(1 + \bar{r})^n$ als eine weitere Annäherung.

4.5 Zeigen Sie, daß Folgendes dem Kriterium der Barwertmethode von 4.4 äquivalent ist: ein Anlagegut wird dann erworben, wenn der Gegenwartswert seiner Erträge zum Marktzinsfuß r^* nicht unter dem Preis p des Anlageguts liegt, d. h. wenn $V(a, r^*) \geqslant p$.

4.6 Nehmen Sie bei dem in 4.5 oben angegebenen Problem der Investition in „Vintage"-Maschinen an, der erwartete Lohnsatz w und daher die erwarteten Profite P seien über die Zeit konstant. Zeigen Sie, daß bei der Barwertmethode $I = \int_0^T e^{-rt}\,dt = (P/r)\,(1 - e^{rT})$, wenn der Zinssatz r konstant ist. Schließen Sie daraus, daß annäherungsweise $I = P/r$, wenn T groß ist. Zeigen Sie, daß genau $I = hP$ bei der Methode der fixen Amortisationszeit gilt.

4.7 Die Annäherung von 4.6 oben legt es nahe, wenn der Zeithorizont für die Abzinsung T ist, als geeignete kurzfristige Investitionsfunktion $I(r) = a + [(b/r)\,(1 - e^{-rT})]$ anzunehmen. Zeigen Sie, daß $-I'(r)$ von b/r^2 nach Null abnimmt, wenn T sinkt und daß die Extremfälle $I(r) = a + (b/r)$, $I'(r) = -(b/r^2)\;(T \to \infty)$ und $I(r) = a,\; I'(r) = 0\;(T = 0)$ sind.

4.8 Das Kapitalstockanpassungsprinzip (4.7 oben) ergibt $I_t = aY_t - bK_t$, wobei $K_t - K_{t-1} = I_{t-1}$ ist. Zeigen Sie, daß $I_t - (1-b)\,I_{t-1} = a\,(Y_t - Y_{t-1})$ und leiten Sie ab, daß das eine Differenzengleichung für den Zeitpfad von I_t ist, wenn I_0 und der Zeitpfad von Y_t gegeben ist. Interpretieren Sie das als eine Investitionsfunktion für I_t in der Periode t als Funktion des laufenden und aller vergangener Einkommen. Zeigen Sie zur Illustration, daß

$$I_2 = (1-b)^2\,I_0 + aY_2 - abY_1 - a\,(1-b)\,Y_0\,.$$

Kapitel 5

Wirtschaftliche Dynamik

5.1 Statik und Dynamik

Eine statische Position ist ein zeitloses Konzept. Die Variablen können Bestand- oder Stromgrößen sein, sie sind alle zum selben Zeitpunkt oder zur selben Zeitperiode datiert und es sind keine Bedingungen auferlegt, die sich auf verschiedene Zeitpunkte beziehen. Im **statischen Gleichgewicht** verlangen wir, daß sich die Variablen ohne Überschuß oder Defizit in einer bestimmten Weise ausgleichen, ähnlich wie die Kräfte einander ausgleichen, die auf einen ruhenden Körper einwirken. Die Lage ist zeitlos in dem Sinn, daß es keine Verbindung mit der Vergangenheit oder Zukunft gibt; wir sind nicht daran interessiert, wie der Körper in die Lage kam und was später mit ihm geschehen wird. So gleichen sich Nachfrage und Angebot auf einem bestimmten Markt zu dem Preis und/oder Einkommen der statischen Gleichgewichtslage aus.

Bei makroökonomischen Problemen mag das statische Gleichgewicht als ein sehr spezieller oder künstlicher Fall erscheinen. Und zwar wegen der Einführung der Investition als Stromgröße zu einem bestimmten Zeitpunkt und mit den daraus folgenden Wirkungen auf Kapitalstocksveränderungen über die Zeit. Streng genommen erreicht man eine statische Lage vielleicht dann, wenn Investition und Sparen Null sind, so daß der Kapitalstock unter den Bedingungen einer fixierten Arbeitskraft und der Abwesenheit von technischem Fortschritt konstant und optimal ist. Dieser Fall ist nur von sehr beschränktem Interesse. Doch kann für wichtige, wenn auch beschränkte Anwendungen eine statische Analyse sogar dann entwickelt werden, wenn es Investition und Ersparnis gibt. Wir nehmen einfach alle Investition als autonom an und vernachlässigen Veränderungen des Kapitalstocks, d. h. wir nehmen an, daß alle auf die Investition folgenden Änderungen keinen Einfluß auf die analysierte Lage haben. Das ist in der Tat der Fall des **kurzfristigen Gleichgewichts,** das sich auf eine so kurze Periode bezieht, daß die Investition innerhalb der Periode keine anderen Variablen ändert.

Das System wird dynamisch, sobald sich die datierten Variablen auf verschiedene Zeitpunkte oder Perioden beziehen und Verbindungen zur Vergangenheit und zur Zukunft haben. Die hauptsächliche Unterscheidung ist die in **dynamisches Gleichgewicht,** bei dem die Variablen dem Modell entsprechende unverzögerte Gleichgewichtsbedingungen erfüllen, und **dynamisches Ungleichgewicht,** bei dem es Verzögerungen gibt und eine Gleichgewichtsbedingung oder mehrere wegfallen und durch einen Ungleichgewichts- oder Fehleranpassungsmechanismus ersetzt werden müssen. Die Bewegung eines Kreisels ist eine Illustration aus der Mechanik. Gleichgültig, welchem Weg er im Raum folgt, solange der Kreisel sich vertikal dreht, haben wir ein Problem des dynamischen Gleichgewichts vor uns. Aber wenn der Kreisel wackelt, entsteht eine dynamische Ungleichgewichtslage und es kann ein Korrekturmechanismus (Fehleranpassung) eingeführt werden, z. B. durch die Anwendung einer Peitsche.

Das einfachste dynamische Gleichgewichtssystem folgt direkt aus dem Konzept des statischen Gleichgewichts: der **stationäre Zustand.** Das ist eine statische Gleichgewichtslage, in der alle Variablen datiert sind, aber unverändert von einem Zeitpunkt zum anderen oder von einer Periode zur andern fortdauern. So werden der statische Gleichgewichtspreis und/oder das Gleichgewichtseinkommen, solange sich Nachfrage- und Angebotskurven eines bestimmten Marktes nicht verschieben, zum stationären Zustand. Das Ausstoßniveau, wie es vom Multiplikator bestimmt wird (2.6 oben), ist der einfachste und gleichzeitig nützlichste stationäre Zustand in der Makroökonomie. Doch müssen wir anerkennen, daß, zumindest in dem eher flexiblen Sinn, in dem wir die Statik in der makroökonomischen Theorie interpretiert haben, einige statische Gleichgewichtslagen nicht in stationäre Zustände in dynamischen Systemen übergehen können. Nicht alle auferlegten statischen Bedingungen können über die Zeit aufrechterhalten werden. Ein Beispiel dafür ist die kurzfristige Analyse der Investition und des Sparens mit konstantem Kapitalstock.

Es gibt eine große Menge unterschiedlicher dynamischer Gleichgewichtssysteme. In allen von ihnen halten wir die spezifizierten Gleichgewichtsbedingungen über die Zeit aufrecht und schauen auf die entsprechenden Zeitpfade der Variablen, wenn die Zeit fortschreitet. Ein solcher Pfad mag bloß eine Folge von statischen Gleichgewichtspositionen sein, die durch gewisse autonome oder exogenen Verschiebungen in den auferlegten Bedingungen entstehen. Z. B. kann man einen sich verändernden Gleichgewichtspreis oder ein sich veränderndes Gleichgewichtseinkommen durch exogene Verschiebungen der Angebots- und Nachfragekurve erhalten, die auf Grund einer zunehmenden Arbeitskraft oder des technischen Fortschritts entstehen. Interessanter ist der Fall, wenn endogene (und nicht nur exogene) Kräfte am Werk sind; wir schauen dann auf die Wachstumsraten der Variablen im stetigen Gleichgewicht, z. B. die Wachstumsraten des Einkommens und des Kapitals in der Makroökonomie. Der einfachste Fall tritt auf, wenn die proportionalen Wachstumsraten über die Zeit konstant sind, es sich also um eine Situation **stetigen Wachstums** handelt. Dies ist eine natürliche Erweiterung des stationären Zustands, der einen Spezialfall des stetigen Wachstums mit einer Wachstumsrate von Null darstellt. In einem stationären Zustand sind die Variablen selbst über die Zeit konstant; im stetigen Wachstum ist es die Wachstumsrate der Variable, die konstant ist. So wie die makroökonomische Statik als kurzfristiges Gleichgewicht angesehen werden kann, ist stetiges Wachstums **langfristiges Gleichgewicht**. Aber dynamische Gleichgewichtssysteme umfassen noch mehr. Der Kreisel mag sich mit konstanter Geschwindigkeit in einer Geraden fortbewegen (das entspricht dem stetigen Wachstum), aber er kann sich auch in komplizierteren Bahnen bewegen und doch im Gleichgewicht bleiben.

Es gibt eine noch größere Vielfalt an dynamischen Ungleichgewichtssystemen. Wir schauen noch immer auf die Zeitpfade der Variablen des Modells, aber diese können alle möglichen erratischen und systematischen Formen annehmen. Wir können an verschiedenen Aspekten interessiert sein. Wir können unsere Aufmerksamkeit auf die Bedingungen konzentrieren, unter denen das System schwingende (entweder gedämpfte oder explosive) Pfade ergibt, im Gegensatz zum stetigen Wachstum oder der stetigen Bewegung auf ein bestimmtes Niveau zurück. Unser Interesse mag dem eingebauten Fehleranpassungsprozeß gelten und wie er sich auswirkt; und wir gehen vielleicht weiter und beschäftigen uns mit der Möglichkeit, regulierende Prozesse auf das System anzuwenden.

Zwei spezielle Anwendungen dynamischer Systeme stechen hervor. Eine ist die Untersuchung einer Gleichgewichtssituation vom Standpunkt ihrer **Stabilität.** Nehmen wir an, ein dynamisches System ergebe einen bestimmten Gleichgewichtspfad einer Variable. Wenn das System selbst andere Gleichgewichtspfade ergibt, die in einem bestimmten Sinn gegen den gegebenen Pfad konvergieren, wird dieser vom Standpunkt des dynamischen Gleichgewichts aus stabil genannt. Gewöhnlich wird eine Ungleichgewichtsversion des Systems konstruiert, so daß der gegebene Pfad im Rahmen des weitergefaßten Ungleichgewichtssystems stabil genannt werden kann, wenn die angenommenen Ungleichgewichtspfade gegen ihn konvergieren. Es gibt keine strengen Regeln für Stabilität. Zuerst muß die Art der Konvergenz gegen den Gleichgewichtspfad spezifiziert werden und da gibt es sehr viele Wahlmöglichkeiten, wie später (10.5 unten) dargelegt werden wird. Zweitens gibt es verschiedene Ungleichgewichtsmodelle (oder aber Gleichgewichtsmodelle), die für einen bestimmten Gleichgewichtspfad als geeignet angesehen werden können, so daß es sehr wohl möglich ist, daß das Gleichgewicht nach einem Modell stabil und nach einem anderen instabil ist.

Die zweite Anwendung der Dynamik besteht darin, den tatsächlichen Zeitpfad zu finden, den eine Variable durchläuft, wenn sie von einer (stabilen) Gleichgewichtslage in eine neue (ebenfalls stabile) übergeht, als Folge einer Verschiebung eines Parameters des Systems. Es handelt sich hier um das Problem, den **Übergang** (traverse) zwischen zwei Gleichgewichtssituationen zu finden[1]. Wieder kann es verschiedene Übergänge zwischen gegebenen Gleichgewichtsniveaus oder -pfaden geben; sie können sich je nach dem für den Zweck gewählten spezifischen Ungleichgewichtsmodell unterscheiden.

Schließlich gibt es ebenso, wie es Probleme der **komparativen Statik** gibt, in der man ein Gleichgewichtsniveau mit einem anderen vergleicht, wenn bestimmte Parameter variiert werden, auch entsprechende Probleme der **komparativen Dynamik.** Z. B. können wir den Gleichgewichtspreis oder das Gleichgewichtseinkommen, die man bei der Analyse eines bestimmten Marktes aus einer Nachfragekurve erhält, mit jenen Größen vergleichen, die sich bei Annahme einer anderen Nachfragekurve ergeben. Das geschieht am besten durch Variation des einen oder anderen Parameters der Nachfragekurve, z. B. der Nachfrageelastizität in bezug auf den Preis. Das Ergebnis wird so ausgedrückt: der Gleichgewichtspreis fällt, wenn die Nachfrage elastischer wird. So kann man in der Makroökonomie komparative Ergebnisse erhalten, indem man solche Modellparameter wie die Sparneigung etwas variiert. Die Ergebnisse können für dynamische Gleichgewichtspfade ebenso leicht wie für statische Gleichgewichtsniveaus gefunden werden. Z. B. sinkt im Rahmen der komparativen Statik das statische (Multiplikator-)Einkommensniveau, wenn die Sparneigung steigt; und ebenso können wir finden, daß die Wachstumsrate einer stetiges Wachstum ergebenden Lösung eines dynamischen Modells desto größer sein kann, je größer die Sparneigung ist, oder aber, daß die Rate tatsächlich, je nach dem betrachteten dynamischen Modell, von der Sparneigung unabhängig ist.

5.2 Eine einfache Illustration

Wenn wir uns mit einem sehr einfachen Fall zufriedengeben, bei dem viele Verfeinerungen vernachlässigt werden, können wir die verschiedenen Möglichkeiten mit Bezugnahme auf die Standardanalyse der Nachfrage und des Angebots eines bestimmten Gutes X illustrieren. Wir nehmen an, daß die Preise aller anderen Güter als X und das Einkommen (im Aggregat und in der Verteilung) gegebene Parameter sind und daß Angebot und Nachfrage als gegebene Funktionen (die durch gewisse Parameter definiert sind) des Preises P des Gutes X spezifiziert sind:

[1] Der englische Ausdruck „traverse“ wurde von J. R. Hicks in *Capital and Growth* (1965) eingeführt.

$D = D(P)$ und $S = S(P)$. Ein **statischer Gleichgewichtspreis** und ein entsprechender Preis im **stationären Zustand** werden durch die Gleichgewichtsbedingung definiert, daß unter den gegebenen Bedingungen Nachfrage und Angebot gleich sind. Ein Gleichgewichtspreis $\bar{P}$ ist jeder Wert, der

$$D(\bar{P}) = S(\bar{P}) \text{ erfüllt, vorausgesetzt, daß } \bar{P} \geqslant 0 \text{ ist.}$$

Es gibt kein, ein oder mehrere $\bar{P}$, je nach der Form der Nachfrage- und Angebotskurve. Fig. 5.2 A illustriert den Fall eines einzigen $\bar{P}$, das durch den Schnittpunkt Q der beiden Kurven in ihrer üblichen Form bestimmt wird.

Das einfachste **dynamische Gleichgewichtssystem** entsteht, wenn die Nachfrage- und Angebotskurve sich in einer bestimmten Weise über die Zeit verschieben: $D = D(P, t)$ und $S = S(P, t)$. Man erhält einen **Gleichgewichtspfad** von $P(t)$, indem man

$$D(P, t) = S(P, t) \quad \text{löst} . \tag{1}$$

Der Fall wird ziemlich allgemein in Fig. 5.2A illustriert, wobei der Pfad von $P(t)$ durch die relevante Koordinate des wandernden Schnittpunktes $(Q, Q', Q'', \ldots)$ der sich verschiebenden Nachfrage- und Angebotskurven angegeben wird. Wenn die Verschiebungen exogen sind, ist (1) eine algebraische Gleichung, die P als Funktion von t angibt, und der Pfad ist tatsächlich eine Folge statischer Gleichgewichtsniveaus. Wenn

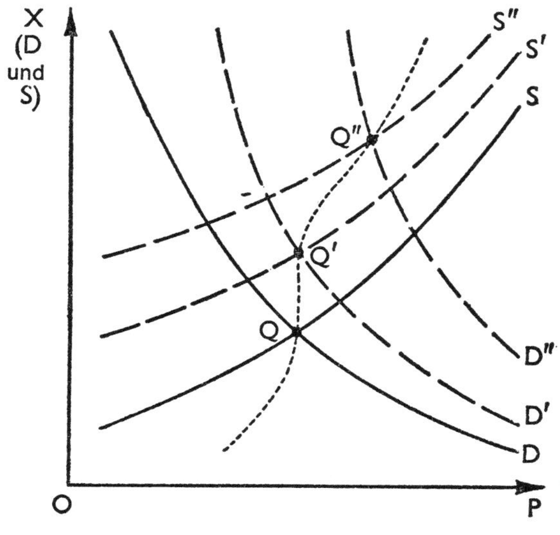

Fig. 5.2 A

die Verschiebungen endogen sind und die Analyse in kontinuierlicher Form vor sich geht, beinhaltet (1) im allgemeinen Ableitungen von P (und vielleicht andere Konstruktionen, z. B. Integrale oder Verzögerungen) und wird zu einer Differentialgleichung (oder irgendeiner gemischten Gleichung), die für $P(t)$ gelöst werden muß.

Lineare Nachfrage- und Angebotskurven illustrieren die verschiedenen Möglichkeiten. Exogene Verschiebungen in der Nachfrage und im Angebot können so dargestellt werden: $D = \alpha + \alpha' t - aP$ und $S = \beta + \beta' t + bP$, wobei im gewöhnlichen Fall $a > 0$, $b > 0$, $\alpha > \beta > 0$. Die Gleichgewichtsbedingung (1) geht nun über in:

$$\alpha + \alpha' t - aP = \beta + \beta' t + bP \;. \tag{2}$$

Für das Preisniveau $\bar{P}$ im **stationären Zustand** setzen wir $\alpha' = \beta' = 0$ in (2) ein und erhalten $P = \bar{P}$ als:

$$\bar{P} = \frac{\alpha - \beta}{a + b}, \quad \text{wobei} \quad a > 0, \quad b > 0, \quad \alpha > \beta > 0 .$$

Für eine **komparativ statische Analyse** nehmen wir a als Nachfrageparameter[2]. Dann gilt $\partial P / \partial a < 0$, so daß das Preisniveau P desto mehr sinkt, je größer die Steigung (Elastizität) der Nachfragekurve ist, wenn der Schnittpunkt der Nachfragekurve mit der Mengenachse und die Lage der Angebotskurve gegeben sind. Der **Gleichgewichtspfad,** der sich als Folge exogener Erhöhungen der Nachfrage und des Angebotes (z. B. wegen steigender Bevölkerung und technischen Fortschritts) ergibt, wird durch die Lösung von (2) als algebraische Gleichung gefunden:

$$P(t) = \bar{P} + \frac{\alpha' - \beta'}{a + b} t, \quad \text{wobei} \quad a > 0, \quad b > 0, \quad \alpha' > 0, \quad \beta' > 0 .$$

Also bewegt sich P mit fortschreitender Zeit ständig vom stationären Niveau $\bar{P}$ weg und steigt stetig, wenn $\alpha' > \beta'$ und fällt, wenn $\alpha' < \beta'$.

Um die allgemeine Form von (1) zu illustrieren, nehmen wir an, die Nachfrage werde durch Preisänderungen beeinflußt, das Angebot aber nicht. Im linearen Fall schreiben wir

$$D = \alpha - a\left(P + \frac{dP}{dt}\right) \quad \text{und} \quad S = \beta + bP ,$$

wobei $a > 0$, $b > 0$, $\alpha > \beta > 0$. Dann wird (1) eine Differentialgleichung:

$$\alpha - a\left(P + \frac{dP}{dt}\right) = \beta + bP,$$

---

2 Wenn X (D und S) und P in Logarithmen gemessen und in Fig. 5.2 A Verhältnisskalen verwendet werden, ist a die konstante Nachfrageelastizität.

d. h.
$$\frac{dP}{dt} + \frac{a+b}{a} P = \frac{\alpha - \beta}{a} . \tag{3}$$

Das stationäre Niveau $P = \bar{P} = (\alpha - \beta)/(a + b)$ erfüllt die Gleichung (3), aber die allgemeine Lösung für den **Gleichgewichtspfad** $P(t)$ des Preises über die Zeit ist:

$$P = \bar{P} + (P_0 - \bar{P})\, e^{-\lambda t}, \quad \text{wobei } \lambda = \frac{a+b}{a} > 0 , \tag{4}$$

gegeben den Anfangspreis $P_0 \neq \bar{P}$. Also folgt aus (4) in allen Fällen (unter der Bedingung $a > 0$, $b > 0$ und $\alpha > \beta > 0$), daß es eine stetige Konvergenz gibt: $P \to \bar{P}$, wenn $t \to \infty$. Das stationäre Preisniveau $\bar{P}$ ist in diesem dynamischen Gleichgewichtsmodell **stabil.**

Als Übung im **dynamischen Ungleichgewicht** betrachten wir das Ergebnis des vertrauten ‚Spinngewebe'-Problems und untersuchen es in Periodenanalyse[3]. Wir nehmen in allen Perioden eine fixe Nachfragekurve D und Angebotskurve S an, so daß im stationären Zustand $P_t = \bar{P}$, wobei $D(\bar{P}) = S(\bar{P})$ das untersuchte Gleichgewichtsniveau ist. Wir lassen die Gleichgewichtsbedingung fallen, so daß in jeder Periode $D(P_t) \neq S(P_t)$ und führen statt dessen einen Fehleranpassungsprozeß ein. Nehmen wir die Nachfrage als $D_t = D(P_t)$ an, also durch den laufenden Preis bestimmt. Der Fehleranpassungsprozeß wird auf der Angebotsseite als $S_t = S(P_{t-1})$, d. h. als einperiodige Verzögerung angenommen, so daß die Produzenten also erwarten, der Preis der letzten Periode P_{t-1} werde gleichbleiben. Also ist die in der Periode gekaufte und verkaufte Menge X_t, wobei gilt:

$$X_t = D(P_t) = S(P_{t-1}) . \tag{5}$$

Die Annahme ist hier, daß in der Periode t der Preis P_t exogen festgesetzt wird, so daß das vorhandene Angebot seinen Absatz findet. Die Bedingungen (5) ergeben eine Differenzengleichung in P_t, aus der der Verlauf des Preises über die Zeit ebenso wie die daraus sich ergebenden Käufe $X_t = D(P_t)$ in jeder Periode ermittelt werden können.

Die allgemeine Natur der Lösung von (5) wird in der (P, X)-Ebene der Fig. 5.2B illustriert. Das stationäre Preisniveau ist $\bar{P}$, das durch Q,

[3] Eine entsprechende Formulierung in kontinuierlicher Schreibweise hat eine einfache Exponentialverzögerung (5.5 unten) im Angebot und keine Verzögerung in der Nachfrage. Wenn wir durch Wahl der Zeiteinheit die Angebotsverzögerung von der Länge eins annehmen, können wir zeigen (siehe Übung 5.4), daß die Differentialgleichung des Ungleichgewichtsmodelles im linearen Fall genau (3) mit (4) als ihrer allgemeinen Lösung ist. Das illustriert, daß dieselbe Differentialgleichung und formal die gleiche Lösung in Gleichgewichts- und Ungleichgewichtsmodellen auftreten kann. Das Ungleichgewichtsmodell, das wir haben, ist für den stationären Zustand $P = \bar{P}$ geeignet; wieder ist das Preisniveau im Ungleichgewichtsmodell *stabil* (wenn $a > 0$, $b > 0$, $\alpha > \beta > 0$ gegeben ist).

bei dem sich die D- und S-Kurven schneiden, festgelegt wird und die entsprechenden Käufe sind $\bar{X}$. Der ursprüngliche Preis ist P_0. Dann ergibt die Bedingung (5) in Periode (1):

$$X_1 = D(P_1) = S(P_0) \ ,$$

wodurch P_1 und X_1 so festgesetzt werden, daß das ganze Angebot aufgenommen wird, wie es durch den Punkt Q_1 des Diagramms dargestellt wird. Aufeinanderfolgende Perioden ergeben die Punkte $Q_1, Q_2, Q_3, \ldots$

Die festgesetzten Preise schwanken um $\bar{P}$: $P_0, P_1, P_2, P_3, \ldots$. Die Käufe schwanken um $\bar{X}$: $X_1, X_2, X_3, \ldots$. Der dargestellte Fall hat in der Umgebung von Q ein D, das steiler als S ist und der Ungleichgewichtsprozeß konvergiert: $P_t \to \bar{P}$ und $X_t \to \bar{X}$, wenn $t \to \infty$. Wenn das Diagramm neu gezeichnet wird, so daß D flacher als S ist, ergibt sich ein Prozeß alternierender Divergenz der P_t von $\bar{P}$ und der X_t von $\bar{X}$.

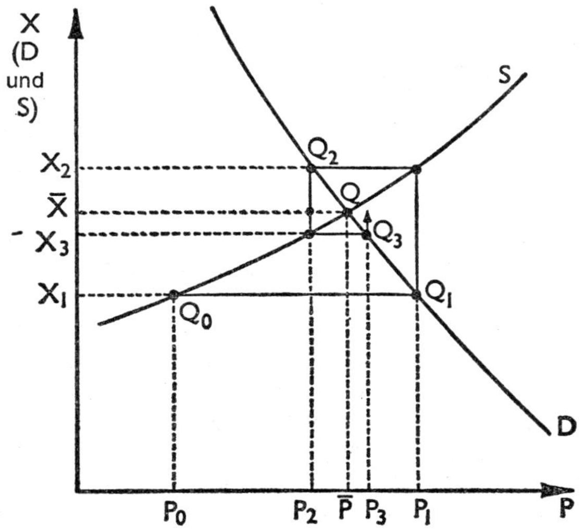

Fig. 5.2 B

Man erhält sogleich die Lösung im linearen Fall. Wir setzen $D_t = \alpha - aP_t$ und $S_t = \beta + bP_{t-1}$ (wobei $a > 0$, $b > 0$, $\alpha > \beta > 0$) in (5) ein:

$$X_t = \alpha - aP_t = \beta + bP_{t-1},$$

was

$$P_t + \frac{b}{a} P_{t-1} = \frac{\alpha - \beta}{a}$$

ergibt.

Der stationäre Zustand $P_t = \bar{P} = (\alpha - \beta)/(a + b)$ für alle t erfüllt diese Differenzengleichung und die allgemeine Lösung für den **Ungleichgewichtspfad** von P_t ist:

$$P_t = \bar{P} + (P_0 - \bar{P})\,(-b/a)^t \,, \tag{6}$$

gegeben der ursprüngliche Preis $P_0 \neq \bar{P}$. Hier gilt $a > 0$, $b > 0$ und $\alpha > \beta > 0$. Das Ergebnis hängt von der Größe von b (dem Anstieg von S) im Verhältnis zu a (dem Anstieg von D) ab:

Der Ungleichgewichtspreis P_t alterniert während aufeinanderfolgender Perioden um das Gleichgewichtsniveau $\bar{P}$ und konvergiert gegen $\bar{P}$ dann und nur dann, wenn dem Betrage nach $b < a$, d. h. dann und nur dann, wenn D steiler als S in der Umgebung des Schnittpunktes ist.

Daraus folgt, daß in diesem Ungleichgewichtsmodell der stationäre Zustand $\bar{P}$ **stabil** ist, wenn $b < a$ (D steiler als S) und instabil, wenn $b > a$ (D weniger steil als S). Das Ergebnis in bezug auf die Stabilität unterscheidet sich von dem im vergleichbaren kontinuierlichen Fall oben. Das illustriert sowohl, daß die Stabilität von dem speziellen, in Betracht gezogenen Modell abhängt, als auch, daß Periodenanalyse vielfach kompliziertere Ergebnisse bringt als die kontinuierliche Analyse.

Im stabilen Fall ($b < a$) folgt daraus, daß der **Übergang** des Preises P_t von einem alten Gleichgewicht P_0 zu dem neuen Niveau $\bar{P}$ einfach durch (6) gegeben ist. Das Ergebnis gilt z. B. für eine einmalige Verschiebung der Nachfragekurve. Ursprünglich liegt die Nachfragekurve links von D in Fig. 5.2B und geht durch den Punkt Q_0, der dem alten Gleichgewichtspreis P_0 entspricht. Die Kurve verschiebt sich nun zur neuen Lage D in Fig. 5.2B. In der **komparativ statischen** Analyse brauchen wir nicht mehr festzuhalten, als daß das neue Gleichgewichtsniveau $\bar{P}$ höher ist. Als Problem der **wirtschaftlichen Dynamik** aber verfolgen wir den tatsächlichen Preisverlauf, also den Übergangspfad zwischen Gleichgewichtsniveaus im stabilen Fall ($b < a$). (6) gibt an, wie die Preise alternieren ($P_0, P_1, P_2, P_3, \ldots$), aber auch daß $P_t \to \bar{P}$, wenn $t \to \infty$.

Halten wir im Vorbeigehen fest, daß in diesem Modell eine regelmäßige Schwingung auftreten kann. Wenn $a = b$ und wenn wir $p_t = P_t - \bar{P}$ schreiben, ergibt sich aus (6):

$$p_t = (-1)^t p_0 \,,$$

d. h., die Differenz p_t alterniert: $p_0, -p_0, p_0, -p_0, \ldots$. Das Übereinstimmen zwischen a und b, den Neigungen von D und S, kann nur als zufällig angesehen werden.

5.3 Methoden der dynamischen Wirtschaftsanalyse

Die in einer Analyse des statischen Gleichgewichtes angewendeten mathematischen Methoden sind einfach. Die Gleichgewichtsbedingungen involvieren Restriktionen, entweder in Form von Gleichungen oder Ungleichungen oder beides, die den Funktionalbeziehungen zwischen den Variablen auferlegt werden. Wir erwarten, eine oder mehrere **algebraische Gleichungen** in einer oder mehreren Variablen zu erhalten, gleichzeitig mit einigen Nebenbedingungen (normalerweise Ungleichungen). Im einfachen Problem 5.2 haben wir $D(P) = S(P)$ unter der Bedingung $P \geqslant 0$. Die tatsächliche algebraische Lösung im linearen Fall ist $P = (\alpha - \beta)/(a + b)$, wobei $a > 0$, $b > 0$, $\alpha > \beta > 0$.

Das Wesen jedes dynamischen, genau nach den in 1.3 oben aufgestellten Leitlinien formulierten Modells ist, daß Variable zu verschiedenen Zeitpunkten oder Zeitperioden vorkommen. Die Methoden der Analyse hängen davon ab, ob wir die Variablen kontinuierlich oder diskret formulieren (1.4 oben). Bei der Periodenanalyse erwarten wir, eine oder mehrere **Differenzengleichungen** in einer oder mehreren Variablen zu bekommen, die Nebenbedingungen unterworfen sind (üblicherweise Ungleichungen). Beim Spinngewebeproblem in 5.2 ist (5) die Differenzengleichung in P_t und die Lösung im linearen Fall ist der durch (6) gegebene Pfad von P_t unter der Bedingung $a > 0$, $b > 0$, $\alpha > \beta > 0$. Wenn andererseits eine kontinuierliche Analyse angewendet wird, erwarten wir, daß sich die Bedingungen des Modells auf eine oder mehrere **Differentialgleichungen** in einer oder mehreren Variablen reduzieren, die Nebenbedingungen unterworfen sind. Im dynamischen Gleichgewichtsproblem von 5.2 ist (3) die Differentialgleichung in $P(t)$, deren Lösung im linearen Fall die Form von (4) annimmt und den Pfad der Preise über die Zeit angibt.

In einem einfachen dynamischen Modell werden wir in erster Linie das **stetige Wachstum** als speziellen (oder tatsächlich einzigen) Gleichgewichtspfad suchen, der die Modellbedingungen erfüllt. Wieder kann die Behandlung dieses Problems auf die Lösung **algebraischer Gleichungen** nicht in den Variablen selbst reduziert werden, sondern in deren proportionalen Veränderungsraten. In der kontinuierlichen Analyse ist eine Variable (z. B. der Preis) eine stetige und differenzierbare Funktion der Zeit $P(t)$, aber das stetige Wachstum ist durch die Tatsache charakterisiert, daß $dP/Pdt = d(\log P)/dt$ konstant über die Zeit ist und einen von t unabhängigen Wert p annimmt. Die Bedingungen des Modells lassen sich im allgemeinen auf eine algebraische Gleichung in p reduzieren. Wenn wir irgendeine Wurzel p haben, eine Lösung im Sinne des stetigen Wachstums, gehen wir durch eine einfache **Integration** zur ursprünglichen Variable zurück:

$$d(\log P)/dt = p\,, \quad \text{was} \quad P = P_0\, e^{pt} \quad \text{ergibt,}$$

für einen gegebenen Anfangspreis P_0.

Die Analyse in Form eines stetigen Wachstums ist nur eine partielle. Erstens mag es andere (Gleichgewichts- oder Ungleichgewichts-)Lösungen geben, neben denen stetigen Wachstums. Diese können nur durch die allgemeine Lösung der Differentialgleichungen gefunden werden, anstelle einer speziellen algebraischen Lösung für p. Zweitens erfordert eine Untersuchung der Stabilität des stetigen Wachstums in allen Fällen eine solche Analyse eines geeigneten Gleichgewichts- oder Ungleichgewichtsmodells.

Wir haben es also in jeder halbwegs vollständigen Analyse wirtschaftlicher Dynamik im wesentlichen mit Differenzen- oder Differentialgleichungen zu tun. Darüber hinaus müssen in einem Ungleichgewichtsmodell verschiedenartige Verzögerungen einbezogen werden, und es werden eine oder mehrere Gleichgewichtsbedingungen fallengelassen. Die übliche Vorgangsweise ist, daß wir die Vollkapazitäts- oder Bestandsbedingungen aufgeben, während wir eine Strombedingung in irgendeiner Form weiterhin annehmen. Auf jeden Fall muß eine aufgegebene Bedingung durch einen Fehleranpassungsprozeß ersetzt werden, z. B. einen in Form einer Verzögerung. Diese Dinge untersuchen wir weiter unten.

Ein Großteil der folgenden Analyse behandelt entweder kurzfristiges (Kapitel 6 - 9) oder langfristiges (Kapitel 10 - 16)) Gleichgewicht, das mit algebraischen Gleichungen in den Variablen oder deren Veränderungsraten behandelt werden kann. Selbst dabei brauchen wir in einem ziemlich frühen Stadium eine vollständig dynamische Behandlung, um das Stabilitätsproblem zu erhellen. Also kann selbst in Gleichgewichtsmodellen, die auf Differenzen- oder Differentialgleichungen beruhende allgemeine dynamische Methode nicht umgangen werden. Weiters ist diese allgemeine Methode notwendig, um den Weg für die Untersuchung von Schwingungen (Kapitel 17 - 20) zu ebnen. Hier ist die Form, in der die Differenzen- oder Differentialgleichungen, die von ziemlich hoher Ordnung sein können, auftreten, das Wesentliche am Problem. Weiters ziehen wir natürlich die kontinuierliche Form einer Periodenanalyse vor, um so weit wie möglich zu vereinfachen. Differenzengleichungen haben einen größeren Lösungsbereich, wobei einige Lösungen für die wesentlichen Fragen des Wachstums und der zyklischen Bewegung kaum relevant sind. Im allgemeinen reichen Differentialgleichungen, die viel leichter zu handhaben sind.

Zusätzlich zu seiner eigenen volldynamischen Analyse unterscheidet Hicks einige vereinfachte dynamische Methoden und untersucht zwei spezielle Techniken im Detail[4]. Eine ist die **Methode des temporären Gleichgewichts,** bei der zu jedem Zeitpunkt oder zu jeder Periode ein statisches Gleichgewicht zustandekommt, aber in Verbindung mit einem kumulativen Prozeß, der die laufende Periode mit der Vergangenheit oder der Zukunft verbindet. Der Prozeß hängt typischerweise vom Zinssatz als einer zur Verbindung von verschiedenen Perioden geeigneten Konstruktion ab (4.2 oben). Die zweite Methode ist jene, die von Hicks als **Fixpreismethode** beschrieben wird, bei der angenommen wird, daß zu jeder Zeit exogene Faktoren die Preise bestimmen. Es ist dann nicht mehr notwendig, daß Gleichgewicht (z. B. der Nachfrage und des Angebots) auf jeden Fall zustandekommen muß, unabhängig davon, wie kurz die Periode ist; es kann bei einem fixen Preis ein im Verhältnis zur Nachfrage zu großes oder zu kleines Angebot geben und die Aufmerksamkeit kann auf den entsprechenden Fehleranpassungsmechanismus konzentriert werden. Die exogen festgesetzten Preise brauchen über die Zeit nicht unverändert bleiben; sie können sehr stark variieren wie im Spinngewebeproblem von 5.2 oben. Die Fixpreismethode, die der Vorgangsweise von Keynes entspricht, wird in den nächsten Kapiteln nach Belieben verwendet.

5.4 Verzögerungen: Periodenanalyse

Im Einkommenskreislauf (2.1 oben) können Verzögerungen entweder zwischen Nachfrage und Einkommen (Robertson-Verzögerung) oder zwischen Ausstoß und Nachfrage (Lundberg-Verzögerung) oder beide Arten von Verzögerungen erwartet werden. Die Form der anzunehmenden Verzögerung muß untersucht werden und wir beginnen mit der Entwicklung der Analyse an Hand des relativ einfachen Falls der Ausstoß-Nachfrageverzögerung. Die folgende Behandlung des Problems geschieht also an Hand des im Hinblick auf die Nachfrage Z verzögerten Ausstoßes Y; andere Fälle werden später eingeführt.

Eine Verzögerung kann aus verschiedenen Gründen entstehen, die gut in zwei Gruppen geteilt werden können. Erstens kann eine Verzögerung durch ein im ökonomischen Prozeß auftretendes, unvermeidliches *Zeitintervall* hervorgerufen werden. Bei der Bestimmung des Ausstoßes muß man sich Information über die Nachfrage verschaffen und diese mag schon mehr oder weniger veraltet sein, wenn die Berichte einlangen. Mit weiterer Verzögerung müssen Entscheidungen getroffen und

---

[4] *Hicks,* Capital and Growth (1965).

ausgeführt werden. In diesem Prozeß muß die vergangene Nachfrage in die Zukunft projiziert werden, so daß Erwartungen ins Spiel kommen. So kann bei einer Nachfrageänderung eine beträchtliche Zeitspanne vergehen, bis der Ausstoß entsprechend verändert ist. Zweitens ist es möglich, daß *aus technischen Gründen* die durch variierende Nachfrage hervorgerufenen Ausstoßveråndeungen über die Zeit verteilt werden. Wenn z. B. entschieden wird, den Ausstoß zu erhöhen, kann es möglich oder zumindest vorteilhaft sein, das höhere Niveau nur in Stufen zu erreichen. Inzwischen können Pläne infolge von weiteren Nachfrageveränderungen bzw. deren Ausgleiches über die Zeit so angepaßt werden, daß der Ausstoß nicht zu einem Zeitpunkt, sondern nur über eine Zeitperiode der Nachfrage entspricht. Also kann der tatsächliche Ausstoß zu einem gegebenen Zeitpunkt das Ergebnis eines komplizierten Prozesses sein, mit dem Ziel einer durchschnittlichen Anpassung an vergangene Nachfrageänderungen.

In Periodenschreibweise kann eine in folgender Form angeschriebene allgemeine **verteilte Verzögerung** am besten diese wirtschaftlichen Vorgänge wiedergeben:

$$Y_t = \lambda_1 Z_{t-1} + \lambda_2 Z_{t-2} + \dots \quad , \tag{1}$$

wobei die Menge $(\lambda_1, \lambda_2 \dots)$ der konstanten Koeffizienten die zeitliche Form der Verzögerung darstellt. Der Koeffizient λ_s ist das **Gewicht,** das der Nachfrage vor s Perioden bei der Festlegung des Ausstoßes zukommt. Wenn alle vergangenen Nachfragen die gleiche Höhe wie die laufende haben, d. h. wenn $Z_t = Z_{t-1} = Z_{t-2} = \dots$, ergibt (1) $Y_t = (\lambda_1 + \lambda_2 + \dots) Z_t$. In diesem Fall muß aber Y_t gleich Z_t sein, so daß die zeitliche Form der Verzögerung der Beschränkung

$$\lambda_1 + \lambda_2 + \dots = 1 \tag{2}$$

unterliegt. Wir können sinnvollerweise die Analyse auf Fälle beschränken, in denen alle λ nicht negativ sind ($0 \leqslant \lambda_s \leqslant 1$ für alle s), aber es ist sehr wohl möglich, daß das eine oder das andere von ihnen Null ist. Im Spezialfall, wo $\lambda_1 = 1$ und $\lambda_2 = \lambda_3 = \dots = 0$, haben wir die einfachste **Verzögerung um eine Periode:**

$$Y_t = Z_{t-1} .$$

Allgemeiner schreiben wir $Y_t = Z_{t-T}$ für eine Verzögerung von T Perioden.

Eine spezielle Form der verteilten Verzögerung (1) kann mehr im Detail untersucht werden, der Fall nämlich, bei dem die Gewichte eine abfallende geometrische Reihe darstellen:

$$\lambda_s = \lambda r^{s-1} \quad \text{für die Konstanten} \quad 0 < \lambda < 1 \quad \text{und} \quad 0 < r < 1 .$$

Die Restriktion (2) ergibt dann:

$$\lambda\,(1 + r + r^2 + \ldots) = 1\,.$$

Wenn wir die Folge der vergangenen Perioden als unendlich annehmen, erhalten wir aus der konvergierenden geometrischen Reihe:

$$\frac{\lambda}{1-r} = 1\,, \quad \text{d. h.} \quad r = 1-\lambda\,.$$

Also gilt für die **geometrisch verteilte Verzögerung:**

$$Y_t = \lambda\,[Z_{t-1} + (1-\lambda)\,Z_{t-2} + (1-\lambda)^2\,Z_{t-3} + \ldots]\;(0 < \lambda < 1)\,, \tag{3}$$

als Spezialfall von (1) unter der Beschränkung (2).

Die Verzögerung (3) kann zu einer Differenzengleichung in Y_t, Z_t gegeben, reduziert werden. Denn wir haben:

$$\begin{aligned}(1/\lambda)\,[Y_{t+1}-(1-\lambda)\,Y_t] = {} & Z_t + (1-\lambda)\,Z_{t-1} + (1-\lambda)^2\,Z_{t-2} + \ldots\\ & - (1-\lambda)\,Z_{t-1} - (1-\lambda)^2\,Z_{t-2} - \ldots\end{aligned}$$

Also ist die Form (3) der Differenzengleichung erster Ordnung

$$Y_{t+1}-(1-\lambda)\,Y_t = \lambda Z_t$$

äquivalent.

Unter Verwendung des Differenzenoperators Δ, als $\Delta Y_t = Y_{t+1}-Y_t$ definiert, wird das zu:

$$\Delta Y_t = \lambda\,(Z_t-Y_t) \quad \text{oder} \quad Y_t = \frac{\lambda}{\Delta+\lambda}\,Z_t\,. \tag{4}$$

Der einzige Parameter λ der Verzögerung ist die **Reaktionsgeschwindigkeit** von Y_t auf vergangene Werte von Z_t. Als Alternative schreiben wir $T = 1/\lambda$ für die **Zeitkonstante** der Verzögerung, die nun in der Form:

$$\Delta Y_t = \frac{1}{T}\,(Z_t-Y_t) \quad \text{oder} \quad Y_t = \frac{1}{T\Delta+1}\,Z_t \tag{5}$$

erscheint. (4) und (5) sind hier also alternative Ausdrücke für dieselbe Verzögerung. In vieler Hinsicht ist der Parameter T günstiger. Aus (5) folgt die Interpretation, daß $1/T$ der Differenz (Z_t-Y_t) durch eine Ausstoßerhöhung in der ersten Periode (ΔY_t) korrigiert wird, d. h. es besteht der Plan, die Differenz in den kommenden T Perioden auszugleichen. Es muß aber betont werden, daß (4) oder (5) allgemein anwendbar ist, wenn ein Z_t gegeben ist, das sich beliebig über die Zeit verändert. Es besteht immer der Plan, die Differenz (Z_t-Y_t) im fixen Intervall von T Perioden zu eliminieren, aber der Plan muß angepaßt werden, wenn sich Z_t

ändert. Der Ausstoß Y_t hinkt immer hinter der sich verändernden Nachfrage Z_t her. Nur wenn Z_t über die Zeit konstant bleibt, hat Y_t die Chance, es tatsächlich einzuholen (siehe Fig. 5.5 unten).

5.5 Verzögerungen: Kontinuierliche Analyse

In kontinuierlicher Schreibweise ist die Nachfrage $Z(t)$ als stetige und differenzierbare Funktion der Zeit gegeben und der Ausstoß $Y(t)$, ebenfalls stetig und differenzierbar, ist in bezug auf die Nachfrage verzögert. Um die wirtschaftlichen Vorgänge der Verzögerung wiederzugeben, wird die allgemeine **kontinuierlich verteilte Verzögerung** wie in (1) verwendet unter der Einschränkung (2) in 5.4, aber mit einem Integral anstelle der Summation. Wir schreiben:

$$Y(t) = \int_0^\infty w(\tau)\, Z(t-\tau)\, d\tau\,, \quad \text{wobei} \quad \int_0^\infty w(\tau)\, d\tau = 1\,, \tag{1}$$

so daß Y zu jeder Zeit vom ganzen Spektrum vergangener Werte von Z abhängt. Die Funktion $w(t)$ ist eine **Gewichtungsfunktion** der verteilten Verzögerung, die bei einer Spezifizierung der Verzögerung angegeben wird. Die Werte $w(\tau)$ für alle $\tau > 0$ zeigen das zeitliche Profil des Gewichtungssystems, wobei das Gewicht $w(\tau)$ dem vergangenen Wert $Z(t-\tau)$ vor τ Zeiteinheiten zugeordnet wird. Wir können sinnvollerweise $0 \leqslant w(\tau) \leqslant 1$ für alle τ annehmen. Als Spezialfall setzen wir $w(T) = 1$ und $w(\tau) = 0$ für alle $\tau \neq T$. Die Verzögerung (1) wird dann zur T-Periodenverzögerung, wie sie schon in Periodenform definiert wurde, d. h. zu:

$$Y(t) = Z(t-T)\,.$$

Die spezielle Form von (1), die wir, entsprechend dem geometrischen Fall der Periodenanalyse, im Detail untersuchen, hat eine exponentielle Gewichtungsfunktion:

$$w(t) = \lambda e^{-\lambda t}\,, \quad \text{wobei} \quad \int_0^\infty w(\tau)\, d\tau = \frac{1}{\lambda} \int_0^\infty e^{-\lambda\tau}\, d\tau = 1\,.$$

Also haben wir die **einfache exponentielle Verzögerung:**

$$Y(t) = \lambda \int_0^\infty e^{-\lambda\tau}\, Z(t-\tau)\, d\tau\,. \tag{2}$$

Die Form (2) kann zu einer Differentialgleichung in Y reduziert werden, gegeben Z. Wir verändern zuerst die Integrationsvariable in (2), indem wir $x = t-\tau$ schreiben, so daß $dx = -d\tau$, was

$$Y(t) = -\lambda \int_{t}^{-\infty} e^{-\lambda(t-x)} Z(x)\, dx = \lambda e^{-\lambda t} \int_{-\infty}^{t} e^{\lambda x} Z(x)\, dx$$

ergibt, d. h.

$$\frac{1}{\lambda} e^{\lambda t} Y(t) = \int_{-\infty}^{t} e^{\lambda x} Z(x)\, dx \,.$$

Wir differenzieren beide Seiten nach t:

$$e^{\lambda t} Y(t) + \frac{1}{\lambda} e^{\lambda t} DY(t) = e^{\lambda t} Z(t) \qquad \left(D = \frac{d}{dt}\right).$$

Nach Division durch $(1/\lambda)\, e^{\lambda t} \neq 0$ erhalten wir unsere Differentialgleichung:

$$DY = \lambda(Z - Y) \tag{3}$$

und die Parallele mit (4) in 5.4 ist evident.

Die einfache Exponentialverzögerung wird durch einen einzigen Parameter definiert, der entweder λ für die **Reaktionsgeschwindigkeit** oder $T = 1/\lambda$ als **Zeitkonstante** der Verzögerung sein kann. Im zweiten Fall wird (3) zu $DY = (Z-Y)/T$ und die Verzögerung gleicht den Unterschied $(Z-Y)$ in einer fixen Zeitperiode T in der Zukunft aus. Wenn wir den Parameter T verwenden, beschreiben wir ihn als die **Länge** der Verzögerung. Aus (3) können wir alternative Formen der einfachen Exponentialverzögerung mittels des Differentialoperators D anschreiben:

$$Y = \frac{\lambda}{D+\lambda} Z \quad \text{oder} \quad Y = \frac{1}{TD+1} Z \left(T = \frac{1}{\lambda}\right). \tag{4}$$

Ob wir nun die Verzögerung in der Form (2) oder in der äquivalenten Form (4) nehmen, immer haben wir ein sich ständig veränderndes Z und ein Y, das Z ständig einzuholen trachtet.

Reaktion von Y auf eine sprunghafte Veränderung in Z. Wir müssen noch die speziellen Formen der von uns definierten Verzögerungen etwas beleuchten, um zu sehen, wie Y tatsächlich den Wert von Z „jagt", in bezug auf den es verzögert ist. Am besten geschieht das, indem wir Z fixieren und es von Y erreichen lassen. Nehmen wir an, $Y = Z = 0$ für alle Zeiten vor $t = 0$ und daß Z dann einmalig um den Betrag A erhöht wird, so daß $Z = A$ für $t \geqslant 0$. Was ist dann der Verlauf von Y, ausgehend vom Anfangswert Null, wenn $t = 0$? Es werden drei Fälle von Periodenverzögerungen und kontinuierlichen Verzögerungen nacheinander untersucht, wobei jede eine Länge von T Perioden hat:

(1) Verzögerung um T Perioden: $Y_t = Z_{t-T}$, was

$$Y_t = 0 \quad \text{für} \quad 0 \leqslant t < T \quad \text{und} \quad Y_t = A \quad \text{für} \quad t \geqslant T$$

ergibt.

(2) Geometrisch verteilte Verzögerung:

$$Y_t = \lambda\,[Z_{t-1} + (1-\lambda)\,Z_{t-2} + (1-\lambda)^2\,Z_{t-3} + \ldots],$$

wobei $T = 1/\lambda$ die Länge der Verzögerung ist. Dann finden wir durch Iteration:

$$Y_1 = \lambda A\,; \quad Y_2 = \lambda\,[1 + (1-\lambda)]\,A\,; \quad Y_3 = \lambda\,[1 + (1-\lambda) + (1-\lambda)^2]\,A \ldots$$

Es gilt also:

$$Y_t = \lambda\,[1 + (1-\lambda) + (1-\lambda)^2 + \ldots + (1-\lambda)^{t-1}]\,A\,,$$

d. h. $Y_t = [1-(1-\lambda)^t]\,A$

für $t = 0, 1, 2, 3, \ldots$, wenn über die endliche geometrische Reihe summiert wird.

(3) Einfache Exponentialverzögerung:

$$Y = \lambda \int_0^\infty e^{-\lambda\tau}\,Z\,(t-\tau)\,d\tau\,,$$

wobei $T = 1/\lambda$ die Länge der Verzögerung ist. Substituieren wir $Z\,(t-\tau) = 0$ für $\tau > t$ und $Z\,(t-\tau) = A$ für $\tau \leqslant t$, haben wir

$$Y = \lambda A \int_0^t e^{-\lambda\tau}\,d\tau =$$

$$= A\,[-e^{-\lambda\tau}]_0^t\,,$$

d. h. $$Y = (1-e^{-\lambda t})\,A\,.$$

Fig. 5.5 A illustriert die Reaktion von Y in den drei Fällen, wenn $T = 3$ ($\lambda = 1/3$).

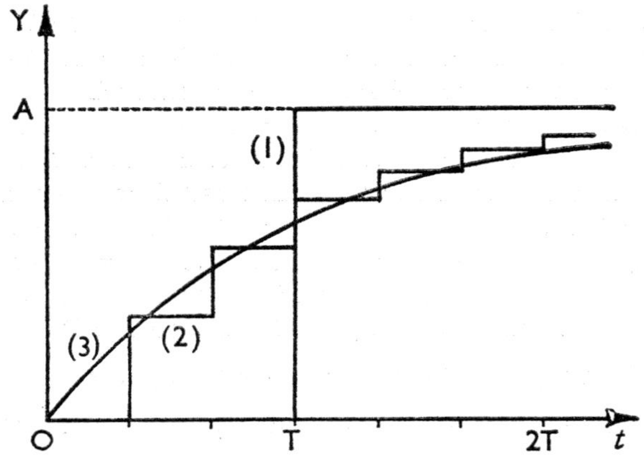

Fig. 5.5 A

Sie zeigt, daß in

(1) Y_1 von Null auf A bei $t = T$ springt,

(2) $Y_t = \left[1 - \left(\frac{2}{3}\right)^t\right] A$ für $t = 0, \frac{1}{3}, \frac{2}{3}, 1, \frac{4}{3}, \ldots$.

(3) $Y = (1 - e^{-t/3}) A$ für $t \geqslant 0$.

In den beiden letzten Fällen erreicht Y tatsächlich nie den Wert $Z = A$, aber Y geht stetig gegen A, wenn $t \to \infty$.

Einfache und mehrfache Exponentialverzögerungen. Die für die einfache Exponentialverzögerung erhaltenen Ergebnisse werden zuerst zusammengefaßt und dann verallgemeinert. Der auf eine sprunghafte Veränderung von Z um eine Einheit folgende Pfad von Y ist $Y = F(t) = 1 - e^{-\lambda t}$. Das ist die Reaktionsfunktion der Verzögerung, die man aus der Gewichtungsfunktion $w(t) = \lambda e^{-\lambda t}$ erhält. Die Ergebnisse sind:

Die einfache Exponentialverzögerung der Länge $T = 1/\lambda$ ist eine durch die Gewichtungsfunktion $w(t) = \lambda e^{-\lambda t}$ gegebene verteilte Verzögerung: $Y = \int_0^\infty w(\tau) Z(t-\tau) d\tau$ und äquivalent der Differentialform: $Y = [\lambda/(D + \lambda)] Z$. Die Reaktionsfunktion ist $F(t) = 1 - e^{-\lambda t}$ für den aus einer Änderung von Z um eine Einheit sich ergebenden Pfad von Y.

Zur Verallgemeinerung kehren wir zur Form (1) zurück, die die allgemeine Verzögerung durch die **Gewichtungsfunktion** $w(t)$ definiert. Die Reaktion auf eine Veränderung von Z um eine Einheit erhält man, indem man $Z(t-\tau) = 1$ für $\tau \geqslant t$ und sonst Null setzt:

$$Y = \int_0 w(\tau) \, d\tau .$$

Die **Reaktionsfunktion** $F(t)$ ist also:

$$F(t) = \int_0^t w(\tau) \, d\tau \quad \text{und} \quad F'(t) = w(t) . \tag{5}$$

Schließlich kann gezeigt werden[5], daß unter allgemein gültigen Bedingungen die Verzögerung in die äquivalente Form

$$Y = G(D) Z \tag{6}$$

übertragen werden kann, wobei G ein Verhältnis von Polynomen ist. Die allgemeine kontinuierliche Verzögerung wird durch drei zusammenhängende Funktionen beschrieben, die Gewichtungsfunktion in (1), die Reaktionsfunktion in (5) und das Verhältnis der Polynome (6).

[5] Siehe R. G. D. *Allen*, Basic Mathematics (1962), S. 434 - 6.

In der Praxis ist es oft günstig, die Reihenfolge der Entwicklung umzukehren. Wir definieren eine Verzögerung durch Spezifikation von G in (6). Wir erhalten die Reaktionsfunktion, indem wir die Lösung $Y = F(t)$ von (6) suchen, wenn $Z = 0$ für $t < 0$ und $Z = 1$ für $t \geqslant 0$ gegeben ist, bei geeigneten Anfangsbedingungen für Y. Schließlich erhalten wir die Gewichtungsfunktion $w(t) = F'(t)$.

Bei dieser Vorgangsweise ist die einfache Exponentialverzögerung der einfachste Fall ($n = 1$) einer umfangreicheren Menge exponentieller Verzögerungen:

$$Y = \left(\frac{n\lambda}{D + n\lambda}\right)^n Z \quad \text{für eine positive ganze Zahl } n.$$

Hier kann Y als verzögertes Z interpretiert werden, als Ergebnis aufeinanderfolgender Anwendung von n einfachen Exponentialverzögerungen, jede von der Länge $1/n\lambda$, die so zusammengefaßt werden, daß sie eine Gesamtlänge von $T = 1/\lambda$ ergeben. Z. B. ist die **doppelte Exponentialverzögerung** $Y = [2\lambda/(D + 2\lambda)]^2 Z$ und die **dreifache Exponentialverzögerung** $Y = [3\lambda/(D + 3\lambda)]^3 Z$, jede von der Gesamtlänge $T = 1/\lambda$. Die Reaktions- und Gewichtungsfunktionen folgen durch Auflösung von

$$(D + n\lambda)^n Y = (n\lambda)^n A \quad \text{bei geeigneten Anfangsbedingungen} \qquad (7)$$

für $Y = F(t) A$ und durch Verwendung von $w(t) = F'(t)$.

Es gibt eine Schwierigkeit mit den **Anfangsbedingungen** zum Zeitpunkt $t = 0$, die nach und nach in den Fällen $n = 1, 2, 3, \ldots$ in (7) gelöst wird. Wenn $n = 1$, ist $Y = 0$ bei $t = 0$ die einzige Anfangsbedingung. Wenn $n = 2$ in der Differentialgleichung $(D + 2\lambda)^2 Y = 4\lambda^2 A$, gilt $D^2 Y = 0$ am Anfang, so daß $4\lambda DY + 4\lambda^2 Y = 4\lambda^2 A$, was $DY = \lambda A$ ergibt, wenn $Y = 0$ bei $t = 0$. Die Anfangsbedingungen sind: $Y = 0$ und $DY = \lambda A$ bei $t = 0$. Wenn $n = 3$, setzen wir am Anfang $D^3 Y = 0$ in die Differentialgleichung $(D + 3\lambda)^3 Y = 27\lambda^3 A$ ein und erhalten $3\lambda D^2 Y + 9\lambda^2 DY + 27\lambda^3 Y = 27\lambda^3 A$ und $D^2 Y = 6\lambda^2 A$, wenn $Y = 0$ und $DY = \lambda A$ bei $t = 0$. Die Anfangsbedingungen sind: $Y = 0$, $DY = \lambda A$ und $D^2 Y = 6\lambda^2 A$ bei $t = 0$.

Die Differentialgleichung (7) wird mit Routinemethoden gelöst. Die Ergebnisse für die einfache Exponentialverzögerung ($n = 1$) haben wir bereits gefunden. Für die doppelte Exponentialverzögerung ($n = 2$) lösen wir:

$$(D + 2\lambda)^2 Y = 4\lambda^2 A \ , \quad \text{gegeben } Y = 0 \text{ und } DY = \lambda A \text{ bei } t = 0 \, ,$$

indem wir das spezielle Integral $Y = A$ zur Komplementärfunktion $Y = (B_1 + B_2 t)\, e^{-2\lambda t}$ hinzufügen. So erhalten wir:

$$Y = A + (B_1 + B_2 t)\, e^{-2\lambda t} \quad \text{und} \quad DY = [B_2 - 2\lambda(B_1 + B_2 t)]\, e^{-2\lambda t} \, .$$

Die Konstanten B_1 und B_2 kommen von den Anfangsbedingungen:

$$0 = A + B_1 \quad \text{und} \quad \lambda A = B_2 - 2\lambda B_1 ,$$

was $B_1 = -A$ und $B_2 = -\lambda A$ ergibt und die Lösung ist:

$$Y = [1-(1+\lambda t)\, e^{-2\lambda t}]\, A \ .$$

Also erhalten wir:

$$F(t) = 1-(1+\lambda t)\, e^{-2\lambda t} \quad \text{und} \quad w(t) = F'(t) = \lambda\,(1+2\lambda t)\, e^{-2\lambda t} .$$

Die dreifache Verzögerung wird ähnlich behandelt (wie in Übung 5.6 unten), indem wir

$$(D+3\lambda)^3\, Y = 27\lambda^3 A, \text{ gegeben } Y = 0,\ DY = \lambda A \text{ und } D^2Y = 6\lambda^2 A \text{ bei } t = 0$$

lösen.

Die Ergebnisse werden in der Tabelle unten zusammengefaßt und in Fig. 5.5 B graphisch dargestellt. Die zweite Zeile der Tabelle und die Kurven auf der linken Seite in Fig. 5.5 B stellen die Reaktion von

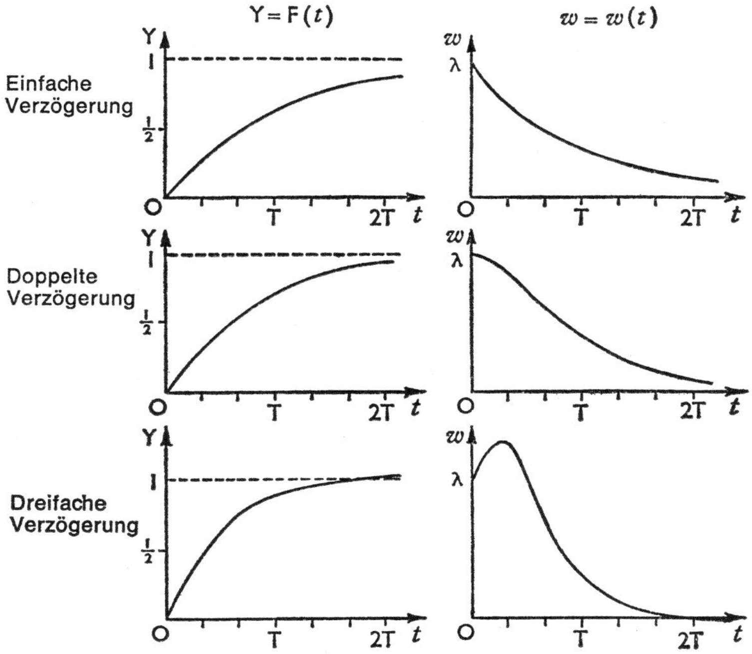

Fig. 5.5 B

$Y = F(t)$ auf eine einmalige Veränderung von Z um eine Einheit dar. Die dritte Zeile der Tabelle und die Kurven auf der rechten Seite zeigen das zeitliche Profil des Gewichtungssystems $w(t)$, wobei $w(t)$ das Z (t Zeiteinheiten zurück in die Vergangenheit) zugeschriebene Gewicht in der verteilten Verzögerung ist. Die Gewichte können negativ sein, wie es die dreifache Verzögerung illustriert und die Reaktionsfunktion fällt dann ab.

Parameter: $T = 1/\lambda$ = Länge der Verzögerung	Exponentialverzögerung:		
	einfach	doppelt	dreifach
Differentialform $G(D)$	$\lambda/(D+\lambda)$	$[2\lambda/(D+2\lambda)]^2$	$[3\lambda/(D+3\lambda)]^3$
Reaktionsfunktion $F(t)$	$1-e^{-\lambda t}$	$1-(1+\lambda t)\,e^{-2\lambda t}$	$1-(1+2\lambda t-\frac{3}{2}\lambda^2 t^2)\,e^{-3\lambda t}$
Gewichtungsfunktion $w(t)$	$\lambda e^{-\lambda t}$	$\lambda(1+2\lambda t)\,e^{-2\lambda t}$	$\lambda(1+9\lambda t-\frac{9}{2}\lambda^2 t^2)\,e^{-3\lambda t}$

5.6 Fehleranpassungsbedingungen

Die meisten, wenn nicht alle Verzögerungen, die auf einer Mischung aus zeitlicher Verzögerung und technisch begründeter Verteilung über die Zeit beruhen, können auch anders interpretiert werden. Und zwar als eine Form eines für ein Ungleichgewichtsmodell geeigneten Fehleranpassungsmechanismus. Betrachten wir im Fall der zur Illustration verwendeten Ausstoß-Nachfrageverzögerung eine Ungleichgewichtslage, in der der Ausstoß Y zu jedem Zeitpunkt nicht wie gewünscht mit der Nachfrage Z zum selben Zeitpunkt abgestimmt ist. Es gibt eine positive oder negative Differenz $(Z-Y)$. Zwecks Anschaulichkeit nehmen wir an, $Z-Y>0$. Dann stellt sich die Frage: wie wird Y erhöht, um die Lücke zu verkleinern und teilweise zu korrigieren?

(1) Die einfachste Fehleranpassung in Periodenform ist, Y_t in jeder Periode gleich dem Wert Z_{t-1} der Vorperiode zu setzen, was bedeutet, daß die Produzenten ein unverändertes Fortdauern der Nachfrage annehmen. Der Fehleranpassungsprozeß ist eine **einperiodige Verzögerung:**

$$Y_t = Z_{t-1}\,.$$

Wenn Z_t auf dem Niveau Z_{t-1} bleibt, ist die Anpassung in der Periode t vollständig. Aber im allgemeinen verändert sich Z_t und $Z_t \neq Z_{t-1}$, so daß die Anpassung unvollständig ist; Y_t „jagt" Z_t wie in der allgemeinen Darstellung der Verzögerung oben. Allgemeiner gilt: $Y_t = Z_{t-T}$ für eine T-Periodenverzögerung.

(2) Eine ziemlich allgemeine Fehleranpassung in Periodenform besteht darin, einen Planungszeitraum von T Perioden festzusetzen und den Ausstoß Y_t so zu erhöhen, daß die Differenz $(Z_t - Y_t)$ in gleichmäßiger Weise über das ganze Intervall verteilt ausgeglichen wird, z. B. um $(1/T)\,(Z_t - Y_t)$ in der ersten Periode:

$$\Delta Y_t = \frac{1}{T}\,(Z_t - Y_t) \quad \text{oder} \quad Y_t = \frac{1}{T\Delta + 1}\,Z_t\,.$$

Der Anpassungsprozeß folgt der **geometrisch verteilten Verzögerung.** Die Anpassung in einer Periode ist nur eine teilweise, weil sie über T Perioden verteilt werden soll und weil Z_t selbst sich über die Zeit verändert.

(3) Der entsprechende Fehleranpassungsmechanismus in kontinuierlicher Form ist eine einfache Übertragung in Ableitungen für eine stufenlose Anpassung über die Zeit:

$$DY = \frac{1}{T}\,(Z - Y) \quad \text{oder} \quad Y = \frac{1}{TD + 1}\,Z\,.$$

Der stufenlose Anpassungsprozeß geschieht entsprechend der **einfachen Exponentialverzögerung** und ist wieder nur ein teilweiser.

Wenn $Y = 0$ bei $t = 0$ und Z konstant (A) über die Zeit $t \geqslant 0$ ist, unterscheiden wir drei Fälle mit einer Zeitkonstanten T, die die Zeitpfade von Y angeben, die wir bereits aus den Verzögerungen (5.5 oben) abgeleitet haben:

1. $Y_t = 0$ für $0 \leqslant t < T$ und $Y_t = A$ für $t \geqslant T$.
2. $Y_t = \{1 - [1 - (1/T)]^t\}\,A$ für $t = 0, 1, 2, 3, \ldots$.
3. $Y = (1 - e^{-t/T})\,A$ für $t \geqslant 0$.

Die Zeitpfade der Fig. 5.5 A zeigen die Wirkung einer Fehleranpassung auf diese drei einfachen Mechanismen mit einer Planungsperiode von $T = 3$ Zeiteinheiten (Verzögerung der Länge $T = 3$). Es können kompliziertere und vielleicht auch „realistischere" Fehleranpassungen angeschrieben werden, indem man andere Zeitprofile der Verzögerung annimmt, z. B. eine doppelte anstelle einer einfachen Exponentialverzögerung.

5.7 Konsum- und Investitionsverzögerungen

Die verschiedenen Formen von Verzögerungen werden oben am Beispiel der Lundberg-Verzögerung zwischen Ausstoß und Nachfrage dargestellt; sie können erweitert und auf Robertson-Verzögerungen zwischen Nachfrage und Einkommen angewendet werden. Bei den **Konsumverzögerungen** zwischen der Konsumnachfrage (den Käufen) einerseits und dem Einkommen als bestimmenden Faktor andererseits gibt es nicht viel Schwierigkeiten. Wie wir in 2.3 gesehen haben, kann wohl eine Konsumverzögerung auftreten, aber von relativ einfacher Art; vielleicht nicht mehr als eine kurze Verzögerung in Verbindung mit einem gewissen zeitlichen Ausgleich über ein Intervall. Jede der oben in Periodenanalyse oder kontinuierlicher Analyse entwickelten Verzögerungsformen kann verwendet werden; wir ersetzen Z durch $C(Y)$ und Y durch C. Wir unterscheiden hier $C(Y)$ als geplanten Konsum und C als tatsächliche Konsumausgabe, so daß C gleich $C(Y)$ ist, wenn es keine Verzögerung gibt, während C im allgemeinen in bezug auf $C(Y)$ verzögert ist.

Der Fall der proportionalen Konsumfunktion mit einer konstanten Konsumneigung c stellt eine beträchtliche Vereinfachung dar. In Periodenform ist die allgemeine verteilte Verzögerung:

$$C_t = c_1 Y_{t-1} + c_2 Y_{t-2} + \ldots, \quad \text{wobei} \quad c = c_1 + c_2 + \ldots \tag{1}$$

Die Verwendung des geometrischen Falls, d. h. einer unendlichen Folge von Koeffizienten c_s $(s = 1, 2, 3, \ldots)$, die in geometrischer Progression absinken, bringt nicht viel ein. Es genügt, so viele oder so wenige Ausdrücke in (1) aufzunehmen, als gerade notwendig sind. Mit nur einem Ausdruck auf der rechten Seite, wird (1) eine einperiodige Verzögerung $C_t = c\,Y_{t-1}$, die oft ausreicht. In anderen Fällen sind zwei oder drei Ausdrücke in (1) genug, um die relativ einfache Konsumverzögerung darzustellen. In kontinuierlicher Schreibweise ist andererseits die einfache Exponentialform:

$$C = c\,\frac{\mu}{D+\mu}\,Y = \frac{cY}{TD+1} \quad \text{mit der Zeitkonstanten } T = \frac{1}{\mu}$$

noch immer die einfachste Form, die man annehmen kann, wenn man überhaupt von einer Verzögerung ausgeht.

Bei **Investitionsverzögerungen** ist die Lage komplizierter. Sicherlich hat man mehr Spielraum bei der Spezifizierung der Investitionsfunktion. Die geplante Investition kann, wie wir in Kapitel 4 sahen, von einer Menge verschiedener Faktoren abhängen, und die Verzögerung ist dementsprechend komplizierter als bei der Konsumfunktion. Um das zu illustrieren, nehmen wir eine einfache Investitionsfunktion $I = vDY$ oder $I_t = v\,(Y_t - Y_{t-1})$ in unverzögerter Form. Das stellt das Akzelerationsprinzip dar, bei dem die geplante Investition ein konstantes Vielfaches (v) der Ausstoßveränderungsrate ist.

Wichtiger ist die bei der Investitionsplanung involvierte Komplexität der wirtschaftlichen Entscheidungen und Prozesse. Wir können den ganzen Prozeß in zwei Teile aufspalten, indem wir die **Investitionsentscheidungen** als von der Ausstoßveränderung abhängig und im Hinblick auf sie verzögert annehmen und dann noch eine Verzögerung zwischen der

Investitionsausgabe und der Investitionsentscheidung annehmen. In kontinuierlicher Schreibweise und ohne Verzögerungen schreiben wir $B(t) = vDY(t)$ für die Investitionsentscheidung zur Zeit t und $I(t) = B(t)$ für die Überführung der Entscheidung in Investitionsausgaben. Im allgemeinen kommen bei beiden Beziehungen Verzögerungen unterschiedlicher Art vor. Die Verzögerung von $B(t)$ in bezug auf $vDY(t)$ kann von ziemlich einfacher Art sein, vielleicht ein kurzes Nachhinken. Wenn aber die Investitionsentscheidung getroffen ist, können die Bestellungen, Bezahlung und Auslieferung von Investitionsgütern ziemlich kompliziert und über einen beträchtlichen Zeitraum verstreut sein. Wir erwarten also, daß $I(t)$ verzögert von $B(t)$ auf Grund einer verteilten Verzögerung abhängt, die eine ziemlich komplizierte Form haben kann.

Um eine anwendbare Investitionsverzögerung zu bekommen, ist eine sorgfältige Spezifikation und starke Vereinfachung unumgänglich. Es ist eine ziemlich strenge Annahme, dem ganzen Prozeß nur eine einfache Exponentialverzögerung zu unterstellen:

$$I = v \frac{\varkappa}{D + \varkappa} DY = \frac{vDY}{TD + 1} \quad \text{mit der Zeitkonstanten } T = \frac{1}{\varkappa}.$$

Eine Möglichkeit ist, in der ersten Stufe keine Verzögerung anzunehmen: $B(t) = vDY(t)$ und dann eine einfache Exponentialverzögerung folgen zu lassen, die den Investitions-Ausgabenprozeß beschreibt. Eine weniger einschneidende Annahme wäre eine doppelt exponentielle Verzögerung, eine zwischen $B(t)$ und $vDY(t)$ und die andere zwischen $I(t)$ und $B(t)$, was

$$I = v \left(\frac{2\varkappa}{D + 2\varkappa}\right)^2 DY = \frac{vDY}{(\frac{1}{2} TD + 1)^2} \quad \text{mit einer Zeitkonstanten } T = \frac{1}{\varkappa}$$

ergibt.

Es mag sogar noch besser sein, auf die erste Verzögerung eine andersartige Form von Verzögerung zwischen $B(t)$ und $I(t)$ folgen zu lassen.

Eine Möglichkeit ist:

$$B(t) = v \frac{\varkappa}{D + \varkappa} DY \quad \text{und} \quad I(t) = \frac{1}{\vartheta} \int_{t-\vartheta}^{t} B(\tau)\, d\tau \; (\vartheta > 0) \; ; \tag{2}$$

wobei die zweite Verzögerung (der Fall einer nach unten begrenzten, aber gleichmäßigen Gewichtung) die Investitionsausgaben als einen Durchschnitt der Investitionsentscheidungen über das vorhergehende Zeitintervall ϑ darstellt, d. h. die Investitionszahlungen werden über ϑ Zeiteinheiten ab der Investitionsentscheidung verteilt.

Damit sind wir aber noch nicht am Ende, wenn wir sowohl am Kapitalstock, wie auch an der Investitionsausgabe interessiert sind. Die Lieferung der Ausrüstung unterscheidet sich normalerweise zeitlich von der Bezahlung. Während (2) die Verzögerung in den Investitionsausgaben $I(t)$ darstellt, kann die Lieferung der Investitionsgüter und die Zunahme des Kapitalstocks DK noch besonders in bezug auf $B(t)$ verzögert sein. Eine sinnvolle und geeignete Verzögerung mag eine von der Länge ϑ sein, die dann der zeitlichen Verteilung der Zahlungen, wie sie in (2) zum Ausdruck kommt, entspräche. Wir schreiben dann:

$$DK(t) = B(t-\vartheta) \quad (\vartheta > 0) \, . \tag{3}$$

Die drei Verzögerungen (2) und (3) zusammen stellen dann die komplizierten Investitionsprozesse dar.

Die Schwierigkeiten können auch in einer Periodenanalyse nicht vermieden werden. Tatsächlich sind sie noch größer. Die unverzögerte Investitionsfunktion ist $I_t = v(Y_t - Y_{t-1})$. Der einfachste Fall einer einperiodigen Verzögerung ist:

$$I_t = v(Y_{t-1} - Y_{t-2}) \, .$$

Das bedeutet eine sehr arge Vereinfachung und selbst dabei sind drei Perioden involviert. Die Verzögerung geht sogar über noch mehr Perioden, wenn für realistischere Fälle eine verteilte Verzögerung angenommen wird.

5.8 Rückkoppelungssysteme: Blockdiagramme

Die Struktur makroökonomischer Modelle wird sehr klar in Form von **Blockdiagrammen** aufgezeigt, die von Technikern entwickelt und zum ersten Mal von Phillips[6] für ökonomische Systeme verwendet wurden. Die Strombedingungen eines Modells und mit größeren Schwierigkeiten auch die Bestandbedingungen werden durch die Diagramme so dargestellt, daß der Strom der Variablen durch Pfeile gezeigt wird. Selbst im einfachsten Diagramm kommen zwei Dinge vor: Wenn eine Variable aus irgendeiner anderen durch eine beliebige Operation (z. B. Multiplikation mit einer Konstanten wie in $C = cY$) gefunden wird, stellt man diese Veränderung durch Einschaltung eines Kästchens auf der relevanten Linie und Kennzeichnung der durchgeführten Operation dar; wo zwei oder mehrere Variable zusammenkommen und eine neue ergeben, werden die ursprünglichen Variablen als in einen durch einen offenen Kreis (○) gekennzeichneten Punkt hineinlaufend dargestellt und die neue, daraus resultierende Variable, als aus dem Punkt herauslaufend.

---

[6] A. W. *Phillips*, „Stabilisation Policy in a Closed Economy", Economic Journal (Juni 1954).

Die Struktur des untersuchten Modells erscheint im Blockdiagramm als Anordnung von Linien in **geschlossenen Schleifen,** von denen jede einen **Rückkoppelungsprozeß** darstellt. Selbst für die einfachsten makroökonomischen Modelle sind die Blockdiagramme nützlich. Das wird durch die Fig. 5.8 A aufgezeigt, die die im linearen Multiplikator (2.6 oben) implizit enthaltene Rückkoppelung aufgezeigt:

$$Y = C + A\,, \quad \text{wobei} \quad C = cY$$

und wobei A die autonome Ausgabe darstellt. Im Ergebnis stellt sich der Multiplikatoreffekt dar als:

$$Y = \frac{A}{1-c} = \text{ein Vielfaches} \left(\frac{1}{1-c} > 1\right) \text{von } A\,.$$

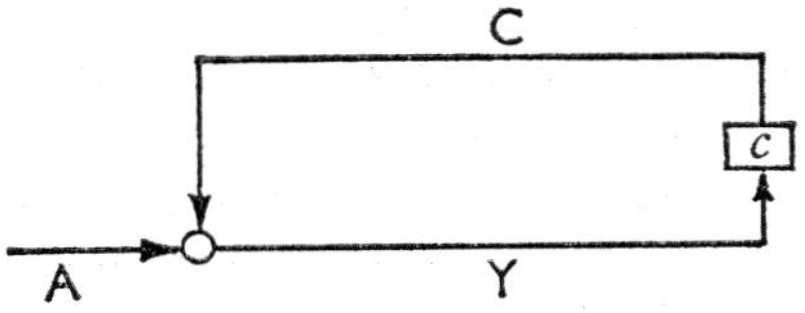

Fig. 5.8 A

Er ist einer Rückkoppelung von Y über $C = cY$ zu Y äquivalent, wie im Diagramm gezeigt wird.

Wenn mehr als eine Rückkoppelung im Modell auftritt, brauchen wir eine zweite Art von Punkt, der durch einen ausgefüllten Kreis (●) dargestellt wird und aufzeigt, daß eine und dieselbe Variable in zwei oder mehrere Schleifen eingeht. Fig. 5.8 B illustriert diesen Fall durch das Blockdiagramm des unverzögerten Akzelerator-Multiplikatormodells in linearer und kontinuierlicher Form (durch Kombination von 4.7 und 2.6 oben):

$$Y = C + I + A\,, \quad \text{wobei} \quad C = cY \quad \text{und} \quad I = vDY\,,$$

wobei A die autonome Ausgabe ist. Von den beiden vorkommenden Operationen an Y ist die eine eine Multiplikation mit einer Konstanten (in $C = cY$) und die andere eine Multiplikation und eine Ableitung (in $I = vDY$). Der Vorteil der Verwendung des Operators $D = d/dt$ ist hier offensichtlich.

Je komplizierter die ökonomische Struktur eines Modells wird, desto augenscheinlicher werden die Vorzüge von Blockdiagrammen. Besonders eignen sie sich zur Darstellung von Verzögerungen oder Fehleranpas-

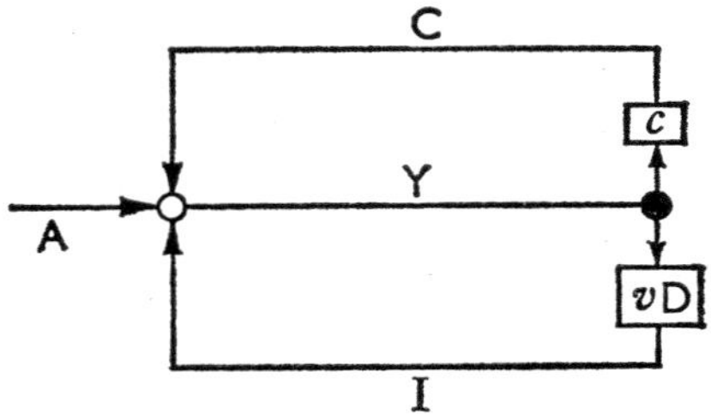

Fig. 5.8 B

sungsprozessen, wie sie in den verschiedenen dynamischen Ungleichgewichtsmodellen vorkommen. Fig. 5.8 C zeigt ein Multiplikator-Akzeleratormodell, das aus dem von Fig. 5.8 B entwickelt wurde, und zwar einerseits durch Trennung der Nachfrage Z vom Ausstoß Y, andererseits durch Einführung von Verzögerungen in allen drei Beziehungen. Zur Illustration werden die Verzögerungen in einfacher exponentieller Form mit verschiedenen Zeitkonstanten angenommen: $1/\lambda$ für die Ausstoßverzögerung L_0, $1/\mu$ für die Konsumverzögerung L_c und $1/\varkappa$ für die Investitionsverzögerung L_i. Die durch das Blockdiagramm dargestellten Stromgleichungen des Modells sind:

$$Y = L_0 Z\,, \quad \text{wobei} \quad L_0 = \frac{\lambda}{D + \lambda}$$

und $$Z = C + I + A\,, \quad \text{wobei} \quad C = L_c\,(cY) \quad \text{und} \quad I = L_i\,(vDY)$$

und wobei $$L_c = \frac{\mu}{D + \mu} \quad \text{und} \quad L_i = \frac{\varkappa}{D + \varkappa}\,.$$

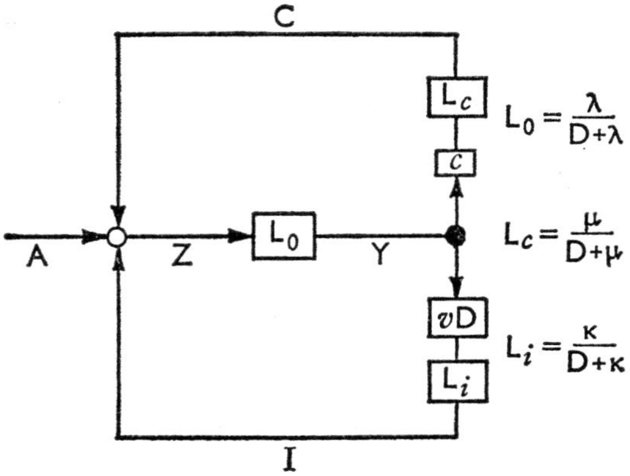

Fig. 5.8 C

Blockdiagramme in der aufgezeichneten Art eignen sich sehr gut für Modelle, die in kontinuierlicher Form analysiert werden, wie die von Technikern verwendeten. Sie können aber durch die Verwendung geeigneter Operatoren für eine Periodenanalyse adaptiert werden. Eine einperiodige Verzögerung zwischen Ausstoß und Nachfrage ($Y_t = Z_{t-1}$) kann als $Y_t = E^{-1} Z_t$ angeschrieben werden, wobei E ein Verschiebungsoperator ist. Hier bedeutet $EZ_t = Z_{t+1}$ eine Verschiebung um eine Periode nach vorn; und daher $Z_t = E^{-1} Z_{t+1}$ und in gleicher Weise $Z_{t-1} = E^{-1} Z_t$ eine Verschiebung zurück. Wenn die Verzögerung L_0 der Fig. 5.8 C durch die einperiodige Verzögerung $Y_t = E^{-1} Z_t$ ersetzt wird, paßt man das Diagramm dadurch an, daß man die Variablen Z_t und Y_t anschreibt und in das Verbindungskästchen E^{-1} einzeichnet.

Übungen

5.1 Die Reaktion von Y auf $Z = A$ (konstant) in einer einfachen exponentiellen Verzögerung wird durch die Kurve $Y = (1 - e^{-\lambda t}) A$ der Fig. 5.5 gegeben. Zeigen Sie, daß die Tangente an die Kurve in O die Höhe A erreicht, wenn $t = T\ (= 1/\lambda)$. Geben Sie nun eine Interpretation der Zeitkonstanten T.

5.2 Schreiben Sie bei der Reaktion von Y auf Z = A in einer einfachen exponentiellen Verzögerung die Differenz $(A - Y)$ als $Ae^{-\lambda t}$ zur Zeit t, wobei sie nach Null geht, wenn $t \to \infty$. Zeigen Sie, daß, wenn $t = T\ (= 1/\lambda)$, die Differenz ungefähr 37 % von A ausmacht. (Nehmen Sie e mit 2,718 an.)

5.3 Zeigen Sie bei der einfachen exponentiellen Verzögerung, wobei $Y = 0$ zur Zeit $t = 0$ gegeben ist, daß die Reaktion von Y auf $Z = A + \alpha t$ (A und α Konstante) für $t \geqslant 0$ $Y = [A - (\alpha/\lambda)]\,(1 - e^{-\lambda t}) + \alpha t$ ist. Leiten Sie daraus ab, daß das Defizit $(Z - Y) \to \alpha/\lambda$, wenn $t \to \infty$. Kommentieren Sie dieses Ergebnis.

5.4 Übertragen Sie das Ergebnis des Spinngewebeproblems von 5.2 in kontinuierliche Schreibweise:

$$X = D(P) = \left[\lambda \Big/ \left(\frac{d}{dt} + \lambda\right)\right] S(P)\ ,$$

d. h. es gibt keine Verzögerung in der Nachfrage, jedoch eine einfache exponentielle Verzögerung im Angebot. Zeigen Sie, daß

$$D'(P)\frac{dP}{dt} + \lambda\,[D(P) - S(P)] = 0$$

die Differentialgleichung für den Preisverlauf ist. Lösen Sie den linearen Fall und finden Sie P wie es durch (4) in 5.2 angegeben ist, wenn $\lambda = 1$.

5.5 Y ist in bezug auf Z durch eine dazwischengeschaltete Variable X verzögert. Y sei in bezug auf X durch eine einfache exponentielle Verzögerung mit der Zeitkonstanten $1/\mu_1$ und X in bezug auf Z durch eine gleichartige Verzögerung mit der Zeitkonstanten $1/\mu_2$ verzögert. Zeigen Sie, daß $Y = \mu_1 \mu_2 / [(D + \mu_1)(D + \mu_2)]\, Z$. Interpretieren Sie also die doppelte exponentielle Verzögerung $Y = [2\lambda/(D + 2\lambda)]^2 Z$.

5.6 Lösen Sie die Differentialgleichung $(D + 3\lambda)^3 Y = 27\lambda^3 A$, so daß Sie $Y = A + (B_1 + B_2 t + B_3 t^2) e^{-3\lambda t}$ (B_1, B_2 und B_3 Konstante) erhalten. Suchen Sie die Konstanten, wenn $Y = 0$, $DY = \lambda A$ und $D^2Y = 6\lambda^2 A$ zur Zeit $t = 0$ gegeben ist, und zeigen Sie, daß

$$Y = [1 - (1 + 2\lambda t - \frac{3}{2} \lambda^2 t^2) e^{-3\lambda t}] A .$$

Nun schreiben Sie die Reaktions- und Gewichtungsfunktion der dreifachen exponentiellen Verzögerung an.

5.7 Zeigen Sie in der einfachen exponentiellen Verzögerung von Y in bezug auf Z mit der Zeitkonstanten $T = 1/\lambda$, daß $T \to 0$ $(\lambda \to \infty)$ den Fall ohne Verzögerung $Y = Z$ ergibt und daß $T \to \infty$ $(\lambda \to 0)$ jenen Fall ergibt, wo $DY = 0$ oder Y eine von Z unabhängige Konstante ist.

5.8 Nehmen Sie das *Kapitalstockanpassungsprinzip* (4.7 oben) in kontinuierlicher Schreibweise: $I = aY - bK$ und schreiben Sie $I = DK$. Zeigen Sie, daß $I = [b/(D + b)]\,(vDY)$, wobei $v = a/b$ und interpretieren Sie dieses als *verzögertes* Akzelerationsprinzip. Lassen Sie $b \to 0$ (Zeitkonstante der Verzögerung $\to \infty$) und prüfen Sie nach, daß I von DY unabhängig ist.

5.9 Betrachten Sie das Kapitalstockanpassungsprinzip in Periodenform (4.7 und Übung 4.8 oben) und zeigen Sie, daß $\Delta I_t + bI_t = bv\Delta Y_t$, wobei $v = a/b$ und Δ der Differenzenoperator ist. Das scheint den verzögerten Akzelerator:

$$I_t = \frac{b}{\Delta + b}(v\Delta Y_t) = \frac{b}{\Delta + b}[v\,(Y_{t+1} - Y_t)]$$

zu ergeben, aber die zeitliche Aufeinanderfolge ist für eine solche Interpretation nicht richtig. Prüfen Sie nach, daß nur wenn b eins ist, $I_t = v\,(Y_t - Y_{t-1})$, was ein zeitlich korrekter, unverzögerter Akzelerator ist. Kommentieren Sie die Schwierigkeiten in der Periodenanalyse im Gegensatz zur kontinuierlichen Analyse.

Kapitel 6

Die klassische makroökonomische Theorie

6.1 Die kurzfristige Problemstellung

Die kurzfristige Gleichgewichtsanalyse basiert auf der vereinfachenden Annahme, daß die betrachtete Periode so kurz ist, daß trotz autonomer Investition die darauf folgenden Änderungen im Kapitalstock K vernachlässigt werden können. Die wichtigsten Variablen sind Ströme, Einkommens- und Beschäftigungsströme oder Investitions- und Sparströme, die sich nur auf einen einzigen Zeitpunkt oder einen Zeitraum beziehen; es gibt keine Verbindungen zwischen einem Zeitpunkt (einer Periode) und einem anderen. Dasselbe gilt für Variablen oder Parameter in der Form von Raten oder Verhältnissen: dem Preisniveau, dem Lohnsatz, der marginalen Sparneigung etc. Weiters sind wir nicht an der Profitrate des Kapitals $\varrho = P/K$ interessiert, da K als fix angenommen und vernachlässigt wird. Andererseits kommt der herrschende (kurzfristige) Zinssatz als Variable im Problem vor, so daß die Erwartungen (in der Form von Gegenwartswerten) zusammengefaßt werden und auf denselben Zeitpunkt (dieselbe Zeitperiode) beschränkt werden können.

Das Problem gehört dann zur wirtschaftlichen Statik im Sinn eines Ausgleichs zwischen den zu einem Zeitpunkt wirkenden Kräften; wir sind nur am Gleichgewicht einer einzigen Periode interessiert. Keineswegs werden die Bedingungen untersucht, unter denen ein stationärer Zustand möglich ist; die Frage, ob eine Gleichgewichtslage unter unveränderten exogenen Bedingungen in alle Ewigkeit fortdauert, ist nicht möglich. Wenn es Investition gibt, kann der Kapitalstock, wenn die Zeit fortschreitet, nicht einmal annähernd für einen längeren Zeitraum konstant gehalten werden und schon gar nicht für eine unendlich lange Zeit. Das Problem der Kapitalakkumulation, gleichgültig ob die Arbeitskraft wächst oder nicht, kann nur als langfristige Frage des dynamischen Gleichgewichts oder Ungleichgewichts untersucht werden. Der stationäre Zustand tritt auf, wenn die Arbeit fixiert ist und das Kapital optimal ist.

In der makroökonomischen Theorie, die mit Aggregaten arbeitet, ist das kurzfristige Gleichgewicht ein dreifaches Konzept. Drei Märkte müssen einbezogen werden. Da ist zuerst das Gleichgewicht auf dem Arbeitsmarkt, in dem die Nachfrage nach Arbeit dem Angebot gegenübergestellt wird. Dann gibt es den Geldmarkt: die Nachfrage nach Liquidität einerseits und das Geldangebot andererseits. Schließlich haben wir noch den Gütermarkt und die Strombedingung, die im makroökonomischen Gleichgewicht auf die Gleichheit zwischen Investition und Sparen hinausläuft. Die Gleichgewichtsbedingung hier ist, daß geplante Investition gleich geplanter Ersparnis ist, wobei aber für beide Größen, wenn sie einmal realisiert sind, definitionsgemäß gilt, daß tatsächliche Investition gleich tatsächlicher Ersparnis ist.

Wir müssen uns sowohl mit Geld als auch mit realen Werten beschäftigen. Um das entsprechend klar tun zu können, verwenden wir in diesem und im nächsten Kapitel eine spezielle Notation. Alles in allem haben wir acht Variable, die in unser Modell hineinkommen und daraus bestimmt werden. Drei von ihnen sind Geldgrößen und werden mit Großbuchstaben bezeichnet: das aggregierte Einkommen bzw. der Ausstoß Y, der nominelle Lohnsatz W und das Geldangebot M. Weitere drei sind reale Größen, die mit Kleinbuchstaben bezeichnet werden: das Realeinkommen y, der Reallohnsatz w und die Beschäftigung n. Das Preisniveau P und der Zinssatz r komplettieren die Gruppe der Variablen. Zusätzlich, aber nicht als „strategische" Variable, scheinen noch solche Aggregate wie Sparen und Investieren auf. Wieder bedeuten Groß- und Kleinbuchstaben dasselbe: z. B. S ist nominelles Sparen und s reales.

Tatsächlich reduzieren sich die acht Variable auf fünf. Eine von ihnen, das Geldangebot M wird konstant angenommen, stellt also nur einen Parameter und keine Variable in dem betrachteten Modell dar. Es gibt auch zwei Identitäten: $Y = Py$ und $W = Pw$. Diese bringen zwei Paare von realen bzw. nominellen Variablen in Beziehung. Wir können sie, wenn wir wollen, entweder beibehalten oder aber sie zur Reduktion der Zahl der Variablen verwenden. Also lassen wir von unserem Modell die Variablen: Y (oder y), W (oder w), n, P und r bestimmen.

Die Funktionalbeziehungen unseres Modell werden im Laufe der Darlegung spezifiziert; sie sind geplante oder Ex-ante-Beziehungen. Es gibt drei Märkte und für jeden benötigen wir eine Angebotsfunktion und eine Nachfragefunktion. Wir nehmen aber in unserem Modell ein fixes Geldangebot an und daher müssen nur fünf Funktionen spezifiziert werden: eine Angebotsfunktion für Arbeit, eine Produktionsfunktion, eine Nachfragefunktion nach Geld (Liquidität), eine Sparfunktion und eine Investitionsfunktion.

6.2 Ein klassisches Einkommens- und Beschäftigungsmodell

Selbst in der ganz einfachen Form kann das klassische Modell auf verschiedene Art konstruiert werden. Die hier wiedergegebene Form des Modells repräsentiert recht gut das klassische Gedankengut und ist in seiner äußeren Form gleichzeitig mit der später zu untersuchenden keynesianischen Version vergleichbar.

Das wesentlichste Charakteristikum der klassischen Analyse ist, daß sie ein Modell der Vollbeschäftigung bringt. Wir beginnen mit dem Arbeitsmarkt unter der Annahme, es gäbe Profitmaximierung und vollkommene Konkurrenz. Die Gleichgewichtsbedingung für Vollbeschäftigung ist, daß der Lohnsatz w so hoch sein muß, daß die Nachfrage nach Arbeit gleich dem Angebot ist. Wir schreiben n für Beschäftigung, d. h. für nachgefragte und angebotene Arbeit. Auf der Angebotsseite nehmen wir eine **Angebotsfunktion** der üblichen Art an: $n = n(w)$. Das Angebot an Arbeit ist eine steigende Funktion des Reallohnsatzes w, der unter vollkommener Konkurrenz von den Arbeitern als gegeben angenommen wird. Die einzige Beschränkung ist $n'(w) > 0$. Unter vollkommener Konkurrenz wird auf der Nachfrageseite der Ausstoß und daher auch die Nachfrage nach Arbeit bis zu jenem Punkt ausgeweitet, bei dem die Profite maximiert werden und das Grenzprodukt der Arbeit gleich dem Reallohnsatz w ist. Die Technologie wird in Form einer **Produktionsfunktion** ausgedrückt. Da der Kapitalstock fix gegeben ist, hängt der reale Ausstoß y nur von der Beschäftigung n ab: $y = y(n)$. Es wird eine wohlgestaltete Produktionsfunktion angenommen und die wesentlichen Beschränkungen der Funktionsform sind $y'(n) > 0$ und $y''(n) < 0$. Diese Bedingungen implizieren, daß das Grenzprodukt der Arbeit positiv und abnehmend ist. Die optimale (Profitmaximierungs-)Bedingung ist dann: $w = y'(n)$.

Als nächstes wenden wir uns dem Gleichgewicht am Geldmarkt zu und setzen Angebot an Liquidität gleich Nachfrage. Das **Geldangebot** M wird konstant angenommen. Auf der Nachfrageseite nehmen wir an, es werden keine müßigen (idle) Gelder gehalten, daß es also keine Geldnachfrage für Spekulationszwecke anstelle von Vermögensanlagen gibt. Die Nachfrage nach Geld erschöpft sich demnach darin, genügend Liquidität in bezug auf den nominellen Ausstoß Y zu haben. Es gibt eine **Transaktionsnachfragefunktion:** $L = L_1(Y)$. Eine besondere Form wird auf Grund der „Quantitätsgleichung" angenommen: $MV = T$. Hier ist M der benötigte Geldstock, V ist seine Umlaufgeschwindigkeit und T der Wert aller Transaktionen. Also ist die Transaktionsnachfrage nach Geldbestand $L = M = T/V$. Unter der doppelten Annahme, daß V konstant ist und daß der Wert aller Transaktionen ein konstantes Vielfaches λ des Wertes des Ausstoßes ($T = \lambda Y$) ist, ergibt sich die Nachfrage als $L = (\lambda/V)\,Y$. Wir schreiben k für λ/V, eine Konstante, so daß wir als Geldnachfrage $L = kY$ haben, die dem gegebenen Angebot M gleichgesetzt werden muß.

Zu dieser Bedingung auf der Geldseite des Modells können wir zwei Identitäten hinzufügen: $W = Pw$ und $Y = Py$. Diese dienen einfach zur

Umwandlung der realen Variablen, die in den Gleichgewichtsbedingungen auf dem Arbeitsmarkt vorkommen, in die entsprechenden nominellen Werte.

Wir haben nun ein komplettes Modell in dem Sinn, daß es genug Bedingungen gibt, um die aufgenommenen Variablen zu bestimmen. Das geschieht ohne Bezug auf die Investitions/Sparbeziehung einerseits oder den Zinssatz andererseits. Wir begnügen uns für den Augenblick, die dritte Gleichgewichtsbedingung, die Investition gleich Sparen setzt, für später übrigzulassen.

Tatsächlich ist das Modell nicht nur komplett, sondern es läßt sich auch sehr gut in zwei Teile teilen, einen für die realen Variablen und den anderen für die nominellen. Um das zu sehen, schreiben wir die Funktionen und Bedingungen des Modells formal an:

Markt	Gleichungen	Restriktionen
Arbeit		
Nachfrage	$y = y(n)$ und $w = y'(n)$	$y'(n) > 0, y''(n) < 0$
Angebot	$n = n(w)$	$n'(w) > 0$
Geld		
Kassenhaltung	$M = kY$ und $W = Pw, Y = Py$	k konstant, M gegeben

Die ersten drei Gleichungen, die sich auf den Arbeitsmarkt beziehen, reichen zur Bestimmung der drei realen Variablen aus: Realeinkommen (y), Beschäftigung (n) und Reallohnsatz (w). Die zweiten Gleichungen, die sich auf die Geldseite des Modells beziehen, ergeben dann: das nominelle Einkommen (Y), den nominellen Lohnsatz (W) und das Preisniveau P. Die Identitäten ergeben also die beiden ersten Variablen, deren reale Werte (y und w) von dem Teil des Modells übernommen werden, der den Arbeitsmarkt beschreibt. Also erfüllt die „Quantitätsgleichung“ $M = kY$ oder $M = kPy$ ihren Zweck, das Preisniveau festzulegen.

Die auferlegten Beschränkungen sichern die Existenz und Eindeutigkeit einer Lösung. Aus $w = y'(n)$ erhalten wir $dw/dn = y''(n) < 0$; also für die Nachfrage nach Arbeit: $dn/dw < 0$. Für das Arbeitsangebot $n = n(w)$ gilt $dn/dw = n'(w) > 0$. Der bekannte Fall tritt auf; die Nachfragekurve fällt und die Angebotskurve steigt, was eine eindeutige Lösung ergibt (siehe Übung 6.5). Das gilt nicht für Ausnahmefälle, in denen kein Gleichgewicht besteht. Das Ganze ist noch einfacher für

Geld. Die Angebotskurve ist horizontal (M = konstant) und die Nachfragekurve $L = kY$ ist linear und steigend. Es gibt ein eindeutiges Y und daher auch P.

Die Parameter des Modells sind in erster Linie das Geldangebot M und in zweiter Linie solche Parameter, die zur Verschiebung der Angebotskurve an Arbeit $n = n(w)$ und der Produktionstechnik $y = y(n)$ führen. Die Wirkung von Veränderungen im Geldangebot ist einfach: wenn M ceteris paribus steigt, steigt einzig und allein das Preisniveau P. Ebenso fällt das Preisniveau bei gegebenem M im selben Verhältnis, in dem der reale Ausstoß y steigt. Solange der Ausstoß unverändert ist, sind Geldlöhne und Reallöhne zueinander proportional; wenn der Ausstoß zunimmt und P fällt, steigt der Reallohn stärker als der Geldlohn. Wenn andererseits M von den Währungsbehörden so angepaßt wird, daß es proportional zum realen Ausstoß steigt oder fällt, ist P unabhängig vom Aktivitätsniveau konstant und Geld- und Reallöhne verändern sich gleichartig.

Eine Verschiebung des Arbeitsangebots nach oben, so daß nun mehr Arbeit zu einem gegebenen Reallohnsatz angeboten wird, führt zu höherer Beschäftigung und höherem Ausstoß, aber niedereren Reallöhnen. Und zwar deswegen, weil die Nachfrage- und Angebotskurven für Arbeit, die sich im Gleichgewichtspunkt schneiden, vom vertrauten Typ sind: Nachfragekurve fallend und Angebotskurve steigend, wenn der Lohnsatz steigt. Das klassische Vollbeschäftigungsmodell hat vollkommen flexible Lohnsätze. Was es immer für Verschiebungen geben mag, die Lohnsätze können tief genug sinken und garantieren so, daß die gesamte angebotene Arbeit auch beschäftigt wird.

6.3 Ein Spezialfall

Wir nehmen eine Cobb-Douglas-Produktionsfunktion $Y = K^{\alpha} L^{1-\alpha}$ in der Schreibweise von 3.7 oben. Es herrschen konstante Erträge und α ist eine entsprechend vorgegebene Bruchzahl.

In der hier verwendeten Schreibweise gilt:

$$y = n^{1-\alpha}, \quad \text{wobei} \quad 0 < \alpha < 1 \;.$$

Als Arbeitsangebot nehmen wir eine steigende lineare Funktion:

$$n = a\,(w - w_0), \quad \text{wobei} \quad a > 0 \;.$$

Es wird angenommen, daß es kein Arbeitsangebot gibt, wenn der Reallohnsatz bei oder unter einer bestimmten minimalen Höhe w_0 ist. Die

Grenzproduktivitätsbedingung besagt, daß $w = dy/dn = (1-\alpha)/n^{\alpha}$ aus $y = n^{1-\alpha}$.

w und n werden also bestimmt durch

$$w = \frac{1-\alpha}{n^{\alpha}} \quad \text{und} \quad n = a\,(w - w_0)\ .$$

Das entsprechende $y = n^{1-\alpha}$. Die beiden Gleichungen für w und n werden in der (w, n)-Ebene der Fig. 6.3 gezeigt. Die erste Bedingung, die

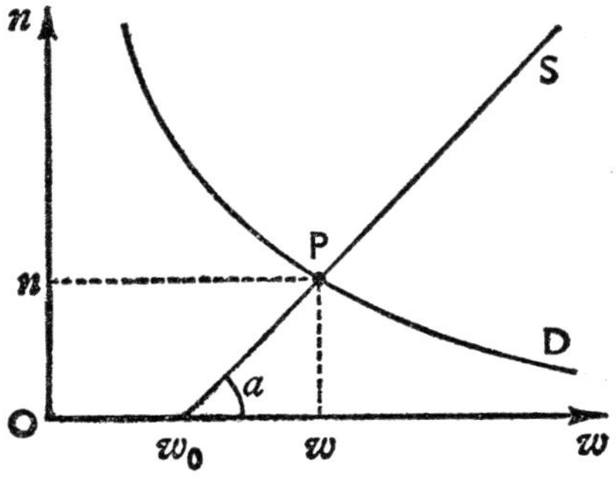

Fig. 6.3

Nachfrage nach Arbeit, wird durch die negativ geneigte Kurve D dargestellt, die zu beiden Achsen asymptotisch ist. Die zweite Bedingung ist die Angebotslinie S. Es gibt eine eindeutige Lösung, die durch die Koordinaten w und n des Punktes P angegeben wird.

Algebraisch substituieren wir $n = a\,(w - w_0)$ in $wn^{\alpha} = 1-\alpha$ und erhalten eine Gleichung für den (eindeutigen) Lohnsatz w im Gleichgewicht:

$$w\,(w - w_0)^{\alpha} = \frac{1-\alpha}{a^{\alpha}}\ .$$

Nachdem wir w gefunden haben, erhalten wir $n = a\,(w - w_0)$ und $y = a^{1-\alpha}\,(w - w_0)^{1-\alpha}$. Weiters haben wir von der Geldseite $M = kPy$ und das Preisniveau ist:

$$P = M/ka^{1-\alpha}\,(w - w_0)^{1-\alpha}\ .$$

In diesem speziellen Fall hat das Modell drei Parameter. Das Geldangebot M wirkt sich wie vorher nur auf das Preisniveau P aus. Der Parameter a bezieht sich auf das Arbeitsangebot. Wenn a steigt, verschiebt sich das Arbeitsangebot nach oben (die Gerade S wird steiler) und sowohl die Beschäftigung n wie der Ausstoß y erhöhen sich bei fallendem Reallohnsatz w. Dann fällt das Preisniveau P. Der Parameter $(1-\alpha)$ bezieht sich auf die Produktionsfunktion. Wenn $(1-\alpha)$ steigt, verschiebt sich die Kurve D, die als Gleichung $w = (1-\alpha)\, n^{-\alpha}$ hat, nach rechts. Also steigen w, n und y alle an und das Preisniveau P fällt. Wenn in der Cobb-Douglas-Produktionsfunktion $(1-\alpha)$ steigt und α fällt, führt diese Veränderung zu einer steigenden Bedeutung der Arbeit in der Produktion.

Wenn $w_0 = 0$, so daß S durch den Ursprung in Fig. 6.3 geht, erhält man explizite Werte für die Gleichgewichtssituation. Die Gleichung für w wird zu $w^{1+\alpha} = (1-\alpha)/a^{\alpha}$; dann ergibt sich $n = aw$ und $y = (aw)^{1-\alpha}$. Also gilt:

$$w = (1-\alpha)^{1/(1+\alpha)}/\, a^{\alpha/(1+\alpha)} \qquad n = [a\,(1-\alpha)]^{1/(1+\alpha)}$$

$$y = [a\,(1-\alpha)]^{(1-\alpha)/(1+\alpha)} \qquad P = \frac{M}{k\,[a\,(1-\alpha)]^{(1-\alpha)/(1+\alpha)}}\,.$$

Wir sehen wieder, daß w fällt, wenn a steigt (Verschiebung des Arbeitsangebotes nach oben) und steigt, wenn $(1-\alpha)$ steigt (die Arbeit wird in der Produktion wichtiger). In beiden Fällen steigen Beschäftigung und Ausstoß und das Preisniveau fällt.

6.4 Sparen und Investieren

Das klassische Modell, das wir betrachtet haben, ergibt ein Vollbeschäftigungsgleichgewicht des Realeinkommens und der Beschäftigung. Das Geldangebot dient zur Festsetzung eines geeigneten Preisniveaus und hat keinen Einfluß auf die realen Größen. Der Zinssatz kommt nicht vor. Tatsächlich ist die Funktion des Zinssatzes in der einfachsten klassischen Analyse bloß, geplante Ersparnis gleich der geplanten Investition zu machen und dies ganz unabhängig von der Bestimmung des Einkommens oder der Beschäftigung.

Die **Investitionsfunktion** wird kurzfristig und real angenommen: $i = i\,(r)$ $(i'\,(r) < 0)$. Die Investition ist eine abnehmende Funktion des Zinssatzes (4.4 oben). Demgegenüber wird die **Sparfunktion** in realen Größen als eine steigende Funktion des Zinsatzes angenommen: $s = s\,(r)$, wobei $s'\,(r) > 0$. Im Gleichgewicht müssen diese geplanten realen Größen einander gleich sein: $i\,(r) = s\,(r)$. Der Zinssatz wird durch die Investitions- und Sparbeziehung bestimmt, durch den Schnittpunkt der Nachfrage- (Investition) und Angebotskurve (Sparen). Da bei steigendem Zinssatz die Nachfragekurve fällt und die Angebotskurve steigt, existiert ein eindeutiger Gleichgewichtszinssatz (wobei die beiden Kurven nur kleineren zusätzlichen Restriktionen unterliegen). Nichts könnte einfacher sein.

Weiters zeigt sich eine Steigerung der Investitionsneigung (höhere Nachfrage), wenn wir uns ein Diagramm vorstellen, in dem r auf der Abszisse aufgetragen ist, durch eine Verschiebung der abnehmenden Investitionskurve nach oben, so daß sich der Gleichgewichtspunkt entlang der Sparkurve nach rechts verschiebt. Ähnlich erscheint eine Abnahme der Sparneigung (geringeres Angebot) als eine Verschiebung der steigenden Sparkurve nach unten, so daß der Gleichgewichtspunkt sich nach rechts entlang der Investitionskurve verschiebt. Diese Verschiebungen können in Fig. 6.6 B unten gezeigt werden. In beiden Fällen steigt der Gleichgewichtszinssatz; aber im ersten Fall nimmt die Investition (= Sparen) zu, während sie im zweiten Fall abnimmt.

In Anbetracht der Analyse des Kapitels 2 kann eingeworfen werden, daß die Sparfunktion außer vom Zinssatz (oder anstatt vom Zinssatz) auch von der Höhe des Realeinkommens abhängt. Aber es macht keinen echten Unterschied im klassischen Modell, ob das Realeinkommen y in die Sparfunktion oder selbst in die Investitionsfunktion eingeführt wird. Wir können die Gleichgewichtsbedingungen anschreiben:

$$i\,(y, r) = s\,(y, r), \quad \text{wobei} \quad \frac{\partial i}{\partial r} < 0 \quad \text{und} \quad \frac{\partial s}{\partial r} > 0 \ .$$

Der reale Teil des klassischen Modells, das Gleichgewicht auf dem Arbeitsmarkt, ergibt das Gleichgewichtsniveau von y. Durch Substitution reduziert sich die Investitions/Sparbedingung zu einer Gleichung für den Zinssatz r; wieder existiert ein Gleichgewichtssatz und ist eindeutig.

Es taucht die Frage auf, wie der Zinssatz in das klassische Modell in einer organischeren Weise eingeführt werden kann. Das mag zu der Frage führen, ob die Annahme, daß es keine müßige Kasse gibt, nicht eine zu starke Vereinfachung darstellt. Wenn der Zinssatz steigt und der Wertpapierpreis fällt, mag es eine Spekulationsnachfrage nach Liquidität geben, z. B. in Antizipation einer Umkehr der Tendenz. Das ist eines der Dinge, die bei einer keynesianischen Interpretation des Einkommens- und Beschäftigungsmodells in Erwägung gezogen werden müssen.

6.5 Die Grenzeffizienz der Investition

Wir können inzwischen neuerlich unsere Aufmerksamkeit der kurzfristigen Abhängigkeit der Investition vom Zinssatz schenken, zu der wir in 4.4 oben gekommen waren. Wir kommen zur Betrachtung des Konzepts der Grenzeffizienz der Investition. Das Konzept findet hauptsächlich im Zusammenhang mit keynesianischen Modellen Verwendung;

aber es steht fest in der klassischen Tradition und ist ein Element in dem weiten gemeinsamen Gebiet zwischen Keynes und den Klassikern[1].

Die Basis der vorliegenden Analyse ist, daß der Kapitalstock K fixiert ist und daß es eine steigende Angebotskurve für Kapitalgüter gibt. Kapitalgüter sind unter Wettbewerbsbedingungen zu einem einheitlichen Preis p zu haben, aber p steigt, wenn der Ausstoß der Kapitalgüterindustrie steigt. Wir schlagen vor, den Grenzertrag der Investition zur Höhe der Investition in Beziehung zu setzen.

x sei der *Brutto*ausstoß an Kapitalgütern und wir schreiben $p = p(x)$ für die Angebotsfunktion, wobei $p'(x) > 0$. Wenn es keine (Netto-)Investition gibt, benötigt der gegebene Kapitalstock K einen Ausstoß an neuen Kapitalgütern für den Ersatz. Wir schreiben die Ersatznachfrage als x_0 in Abhängigkeit von K und zunehmend, wenn K zunimmt. Wenn die Investition die Höhe i hat, soll die Grenzeinheit der Kapitalgüter einen Nettoertragsstrom von $a_m(t)$ für $0 \leqslant t \leqslant T$ haben. Dieser marginale Zuwachs hat die niederste Ertragsrate r_m, wobei r_m (durch 4.4 oben) mit dem Ertrag a_m und dem Preis p der Kapitalgüter in Beziehung steht:

$$p = V(a_m, r_m) = \int_0^T a_m(t)\, e^{-r_m t}\, dt \ . \tag{1}$$

Hier ist V der Gegenwartswert des Ertragsstromes. Wenn p fix ist, hängt r_m nur vom Grenzertrag a_m und daher von der Investitionshöhe i ab. Nun ist aber p je nach dem Ausstoß an Kapitalgütern variabel und wir müssen die Analyse weitertreiben.

Wenn K und x_0 gegeben sind, differieren der Bruttoausstoß x und die Investition i bloß um eine Konstante:

$$x = x_0 + i, \quad \text{wobei } x_0 \text{ durch } K \text{ gegeben ist} \ . \tag{2}$$

Wenn i steigt, steigt auch der Preis $p = p(x_0 + i)$ der Kapitalgüter. Wegen (1) gilt:

$$p(x_0 + i) = V(a_m, r_m) \ . \tag{3}$$

Da a_m von i abhängt, ist (3) eine Beziehung zwischen r_m und i. Weiters steigt p mit i und V sinkt, wenn r_m steigt. Also ist unter ganz kleinen zusätzlichen Restriktionen r_m eindeutig als Funktion von i gegeben und sinkt, wenn i steigt:

$$r_m = r_m(i), \quad \text{wobei } r'_m(i) < 0 \ . \tag{4}$$

[1] Keynes selbst verwendet den Ausdruck „Grenzeffizienz des Kapitals“, aber er vermengte zwei verschiedene Konzepte. Die Unterscheidung zwischen Grenzeffizienz des Kapitals und der Investition machte A. P. *Lerner* in „The Economics of Control“ (1963). Die Grenzeffizienz des Kapitals wird in der vorliegenden Analyse, außer gelegentlich an einer Stelle, nicht verwendet.

Hier ist r_m die Grenzeffizienz der Investition und die Funktion (4) ist die **M.E.I.-Beziehung** (marginal efficiency of investment schedule).

Die monoton abnehmende Funktion (4) kann umgekehrt werden und ergibt dann:

$$i = i\,(r_m), \quad \text{wobei} \quad i'\,(r_m) < 0 \;.$$

Die Höhe der Investition hängt von der Grenzertragsrate ab. r sei der Marktzinssatz, so daß bei einem gegebenen Kapitalstock K die Investitionshöhe so angepaßt wird, daß der Grenzertrag gleich r wird. Also haben wir eine kurzfristige **Investitionsfunktion** (K konstant):

$$i = i\,(r)\,, \quad \text{wobei} \quad i'\,(r) < 0 \;.$$

Die Form der Funktion (5) verschiebt sich, wenn der Kapitalstock K verändert wird. Weiters impliziert ein erhöhtes K ein höheres x_0 und daher wegen (3) ein niedriges i, wenn die Grenzertragsrate $r_m = r$ konstant bleiben soll. Also sinkt i, wenn K steigt und r konstant ist. Wir können die Investitionsfunktion mit beiden Variablen r und K anschreiben:

$$i = i\,(r, K), \quad \text{wobei} \; \frac{\partial i}{\partial r} < 0 \quad \text{und} \; \frac{\partial i}{\partial K} < 0 \;.$$

6.6 Diagrammatische Darstellung

Die M.E.I.-Beziehung und damit die kurzfristige Investitionsfunktion können explizit nur formuliert werden, wenn eine spezifische Annahme über den Ertragsstrom $a_m\,(t)$ der Grenzinvestition getroffen wird. Wir verfolgen hier einen Spezialfall: $a_m\,(t) = a$, konstant für alle $t \geqslant 0$. Dieser Fall gilt annähernd, wenn die Erträge wenig über die Zeit variieren (z. B. langsam abfallen) und wenn der betrachtete Zeitraum T groß ist. Wegen 4.4 ist der Gegenwartswert des konstanten Ertragsstromes:

$$V\,(a, r_m) = a \int_0^\infty e^{-r_m t}\,dt = \frac{a}{r_m}$$

und wegen (3) in 6.5 ist die Beziehung zwischen r_m und i:

$$p\,(x_0 + i) = \frac{a}{r_m} \;.$$

Wenn wir $i = 0$ setzen:

$$a = r_0\,p\,(x_0) \;,$$

wobei r_0 die Ertragsrate (der Zinssatz) ist, wenn die Nettoinvestition Null und der Kapitalstock K optimal ist[2]. Also ist die M.E.I.-Beziehung:

$$r_m = \frac{r_0\, p\,(x_0)}{p(x_0 + i)} \tag{1}$$

Diese Beziehung von r_m zu i erhält man aus der reziproken Angebotsfunktion für Kapitalgüter: $p = p\,(x)$, wobei $x = x_0 + i$ für gegebenes K und x_0. Wir benützen das Diagramm der Fig. 6.6 A, um die Form der M.E.I.-Beziehung zu sehen.

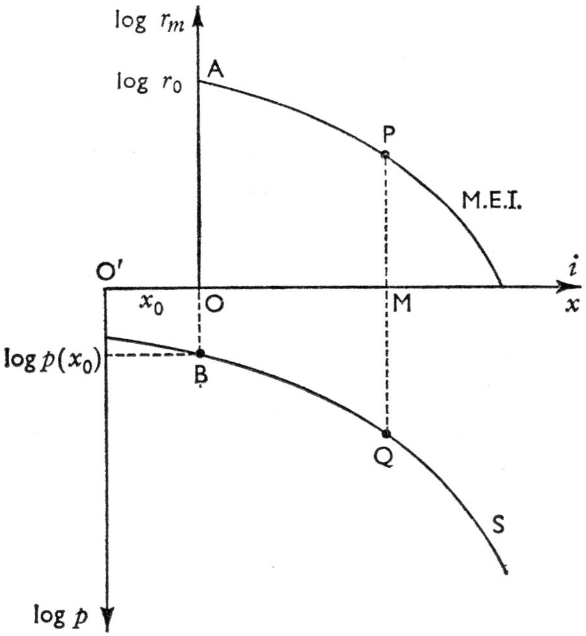

Fig. 6.6 A

Die M.E.I.-Kurve wird mit einer logarithmischen Skala für r_m in der (i, log r_m)-Ebene gezeigt und ähnlich die Angebotskurve S für Kapitalgüter in der (x, log p)-Ebene. Die M.E.I.-Kurve muß aus S abgeleitet

[2] Dies ist der Punkt, wo die Kurve der Grenzeffizienz des Kapitals verwendet werden kann. Diese Kurve gibt den optimalen Kapitalstock als abnehmende Funktion des Zinssatzes an. r_0 wird als Zinssatz interpretiert, bei dem der gegebene Kapitalstock optimal ist, wie er sich aus der Grenzeffizienzkurve des Kapitals ergibt.

werden und, da r_m mit p negativ zusammenhängt, wird die Achse für p in die entgegengesetzte Richtung von der für log r_m gezeichnet. Die Verbindung zwischen den beiden wird durch die Beziehung $x = x_0 + i$ hergestellt; dieselbe Achse wird für x und i verwendet, aber der Ursprung für x ist O', während der für i O ist, wobei $O'O = x_0$. Wenn r_m bei i und p bei $x = x_0 + i$ betrachtet wird, ergibt (1):

$$\log r_m + \log p = \log r_0 + \log p\,(x_0) = \text{konstant}\,.$$

Die gezeichneten M.E.I.- und S-Kurven unterscheiden sich um einen konstanten Betrag, wobei die Konstante durch $AB = OA + OB = \log r_0 + \log p\,(x_0)$ gegeben ist. Bei jedem i, das dem P auf der M.E.I.-Kurve entspricht und jedem $x = x_0 + i$ bei Q auf der S-Kurve ist die Distanz:

$$PQ = MP + MQ = \log r_m + \log p$$

so groß wie AB.

Also ist die M.E.I.-Kurve bei logarithmischen Maßstäben für r_m und p parallel zur Angebotskurve S und beginnt beim Punkt A, wo $r_m = r_0$ einer Nettoinvestition von Null entspricht. Die Tangente in P hat die Neigung der Tangente in Q, d. h. die proportionale *Abnahme*rate der M.E.I.-Kurve ist gleich der proportionalen *Zunahme*rate der Angebotskurve $p = p\,(x)$ in $x = x_0 + i$.

Das gilt für konstantes K und x_0. Wenn K zunimmt, wächst auch x_0 und in Fig. 6.6 A bewegt sich der Punkt O nach rechts auf der $O'x$-Achse. Die Kurve S ist fixiert und daher parallel zur M.E.I.-Kurve; aber die Achse OA der M.E.I.-Kurve verschiebt sich nach rechts. Wenn wir von starren Achsen ausgehen, verschiebt sich also die M.E.I.-Kurve bei steigendem K nach unten.

Die Investitionskurve $i = i\,(r)$ in der (r, i)-Ebene ist die invertierte M.E.I.-Kurve, wobei r_m als Marktzinsfuß r identifiziert wird. Die Kurve hat die in Fig. 6.6 B als I_r dargestellte Form. Sie verschiebt sich nach unten, wenn der gegebene Kapitalstock erhöht wird, d. h. die Investitionsfunktion $i = i\,(r, K)$ ist eine abnehmende Funktion von r, die sich nach unten verschiebt, wenn K zunimmt. Die Bestimmung des Gleichgewichtszinssatzes r in der klassischen Theorie (6.4 oben) wird in Fig. 6.6 B durch den Schnittpunkt P der I_r-Kurve mit der entsprechenden Sparkurve S_r illustriert. Der Gleichgewichtszinssatz ist OM.

Die Auswirkung einer gesteigerten Investitionsneigung kann leicht ersehen werden. Die M.E.I.-Kurve verschiebt sich nach oben, da die Erträge und damit r_0 höher sind. (Dieselbe Verschiebung geht vor sich, wenn der Kapitalstock kleiner ist.) Die Investitionskurve I_r verschiebt sich nach rechts und der Gleichgewichtspunkt P verschiebt sich entlang

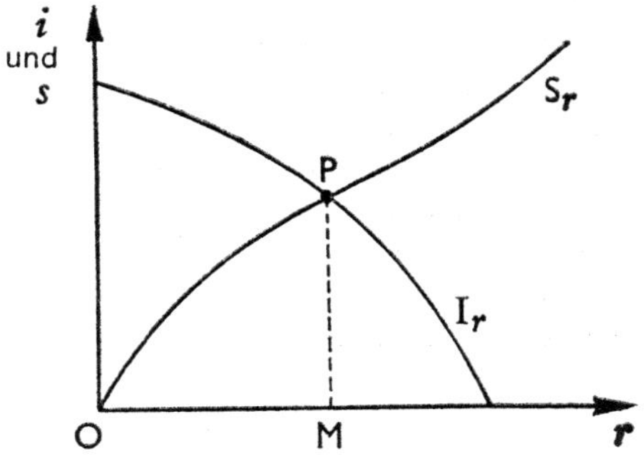

Fig. 6.6 B

S_r nach rechts. Der Zinssatz und gleichzeitig das (der Ersparnis gleiche) Investitionsniveau steigen. Die Beschäftigung in der Kapitalgüterindustrie steigt, aber ein Teil der höheren Investitionsneigung wird vom steigenden Zinssatz absorbiert.

Übungen

6.1 Überprüfen Sie im klassischen Modell in 6.2 oben, daß eine Erhöhung der Geldumlaufsgeschwindigkeit äquivalent einer Erhöhung des Geldangebots M ist.

6.2 Nehmen Sie eine einfache Cobb-Douglas-Produktionsfunktion $y = \sqrt{n}$ und eine lineare Arbeitsangebotsfunktion $n = a\,(w - w_0)$ an, wobei $a > 0$. Zeigen Sie, daß dann der Gleichgewichtslohnsatz im klassischen Modell durch den kubischen Ausdruck $4\,aw^2\,(w - w_0) = 1$ gegeben ist. Zeigen Sie durch Aufsuchen der Extremwerte von $w^2\,(w - w_0)$, daß der kubische Ausdruck eine reelle und zwei komplexe Wurzeln hat und daß das reelle $w > w_0$. Leiten Sie ab, daß das Modell eine eindeutige Lösung hat.

6.3 Nehmen Sie als Spezialfall der vorigen Übung $w_0 = 0$ und $a = 2$ an und zeigen Sie, daß die eindeutige Lösung des Modells aus $y = \sqrt{n}$, $n = 2\,w$, $w^3 = 1/8$ stammt. Schreiben Sie die numerischen Werte von y, n und w und den Ausdruck für das Preisniveau P an.

6.4 Ersetzen Sie die Produktionsfunktion der Übung 6.2 durch $y = \log\,(1 + \alpha n)$ für eine Konstante $\alpha > 0$ und prüfen Sie nach, daß $y' > 0$, $y'' < 0$ für alle n. Zeigen Sie, daß die Gleichgewichtsbeschäftigung durch den quadratischen Ausdruck: $\alpha n^2 + (1 + a\alpha w_0)\,n - a\,(\alpha - w_0) = 0$ gegeben ist, der in allen Fällen zwei reelle Wurzeln hat. Leiten Sie ab, daß das Modell dann und nur dann eine eindeutige Lösung hat, wenn $\alpha > w_0$, woraus $y > 0$, $n > 0$, $w > w_0$ folgt.

6.5 Betrachten Sie im Modell der vorhergehenden Übung den Fall $\alpha < w_0$ und zeigen Sie, daß es keine Gleichgewichtslage gibt. Geben Sie eine graphische Illustration wie in Fig. 6.3 und zeigen Sie, daß dieser Ausnahmefall eintritt, wenn $D\,Ow$ links von w_0 schneidet.

6.6 Setzen Sie im Modell der Übung 6.4 $w_0 = 0$ und eliminieren Sie den Ausnahmefall. Zeigen Sie, daß für das eindeutige Gleichgewicht $n = \sqrt{[(1/4\,\alpha^2) + a]} - 1/2\,\alpha$ und $w = (1/a)\,n$ gilt. Leiten Sie ab, daß eine Zunahme in a n vermehrt und w vermindert und daß eine Zunahme von α sowohl n wie auch w erhöht. Interpretieren Sie diese Ergebnisse.

6.7 Ersetzen Sie die Produktionsfunktion der Übung 6.4 durch $y = \alpha n - \beta n^2$ ($\alpha > 0, \beta > 0$) und zeigen Sie, daß die Ergebnisse im wesentlichen unverändert sind.

6.8 Zeigen Sie, daß sowohl der Zinssatz wie auch die Investitionshöhe in der klassischen Theorie der Zinsbestimmung (Fig. 6.6 B) für einen größeren Kapitalstock niederer sind. Stellen Sie das der Auswirkung einer höheren Sparneigung gegenüber.

Kapitel 7

Keynesianische Modelle

7.1 Einkommen als die zentrale Variable

Dieselbe Variablengruppe wie im klassischen Modell des Kapitels 6 wird auch hier verwendet: nominelles und reales Einkommen (Y und y), Beschäftigung (n), Geldangebot (M), Zinssatz (r), nominelle und reale Löhne (W und w) und das Preisniveau (P). Es gibt drei Märkte (für Güter, für Geld und für Arbeit); in jedem muß die Nachfrage und das Angebot spezifiziert werden. Wieder wird das Geldangebot als gegeben angenommen, so daß für geplante Größen nur fünf Funktionen angegeben werden müssen: eine Spar- und Investitionsfunktion, eine Liquiditätsfunktion, eine Produktionsfunktion und eine Arbeitsangebotsfunktion.

Das komplette keynesianische Modell der drei Märkte wird hier stufenweise dargestellt. Das geschieht nicht, weil das Modell, wie das klassische, in reale und monetäre Sektoren zerfällt. Im Gegenteil, das keynesianische Modell läßt sich überhaupt nicht zerteilen; alle Sektoren hängen zusammen und alle Variablen werden gemeinsam bestimmt. Die Stufen werden dadurch getrennt, daß die eine oder andere Variable in einer Stufe vorgegeben wird und ihre Bestimmung auf eine spätere Stufe verschoben wird. Diese Methode wird angewendet, um das Problem leichter darstellen zu können und um die zentrale Rolle der Einkommensbestimmung in keynesianischen Modellen entsprechend zu betonen.

Das klassische Modell betont den Ausgleich zwischen der Arbeitsnachfrage (bei der Produktion von Konsum- und Kapitalgütern) und dem Angebot am Arbeitsmarkt. Es ist ein Vollbeschäftigungsmodell und so ausgerichtet, daß die realen Variablen (y, n und w) alle so bestimmt werden, daß sie unter Wettbewerbsbedingungen Vollbeschäftigung herbeiführen. Die „Quantitätsgleichung" setzt dann das Preisniveau fest und die Spar/Investitionsbeziehung setzt schließlich ganz separiert und eher zufällig den Zinssatz fest.

All das wird im keynesianischen System umgekehrt. Von dominierendem Einfluß ist nun die Spar/Investitionsbeziehung als Einkommensdeterminante; wir wenden unsere Aufmerksamkeit zuerst dem

Markt für Konsum- und Investitionsgüter zu. Sparen hängt über die marginale Sparneigung vom Einkommen ab und auch die Investition kann eine Funktion des Einkommens sein. Aber da das Modell kurzfristig ist, ist der Zinssatz im System eine Variable und die Investition hängt von ihm (durch Verwendung der Grenzeffizienzkurve) ab. Der Zinssatz muß gemeinsam mit dem Einkommen bestimmt werden und der Ausgleich von Nachfrage nach Liquidität und Geldangebot wird zur Gleichgewichtsbedingung am Gütermarkt zu diesem Zweck hinzugefügt. Dann erst müssen wir den Arbeitsmarkt untersuchen, um das komplette Modell konstruieren zu können.

Die folgende Analyse geht in drei Stufen vor sich, bevor die komplette Formulierung gegeben werden kann. Zuerst gilt die ganze Aufmerksamkeit der Einkommensbestimmung, indem alle Investition autonom angenommen wird (oder zumindest als von Einkommensänderungen unabhängig), eine Vorgangsweise, die für die keynesianische Analyse recht charakteristisch ist. Als nächstes verlangt eine vollständigere Behandlung der Einkommensbestimmung in bezug auf den Zinssatz die Einbeziehung sowohl des Güter- als auch des Geldmarktes. Schließlich kommt das Gleichgewicht auf dem Arbeitsmarkt dazu, um das Drei-Märkte-Modell zu komplettieren.

7.2 Ein einfaches keynesianisches Modell: Der Multiplikator

Es wird die vereinfachende Annahme getroffen, daß alle Investitionen I_0 autonom sind. Wenn wir dem einen etwaigen autonomen Konsum hinzufügen, erhalten wir:

$$\text{autonome Ausgabe } A = I_0 + C_0 \ .$$

Aus der Konsumfunktion $C = C(Y)$, derart, daß $C = 0$, wenn $Y = 0$, leiten wir die **Sparfunktion** $S = S(Y)$ ab, wobei $S(Y) = Y - C(Y)$ und $S = 0$ wenn $Y = 0$. Die **marginale Sparneigung** variiert von einem Einkommensniveau zum anderen:

$$s = \frac{dS}{dY}, \quad \text{wobei} \quad 0 < s < 1 \ .$$

Für den Augenblick ist es unwesentlich, ob wir Y, C und S in nominellen oder realen Werten annehmen. Die Gleichgewichtsbedingung auf dem Gütermarkt ist, daß Ex-ante-Investition und Ex-ante-Sparen gleich sind, die beide als Ex-post-Investition und Ex-post-Sparen realisiert werden und identisch gleich sind.

Dieses einfache Modell wird in 2.6 oben analysiert und die Ergebnisse sind leicht wiederzugeben. Für eine der Form nach unspezifizierte Sparfunktion wird das Gleichgewichtsniveau des Einkommens Y durch die Spar/Investitionsbeziehung:

$$S(Y) = A\,, \quad \text{wobei } A \text{ autonom ist,} \qquad (1)$$

angegeben.

Das Einkommen wird nur durch die Wirkung des Multiplikators bestimmt. Wenn die autonome Ausgabe um den Betrag ΔA erhöht wird, ist die entsprechende Einkommenssteigerung:

$$\Delta Y = \frac{\Delta A}{s}, \quad \text{wobei } s \text{ die marginale Sparneigung ist.} \qquad (2)$$

Da s vom Einkommensniveau abhängt, spezifizieren wir s in (2) als dem Gleichgewichtseinkommen entsprechend.

Im Spezialfall einer **proportionalen Sparfunktion** ($S = sY$) ist die marginale Sparneigung bei allen Einkommenshöhen konstant und die Gleichgewichtsbedingung (1) ist:

$$Y = \frac{A}{s}, \quad \text{wobei } s \text{ die konstante marginale Sparneigung ist.} \qquad (3)$$

In (3) wird die ganze autonome Ausgabe „hinaufmultipliziert", so daß sich das Gleichgewichtseinkommen ergibt. Das ist der bekanntere Multiplikator, der von der proportionalen Sparfunktion abhängt.

Die Annahme, daß alle Investition gegeben und autonom ist, kann insofern abgeschwächt werden, als die Investition vom Einkommen abhängig angenommen wird. Wenn wir die autonome Ausgabe I_0 aussondern, haben wir die **Investitionsfunktion** $I = I(Y)$, wobei $I = 0$, wenn $Y = 0$. Die Gleichgewichtsbedingung für Sparen/Investition, die (1) ersetzt, ist nun:

$$S(Y) - C_0 = I_0 + I(Y)$$

und wieder wird das Gleichgewichtseinkommen durch eine einfache Gleichung bestimmt:

$$S(Y) = I(Y) + A\,, \quad \text{wobei } A = I_0 + C_0 \text{ autonom ist.} \qquad (4)$$

Wir schreiben die **marginale Investitionsneigung** als

$$b = \frac{dI}{dY}, \quad \text{wobei } 0 < b < s\,.$$

Der Grund für die Beschränkungen von b folgt später. Lassen wir A sich verändern, dann erhalten wir die Veränderung des Gleichgewichtseinkommens durch Differenzieren von (4):

$$\left(\frac{dS}{dY} - \frac{dI}{dY}\right)\frac{dY}{dA} = 1 ,$$

d. h.

$$\Delta Y = \frac{\Delta A}{s - b} \tag{5}$$

ist das Ergebnis, ähnlich (2), in Form von Zuwächsen. Das ist eine Multiplikatorwirkung und der Multiplikator ist $1/(s-b)$, der größer als eins ist, da $0 < s < 1$ und $0 < b < s$. Es ist zu bemerken, daß, wenn wir $b = s$ zulassen, der Multiplikator unendlich wäre und wenn $b > s$, wäre er negativ.

Die Ergebnisse (4) und (5) zeigen die Wirkung des **zusammengesetzten Multiplikators.** Wenn wir die marginale Konsumneigung (c) und die marginale Investitionsneigung (b) addieren, erhalten wir die **marginale Ausgabenneigung** $a = b + c$. Während der einfache Multiplikator von (2) gleich $1/s = 1/(1-c)$ ist, ist der zusammengesetzte Multiplikator (5) $1/(s-b) = 1/(1-a)$. Er ist stärker, da $a > c$. Wenn wir die proportionale Sparfunktion ($S = sY$) und eine entsprechende Investitionsfunktion ($I = bY$) annehmen, haben wir: $Y = A/(s-b) = A/(1-a)$. Die ganze autonome Ausgabe wird mit dem zusammengesetzten Koeffizienten $1/(1-a)$ „hinaufmultipliziert", so daß sich das Gleichgewichtsniveau des Einkommens ergibt.

Der einfache Multiplikator (2.6 oben) wirkt so, daß eine höhere Sparneigung das Gleichgewichtseinkommensniveau senkt, während das aggregierte Sparen (welches gleich A ist) unverändert bleibt. Für den zusammengesetzten Multiplikator muß sich ein entsprechendes Ergebnis aus (4) ergeben. Fig. 7.2 zeigt die Kurven $S = S(Y)$ für Sparen und $A + I = A + I(Y)$ für Investition plus autonome Ausgabe. Aus (4) folgt, daß das Einkommen im Gleichgewicht OM ist, gegeben durch den Schnittpunkt P der beiden Kurven, und daß Sparen gleich MP ist. Wir lassen die Sparkurve sich nach oben von S nach S' verschieben, was neue Gleichgewichtsniveaus OM' für das Einkommen und $M'P'$ für das Sparen ergibt. Da $b = dI/dY > 0$, haben wir $OM' < OM$ und $M'P' < MP$. Das ist das **Sparparadox:**

Wenn sowohl Sparen als auch Investieren zunehmende Funktionen des Einkommens sind, dann führt eine höhere Sparneigung sowohl zu einem niedereren Einkommensniveau als auch zu einem niedereren Niveau der aggregierten Ersparnis.

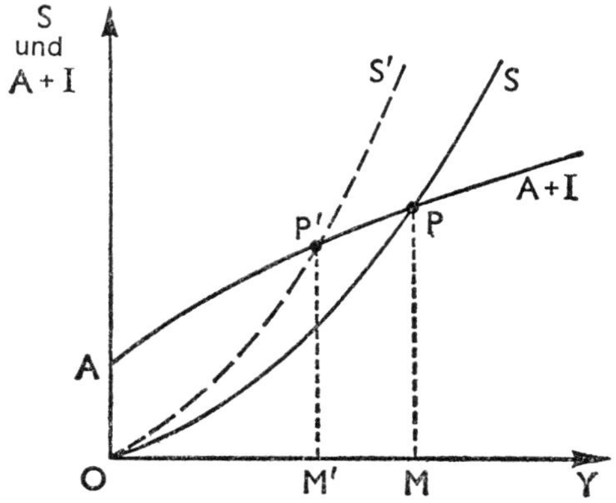

Fig. 7.2

Die Verminderung des Einkommens und der Ersparnis werden für den Fall linearer Spar- und Investitionsfunktionen quantifiziert (siehe Übung 7.2).

7.3 Die keynesianische Theorie der Einkommensbestimmung

In der Multiplikatoranalyse unterscheiden wir nicht zwischen den realen und nominellen Größen des Einkommens, Sparens und der Investition. Wir stellen nun die Frage: sollten die Spar- und Investitionsfunktionen nicht reale Ersparnis und reale Investition zum Realeinkommen in Beziehung setzen? Das wird tatsächlich in den Kapiteln 2 und 3 angenommen. Es ist keine sehr wichtige Frage im Rahmen der keynesianischen Analyse, aber es ist am besten, sie gleich jetzt zu behandeln.

Schreiben wir die Konsum- und Sparfunktion real an, so daß $s = s(y)$, wobei $s(y) = y - c(y)$. Die entsprechenden nominellen Beziehungen werden dann abgeleitet, nicht angenommen. Es gibt einen wichtigen Fall, wo es keinerlei Unterschied zwischen den beiden Formulierungen gibt; wenn die Sparfunktion in proportionaler Form gegeben ist, gilt:

$$s = \sigma y, \quad \text{was} \quad S = \sigma Y \text{ ergibt,}$$

wenn man jede Seite mit dem Preisniveau P multipliziert. Wenn die marginale Sparneigung σ konstant ist, gilt sie sowohl für nominelle wie auch für reale Größen. Das gilt auch annähernd, wenn die Sparfunktion im relevanten Einkommensbereich im wesentlichen linear ist. Ganz allgemein aber und ohne mit Annäherungen zu arbeiten, können wir bei diesem Stand der Analyse einfach annehmen, daß das **Preisniveau P gegeben ist.** Wir erhalten aus $s = s(y)$:

$$S = Ps(y) = Ps(Y/P) = S(Y) \ ,$$

wobei $S(Y) = Ps(P/Y)$ für ein gegebenes P. So können wir, obwohl unsere zugrunde liegende Sparfunktion in realen Größen formuliert ist, $S = S(Y)$ nominell schreiben. Dasselbe kann für eine vom Einkommen abhängige Investitionsfunktion gemacht werden.

Wir wollen nun die Gleichgewichtsbedingungen für den Güter- und den Geldmarkt in zwei Variablen anschreiben: nominelles Einkommen Y und Zinssatz r. Die einfachste Spar/Investitionsbeziehung, wie Keynes sie im Auge hatte, macht das Sparen nur von Y und die Investition nur von r kurzfristig abhängig. Also haben wir $S = S(Y)$, wobei $S'(Y) > 0$ und $I = I(r)$, wobei $I'(r) < 0$. Die abnehmende Investitionsfunktion kann wie in 6.5 oben als Inverse der abnehmenden M.E.I.-Kurve angesehen werden.

Die Gleichgewichtsbedingung für den **Gütermarkt** ist die Gleichheit von geplanter Investition und geplantem Sparen:

$$I(r) = S(Y) \quad \text{unter der Bedingung} \quad I'(r) < 0\,, \; S'(Y) > 0\,. \tag{1}$$

Die Bedingung drückt sich in einer Beziehung zwischen r und Y derart aus, daß es für ein gegebenes r einen einzigen entsprechenden Wert für Y gibt (wenn es überhaupt einen gibt) und umgekehrt. Also ist Y eine (eindeutige) Funktion von r und umgekehrt; aber der Bereich von r (oder von Y) muß nicht alle positiven Werte umfassen. Die Eigenschaft der Eindeutigkeit folgt aus den Beschränkungen von (1). Dieselben Beschränkungen implizieren, daß Y mit steigendem r abnimmt, d. h. daß die Funktion monoton fallend ist.

Für den **Geldmarkt** nehmen wir ein gegebenes **Geldangebot** M an und wie in 6.2 oben setzen wir es gleich der Nachfrage nach Liquidität L im Gleichgewicht. Ein Teil von L besteht aus der **Transaktionsnachfrage** $L_1(Y)$, die vom nominellen Einkommen und vom Ausstoß Y abhängt, wobei $L'_1(Y) > 0$. Als Spezialfall haben wir $L_1 = kY$ für eine Konstante k, die umgekehrt proportional zur Umlaufsgeschwindigkeit in der „Quantitätsgleichung" ist.

Nun wird eine andere Form der Nachfrage nach Geld zusätzlich zur Transaktionsnachfrage betrachtet. Es handelt sich um die **Spekulationsnachfrage,** eine abnehmende Funktion des Zinssatzes bei gegebenem Preisniveau. Wir schreiben sie als $L_2(r)$ an, wobei $L'_2(r) < 0$; die Form von L_2 muß sorgfältig spezifiziert werden.

Wenn wir den Zinssatz r als Ertrag langfristiger Wertpapiere auffassen, (genau: Wertpapiere von unendlicher Laufzeit), nehmen wir ihn als den höchsten Satz eines ganzen Komplexes von kürzerfristigen Zinssätzen an, die die Erträge von Wertpapieren verschiedener Laufzeiten darstellen. Am unteren Ende des Spektrums ist der Ertrag Null, den das statt Wertpapieren gehaltene Bargeld abwirft. Nach der Meinung von Keynes gibt es eine Nachfrage nach Bargeld, um für die Möglichkeit steigender Zinssätze gerüstet zu sein, bei denen ein Wertpapierhalter dann unter Kapitalverlust verkaufen müßte. Wenn z. B. die Zinssätze nieder und die Wertpapierpreise hoch sind, kann sich der Inhaber eines Wertpapieres mit zehnjähriger Laufzeit vor die Notwendigkeit gestellt sehen, nach fünf Jahren zu verkaufen; wenn die Zinssätze dann höher und die Wertpapierpreise niederer sind, kann er das nur unter Verlust machen. Für höhere Zinssätze wäre seine Nachfrage nach Geld niederer.

Dieses extreme Argument kann umgeformt werden, indem angenommen wird, daß Vermögensbesitzer ein Portefeuille an Wertpapieren (und anderen Vermögenswerten) unterschiedlicher Laufzeit und unterschiedlichen Ertrags halten, von Bargeld auf der einen Seite bis zu unbefristeten Wertpapieren (die den Zinssatz r als Ertrag abwerfen) auf der anderen Seite des Spektrums. Eine Erhöhung von r weitet das Spektrum aus und verschiebt das Schwergewicht im Portefeuille in die langfristige Richtung; eine Abnahme von r verschiebt das Portefeuille in Richtung auf Bargeld und kurzfristige Wertpapiere. Also nimmt die Spekulationsnachfrage $L_2(r)$ nach Geld ab, wenn r steigt: $L'_2(r) < 0$.

Wir können eine *positive* untere Grenze $\bar{r}$ annehmen, unter die der Zinssatz nicht fällt. Normalerweise ist $\bar{r}$ klein und das Spektrum der Zinssätze von Null für Bargeld bis $\bar{r}$ für unbefristete Wertpapiere ist ziehharmonikaartig in einem schmalen Band zusammengedrückt. Weiters kann $\bar{r}$ als einem Preis für langfristige Wertpapiere entsprechend angesehen werden, der für Vermögenshalter eine Obergrenze darstellt. Z. B. können langfristige $2\frac{1}{2}$prozentige Wertpapiere als prohibitiv teuer zu Preisen über £ 125 betrachtet werden, so daß kein Ertrag unter 2 % (d. i. £ 2,5 pro £ 125), akzeptiert wird; dann ist $\bar{r}$ 0,02 oder 2 %. Unter diesen Bedingungen ist die Spekulationsnachfrage $L_2(r)$ bei $r = \bar{r}$ unendlich elastisch.

Bei einem gegebenem Preis wird die Nachfrage nach Liquidität $L = L_1(Y) + L_2(r)$ im Gleichgewicht auf dem Geldmarkt dem gegebenen Geldangebot M gleichgesetzt:

$$M = L_1(Y) + L_2(r) \quad \text{unter der Bedingung} \quad L'_1(Y) > 0\,,\; L'_2(r) < 0\,. \tag{2}$$

Die Bedingung (2) ist eine zweite Beziehung zwischen r und Y und die gezeigten Beschränkungen implizieren, daß r und Y gleichzeitig steigen, wobei Y eine monoton zunehmende Funktion von r ist. Die Bereiche der Variablen sind wichtig. Als ein Extrem ist es sinnvoll anzunehmen, daß es ein maximales Einkommensniveau $\bar{Y}$ gibt, daß durch M finanziert werden kann: $L_1(\bar{Y}) = M$; und daß Y sich asymptotisch an $\bar{Y}$ annähert, wenn r steigt und $L_2(r)$ auf Null sinkt. Als anderes Extrem kann $L_2(r)$

unendlich elastisch werden, wenn r gegen $\bar{r}$ geht. Sinkende Aktivität gibt dann Geld aus der Transaktionsnachfrage frei und dieses wird durch die Spekulationsnachfrage aufgesogen. Hier nähert sich r asymptotisch $\bar{r}$, wenn Y abnimmt. Das ist die sogenannte **Liquiditätsfalle.**

Wenn wir die beiden Gleichgewichtsbedingungen (1) und (2) zusammennehmen, haben wir zwei Beziehungen zwischen r und Y. Aus (1) folgt, daß Y eine sinkende Funktion von r ist; aus (2), daß Y eine steigende Funktion von r ist, so daß $Y \to \bar{Y}$, wenn $r \to \infty$ und $r \to \bar{r}$, wenn $Y \to 0$. Es ist daher beinahe sicher, daß die entsprechenden Kurven sich einmal und nur einmal schneiden; das sieht man am leichtesten aus der Fig. 7.4 C unten. Das Modell der beiden Märkte hat (mit einer kleineren Ausnahme, siehe Übung 7.3) eine eindeutige Lösung für r und Y. Es gibt einen Parameter M, das gegebene Geldangebot, und man sieht (wie in Übung 7.4), daß eine Erhöhung von M zur Erhöhung des Gleichgewichtseinkommens Y und zur Verminderung des Gleichgewichtszinssatzes r führt, wenn das Preisniveau (wie nun angenommen), gegeben ist. Das steht in scharfem Kontrast zum klassischen Modell von 6.2, wo M auf das Preisniveau wirkte.

Die Spar/Investitionsbeziehung spielt eine zentrale Rolle in der Analyse, weniger die Liquiditätsfunktion. Tatsächlich ist es ohne weiteres möglich, Bedingung (2) auf verschiedene Arten zu verändern, ohne daß auf die Bestimmung von r gleichzeitig mit Y verzichtet werden müßte. Im besonderen ist die Spekulationsnachfrage $L_2(r)$, wie sie in (2) formuliert wurde, für das Modell nicht essentiell. Es kann eine andere Art von Geldnachfrage eingeführt werden, die die Spekulationsnachfrage ergänzt, ja sie ersetzt: die **Vorsorgenachfrage** als Geldnachfrage aus Annehmlichkeitsgründen: um die Unannehmlichkeit fehlender Barmittel zu einem zukünftigen Zeitpunkt zu minimieren. Eine solche Nachfrage hängt teilweise von den gesamten Transaktionen (die durch Y repräsentiert werden) und teilweise vom Zinssatz ab, wobei höhere Werte für r es rentabel machen, das erhöhte Risiko späterer Unannehmlichkeit auf sich zu nehmen. Wenn die beiden Komponenten trennbar und additiv sind, können sie auf L_1 und L_2 aufgeteilt werden, ohne die Zweiteilung in (2) zu stören. Es gibt aber keinen Grund zu erwarten, daß sie additiv sind; auf jeden Fall hat sich die Teilung jetzt als ziemlich willkürlich herausgestellt. Also genügt es, wenn wir feststellen, daß die Nachfrage nach Geld eine Funktion zweier Variabler ist:

$$L = L(Y, r), \quad \text{unter der Bedingung} \quad \frac{\partial L}{\partial Y} > 0, \frac{\partial L}{\partial r} < 0 . \tag{3}$$

Die Substitution von (3) in die Bedingung (2) ändert die Art der Modelllösung nicht wesentlich.

7.4 Diagrammatische Darstellung

Das Modell der Einkommensbestimmung wird am besten an Hand eines Diagramms dargestellt, wie es von Hicks[1] vorgeschlagen wurde. Für die Spar/Investitionsbeziehung (1) in 7.3 zeichnen wir eine getrennte Spar- und Investitionskurve wie in 7.4 A. Wenn *OA* das gemeinsame Niveau der Investition und des Sparens ist, wird der entsprechende Zinssatz *r* als *ON* und das Einkommen *Y* als *OM* abgelesen. Wir übertragen diese Werte in die (*Y*, *r*)-Ebene und erhalten so den Punkt *P*, der die Erfüllung der Spar/Investitionsbedingung darstellt.

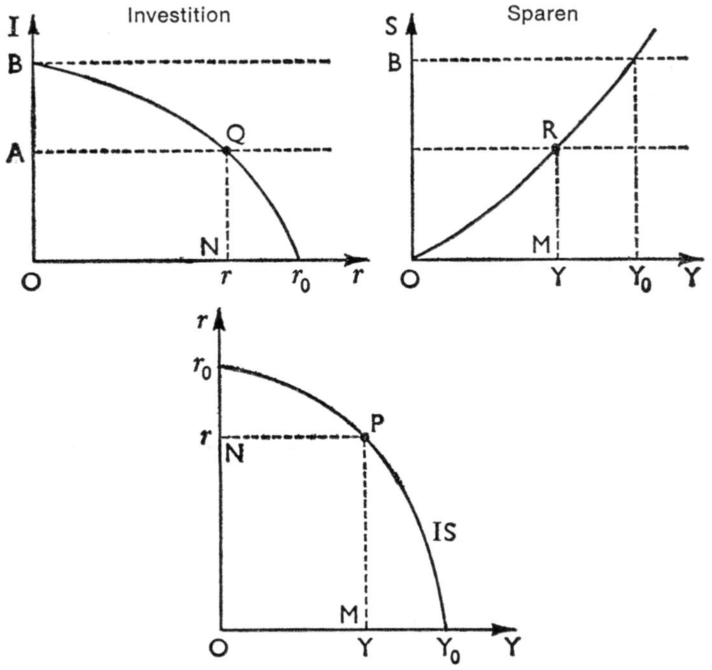

Fig. 7.4 A

Wenn wir die Lage von *A* variieren und entgegengesetzte Veränderungen von *r* und *Y* erhalten, beschreibt der Punkt *P* eine Kurve auf der (*Y*, *r*)-Ebene, die als **IS-Kurve** bezeichnet wird. Sie ist negativ geneigt und geht von $r = r_0$ $(Y = 0)$ bis $Y = Y_0$ $(r = 0)$. Der höchste gemeinsame Wert für Sparen und Investieren ist *OB* für $r = 0$, was $Y = Y_0$, wie im Diagramm gezeigt, ergibt.

---

[1] J. R. *Hicks*, „Mr. Keynes and the ‚Classics'", Econometrica (April 1937).

Die Geldmarktbedingung (2) in 7.3 wird in Fig. 7.4 B dargestellt. Die Transaktionsnachfragekurve ist beinahe linear und man erhält das maximale Einkommen $\bar{Y}$, indem man L_1 gleich M, dem gegebenen Geldangebot, setzt. Die Spekulationsnachfragekurve wird zu $r = \bar{r}$ (vertikal) und zu $r = \infty$ (horizontal) asymptotisch gezeichnet. Wenn ein gegebenes Geldangebot M auf die beiden Nachfragen in der Form $OA + OB$ aufgeteilt wird, ist das entsprechende Einkommen Y gleich OK und der Zinssatz r gleich ON. Wenn wir diese Werte in die (Y, r)-Ebene übertragen, erhalten wir den Punkt P, der die Geldmarktbedingung erfüllt. Der Ort aller P, die **LM-Kurve**, wird gefunden, indem man A in die eine und B um einen entsprechenden Betrag in die andere Richtung verändert. Die *LM*-Kurve ist positiv geneigt, nähert sich $r = \bar{r}$, wenn $Y \to 0$, und ist zu $Y = \bar{Y}$ asymptotisch, wenn $r \to \infty$. Für niedere Werte von Y und r ändert sich Y mit gleichzeitiger geringfügiger Änderung von r. Für hohe Werte ändert sich r mit geringfügiger Veränderung von Y.

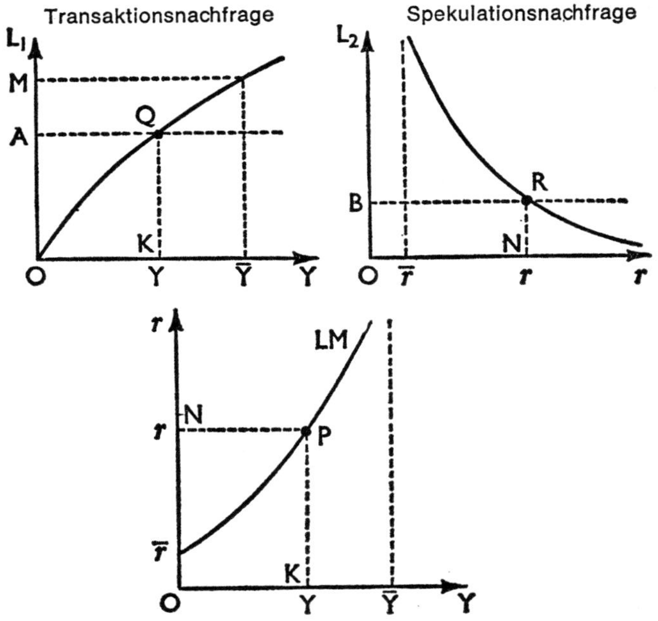

Fig. 7.4 B

Fig. 7.4 C zeigt die *IS*- und *LM*-Kurven gemeinsam in der (Y, r)-Ebene. Es gibt (unter kleineren Einschränkungen) eine eindeutige Lösung des Modells für r und Y, die durch die Koordinaten des Punktes P, wo sich die Kurven schneiden, gegeben ist. Die zu Beginn gemachte Annahme gilt noch immer: das Preisniveau P ist vorgegeben. Also sind die so gefundenen Gleichgewichtswerte für r und Y vom verwendeten Preisniveau P abhängig; jedes der r und Y ist eine Funktion von P.

Es gibt drei Parameter im Modell, die variiert werden können. Einer davon ist das gegebene Geldangebot M; wenn M erhöht wird, hat das keinen Einfluß auf $\bar{r}$, aber $\bar{Y}$ nimmt zu (und beinahe proportional zum Zuwachs von M). Die bei $\bar{r}$ beginnende LM-Kurve wird in Fig. 7.4 C nach rechts hinausgezogen. Wenn IS fix bleibt, ist das Ergebnis ein neues Gleichgewicht bei einem höherem M, bei dem das Einkommen Y höher und der Zinssatz r niederer ist.

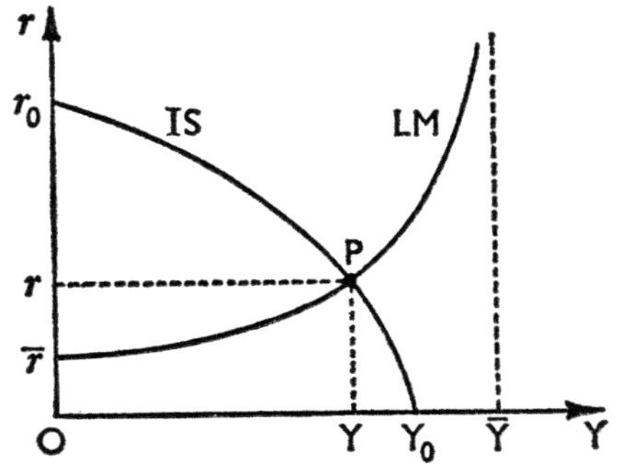

Fig. 7.4 C

Die beiden anderen Parameter drücken sich in Verschiebungen in der Investitionskurve und der Sparkurve aus. Wir nehmen zur Illustration eine gesteigerte Investitionsbereitschaft (die I-Kurve verschiebt sich nach rechts oben) und eine verminderte Sparbereitschaft (die S-Kurve verschiebt sich nach rechts unten) an. Für ein gegebenes gemeinsames Investitions- und Sparniveau erhöhen diese Verschiebungen r und/oder Y und die IS-Kurve verschiebt sich nach oben und nach rechts in der (Y, r)-Ebene der Fig. 7.4 A. Wenn in Fig. 7.4 C die LM-Kurve fix bleibt, ist das Ergebnis der Verschiebung der Investition und/oder des Sparens eine neue Gleichgewichtsposition bei höherem Einkommen Y und höherem Zinssatz r.

Bei mittleren Einkommenshöhen, wo die LM-Kurve deutlich gekrümmt ist, führt eine Verschiebung von IS nach rechts zu einer etwa gleich großen Steigerung des Einkommens und des Zinssatzes. Hier gibt es einen Unterschied zur Wirkung des Multiplikators im einfacheren Modell in 7.2. Eine Erhöhung der autonomen Ausgabe (für Investition oder Konsum) bedeutet eine Verschiebung von *IS* nach rechts im Modell; sie wird in eine Einkommenssteigerung „hinaufmultipliziert". Im vorliegenden Modell erscheint ein Teil der Zunahme noch immer in Form höheren Einkommens auf, aber ein Teil wird jetzt durch höhere Zinssätze absorbiert.

Die Ergebnisse sind bei niederem und hohem Aktivitätsniveau unterschiedlich. Das liegt in der Form der *LM*-Kurve begründet; der Zinssatz reagiert empfindlich auf Veränderungen bei hohem Einkommensniveau und das Einkommen reagiert empfindlich auf Veränderungen bei Zinssätzen, die sich dem minimalen Zins $\bar{r}$ nähern. Wir können unterscheiden:

Der klassische Fall: Hohe Investitions- und Sparniveaus, Vollbeschäftigung in der Konsum- und Kapitalgüterindustrie. Die Gleichgewichtslage *P* liegt hoch auf dem beinahe senkrechten Teil von *LM*. Eine erhöhte Investitionsbereitschaft (oder verminderte Sparbereitschaft) führt zu einer kleinen Einkommensänderung; die Hauptwirkung ist eine relativ große Zinssatzsteigerung. Andererseits hat eine Erhöhung von *M*, das die *LM*-Kurve hinausverschiebt, einen starken Einfluß auf das Einkommen *Y*.

Die Keynessche Liquiditätsfalle: Niedere Investitions- und Sparniveaus, Arbeitslosigkeit in der Kapitalgüterindustrie. Im Gleichgewicht liegt der Punkt *P* auf dem beinahe horizontalen Teil von *LM*. Eine erhöhte Investitionsbereitschaft (oder eine gesunkene Sparneigung) führt zu einer kleinen Veränderung des Zinssatzes gerade über dem Minimum. Die Hauptwirkung liegt in einer Erhöhung des Einkommensniveaus *Y*; es gibt höhere Beschäftigung in der Produktion von Investitionsgütern (und wahrscheinlich auch von Konsumgütern). Das ist die eindrucksvolle und unorthodoxe Schlußfolgerung der Theorie von Keynes, wie sie ursprünglich ausgelegt wurde: erhöhte Investition (durch öffentliche Arbeiten oder sonstwie) erhöht das Einkommens- und Beschäftigungsniveau, während der Zinssatz nur wenig steigt. Weiters führt erhöhtes Geldangebot, wodurch die *LM*-Kurve hinausgeschoben, aber auf dem nun horizontalen Stück kaum eine Wirkung hervorgerufen wird, zu einer Erhöhung von *Y* und einer Verminderung von *r*, aber nur um einen kleinen Betrag. Das zusätzliche Geld fällt noch immer in die Liquiditätsfalle. Aber all dies gehört zu einem Spezialfall, der für die Analyse niedriger Akivitätsniveaus geeignet ist — eine Übung in der Depressionstheorie.

Die Sparfunktion wird hier nur als vom Einkommen *Y* abhängig angenommen; sie ist vollkommen zinsunelastisch. Die Investitionsfunktion aber hängt vom Zins ab. Ein wichtiger Fall ist gegeben, wenn die **Investitionsfunktion zinsunelastisch** ist, so daß Veränderungen von *r* sich nur schwach auf *I* auswirken. Die Investitionsfunktion ist im größten

Teil ihres Verlaufs beinahe horizontal in der Fig. 7.4A. Die Spar/Investitionsbedingung ergibt dann ein beinahe konstantes Niveau des Sparens und der Investition, und Y variiert auf Grund von Änderungen von r in einem engen Rahmen. Die IS-Kurve ist beinahe vertikal. Daraus folgt, daß Verschiebungen der LM-Kurve aufgrund veränderten Geldangebotes eine relativ geringe Auswirkung auf das Gleichgewichtseinkommensniveau haben (siehe Übung 7.3).

7.5 Der Arbeitsmarkt

In der hier präsentierten keynesianischen Analyse des Arbeitsmarktes wird wieder angenommen, daß das **Preisniveau P vorgegeben ist.** Es herrscht vollkommene Konkurrenz (Profitmaximierung) und im Gleichgewicht ist die Nachfrage nach Arbeit gleich dem Angebot. Üblicherweise führt das zu Vollbeschäftigung — aber nur unter größeren Einschränkungen im keynesianischen System. Wie wir sehen werden, ermöglicht die Form der angenommenen Angebotsfunktion im Modell Gleichgewicht, auch wenn Unterbeschäftigung gegeben ist.

Die **Nachfrage nach Arbeit** wird in genau derselben Art wie im klassischen Modell in 6.2 oben spezifiziert. Die Produktionsfunktion $y = y(n)$ verbindet realen Ausstoß y mit der Beschäftigung n; sie unterliegt den Bedingungen: $y'(n) > 0$, $y''(n) < 0$. Das Grenzprodukt $y'(n)$ nimmt ab. Als Ergebnis der Profitmaximierung unter vollkommener Konkurrenz wird das Produktionsniveau so angepaßt, daß das Grenzprodukt $y'(n)$ gleich dem Reallohnsatz w ist. Die Nachfragebedingungen sind:

$$y = y(n) \text{ und } w = y'(n) \quad \text{unter der Bedingung} \quad y'(n) > 0,\ y''(n) < 0\ . \qquad (1)$$

Die zweite der Bedingungen (1) gibt n als Funktion von w an; durch die Restriktion ist n eine monoton abnehmende Funktion. Das ist die Nachfragefunktion, die durch eine negativ geneigte Nachfragekurve der üblichen Art dargestellt wird. Dann ergibt die erste Bedingung von (1) den realen Ausstoß y auch als Funktion von w.

In der Spezifikation der **Angebotsfunktion** unterscheidet sich die keynesianische Analyse des Arbeitsmarkts von der des klassischen Modells, und zwar in zweierlei Hinsicht: erstens wird das Arbeitsangebot nicht vom Reallohnsatz w, sondern vom Geldlohnsatz W abhängig gemacht. Das bezieht die institutionellen Aspekte der Lohnverhandlungen ein und gibt der Möglichkeit Raum, daß die Arbeiter der „Geldillusion" unterliegen, wonach höhere Löhne automatisch etwas Gutes sind, ohne zu beachten, was mit den Preisen geschieht.

Während der Reallohnsatz der Klassiker nach oben und unten vollständig flexibel ist, ist zweitens der Geldlohnsatz des keynesianischen

Systems in seiner Flexibilität nach unten beschränkt. Das klassische Konzept der Lohnflexibilität sieht man in Fig. 6.3 oben. Wenn sich die Arbeitsnachfrage nach unten verschiebt, bleibt noch immer Vollbeschäftigung erhalten, da durch das Fallen des Lohnsatzes auf sein Minimum w_0 zu das Angebot entsprechend vermindert werden kann. Vollbeschäftigung bedeutet hier einfach keine Arbeitslosigkeit unter denen, die zum herrschenden Lohnsatz arbeitswillig sind — nicht notwendigerweise, daß das ganze Arbeitskräftepotential beschäftigt ist. Andererseits ist die keynesianische Angebotsfunktion in einer gewissen Höhe abgeschnitten, bei der der Lohnsatz unflexibel wird.

In ihrer extremen Form bedeutet die keynesianische Angebotsfunktion: einen durch exogene Bedingungen gegebenen Geldlohnsatz W. Wenn das Preisniveau vorgegeben ist, ist der Reallohnsatz w; und die Beschäftigung wird durch die Nachfragefunktion in (1) oben bestimmt. Wir nehmen von der Angebotsfunktion allgemeiner an, daß sie die Zahl n derjenigen angibt, die beim Geldlohnsatz W arbeitswillig sind, aber in inverser Form:

$$\left.\begin{array}{c} W = W_0 + W(n), \quad \text{wobei} \quad W = Pw, \quad \text{unter den Bedingungen:} \\ W(n) = 0 \quad \text{für} \quad 0 < n \leqslant \bar{n}, \; W'(n) > 0 \quad \text{für} \quad n > \bar{n} \; . \end{array}\right\} \qquad (2)$$

Diese Funktion wird durch die Angebotskurve S_W in der (W, n)-Ebene der Fig. 7.5 A dargestellt. Wenn W abnimmt, fällt das Arbeitsangebot n entlang S_W bis der Punkt N erreicht ist, wo $W = W_0$ und $n = \bar{n}$. Der Geldlohnsatz wird dann starr; er bleibt bei W_0, wie auch immer das Beschäftigungsniveau unter $\bar{n}$ ist. Für eine Beschäftigung $n > \bar{n}$ gibt es einen Geldlohnsatz W, der durch S_W angegeben wird, so daß Vollbeschäftigung herrscht. Bei Beschäftigungsniveaus unter $\bar{n}$ $(0 < n < \bar{n})$ kann der Geldlohnsatz so nicht angepaßt werden und es herrscht Unterbeschäftigung; der Geldlohnsatz ist W_0 und es gibt Unterbeschäftigung in der Höhe von $(\bar{n} - n)$.

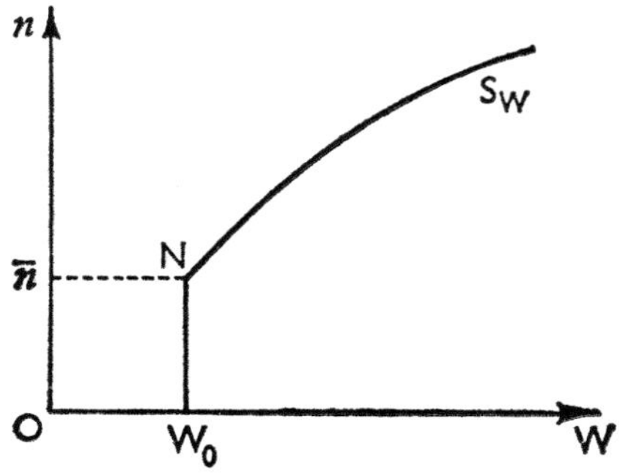

Fig. 7.5 A

Gleichgewicht auf dem Arbeitsmarkt bedeutet Nachfrage gleich Angebot; es wird durch die Kombination der Bedingungen (1) und (2) bestimmt, mit n als Gleichgewichtsbeschäftigung. Die Bestimmung der Gleichgewichtsbeschäftigung kann in der (w, n)-Ebene der Fig. 7.5 B dargestellt werden. Da wir P als gegeben annehmen, können wir die Angebotsfunktion (2) von Nominallöhnen auf Reallöhne umformen:

$$w = w_0 + \frac{W(n)}{P}, \quad \text{wobei } w = \frac{W}{P} \text{ und } w_0 = \frac{W_0}{P};$$

sie wird durch die Angebotsfunktion S_w des Diagramms dargestellt. Der Unterschied zwischen S_w der Fig. 7.5 B und S_W der Fig. 7.5 A besteht nur in geänderten Maßeinheiten auf der horizontalen Achse ($w = W/P$); das ist möglich, da P vorgegeben ist. Die Nachfragefunktion von (1) wird durch die abwärts geneigte Nachfragekurve D dargestellt, die S_w im einzigen Punkt Q schneidet. Das Gleichgewichtsbeschäftigungsniveau ist n und der Reallohnsatz w, das sind die Koordinaten von Q. Beide werden für ein gegebenes Preisniveau P bestimmt, d. h. n und w sind ebenso wie der reale Ausstoß $y = y(n)$ Funktionen von P.

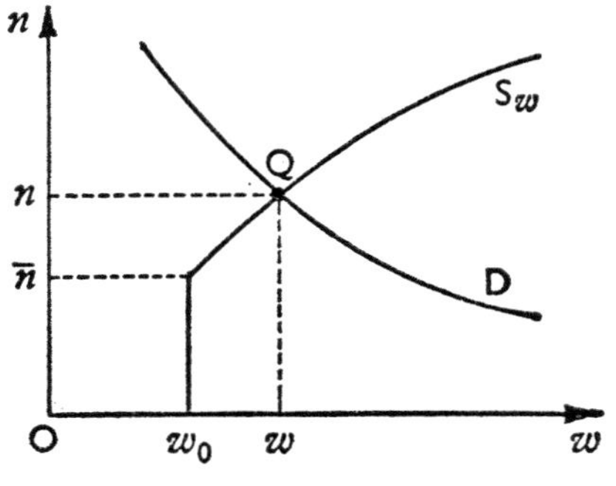

Fig. 7.5 B

In dem illustrierten Fall liegt Q auf dem steigenden Teil von S_w; n ist auf Vollbeschäftigungsniveau, das einem Reallohnsatz w über dem starren Minimum w_0 entspricht. In anderen Fällen, in denen D niederer liegt, kann Q auf dem vertikalen Abschnitt von S_w liegen; der Reallohnsatz ist dann bei w_0 festgefahren und es gibt Arbeitslosigkeit in der Höhe $(\bar{n} - n)$. Alles hängt bei gegebenem Preisniveau P von der Nachfrage ab.

Wenn P variiert wird, verschiebt sich die Angebotsfunktion S_w durch eine Veränderung der w-Skala auf der horizontalen Achse. Wenn P steigt, sinkt w relativ zu einem gegebenen W; die Schere zwischen Reallöhnen und Geldlöhnen öffnet sich. Die Kurve S_w verschiebt sich nach links. Sie mag sich so weit verschieben, daß bei gegebenen Nachfragebedingungen D eine Unterbeschäftigungsgleichgewichtslage in Vollbeschäftigung umgewandelt wird. Ähnlich verschiebt sich die Kurve S_w nach rechts, wenn P sinkt, und ein Vollbeschäftigungsgleichgewicht (wie in Fig. 7.5 B illustriert) kann sich in ein Gleichgewicht mit Arbeitslosigkeit verwandeln.

7.6 Das komplette keynesianische Modell

Wir haben nun zwei Hälften des kompletten keynesianischen Modells. Alles, was wir noch tun müssen ist, sie an ein variables Preisniveau P anzupassen und zusammenzufügen.

Eine Hälfte dient der Bestimmung des Einkommens und der Zinssätze aus der *IS*- und *LM*-Kurve des Güter- und Geldmarktes. Die in 7.3 dargelegten Bedingungen müssen in eine Form gebracht werden, die auf eine Situation mit variablem P anwendbar ist. Die Investitionsfunktion und die Sparfunktion werden wieder in reale Größen umgewandelt. In der Geldgleichung ist die Transaktionsnachfrage noch immer $L_1(Y)$, aber die Spekulationsnachfrage muß als $L_2(r, P)$ angeschrieben werden, um der Tatsache Rechnung zu tragen, daß die Nachfrage nach Liquidität mit dem Preisniveau steigt. So gilt:

$$\left.\begin{array}{l} i(r) = s(y) \text{ unter den Bedingungen } i'(r) < 0, s'(y) > 0 \text{ und} \\ M = L_1(Y) + L_2(r, P), \text{ wobei } Y = Py \text{ und } M \text{ gegeben ist,} \\ \quad \text{unter den Bedingungen } L_1'(Y) > 0, \dfrac{\partial L_2}{\partial r} < 0, \dfrac{\partial L_2}{\partial P} > 0 \; . \end{array}\right\} \quad (1)$$

Eine gute Annäherung an die Geldgleichung ist: $M = kY + PL(r)$, wobei $k > 0$, $L'(r) < 0$. Hier verändern sich k und die Geldumlaufsgeschwindigkeit in entgegengesetzter Richtung und die Spekulationsnachfrage verändert sich mit dem Preisniveau in gleicher Richtung. Die Bedingungen (1) geben y und r eindeutig als Funktion von P an.

Die andere Hälfte dient der Bestimmung der Beschäftigung und der Lohnsätze aus der Grenzproduktivität und dem Arbeitsmarkt. Die Bedingungen sind aus 7.5 oben genommen:

$$\left.\begin{array}{l} y = y(n) \text{ und } w = y'(n) \text{ unter den Bedingungen } y'(n) > 0, y''(n) < 0; \\ W = W_0 + W(n), \quad \text{wobei} \quad W = Pw \\ \text{unter den Bedingungen } W(n) = 0 \; (0 < n \leqslant \bar{n}), \; W'(n) > 0 \; (n > \bar{n}) \; . \end{array}\right\} \quad (2)$$

Die Bedingungen (2) bestimmen n und w eindeutig als Funktion von P; sie ergeben auch y, zuerst als Funktion von n und daher auch als Funktion von P.

Das Verbindungsglied zwischen den beiden Hälften stellt das Variablenpaar y und P dar, d. h. das reale Einkommen, das separat durch (1) und (2) als Funktion von P bestimmt wird. Wenn wir den Wert von P bestimmen können, der die beiden y einander gleich macht, ist das Problem gelöst. Alle Variablen sind bestimmt. Es bleibt die Frage: gibt es überhaupt ein entsprechendes Preisniveau und wenn ja, ist es eindeutig?

Das komplette System von sieben Gleichungen, von denen fünf Ex-ante-Funktionen und zwei Identitäten sind, $Y = Py$ und $W = Pw$, bezieht sich auf die sieben gesuchten Variablen:

$$Y, y, n, r, W, w \text{ und } P.$$

Das Geldangebot wird als vorgegeben angenommen. Die Spezifikation der Gleichungen, die ihnen auferlegten Restriktionen und die Art, in der sie zusammenhängen, sind so wichtig, daß es wert ist, sie formal in einer Tafel zusammenzustellen:

Markt	Gleichungen	Beschränkungen
Güter		
Investieren = Sparen	$i(r) = s(y)$	$i'(r) < 0, \quad s'(y) > 0$
Geld		
Kassenhaltung	$M = L_1(Y) + L_2(r, P)$ und $Y = Py$	$L'_1(Y) > 0, \ \partial L_2/\partial r < 0$ $\partial L_2/\partial P > 0$, M gegeben
Arbeit		
Nachfrage	$y = y(n)$ und $w = y'(n)$	$y'(n) > 0, \quad y''(n) < 0$
Angebot	$W = W_0 + W(n)$ und $W = Pw$	$W(n) = 0 \quad (0 < n \leqslant \bar{n})$ $W'(n) > 0 \quad (n > \bar{n})$

Zwei formale Feststellungen können getroffen werden. Die erste ist, daß es genug Gleichungen gibt, um die Variablen zu bestimmen; das Modell ist bestimmt. Es wurde noch nicht festgestellt, ob eine Lösung überhaupt existiert und wenn ja, ob sie eindeutig ist. Die zweite Feststellung ist, daß sich das Gleichungssystem nicht auf irgendeine Art unterteilen läßt, daß es keinen Variablenblock gibt, der unabhängig von den anderen bestimmt werden kann. Die Gleichungen müssen zusammen genommen werden; ebenso die gesuchten Variablen.

Es gibt mehrere Möglichkeiten, eine Gruppe von Gleichungen mittels einer Verknüpfungsvariablen in zwei Untergruppen zu teilen. Die Methode, mit der wir das Problem dargestellt haben, verwendet das

Preisniveau P als Verknüpfungsvariable. Die ersten drei Gleichungen in der Tabelle ergeben r, Y und letztlich y, die letzten vier ergeben n, W, w und schließlich y, alle als Funktion von P. Die Verbindung wird durch P hergestellt, das so fixiert wird, daß es die beiden Werte für y gleich macht. Man sieht ganz allgemein den Einfluß von P, der durch das ganze System geht. Die Nachfrage nach Arbeit ist von P unabhängig und die Kurve D in Fig. 7.5 B ist fixiert; aber die Angebotskurve S_w verschiebt sich nach links, wenn P zunimmt, was zu einer mit P steigenden Beschäftigung n führt. Also steigen sowohl das Realeinkommen $y(n)$ als auch das nominelle Einkommen $Y = Py$ im Gleichgewicht mit P. Das ist der Wert für Y, der in Fig. 7.4 C eingetragen werden muß, so daß die IS- und LM-Kurven unter dem Gesichtspunkt betrachtet werden müssen, daß Y und P gleichzeitig zunehmen. Unsicher ist nur, ob ein Wert für r gefunden werden kann, der zu Y und P paßt und so in den durch das Geldangebot gesetzten Grenzen Investition und Sparen einander gleich macht.

Eine zweite nützliche Unterteilung des Systems bedient sich der **Beschäftigung n als Verknüpfungsvariable.** Wir lassen die nominellen Variablen $Y = Py$ und $W = Pw$ auf der einen Seite. Dann haben wir, beides als Funktion von n, $y = y(n)$ auf Grund der Produktionsfunktion und $w = y'(n)$ auf Grund der Grenzproduktivitätsbedingung gegeben. Die Bedingungen für den Güter- und Arbeitsmarkt haben dann folgendes Aussehen:

$$i(r) = s[y(n)] \tag{3}$$

und

$$Py'(n) = W_0 + W(n) \tag{4}$$

Das ergibt r und P als Funktion von n. Der andere Teil des Systems ist die Geldgleichung, die wir durch eine sinnvolle Annäherung vereinfachen können:

$$M = kPy(n) + PL(r)\ . \tag{5}$$

Wenn wir nun für r und P Funktionen von n einsetzen, bleibt uns (5) als eine Bestimmungsgleichung für n zur Vervollständigung der Lösung des Systems.

Ein wesentlicher Parameter des Modells ist das Geldangebot M. Den Einfluß von Veränderungen in M sieht man am leichtesten aus der Unterteilung des Systems mittels der Beschäftigung n. Wir wollen die Ableitungen aller Variablen nach M finden und schreiben in der folgenden Analyse i' für $i'(r)$, s' für $s'(y)$ usw. Die Vorzeichen dieser Ausdrücke ergeben sich aus den in der obigen Tabelle angegebenen Restriktionen, zusammen mit $k > 0$, $L'(r) < 0$.

Als erstes sehen wir, daß $dy/dM = y' \cdot dn/dM$ und $dw/dM = y'' \cdot dn/dM$ ein positives bzw. negatives Vielfaches von dn/dM ist. Weiters ergibt sich nach Differenzieren von (3) und (4) oben

$$i' \frac{dr}{dM} = s' y' \frac{dn}{dM}, \text{ d. h. } \frac{dr}{dM} = \frac{s' y'}{i'} \frac{dn}{dM}$$

als negatives Vielfaches von dn/dM

und

$$y' \frac{dP}{dM} + Py'' \frac{dn}{dM} = W' \frac{dn}{dM}, \text{ d. h. } \frac{dP}{dM} = \frac{W' - Py''}{y'} \frac{dn}{dM}$$

als positives Vielfaches von dn/dM.

Wenn wir schließlich (5) differenzieren und die obigen Ergebnisse in den Ausdruck substituieren erhalten wir:

$$1 = ky \frac{dP}{dM} + kPy' \frac{dn}{dM} + L \frac{dP}{dM} + PL' \frac{dr}{dM},$$

d. h.

$$1 = \left[\frac{1}{y'} (ky + L)(W' - Py'') + Ps'y' \frac{L'}{i'} + kPy' \right] \frac{dn}{dM} .$$

Jeder der Ausdrücke hier in der Klammer [...] ist positiv. Also ist dn/dM positiv und die Vorzeichen der anderen Ableitungen nach M folgen daraus:

Ableitung von:	y	n	r	w	P
Vorzeichen:	+	+	−	−	+

Also erhöht ein verstärktes Geldangebot tatsächlich das Preisniveau; aber alle anderen Variablen verändern sich auch: Einkommen y (und Y) und Beschäftigung n steigen, während sowohl der Zinssatz r wie der Lohnsatz w fallen.

Es können viele Varianten und Spezialfälle des vollständigen keynesianischen Systems eingeführt und untersucht werden. Einige davon sind Verallgemeinerungen, die die Natur der Lösung nicht tangieren: z. B. wenn man die Geldgleichung als $M = L(Y, r, P)$ oder die Investitions-Sparbeziehung als $i(y, r) = s(y, r)$ anschreibt. Andere sind Spezialfälle, wie eine Cobb-Douglas-Produktionsfunktion $y = n^{1-\alpha}$, oder die extreme und starre Form des keynesianischen Arbeitsangebots $W = W_0$ (vorgegeben). Schließlich muß das Geldangebot, obwohl es durch exogene Faktoren bestimmt wird, nicht fix sein. Z. B. kann M durch die Währungsbehörden so angepaßt werden, daß es dem Preisniveau folgt: $M = Pm$, wobei das reale Geldangebot m fixiert ist.

7.7 Unterbeschäftigung

Wir wissen, daß ein Unterbeschäftigungsgleichgewicht im keynesianischen System auftreten kann. In diesem Fall liegt die mit dem Modell konsistente Beschäftigung n auf dem starren, senkrechten Teil der Angebotskurve S_w (Fig. 7.5 B). Z. B. mag die Aktivität auf dem Gütermarkt so niedrig sein, daß das Preisniveau so tief sinkt, daß das Arbeitsangebot S_w die Nachfrage nach Arbeit D beim minimalen Reallohnsatz w_0 schneidet. Der Geldlohnsatz ist dann W_0 und es gibt Unterbeschäftigung ($n < \bar{n}$).

Es gibt aber noch mehr zum Problem der Unterbeschäftigung zu sagen. Unter diesem Aspekt analysiert man das keynesianische System am besten, indem man die Beschäftigung als Verknüpfungsvariable benutzt: die Gleichungen (3), (4) und (5) von 7.6 müssen für die Variablen n, r und P gelöst werden, wobei dann $y = y(n)$ und $w = y'(n)$ durch n gegeben sind. Nehmen wir an, wir untersuchten weiter die Vollbeschäftigungssituation, d. h. jene Beschäftigung n (und das Preisniveau P) die die Arbeitsangebotsbedingung (4) erfüllt. Wir wenden uns dann der IS-Kurve zu, die der Investitions/Sparbeziehung (3) entspricht; wir betrachten sie beim Vollbeschäftigungsrealeinkommen $y = y(n)$, das zum Vollbeschäftigungssparen $s(y)$ führt. Wir müssen nun nur noch den entsprechenden Zinssatz finden, so daß die Investition $i(r)$ das Vollbeschäftigungssparen absorbiert. Aber es kann geschehen, daß der Bereich, in dem sich die Investitionen bewegen können (z. B. wenn die Investitionen zinsunelastisch sind) so eng ist, daß kein solches r existiert. Gleichgewicht auf dem Gütermarkt ist nicht möglich: die Investition ist bei allen Zinssätzen kleiner als das Vollbeschäftigungssparen. Das keynesianische System liefert dann kein vollständiges Gleichgewicht, etwas, was im klassischen Modell nicht vorkommen kann.

Ein Weg, diese Schwierigkeit zu umgehen, ist, eine Gleichgewichtsbedingung fallen zu lassen und Ungleichgewicht zu ermöglichen. Wir führen dann in ein langfristiges dynamisches Modell eine Fehleranpassungsbedingung ein und verfolgen die Zeitverläufe der Variablen. In der vorliegenden Analyse begnügen wir uns aber damit, kurzfristig Ungleichgewicht herrschen zu lassen. Um das auszugleichen, müssen wir eine entsprechende Variable ausscheiden, indem wir ihren Wert festsetzen. Wir können uns aussuchen, welchen Markt wir für das Ungleichgewicht heranziehen, und wir entscheiden uns offensichtlich für den Arbeitsmarkt, indem wir die Nachfrage auf der Grenzproduktivität beruhen lassen, aber die Angebotsfunktion als ein längerfristiges Konzept fallen lassen. Die Wahl, eine Variable zu fixieren, fällt dann auf das Preisniveau P.

Wir kehren nun zu den Gleichungen des keynesianischen Systems mit der Beschäftigung als Verknüpfungsvariable zurück und schreiben die

Werte der Variablen in dem fruchtlosen Bemühen an, ein Vollbeschäftigungsgleichgewicht zu erhalten: n, $y = y(n)$ und $w = y'(n)$, aber es existiert kein entsprechender Zinsfuß. Wir geben nun das Arbeitsangebot auf (Gleichung (4) in 7.6 oben) und halten P fixiert. Die bei Ungleichgewicht auf dem Arbeitsmarkt gefundenen Werte werden nun mit einem Stern gekennzeichnet. Die Investitions-Sparbeziehung, (3) in 7.6 mit fixem P kann nun durch eine Reduktion des Realeinkommens auf ein niedereres Niveau $y^* < y$ und durch eine Reduktion des Sparens, um den ursprünglichen Überschuß des Sparens über die Investition abzubauen, erfüllt werden. Die entsprechende Beschäftigung $n^* < n$ und der Lohnsatz w^* folgen aus der Produktionsfunktion und der Arbeitsnachfrage (Grenzproduktivität). Es bleibt noch die Geldgleichung (5) in 7.6, um den Zinssatz zu bestimmen.

Die Lage auf dem Arbeitsmarkt wird dann in Fig. 7.7 dargestellt. Die Wettbewerbsnachfrage nach Arbeit bringt den Reallohnsatz von w auf w^* und bewegt sich auf der Nachfragekurve D von Q nach Q^*, um die Nachfrage auf das notwendige Niveau n^* zu bringen. Die Arbeitsangebotskurve S_w wirkt jetzt nicht, aber sie zeigt an, daß beim höheren Lohnsatz w^* die längerfristig angebotene Menge an Arbeitskraft durch den Punkt R auf S_w gegeben ist, im Gegensatz zur Beschäftigung, die durch Q^* auf D gegeben ist. Also ist das Ausmaß der Unterbeschäftigung durch Q^*R gegeben. Das ist das Ergebnis des kurzfristigen Ungleichgewichtes, das wir auf dem Arbeitsmarkt zugelassen haben. Jeder Versuch, die Unterbeschäftigung durch Senken des Lohnsatzes zu beheben, scheitert am Überschuß des Sparens über die Investition, die daraus folgen würde.

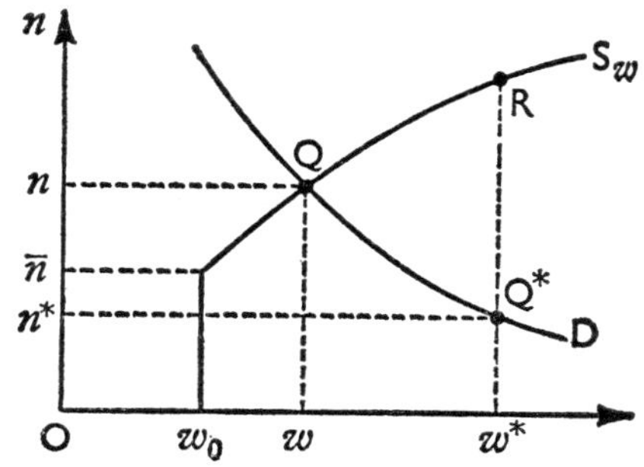

Fig. 7.7

7.8 Keynes und die Klassiker

Die Struktur des vollständigen keynesianischen Modells kann leicht im Gegensatz zur entsprechenden Form des klassischen Modells dargestellt werden, wie in der Tafel gezeigt wird.

Markt	Gleichungen	
	klassisch	keynesianisch
Güter		
Investition = Sparen	$i(r) = s(r)$	$i(r) = s(y)$
Geld		
Kassenhaltung	$M = kY$ und $W = Pw, Y = Py$	$M = L_1(Y) + L_2(r, P)$ und $Y = Py$
Arbeit		
Nachfrage	$y = y(n)$ und $w = y'(n)$	$y = y(n)$ und $w = y'(n)$
Angebot	$n = n(W)$	$W = W_0 + W(n)$ und $W = Pw$

Wie man sieht, ist das klassische Modell dreigeteilt: die realen Variablen (y, n und w) werden auf dem Arbeitsmarkt bestimmt; das Preisniveau P (und daher Y und W) werden durch das Geldangebot festgesetzt; es bleibt dann noch der Zinssatz r über, der durch die Spar-Investitionsbeziehung festgelegt wird. Das keynesianische Modell kann gar nicht unterteilt werden; in jedem Gleichungsblock gibt es mehr Variable als Gleichungen und wir müssen einige Variable von einem Block zum andern übertragen.

Folgende Unterschiede gibt es in den Funktionalbeziehungen zwischen den Modellen, und zwar in der Reihenfolge, wie sie oben auftreten:

(1) Das klassische Modell hat eine nur vom Zinssatz abhängige **Sparfunktion,** während die keynesianische Version die Funktion statt dessen (oder zusätzlich) vom Einkommen abhängen läßt, was die Basis für den Multiplikatoreffekt abgibt.

(2) Im keynesianischen, aber nicht im klassischen System, schließt die **Nachfrage nach Kasse** auch eine spekulative Nachfrage als abnehmende Funktion des Zinssatzes ein.

(3) Das keynesianische Modell hat eine **Arbeitsangebotsfunktion,** die die angebotene Arbeit mit dem Nominallohnsatz in Verbindung setzt (anstatt mit dem Reallohnsatz in der klassischen Version), und es führt einen starren Satz W_0 für Beschäftigung unter einem bestimmten Niveau $\bar{n}$ ein.

Welcher dieser Unterschiede ist der wesentliche? Die Meinungen über diese Frage sind so unterschiedlich, daß die natürliche Schlußfolgerung die ist, daß sie alle auf ihre Art zu den spezifischen Eigenschaften des keynesianischen Modells beitragen. Bei der Behandlung dieser Frage kann etwas weiter ins Detail gegangen werden.

Das klassische Modell ist ein Vollbeschäftigungsmodell bei vollkommen flexiblen Lohnsätzen. Wegen der Starrheit der Geldlohnsätze nach unten — Unterschied 3 — erlaubt das keynesianische Modell Unterbeschäftigung selbst in einer Gleichgewichtssituation. Es kann auch keine konsistente Gleichgewichtslösung haben und so zu einem Ungleichgewicht mit Unterbeschäftigung auf dem Arbeitsmarkt führen. Dies kann der Fall sein, wenn die Investitionsfunktion zinsunelastisch aber die spekulative Nachfrage zinselastisch ist.

Veränderungen im Geldangebot M, einer der in beiden Modellen vorkommenden Parameter, beeinflussen die Gleichgewichtslösungen der Modelle auf ganz unterschiedliche Art und Weise. Im klassischen Modell wird das reale Einkommen auf dem Gütersektor bestimmt, während das Geldangebot nur die Aufgabe hat, das Preisniveau P festzusetzen. Alles, was geschieht, wenn M steigt, ist, daß auch P zunimmt. In der keynesianischen Analyse müssen wir den Einfluß von M viel genauer untersuchen. Wir wissen, daß P zunimmt, aber ebenso y und n, während r und w sinken. *Eine* der Auswirkungen eines höheren Geldangebotes ist ein höheres Preisniveau; aber es gibt noch andere Folgen im ganzen System.

Selbst das ist noch nicht alles. Bei der Bestimmung des Einkommens im keynesianischen System ist wegen der Verwendung der IS- und LM-Kurven die Gestalt der LM-Kurve wesentlich. Zunehmendes M senkt immer r und erhöht Y, aber um Beträge, die sehr unterschiedlich sein können. Besonders bei niederen Aktivitätsniveaus, wenn die IS-Kurve links liegt und die LM-Kurve in ihrem beinahe horizontalen Abschnitt schneidet, führt höheres M nur zu einem sehr geringen Einkommenszuwachs und der Zinssatz bleibt nahe seinem Minimum — das zusätzliche Geld wird durch die Liquiditätsfalle absorbiert. All das tritt wegen der Unterschiede (1) und (2) auf.

Verschiebungen in der Investitions- oder Sparfunktion können durch Veränderung anderer Parameter in den Modellen erzielt werden. Im klassischen Modell betreffen sie nur den Zinssatz. Im keynesianischen Modell konzentrieren wir uns auf den Unterschied (1). Wenn die ganze Investition, wie beim einfachen Multiplikatoreffekt, als gegeben und autonom angenommen wird, führt eine Senkung der Sparneigung nur zu höherem Einkommen im Gegensatz zur klassischen Wirkung einer Zinssatzerhöhung. Aber im vollständigen keynesianischen Modell müssen wir auf die IS-Kurve der Fig. 7.4 C schauen. Sowohl eine höhere Investitionsneigung als auch eine niederere Sparneigung verschieben IS nach rechts. Das führt zu einem Steigen des Einkommens *und* gleichzeitig des Zinssatzes. Die relativen Steigerungsbeträge sind sehr unterschiedlich. Bei hohem Aktivitätsniveau ist das wesentliche Ergebnis höherer Investition (oder niedereren Sparens) wie bei den Klassikern ein höherer Zinssatz. Aber bei niederen Beschäftigungs- und Einkommensniveaus erhöht gestiegene Investition (oder niedereres Sparen) das Aktivitätsniveau. Das ist die ursprüngliche keynesianische Schlußfolgerung: wenn Beschäftigung und Einkommen nieder sind, können sie durch zusätzliche Investition erhöht werden, bei nur geringer Gegenwirkung durch Zinssatzerhöhungen.

Übungen

7.1 Nehmen Sie beim zusammengesetzten Multiplikator (7.2 oben) $S = sY + \alpha Y^2$ und $I = bY - \beta Y^2$ an, wobei $0 < s < 1, 0 < b < s, \alpha > 0, \beta > 0$. Zeigen Sie, daß das Gleichgewichtseinkommen durch den quadratischen Ausdruck $(\alpha + \beta)\, Y^2 + (s - b)\, Y - A = 0$ gegeben ist. Prüfen Sie nach, daß es eine eindeutige Lösung $Y > 0$ gibt.

7.2 Untersuchen Sie das Sparparadox (7.2 oben) quantitativ, indem Sie $S = sY$ und $I = bY$ annehmen, wobei $0 < s < 1$, $0 < b < s$. Schreiben Sie die Gleichgewichtsniveaus von Y und S als Funktion der autonomen Ausgabe A und zeigen Sie, daß für eine Verschiebung Δs in der Sparneigung

$$\Delta Y = -A \Delta s/(s-b)^2 \quad \text{und} \quad \Delta S = -bA\Delta s/(s-b)^2 \quad \text{gilt.}$$

7.3 Die IS/LM-Kurven geben unter einer kleineren Einschränkung eindeutige Werte für Y und r. Zeigen Sie, daß die Einschränkung einfach $r_0 > \bar{r}$ ist (Fig. 7.4 C) und interpretieren Sie das.

7.4 Die Bedingungen $I(r) = S(Y)$ und $M = L_1(Y) + L_2(r)$ unter den Einschränkungen von 7.3 oben geben Y und r als Funktion von M (P ist gegeben). Schreiben Sie $L_1'(Y) = k$, $L_2'(r) = -\lambda$ und $I'(r) = -\mu$, wobei beim Gleichgewichtsniveau $k > 0$, $\lambda > 0$, $\mu > 0$. Differenzieren Sie die Bedingungen nach M, was

$$\frac{dY}{dM} = \frac{\mu}{s\lambda + k\mu} > 0 \quad \text{und} \quad \frac{dr}{dM} = -\frac{s}{s\lambda + k\mu} < 0 \text{ ergibt.}$$

Zeigen Sie, wenn die Investitionsfunktion zinsunelastisch wird ($\mu \to 0$), daß $(dY/dM) \to 0$, daß aber $(-dr/dM)$ auf einen endlichen Wert anwächst. Geben Sie eine Interpretation anhand der Fig. 7.4 C.

7.5 Nehmen Sie die folgenden linearen Funktionen: $C(Y) = C_0 + cY$, $I(r) = I_0 - \alpha r$, $L_1(Y) = kY$ und $L_2(r) = L_0 - \beta r$, wobei $\alpha > 0$, $\beta > 0$ und $k > 0$. Schreiben Sie die IS- und LM-Kurven an und zeigen Sie, daß $Y = \frac{1}{s}\left[A + (M - L_0)\frac{\alpha}{\beta}\right] \Big/ \left(1 + \frac{k}{s}\frac{\alpha}{\beta}\right)$, wobei $A = C_0 + I_0$. Stellen Sie fest, daß $dy/dM > 0$. Suchen Sie auch r auf und überprüfen Sie, ob $dr/dM < 0$. Die Annahme ist hier, daß P gegeben ist; nehmen Sie an, Y sei bei diesem P unter dem Vollbeschäftigungsniveau. In welche Richtung muß sich P verändern, um im vollständigen keynesianischen System Gleichgewicht zu bewirken?

7.6 Nehmen Sie folgende Nachfrage nach Kasse an: $L = kY + aY^{\alpha}(r-\beta)^{-\gamma}$, wobei k, a, α, β und γ positive Konstante sind, und zeigen Sie, daß die Restriktionen (3) in 7.3 für $r \geqslant \beta$ gelten. Setzen Sie L gleich dem Geldangebot M. Skizzieren Sie die Form der LM-Kurve, wenn M gegeben ist, während r sich mit Y verändert und zeigen Sie, daß $r \to \beta$, wenn $Y \to 0$, und daß $r \to \infty$, wenn $Y \to M/k$, und daß

$$\left(\frac{dr}{dY}\right)_{M\ \text{gegeben}} = \frac{r-\beta}{\gamma}\left(\frac{k}{M-kY} + \frac{\alpha}{Y}\right) > 0\,.$$

Zeigen Sie, daß, wenn Y gegeben ist, während r sich mit M verändert,

$$\left(\frac{dr}{dM}\right)_{Y\ \text{gegeben}} = -\frac{r-\beta}{\gamma\,(M-kY)} < 0\,.$$

7.7 In der Analyse (7.6 oben) des Einflusses von M im keynesianischen System ist die Geldgleichung: $M = kPy + PL(r)$, wobei $k > 0$, $L'(r) < 0$ und M gegeben ist. Betrachten Sie den entsprechenden Fall, wo M gleich Pm ist, wobei das reale Geldangebot m gegeben ist. Zeigen Sie, daß das Preisniveau als vom Arbeitsangebot bestimmt angesehen werden kann. Stellen Sie den Einfluß von Veränderungen in m auf die wesentlichen Variablen fest und interpretieren sie ihn.

7.8 Zeigen Sie am Modell der vorherigen Übung, daß das System geteilt werden kann, wenn das Arbeitsangebot in starrer Form gegeben ist: $W = W_0$ (gegeben), d. h. daß der Güter- und Geldmarkt (mit den technischen Bedingungen der Produktionsfunktion) Beschäftigung, Realeinkommen und Zinsatz determiniert, während der reale Lohnsatz w durch die Grenzproduktivität bestimmt wird. Zeigen Sie weiter, daß die Rolle von P darin besteht, w (das durch reale Faktoren bestimmt wird) mit dem gegebenen Geldlohnsatz W_0 in Verbindung zu setzen.

7.9 Schreiben Sie die spekulative Nachfrage nach Kasse $L_2 = L(r)$ unabhängig vom Preis P und so an, daß $L'(r) < 0$, anstatt in der in 7.6 oben verwendeten Form $L_2 = PL(r)$. Zeigen Sie, daß nun der Einfluß von Veränderungen im gegebenen Geldangebot M in dieselbe Richtung geht, aber eher stärker ist, entsprechend der Höhe der spekulativen Nachfrage, und kommentieren Sie das.

Kapitel 8

Aggregierte Nachfrage

8.1 Regierungsausgaben und Besteuerung

Das wesentliche Merkmal der keynesianischen Modelle vom einfachen Multiplikator bis zum vollständigen Modell mit drei Märkten ist, daß die Einkommensbestimmung fest auf der Strombedingung des Gütermarktes im kurzfristigen Gleichgewicht beruht. Ohne Verzögerungen und mit der Annahme, daß geplanter Konsum und geplante Investitionen verwirklicht werden, ist die Bedingung (2.4 oben):

Ausstoß = geplanter Konsum und geplante Investition:

$$Y = C + I \; ; \tag{1}$$

das ist gleichbedeutend mit:

Sparen = Investieren wie geplant:

$$S = I, \quad \text{wobei} \quad S = Y - C \; . \tag{2}$$

Wir nehmen an, daß das **Preisniveau P gegeben** ist, so daß wir wieder (wie in 7.3 oben) die Variablen Y, C, S und I mit Großbuchstaben schreiben, um Geldwerte auszudrücken. Die Investition I kann vom Zinssatz r oder vom Einkommen Y oder von beiden abhängen; die Konsumfunktion von (1) ist $C = C(Y)$ und die Sparfunktion von (2) ist $S = Y - C(Y) = S(Y)$, was die Grenzneigungen $c = dC/dY$ und $s = 1 - c = dS/dY$ als vom Einkommen abhängig ergibt. Konstante (autonome) Elemente in C und I können herausgehoben und autonome Ausgaben A zu den rechten Seiten von (1) und (2) hinzugefügt werden.

Die Summe $C + I$ ist die **aggregierte Nachfrage** (effektive Nachfrage). Soweit umfaßt sie nur Nachfrage nach Konsumgütern durch Haushalte und nach Investitionsgütern durch Unternehmen, zumal angenommen wird, daß es keine Regierung und keinen Außenhandel gibt. Wenn die aggregierte Nachfrage hinter dem, was für den Vollbeschäftigungsausstoß erforderlich ist, zurückbleibt, dann übersteigen die Ersparnisse aus dem Vollbeschäftigungseinkommen in gleichem Maß die geplante Investition; wenn $Y > C + I$, gilt $S = Y - C > I$. Umgekehrt, wenn die aggregierte Nachfrage den Vollbeschäftigungsausstoß übersteigt, sind die Ersparnisse unzureichend. Das Gleichgewicht des vollständigen keynesianischen Modells erfordert, daß kein Defizit oder Überschuß an aggregierter Nachfrage, keine Divergenz zwischen geplantem Sparen und Investieren besteht. Wenn ein solches Defizit oder ein solcher Überschuß entsteht, ist der Gütermarkt aus dem Gleichgewicht gebracht und die entsprechende Analyse besteht in der Bildung eines dynamischen Ungleichgewichtsmodells. Einiges kann aber mit komparativer Statik geleistet werden.

In 7.7 konzentrierten wir uns auf Fälle, in denen die aggregierte Nachfrage niedrig und/oder unzureichend ist, und wir verfolgten die Auswirkungen auf die Beschäftigung. Dabei nahmen wir an, daß der Gütermarkt ins Gleichgewicht gebracht werden könnte und wir übertrugen die Folgen auf den Arbeitsmarkt. Arbeitslosigkeit kann im keynesianischen Modell entweder wegen der Inflexibilität des Lohnsatzes nach unten oder mangels eines Gleichgewichts, das mit dem Modell konsistent ist, entstehen. Im ersten Fall haben wir Arbeitslosigkeit im Gleichgewichtszustand; im zweiten Fall verursacht das Ungleichgewicht kurzfristig Arbeitslosigkeit und die längerfristigen Auswirkungen sind eine Sache des in einem dynamischen Modell angenommenen Fehleranpassungsmechanismus.

Wir schlagen nun zwei weitere Schritte vor. Wir führen Regierungsausgaben (und Besteuerung) in das Modell ein, und die aggregierte Nachfrage umfaßt dann drei Größen $C + I + G$. Die Nachfrage wird auf ein höheres Niveau gehoben, zumindest so lange als die neue Regierungsnachfrage G einen Rückgang in $C + I$ übersteigt. Arbeitslosigkeit kann dann ausgeschaltet oder niedrige Gleichgewichtsbeschäftigungsniveaus angehoben werden. Das führt zum zweiten Schritt, nämlich zu prüfen, ob die gegenteilige Situation eintreten kann: ein Überschuß der aggregierten Nachfrage. Eine Investitionsanstrengung oder (häufiger) eine starke Nachfrage der Regierung kann eine solche Situation hervorbringen und, um das Gleichgewicht aufrecht zu erhalten, müßte das Preisniveau steigen. Wenn die Situation andauert, gibt es Inflation. Eine Analyse von Situationen, in denen Preiserhöhungen vorkommen können, ist, wiewohl es keine Behandlung der Inflationsdynamik ist, mittels komparativer Statik durchführbar.

Die Einführung von Regierungsausgaben und Besteuerung macht zwei Änderungen in der Formulierung des keynesianischen Modells notwendig. Erstens müssen geplante **Regierungsausgaben** G zur aggregierten Nachfrage hinzugezählt werden. Zweitens müssen wir zwischen Gesamteinkommen Y und verfügbarem Einkommen Y_d unterscheiden; der Unterschied zwischen beiden ist die Höhe der **Steuern** T: $Y = Y_d + T$. Daraus folgt, daß die Konsumfunktion neu interpretiert werden muß, damit sie sich auf geplanten Konsum aus verfügbarem Einkommen bezieht:

Konsumfunktion $C = C(Y_d)$

und Grenzneigung zum Konsum $c = dC/dY_d$.

Das entsprechende Sparkonzept ist auf nichtöffentliches Sparen beschränkt:

Sparfunktion $S = S(Y_d)$, wobei $S(Y_d) = Y_d - C(Y_d)$

und die Grenzneigung zum Sparen ist $s = dS/dY_d$, wobei $s = 1 - c$. Wie vorher sei $0 < c < 1$ und $0 < s < 1$.

8.2 Die Regierung: Der Multiplikator

Das Instrumentarium der einfachen Multiplikator-Version des keynesianischen Modells (7.2 oben) kann geändert werden, um die Regierung einzubauen. Das Modell nimmt wieder die gesamte Investition I_0 autonom an; dazu kommen (soferne vorhanden) autonome Konsumausgaben C_0, was $A = C_0 + I_0$ als autonome Ausgaben ergibt. $C(Y_d)$ und $S(Y_d)$ sind dann Null, wenn $Y_d = 0$. Weiters wird nun angenommen, daß die Regierungsausgaben G und die Steuern T autonom sind; sie sind durch exogene Faktoren festgelegt und nicht (beispielsweise) vom Einkommensniveau abhängig.

Die Gleichgewichtsbedingung am Gütermarkt ist:

$$Y = C_0 + C(Y_d) + I_0 + G.$$

Nach Einsetzen von $Y = Y_d + T$ kann die Bedingung in Form von Y_d zusammen mit der Verknüpfung mit Y geschrieben werden:

$$Y_d = C(Y_d) + A + G - T, \quad \text{wobei} \quad Y = Y_d + T \quad \text{und} \quad A = C_0 + I_0. \tag{1}$$

Die Bedingung (1) bestimmt das Gleichgewichtsniveau dieses Multiplikatormodells sowohl für das verfügbare Einkommen Y_d als auch für das gesamte Einkommen Y. Ob eine Lösung existiert und wie sie aussieht, hängt von der Form der Konsumfunktion ab.

Alternativ kann die Bedingung in Form der Sparfunktion geschrieben werden: $S(Y_d) = Y_d - C(Y_d)$. Wir schreiben $S_g = T - G$ für das **öffentliche Sparen,** eine Ergänzung zum nichtöffentlichen Sparen $S(Y_d)$. (1) wird dann zu:

$$S(Y_d) + S_g = A \tag{2}$$

als eine neue Version der bekannten Spar/Investitionsbeziehung. Da A und S_g von außen bestimmt werden, wird das Gleichgewichtsniveau des verfügbaren Einkommens durch (2) gegeben und das Gesamteinkommen $Y = Y_d + T$ folgt wieder daraus.

Betrachten wir die Frage: Wenn sich die Regierungsausgaben und/oder die Steuern ändern, wie ist die entsprechende Veränderung des Einkommens? In der Ausgangssituation bewegen sich die Regierungsausgaben auf einem gegebenen Niveau G und die Steuern bei T, während das Einkommen dem Gleichgewichtsniveau von (1) oder (2) angepaßt wird. Es ist unbedeutend, wie G und T diese Niveaus erreicht haben. Wir nehmen einfach an, daß die Regierung ihre Ausgaben um einen gegebenen Betrag ΔG und/oder die Steuern um ΔT erhöht.

Fall: Δ G gegeben, Δ T = 0: Der Überschuß der Regierung S_g wird verringert. Um die Veränderung im Gesamteinkommen zu finden, differenzieren wir (1) in bezug auf G:

$$\frac{dY_d}{dG} = \frac{dC}{dY_d}\frac{dY_d}{dG} + 1 \quad \text{und} \quad \frac{dY}{dG} = \frac{dY_d}{dG},$$

so daß:

$$\frac{dY}{dG} = \frac{1}{1-c} = \frac{1}{s}$$

und in Veränderungsgrößen ist die Erhöhung ΔY des Einkommens durch den normalen Multiplikator aus vorgegebenem ΔG gegeben:

$$\Delta Y = \frac{\Delta G}{s}. \tag{3}$$

Zusätzliche Regierungsausgaben (als autonome Ausgaben A) werden durch den Multiplikator $1/s > 1$ „hinaufmultipliziert".

Fall: Δ T gegeben, Δ G = 0: Der Überschuß der Regierung wird erhöht. Durch Differenzieren von (1), wie vorher, erhalten wir:

$$\frac{dY_d}{dT} = \frac{dC}{dY_d}\frac{dY_d}{dT} - 1 \quad \text{und} \quad \frac{dY}{dT} = \frac{dY_d}{dT} + 1;$$

das ergibt:

$$\frac{dY}{dT} = -\frac{1}{1-c} + 1 = -\frac{c}{1-c} = -\frac{1-s}{s}.$$

Das Einkommen fällt mit steigenden Steuern. In Veränderungsgrößen und für eine Steuersenkung ($-\Delta T$) ist die Erhöhung des Einkommens:

$$\Delta Y = \frac{1-s}{s}(-\Delta T), \quad \text{wobei} \quad \frac{1-s}{s} < \frac{1}{s}. \tag{4}$$

Der Multiplikatoreffekt ist ein verminderter; die Steuersenkung wird mit dem kleineren Faktor $(1-s)/s$ „hinaufmultipliziert". Es ist sogar möglich, daß der Multiplikator kleiner als 1 ist, da $(1-s)/s < 1$, wenn

$s > \frac{1}{2}$. Der Grund für den verminderten Multiplikator ist, daß nur ein Teil der Steuersenkung, d. i. $c\,(-\Delta T) = (1-s)\,(-\Delta T)$ sofort ausgegeben wird, während der Rest den Ersparnissen zugeschlagen wird. Die Ausgabe, die durch den normalen Multiplikator $1/s$ „hinaufmultipliziert" wird, ist $(1-s)\,(-\Delta T)$ und gibt die Einkommenserhöhung von (4).

Die **Wirkungen des Grenzmultiplikators** aus einer gegebenen Veränderung der Regierungsausgaben oder der Steuern sind:

Wenn die Grenzneigung zum Sparen im Gleichgewichtsniveau s $(0 < s < 1)$ ist, dann erhöht ein Ansteigen ΔG der Regierungsausgaben das Gleichgewichtseinkommen um ein Vielfaches $(1/s)$ von ΔG und eine Senkung $(-\Delta T)$ der Steuern erhöht das Einkommen um ein kleineres Vielfaches $[(1-s)/s]$ von $(-\Delta T)$.

Die zwei Fälle können in verschiedenen Proportionen kombiniert werden.

Das tatsächliche Einkommensniveau im Gleichgewicht kann explizit gefunden werden, wenn die Konsum- oder Sparfunktion eine besondere Form erhält. Nehmen wir die **lineare Konsumfunktion:** $C = cY_d$, wo die Grenzneigung zum Konsum für alle Einkommen ein konstantes c ist; dann gibt (1):

$$Y_d = cY_d + A + G - T \quad \text{und} \quad Y = Y_d + T\,,$$

d. i.
$$Y = \frac{A + G - T}{s} + T = \frac{1}{s}\,(A + G) - \frac{1-s}{s}\,T. \tag{5}$$

Der normale **lineare Multiplikator** $1/s$ wird also auf autonome Ausgaben (A und G gleicherweise) angewendet, aber nur mit einem Anteil $(1-s)$ auf die Steuern.

Es ist wichtig, den Fall des **ausgeglichenen Budgets** zu betrachten[1]. Wenn die Konsumfunktion linear ist, seien Regierungsausgaben und -einnahmen genau ausgeglichen ($G = T$), so daß (5) ergibt: $Y = (A/s) + G$. Das Multiplikatorniveau des Einkommens (A/s) wird dann gerade um den Betrag der Regierungsausgaben (G) erhöht. Allgemeiner, nehmen wir für eine beliebige Konsumfunktion und für beliebige laufende Niveaus der Regierungsausgaben und Steuern an, daß die öffentlichen Ausgaben um ΔG erhöht werden, wobei eine gleiche Steuererhöhung $\Delta T = \Delta G$ eintritt. Nach (3) und (4) ist dann die Erhöhung des Einkommens folgende:

$$\Delta Y = \frac{\Delta G}{s} - \frac{1-s}{s}\,\Delta T = \left(\frac{1}{s} - \frac{1-s}{s}\right)\Delta G = \Delta G\,,$$

[1] Einige Ergebnisse sind im Text und in den Übungen angeführt, und es muß auf die diesbezügliche Literatur Bezug genommen werden, z. B. W. J. *Baumol* und M. H. *Peston*, „More on the Multiplier Effects of a Balanced Budget", American Economic Review (März 1955).

d. h. eine gleiche Erhöhung der Ausgaben und Steuern durch die Regierung dient dazu, das Einkommen gerade um den Betrag der Erhöhung und nicht mehr anzuheben.

8.3 Die Regierung: Die IS- und LM-Kurven

Das einfache Multiplikatorergebnis beruht auf der Annahme, daß die ganze aggregierte Nachfrage autonom ist; dabei ist impliziert, daß die Regierungsausgaben (und Steuern) ohne Auswirkung auf andere Ausgaben verändert werden können, z. B. ohne Rückwirkung über den Zinssatz auf die Investitionen. Diese Beschränkung wird durch die Verwendung der *IS*- und *LM*-Kurven des allgemeineren keynesianischen Modells (7.3 oben) aufgeben.

Wir schreiben die Investition $I = I(r)$ als fallende Funktion des Zinssatzes an; $S_g = T - G$ seien die Ersparnisse der Regierung, die unabhängig vom Einkommen oder vom Zinssatz gegeben sind. Dann wird die Gleichgewichtsbedingung (2) von 8.2 zu:

$$I(r) = S(Y_d) + S_g\,, \quad \text{wobei} \quad Y_d = Y - T \quad \text{und} \quad S_g = T - G\,. \tag{1}$$

Das gibt eine Beziehung zwischen r und Y, nämlich die *IS*-Kurve für den vorliegenden Fall gegebener Regierungsausgaben und Steuern. Die *LM*-Kurve bleibt unverändert:

$$M = L_1(Y) + L_2(r) \quad \text{für gegebenes } M\,. \tag{2}$$

Die Gleichgewichtswerte von r und Y folgen aus (1) und (2).

Die Ableitungen der Funktionen (1) und (2), jeweils im Gleichgewichtsniveau, müssen entsprechend bezeichnet werden. Die Ableitung dS/dY_d ist s, die Grenzneigung zum Sparen. Die Transaktionsnachfrage $L_1(Y)$ hat eine Ableitung, die als $dL_1/dY = k$ geschrieben werden kann, und k variiert im allgemeinen wenig mit Y; wenn $L_1 = kY$, was oft angenommen wird, dann ist k für alle Einkommenniveaus konstant. Die beiden anderen Ableitungen, die die Wirkung steigender Zinssätze darstellen, sind negativ. Wir schreiben die absoluten Werte

$$\alpha = -\frac{dI}{dr} \quad \text{und} \quad \beta = -\frac{dL_2}{dr}\,,$$

um die Zinselastizität der Investition I und der spekulativen Nachfrage L_2 anzugeben.

Wenn sich G verändert und T konstant bleibt, erhält man die entsprechenden Änderungen in r und Y durch Differenzieren von (1) und (2) in bezug auf G:

$$-\alpha \frac{dr}{dG} = s \frac{dY}{dG} - 1 \quad \text{und} \quad 0 = k \frac{dY}{dG} - \beta \frac{dr}{dG},$$

so daß $$\frac{dY}{dG} = 1 \Big/ \left[s\left(1 + \frac{k}{s} \frac{\alpha}{\beta}\right)\right] \quad \text{und} \quad \frac{dr}{dG} = \frac{k}{\beta} \frac{dY}{dG}. \tag{3}$$

Ähnlich haben wir für eine Veränderung von T, wobei G konstant ist:

$$-\alpha \frac{dr}{dT} = s\left(\frac{dY}{dT} - 1\right) + 1 \quad \text{und} \quad 0 = k \frac{dY}{dT} - \beta \frac{dr}{dT},$$

d. i. $$-\frac{dY}{dT} = (1-s) \Big/ \left[s\left(1 + \frac{k}{s} \frac{\alpha}{\beta}\right)\right] \quad \text{und} \quad -\frac{dr}{dT} = \frac{k}{\beta}\left(-\frac{dY}{dT}\right). \tag{4}$$

Die Interpretation von (3) und (4) ist klar. Wenn erstens β klein ist (zinsunelastische spekulative Nachfrage), dann steigt der Zinssatz im Verhältnis zum Einkommen rasch, sowohl wenn G steigt als auch wenn T fällt. Da zweitens $1-s < 1$, haben wir in allen Fällen:

$$\left(-\frac{dY}{dT}\right) < \frac{dY}{dG},$$

d. h. eine Steuersenkung hat weniger Wirkung auf das Einkommen als eine Erhöhung der Regierungsausgaben. Schließlich ist in allen Fällen:

$$0 < \frac{dY}{dG} < \frac{1}{s} \quad \text{und} \quad 0 < \left(-\frac{dY}{dT}\right) < \frac{1-s}{s},$$

wobei die oberen Grenzen die einfachen Multiplikatoren (8.2 oben) sind. Die Wirkung auf das Einkommen ist daher geringer als die Multiplikatoren angeben würden; etwas von den Wirkungen erhöhter Regierungsausgaben (oder Steuersenkungen) gehen durch Erhöhung des Zinssatzes verloren — wegen der Notwendigkeit für die Regierung zu borgen. Der Unterschied ist jedoch gering, wenn das kritische Verhältnis

$$\frac{\alpha}{\beta} = \frac{dI}{dr} \Big/ \frac{dL_2}{dr}$$

einen kleinen Wert annimmt.

Der Einkommensverlust ist verglichen mit dem Multiplikator klein, wenn die Investition zinsunelastisch ist und/oder die spekulative Nachfrage zinselastisch ist.

Ein Ergebnis bei **ausgeglichenem Budget** folgt gleich. Wenn Regierungsausgaben und Steuern um den gleichen Betrag ΔG erhöht werden, ist die entsprechende Einkommenserhöhung durch (3) und (4) gegeben:

$$\Delta Y = \left(\frac{dY}{dG} + \frac{dY}{dT}\right)\Delta G = \Delta G \Big/ \left(1 + \frac{k}{s}\frac{\alpha}{\beta}\right) < \Delta G$$

d. h. die Einkommenserhöhung ist kleiner als die Erhöhung der Regierungsausgaben (wenn ihnen erhöhte Steuern gegenüber stehen). Wenn jedoch das Verhältnis α/β klein ist, dann bleibt die Einkommenserhöhung nicht weit hinter der Erhöhung der Regierungsausgaben zurück.

8.4 Diagrammatische Darstellung

Diese Analyse kann sehr leicht durch die *IS*- und *LM*-Kurven illustriert werden (Fig. 7.4 C). Der Einfachheit halber nehmen wir den Fall an, bei dem $G = T$ zu Beginn ist, so daß die *IS*-Kurve von dem Punkt ihren Ausgang nimmt, wo $I(r) = S(Y-T)$, d. h. sie ist identisch mit der Kurve von Fig. 7.4 C, wenn man davon absieht, daß sie, wie in Fig. 8.4 A, um T nach rechts verschoben wird. Nach Veränderungen in G und/ oder T können wir die Kurve dann durch Veränderung von (1) aus 8.3 in der Form

$$I(r) + G = S(Y_d) + T$$

schreiben.

Veränderungen in G werden zur (nicht-öffentlichen) Investitionskurve dazu genommen, Veränderungen in T zur (nicht-öffentlichen) Sparkurve.

Wenn die **Regierungsausgaben um Δ G steigen** und T unverändert bleibt, dann verschiebt sich die *IS*-Kurve zu $I(r) + \Delta G = S(Y_d)$, wobei $Y_d = Y - T$. Das ist eine Aufwärtsverschiebung um ΔG in $I = I(r)$ wie sie in Fig. 8.4 A gezeigt wird, wo $QQ' = \Delta G$. Die Sparkurve in der (Y_d, S)-Ebene bleibt unverändert. Für $r = ON$ steigt daher das entsprechende Y_d von OM nach OM' um den Betrag MM' und ebenso steigt Y. Wir haben:

$$\frac{AA'}{MM'} = \text{Anstieg der Sehne } RR'$$

und das ist annähernd der Anstieg s der Tangente in R. Als Grenzwert gilt:

$$\frac{AA'}{MM'} = s\ ,$$

d. i.

$$MM' = \frac{\Delta G}{s}\ ,$$

wie er durch den normalen Multiplikator ($1/s$) gegeben wird. Übertragen wir die Werte von r und $Y = Y_d + T$ in die (Y, r)-Ebene, so erhalten wir die Verschiebung von P auf der ursprünglichen IS-Kurve nach P' auf der neuen Kurve IS'. Dann ist $PP' = MM' = (1/s)\,\Delta G$. Das gilt für alle Punkte auf IS, d. h. die Kurve verlagert sich um $(1/s)\,\Delta G$ nach rechts. Die Verschiebung gleicht der, die sich aus einem verstärkten Anreiz zum Investieren ergibt.

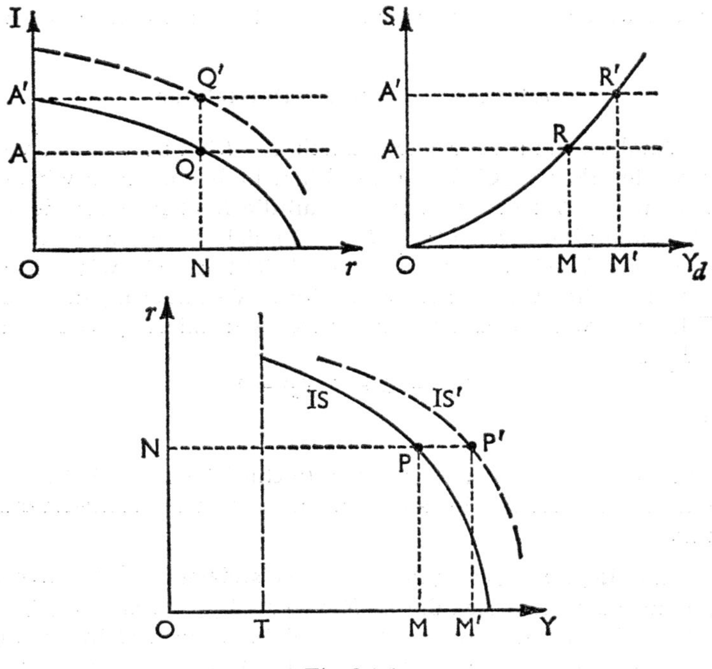

Fig. 8.4 A

Fig. 8.4 B zeigt die sich verschiebende IS-Kurve in Beziehung zur festen LM-Kurve und die Veränderungen der Gleichgewichtswerte von M und Y, entsprechend der Erhöhung der Regierungsausgaben ΔG. Das Ausgangsgleichgewicht in P gibt die gezeigten Werte von r und Y. Die Regierungsausgaben steigen um ΔG, IS verschiebt sich um $(1/s)\,\Delta G$ nach rechts zu IS' und das neue Gleichgewicht in P' gibt die Werte r' und Y'. Wir schreiben $r' = r + \Delta r$ und $Y' = Y + \Delta Y$. In allen Fällen ist dann:

$$\Delta r > 0 \quad \text{und} \quad 0 < \Delta Y < \frac{1}{s}\,\Delta G\,.$$

Wenn jedoch die Investitionskurve zinsunelastisch ist, dann ist *IS* fast vertikal und ΔY ist nahezu gleich $(1/s)\,\Delta G$, wie es sich durch den Multiplikator ergibt.

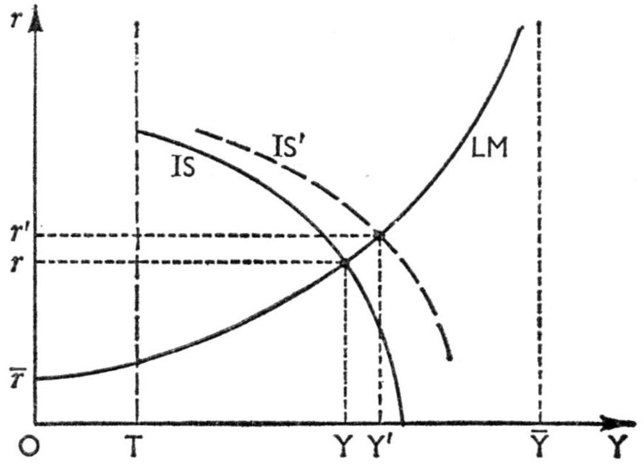

Fig. 8.4 B

Das Aktivitätsniveau hat eine deutliche Wirkung auf das Ergebnis. Bei hohem Einkommensniveau (das sich dem durch das gegebene Geldangebot zugelassenen Maximum $\bar{Y}$ nähert) liegt *P* fast im vertikalen Abschnitt von *LM* und die Erhöhung in *G* dient fast gänzlich der Erhöhung des Zinssatzes. Auf der anderen Seite ist bei niedriger Beschäftigung und niedrigem Einkommensniveau, in der Liquiditätsfalle, fast die gesamte Wirkung der Regierungsausgaben auf Einkommenserhöhungen gerichtet.

Wenn die **Steuern um ΔT erhöht werden** und *G* unverändert bleibt, können die Auswirkungen der Verschiebung in *IS* in bezug auf die feste *LM*-Kurve ziemlich in der gleichen Weise betrachtet werden. Nun ist es die Sparkurve, die sich (um ΔT) nach oben verlagert, und für ein gegebenes *r* verschiebt sich der Punkt *M* aus Fig. 8.4 A um den Betrag $(1/s)\,\Delta T$ nach links. Es gibt eine entsprechende Verschiebung nach links in der *IS*-Kurve, ähnlich jener bei einer Erhöhung der Sparneigung. Darüber hinaus verschiebt sich die vertikale Linie in *T* der Fig. 8.4 B um ΔT nach rechts. Die Netto-Verschiebung nach links in *IS* ist daher:

$$\left(\frac{1}{s}\,\Delta T - \Delta T\right) = \frac{1-s}{s}\,\Delta T\,.$$

Das entspricht dem reduzierten Multiplikator $(1-s)/s$. Der Rest der Analyse bezüglich der sich ergebenden Änderungen der Gleichgewichtswerte von r und Y folgt wie vorher, aber in umgekehrter Richtung und mit verminderter Auswirkung. Die Einkommenserhöhung, die durch eine Steuersenkung entsteht, ist kleiner als jene, die sich aus einer Erhöhung der Regierungsausgaben ergibt.

8.5 Steuern, die sich mit dem Einkommen verändern

Nach der bisher gemachten Annahme sind Steuern und Veränderungen der Steuern vorgegeben und vom Einkommensniveau unabhängig. Das ist eine spezielle und keineswegs gewöhnliche Situation. Im allgemeinen verändern sich die Steuern mit dem Einkommensniveau und wir schreiben:

$$\text{Steuern } T = T_0 + T(Y), \quad \text{wobei } T'(Y) > 0\,.$$

Die gesamten eingehobenen Steuern haben eine feste Komponente (T_0) und einen variablen Ausdruck $T(Y)$.

Wir bezeichnen als

$$\text{marginalen Steuersatz } t\colon \frac{dT}{dY} = T'(Y) > 0\,.$$

Das einfache Multiplikatormodell von 8.2 oben kann für den Fall variabler Steuern verändert werden. Die Gleichgewichtsbedingung (1) von 8.2 wird:

$$Y_d = C(Y_d) + A + (G_0 - T_0) - T(Y), \quad \text{wobei } Y_d = Y - T(Y) - T_0\,. \tag{1}$$

Die autonomen Ausgaben sind wie früher $A = C_0 + I_0$ und die Regierungsausgaben, als G_0 bezeichnet, sind ebenfalls exogen gegeben. Das Gleichgewichtseinkommen Y wird durch die Bedingung (1) gegeben.

Die Auswirkungen von Veränderungen der autonomen Regierungsausgaben G_0 und von Veränderungen des festen Elements T_0 der Steuern auf das Einkommen erhält man durch Differenzieren von (1). Für eine Veränderung von G_0 differenzieren wir zuerst (1) nach diesem Parameter:

$$\frac{dY_d}{dG_0} = c\,\frac{dY_d}{dG_0} + 1 - t\,\frac{dY}{dG_0} \quad \text{und} \quad \frac{dY_d}{dG_0} = (1-t)\,\frac{dY}{dG_0}\,,$$

d. i.

$$s\,(1-t)\,\frac{dY}{dG_0} = 1 - t\,\frac{dY}{dG_0}\,.$$

Daher:

$$\frac{dY}{dG_0} = \frac{1}{t + s\,(1-t)} = \frac{1}{s + (1-s)\,t}\,.$$

In Veränderungen ausgedrückt, ist:

$$\Delta Y = \frac{\Delta G_0}{s + (1-s)\,t} < \frac{\Delta G_0}{s}\,. \tag{2}$$

Die Auswirkung erhöhter Regierungsausgaben auf das Einkommen ist geringer als sie durch den gewöhnlichen Multiplikator $(1/s)$ im Falle fester Steuern gegeben wäre; und zwar deswegen, weil der Steuerertrag (bei gegebenen Sätzen) mit steigendem Einkommen steigt.

Für eine Veränderung des festen Elementes der Steuern erhalten wir dann durch Differenzieren von (1) nach T_0:

$$\frac{dY_d}{dT_0} = c\frac{dY_d}{dT_0} - 1 - t\frac{dY}{dT_0} \quad \text{und} \quad \frac{dY_d}{dT_0} = (1-t)\frac{dY}{dT_0} - 1\,,$$

d. i.

$$s(1-t)\frac{dY}{dT_0} - s = -1 - t\frac{dY}{dT_0}\,.$$

Daher:

$$-\frac{dY}{dT_0} = \frac{1-s}{t+s(1-t)} = \frac{1-s}{s+(1-s)t}$$

und

$$\Delta Y = \frac{1-s}{s+(1-s)t}(-\Delta T_0) < \frac{1-s}{s}(-\Delta T_0)\,. \tag{3}$$

Wieder ist die Wirkung auf das Einkommen geringer als die des reduzierten Multiplikators $[(1-s)/s]$, der im Fall fixer Steuern wirkt. Darüber hinaus zeigt ein Vergleich von (2) und (3), daß die durch eine Senkung des festen Steuerelementes bewirkte Einkommenserhöhung wieder einmal geringer ist als die Erhöhung, die durch den gleichen Betrag von zusätzlichen Regierungsausgaben bewirkt wird.

Es bleibt noch die Wirkung einer Erhöhung der variablen Steuern auf das Einkommen zu verfolgen, d. h. die Wirkung eines *höheren Steuersatzes*. Die Kurve $T(Y)$ muß in irgend einer Weise nach oben verschoben werden, z. B. durch Veränderung von Parametern der Funktion $T(Y)$. Als einfachsten Fall nehmen wir einen Steuersatz, der für alle Einkommensniveaus konstant ist:

$T = T + tY$, wobei der marginale Steuersatz t konstant ist.

Die Gleichgewichtsbedingung (1) wird zu:

$$Y_d = C(Y_d) + A + (G_0 - T_0) - tY, \quad \text{wobei} \quad Y_d = (1-t)Y - T_0\,. \tag{4}$$

Wir differenzieren (4) für einen erhöhten Steuersatz nach t:

$$\frac{dY_d}{dt} = c\frac{dY_d}{dt} - t\frac{dY}{dt} - Y \quad \text{und} \quad \frac{dY_d}{dt} = (1-t)\frac{dY}{dt} - Y\,,$$

d. i.

$$s(1-t)\frac{dY}{dt} - sY = -t\frac{dY}{dt} - Y.$$

Daher:

$$-\frac{1}{Y}\frac{dY}{dt} = \frac{1-s}{t+s(1-t)} = \frac{1-s}{s+(1-s)t}$$

und

$$\frac{\Delta Y}{Y} = \frac{1-s}{s+(1-s)t}(-\Delta t) < \frac{1-s}{s}(-\Delta t)\,. \tag{5}$$

Die Wirkung einer Veränderung von t, die durch (5) gegeben ist, ist jener von (3) für eine Änderung von T_0 sehr ähnlich. Der Hauptunterschied besteht darin, daß nun die *proportionale Veränderung* von Y als ein Vielfaches der Änderung des Steuersatzes gegeben ist. Das Vielfache ist wieder kleiner als der reduzierte Multiplikator $[(1-s)/s]$.

Ein **ausgeglichenes Budget** läuft hier auf das gleiche hinaus wie im Falle fester Steuern (8.2 oben). Wir erhöhen die Regierungsausgaben um ΔG, wobei der Steuerertrag $T = T_0 + tY$ gleichzeitig um den gleichen Betrag als Folge einer Erhöhung des Steuersatzes Δt erhöht wird. So ist:

$$\Delta G = \Delta T = Y\Delta t + t\Delta Y \, .$$

Die entsprechende Erhöhung des Steuersatzes ist gegeben durch:

$$Y\Delta t = \Delta G - t\Delta Y \, .$$

Aus (2) und (5) ist die Einkommenserhöhung:

$$\Delta Y = \frac{\Delta G}{s + (1-s)\,t} - \frac{1-s}{s + (1-s)\,t}\, Y\Delta t \, ,$$

d. i.

$$[s + (1-s)\,t]\,\Delta Y = \Delta G - (1-s)\,(\Delta G - t\,\Delta Y) \, ,$$

d. i.

$$\Delta Y = \Delta G \, .$$

Die gleiche Erhöhung der Regierungsausgaben und der Steuererträge erhöht das Einkommen bloß um den Betrag der Regierungsausgaben.

Diese Ergebnisse sind alle einfache Multiplikatorwirkungen, die die Rückwirkung erhöhter Regierungsausgaben (oder veränderter Steuern) auf das Niveau nicht-öffentlicher Investitionen über die Veränderungen des Zinssatzes unberücksichtigt lassen. Zieht man diese Nebenwirkungen in Betracht, dann erhält man Veränderungen, die denen sehr ähnlich sind, die in 8.3 oben beschrieben wurden (siehe Übungen 8.7 und 8.8).

8.6 Inflation

Wir versuchen hier keine dynamische Analyse der Inflation. Unser Ziel ist beschränkter, nämlich eine kurze Prüfung der Umstände, unter denen das Gleichgewicht nur durch eine Erhöhung des Preisniveaus aufrechterhalten werden kann. Wenn diese Umstände andauern, dann kann Inflation entstehen, d. h. es kann ein Ungleichgewicht längere Zeit bestehen, bei welchem die fortlaufenden Änderungen Sprünge sind, die den ausgleichenden Kräften vorauseilen.

Solche inflationäre Situationen können auf vielfache Weise entstehen. Es gibt jedoch eine grobe Unterscheidung zwischen ‚Nachfragesog'- (demand pull) und ‚Kostendruck'- (cost push) Inflation. Die erste ist eine Inflation klassischer Art, wo es einen Überschuß an Gesamtnachfrage und einen entsprechenden Mangel an Sparen aus Vollbeschäftigungseinkommen gibt. Sie kann in keynesianischer Terminologie mittels der *IS*- und *LM*-Kurven behandelt werden. Auf der anderen Seite können wir in einer einfachen Darstellung der ‚Kostendruck'-Inflation den Geldlohnsatz als durch exogene Faktoren festgelegt ansehen, (z. B. durch die Aktivität der Gewerkschaften), wobei er autonomen Verschiebungen nach oben unterworfen ist. Das kann sogar leichter in den keynesianischen Rahmen gebracht werden, da es der extremen Form der Arbeitsangebotsgleichung entspricht: $W = W_0$ gegeben.

Bei Betrachtung der **Nachfragesog-Inflation** richten wir die Aufmerksamkeit auf Änderungen des Preisniveaus P im keynesianischen Modell. Die *IS*- und *LM*-Kurven, wie sie in Fig. 7.4 C gezeichnet sind, sind für diesen Zweck nicht gut geeignet. Um sie in der (Y, r)-Ebene darzustellen, nehmen wir an, daß P gegeben ist; wenn P steigt, verschiebt sich die *IS*-Kurve nach rechts. Nun möchten wir jedoch die Verschiebungen der *IS*-Kurve in realen Größen bei steigender Überschußnachfrage betrachten. Es ist besser, wenn wir das Diagramm mit realen Variablen in der (y, r)-Ebene zeichnen, so daß man die *IS*-Kurve aus $i(r) = s(y)$ unabhängig vom Preisniveau erhält. Man sieht dann den Einfluß von P in der entsprechenden *LM*-Kurve. Der Einfachheit halber setzen wir $L_1(Y) = kY$, so daß die Geldmarktgleichung lautet: $M = kY + L_2(r)$. Umgeformt für reale Variable schreiben wir:

$$y = \frac{M - L_2(r)}{kP}$$

für die *LM*-Kurve auf der (y, r)-Ebene, die für gegebenes P fest ist, sich jedoch verschiebt, wenn sich P verändert. Wenn das Geldangebot M und die Kurve $L_2(r)$ gegeben sind, verschiebt sich die *LM*-Kurve mit steigendem P nach links, und zwar deshalb, weil y für jedes spezifizierte r kleiner ist.

Das reale Vollbeschäftigungseinkommen zu Beginn sei y_0 in Fig. 8.6 A und wird durch die feste IS_0-Kurve in ihrem Schnittpunkt mit der LM_0-Kurve, die dem Gleichgewichtspreisniveau P_0 entspricht, gegeben. Die aggregierte Nachfrage steigt nun, z. B. infolge von höheren Regierungsausgaben verschiebt sich die *IS*-Kurve nach IS_1 und das Realeinkommen ist y_1^*, wenn sich das Preisniveau P_0 (und die *LM*-Kurve) nicht verändert. Aber y_1^* liegt über dem Vollbeschäftigungsniveau und um das Gleichgewicht am Arbeitsmarkt aufrecht zu erhalten, muß es auf y_0 zurückgebracht werden. Das Preisniveau muß steigen, z. B. auf P_1, so daß zwei

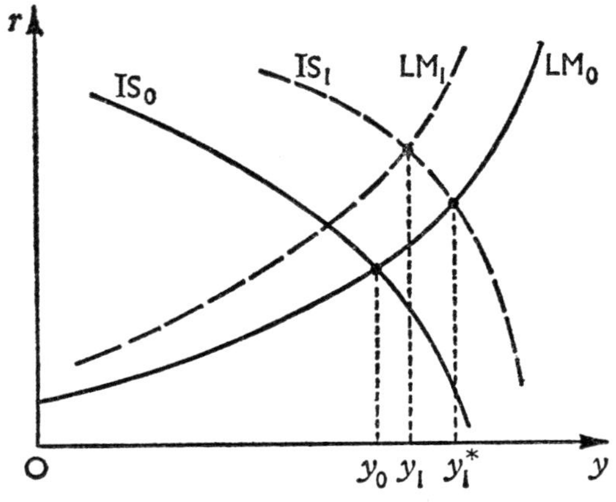

Fig. 8.6 A

Dinge geschehen. Erstens, aus Fig. 7.5 B, steigen Beschäftigung und Ausstoß und schaffen ein neues Vollbeschäftigungseinkommen $y_1 > y_0$. Wir nehmen jedoch an, daß $y_1 < y_1^*$. Zweitens verschiebt sich die LM-Kurve nach links von LM_0 nach LM_1 in Fig. 8.6 A, und zwar weit genug, um IS_1 in dem Punkt zu schneiden, der das neue Einkommen y_1 ergibt.

Entsteht keine weitere Überschußnachfrage mehr, dann hören die Preise auf zu steigen, wenn das Preisniveau einmal auf P_1 ist (wie es durch LM_1 gegeben ist). Die Annahme ist jedoch, daß das Geldangebot fest ist. Es kann sein, daß die Währungsbehörde M annähernd im Verhältnis zur Erhöhung des Preisniveaus erhöht, um das reale Geldangebot ungefähr konstant zu halten. Wenn das so ist, dann wird die LM-Kurve genau so rasch nach rechts hinausgezogen (mit steigendem M) wie sie sich nach links bewegt (mit steigendem P), und der ausgleichende Prozeß wird vereitelt. Oder die Einflüsse, die Überschußnachfrage hervorrufen, können natürlich weiterwirken. In jeder dieser Situationen gibt es deutlich inflationäre Folgen.

Die einfache Version einer **Kostendruck-Inflation** besitzt ein autonomes Niveau der Geldlöhne W. Der Anfangswert sei W_0 und es sei angenommen, daß es eine Gleichgewichtslösung des vollständigen keynesianischen Modells mit dem Preisniveau P_0 gibt. Dann ist der Reallohnsatz $w_0 = W_0/P_0$; und die entsprechende Beschäftigung n_0 bzw. das Realeinkommen y_0 erscheinen in der (w, n)-Ebene und in der (y, r)-Ebene der Fig. 8.6 B. Erstere ist die Version von Fig. 7.5 B, die der extremen Form der Arbeitsangebotskurve, die nun angenommen wird, entspricht. Letztere ist die gleiche Konstruktion wie in Fig. 8.6 A. Wir nehmen nun an, daß sich W nach oben, von W_0 nach W_1, verschiebt. Wenn

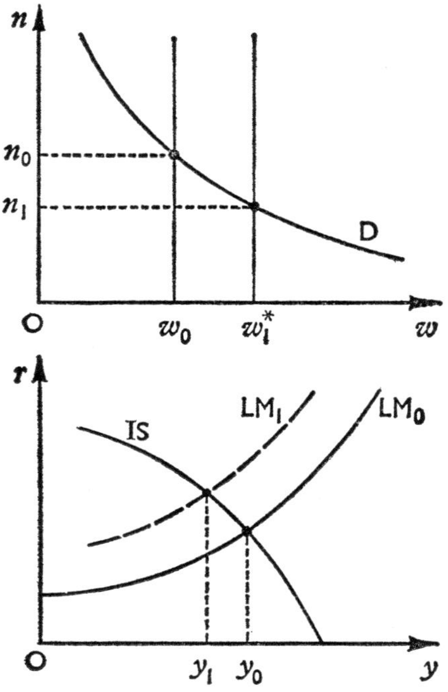

Fig. 8.6 B

P_0 als Preisniveau bleibt, dann erhöht sich w_0 auf $w_1^* = W_1/P_0$; folglich fällt dann n_0 nach n_1 und y_0 nach $y_1 = y\ (n_1)$. Um das Gleichgewicht auf den Geld- und Gütermärkten aufrecht zu erhalten, muß sich die Kurve LM_0 nach LM_1 verschieben, wo sie die feste *IS*-Kurve im erforderlichen Realeinkommen y_1 schneidet. *P* muß sich daher auf das durch LM_1 gegebene Niveau P_1 erhöhen; w_1^* fällt dann nach $w_1 = W_1/P_1$, bleibt aber noch über w_0, und so weiter. Ein inflationärer Prozeß kann so lange auftreten, als der Geldlohnsatz nach oben gedrückt wird.

8.7 Ein Zwei-Sektoren-Modell

Die keynesianischen Modelle, die wir betrachtet haben, drücken das Gleichgewicht am Gütermarkt in einer höchst einfachen Form aus: Ausstoß (Einkommen) ist gleich der aggregierten Nachfrage, was gleichbedeutend mit dem Ausgleich von geplantem Sparen und Investieren ist. Der getrennte Ausstoß und die Beschäftigung in der Investitionsgüterindustrie (und der komplementäre Ausstoß und die Beschäftigung in der Produktion von Konsumgütern) werden in diesen Modellen nicht gezeigt, ebenso nicht die relativen Preise der Investitions- und Konsumgüter. Es ist jedoch nicht schwer, das keynesianische System auszuweiten, um diesen Mangel zu beheben.

In einem Zwei-Sektoren-Modell sei der erste Sektor die **Produktion von Investitionsgütern** mit den Variablen:

n_1 = Beschäftigung und y_1 = Ausstoß an Investitionsgütern.

Der zweite Sektor sei die **Produktion von Konsumgütern,** wo

n_2 = Beschäftigung und y_2 = Ausstoß an Konsumgütern.

Der **Reallohnsatz** w, gemessen in Konsumgütern, ist den Sektoren gemeinsam. Die relativen Preise in den beiden Sektoren gewinnen an Bedeutung und wir schreiben p für die **Preise der Investitionsgüter** relativ zum Preis des Konsumgutes (welches einen Einheitspreis hat). Der kombinierte Ausstoß (und das Realeinkommen) der zwei Sektoren ist dann als Funktion des Konsumgutes gegeben:

Gesamtausstoß (Realeinkommen) $y = py_1 + y_2$.

Wir brauchen nicht (außer aus Gründen der Bequemlichkeit) y_1 und y_2 beizubehalten, wenn wir y haben. Die Betonung liegt hier auf dem Investitionsgüterausstoß y_1 in Beziehung zum Preis p, und auf dem Gesamtausstoß y. Der komplementäre Ausstoß y_2 der Konsumgüter (mit Einheitspreis) kann, sofern es gewünscht wird, stets abgeleitet werden.

y, py_1 und y_2 sind hier reale Variable, gemessen mit Hilfe des Konsumgutes, genauso wie der Lohnsatz w. Um entsprechende nominelle Variable zu bekommen, brauchen wir nur einen einzigen nominellen Preis zu spezifizieren; zu diesem Zweck wählen wir den nominellen Preis der Konsumgüter, der als allgemeines **Preisniveau** P bezeichnet wird. Der Geldlohnsatz ist daher $W = Pw$; und das gesamte Nominaleinkommen ist $Y = Py$, welches in Einkommen aus der Investitionsgüterproduktion ($Y_1 = Ppy_1$) und Einkommen aus der Konsumgüterproduktion ($Y_2 = Py_2$) aufgespalten wird. Die Liste der Variablen wird vervollständigt durch den **Zinssatz** r; das Geldangebot M wird als gegebener Parameter angenommen. Die Variablen können zweckdienlich zusammengestellt werden:

	Reale Variable	Nominelle Variable
Beschäftigung	n_1 und n_2	—
Ausstoß	py_1 und y_2	Y_1 und Y_2
Einkommen	$y = py_1 + y_2$	$Y = Y_1 + Y_2$
Lohnsatz	w	W

Dazu kommen die Preisvariablen: p, r und P. Die nominellen Variablen sind jeweils P-mal die entsprechende reale Variable. Es müssen daher höchstens neun Variablen bestimmt werden — die sechs realen Variablen oben und die drei Preise.

Die gewählten Funktionen bleiben gleich und sind denselben Beschränkungen unterworfen. Es gibt jedoch zwei Produktionsfunktionen, und zwar eine für jeden Sektor:

$$y_1 = y_1(n_1) \quad \text{und} \quad y_2 = y_2(n_2) .$$

Die Bedingungen für Gleichgewicht am Arbeits- und Gütermarkt müssen auch verdoppelt werden. Es gibt zwei getrennte Nachfragefunktionen nach Arbeit bei vollkommenem Wettbewerb (Gewinnmaximierung). Die Beschäftigung wird in jedem Sektor bis zu dem Punkt ausgeweitet, wo das Grenzprodukt (in Konsumgütergrößen ausgedrückt) gleich dem Lohnsatz wird:

$$w = py'_1(n_1) \quad \text{und} \quad w = y'_2(n_2) .$$

Es gibt eine kombinierte Angebotsfunktion für Arbeit in der gleichen Form wie vorher. Am Gütermarkt gibt es Nachfrage- und Angebotsgleichungen für jeden Sektor:

$$\text{Investitionsgüter: } py_1 = i(r); \quad \text{Konsumgüter: } y_2 = c(y)$$

Wir behalten die erste bei, die zweite kann aber in die Spar/Investitionsform gebracht werden. Aus $y = py_1 + y_2$ und $s(y) = y - c(y)$ wird die zweite Bedingung:

$$y - py_1 = y - s(y) \;, \quad \text{d. i.} \quad py_1 = s(y) \;,$$

was besagt, daß die Investition (py_1) gleich dem Sparen ($s(y)$) ist. Daher ist:

$$py_1 = i(r) = s(y) \;.$$

Die Geldmarktgleichung bleibt unverändert. Wir vernachlässigen andere Elemente der aggregierten Nachfrage (z. B. Regierungsausgaben).

Die Gleichungen des Modells können formal wie folgt zusammengestellt werden.

Ebenso rein formal ist das Modell nach Zählung der Gleichungen und Variablen mit einer Gleichgewichtslösung konsistent. Lassen wir die nominellen Variablen und die entsprechenden Beziehungen ($W = Pw$ und $Y = Py$) unberücksichtigt, dann haben wir neun Gleichungen in neun Variablen.

Markt	Gleichungen	Beschränkungen
Güter		
Investition = Sparen	$py_1 = i(r) = s(y)$ und $y = py_1 + y_2$	$i'(r) < 0, s'(y) > 0$
Geld		
Kassenhaltung	$M = L_1(Y) + L_2(r, P)$ und $Y = Py$	$L'_1(Y) > 0, \partial L_2/\partial r < 0$ $\partial L_2/\partial P > 0$, M gegeben
Arbeit		
Nachfrage	$y_1 = y_1(n_1)\, y_2 = y_2(n_2)$ $w = py'_1(n_1) = y'_2(n_2)$	$y'_1(n_1) > 0, y''_2(n_1) < 0$ $y'_1(n_2) > 0, y''_2(n_2) < 0$
Angebot	$W = W_0 + W(n_1 + n_2)$ und $W = Pw$	$W(n_1 + n_2) = 0\ (0 < n_1 + n_2 \leqslant \bar{n})$ $W'(n_1 + n_2) > 0\ (n_1 + n_2 > \bar{n})$

Zur Analyse und Darstellung der Lösung spalten wir das Modell in zwei Teile und nehmen jeden für sich, indem wir annehmen, daß das **Preisniveau P gegeben ist:**

1. Geldmarkt und Spar/Investitionsbeziehung (Gütermarkt):

$$M = L_1(Y) + L_2(r, P) \quad \text{und} \quad i(r) = s(y)\,.$$

Hier ist $Y = Py$ und P gegeben. Diese Gleichungen geben die bekannten *IS*- und *LM*-Kurven, die mit nominellen Variablen in Fig. 7.4 C oder mit realen Variablen in Fig. 8.6 A gezeichnet sind. Ändert sich P, dann verschiebt sich die *IS*-Kurve in der (Y, r)-Ebene nach rechts oder die *LM*-Kurve in der (y, r)-Ebene nach links. Die Gleichgewichtswerte von r und Y (oder y) folgen als Funktion von P. Mehr braucht man nicht sagen.

2. Die verbleibenden Gleichungen: Arbeitsmarkt und Investitionsgüterausstoß (Gütermarkt). Da die Arbeitsangebotsfunktion hier nicht besonders von Belang ist, können wir sie vereinfachend in der extremen keynesianischen Form nehmen: $W = W_0$ gegeben. Die Konsumgüterseite des Arbeitsmarktes kann dann auf einmal erledigt werden: $w = W_0/P$, n_2 ergibt sich aus $w = y'_2(n_2)$ und y_2 aus $y_2 = y_2(n_2)$ alles durch das gegebene P ausgedrückt.

Die vier verbleibenden Gleichungen stellen zwei Beziehungen auf, die als Angebot und Nachfrage für Investitionsgüter, dem neuen Merkmal dieses Zwei-Sektoren-Modells, zu interpretieren sind. Das **Angebot an Investitionsgütern** mit gegebenem W_0/P kommt aus:

$$y_1 = y_1(n_1) \quad \text{und} \quad w = py'_1(n_1)\ , \tag{1}$$

was n_1 und y_1 in bezug auf p ergibt. Die Angebotsfunktion, oder Angebotskurve S ist die Beziehung von y_1 zu p. Die Beschäftigung n_1 ist auch durch p gegeben. Die **Nachfrage nach Investitionsgütern** mit y_2, ausgedrückt in P, stammt aus:

$$y = py_1 + y_2 \quad \text{und} \quad py_1 = s(y) , \tag{2}$$

was y_1 und y als Funktion von p ergibt. Die Nachfragefunktion oder Nachfragekurve D ist die Beziehung von y_1 zu p. Der Gesamtausstoß (das Einkommen) y wird auch durch p gegeben. Die bekannte Situation von Angebots- und Nachfragekurven für Investitionsgüter ist damit erreicht; die Gleichgewichtswerte des Preises p und des Ausstoßes y_1 (gegebenes P) erhält man aus dem Schnitt der Kurven S und D, wie in Fig. 8.7. Die Neigungen der Kurven sind darüber hinaus wie erwartet und der Schnittpunkt eindeutig.

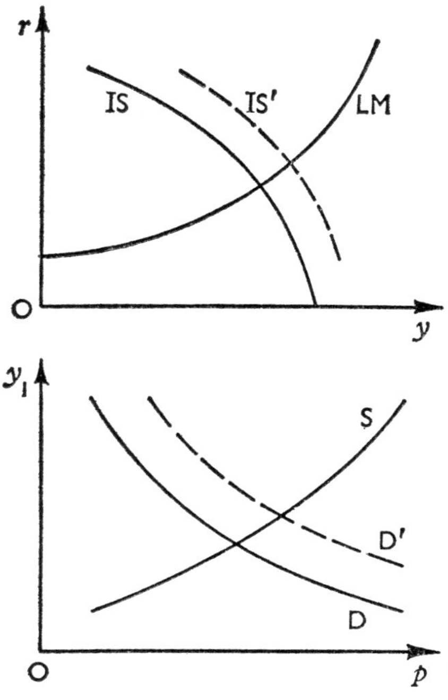

Fig. 8.7

Da w gegeben ist und da $y_1'(n_1)$ eine fallende Funktion ist, folgt aus (1), daß steigendes p steigendes n_1 und daher steigendes y_1 bedeutet; die S-Kurve steigt. Da y_1 gegeben ist, folgt aus (2), daß py_1 sowohl $s(y)$ als auch $y - y_2$ gleich ist und es nur einen gemeinsamen Wert gibt, d. h. py_1 ist konstant und die D-Kurve fällt.

Die zwei Teile 1. und 2. müssen übereingestimmt werden. Die *IS*- und *LM*-Kurven von 1. geben y als Funktion von P, desgleichen geben die *S*- und *D*-Kurven von 2. y_1 und p und daher y als Funktion von P. Es müssen zwei Werte von y durch den Gleichgewichtswert von P ausgeglichen werden. Das Ergebnis ist bestimmt, aber eine Lösung braucht, wie im keynesianischen Modell von 7.6 oben, nicht zu existieren.

Die zusätzliche Information, die wir im Vergleich zum Ein-Sektor-Modell haben, stammt aus der Tatsache, daß wir zu beliebigen Verschiebungen der *IS*- und *LM*-Kurven in der (y, r)-Ebene von Fig. 8.7 entsprechende Verschiebungen der *S*- und *D*-Kurven für Investitionsgüter in der (p, y_1)-Ebene zeigen können. Um ein einleuchtendes Beispiel zu nehmen, betrachten wir eine Verschiebung der aggregierten Nachfrage, auf Grund eines stärkeren Investitionsanreizes. Dann verschiebt sich die *IS*-Kurve nach rechts wie von *IS* nach *IS'* in Fig. 8.7. Der konstante Wert von py_1, der die *D*-Kurve ergibt, erhöht sich dann und *D* verschiebt sich nach rechts, wie von *D* nach *D'*. Die Wirkung ist also in einem Fall auf eine Erhöhung von y und r und im anderen auf eine Erhöhung von y_1 und p gerichtet. Ausstoß und Beschäftigung steigen im Investitionsgütersektor, desgleichen steigt der (relative) Preis der Investitionsgüter.

Übungen

8.1 Nehmen Sie lineare Funktionen für die *IS- und LM*-Kurven an: $C = C_0 + cY_d$, $I(r) = I_0 - \alpha r$, $L_1(Y) = kY$ und $L_2(r) = L_0 - \beta r$, wobei $\alpha > 0$, $\beta > 0$, $k > 0$. Bei gegebenen Regierungsausgaben (G) und Steuern (T) schreiben Sie die zwei linearen Gleichungen für Y und r an und zeigen Sie, daß

$$Y = \frac{1}{s}\left[A + G - (1-s)\,T + \frac{\alpha}{\beta}(M - L_0)\right] \Big/ \left(1 + \frac{k}{s}\frac{\alpha}{\beta}\right), \quad \text{wobei} \quad A = C_0 + I_0$$

Finden Sie den entsprechenden Wert von r. Interpretieren Sie die Ergebnisse, wenn α/β klein ist.

8.2 Ermitteln Sie im Modell der vorherigen Übung Y bei ausgeglichenem Budget ($G = T$), indem Sie zeigen, daß Y annähernd $(A/s) + G$ ist, wenn α/β klein ist. Wenn Y^* das Vollbeschäftigungseinkommen ist, ermitteln Sie auf der anderen Seite T (für ein gegebenes G), so daß Y^* erreicht wird; zeigen Sie, daß T annähernd $[(A + G)/(1-s)] - [s/(1-s)]\,Y^*$ ist (α/β klein), und interpretieren Sie das.

8.3 Ersetzen Sie in der Übung 8.2 das lineare $I(r)$ durch $I_0 + (\alpha/r)$ und das lineare $L_2(r)$ durch β/r und ermitteln Sie Y und r in der Gleichgewichtslage. Wie hoch ist (1) das Einkommensniveau für ein ausgeglichenes Budget ($G = T$) und (2) die aggregierte Steuer (für gegebenes G), um ein bekanntes Vollbeschäftigungseinkommen Y^* zu erreichen, wenn α/β klein ist?

8.4 Bauen Sie einen variierenden Steuersatz in ein einfaches Multiplikatormodell ein, indem Sie $C = cY_d$, $T = T_0 + tY$ und $G = G_0$ schreiben. Zeigen Sie, daß das Einkommen

$$Y = \frac{1}{s}\,[A + G_0 - (1-s)\,T_0] \Big/ \left(1 + \frac{1-s}{s}\,t\right)$$

ist. Prüfen Sie, daß

$$\left(-\frac{1}{Y}\frac{dY}{dt}\right) \text{ und } \left(-\frac{dY}{dT_0}\right)$$

gleich sind und einen Wert haben, der zwischen 0 und dem kleineren Betrag von $(1-s)/s$ und $1/t$ liegt. Untersuchen Sie den Fall $s = 0{,}1$, $t = 0{,}2$.

8.5 Wenn im Modell der vorhergehenden Übung das Vollbeschäftigungseinkommen Y^* ist, zeigen Sie, daß es mit dem Steuersatz

$$t = \frac{A + G_0}{(1-s)\,Y^*} - \frac{T_0}{Y^*} - \frac{s}{1-s}$$

erreicht wird. Setzen Sie $A = T_0 = 0$ und zeigen Sie, daß eine positive Steuer gebraucht wird, wenn die Regierungsausgaben einen Anteil (s) des Vollbeschäftigungseinkommens übersteigen und interpretieren Sie das.

8.6 Zeigen Sie in der Übung 8.4, daß das Budget mit einem Steuersatz $t = (G - T_0)/[(A/s) + G]$ und einem Einkommen $Y = (A/s) + G$ (bei einem gegebenem Niveau G) ausgeglichen ist.

8.7 Bedienen Sie sich des linearen Modells der Übung 8.1 und lassen Sie die Steuer mit einem bestimmten Satz t des Einkommens ($T = tY$) gegeben sein, während die Regierungsausgaben fest seien ($G = G_0$). Schreiben Sie die zwei linearen Gleichungen für Y und r an und lösen Sie sie, um

$$Y = \frac{1}{s}\left[A + G_0 + \frac{\alpha}{\beta}\,(M - L_0)\right] \Big/ \left(1 + \frac{k}{s}\frac{\alpha}{\beta} + \frac{1-s}{s}\,t\right)$$

zu erhalten. Prüfen Sie, daß annähernd das Niveau des Einkommens dem des einfachen Multiplikators ohne Rückwirkung über den Zinssatz entspricht (Übung 8.4 mit $T_0 = 0$), wenn α/β klein ist.

8.8 Ermitteln Sie im linearen Modell der vorhergehenden Übung den Steuersatz für ein bei G (d. i. $G = G_0 = tY$) ausgeglichenes Budget. Nehmen Sie eine Vereinfachung vor, indem Sie $L_0 = M$ setzen und zeigen Sie, daß der Steuersatz für das ausgeglichene Budget

$$t = G\left(1 + \frac{k}{s}\frac{\alpha}{\beta}\right) \Big/ \left(\frac{A}{s} + G\right)$$

ist und daß das Einkommensniveau Y annähernd $(A/s) + G$ (α/β klein) ist. Vergleichen Sie das mit dem entsprechenden Ergebnis für den einfachen Multiplikator (Übung 8.6 oben).

Kapitel 9

Der dynamische Multiplikator

9.1 Keynesianische Dynamik

Die keynesianischen Modelle beziehen sich auf kurzfristiges Gleichgewicht. Wenn etwas verändert wird, wenn z. B. die Regierungsausgaben oder die Sparneigung erhöht werden, kann eine Gleichgewichtslage mit einer anderen im Rahmen komparativer Statik verglichen werden. Wie Keynes die Dinge sah, enthalten die Modelle keine dynamischen Elemente; streng genommen gibt es keine keynesianische Dynamik. Es ist keine Vorkehrung für die Analyse der Prozesse über die Zeit getroffen — selbst nicht für Vorgänge der Inflation oder Deflation — und es gibt keine Verbindung zwischen einer Periode und der folgenden. Der Zinssatz könnte so eine Verbindung darstellen, dient aber tatsächlich nur dazu, die Zukunftserwartungen auf einen Gegenwartswert zurückzuführen, der für die laufende Periode anwendbar ist. Diese extreme Vereinfachung wird ermöglicht durch die Annahme einer so kurzen Periode, daß der Kapitalstock K als Konstante behandelt werden kann und keine Notwendigkeit besteht, die Investition als $I = dK/dt$ oder $I_t = K_{t+1} - K_t$ zu schreiben.

Es ist jedoch möglich, dynamische Systeme — einigermaßen komplizierte Systeme — aufzustellen, die die Bezeichnung keynesianisch verdienen. Es können dynamische Elemente in den kurzfristigen keynesianischen Rahmen eingeführt werden. Die wesentliche Grundlage ist die Verwendung der Konsum- oder Sparfunktion für die Einkommensbestimmung. Dabei bietet sich natürlich der Multiplikator selbst für den Umbau in die dynamische Form an. Der dynamische Multiplikator ist nicht Keynes selbst zu danken, er ist eine Konstruktion, die von Kahn erfunden wurde. Nichtsdestoweniger ist die makroökonomische Dynamik, die auf dem Kahnschen Multiplikator beruht, keynesianischer Art, eine Erweiterung des keynesianischen Systems.

Dem keynesianischen Ansatz auf dem Gebiet der ökonomischen Dynamik folgend, müssen wir die bekannten Konzepte herübernehmen. Eines ist die Konsum- (oder Spar-)funktion und der sich ergebende Multiplikatoreffekt, entweder in der einfachen Version oder erweitert auf die *IS*- und *LM*-Kurven. Ein anderes ist der Ansatz, der Investition und

Sparen in Beziehung setzt: Unternehmerentscheidungen werden hinsichtlich der Höhe der Investitionen getroffen, und für kurzfristiges Gleichgewicht müssen die geplanten Ersparnisse ausreichend sein, um die Investitionen zu finanzieren. Die Methode der Analyse ist dann bestimmt, indem sie auf der Annahme beruht, daß die **ganze Investition autonom ist,** also durch exogene Unternehmensentscheidungen festgelegt wird. Die Investition hängt kurzfristig vom Zinssatz ab, es gibt aber keine Verbindung zwischen der Investition und der Einkommensveränderung.

Keynesianische Dynamik kann dem wichtigsten alternativen System gegenübergestellt werden, welches durch einfache Wachstumsmodelle des Harrod-Domar-Typs charakterisiert ist. Diese Modelle, die auf dem Multiplikator zusammen mit dem Akzelerationsprinzip oder etwas ähnlichem beruhen, werden im Kapitel 11 unten behandelt. Vorläufig genügt es festzuhalten, daß sie von Kapitalkoeffizienten abhängen, so daß die Investition mit Ausstoßveränderungen verbunden ist. Die Modelle sind durch die Annahme charakterisiert, daß die **ganze Investition induziert ist.** Die Aufmerksamkeit konzentriert sich auf die Veränderungen des Einkommens (Ausstoßes) in der Zeit und auf die daraus folgenden Veränderungen in Sparen und Investieren. In beiden Systemen verwenden wir die Variablen in realen Größen und kehren zu unserem allgemeinen Notationsschema zurück (1.6 oben).

9.2 Der dynamische Multiplikator: Periodenanalyse

Die gesamte Investition I ist autonom und jedes autonome Element C_0 des Konsums kann dazugenommen werden, um die gesamten autonomen Ausgaben: $A = C_0 + I$ zu erhalten. Exogene Faktoren bestimmen A in jedem Zeitpunkt; A kann aber noch in einer vorgegebenen Weise von einer Periode zur anderen variieren. Der erste Fall, der untersucht werden soll, macht die zusätzliche vereinfachende Annahme, daß A als Konstante in der Zeit exogen gegeben ist. Das ist der Fall **konstanter autonomer Ausgaben** für Investitionen und Konsum.

Wir bedienen uns der Analyse des statischen Multiplikators in 2.6 und 7.2 oben als Ausgangsbasis für die dynamische Version. Wir haben zwei Variable: C für die Konsumnachfrage (Käufe) und Y für das Einkommen und den Ausstoß zusätzlich zur autonomen Ausgabe A, die in der Zeit konstant ist. Die Konsumfunktion ist $C(Y)$ und $c = dC/dY$ ist die Grenzneigung zum Konsum ($0 < c < 1$). Das statische Modell hat keine Verzögerung in der Nachfrage und keine Verzögerung im Ausstoß. Das Fehlen einer Verzögerung der ersten Art (Robertson) ermöglicht es, daß die Konsumgüterkäufe durch die Konsumfunktion $C(Y)$ gegeben sind; das Fehlen der zweiten Verzögerung (Lundberg) gestattet es uns, den Ausstoß als Summe der Konsumgüterkäufe C und der autonomen Ausgabe A zu schreiben.

Also:

Keine Lundberg-Verzögerung: $Y = C + A$.

Keine Robertson-Verzögerung: $C = C(Y)$.

Nach Einsetzen und Differenzieren nach A erhalten wir die Multiplikatorwirkung $\Delta Y = (1/s)\,\Delta A$, wobei $s = 1 - c$ die Grenzneigung zum Sparen ist.

Den dynamischen Multiplikator erhält man durch das einfache Mittel der Einführung einer Verzögerung (und daher eines Ungleichgewichts) der Robertsonschen und/oder Lundbergschen Form. Die Strombedingung des Gütermarktes (2.4 oben) ist dann: Die Nachfrage $Z = C + A$, wobei C in bezug auf $C(Y)$ und Y in bezug auf Z verzögert sein kann. In einer Periodenanalyse ist die einfachste Verzögerung die einperiodige. Wir betrachten jeden Typ der Reihe nach. Wir schreiben C_t und Y_t für Konsum und Einkommen in der Periode $t = 0, 1, 2, 3, \ldots$.

Der Fall der Robertsonschen Verzögerung.

$$Y_t = C_t + A, \quad \text{wobei} \quad C_t = C(Y_{t-1}) \; .$$

Das ist der Fall **unbeabsichtigten Sparens** oder Entsparens, auf Grund der gewöhnlichen Annahme, daß der geplante Konsum verwirklicht wird. Das geplante Sparen ist $Y_{t-1} - C(Y_{t-1})$, während das tatsächliche Sparen $Y_t - C(Y_{t-1})$ ist. Unbeabsichtigtes Sparen liegt vor, wenn $Y_t > Y_{t-1}$ und unbeabsichtigtes Entsparen, wenn $Y_t < Y_{t-1}$. Die zwei angeschriebenen Bedingungen ergeben eine Differenzengleichung in Y_t für den Einkommenspfad in der Zeit ($t = 0, 1, 2, 3, \ldots$):

$$Y_t - C(Y_{t-1}) = A \; . \tag{1}$$

Versuchen wir in (1) $Y_t = \bar{Y}$ für alle t zu setzen: $\bar{Y} - C(\bar{Y}) = A$,

d. h.

$$S(\bar{Y}) = A \; . \tag{2}$$

Das statische Gleichgewichtsniveau des Einkommens, $\bar{Y}$ aus (2), ist daher mit dem Modell konsistent. Wenn $Y_t = \bar{Y}$ in irgendeiner Periode t ist, dann bleibt es auf diesem konstanten Niveau für alle folgenden Perioden. Noch allgemeiner: Y_0 sei ein gegebener Anfangswert des Einkommens. Wenn Y_0 zufällig $\bar{Y}$, das statische Niveau des Multiplikators (2) ist, dann ist die Lösung von (1) der stationäre Zustand: $Y_t = \bar{Y}$ für alle t. Wenn $Y_0 \neq \bar{Y}$, dann muß die Differenzengleichung (1) bei gegebenem Y_0 für Y_t gelöst werden.

Um (1) explizit zu lösen, müssen wir die Konsumfunktion kennen. Im Falle der **linearen Konsumfunktion** $C = C_0 + cY$ geht C_0 in A ein und wir substituieren $C(Y) = cY$ in (1), um

$$Y_t - cY_{t-1} = A \tag{3}$$

zu erhalten. Der stationäre Zustand ist nun $Y_t = A/s$ (wobei $s = 1-c$) für alle t; er tritt auf, wenn der Anfangswert $Y_0 = A/s$. Das ist der lineare Multiplikator. Wenn jedoch $Y_0 \neq A/s$, dann lösen wir (3), um $Y_t = (A/s) + Bc^t$ (B ist willkürlich gewählt) zu erhalten. Da $Y_t = Y_0$, wenn $t = 0$, $Y_0 = (A/s) + B$ und so ist $B = Y_0 - (A/s)$. Der Einkommenspfad für aufeinanderfolgende Perioden von Y_0 bei $t = 0$ an ist daher:

$$Y_t = \frac{A}{s} + \left(Y_0 - \frac{A}{s}\right)(1-s)^t \qquad (t = 0, 1, 2, 3, \ldots). \tag{4}$$

Da $c = 1-s < 1$, verschwindet der Ausdruck $(1-s)^t$ mit steigendem t und der Pfad Y_t konvergiert zum stationären Niveau A/s. Wenn zu Beginn $Y_0 > A/s$, dann ist $Y_t > A/s$, fällt aber auf A/s, wenn $t \to \infty$. Wenn zu Beginn $Y_0 < A/s$, dann steigt Y_t auf A/s. Das Ergebnis ist:

Wenn die Grenzneigung zum Sparen eine Konstante s ($0 < s < 1$) ist, dann gibt der dynamische Multiplikator im Falle einer Ein-Perioden-Verzögerung (Robertson) einen Einkommenspfad Y_t, der monoton zum stationären Niveau A/s konvergiert, welches durch den statischen Multiplikator gegeben ist.

Das Ergebnis kann auf verschiedene Arten verwendet werden. Eine ist, über die **Stabilität** des stationären Zustandes $Y_t = A/s$ (für alle t) etwas auszusagen. Die Frage der Stabilität kann nur im Rahmen eines dynamischen Ungleichgewichtsmodells untersucht werden. Das vorliegende Modell ist eines, das für die Stabilität des stationären Zustandes geeignet ist; es läßt Ungleichgewicht auf Grund einer Robertsonschen Verzögerung zwischen Einkommen und Nachfrage zu. Nach diesem Modell konvergiert der Einkommenspfad zu dem durch den statischen Multiplikator gegebenen Niveau A/s dann und nur dann, wenn $c < 1$ (oder $s > 0$). Der Multiplikator ist nach diesem Modell dann und nur dann stabil, wenn $c < 1$ (oder $s > 0$), d. h. in allen Fällen, wenn für c oder s die gewöhnlichen Beschränkungen gelten.

Eine andere Anwendung besteht darin, den Einkommenspfad von einem Gleichgewichtsniveau zu einem anderen anzugeben, d. h. den **Übergang** (traverse) zwischen Gleichgewichtsniveaus. Durch Wahl des Ursprungs für die Einkommensmessung nehmen wir an, daß das Gleichgewichtsniveau zu Beginn $Y_0 = 0$ ist. Die autonomen Ausgaben steigen nun um A, so daß das neue Gleichgewichtsniveau A/s ist (d. h. diesen Betrag über dem alten Niveau). Vom Standpunkt des neuen stationären

Zustandes aus ist daher der Anfangswert $Y_0 = 0$ „falsch“; er liegt unter dem dem neuen Gleichgewicht entsprechenden Niveau A/s. Auf Grund des vorliegenden dynamischen Modells mit einer Ein-Perioden-Verzögerung (Robertson) wird der Pfad durch (4) gegeben:

$$Y_t = \frac{A}{s}\,[1-(1-s)^t] \qquad (t = 0, 1, 2, 3, \ldots);$$

er konvergiert zum neuen Gleichgewichtsniveau (stationärer Zustand). Das ist der Übergang vom alten zum neuen Gleichgewicht.

Der Fall der Lundbergschen Verzögerung.

$$Y_t = Z_{t-1}, \quad \text{wobei} \quad Z_t = C\,(Y_t) + A\ .$$

Das ist der Fall **unbeabsichtigter Investition** oder Desinvestition in Beständen (Lager) des Konsumgutes. Der Konsumgüterausstoß ist C_{t-1}, die Güterkäufe aber sind $C_t = C\,(Y_t)$. Die Lager werden daher um $(C_t - C_{t-1})$ verringert; unbeabsichtigte Desinvestition liegt vor, wenn $C_t > C_{t-1}$, unbeabsichtigte Investition, wenn $C_t < C_{t-1}$. Die durch die zwei Bedingungen gegebene Differenzengleichung lautet:

$$Y_t - C\,(Y_{t-1}) = A\ ,$$

was genau dasselbe wie (1) ist. Die Ergebnisse sind genau so wie im Falle der Robertsonschen Verzögerung. Liegt eine Ein-Perioden-Verzögerung im Kreislauf vom Einkommen über die Käufe zum Ausstoß vor, dann spielt es keine Rolle, wo die Verzögerung eintritt. Sie kann in beliebiger Weise zwischen der Einkommen-Nachfrage-Stufe und der Nachfrage-Ausstoß-Stufe verteilt sein und die Differenzengleichung für den dynamischen Multiplikator wird stets (1) sein.

9.3 Diagrammatische Darstellung

Das Funktionieren des dynamischen Multiplikators kann am leichtesten durch Zurückgreifen auf Fig. 9.3 gesehen werden. Nehmen wir an, daß zu Beginn das Einkommensniveau Y_0 im Gleichgewicht einer bestimmten autonomen Investition A_0 (die den autonomen Konsum beinhaltet) entspricht, so daß durch den statischen Multiplikator (2) von 9.2 oben $S\,(Y_0) = A_0$. Wir nehmen nun an, daß eine Aufwärtsverschiebung der Investition von A_0 nach A eintritt; das entsprechende stationäre Niveau des Einkommens ist $\bar{Y}$, gegeben durch $S\,(\bar{Y}) = A$, aber dieses Niveau wird nicht erreicht (zumindest nicht sofort), da $Y_t = Y_0$ in $t = 0$ und da $Y_0 < \bar{Y}$. Der tatsächliche Pfad von Y_t für $t = 0, 1, 2, 3, \ldots$ wird durch (1) von 9.2 gegeben:

$$Y_t - C\,(Y_{t-1}) = A, \quad \text{wobei} \quad Y_t = Y_0 \quad \text{in} \quad t = 0\ .$$

Das ist der Übergang von einem stationären Zustand zu einem anderen als Folge einer Erhöhung der autonomen Investition. Der explizite Pfad von Y_t als Funktion von t für den Fall der linearen Konsumfunktion wird durch (4) von 9.2 gegeben. Wir zeigen nun den Pfad diagrammatisch für jede Form einer Konsumfunktion.

Da $S(Y_{t-1}) = Y_{t-1} - C(Y_{t-1})$, können wir die Differenzengleichung schreiben:

$$Y_t - Y_{t-1} = A - S(Y_{t-1}) \ .$$

Das Gleichgewichtsniveau $Y_t = \bar{Y}$ für alle t, wobei $S(\bar{Y}) = A$, befriedigt die Gleichung. Wir schreiben $Z(Y) = A - S(Y)$ und zeichnen sie als die Kurve BC in die (Y, Z)-Ebene der Fig. 9.3. Die Kurve ist die auf den Kopf gestellte Sparkurve $S = S(Y)$, die man im Punkt B beginnen läßt, wobei $OB = A$ die autonome Ausgabe darstellt. Sie schneidet OY in C, wobei $OC = \bar{Y}$. Die (negative) Neigung der Kurve in jedem Punkt ist $s = S'(Y)$ und überall kleiner als eins (da $0 < s < 1$).

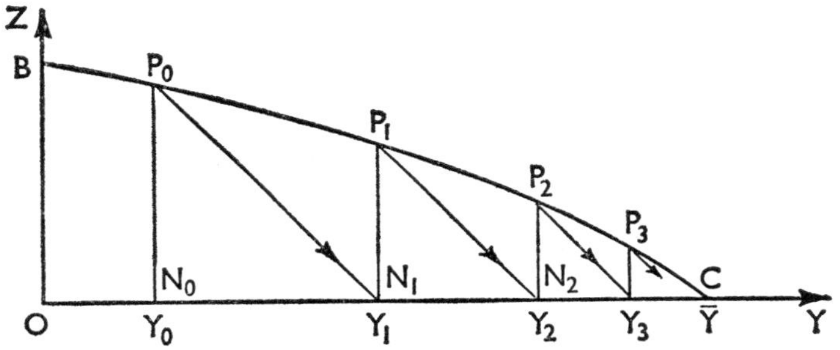

Fig. 9.3

Die Reihe der Einkommen $Y_0, Y_1, Y_2, Y_3, \ldots \to \bar{Y}$ erhält man durch Iteration aus der Differenzengleichung. Der erste Schritt ist:

$$Y_1 - Y_0 = A - S(Y_0) = Z(Y_0) \ .$$

Im Diagramm: $ON_0 = Y_0$ und $N_0 P_0 = Z(Y_0)$. Daher ist $Y_1 - Y_0 = N_0 P_0$. Von P_0 zeichnen wir eine fallende 45°-Linie, die OY in N_1 schneidet. Dann ist $N_0 N_1 = N_0 P_0 = Y_1 - Y_0$ und Y_1 ist als ON_1 gegeben. Der zweite Schritt ist:

$$Y_2 - Y_1 = A - S(Y_1) = Z(Y_1) \ ,$$

wobei $N_1 P_1 = Z(Y_1)$. Eine fallende 45°-Linie von P_1 schneidet daher OY in dem Punkt, der Y_2 ergibt. Die Schritte werden in dieser Weise fortgesetzt und man erhält die Reihe $Y_0, Y_1, Y_2, Y_3, \ldots$, die gegen $\bar{Y}$ konvergiert.

9.4 Variable autonome Investition

Der nunmehr betrachtete Fall ist derselbe wie in 9.2 oben, abgesehen davon, daß nun die autonome Ausgabe als Veränderliche in der Zeit gegeben ist: A_t für $t = 0, 1, 2, 3, \ldots$. Wenn wir eine Ein-Perioden-Verzögerung der Robertsonschen oder Lundbergschen Form nehmen, schreiben wir die Differenzengleichung (1) von 9.2 mit A_t als Variable:

$$Y_t - C(Y_{t-1}) = A_t \,. \tag{1}$$

Nun gibt es keine stationäre Lösung mehr; dafür suchen wir nach einem Trendpfad von Y_t, der dem gegebenen Pfad von A_t entspricht.

Man kann nur weiterkommen, wenn eine spezifische Form von A_t gegeben ist. Bei dem hier betrachteten Fall wächst die autonome Investition mit einer konstanten proportionalen Rate g:

$$A_t = A_0 (1 + g)^t \quad (A_0 \text{ ist der Anfangswert}) \,. \tag{2}$$

Weiters nehmen wir an, daß die Konsumfunktion linear ist: $C = cY$. (1) wird dann zu

$$Y_t - cY_{t-1} = A_0 (1 + g)^t \,. \tag{3}$$

Zuerst suchen wir einen Trendpfad als partikuläres Integral von (3) und dann die allgemeine Lösung von einem beliebigen anfänglichen Einkommensniveau Y_0 an.

Für ein partikuläres Integral versuchen wir $\bar{Y}_t = \bar{Y}_0 (1 + g)^t$. Aus (3) ist:

$$\bar{Y}_0 (1 + g)^t \left(1 - \frac{c}{1 + g}\right) = A_0 (1 + g)^t$$

und das gilt für alle t, vorausgesetzt daß:

$$\bar{Y}_0 = \frac{A_0}{1 - [c/(1 + g)]} = \frac{A_0 (1 + g)}{s + g} \qquad (s = 1 - c).$$

Der Trendpfad, der durch das vorgegebene A_t hervorgebracht wird und der mit dem dynamischen Modell konsistent ist, ergibt also ein Einkommenswachstum mit der gleichen proportionalen Rate wie A_t:

$$\bar{Y}_t = \frac{A_0}{s + g} (1 + g)^{t+1} \,. \tag{4}$$

Damit dieser Pfad entsteht, ist es notwendig, daß das Einkommensniveau zu Beginn

$$\bar{Y}_0 = \frac{A_0 (1 + g)}{s + g}$$

sei. Ein Vergleich der beiden Wachstumspfade (2) und (4) zeigt, daß das Verhältnis

$$\frac{\bar{Y}_t}{A_t} = \frac{1+g}{s+g}$$

auf dem Trendpfad des Einkommens konstant ist. In jeder Periode ist also das Einkommensniveau ein Vielfaches der autonomen Investition und das Vielfache ist:

$$1 < \frac{1+g}{s+g} < \frac{1}{s} \quad (\text{da } s < 1) .$$

Der Multiplikator liegt hier wohl noch über eins, ist aber kleiner als der Multiplikator ($1/s$) für ein konstantes Investitionsniveau.

Setzen wir nun das Anfangsniveau des Einkommens $Y_0 \neq A_0 (1+g)/(s+g)$, so daß ein anderer Einkommenspfad als der Trendpfad im Modell ensteht, d. h. wir einen Ungleichgewichtspfad erhalten. Da die Komplementärfunktion für (3) c^t oder $(1-s)^t$ ist, können wir die allgemeine Lösung schreiben:

$$Y_t = \bar{Y}_t + B(1-s)^t \qquad (B \text{ willkürlich})$$

und, indem wir $Y_t = Y_0$ in $t = 0$ setzen, erhalten wir $B = Y_0 - \bar{Y}_0 = Y_0 - A_0 (1+g)/(s+g)$. Der Ungleichgewichtspfad vom Anfangseinkommensniveau Y_0 an ist daher:

$$Y_t = \frac{A_0}{s+g}(1+g)^{t+1} + \left(Y_0 - A_0 \frac{1+g}{s+g}\right)(1-s)^t . \tag{5}$$

Das ist das Trendwachstum, wie es durch (4) gegeben wird, zusammen mit einem Ausdruck, der sich aus dem ursprünglichen Abweichen des Einkommens Y_0 vom Trendniveau $A_0 (1+g)/(s+g)$ ergibt. Da wie gewöhnlich $c < 1$ (oder $s > 0$), verschwindet der zweite Ausdruck, wenn $t \to \infty$. Der Ungleichgewichtspfad (5) konvergiert daher mit fortschreitender Zeit zum Trendpfad (4), was auch immer die ursprüngliche Störung sein mag.

Die Schlußfolgerung ist die gleiche wie vorher. Wenn die autonome Investition A_t mit der Rate g wächst, dann wird am Trendpfad des Einkommens A_t in jeder Periode durch den Faktor $(1+g)/(s+g) > 1$ ‚hinaufmultipliziert'. Der Faktor ist kleiner als der statische Multiplikator ($1/s$). Im gewählten Modell mit Ein-Perioden-Verzögerung ist der Multiplikator stabil.

9.5 Kontinuierliche Analyse

Die betrachtete Ein-Perioden-Verzögerung kann als eine Fehleranpassungsreaktion auf eine Ungleichgewichtssituation interpretiert werden. Wenn es sich um eine Lundbergsche Verzögerung handelt — den Fall, den wir nun behandeln — hinkt der Ausstoß hinter der Nachfrage her. In der Periodenschreibweise von 9.2 oben ist die Nachfrage (gekaufte Güter) $Z_t = C_t + A$ und der Ausstoß ist Y_t in der Periode t. Im Ungleichgewicht ist $Z_t \neq Y_t$ und man braucht eine Fehleranpassung (5.6 oben). Die hier verwendete setzt Y_t *gleich* Z_{t-1}, z. B. auf Grund der Annahme, daß die Nachfrage der letzten Periode bestehen bleibt. Das Modell von 9.2 (9.4) ist dann eine Übung in ungleichgewichtiger Dynamik und führt zu dem Schluß, daß der Multiplikator stabil ist, vorausgesetzt nur, daß $c < 1$.

Wir entwickeln nun die kontinuierliche Version des Lundberg-Modells, das auf der Arbeit von Phillips beruht[1]. Es ist mathematisch leichter zu behandeln und dient als Grundlage für mehr entwickelte Modelle. Gleichzeitig bringt es sehr klar die Natur der Fehleranpassungsbedingung, die in einer Ungleichgewichtssituation gebraucht wird, zum Ausdruck.

Der Hauptfall, der untersucht wird, hat **konstante autonome Investition** A in der Zeit und eine **lineare Konsumfunktion** $C = cY$. Alle Variablen (Konsum C, Einkommen Y und aggregierte Nachfrage Z) werden als stetige und differenzierbare Funktionen der Zeit angenommen. Es wird eine Lundbergsche Verzögerung verwendet, so daß Y gegenüber $Z = C + A$ verzögert ist. Es gibt keine Robertsonsche Verzögerung und die Käufe der Konsumenten sind durch die Konsumfunktion $C = cY$ gegeben. So ist:

$$Z = C + A, \quad \text{wobei} \quad C = cY \quad (A \text{ ist konstant}) . \tag{1}$$

Die Frage ist: Was machen die Produzenten, wenn sie sich einer Ungleichgewichtssituation gegenübersehen, in der $Y \neq Z$ ist, d. h. welchen Fehleranpassungsmechanismus wenden sie in einem Versuch, den Fehlbetrag $(Z-Y)$ zu beseitigen, an?

Die einfachste Fehleranpassungsbedingung, die man annehmen kann, besteht in der gleitenden Anpassung von Y an den Fehlbetrag $(Z-Y)$ gemäß der **einfachen exponentiellen Verzögerung:**

$$DY = \lambda (Z-Y) , \quad \text{d. h.} \quad Y = \frac{\lambda}{D + \lambda} Z \quad \left(D = \frac{d}{dt}\right). \tag{2}$$

λ ist hier die Reaktionsgeschwindigkeit und der reziproke Wert $T = 1/\lambda$ ist die Zeitkonstante oder Länge der Verzögerung. Das Modell wird durch (1) und (2) spezifiziert:

$$Y = \frac{\lambda}{D + \lambda} Z = \frac{\lambda}{D + \lambda} (cY + A) . \tag{3}$$

---

[1] A. W. *Phillips,* „Stabilisation Policy in a Closed Economy", Economic Journal (Juni 1954).

Das Blockdiagramm (5.8 oben) des dynamischen Multiplikators wird als Rückkoppelungsprozeß in Fig.9.5 A gezeigt.

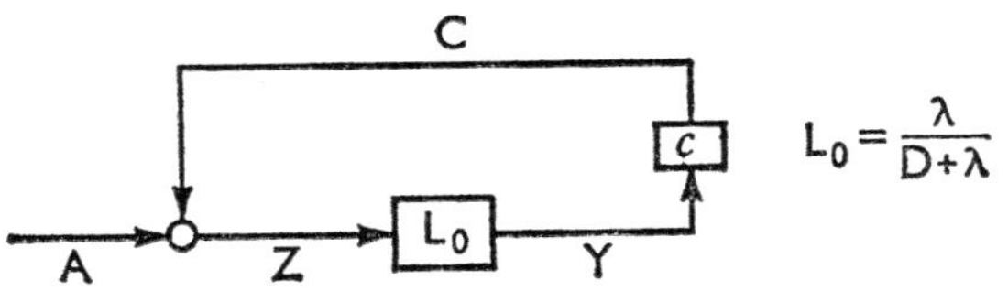

Fig. 9.5 A

Die Differentialgleichung des Modells in Einkommen (Ausstoß) Y kann aus (3) geschrieben werden:

$$(D + \lambda)\, Y = \lambda\, (cY + A) \ ,$$

d. h. $\quad DY + s\lambda Y = \lambda A, \quad \text{wobei} \quad s = 1 - c, \quad 0 < s < 1, \quad \lambda > 0\,. \qquad (4)$

Das partikuläre Integral von (3) erhält man, wenn man DY gleich Null setzt: $Y = A/s$, der stationäre Zustand des statischen Multiplikators. Die komplementäre Funktion ist $Y = Be^{-s\lambda t}$ (B willkürlich) und die vollständige Lösung ist $Y = (A/s) + Be^{-s\lambda t}$. Die Konstante B wird in Form der Anfangsbedingung $Y = Y_0$ in $t = 0$ gefunden: $B = Y_0 - A/s$. Daher ist

$$Y = \frac{A}{s} + \left(Y_0 - \frac{A}{s}\right) e^{-s\lambda t} \qquad (5)$$

die Lösung des Modells, der Pfad von Y von einem beliebigen Anfangsniveau Y_0 an.

Der Pfad von Y konvergiert zu einem stationären Zustand $Y = A/s$, wenn $t \to \infty$, vorausgesetzt, daß $c < 1$ ($s > 0$), was annahmegemäß der Fall ist. Die Geschwindigkeit, mit der Y konvergiert, hängt von der Größe $s\lambda$ ab; sie ist um so größer, je höher die Sparneigung ist und je schneller die Fehleranpassung reagiert (oder je kürzer die Verzögerung ist). Auf Grund dieses dynamischen Modells ist der stationäre Zustand, der durch den Multiplikator gegeben wird, stabil.

Der **Übergang** von einem stationären Zustand zu einem anderen wird genau wie in der Periodenanalyse 9.2 oben durch (5) gewährleistet. $Y = 0$ sei das Niveau des Ausgangsgleichgewichtes. Wenn die autonome Investition um einen Betrag A erhöht wird, ist das neue Gleichgewichtsniveau $Y = A/s$, der Anfangswert ist aber $Y_0 = 0$. Der Pfad zum neuen Niveau ist dann (5) mit $Y_0 = 0$:

$$Y = \frac{A}{s}\left(1 - e^{-s\lambda t}\right) \ .$$

Das ist ein exponentieller Pfad zum neuen Niveau wie es in Fig. 9.5 B gezeigt wird. Die Neigung des Pfades ist um so größer, je größer der Wert von $s\lambda = s/T$ ist, oder je kleiner der Wert von T/s ist. Zur Zeit $t = T/s$ wird der Wert

$$Y = \frac{A}{s}\left(1 - \frac{1}{e}\right) = 0{,}63\,\frac{A}{s}$$

erzielt und 63 % der gesamten Erhöhung sind erreicht.

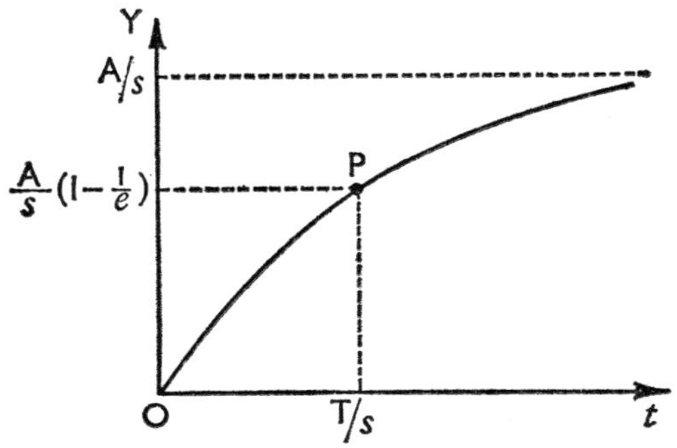

Fig. 9.5 B

Bei Verwendung des dynamischen Multiplikators mit konstanten autonomen Ausgaben A als Basis für umfassendere Modelle finden wir es bequemer, Y vom stationären Niveau A/s (2.6 oben) an zu messen. Nimmt man diesen Ursprung für Y, dann wird das Modell durch $Z = cY$ und $Y = [\lambda/(D + \lambda)]\, Z$ spezifiziert, was die Differentialgleichung

$$Y = \frac{\lambda}{D + \lambda}\, cY \quad \text{oder} \quad DY + s\lambda Y = 0$$

mit der allgemeinen Lösung $Y = Y_0\, e^{-s\lambda t}$ ergibt.

Wenn $Y_0 = 0$ ist, erhält man das stationäre Niveau $Y = 0$ für alle t. Wenn $Y \neq 0$, dann geht Y stetig nach 0, wenn $t \to \infty$.

Als einen anderen Fall nehmen wir eine **variable autonome Investition** $A(t)$ an, wobei $A(t)$ eine gegebene Funktion der Zeit ist. Die Differentialgleichung des Modells ist (4) mit der Ausnahme, daß $\lambda A(t)$ auf der rechten Seite erscheint. Die komplementäre Funktion bleibt unverändert, das partikuläre Integral ist jedoch anders und hängt von der Form von $A(t)$ ab. Es gibt keine Lösung mehr für den stationären Zustand; dafür wird ein Trendpfad für Y durch den gegebenen Pfad der autonomen Investition hervorgebracht und erhält auch davon seine Form.

Wenn $A(t) = A_0 e^{nt}$, eine Investition, die mit der konstanten proportionalen Rate n wächst, dann finden wir (Übung 9.4), daß die allgemeine Lösung, die den Ungleichgewichtspfad von Y ergibt,

$$Y = \frac{A_0}{s + nT} e^{nt} + \left(Y_0 - \frac{A_0}{s + nT}\right) e^{-(s/T)t} \quad \left(T = \frac{1}{\lambda}\right)$$

ist. Sie konvergiert zum Trendpfad:

$$Y = \frac{A_0}{s + nT} e^{nt},$$

wenn $t \to \infty$.

Der Trendpfad selbst wird im Modell hervorgebracht, wenn $Y_0 = A_0/(s + nT)$. Für ein anderes Y_0 konvergiert der Pfad von Y nur zum Trend, wenn $t \to \infty$. Am Trendpfad ist jedoch das Verhältnis:

$$\frac{Y}{A} = \frac{1}{s + nT} < \frac{1}{s}.$$

Der Multiplikator wirkt in jedem Zeitpunkt und er hat einen Wert, der kleiner als dieses ($1/s$) ist, wenn die Investition konstant ist. Auf Grund dieses Modells ist der Multiplikator ebenfalls stabil.

9.6 Lagerzyklen

Wenn es eine Ausstoßverzögerung gibt, führt der dynamische Multiplikator zu unbeabsichtigten Investitionen (oder Desinvestitionen) in den Konsumgüterlagern. Wir können diesen Aspekt weiter erforschen, indem wir auf die Reaktionen der Produzenten auf Lagerveränderungen Bezug nehmen und an die Möglichkeit eines Lagerzyklus denken[2].

Die Analyse kann in Periodenform gemacht werden (siehe Übung 9.5), sie ist aber einfacher in kontinuierlicher Form, mit den Variablen (Konsum C, Einkommen Y und aggregierte Nachfrage Z) als stetige und differenzierbare Funktionen der Zeit. Eine Bestandvariable wird hinzugefügt: Bestand K an Konsumgütern zur Zeit t. In Erweiterung des Modells von 9.5 nehmen wir an, daß die autonome Investition A konstant ist, aber bei der Messung von Y von A/s aus vernachlässigen wir A. Unser stationäres Niveau ist $Y = 0$. Wir nehmen eine lineare Konsumfunktion ($C = cY$) und eine Lundbergsche (Ausstoß-)Verzögerung in einfacher exponentieller Form mit einer Reaktionsgeschwindigkeit λ an.

---

[2] Siehe E. *Lundberg*, Studies in the Theory of Economic Expansion (1937) und L. A. *Metzler*, „The Nature and Stability of Inventory Cycles", Review of Economic Statistics (August 1941).

Die Grundannahme des Modells ist, daß der **gewünschte Bestand** $\bar{K}$ bei jedem Ausstoßniveau **konstant** ist, d. h. die Produzenten wünschen stets eine feste Menge an Konsumgütern auf Lager zu halten. Wenn der tatsächliche Bestand $K < \bar{K}$, dann wird die laufende Produktion erhöht, um den Unterschied auszugleichen; wenn $K > \bar{K}$, dann wird die Produktion gesenkt, um den Überschuß wegzubringen. Die Strombedingungen des Modells sind also:

$$\left.\begin{array}{lll} \text{Nachfrage:} & Z = C, & \text{wobei } C = cY \\ \text{Ausstoß:} & Y = (\bar{K} - K) + \dfrac{\lambda}{D + \lambda} Z & \end{array}\right\} \tag{1}$$

Als definitorische Identität für das Wachstum der Bestände gilt:

$$DK = Y - cY = sY \quad , \tag{2}$$

wobei die Konsumgüterkäufe (cY) vom Ausstoß (Y) abgezogen werden, um die Lagererhöhung zu ergeben, und zwar alles als Ströme pro Zeiteinheit. Aus (1) ist:

$$\frac{1}{\lambda}(D + \lambda)(Y + K - \bar{K}) = cY \ ,$$

d. h.
$$\frac{1}{\lambda} DY + \frac{1}{\lambda} DK + sY + K - \bar{K} = 0 \ ,$$

d. h.
$$\frac{1}{\lambda} DY + \left(1 + \frac{1}{\lambda}\right) sY + K - \bar{K} = 0 \qquad \text{aus (2).}$$

Um eine Differentialgleichung nur in Y zu bekommen, müssen wir K ausschalten. Das wird durch Differenzieren und nochmalige Verwendung von (2) gemacht:

$$\frac{1}{\lambda} D^2 Y + \left(1 + \frac{1}{\lambda}\right) sDY + DK = 0 \quad ,$$

d. h.
$$D^2 Y + s(1 + \lambda) DY + s\lambda Y = 0 \ . \tag{3}$$

Der stationäre Zustand $Y = 0$ ist eine Lösung (das partikuläre Integral) der Differentialgleichung (3). Die allgemeine Lösung für den Ungleichgewichtspfad von Y um das statische Multiplikatorniveau ($Y = 0$) ist:

$$Y = B_1 e^{p_1 t} + B_2 e^{p_2 t} \qquad (B_1 \text{ und } B_2 \text{ willkürlich}),$$

wobei p_1 und p_2 die Wurzeln von $p^2 + s(1 + \lambda) p + s\lambda = 0$ sind. Es kann gezeigt werden (Übung 9.6), daß zwei Fälle zu betrachten sind:

1. $s > 4\lambda/(1 + \lambda)^2$: p_1 und p_2 sind reell und negativ. Der Pfad von Y ist eine exponentielle Abnahme und Y geht stetig nach Null, wenn $t \to \infty$. Es liegt dann ein stabiles Multiplikatormodell vor.

2. $s < 4\lambda/(1+\lambda)^2$: p_1 und p_2 sind konjugiert komplex mit negativen reellen Teilen, die Wurzeln sind $(-\alpha \pm i\omega)$, wobei

$$\alpha = \frac{1}{2}(1+\lambda)\, s > 0 \quad \text{und} \quad \omega = \frac{1}{2}(1+\lambda)\, s \sqrt{\left(\frac{4\lambda}{s\,(1+\lambda)^2} - 1\right)} > 0 \;,$$

vorausgesetzt, daß $s > 0$. Der Pfad von Y oszilliert dann um $Y = 0$:

$$Y = B e^{-\alpha t} \cos\,(\omega t - \varepsilon) \quad (B \text{ und } \varepsilon \text{ willkürlich}) \;.$$

Die Schwingung ist gedämpft ($\alpha > 0$) und hat die Periode $2\pi/\omega$. Die Schwingung verliert sich und $Y \rightarrow 0$, wenn $t \rightarrow \infty$; der Multiplikator ist in diesem Modell wieder stabil.

Der Ausdruck $4\lambda/(1+\lambda)^2$ ist Null, wenn $\lambda = 0$, er erreicht eins als ein Maximum bei $\lambda = 1$ und fällt dann nach Null ab, wenn $\lambda \rightarrow \infty$. Es folgt, daß man zu einer oszillierenden Lösung gelangt, es sei denn die Sparneigung (s) ist groß und/oder die Reaktionsgeschwindigkeit (λ) der Ausstoßverzögerung liegt weit unter oder über eins. Z. B. sogar wenn s einen solchen Wert wie 0,5 annimmt, treten für alle Werte von λ zwischen 0,2 und 5,8 Schwingungen auf. Die Schlußfolgerung ist, daß die Bedingung eines festen Niveaus an Konsumgüterbeständen fast immer zu einem **Lagerzyklus** führt. Die Schwingungen werden jedoch gedämpft, vorausgesetzt, daß $s > 0$ ($c < 1$). Wenn sich die Umsätze erhöhen, antworten die Produzenten auf die verminderten Lager mit erhöhtem Ausstoß, um die höheren Umsätze zu decken und die Lager wieder aufzufüllen. Die Einkommen steigen und es kommt zu weiteren Umsatzerhöhungen — bis das Einkommen über dem Multiplikatorniveau liegt und die gewünschten Lager erreicht sind. Der Ausstoß wird dann zurückgeschraubt und der Abschwung mit niedereren Umsätzen und höheren Lagern setzt ein. Die Schwingung setzt sich (nach diesem Modell) mit einer in der Zeit kleiner werdenden Amplitude fort.

Einige Erweiterungen dieses einfachen Modells werden von Metzler vorgeschlagen. Eine nimmt den gewünschten Bestand $\bar{K}$ als konstantes Verhältnis der Konsumgüterumsätze an: $\bar{K} = kC$, wobei $k > 0$ eine Konstante ist. Die Differentialgleichung (3) wird dann verändert (Übung 9.7), und es wird erwartet, daß die Lösung (auf Grund wahrscheinlicher Werte von k und s) von nicht-gedämpfter Form ist. Es scheint, als hätten wir in diesem Modell einen instabilen Multiplikator. Wir müssen jedoch die Annahme, daß der gewünschte Bestand $\bar{K} = kC = kcY$ vom Einkommensniveau Y abhängig ist, sorgfältig betrachten. Der Konsumgüterbestand kann ein beträchtlicher Anteil des gesamten Kapitalbestandes sein. Ihn vom Einkommen abhängig zu machen scheint mit dem keynesianischen System, in dem der Kapitalbestand als gegeben und alle Investitionen als autonom angenommen werden, nicht konsistent zu sein. Dieses Problem muß in einem eher weiteren Rahmen untersucht werden.

9.7 Anlagekapital im Gegensatz zum Betriebskapital

Hicks[3] folgend, können wir versuchen, die keynesianische Annahme, daß die Investition vom Zinsfuß abhängen kann, auf der anderen Seite aber durch exogene Unternehmerentscheidungen gegeben ist, d. h. daß die gesamte Investition autonom ist, fallen zu lassen. Nehmen wir an, daß eine Unterscheidung gemacht wird zwischen langfristigen und kurzfristigen Investitionen; erstere sind jener Teil, der durch wichtige politische Entscheidungen bestimmt wird; letzterer sind der Rest (einschließlich der Lagerveränderungen), der angepaßt wird, wenn sich der Ausstoß verändert. Als grobe aber bequeme Dichotomie können wir in einem Modell der Einkommensbestimmung Investitionen in **Anlagekapital** als langfristig und autonom und Investitionen in **Betriebskapital** als kurzfristig und variabel annehmen. Wir schreiben A für autonome (Anlagekapital) Investitionen und K für den Bestand an Betriebskapital, was DK als Lagerinvestition (positiv oder negativ) ergibt.

Das Modell wird für den Fall **konstanter autonomer Investitionen** A in der Zeit und einer linearen Konsumfunktion $C = cY$ in kontinuierlicher Form untersucht. Wenn eine Verzögerung eingeführt wird, dann ist sie vom Lundberg-Typ, also zwischen Nachfrage und Ausstoß. Die Annahme in diesem Modell ist, daß der **gewünschte Bestand an Betriebskapital zum Einkommen proportional ist:** $\bar{K} = vY$, wobei $v > 0$ eine Konstante ist und die Formulierung wie in 9.6 weitergeht. Wir messen Einkommen vom stationären Niveau A/s an und schreiben die Strombedingungen:

$$\text{Nachfrage:} \quad Z = C, \quad \text{wobei} \quad C = cY ,$$

$$\text{Ausstoß:} \quad Y = (\bar{K} - K) + \frac{\lambda}{D + \lambda} Z, \quad \text{wobei} \quad \bar{K} = vY ,$$

zusammen mit der Identität hinsichtlich des Wachstums der Lager:

$$DK = Y - cY = sY .$$

Daraus erhalten wir wie vorher eine Differentialgleichung in Y:

$$(v-1)\, D^2 Y + [\lambda v - (1 + \lambda)\, s]\, DY - s\lambda Y = 0 \tag{1}$$

und wir untersuchen die Lösung etappenweise:

Stationärer Zustand: $Y = 0$, für alle t.

Das ist der statische Multiplikator und er ist sinnvoll, denn wenn Y in der Zeit konstant ist, ist es auch der gewünschte Bestand $\bar{K}$ des Betriebs-

[3] J. R. *Hicks*, Capital and Growth (1965) Kap. X.

kapitals und die Lagerinvestition ist Null. Wir bewegen uns sicher innerhalb des keynesianischen Rahmens, wo alle Investitionen autonom sind, und wir brauchen nur den Multiplikator.

Gleichgewichtspfad: $\lambda \to \infty$, keine Verzögerung zwischen Z und Y. Bei Fehlen einer Verzögerung zwischen Nachfrage und Ausstoß gibt es keine unbeabsichtigten Investitionen. Die Differentialgleichung (1) reduziert sich auf eine solche erster Ordnung:

$$(v-s)\,DY - sY = 0\;;$$

das ergibt: $$Y = Y_0\,e^{gt}, \quad \text{wobei} \quad g = \frac{s}{v-s}, \tag{2}$$

den Gleichgewichtspfad von Y von einem beliebigen Ausgangswert Y_0 an.

Das konstante g ist etwas schwierig zu behandeln. Die Grenzneigung zum Sparen s ist eine Konstante ohne Zeitdimension, während $v = \bar{K}/Y$ ein Kapitalkoeffizient mit der Zeitdimension t^{-1} ist. Wir müssen erwarten, daß v in einer Größenordnung entsprechend der Wahl der Zeiteinheit variiert[4], wir können aber vernünftigerweise annehmen, daß $s > 0$ und $v > s$, was $g > 0$ ergibt.

Bei dem Versuch, den Gleichgewichtspfad des Einkommens (2) zu interpretieren, sind wir nun in der Klemme. Der zweite Ausdruck hat die exponentielle Komponente $e^{gt} \to \infty$, wenn $t \to 0$. Y geht also nicht gegen Null, wenn $t \to \infty$ und der stationäre Zustand (Multiplikator) ist in diesem Modell nicht stabil. Darüber hinaus hängt es von Y_0 ab, ob Y unbeschränkt steigt oder fällt. Wenn wir mit einer Abweichung vom stationären Niveau nach oben beginnen ($Y_0 > 0$), dann $Y \to \infty$, wenn $t \to \infty$, und der Pfad von Y wird mit fortschreitender Zeit weiter nach oben abweichen. Beginnen wir auf der anderen Seite mit $Y_0 < 0$, dann $Y \to -\infty$, wenn $t \to \infty$, und der Pfad von Y weicht unbegrenzt nach unten ab. Das ist das **Messerschneide**-Problem, das später noch unsere Aufmerksamkeit beträchtlich in Anspruch nehmen wird. Von $Y_0 = 0$ ausgehend, bleibt Y am stationären Niveau $Y = 0$, jedoch nur wie auf einer Messerschneide, denn weicht es einmal in einer Richtung davon ab, bewegt es sich mit fortschreitender Zeit in zunehmendem Maße davon weg.

Ungleichgewichtspfad: λ gegeben, Verzögerung zwischen Z und Y. Angesichts der Schwierigkeit, die wir mit dem Gleichgewichtspfad (2) haben, erwarten wir im Ungleichgewichtsfall nicht viel Hilfe. Und tatsächlich

---

[4] Dieser Punkt ist von einiger Bedeutung und wird in 10.7 unten weiter verfolgt.

erhalten wir auch keine. Die vollständige Lösung von (1) mit $\lambda = 1$ durch Wahl der Zeiteinheit ist:

$$Y = B_1 e^{p_1 t} + B_2 e^{p_2 t} \qquad (B_1 \text{ und } B_2 \text{ willkürlich}) ,$$

wobei p_1 und p_2 die Wurzeln von $(v-1) p^2 + (v-2s) p - s = 0$ sind.

Nimmt man $s < \frac{1}{2}$ und $v > 2s$, so findet man (Übung 9.8), daß p_1 und p_2 komplex sind, wenn $2s < v < 2\sqrt{[s(1-s)]}$, und daß sie reell sind, wenn $v > 2\sqrt{[s(1-s)]}$; die reellen Teile der komplexen Wurzeln und zumindest eine der reellen Wurzeln sind in allen Fällen positiv. Der Pfad von Y kann oszillieren (für relativ kleines v) oder stetig sein (für relativ großes v). Aber in jedem Fall wird er mit fortschreitender Zeit nicht bis auf Null gedämpft. Wir haben es noch immer mit dem Messerschneide-Problem zu tun — nur mit dem Unterschied, daß die Ungleichgewichtsbewegungen des Einkommens in zunehmendem Maße *um* die Messerschneide schwingen können.

Das Modell kann für den Fall **variabler autonomer Investitionen** ausgeweitet werden, indem man $A = A_0 e^{nt}$, als mit konstanter proportionaler Rate n in der Zeit wachsende Investitionen annimmt. Es kann gezeigt werden (Übung 9.9), daß der Gleichgewichtspfad von Y, der für konstante Investitionen durch (2) gegeben ist, sich zu der Form

$$Y = \overline{Y}_0 e^{nt} + (Y_0 - \overline{Y}_0) e^{gt}$$

verändert, wobei $$g = \frac{s}{v-s} \quad \text{und} \quad \overline{Y}_0 = \frac{1+n}{(v-s)(g-n)} A_0 .$$

Wenn Y_0 zufällig gleich $\overline{Y}_0$ ist, dann erhält man die einfache Wachstumslösung $Y = \overline{Y}_0 e^{nt}$, die mit dem Wachstum der Investitionen $A = A_0 e^{nt}$ übereinstimmt. Dies entspricht dem stationären Zustand des Falles mit konstantem A. Für ein anderes Y_0 gibt es in der Lösung für Y zwei Wachstumsgrößen, eine mit der Rate n und eine mit der Rate g.

Die Lösung hat jedoch keinen Sinn, es sei denn $\overline{Y}_0 > 0$. Wenn $v > s$, verlangen wir, daß $n < g$, wobei diese beiden Konstanten gegeben sind. n kommt hier aus der gegebenen Wachstumsrate der autonomen Investitionen und kann als ‚natürliche‘ Wachstumsrate bezeichnet werden; g wird durch die Strukturkonstanten des Systems s und v gegeben und kann als ‚befriedigende‘ Wachstumsrate bezeichnet werden. Die gegebenen Konstanten müssen daher so sein, daß:

$$n < g = \frac{s}{v-s}$$

oder die natürliche Wachstumsrate muß kleiner als die befriedigende sein.

Selbst wenn das so ist, tritt bei der Gleichgewichtslösung des Modells noch immer das Messerschneide-Problem auf. Wenn Y_0 von $\bar{Y}_0$ abweicht, dann weicht auch der Gleichgewichtspfad von Y weiter in der gleichen Richtung vom einfachen Wachstumspfad $Y = \bar{Y}_0 e^{nt}$ ab. Dieser Fall wird von Hicks[5] diskutiert.

Die Schwierigkeit dieses Modells ist, daß es weder Fisch noch Fleisch ist. Weder ist es dort keynesianisch, wo die Investitionen induziert und nicht autonom sind. Noch ist es eine vollständige Behandlung der Kapitalakkumulation, da nur ein Teil der Investitionen und nicht alle induziert sind. Wir müssen den Weg zurückgehen und eine bessere Ausgangsbasis für eine Betrachtung von Kapitalakkumulation und Wachstum finden. Der wesentliche keynesianische Standpunkt ist einfach genug: Wenn alle Investitionen autonom sind und Veränderungen im Kapitalbestand in der kurzen Periode vernachlässigt werden, dann ist der Multiplikator die Haupteinflußgröße in der kurzfristigen Einkommensbestimmung und alle geeigneten dynamischen Modelle zeigen, daß es ein stabiler Einfluß ist. Er ist der geeignete Ausgangspunkt für eine Reise in das Gebiet des langfristigen Wachstums und der Schwingungen. Wenn wir von der kurzen Periode zur langen Periode fortschreiten, können wir uns *entweder* streng an die keynesianische Linie halten, aber versuchen, das Treffen von Investitionsentscheidungen ganz in das Modell hereinzubringen, *oder* gänzlich zu dem Standpunkt übergehen, daß alle Investitionen durch Einkommensveränderungen induziert werden. Der zweite Ansatz führt zu Modellen des Harrod-Domar-Typs oder eines mehr entwickelten Typs, die unsere Aufmerksamkeit für einige Zeit beanspruchen werden. Zwei der Probleme, die dann zu behandeln sind, haben bereits ihre Schatten in der ergebnislosen Betrachtung oben vorausgeworfen. Eines ist das Messerschneide-Problem in bezug auf die Stabilität. Das andere ist die Bedingung, daß die natürliche Wachstumsrate die befriedigende nicht übersteigen darf.

Übungen

9.1 Ein dynamischer Multiplikator in Periodenform hat eine lineare Konsumfunktion und eine Robertson-Verzögerung, die über zwei Perioden verteilt ist: $C_t = c_1 Y_{t-1} + c_2 Y_{t-2}$. Zeigen Sie, daß, wenn Y_t von A/s aus gemessen wird, eine Differenzengleichung zweiter Ordnung mit der Lösung $Y_t = B_1 p_1^t + B_2 p_2^t$ (B_1 und B_2 willkürlich) vorliegt, wobei p_1 und p_2 die Wurzeln von $p^2 - c_1 p - c_2 = 0$ sind. Leiten Sie ab, daß p_1 und p_2

---

[5] Capital and Growth, S. 107. Er weist darauf hin, daß, wenn $g > n$ und $Y_0 > \bar{Y}_0$, das Wachstum des Ausstoßes Y das der Investitionen übertreffen und eine Knappheit an Anlagekapital früher oder später auftreten muß. Auf der anderen Seite, wenn $Y_0 < \bar{Y}_0$, muß der Ausstoß Y früher oder später auf Null sinken.

reell sind, und daß ihre Näherungswerte (aus einer binomialen Entwicklung) $c_1 + (c_2/c_1)$ und $-(c_2/c_1)$ sind, wenn c_2 klein ist. Zeigen Sie daher, daß $Y_t \to 0$, wenn $t \to \infty$ (mit einer Schwingung, die rasch verschwindet), wenn $c_1 < 1$ und c_2 klein ist. Untersuchen Sie den Fall $c_1 = 0{,}7$ und $c_2 = 0{,}08$.

9.2 Zeigen Sie, daß der lineare dynamische Multiplikator sowohl mit Robertsonscher als auch mit Lundbergscher Verzögerung um eine Periode die Differenzengleichung $Y_t = cY_{t-2}$ (Y_t von A/s aus gemessen) hat. Welche Form hat der Pfad von Y_t bei gegebenen passenden Anfangsbedingungen?

9.3 Drücken Sie die zweifache Verzögerungsform des dynamischen Multiplikators in stetigen Größen mit einfachen exponentiellen Verzögerungen der gleichen Anpassungsgeschwindigkeit (λ) aus. Wenn nur eine Verzögerung vorhanden ist, zeigen Sie, daß die gleiche Differentialgleichung herauskommt, welche Verzögerung immer man nimmt. Zeigen Sie weiters, daß der Fall mit zwei Verzögerungen die gleiche Differentialgleichung ergibt, wie der Fall mit einer Verzögerung in doppelter exponentieller Form. Geben Sie dann die Lösung an: $Y = B_1 e^{p_1 t} + B_2 e^{p_2 t}$, wobei p_1 und p_2 die Wurzeln von $p^2 + 2\lambda p + s\lambda^2 = 0$ sind. Was kann über die Art der Lösung gesagt werden? Vergleichen Sie mit den Modellen aus den Übungen 9.1 und 9.2.

9.4 Zeigen Sie, daß die Differentialgleichung des kontinuierlichen Modells von 9.5 $DY + s\lambda Y = \lambda A_0 e^{nt}$ ist, wenn die autonomen Ausgaben $A(t) = A_0 e^{nt}$ sind, und daß ein partikuläres Integral $Y = A_0/(s + nT)$ ist, wobei $T = 1/\lambda$ die Länge der Verzögerung ist. Schreiben Sie die allgemeine Lösung an.

9.5 Drücken Sie das Lagerzyklus-Modell (von 9.6 mit konstantem $\bar{K}$) in Periodenform aus, indem Sie eine Ein-Perioden-Verzögerung im Ausstoß annehmen und K_t für den Anfangsbestand der Konsumgüter schreiben. Zeigen Sie, daß sich eine Differenzengleichung zweiter Ordnung mit der Lösung $Y_t = B\alpha^t \cos(\omega t - \tau)$ ergibt, wobei B und τ durch die Anfangsbedingungen gegeben sind und wo $\alpha = 1 - s$, $\omega^2 = s(1-s)$. Was kann über den Lagerzyklus ausgesagt werden? Untersuchen Sie die auftretenden Schwierigkeiten, wenn eine verteilte Verzögerung (distributed lag) im Ausstoß (abgesehen von der Lagerbildung) der Form: $Y_t = \lambda Z_{t-1} + (1-\lambda) Z_{t-2}$ vorliegt?

9.6 Die Lösung des kontinuierlichen Modells des Lagerzyklus (9.6 oben) hängt von den Wurzeln der quadratischen Gleichung: $p^2 + s(1+\lambda)p + s\lambda = 0$ ab. Zeigen Sie, daß diese

$$-\frac{1}{2} s(1+\lambda)\left[1 \pm \sqrt{\left(1 - \frac{4\lambda}{s(1+\lambda)^2}\right)}\right]$$

sind und leiten Sie ab, daß es zwei Fälle gibt: 1. zwei reelle und negative Wurzeln und 2. konjugiert komplexe Wurzeln mit negativen reellen Teilen.

9.7 Wenn im kontinuierlichen Lagerzyklusmodell von 9.6 für $k > 0$ $\bar{K} = kC$ gilt, zeigen Sie, daß die Differentialgleichung zu

$$[1 - (1-s)k]\, D^2 Y - [(1-s)\lambda k - s(1+\lambda)]\, DY + s\lambda Y = 0$$

wird. Zeigen Sie, daß es *keine* oszillatorische Lösung *geben kann*, wenn $k > 1/(1-s)$ und geben Sie an, warum das wahrscheinlich der Fall sein wird. Wenn jedoch $s < \frac{1}{2}$ und $\lambda = 1$, zeigen Sie, daß man eine Lösung mit gedämpfter Schwingung erhält, wenn $k < 2\,s/(1-s)$. Setzen Sie $s = 0{,}25$ und $\lambda = 1$ und weisen Sie nach, daß gedämpfte Schwingungen vorliegen, wenn der gewünschte Bestand kleiner als zwei Drittel des Umsatzes pro Zeiteinheit (die gleich der Länge der Ausstoßverzögerung ist) ist.

9.8 Zeigen Sie, daß die Differentialgleichung (1) des Modells von 9.7 (mit konstantem A) mit jener der vorhergehenden Übung identisch ist, wenn k als $v/(1-s)$ angenommen wird. Warum ist das so? Wenn $\lambda = 1$, ist die Hilfsgleichung $(v-1)\,p^2 + (v-2\,s)\,p - s = 0$. Untersuchen Sie die Wurzeln, wenn $s < \frac{1}{2}$ und zeigen Sie, daß das Modell dann und nur dann eine gedämpfte Lösung hat, wenn $v < 2\,s$. Zeigen Sie, daß die Lösung andernfalls entweder eine explosive Schwingung ist, wenn $2\,s < v < 2\sqrt{[s\,(1-s)]}$, oder ein explosives Wachstum, wenn $s > 2\sqrt{[s\,(1-s)]}$. Wenn $s = 0{,}25$ und der gewünschte Kapitalkoeffizient für Jahreswerte 2 ist, zeigen Sie, daß für eine gedämpfte Lösung v unter 0,5 liegen muß, entsprechend einer Ausstoßverzögerung von mehr als 4 Jahren.

9.9 Zeigen Sie, daß im Modell von 9.7 bei variablen autonomen Ausgaben $A\,(t)$ die Strombedingungen und die Bestandidentität $Z = C + A$, $Y = (\bar{K} - K) + [\lambda/(D + \lambda)]\,Z$ und $DK = sY - A$ sind. Leiten Sie ab, daß die Differentialgleichung gleich (1) von 9.7 ist, und zwar mit dem Zusatz von $(1 + \lambda)\,DA + \lambda A$ auf der linken Seite. Setzen Sie $A = A_0{}^{nt}$ und zeigen Sie, daß die Differentialgleichung für das Gleichgewicht ($\lambda \to \infty$)

$$(v-s)\,DY - sY + A_0\,(1 + n)\,e^{nt} = 0$$

ist. Ermitteln Sie das partikuläre Integral $Y = \bar{Y}_0\,e^{nt}$, wobei

$$\bar{Y}_0 = \frac{1+n}{s-n\,(v-s)}\,A_0 = \frac{1+n}{(v-s)\,(g-n)}\,A_0 \qquad \left(g = \frac{s}{v-s}\right).$$

Kapitel 10

Kapitalakkumulation

10.1 Wachstum

Die kurzfristige Analyse des Gütermarktes hängt von der Annahme ab, daß alle Investitionen von exogenen Faktoren, die den Zinssatz mit einschließen, bestimmt sind und daß die Periode so kurz ist, daß investitionsbedingte Veränderungen des Kapitalbestandes vernachlässigt werden können. Das Einkommensniveau im statischen Gleichgewicht kann auch als stationärer Zustand interpretiert werden, in dem es keine induzierten Investitionen (die vom Einkommen oder von Einkommensveränderungen abhängen) gibt und ein optimaler Kapitalbestand vorliegt.

Längerfristiger muß man jedoch Kapitalakkumulation und die über die Investitionen laufenden Beziehungen zwischen Ausstoßveränderungen und Veränderungen des Kapitalbestandes zulassen. Wir sind dann in erster Linie mit Wachstum befaßt, das sich mit verschiedenen Raten in der Zeit vollzieht und in einem System, das im Gleichgewicht oder nicht im Gleichgewicht sein kann. Es gibt dabei noch immer einen stationären Zustand, der einem Null-Wachstum entspricht; das für langfristige Analysen gegeignete Gleichgewichtskonzept aber ist eine Wachstumsrate in der Zeit und, im besonderen, ein **stetiges Wachstum** (steady state growth), in dem alle Variablen mit der gleichen konstanten Rate wachsen (5.1 oben). Man kann sich stetiges Wachstum in absoluten Größen als eine stetige Zunahme pro Jahr in dem Ausmaß vorstellen, daß der Pfad einer Variablen, wenn man sie auf einer natürlichen Skala in bezug auf die Zeit einzeichnet, eine gerade Linie ist. Das Wachstum jedoch, an das wir gewöhnlich denken, ist ein proportionales, eine bestimmte prozentuale Zunahme in der Zeit. Die konstante Rate stetigen Wachstums ist dann eine proportionale und der Pfad einer Variablen ist linear auf einer Verhältnis-(logarithmischen) Skala. Diesen Fall werden wir hier stets annehmen.

Die zu untersuchenden Systeme sind nachfrageorientierte Modelle des Gütermarktes. Sie sind nachfrageorientiert in dem Sinne, daß sie nicht auf die Arbeitskraft oder auf Beschäftigung Bezug nehmen, mit der Ausnahme, daß die Nachfrage nach Arbeit von der Güterseite gegeben wird, eine Nachfrage, die zusammen mit anderen Bedingungen des Arbeitsmarktes gesondert zu betrachten ist. Die Variablen sind Ausstoß (der gleich dem Einkommen ohne Verzögerung ist), Konsum und Sparen, Investitionen und Kapitalbestand. Die Beziehungen zwischen den Variablen sind teils definitorisch, teils funktional, werden aber hauptsächlich durch die Strom- und Bestandbedingungen für den Gütermarkt dargestellt. Wenn jedoch ein Modell aufgestellt wird, ist unsere erste Frage, ob es mit stetigem Wachstum konsistent ist, d. h. ob eine Lösung des Modells, keinesfalls notwendigerweise die einzige Lösung, darin besteht, daß alle Variablen gemeinsam mit der gleichen Rate wachsen. Eine solche Lösung kann ein ‚mythischer Zustand' sein (Joan Robinson); er kann sogar ziemlich uninteressant sein, da, wenn sich alles gleich ausweitet, niemand besser gestellt werden kann als irgend ein anderer. Wie sein besonderer Fall, der stationäre Zustand, ist jedoch stetiges Wachstum die wesentliche Basis von realistischeren und weniger mythischen Modellen.

Da sich unsere Aufmerksamkeit auf Kapitalakkumulation konzentriert, beginnen wir mit der Annahme, daß der Kapitalbestand K ein direkt meßbares Konzept ist. In der statistischen Praxis ist der Bestand K wie der Ausstoß ein zu konstanten Preisen bewertetes Aggregat nicht homogener Gegenstände. Für eine genaue und scharfe Spezifikation eines theoretischen Modells müssen wir dem Index-Problem ausweichen. Die klarste Art, das zu tun, ist die äußerst vereinfachende Annahme, daß es ein einziges homogenes Gut gibt, das sowohl für den Konsum als auch als Kapital in der Produktion verwendet wird. Abgesehen von der Arbeit, die zum Beispiel in Arbeiterjahren gemessen wird, gibt es dann hier nur eine physische Einheit. Folgende Annahme wird nun gemacht: **Ausstoß Y und Kapitalbestand K bestehen gleicherweise aus einem einzigen homogenen Gut.** Kapital ist der nicht konsumierte Teil des Gutes und Investieren ist der Prozeß, Ausstoß dem Kapitalbestand und nicht dem Konsum zuzuführen; weiters muß Kapital ein vollkommen flexibler Produktionseinsatz sein, der jedwede erforderliche Form annehmen kann.

Die Annahme eines einzigen homogenen Gutes ist eine bequeme, aber nur vorläufige. Später werden Modelle gebaut, die entweder den Kapitalbestand nicht beachten (sie hängen nur von einer Investitionsfunktion ab) oder den Bestand als ein Aggregat von ‚Maschinen' verschiedener ‚Jahrgänge' und mit verschiedenen ‚Sterberaten' annehmen.

Die Technologie der Wirtschaft kann in Form einer Produktionsfunktion $Y = F(K, L)$ zu jeder gegebenen Zeit zusammengefaßt werden. Y ist hier der Nettoausstoß der Einsätze K des Kapitals und L der Arbeit; die Investitionen werden, um in dieses Nettokonzept zu passen, als Nettozuwachs zum Kapitalbestand aufgefaßt. Die Technologie der Wirtschaft kann sich mit der Kapitalakkumulation und der Entwicklung der Variablen entlang ihres Zeitpfades ändern. Im allgemeinen müssen wir daher eine sich verschiebende Produktionsfunktion schreiben: $Y = F(K, L, t)$, wobei Y, K und L Funktionen der Zeit sind und t ausdrücklich aufscheint, um die Verschiebung der Technologie zu gestatten. Diese Darstellung legt die drei Faktoren eines Ausstoßwachstums klar: Kapitalakkumulation (Wachstum von K), Ausweitung der Arbeitskraft (Wachstum von L), und technischer Fortschritt (Verschiebungen von F). Diese drei Bestandteile bedingen sich nicht gegenseitig und in der folgenden Analyse werden sie nacheinander eingeführt. Kapitalakkumulation ist ein wesentliches und endogenes Element in allen Wachstumsmodellen. Die anderen Faktoren — mehr Arbeit und bessere Technologie — können als exogene Einflüsse betrachtet werden, und sie werden in unseren Modellen auch so behandelt, wenn sie eingeführt werden — zuerst die Ausweitung der Arbeitskraft und dann der technische Fortschritt. Das Wachstum des Arbeitsangebots und technische Veränderungen mögen die Triebkraft darstellen, aber Kapitalakkumulation ist der Träger wirtschaftlichen Wachstums.

Die zwei führenden Variablen, die wir in unsere Modelle nehmen, sind Ausstoß (Einkommen) Y und Kapitalbestand K, die anderen folgen, wenn diese gefunden sind. Die Wachstumsraten sind:

$$\frac{1}{Y} DY = D \log Y \quad \text{und} \quad \frac{1}{K} DK = D \log K \ .$$

Die Nettoinvestition ist dann einfach die Erhöhung des Kapitalbestandes: $I = DK$.

So stellt
$$\frac{I}{K} = \frac{1}{K} DK = D \log K$$

sowohl die Investition als Anteil am Kapitalbestand als auch die Wachstumsrate des Bestandes dar. Wir erwarten stetiges Wachstum, wenn sowohl Y als auch K mit einer konstanten proportionalen Rate wachsen, die für jede Variable gleich ist. Wenn die gemeinsame Rate g ist, die als **befriedigende Rate** des stetigen Wachstums bezeichnet wird, dann ist:

$$D \log Y = D \log K = g \ ,$$

was nach Integration $\log Y =$ Konstante $+ gt$, d. h. $Y = Ae^{gt}$ ergibt (A ist eine Integrationskonstante). Ähnliches gilt für K. Wenn die Anfangswerte Y_0 und K_0 zur Zeit $t = 0$ gegeben sind, gilt:

$$Y = Y_0 \, e^{gt} \quad \text{und} \quad K = K_0 \, e^{gt} \ .$$

Weiters haben wir, da I/K auch gleich g ist:

$$I = I_0 \, e^{gt}, \quad \text{wobei} \quad I_0 = gK_0 \ .$$

Alle Variablen wachsen exponentiell mit der befriedigenden Rate g von ihren Anfangswerten in $t = 0$ an.

10.2 Feste Koeffizienten: Kontinuierliche Analyse

Unser erstes Modell, das die Hauptzüge langfristiger Kapitalakkumulation aufzeigen soll, ist ein nachfrageorientiertes Modell des Gütermarktes, das auf das Wesentlichste reduziert ist. Bei der Formulierung der **Strombedingungen** des Gütermarktes, sowohl für dynamisches Gleichgewicht wie auch Ungleichgewicht, nehmen wir an, daß es keine Verzögerungen in der Nachfrage oder im Ausstoß gibt, ferner daß die Sparfunktion eine proportionale Form hat ($S = sY$, $0 < s < 1$) und (vorläufig) daß es keine autonomen Ausgaben gibt. Auf Grund von 2.4 oben reduzieren sich die Bedingungen daher auf $Y = C + I$; C und I sind geplanter Konsum und geplante Investitionen. Sie sind gleichbedeutend mit der Gleichheit von geplanten Investitionen und geplantem Sparen: $I = S = sY$. Da $I = DK$, können wir die Strombedingungen in unseren Variablen Y und K ausdrücken:

$$DK = sY \text{ für alle } t \ . \qquad (1)$$

Die Gleichung (1) gilt in allen Fällen, wo es keine Verzögerung in der Nachfrage oder im Ausstoß gibt, ob für Gleichgewicht oder für Ungleichgewicht. Wir sind frei, in Form einer Bestandbedingung oder an deren Stelle irgend eines Ungleichgewichtsmechanismus hinzufügen, was immer wir über die Technologie der Wirtschaft und die Investitionspläne der Unternehmer annehmen wollen.

Zuerst betrachten wir langfristiges Gleichgewicht und vereinfachen die technologischen Aspekte soweit wie möglich, indem wir feste Koeffizienten annehmen. Wir unterscheiden zwei Arten des Gleichgewichtsmodells, das erste ist:

Die Version der Produktionsfunktion mit konstanter Kapitalproduktivität. Eine Produktionsfunktion mit festen Koeffizienten wird angenommen, sie hat konstante Skalenerträge und keine Substitution zwischen den Faktoren. Sie stellt einen einfachen Produktionsprozeß dar, entweder den einzigen, der technisch möglich ist, oder einen aus mehreren verfügbaren Prozessen ausgewählten (3.2 oben). Für beliebige Einsätze K und L ist die Funktion: $Y = \text{Min}\,(K/v, L/u)$; u und v sind positive Konstanten; schalten wir jedoch jeden Einsatz, der verschwendet wird, aus, dann können wir schreiben: $Y = K/v = L/u$. Die Interpretation wird im vorliegenden Zusammenhang eines nachfrageorientierten Modells vereinfacht, da wir nur ein untergeordnetes Interesse am Arbeitseinsatz haben. Das Problem der Vergeudung von Kapital gibt es nicht; wenn der Kapitalbestand mit K gegeben ist, dann ergibt die Produktionsfunktion den Kapazitätsausstoß $Y = (1/v)\,K$. Mehr brauchen wir nicht. Zum Ende der Analyse, wenn der Ausstoß bestimmt ist, schließen wir die

Sache ab, indem wir feststellen, daß die erforderliche Arbeitskraft, die Mannschaft zur Besetzung der Ausrüstung, durch $L = uY$ gegeben ist. Wir übertragen L als Nachfrage nach Arbeit auf den Arbeitsmarkt.

Wir brauchen den festen Koeffizienten v in $Y = (1/v)\,K$ oder $K = vY$. Man muß sich der Interpretation stets bewußt sein: die Technologie ergibt den Kapazitätsausstoß als Funktion des verfügbaren Kapitalbestandes: ($Y = (1/v)\,K$). Der feste Koeffizient stellt eine konstante Kapazitätskapitalproduktivität $1/v$ dar. Haben wir das einmal geklärt, dann können wir das Verhältnis ohne weiteres in reziproker Form schreiben, wie wir es gewöhnlich tun, indem wir die technologische Bedingung als $K = vY$ ausdrücken und sagen, daß vY der für den Kapazitätsausstoß benötigte Kapitaleinsatz ist.

Das Gleichgewicht unseres Modells wird in einer einfachen **Bestandbedingung** ausgedrückt: der Kapitalbestand K wird zu jeder Zeit bis zur Kapazität ausgenützt. Wir haben daher eine zweite Beziehung zwischen unseren Variablen Y und K:

$$K = vY \quad \text{für alle} \quad t\,. \tag{2}$$

Das Gleichgewichtsmodell ist nun vollständig spezifiziert, zwei Beziehungen (1) und (2) in zwei Variablen Y und K schließen zwei Parameter ein: die Sparneigung s ($0 < s < 1$) und die konstante Kapitalproduktivität $1/v$ ($v > 0$).

Zu jeder Zeit t sind also die Bedingungen für **langfristiges Gleichgewicht** am Gütermarkt:

$$\left.\begin{array}{ll} \text{Vollkapazität} & K = vY \\ \text{Investition} = \text{Sparen} & DK = sY \end{array}\right\} \tag{3}$$

s und v sind gegebene Parameter ($0 < s < 1$ und $v > 0$). Es gibt eine eindeutige Lösung, die man aus (3) entweder in Y oder in K ausgedrückt erhält. Wir schreiben $g = s/v$. Schaltet man dann K in den zwei Gleichungen von (3) aus, erhält man:

$$vDY = DK = sY\,, \quad \text{d. h.} \quad \frac{1}{Y}\,DY = D\log Y = g\,.$$

Alternativ, nach Ausschaltung von Y:

$$DK = sY = s\,(K/v)\,, \quad \text{d. h.} \quad \frac{1}{K}DK = D\log K = g\,.$$

Die einzige Lösung des Modells ist daher, daß Y und K mit der Rate $g = s/v$ wachsen, d. h. das Modell ergibt nur stetiges Wachstum mit der befriedigenden Rate g. Die Pfade von Y und K von gegebenen Anfangswerten Y_0 und $K_0 = vY_0$ an sind:

$$Y = Y_0\, e^{gt} \quad \text{und} \quad K = K_0\, e^{gt} .$$

Der Investitionspfad $I = DK = sY$ folgt dann als $I = I_0\, e^{gt}$, wobei $I_0 = sY_0$. Das Ergebnis ist:

Das nachfrageorientierte Modell des Gütermarktes mit proportionalem Sparen ($S = sY$) und konstanter Kapitalproduktivität ($K = vY$), hat ein eindeutiges langfristiges Gleichgewicht in Form stetigen Wachstums mit der befriedigenden Rate $g = s/v$ von einem gegebenen Anfangsausstoß Y_0 an:

$$Y = Y_0\, e^{gt},\; K = K_0\, e^{gt}, \quad \text{und} \quad I = I_0\, e^{gt}, \quad \text{wobei} \quad K_0 = vY_0$$
$$\text{und} \quad I_0 = sY_0.$$

Die Lösung (4) ist eine unmittelbare Folge der inflexiblen Bedingungen, die für das Gleichgewicht im Modell angenommen und in den zwei Proportionalitätsbedingungen (3) ausgedrückt wurden. Nimmt man die drei Variablen, Ausstoß oder Einkommen Y, Kapitalbestand K und Investitionen I, so findet man, daß die Strombedingung $I = sY$ I stets als festen Anteil (s) von Y und die Bestandsbedingung $K = vY$ K stets als festen Anteil (v) von Y ergibt. Wie auch immer Y variiert, müssen I und K in konstanten Verhältnissen nachfolgen. Das Verbindungsglied zwischen ihnen ist definitiorisch: $DK = I$. Das beschränkt die Variation von Y, so daß $vDY = sY$, d. h. die proportionale Veränderungsrate ist $g = s/v$, eine Konstante, die durch die Parameter s und v gegeben ist. Die befriedigende Wachstumsrate g ist die einzige, die mit allen Bedingungen konsistent ist, und sie ist in der Zeit konstant. Alle Variablen (Y, K und I) müssen sich in der Zeit streng proportional und mit der konstanten befriedigenden Wachstumsrate ($g = s/v$) verändern.

Alternative Version — konstanter Kapitalkoeffizient. Eine ganz andere Formulierung des Gleichgewichtsmodells beruht auf einer alternativen Sicht der Technologie der Wirtschaft. Es wird keine Produktionsfunktion angenommen. Man nimmt dafür einfach an, daß für jeden gegebenen Ausstoß Y der Kapitalbestand K^*, der von den Unternehmungen gewünscht wird, ein konstantes Vielfaches (v) des Ausstoßes ist: $K^* = vY$. Es gibt wieder einen festen Koeffizienten, aber es handelt sich jetzt um einen gewünschten Kapitalkoeffizienten, geschrieben als v. Die Strombedingung des Modells ist weiterhin (1) und die nun angenommene Bestandbedingung ist, daß der gewünschte Kapitalbestand jederzeit erreicht wird: $K = K^*$, für alle t. Es ist daher $K = vY$, für alle t. Die Gleichungen des Modells sind wieder (3) und die eindeutige Lösung ist das stetige Wachstum (4). Das Modell ist in seiner *ökonomischen Spezifikation* verschieden, hat jedoch die gleiche *mathematische Form,* d. h. die gleichen Bedingungen und die gleiche Lösung wie im oben analysierten Falle der Produktionsfunktion.

10.3 Autonome Ausgaben und der stationäre Zustand

Die Lösung des Gleichgewichtsmodells für den Fall, daß es keine autonomen Ausgaben gibt, ist für jede der untersuchten Versionen ein stetiges Wachstum des Ausstoßes (Einkommens) Y von einem gegebenen Anfangswert Y_0 in $t = 0$ an:

$$Y = Y_0 \, e^{gt}, \quad \text{wobei} \quad g = s/v \, . \tag{1}$$

Wenn $Y_0 > 0$, dann erhöht sich Y in der Zeit mit der befriedigenden Rate g und das ist die natürliche Interpretation der zu wählenden Lösung (1). Die Lösung setzt auch, zumindest formal, fest, daß man den stationären Zustand erhält, wenn $Y_0 = 0$ für alle t, und daß Y in der Zeit mit der befriedigenden Rate fällt, wenn $Y_0 < 0$. Sollen wir das ausschließen, indem wir verlangen, daß $Y_0 > 0$? Oder hat das mehr als eine formale Bedeutung? Wir müssen diese Fragen ziemlich genau erörtern.

Der kritische Punkt ist die vereinfachende Annahme, daß es keine autonomen Ausgaben gibt. Die Annahme kann jedoch leicht fallen gelassen werden. Nehmen wir an, daß die **autonomen Ausgaben A in der Zeit konstant** sind. Dann ist bloß eine geringfügige Änderung in den Strombedingungen des Gütermarktes notwendig:

$$Y = C + I + A \quad \text{ist äquivalent} \quad I + A = S, \quad S = sY \, .$$

Die zweite Form ist wieder die bekannte Gleichheit von geplanten Investitionen und geplantem Sparen, die durch die Hinzunahme der autonomen Investition zu I und/oder durch Abzug des autonomen Konsums von S verändert wird. Da $I = DK$, haben wir auf Grund der üblichen Annahme, daß kein Teil von A eine den Kapitalbestand erhöhende Investition ist, die Strombedingung:

$$DK + A = sY \quad \text{für alle} \quad t \, . \tag{2}$$

Wir brauchen jetzt nur die Bedingung (1) von 10.2 durch die neue Version (2) ersetzen. Das gilt für jedes Gleichgewichts- oder Ungleichgewichtsmodell, vorausgesetzt, daß es keine Verzögerungen in der Nachfrage oder im Ausstoß gibt. Die Technologie- oder Investitionsbedingungen können wir annehmen wie wir wollen. Im besonderen haben wir im langfristigen Gleichgewicht bei voller Kapazität und gegebenem Kapitalkoeffizienten v anstelle von (3) von 10.2:

$$K = vY \quad \text{und} \quad DK + A = sY \, ,$$

so daß man die Lösung für Y aus

$$vDY = DK = sY - A$$

erhält. Der Ausstoß-(Einkommens-)pfad ist daher die Lösung der Differentialgleichung:

$$vDY - sY + A = 0 \,. \tag{3}$$

Das partikuläre Integral ist $Y = A/s$ und die vollständige Lösung ist:

$$Y = \frac{A}{s} + Be^{gt} \quad \left(g = \frac{s}{v} \text{ und } B \text{ ist willkürlich gewählt}\right).$$

In $t = 0$: $$Y_0 = \frac{A}{s} + B \,, \text{ d.h. } B = Y_0 - \frac{A}{s} \,.$$

Die verallgemeinerte Form der Lösung (1) ist daher:

$$Y = \frac{A}{s} + \left(Y_0 - \frac{A}{s}\right) e^{gt}, \quad \text{wobei} \quad g = s/v \,. \tag{4}$$

Die einzige Gleichgewichtslösung des Modells bleibt stetiges Wachstum mit der befriedigenden Rate $g = s/v$. Wir scheinen jedoch mehr Freiheit in der Wahl des Anfangsausstoßes Y_0 zu haben. Wenn $Y_0 = A/s$, das Ausstoßniveau des Multiplikators, dann ist $Y = A/s$ für alle t und man erhält den **stationären Zustand** als besonderen Fall stetigen Wachstums. Wenn weiters $Y_0 \neq A/s$, dann kommt es entweder zu einem stetigen Anstieg ($Y_0 > A/s$) oder zu einer stetigen Abnahme ($Y_0 < A/s$) des Ausstoßes von Y_0 an, entsprechend der Richtung, in welcher der Anfangsausstoß vom stationären Niveau abweicht.

Genau wie in 2.6 oben folgt, daß man die stetige Wachstumslösung eher in der einfacheren Form (1) als in der Form (4) ausdrücken kann, solange die autonomen Ausgaben A in der Zeit konstant sind. Wir vernachlässigen A, indem wir Y vom stationären Niveau A/s an messen. Der stationäre Zustand ist dann $Y = 0$ und man erhält ihn, wenn $Y_0 = 0$; und es liegt stetiges Wachstum oder stetige Schrumpfung entsprechend (1) vor, je nachdem, ob $Y_0 > 0$ oder $Y_0 < 0$.

Veränderungen des Kapitalbestandes K (oder der Investitionen I) sind nicht besprochen worden. Diese folgen aber unmittelbar, da $K = vY$ für alle t. In natürlichen Einheiten ist daher:

$$K = \frac{A}{g}\left(K_0 - \frac{A}{g}\right) e^{gt}, \quad \text{wobei} \quad K_0 = vY_0 \,,$$

und, wenn wir K vom optimalen Niveau A/g an messen, haben wir

$$K = K_0 \, e^{gt}, \quad \text{wobei} \quad K_0 = vY_0 \,.$$

Unsere Schlußfolgerung ist, daß wir ohne Hemmungen die stetige Lösung des Modells verwenden können: $Y = Y_0 e^{gt}$ und $K = K_0 e^{gt}$. Die Anfangsniveaus sind nicht auf positive Werte zu beschränken, d. h. auf nach oben gerichtete Abweichungen vom stationären Niveau. In einer Hinsicht mangelt es jedoch der ganzen Lösung, ob Wachstum oder Schrumpfung, an ‚Realismus'. Mit fortschreitender Zeit steigen oder fallen sowohl Y als auch K bei der stetigen Lösung unbegrenzt, wobei in gleicher Weise die Tatsache übersehen wird, daß im einen Fall der Ausstoß die Kapazität der Kapitalproduktion überschreiten kann und im anderen Fall notwendigerweise Ausstoß oder Kapital früher oder später negativ werden. Das ist aber eine andere Geschichte.

Der Fall, in dem **autonome Ausgaben in der Zeit** entsprechend einer durch exogene Faktoren gegebenen Funktion $A(t)$ **variieren,** kann in die Analyse des Gleichgewichtsmodells hineingepaßt werden. Die Differentialgleichung bleibt (3) oben, mit der Ausnahme, daß eine besondere Funktion $A(t)$ für A eingeschaltet wird. Ein partikuläres Integral $Y = f(t)$ wird gesucht, wobei f von der Form von $A(t)$ abhängt, um die vollständige Lösung $Y = f(t) + Be^{gt}$ (B ist willkürlich und durch Y_0 gegeben) zu erhalten. Der Ausstoßpfad hängt also zum Teil von der befriedigenden Wachstumsrate des Modells ab, zum Teil aber auch von der Veränderung des Ausstoßes, die durch die exogene Bewegung der autonomen Ausgaben bewirkt wird (siehe Übung 10.1).

10.4 Feste Koeffizienten: Periodenanalyse

Überträgt man das Wachstumsmodell von 10.2 in die Periodenform, dann verliert man die meisten Vorteile der Annahme für die kontinuierliche Analyse, daß alle zugrundeliegenden Entscheidungen und Anpassungen fließend in der Zeit vor sich gehen. Im besonderen können wir nicht mehr den Kapitalbestand K mittels der Ableitung $I = DK$ in den Investitionsstrom umwandeln und mit dem Ausstoßstrom im gleichen Zeitpunkt vergleichen. Wir bezeichnen aufeinanderfolgende Perioden mit $t = 0, 1, 2, 3, \ldots$, und schreiben Y_t für den Ausstoß (Einkommen) *während der Periode t,* müssen aber den Kapitalbestand K_t für einen *Zeitpunkt* der Periode datieren und erhalten dann die Investitionen I_t für die Periode aus den Veränderungen des Kapitalbestandes. Man kann sich den Kapitalbestand K_t als den Bestand in der Mitte der Periode oder sogar als einen in der Periode gehaltenen Durchschnittsbestand denken; das würde aber nicht mit dem Periodenkonzept übereinstimmen, wonach die Zeit in geeignete Teile aufgespalten ist, um diskontinuierliche Anpassungen zwischen einer Periode und der anderen zu gestatten. Die entsprechende Datierung des Kapitalbestandes geschieht also zwischen den Perioden und wir schreiben K_t als den *An-*

fangsbestand der Periode t, er ist gleich dem Endbestand der vorangehenden Periode[1]. Als Folge davon haben wir eine Ungewißheit bei der Betrachtung des Kapitalbestandes, je nachdem, ob wir auf Ausstoß und Investitionen in der folgenden Periode voraus- oder auf diese Ströme in der vorigen Periode zurücksehen. Diese Schwierigkeit spiegelt sich in den Unterschieden in der Formulierung und Lösung von Periodenmodellen wider.

Die **Strombedingungen** sowohl für Gleichgewichts- als auch für Ungleichgewichtsmodelle können leicht in Periodenform ausgedrückt werden, wenn es keine Verzögerungen in der Nachfrage und im Ausstoß gibt:

$$Y_t = C_t + I_t \quad \text{äquivalent zu} \quad I_t = S_t \ ;$$

C_t, S_t und I_t sind geplante Ströme in der Periode t und autonome Ausgaben werden vernachlässigt. Die Verbindung mit dem Anfangskapitalbestand K_t ist eine Sache der Definition:

$$I_t = K_{t+1} - K_t \ .$$

Man muß noch die geplanten Ersparnisse spezifizieren und dabei geraten wir in Schwierigkeiten. Wir wählen eine proportionale Sparfunktion mit konstanter Sparneigung s, haben jedoch zu entscheiden, ob wir $S_t = sY_t$ oder $S_t = sY_{t-1}$ schreiben. Nach der einen Form wird angenommen, daß die Ersparnis gleichzeitig mit dem Einkommen während der Periode t festgelegt wird, nach der anderen, daß sie im voraus auf Basis des früheren Einkommens entschieden wird. Welche Form paßt für ein Modell ohne Nachfrageverzögerung? Wir legen uns vorläufig nicht fest und schreiben die Strombedingungen in alternativen Formen an:

$$K_{t+1} - K_t = sY_t \, (t = 0, 1, 2, \ldots) \quad \text{oder} \quad K_{t+1} - K_t = sY_{t-1} \, (t = 1, 2, 3, \ldots) \ . \qquad (1)$$

Wir finden dann, daß wir auch in der Formulierung der **Bestandbedingung** für das Gleichgewicht eine Wahl haben. Es handelt sich um eine Vollkapazitätsbedingung in einer Technologie, in der Ausstoß und Kapital durch einen festen Proportionalitätskoeffizienten v verbunden sind. Die Frage ist: in welcher Weise wirkt die Beziehung? Es gibt wieder zwei Versionen des Modells: die Produktionsfunktionsversion mit einer konstanten (Kapazitäts-)Kapitalproduktivität $(1/v)$, und die alternative Version, in der v ein konstanter (gewünschter) Kapitalkoeffizient ist. Die zwei Versionen müssen klar unterschieden werden, da in der ersten der Kapazitätsausstoß Y_t aus dem *früheren* Kapitalbestand K_t gegeben ist (d. h. $Y_t = (1/v) K_t$ oder $K_t = vY_t$), während in der zweiten der ge-

[1] Die Alternative ist, K_t als Endbestand der Periode x zu nehmen, das bringt aber nur eine Änderung der Bezeichnung von $t + 1$ zu t mit sich.

wünschte Kapitalbestand K_t vom *früheren* Ausstoß Y_{t-1} abhängt (d. h. $K_t = vY_{t-1}$). Man schreibt auch die Bestandbedingung auf zwei Arten an:

$$K_t = vY_t \; (t = 0, 1, 2, \ldots) \quad \text{oder} \quad K_t = vY_{t-1} \; (t = 1, 2, 3, \ldots)\,. \tag{2}$$

Die erste entspricht einem Produktionsfunktionsmodell, die zweite der alternativen Version.

Die Bedingungen für **langfristiges Gleichgewicht** auf dem Gütermarkt sind (1) und (2), mit $2 \times 2 = 4$ zu betrachtenden Kombinationen. Wir wollen eine im einzelnen untersuchen:

1. **Die Produktionsfunktionsversion/laufendes Sparen.** Es gibt zwei Parameter, die Sparneigung (s) und die Kapitalproduktivität ($1/v$). Die zwei Variablen, Ausstoß (Y) und Kapitalbestand (K) sind durch die zwei Bedingungen verbunden:

$$\left.\begin{array}{lr} \text{Vollkapazität} & K_t = vY_t \\ \text{Investition} = \text{Sparen} & K_{t+1} - K_t = sY_t \end{array}\right\} \tag{3}$$

Wir schreiben $g = s/v$ und erhalten die eindeutige Lösung, indem wir K aus (3) eliminieren:

$$vY_t - vY_{t-1} = K_t - K_{t-1} = sY_{t-1}\,,$$

sodaß:
$$Y_t = (1 + g)\,Y_{t-1} \quad \text{oder} \quad \frac{Y_t - Y_{t-1}}{Y_{t-1}} = g, \quad \text{wobei} \quad g = \frac{s}{v}\,. \tag{4}$$

Die zweite Form von (4) zeigt, daß die proportionale Ausstoßerhöhung von einer Periode zur anderen eine Konstante (g) ist und daß es daher stetiges Wachstum mit der befriedigenden Rate $g = s/v$ gibt. Die erste Form ist eine Differenzengleichung erster Ordnung in Y_t für $t = 1, 2, 3, \ldots$ und gibt den Pfad von Y_t von irgendeinem Anfangswert Y_0 an:

$$Y_t = Y_0\,(1 + g)^t \quad (t = 0, 1, 2, \ldots)\,. \tag{5}$$

Die andere Variable K_t folgt als vY_t:

$$K_t = K_0\,(1 + g)^t, \quad \text{wobei} \quad K_0 = vY_0 \quad (t = 0, 1, 2, \ldots)\,. \tag{6}$$

Die Lösung (5) und (6) stellt stetiges Wachstum mit der befriedigenden Rate $g = s/v$ dar, von den Anfangswerten pro Periode einmal „aufgezinst“. Es handelt sich um eine genaue Parallele zu der kontinuierlichen Lösung von 10.2, mit der Ausnahme, daß die diskontinuierliche Aufzinsung das kontinuierliche (exponentielle) Wachstum ersetzt.

Man erhält die Lösungen der anderen Versionen in ähnlicher Weise (siehe Übungen 10.3 und 10.4), sie sind als Fälle 2., 3. und 4. zusammengefaßt:

2. **Die Produktionsfunktionsversion/verzögertes Sparen:**

$K_t = vY_t$ und $K_{t+1} - K_t = sY_{t-1}$ gibt:

$$Y_t - Y_{t-1} - gY_{t-2} = 0 \ , \quad g = s/v \ ,$$

als Differenzengleichung zweiter Ordnung mit einer Lösung für Y_t in zwei Teilen. Der dominierende Teil ist ein Ausdruck mit $(1 + \lambda)^t$, wobei λ g nahe kommt, sofern g klein ist; der andere Teil ist eine mit fortschreitender Zeit rasch verschwindende Schwingung. Der Pfad von Y_t weicht von (5) bei kurzfristiger Betrachtung ab, nähert sich ihm aber, wenn $t \to \infty$ geht. Diese Art der Schwierigkeit ist in Periodenmodellen üblich.

3. **Alternative Version/laufendes Sparen:**

$$K_t = vY_{t-1} \quad \text{und} \quad K_{t+1} - K_t = sY_t$$

geben: $Y_t = \frac{1}{1-g} Y_{t-1}$ und $Y_t = Y_0 \left(\frac{1}{1-g}\right)^t$, wobei $g = s/v$.

Wenn $0 < g < 1$ handelt es sich wieder um stetiges Wachstum, aber mit der Rate λ, wobei $1 + \lambda = 1/(1-g)$, und so ist:

$$\lambda = \frac{g}{1-g} > g \ .$$

Die Wachstumsrate liegt über der befriedigenden Rate, kommt ihr aber nahe, wenn g klein ist.

4. **Alternative Version/verzögertes Sparen:**

$$K_t = vY_{t-1} \quad \text{und} \quad K_{t+1} - K_t = sY_{t-1}$$

gibt: $Y_t = (1 + g)\, Y_{t-1}$ und $Y_t = Y_0 (1 + g)^t$, wobei $g = s/v$.

Die Lösung ist genau das gleiche stetige Wachstum wie in der ersten Version oben; man erreicht es jedoch, indem man eine verzögerte Sparbeziehung ($S_t = sY_{t-1}$) anstelle einer laufenden ($S_t = sY_t$) nimmt, um der Abhängigkeit von K_t vom vorangegangenen Ausstoß Y_{t-1} zu entsprechen.

10.5 Stabilität: Das Messerschneide-Problem

Ein Gleichgewichtspfad in einem dynamischen Modell muß hinsichtlich seiner Stabilität geprüft werden. Wir betrachten Modelle der Kapitalakkumulation mit einer eindeutigen (stetigen) Lösung. Es folgt (wie in 5.1 oben), daß die Stabilität stetigen Wachstums im Rahmen eines breiteren Systems gleichgewichtiger oder ungleichgewichtiger

Dynamik zu betrachten ist. Wir konzentrieren uns hier auf eine einfache Ungleichgewichtsversion auf dem Gütermarkt, wie sie mit stetigem Wachstum konsistent ist.

Stabilität hat nicht im geringsten damit zu tun, ob die befriedigende Wachstumsrate $g = s/v$ mit dem übereinstimmt, was z. B. durch das gegebene Wachstum der Arbeitskraft zulässig ist. Dieses Problem wurde noch nicht aufgeworfen. Es wird später behandelt werden, wenn das Modell der Kapitalakkumulation durch Einbeziehung des Arbeitsmarktes erweitert wird.

Man muß ein Ungleichgewichtsmodell konstruieren, in dem zumindest eine der beiden Gleichgewichtsbedingungen des Kapitalmarktes aufgegeben und durch einen verzögerten Fehleranpassungsmechanismus ersetzt wird. Der stetige Wachstumspfad wird erzeugt, wenn die Anfangsbedingungen ‚richtig' sind (d. h. wenn $K_0 = vY_0$) und wenn danach die Vollauslastung der Kapazität und das Sparen aufrecht erhalten werden. Die zu erforschende Situation ist, was passiert, wenn Kapitalbestand und Ausstoß ursprünglich wegen früherer Fehler aus dem Gleichgewicht sind, oder wenn sie infolge späterer Störungen vom Pfad abgedrängt werden. Der in dieser Situation angenommene Fehleranpassungsmechanismus ist entscheidend; die Frage ist, was kann getan werden, um die Diskrepanz, wenn (und wie) sie auftritt, zu korrigieren.

Stabilität des stetigen Wachstums wird oft als das ‚Messerschneide-Problem' beschrieben. Ein einfacher Ansatz ist, daß man sagt, eines von zwei Dingen muß passieren, wenn einmal eine Abweichung vom Wachstumspfad eingetreten ist: entweder die Variablen neigen dazu, wieder zum Wachstumspfad zurückzukehren, oder sich von ihm zu entfernen. Im ersten Fall (Stabilität) folgt der Wachstumspfad einer ‚Mulde', so daß man nach einer Abweichung früher oder später wieder auf ihn zurückkommen muß. Im zweiten Fall (Instabilität) ist der Wachstumspfad eine ‚Messerschneide', so daß keine Abweichung von ihm korrigiert werden kann; wir können nicht mehr auf den Pfad zurückkommen.

Die Sache ist jedoch nicht so einfach. Stetiges Wachstum im Modell besteht aus zwei Zeitpfaden, einer für die Variable Ausstoß (Einkommen) Y und der andere für die Variable Kapitalbestand K. Jede wächst mit der befriedigenden Rate $g = s/v$. Wenn jedoch einmal eine Störung eintritt, müssen wir erwarten, daß die zwei Variablen ihre eigenen getrennten Wege gehen können. Bevor wir versuchen, ein spezifisches Ungleichgewichtsmodell zu bauen — was auf verschiedene Arten getan werden kann — müssen wir klarmachen, was wir zu erreichen versuchen.

Für ein Modell ungleichgewichtiger Dynamik sind drei Schritte erforderlich. Erstens müssen wir die Störung spezifizieren; dabei müssen wir sagen, wie die Variablen Y und K aus dem Gleichgewicht kommen.

Zweitens müssen wir einen spezifischen und geeigneten Fehleranpassungsmechanismus hinzufügen, der dazu bestimmt ist, Y und K wieder ins Gleichgewicht zu bringen. Schließlich müssen wir das Modell lösen, damit es die Ungleichgewichtspfade von Y und K ergibt und die Lösung mit dem stetigen Wachstum des Gleichgewichtsmodells vergleichen.

Im Gleichgewichtsmodell des Gütermarkts, das wir hier betrachten, ist die Anfangsbedingung, die stetiges Wachstum erlaubt, $K_0 = vY_0$. Angenommen, es tritt eine Störung ein, so daß tatsächlich $K_0 > vY_0$ und eine Überkapazität besteht. Wir müssen dann die Vollkapazitätsbedingung $K = vY$ fallen lassen und sie durch einen Fehleranpassungsmechanismus ersetzen, der den tatsächlichen Kapitalbestand K wieder in Übereinstimmung mit dem gewünschten Bestand vY bringen soll. Auf der anderen Seite behalten wir die Strombedingung bei, daß die Investitionen den Ersparnissen gleich sind: $DK = sY$. Nur wenn wir das alles mit einem oder mehreren entsprechend gelösten Ungleichgewichtsmodellen getan haben, können wir die Stabilität der stetigen Wachstumspfade von K und Y erforschen.

Die Situation kann am klarsten in Form eines Diagramms betrachtet werden (Fig. 10.5). Die gezeigten Wachstumspfade gehen unter der doppelten Gleichgewichtsbedingung des Modells von der ‚richtigen‘ Anfangsbedingung aus, nach welcher der Kapitalbestand vY_0 ist. Die tatsächliche Anfangsbedingung hat einen Kapitalbestand $K > vY_0$. Im Ungleichgewichtsmodell können die tatsächlichen Pfade von K und Y entsprechend der Formulierung des Modells so ihren Ausgang nehmen, wie es durch die strichlierten Linien im Diagramm gezeigt wird. Die Stabilität hängt davon ab, was mit diesen Pfaden passiert, wenn $t \to \infty$, und sie kann mehrere verschiedene Dinge bedeuten.

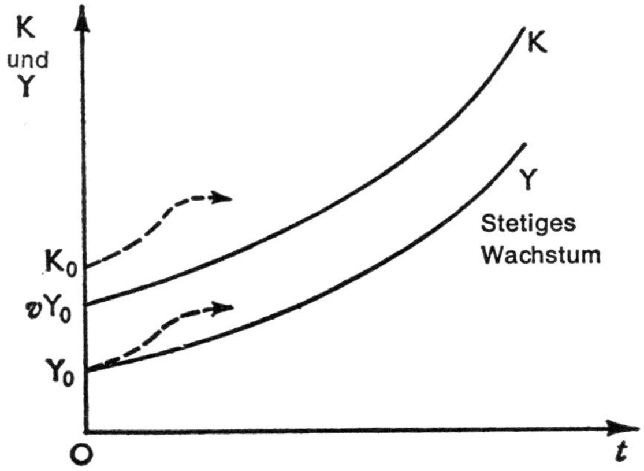

Fig. 10.5

Für **Stabilität** können wir fordern, daß die Pfade von K und Y dazu neigen, wieder genau auf die stetigen Wachstumspfade zurückzufinden — eine ziemlich starke Forderung. Aber wir können zufrieden sein, wenn jeder der Ungleichgewichtspfade von K **und** Y mit fortschreitender Zeit mit der befriedigenden Rate $g = s/v$ wächst, d. h. wenn sich die Pfade parallel (auf einer Verhältnisskala) zu den stetigen Wachstumspfaden bewegen, ohne daß sie mit ihnen zusammenfallen. Die erste der beiden Möglichkeiten stellt Stabilität in einem eher strengen Sinne dar; die zweite ist eine weniger strenge und gebräuchlichere Stabilitätsbedingung. Die erste verlangt, daß die tatsächlichen Pfade von K und Y nach stetigem Wachstum konvergieren; die zweite verlangt nur, daß die tatsächlichen Wachstumsraten von K und Y gegen die befriedigende Rate $g = s/v$ konvergieren. Die zweite ist **Stabilität im Sinne Harrods,** wie sie von Jorgenson verfochten wurde[2].

Diese beiden Fälle schöpfen noch nicht die Möglichkeiten aus. Wenn K und Y dazu neigen, mit der gleichen (befriedigenden) Rate g zu wachsen, dann wird das Verhältnis K/Y in der Zeit konstant. Die Konstanz von K/Y als Grenzwert folgt aber ganz allgemein, wenn K und Y danach streben, mit der gleichen Rate zu wachsen, gleichgültig ob das die befriedigende Rate g ist oder nicht. Das ist das Konzept der **relativen Stabilität,** daß die Variablen wohl letztlich mit der gleichen Rate wachsen, ohne daß diese mit der stetigen Wachstumsrate übereinstimmt. In der Fig. 10.5 haben wir relative Stabilität, wenn die tatsächlichen Pfade von K und Y dazu neigen, parallel zueinander (auf einer Verhältnisskala) ohne Beziehung zu den stetigen Pfaden zu verlaufen.

10.6 Stabilität: Kontinuierliche Analyse

Das Gleichgewichtsmodell von 10.2 oben mit der doppelten Gleichgewichtsbedingung am Gütermarkt hat eine eindeutige Lösung, und zwar stetiges Wachstum in Y und K:

$$Y = Y_0\, e^{gt} \quad \text{und} \quad K = K_0\, e^{gt}, \quad \text{wobei} \quad g = s/v\,,$$

vorausgesetzt, daß die Anfangswerte so sind, daß $K_0 = vY_0$.

Wir nehmen nun an, daß die Anfangsbedingungen aus dem Gleichgewicht sind: $K_0 > vY_0$. Wegen dieser anfänglichen Überkapazität lassen wir die Vollkapazitätsbedingungen fallen und nehmen an, daß die Über-

[2] D. W. *Jorgenson,* „On Stability in the Sense of Harrod", Economica (August 1960). Es sei festgehalten, daß, obwohl der Pfad von K (oder Y) sich auf einer Verhältnisskala parallel zum stetigen Wachstumspfad bewegt, die Pfade auf einer natürlichen Skala voneinander abweichen. Das ist ein charakteristisches Merkmal exponentiellen Wachstums. Wenn zwei Variablen mit der gleichen proportionalen Rate g wachsen: $x = ae^{gt}$ und $y = be^{gt}$, $a > b > 0$, dann wächst auch die Differenz $x - y = (a - b)\, e^{gt}$ mit der Rate g.

kapazität weiterbesteht ($K > vY$), während wir die Strombedingung, daß Investitionen gleich den Ersparnissen sind ($DK = sY$), aufrecht erhalten. Wir schreiben $K^* = vY$ als **gewünschten Kapitalbestand** zur Zeit t und führen so eine zusätzliche Variable ein. Der tatsächliche Kapitalbestand ist $K > K^*$, zumindest anfänglich, auf Grund von Fehlern in der Vergangenheit. Um das Ungleichgewichtsmodell zu vervollständigen, müssen wir einen Fehleranpassungsmechanismus spezifizieren. Wir haben eine breite Wahl, selbst unter den Möglichkeiten, die sowohl für das Gütermarkt-Modell geeignet als auch nicht offensichtlich unrealistisch sind. Darüber hinaus müssen wir, wie in allen dynamischen Modellen, erwarten, daß die Lösung des Ungleichgewichtsmodells ziemlich empfindlich hinsichtlich der Wahl der Fehleranpassungsbedingung und der Parameterveränderung in jeder besonderen eingeführten Bedingung ist.

Der hier analysierte Fall ist verhältnismäßig einfach und beruht auf einem dynamischen Modell von Phillips[3]. Es kann die Stabilität oder Instabilität stetigen Wachstums zumindest illustrieren, wenn schon nicht nachweisen. Das verwendete Konzept ist Stabilität im Sinne Harrods, so daß wir eine Situation betrachten, in der die tatsächliche Wachstumsrate zur befriedigenden Rate $g = s/v$ konvergiert.

Die Anfangsstörung sei: $K_0 > K_0^* = vY_0$ und $[(1/K)\,DK]_0 = x_0 > g$.
In $t = 0$ gibt es daher Überkapazität und die Investitionen entwickeln sich mit einer Rate, die größer als die befriedigende ist. Es können andere Anfangsbedingungen angenommen werden, die gewählten sind aber zumindest vernünftig. Der von den Unternehmern ins Spiel gebrachte **Fehleranpassungsmechanismus** wird als verzögerte Realisierung von Investitionsplänen angenommen, die dazu bestimmt sind, den Kapitalbestand auf das gewünschte Niveau zurückzuführen. Die Verzögerung hat eine einfache exponentielle Form mit einer Reaktionsgeschwindigkeit $\varkappa$. Der zu jedem Zeitpunkt erstellte und kontinuierlich angepaßte Investitionsplan besteht darin, daß die Investitionen um einen einheitlichen Betrag so vermindert werden, daß die Überkapazität ($K - K^*$) in einer bestimmten im vorhinein festgelegten Periode beseitigt wird. Die Zeiteinheit wird in irgendeiner bequemen Weise, z. B. ein Jahr, gewählt. Die fixierte Periode bestehe aus T Zeiteinheiten, so daß die proportionale Verminderung der Investition zum Abbau der Überkapazität in der Periode T

$$\frac{1}{T}\,\frac{K - K^*}{K}$$

[3] A. W. *Phillips*, „A Simple Model of Employment, Money and Prices in a Growing Economy“, Economica (November 1961).

zu jeder Zeit von t bis $t + T$ pro Zeiteinheit beträgt. Die befriedigende proportionale Investitionsrate ist g, so daß die geplante Rate

$$g - \frac{1}{T}\frac{K-K^*}{K} = g - \frac{1}{T}\left(1 - v\frac{Y}{K}\right) \quad \text{von} \quad K^* = vY \quad \text{an}$$

beträgt.

Die **Investitionsfunktion** des Fehleranpassungsmodells ist daher:

$$\frac{1}{K}DK = \frac{\varkappa}{D+\varkappa}\left[g - \frac{1}{T}\left(1 - v\frac{Y}{K}\right)\right].$$

Die Bedingungen des **Ungleichgewichtsmodells des Gütermarktes,** ausgedrückt in den zwei Variablen Ausstoß (Einkommen) Y und Kapitalbestand K, sind:

$$\left.\begin{aligned} &\text{Investitionsfunktion} && \frac{1}{K}DK = \frac{\varkappa}{D+\varkappa}\left[g - \frac{1}{T}\left(1 - v\frac{Y}{K}\right)\right] \\ &\text{Investition} = \text{Sparen} && DK = sY \end{aligned}\right\} \quad (1)$$

Wir lösen (1) für das tatsächliche Wachstum des Kapitalbestandes: $x = (1/K)\,DK = D \log K$ zu jeder Zeit t. Sein Anfangswert wird durch $x_0 > g$ gegeben. Für die Stabilität im Sinne Harrods verlangen wir, daß $x \to g$, wenn $t \to \infty$.

Aus der zweiten Gleichung von (1) haben wir $Y = (1/s)\,DK = (1/s)\,Kx$, so daß wir $v\,(Y/K) = (v/s)\,x = x/g$ in der ersten Gleichung substituieren, um

$$x = \frac{\varkappa}{D+\varkappa}\left[g - \frac{1}{T}\left(1 - \frac{x}{g}\right)\right]$$

zu erhalten, was die Differentialgleichung erster Ordnung in x ergibt:

$$Dx + \varkappa\left(1 - \frac{1}{gT}\right)x = \varkappa g\left(1 - \frac{1}{gT}\right).$$

Die Lösung, als Funktion einer Konstanten B, die aus den Anfangsbedingungen zu finden ist, lautet:

$$x = g + Be^{-\varkappa[1-(1/gT)]t}.$$

Da $x = x_0$, wenn $t = 0$, $B = x_0 - g$. So ist:

$$x = g + (x_0 - g)\,e^{-\varkappa[1-(1/gT)]t}. \quad (2)$$

Die Lösung (2) ist $x = g$ für alle t, wenn $x_0 = g$, d. h. $D \log K = g$. Stetiges Wachstum $K = K_0\,e^{gt}$ mit der befriedigenden Rate g ist daher eine partikuläre Lösung des Modells. Wenn $x_0 \neq g$, dann ist die Ungleichgewichtsbewegung der Wachstumsrate zur oder von der stetigen Rate weg durch (2) gegeben und die Stabilität oder Instabilität des stetigen Pfades ist bestimmt.

Die Ergebnisse hängen vom Vorzeichen und von der Größe des Koeffizienten $\varkappa\,[1-(1/gT)]$ im exponentiellen Ausdruck von (2) ab. Der Parameter $\varkappa$ beeinflußt nur die Größe dieses Koeffizienten und daher die Geschwindigkeit des Wachstums oder der Abnahme von x in der Zeit. Das Vorzeichen wird durch den Wert von T im Verhältnis zu $g = s/v$ gegeben. Wenn $T = 1/g$, was nur zufällig sein kann, dann haben wir die spezielle Lösung $x = x_0 > g$ für alle t und da x nicht nach g konvergiert, muß das als instabiler Fall betrachtet werden, in dem die Wachstumsrate ihren ursprünglich gestörten Wert für alle Zeit beibehält. Wenn $T < 1/g$, dann steigt der Exponent in (2) und da wir annehmen, daß $x_0 > g$, ist die Variation der Wachstumsrate eine zunehmende Abweichung von der stetigen Rate g, also ein instabiler Fall. Nur wenn $T > 1/g$, erhalten wir einen fallenden exponentiellen Ausdruck in (2) und eine Konvergenz von x nach g in der Zeit, also den stabilen Fall. Das Ergebnis in den Parametern T und $g = s/v$ ausgedrückt ist:

Das Ungleichgewichtsmodell des Gütermarktes zeigt, daß stetiges Wachstum in K mit der befriedigenden Rate g

stabil ist, wenn $\mathbf{T} > \frac{1}{\mathbf{g}}$

und **instabil ist, wenn** $\mathbf{T} \leqslant \frac{1}{\mathbf{g}}$.

Die tatsächlichen Zeitpfade von K und Y kann man auch von (1) und (2) erhalten. Da $x = D \log K$, bekommen wir $\log K$ (und so K) durch Integration von (2). Berechnung des Integrals und Auffinden der willkürlichen Konstanten aus dem Anfangswert K_0 gibt:

$$\log \frac{K}{K_0} = gt + \frac{1}{\varkappa}\,(x_0-g)\,\frac{gT}{gT-1}\,\{1-e^{-\varkappa[1-(1/gT)]t}\}\ .$$

Nur im stabilen Fall ($T > 1/g$) erhalten wir die Grenzform (wenn $t \to \infty$):

$$K = kK_0\,e^{gt}, \quad \text{wobei} \quad \log k = \frac{1}{\varkappa}\,(x_0-g)\,\frac{gT}{gT-1}\,,$$

d. h. K bewegt sich auf einem Pfad parallel (auf einer Verhältnisskala) zum stetigen Pfad. Da weiters $Y = (1/s)\,DK$, haben wir $Y/K = x/s$ und aus (2):

$$\frac{Y}{K} = \frac{1}{v} + \frac{x_0-g}{s}\,e^{-\varkappa[1-(1/gT)]t}\,.$$

Wieder finden wir nur im stabilen Fall, daß $Y/K \to 1/v$, so daß an der Grenze, wenn $t \to \infty$, die feste technische Beziehung $K = vY$ gilt. Im instabilen Fall ($T < 1/g$, der Spezialfall $T = 1/g$ sei vernachlässigt) wächst die Kapitalproduktivität exponentiell in der Zeit, d. h. es liegt nicht nur Instabilität vor, sondern auch relative Instabilität.

Unsere Schlußfolgerung kann wie folgt zusammengefaßt werden:

Stetiges Wachstum auf Grund des vorliegenden Ungleichgewichtsmodells ist nur dann stabil, wenn die Planungsperiode der Investitionen lang ist ($T > 1/g = v/s$). Für eine kurze Planungsperiode ($T < 1/g = v/s$) ist stetiges Wachstum sowohl instabil als auch relativ instabil.

Es bleibt noch zu prüfen, ob man sagen kann, wie die Situation wahrscheinlich in der Praxis sein wird. Diese Sache wird in 10.8 unten behandelt werden.

10.7 Stabilität: Periodenanalyse

Das Ungleichgewichtsmodell von 10.6, an dem Stabilität oder Instabilität des stetigen Wachstums abgeschätzt wird, kann direkt in Periodenschreibweise übersetzt werden. Das betrachtete Wachstumsmodell ist das aus (1) von 10.4 oben, in dem eine feste Kapazitäts-Kapitalproduktivität ($1/v$) mit einer proportionalen und laufenden Sparfunktion ($S_t = sY_t$) kombiniert wird. Die einzige Lösung ist stetiges Wachstum:

$$Y_t = Y_0 (1 + g)^t \quad \text{und} \quad K_t = K_0 (1 + g)^t, \quad \text{wobei} \quad g = s/v \quad \text{und} \quad K_0 = vY_0 \, .$$

Weiters ist

$$I_t = K_{t+1} - K_t = (1 + g) K_t - K_t = gK_t \, .$$

Das Verhältnis der Investitionen zum Kapitalbestand I_t/K_t ist daher in allen Perioden der befriedigenden Wachstumsrate g gleich.

Bei Aufbau des entsprechenden Ungleichgewichtsmodells behalten wir in allen Perioden die Strombedingung (Gleichheit von Investition und Sparen) bei: $I_t = sY_t$, wobei $I_t = K_{t+1} - K_t$. Die Vollkapazitäts-Bestandbedingung wird fallengelassen und ersetzt durch eine Investitionsfunktion, die die Fehleranpassungsreaktion der Unternehmer darstellt.

Wir schreiben $K_0^* = vY_t$ für den Kapitalbestand, der zu Beginn der Periode t zur Produktion des Austoßes Y_t bei Vollkapazität in der Periode t erforderlich ist. Wir nehmen an, daß anfänglich $K_0 > K_0^*$ und $I_0/K_0 = x_0 > g$. Das heißt, daß wir mit Überschußkapazität und einer proportionalen Investition (x_0), die über der befriedigenden Rate liegt, beginnen. Wir nehmen wieder eine verzögerte Investitionsfunktion, die nun durch die Annahme einer einperiodigen Verzögerung vereinfacht ist. Die Reaktion der Unternehmer ist ein Zurückschrauben der befriedigenden (proportionalen) Investitionsrate entsprechend einem Plan, wonach die Überkapazität mit einer einheitlichen (proportionalen) Rate über ein bestimmtes Zeitintervall T ausgeschaltet werden soll. In der Periode t ist die Reduktion gleich der Rate:

$$\frac{1}{T}\,\frac{K_t-K_t^*}{K_t}=\frac{1}{T}\left(1-v\,\frac{Y_t}{K_t}\right), \text{ da } K_t^*=vY_t\,.$$

Man erhält also die Investitionsfunktion für I_t/K_t in der Periode t, indem man diesen Ausdruck von g abzieht und eine Verzögerung von einer Periode einbaut.

Die Bedingungen des Ungleichgewichtsmodells sind:

$$\left.\begin{aligned} &\text{Investitionsfunktion} \quad \frac{I_t}{K_t}=g-\frac{1}{T}\left(1-v\,\frac{Y_{t-1}}{K_{t-1}}\right)\\ &\text{Investition} = \text{Sparen} \quad I_t=sY_t\,, \end{aligned}\right\} \tag{1}$$

wobei $I_t = K_{t+1}-K_t$ und zu Beginn $I_0/K_0 = x_0 > g$. Bei der Lösung von (1) schreiben wir die laufende Wachstumrate des Kapitalbestandes: $x_t = (K_{t+1}-K_t)/K_t = I_t/K_t$ mit dem Anfangswert $x_0 > g$. Wir setzen

$$\frac{Y_t}{K_t}=\frac{1}{s}\,\frac{I_t}{K_t}=\frac{x_t}{s}$$

von der zweiten Bedingung in die erste ein:

$$x_t=g-\frac{1}{T}\left(1-\frac{v}{s}\,x_{t-1}\right);$$

das gibt:

$$x_t-\frac{1}{gT}\,x_{t-1}=g\left(1-\frac{1}{gT}\right).$$

Das ist eine Differenzengleichung erster Ordnung mit der Lösung für $x_t = x_0$ in $t = 0$:

$$x_t=g+(x_0-g)\left(\frac{1}{gT}\right)^t \quad (t=1,2,3,\ldots)\,. \tag{2}$$

Wir haben daher die Variation der Kapitalwachstumsrate in der Zeit und somit den Zeitpfad des Kapitalbestandes vom Anfangswert $K_0 > vY_0$ an. Weiters ist:

$$\frac{Y_t}{K_t}=\frac{1}{s}\,\frac{I_t}{K_t}=\frac{x_t}{s}=\frac{1}{v}+\frac{x_0-g}{s}\left(\frac{1}{gT}\right)^t. \tag{3}$$

Die Frage der Stabilität des stetigen Wachstums ist aus (2) und (3) zu beantworten. Für die Stabilität muß die Wachstumsrate x_t nach g

tendieren, wenn $t \rightarrow \infty$. Aus (2) folgt, daß stetiges Wachstum stabil ist, wenn $gT > 1$, d. h. wenn die Planungsperiode für die Investitionen lang genug ist ($T > 1/g$). Aus (3) folgt auch, daß für eine kurze Planungsperiode ($T < 1/g$) stetiges Wachstum sowohl instabil als auch relativ instabil ist. Die Schlußfolgerung ist die gleiche wie in der kontinuierlichen Analyse.

10.8 Die Parameter und ihre Werte

Das Wachstumsmodell des Gütermarktes, das wir nun entwickelt haben, hat zwei Parameter: Die Sparneigung (s) und das konstante Verhältnis ($1/v$) des Kapazitätsausstoßes zum Kapitalbestand. Die Wachstumsrate $g = s/v$ wird im Gleichgewicht größer, wenn die Sparneigung steigt und/oder wenn technologische Veränderungen einen größeren Ausstoß von einem gegebenen Kapitalbestand ergeben. Da wir (vorläufig) von technischem Fortschritt absehen, können wir v als unveränderlich annehmen, und zwar mit einem Wert ungefähr zwischen 2 und 4 bei Jahresdaten, d. h. wenn der Kapitalbestand zwischen dem Zwei- und Vierfachen des jährlichen Ausstoßes liegt. Die Sparneigung kann sich sogar kurzfristig verschieben, so daß sich die Wachstumsrate im Verhältnis verändert. Der Parameter s ist ein Verhältnis von zwei Strömen, er ist von Einheiten unabhängig und liegt wahrscheinlich zwischen 0,1 und 0,2, wobei Werte von 0,25 und höher ganz gut möglich sind. Für v zwischen 2 und 4 bei Jahresdaten und für s zwischen 0,1 und 0,2 bewegt sich die Wachstumsrate zwischen $2\frac{1}{2}$ % und 10 % pro Jahr.

Im Ungleichgewichtsmodell erscheinen weitere Parameter; der wichtigste in der vorangegangenen Analyse ist die Länge T des Investitionsplanungsintervalls. Ob stetiges Wachstum stabil ist, hängt davon ab, ob das Planungsintervall lange genug ist ($T > v/s$). Es ist ganz in Ordnung, T auf v/s zu beziehen, da sie die gleiche Zeitdimension haben, z. B. T in Jahren und v als Ausstoß pro Jahr. Aber jede praktische Abschätzung der relativen Größen von T und v hängt davon ab, ob man sich über die gewählte Zeiteinheit im klaren ist. Die Schwierigkeit im Umgang mit der Zeiteinheit beginnt aufzutreten und wird immer ernster, wenn wir (später) kompliziertere Modelle einführen. Wir müssen versuchen, das sogleich zu regeln.

In der **kontinuierlichen Analyse** besteht ein Weg, der aus der Schwierigkeit herausführt und für unser vorliegendes Modell genügt, in der Wahl einer günstigen oder natürlichen Zeiteinheit. Wir nehmen hier das Jahr als Einheit, aber es könnte genau so gut ein Quartal oder ein Monat sein. Dann stellen wir einfach T in Jahren v gegenüber (z. B. zwischen 2 und 4), das aus jährlichen Daten geschätzt wurde. Wie wahrscheinlich ist es dann, daß stetiges Wachstum stabil ist? Wenn $s = 0{,}1$

und $v = 4$, dann bedeutet die Bedingung für Stabilität ($T > v/s$), daß der Planungshorizont T über 40 Jahre sein muß. Sogar wenn $s = 0{,}25$ und $v = 2$, muß für die Stabilität T größer als 8 Jahre sein. Diese Werte sind überaus unwahrscheinlich.

Unser Ungleichgewichtsmodell stützt daher die Behauptung, daß stetiges Wachstum instabil ist und daß das Messerschneide-Problem auftritt. Andere solche Modelle scheinen in dieselbe Richtung zu weisen. Instabiles Wachstum am Gütermarkt ist jedoch keinesfalls verhängnisvoll und kann sogar von Vorteil sein, wenn wir größere dynamische Systeme betrachten, z. B. in der Konjunkturtheorie.

Es gibt einen anderen Weg aus der Schwierigkeit hinsichtlich der Zeitdimension der Parameter. Wir wählen ihn, wenn wir mehrere Parameter haben, indem wir einfach einen Parameter durch die Wahl der Zeiteinheit Null setzen. In Ungleichgewichtsmodellen haben wir fast unvermeidlicherweise eine Verzögerung, die im Investitionsprozeß oft lang und kompliziert ist (5.7 oben). Die Länge der Investitionsverzögerung bietet sich selbst als bequeme Zeiteinheit an. Wählen wir diese Einheit in unserem Modell, dann schreiben wir $T = 1$ und das Stabilitätsergebnis lautet:

Wenn das Ungleichgewichtsmodell ein Investitionsplanungsintervall von einer Zeiteinheit hat, dann ist stetiges Wachstum stabil, wenn v < s und instabil, wenn v > s.

Der Parameter v leistet hier einen zweifachen Dienst, nämlich als technische Beziehung zwischen Ausstoß und Kapitalbestand und als Maß für die Länge des Planungsintervalls. Dieser Punkt verdient untersucht zu werden.

Nehmen wir an, der Kapitalkoeffizient für Jahresdaten sei v_a, eine Konstante, die wahrscheinlich zwischen 2 und 4 liegt. Die Planungsperiode von T Jahren wird wahrscheinlich stark von einer Situation zur anderen schwanken. Da, wenn die Produktion auf einer gegebenen Rate ist, der Ausstoß über T Jahre T mal der jährliche Ausstoß ist, ist der Wert des Kapitalkoeffizienten für eine Zeiteinheit von T Jahren:

$$v = \frac{v_a}{T},$$

so daß v ein direktes Maß des technischen Kapitalkoeffizienten (bei gegebenem T) und ein inverses Maß der Investitionsverzögerung (bei gegebenem v_a) ist. Es ist unangenehm, sich v auf beide Arten vorzustellen; wenn wir aber v_a als gegeben annehmen, dann ist v ein bequemer (und inverser) Indikator der Verzögerung T:

Ist das technische Verhältnis zwischen Kapital und Ausstoß gegeben, dann ist der Parameter v ein inverses Maß der Länge der Investitionsverzögerung, die als Zeiteinheit genommen wurde.

Einige numerische Werte veranschaulichen das:

Investitionsverzögerung von:	1 Monat	3 Monaten	6 Monaten	1 Jahr	5 Jahren	10 Jahren
Wert des Parameters v:						
wenn $v_a = 2$	24	8	4	2	0,4	0,2
wenn $v_a = 4$	48	16	8	4	0,8	0,4

Wenn z. B. die Investitionsverzögerung 3 Monate beträgt und als Zeiteinheit gewählt wird, dann ist v das Verhältnis des Kapitalbestandes zum Quartalsausstoß und ist gleich 4 mal das Verhältnis (v_a) des Kapitalbestandes zum Jahresausstoß.

Die gleichen Schwierigkeiten erwachsen in der **Periodenanalyse** und in der Tat auch vom Anfang an im Wachstumsmodell, da uns keine Wahl mehr für die Zeiteinheit bleibt. Was immer die Periode der Analyse sein mag, ist es die Zeiteinheit, die in allen Modellen genommen wird. Wir müssen die Länge unserer Periode als Zeiteinheit nehmen, und es hilft uns nicht weiter, an ihrer Stelle ein Jahr, die Länge der Investitionsverzögerung oder irgend etwas anderes zu verwenden. Wenn wir eine Wachstumsrate von $g = s/v$ und eine Stabilitätsbedingung $T > 1/g$ finden, müssen wir bedenken, daß die Parameter v und T auf die Periodenlänge der Analyse bezogen sind. Nur wenn die Periode ein Jahr beträgt, ist $v = v_a$, berechnet vom Jahresausstoß, und $T = T_a$ in Jahren. Allgemein, wenn die Periode τ Jahre lang ist, gilt:

$$v = \frac{v_a}{\tau} \quad \text{und} \quad T = \frac{T_a}{\tau}.$$

Nehmen wir z. B. an, daß $s = 0{,}1$ und $v_a = 2$ und wählen wir in der Analyse eine Periode von 3 Monaten ($\tau = \frac{1}{4}$). Dann ist $v = 8$ und die Gleichgewichtswachstumsrate $g = s/v = 0{,}0125$, oder $1\frac{1}{4}\,\%$ pro Quartal. Weiters ist für die Stabilität

$$T > \frac{1}{g} = 80 \text{ Quartale.}$$

In Periodenmodellen gibt es weitere Schwierigkeiten, die auftreten, weil die Periodenlänge (die Zeiteinheit) in bezug auf die Parameter mit Zeitdimension im Modell inflexibel ist. Selbst in einem einfachen Modell gleichgewichtigen Wachstums ist es ganz gut möglich, ein Ergebnis zu erzielen, das Resonanz anzeigt (siehe Übung 10.5).

Übungen

10.1 Betrachten Sie das kontinuierliche Modell der Kapitalakkumulation, wenn die autonomen Ausgaben in der Zeit mit einer gegebenen proportionalen Rate n steigen $A(t) = A_0 e^{nt}$. Zeigen Sie aus (3) von 10.3 oben, daß

$$Y = \frac{A_0}{s} \frac{g}{g-n} e^{nt} + \left(Y_0 - \frac{A_0}{s} \frac{g}{g-n}\right) e^{gt}, \qquad \text{wobei } g = s/v$$

die Lösung ist. Erklären Sie, warum angenommen werden muß, daß $g > n$ und interpretieren Sie das. Wenn

$$Y_0 = \frac{A_0}{s} \frac{g}{g-n},$$

zeigen Sie, daß Y ein konstantes Vielfaches von $A(t)$ für alle t ist und interpretieren Sie das als Multiplikatoreffekt.

10.2 Variieren Sie das Modell der vorhergehenden Übung, indem Sie annehmen, $A(t) = A_0 + \alpha t$ $(\alpha > 0)$ und zeigen Sie, daß

$$Y = \frac{1}{s}\left(A_0 + \frac{\alpha}{g} + \alpha t\right) + \left\{Y_0 - \frac{1}{s}\left(A_0 + \frac{\alpha}{g}\right)\right\} e^{gt}.$$

Wenn $Y_0 = (1/s)\,[A_0 + (\alpha/g)]$, zeigen Sie, daß $Y - Y_0 = (1/s)\,(A - A_0)$ und interpretieren Sie das als Multiplikator.

10.3 Zeigen Sie, daß im Periodenwachstumsmodell, das auf einer Produktionsfunktion mit festen Koeffizienten und auf verzögertem Sparen aufbaut, $Y_t = B_1 p_1^t + B_2 p_2^t$, wobei B_1 und B_2 durch Anfangsbedingungen gegeben, und p_1 und p_2 die Wurzeln aus $p^2 - p - g = 0$ sind. Leiten Sie ab, daß $p_1 = 1 + \lambda$ und $p_2 = -\lambda$, wobei λ annähernd $\frac{1}{2}\,[\sqrt{(1 + 4g)} - 1] = g$ ist (g ist klein) und interpretieren Sie die Lösung.

10.4 Betrachten Sie das Periodenwachstumsmodell mit konstantem gewünschtem Kapitalkoeffizienten sowie laufendem Sparen und zeigen Sie, daß $Y_t = Y_0 (1 + \lambda)^t$, wobei $\lambda = g/(1-g)$. Gewöhnlich ist $0 < g < 1$, erklären Sie aber wie der Fall $g > 1$ auftreten kann und was über die Lösung gesagt werden kann.

10.5 Untersuchen Sie die Lösung des Modells der vorhergehenden Übung hinsichtlich der Periodenlänge und zeigen Sie, daß die Periode so lang sein kann, daß $v < s$ (z. B. über zwei Jahre, wenn $v_a = 1$, $s = 0{,}5$) und daß die Lösung eine Schwingung ist: $Y_t = (-1)^t Y_0 \,[v/(s-v)]^t$. Leiten Sie ab, daß die Schwingung explosiv ist, wenn $\frac{1}{2} s < v < s$ und gedämpft, wenn $v < \frac{1}{2} s$. In welchem Sinne entspricht der Fall, wo $v \to s$ $(g \to 1)$, der Resonanz?

10.6 Nehmen Sie an, daß der Kapitalkoeffizient für Jahresdaten eins ist. Zeigen Sie, daß stetiges Wachstum für eine Investitionsverzögerung von zwei Jahren nur dann stabil ist, wenn $s > 0{,}5$ und daß daher in einem Periodenmodell mit Monatsperiode und $s = 0{,}5$, Stabilität nur für Investitionsverzögerungen von über 24 Perioden besteht.

10.7 Variieren Sie das kontinuierliche Stabilitätsmodell von 10.6 oben, indem Sie $Y^* = (1/v)\,K$ für den Kapazitätsausstoß (K gegeben) schreiben und zeigen Sie, daß die Bedingungen

$$I = vY^* \frac{\varkappa}{D + \varkappa}\left[g - \frac{1}{T}\left(1 - \frac{Y}{Y^*}\right)\right] \quad \text{und} \quad I = sY$$

sind. Leiten Sie ab, daß $y = 1 + (y_0 - 1)\,e^{-\varkappa[1-(1/gT)]t}$, wobei $y = Y/Y^*$. Zeigen Sie aus Y^* und $Y = (1/s)\,DK$, daß $D \log K = gY/Y^*$. Leiten Sie ab, daß das Stabilitätsmodell in gleichwertigen Fassungen durch $x = D \log K$ und $y = Y/Y^*$ (wo $x = gy$) dargestellt werden kann und interpretieren Sie das.

10.8 Das Stabilitätsmodell in Periodenform von 10.7 oben beruht auf dem Fall 1. von 10.4. Zeigen Sie, daß Fall 4. die gleichen Ergebnisse liefert.

10.9 Betrachten Sie ein Ungleichgewichtsmodell, in dem $K \neq K^* = vY$ und $I = sY$; nehmen Sie keine Verzögerungen an und eine Investitionsfunktion $I/K = g - (1/T) \log (K/K^*)$. Zeigen Sie, daß, wenn $x = \log (K/K^*)$ und $D \log K^* = g$ gegeben ist, die Investitionsfunktion $Dx + (1/T)\,x = 0$ mit der Lösung $x = x_0\, e^{-t/T} \to 0$, wenn $t \to \infty$, in allen Fällen ($T > 0$) ergibt. Zeigen Sie weiters, daß $Y/K \to 1/v$, wenn $t \to \infty$. Leiten Sie ab, daß als Folge des Fehlens von Investitionsverzögerungen stetiges Wachstum in diesem Modell stabil ist. (Siehe Hahn und Matthews, Economic Journal [Dezember 1964], S. 807.)

Kapitel 11

Einfache Wachstumsmodelle

11.1 Das grundlegende Harrod-Domar-Modell

Die einfachsten Wachstumsmodelle stammen aus der Analyse der Kapitalakkumulation ohne technischen Fortschritt. Noch immer gilt die vereinfachende Annahme, daß es ein einziges homogenes Gut gibt, das sowohl zum Konsum als auch als vollkommen flexibler Kapitalbestand verwendet wird. Das befähigt uns, wenn wir wollen, eine Produktionsfunktion anzuschreiben, in der es einen meßbaren Kapitaleinsatz gibt, und auf jeden Fall den ganzen Ausstoß, ob für Konsum oder für Investition, in einer einzigen physischen Einheit auszudrücken.

Das Grundmodell, allgemein unter der Bezeichnung Harrod-Domar bekannt, ist in einer Form aufgebaut, die die einfachste aber auch die starrste ist. Das allgemeine Ziel besteht in der Annahme eines Gleichgewichtes am Gütermarkt mit Vollkapazitäts-Bestandbedingung und Spar/Investitions-Strombedingung, wozu Gleichgewicht am Arbeitsmarkt in seiner einfachsten Form hinzugefügt wird. Es wird angenommen, daß die Arbeitskraft mit einer konstanten Rate in der Zeit wächst und durch die Nachfrage vom Gütermarkt gänzlich aufgenommen wird. Vollbeschäftigung des Kapitals fällt mit Vollbeschäftigung der Arbeit zusammen. Es ist die Frage, ob stetiges Wachstum mit dem doppelten Vollbeschäftigungskriterium vereinbar ist.

Das Harrod-Domar Modell hat zwei Versionen mit verschiedenen ökonomischen Interpretationen. In einer Version wird eine Produktionsfunktion mit **festen Koeffizienten** angenommen ($Y = K/v$); diese hat einen Parameter v, dessen reziproker Ausdruck eine konstante Kapitalproduktivität ($1/v$) darstellt. Der andere feste Koeffizient u dient dazu, die bei jedem Ausstoß erforderliche Arbeit ($L = uY$) anzugeben (10.2 oben), aber er kommt in der Lösung des Modells nicht explizit vor. Die andere Version ist in der **Multiplikator-Akzelerator**-Form. Sie basiert auf einer Investitionsfunktion und setzt Investitionen und Ausstoßveränderungen mittels eines Parameters v, der im wesentlichen einen Kapitalkoeffizienten darstellt, miteinander in Beziehung. In beiden Versionen werden keine autonomen Investitionen angenommen, wohl aber eine proportionale Sparfunktion mit einem Parameter s für die konstante Sparneigung und eine konstante proportionale Wachstumsrate (n) der Arbeitskraft. Für jeden Fall gibt es drei Parameter: s, v und n.

Die Strombedingung des Gütermarktes ist, solange es keine Verzögerungen in der Nachfrage und im Ausstoß gibt, die Gleichheit von geplanter Investition und geplantem Sparen. Bei der Aufstellung des Gleichgewichtsmodells brauchen wir uns nicht mit dem Mechanismus beschäftigen, der Investition und Sparen ausgleicht, oder damit, welche Seite der Beziehung der anderen angeglichen wird. Die Betonung kann auf den Unternehmerentscheidungen für die Bestimmung der Investition liegen, so daß die Ersparnis aus dem Vollbeschäftigungseinkommen in ausreichendem Maße gebildet werden muß, um die Investition zu finanzieren. Oder es kann auch auf umgekehrte Weise geschehen, nämlich daß das Niveau der Vollbeschäftigungsersparnis bestimmt, wieviel investiert werden kann. Diese Dinge berühren die Struktur des Grundmodells nicht und können in ihren geeigneten Zusammenhängen später aufgeworfen werden.

11.2 Kontinuierliche Analyse: Die Version mit festen Koeffizienten

Die Variablen im Harrod-Domar-Modell in stetiger Form sind Ausstoß (Einkommen) Y und Arbeit L, beide als Ströme in der Zeiteinheit, sowie Kapitalbestand K zu jeder Zeit und seine Ableitung DK als Investitionsstrom. Alle Variable sind stetige und differenzierbare Funktionen der Zeit. In der ersten Version des Modells ist der Kapazitätsausstoß K/v als Funktion eines gegebenen Kapitalstocks K angenommen, wobei v ein fester Koeffizient der Produktionsfunktion ist. Bei Vollkapazität wird der tatsächliche Ausstoß Y dem Kapazitätsausstoß gleichgesetzt, so daß $K = vY$ die Vollkapazitätsbedingung in jedem Zeitpunkt ist.

Das Gleichgewicht am **Gütermarkt** wird durch die zwei bekannten Bedingungen angegeben: Vollkapazitätsausnutzung des Kapitalbestandes ($K = vY$) und die Strombedingung ohne Verzögerungen, in welcher Investition und Sparen wie geplant ausgeglichen sind ($DK = sY$). Gleichgewicht am **Arbeitsmarkt** ist durch eine einzige Bedingung, nämlich Vollbeschäftigung der Arbeitskraft, gegeben. Auf der Angebotsseite wächst die Arbeitskraft mit einer konstanten proportionale Rate n:

$$\frac{1}{L} DL = D \log L = n \ .$$

Integriert man von einer anfänglichen Arbeitskraft L_0 an, bekommt man:

$$\log L = L_0 + nt \ .$$

so daß:

$$L = L_0 \, e^{nt} \ .$$

Die Nachfrage nach Arbeit wird vom Gütermarkt mittels des zweiten festen Koeffizienten u der Produktionsfunktion bestimmt, und zwar aus

$L = uY$, sobald man Y kennt. Das Arbeitsmarktgleichgewicht ist dann die Bedingung: $L = uY = L_0 e^{nt}$. L ist hier unzweideutig als Arbeitskraft in natürlichen Einheiten (d. h. in Arbeiterjahren) angeschrieben.

Das Grundmodell hat also drei zeitabhängige Variable: Y, K und L; ihre Pfade sind durch drei Gleichgewichtsbedingungen bestimmt:

$$\left.\begin{array}{lr} \text{Vollkapazität} & K = vY \\ \text{Investition = Sparen} & DK = sY \\ \text{Vollbeschäftigung} & L = uY = L_0 e^{nt} \end{array}\right\} \qquad (1)$$

Die Bedingungen lassen sich leicht für die Lösung trennen und können in mehr als nur in einer Weise behandelt werden (siehe Übung 11.1). Nimmt man die ersten zwei Bedingungen getrennt von der dritten, so erhält man durch Ausschalten von K eine Differentialgleichung für Y:

$$v\,DY = DK = sY\ , \text{ d. i. } \frac{1}{Y}\,DY = \frac{s}{v}\,.$$

Daher ist: $D \log Y = g$, wobei $g = s/v$

und $Y = Y_0\, e^{gt}$ bei gegebenem Anfangswert Y_0 .

Dann ist: $K = vY = K_0\, e^{gt}$, wobei $K_0 = vY_0$.

Das Wachstum von Y und K erfolgt mit der **befriedigenden Rate** $g = s/v$. In der dritten Bedingung dient der feste Koeffizient u dem begrenzten Zweck L und Y zu verbinden:

$$\log L = \log u + \log Y\ ;$$

das ergibt:

$$D \log L = D \log Y\ .$$

Die Wachstumsrate von L (die Nachfrage nach Arbeit) muß also die Wachstumsrate (g) von Y sein. Die gegebene Wachstumsrate von L (das Arbeitsangebot) ist jedoch n. Daher ist die dritte Bedingung dann und nur dann erfüllt, wenn:

$$g = \frac{s}{v} = n\ , \qquad (2)$$

d. h. wenn die befriedigende Wachstumsrate g gleich ist der **natürlichen Rate** n.

Wenn die wesentliche Bedingung (2) erfüllt ist, dann sind die stetigen Wachstumspfade der drei Variablen:

$$Y = Y_0\, e^{gt},\ K = K_0\, e^{gt},\ L = L_0\, e^{gt}, \quad \text{wobei} \quad g = \frac{s}{v} = n\,. \qquad (3)$$

Der feste Koeffizient u erscheint in dieser Formulierung der Lösung nicht. Die Anfangswerte von Y_0, K_0 und L_0 müssen jedoch in angemessener Weise durch die Produktionsfunktion in Beziehung gesetzt werden, und zwar $K_0 = vY_0$ und $L_0 = uY_0$, so daß u und v hier gebraucht werden. Wenn z. B. L_0 als die ‚unabhängige' Anfangsbedingung (gegeben durch die Arbeitskraft) angesehen wird, dann werden die stetigen Wachstumspfade in L_0 ausgedrückt werden müssen:

$$Y = \frac{1}{u} L_0\, e^{gt}, \quad K = \frac{v}{u} L_0\, e^{gt}, \quad L = L_0\, e^{gt}, \quad \text{wobei} \quad g = \frac{s}{v} = n\,.$$

Es muß an die Interpretation des festen Koeffizienten v, wie er in dieser Version des Modells verwendet wird, erinnert werden. Die Beziehung $K = vY$ muß, wenn sie im Zusammenhang mit der Vollbeschäftigungsbedingung verwendet wird, folgendermaßen gelesen werden: Wenn der Kapitalbestand K gegeben ist, dann ist der Kapazitätsausstoß Y. Das entsprechende Verhältnis ist hier eine Kapitalproduktivität, nicht ein Kapitalkoeffizient. Das Verhältnis ist:

$$\frac{\text{Kapazitätsausstoß}}{\text{Kapitalbestand}} = \frac{1}{v} = \text{konstant.}$$

Die angenommenen technischen Bedingungen lassen dieses Verhältnis in der Zeit konstant sein; in dieser Weise hat es Domar ursprünglich ausgedrückt[1].

Man kann diese besondere Formulierung fallen lassen, wie es Domar gesehen hat, so daß sie der ausdrücklichen Beziehung zu einem Kapitalbestand und zu einer Produktionsfunktion beraubt ist. Die Vollkapazitätsbedingung des Modells wird in Ableitungsform als $DK = vDY$ (anstatt $K = vY$) geschrieben und die Ableitung DK wird sowohl in dieser Bedingung als auch in der Investition/Spar-Bedingung als Investition I, eine stetige und differenzierbare Variable in der Zeit, interpretiert werden müssen. Das Grundmodell hat dann drei Variable: Y, I und L; ihre Zeitpfade sind durch drei Gleichgewichtsbedingungen bestimmt:

$$\left.\begin{array}{ll} \text{Vollkapazität} & I = vDY \\ \text{Investition} = \text{Sparen} & I = sY \\ \text{Vollbeschäftigung} & L = uY = L_0\, e^{nt} \end{array}\right\} \qquad (4)$$

Das ist eine Variante des Modells (1), in dem die Kapitalbestandvariable K durch die Investition I ersetzt wird. Die ersten zwei Bedingungen geben nach Ausschaltung von I:

$$vDY = I = sY\,, \quad d.\,i. \quad \frac{1}{Y} DY = \frac{s}{v}\,.$$

[1] E. D. *Domar*, „Capital Expansion, Rate of Growth and Employment", Econometrica (April 1946), S. 141.

Das ist die gleiche Gleichung für Y wie vorher mit der gleichen Lösung: $Y = Y_0\, e^{gt}$ ($g = s/v$). I und L folgen dann, so daß die vollständige Lösung lautet:

$$Y = Y_0\, e^{gt},\; I = I_0\, e^{gt},\; L = L_0\, e^{gt}, \quad \text{wobei} \quad g = \frac{s}{v} = n \; .$$

Die Anfangswerte sind wie folgt verbunden: $I_0 = sY_0$ und $L_0 = uY_0$.

Im Grundmodell der Variante (4) gibt es weder eine explizite Beziehung zum Kapitalbestand K noch zu dessen Verbindung mit dem Ausstoß in Form von $K = vY$. Es gibt bloß eine Kapitalproduktivität, und zwar in Veränderungsform:

$$\frac{\text{Veränderung im Kapazitätsausstoß}}{\text{Investition}} = \frac{1}{v} = \text{konstant} \; ,$$

wobei die Investition auch die Veränderung des Kapitalbestandes (wenn meßbar) ist. Die Interpretation ist, daß die Investition eine Veränderung des Kapazitätsausstoßes bewirkt, und das Modell ist so gebaut, daß dieses Verhältnis in der Zeit konstant ist.

11.3 Multiplikator-Akzelerator-Version

Die zweite Version des grundlegenden Harrod-Domar-Modells nimmt zwei Veränderungen im ökonomischen Aufbau des Modells vor. Erstens kehrt sie die Interpretation von v in einen Kapitalkoeffizienten um, wie es bei der alternativ angenommenen Form in der Analyse des Gütermarktes in 10.2 oben der Fall war. Die ökonomische Bedeutung von v ist nun, daß der gewünschte Kapitalbestand ein konstantes Vielfaches (v) des Ausstoßes ist. Zweitens ist das Verhältnis in Veränderungsform genommen, so daß die Veränderung im gewünschten Kapitalbestand ein Vielfaches (v) der Ausstoßveränderung ist. Die Vollkapazitäts-(Bestand-)Bedingung des Gütermarktes beinhaltet dann nur die Interpretation einer Veränderung im gewünschten Kapitalbestand als tatsächliche Investition. Die Gleichgewichtsbedingung wird zu: $I = vDY$. Wir haben nun eine Investitionsfunktion nach dem Akzeleratorprinzip (4.7 oben), und es gibt keine ausdrückliche Bezugnahme auf den Kapitalbestand.

Fügt man die Strombedingung (Gleichheit von Investition und Sparen) des Gütermarktes und die Vollbeschäftigungsbedingung des Arbeitsmarktes hinzu, so erhält man die drei Gleichgewichtsbedingungen in Y, I und L:

$$\left.\begin{array}{ll} \text{Investitionsfunktion} & I = vDY \\ \text{Investition} = \text{Sparen} & I = sY \\ \text{Vollbeschäftigung} & L = uY = L_0\, e^{nt} \end{array}\right\} \qquad (1)$$

Die Gleichungen (1) sind genau jene in (4) von 11.2 oben; ebenso ist die Lösung:

$$Y = Y_0\, e^{gt},\ I = I_0\, e^{gt},\ L = L_0\, e^{gt}, \quad \text{wobei} \quad g = \frac{s}{v} = n\ .$$

Die Anfangswerte sind wie folgt verbunden: $I_0 = sY_0$ und $L_0 = uY_0$. In dieser Version kann das Modell bequem durch das Blockdiagramm in Fig. 11.3 dargestellt werden. Das Diagramm ist im wesentlichen das doppelte Rückkopplungssystem der Fig. 5.8 B, unter Hinzufügung eines Stromes L, hervorgebracht durch Y, der mit dem gegebenen Arbeitsangebot in Beziehung gebracht werden muß.

Die einander ergänzende Wirkung von Multiplikator und Akzelerator in diesem Modell ist allgemein recht klar. Jede zusätzliche Investition wird zum Ausstoß (Einkommen) durch den Faktor $1/s$, welcher durch die Strombedingung ($I = sY$) gegeben ist, ‚hinaufmultipliziert'. Nachdem der Multiplikator steigenden Ausstoß verursacht hat, tritt der Akzelerator in Aktion ($I = vDY$) und bewirkt weitere Investitionen, welche wieder durch den Multiplikator in weitere Ausstoßerhöhungen umgewandelt werden, und so fort. So lange der Ausstoß erhöht wird, bringen Multiplikator und Akzelerator zusammen stetiges Wachstum hervor.

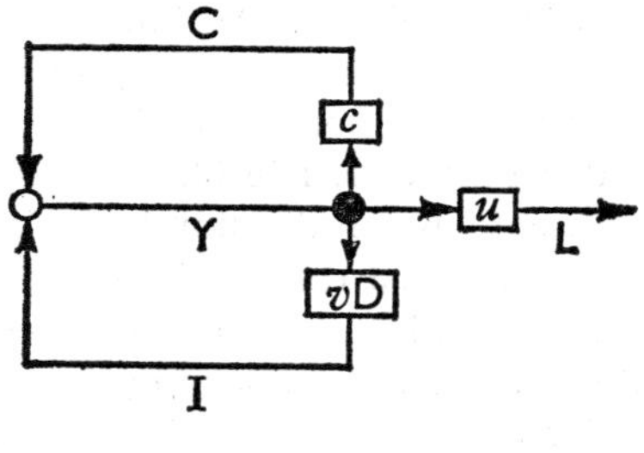

Fig. 11.3

Die konstante technische Beziehung des Multiplikator-Akzelerator-Modells stammt aus der Investitionsfunktion. Sie ist in Veränderungsform und stellt den reziproken Wert des festen Koeffizienten der ersten Version des Modells dar. Wir haben:

$$\frac{\text{Gewünschte Investition}}{\text{Ausstoßveränderung}} = v = \text{konstant}\ . \tag{2}$$

Wir nehmen nun zusätzlich an, daß der Kapitalbestand K meßbar ist; seine Ableitung DK ist dann die Investition. Das konstante Verhältnis (2) muß als Verhältnis zweier Veränderungen interpretiert werden, nämlich der des gewünschten Kapitalbestandes und der des Ausstoßes, d. h. als Kapitalkoeffizient in Veränderungsform. Die Frage, ob die Konstanz des Verhältnisses in Veränderungsform Konstanz des Verhältnisses selbst impliziert, wird durch ein Ergebnis aus 4.7 oben beantwortet: Die Antwort ist ja, vorausgesetzt, daß $K_0 = vY_0$. Wenn (2) gegeben ist, folgt also: wenn $K_0 = vY_0$, dann $K = vY$ für alle t; und:

$$\frac{\text{Gewünschter Kapitalbestand}}{\text{Ausstoß}} = v = \text{konstant}\,. \tag{3}$$

Weiters folgt: wenn angenommen wird, daß die technischen Bedingungen eher (3) als (2) ergeben, dann ist die einzige Veränderung in den Bedingungen (1) des Modells der Ersatz der ersten Gleichung (der Investitionsfunktion) durch die Vollkapazitätsbedingung $K = vY$, damit der gewünschte Kapitalbestand zu jeder Zeit erreicht wird. Die Gleichungen sind dann genau jene von (1) aus 11.2 oben und die stetige Lösung ist die gleiche:

$$Y = Y_0\, e^{gt},\ K = K_0\, e^{gt},\ L = L_0\, e^{gt}, \quad \text{wobei} \quad g = \frac{s}{v} = n\ .$$

Unsere Schlußfolgerungen aus dem Harrod-Domar-Modell in kontinuierlicher Form sind nun vollständig. Erstens unterscheiden sich die zwei Versionen des Modells zwar in der ökonomischen Interpretation, sind aber hinsichtlich ihrer mathematischen Eigenschaften gleich:

Die zwei Versionen des Harrod-Domar-Modells weichen voneinander im ökonomischen Aufbau ab; die eine basiert auf der angenommenen Konstanz der Kapazitäts-Kapitalproduktivität (1/v = Y/K) aus der Produktionsfunktion, die andere auf der Annahme eines konstanten gewünschten Kapitalkoeffizienten (v = K/Y) aus der Investitionsfunktion. Die zwei Versionen sind mathematisch äquivalent und haben eine eindeutige stetige Lösung, vorausgesetzt daß g = s/v = n.

Zweitens kann jede Version gleich gut mit dem technischen Verhältnis (v oder $1/v$) in direkter Form oder in Veränderungsform ausgedrückt werden, vorausgesetzt, daß der Kapitalbestand meßbar ist und am Anfang $K_0 = vY_0$. Die Vollkapazitätsbedingung $K = vY$ gibt nach Differenzieren $I = vDY$; die Investitionsfunktion $I = vDY$ gibt nach Integration $K = vY$.

11.4 Periodenanalyse

Jede der beiden Versionen des Harrod-Domar-Modells kann in Periodenform übersetzt werden. Die Variablen für eine Folge von Perioden $t = 0, 1, 2, \ldots$ sind Ausstoß (Einkommen) Y_t und Arbeitsangebot L_t als

Ströme in der Periode t und der Kapitalbestand K_t bezogen auf den Periodenbeginn. Die Investition in der Periode t ist:

$$I_t = K_{t+1} - K_t \quad (t = 0, 1, 2, \ldots) .$$

Beide Versionen besitzen eine Strombedingung am Gütermarkt, welche, sofern keine Verzögerungen da sind, geplante Investition und Sparen in der proportionalen Form ($S_t = sY_t$) gleichsetzt. Auf dem Arbeitsmarkt wird in beiden Versionen die Nachfrage nach Arbeit in der Form $L_t = uY_t$ dem Arbeitsangebot, von dem angenommen wird, daß es mit einer gegebenen proportionalen Rate n wächst, gleichgesetzt. In der Periodendarstellung geht das Wachstum diskret mit der Rate n pro Periode vor sich:

$$\frac{L_{t+1} - L_t}{L_t} = n \, , \quad \text{d. h.} \quad L_{t+1} = (1 + n) \, L_t \ ,$$

das gibt: $L_t = L_0 \, (1 + n)^t$, ausgehend von der anfänglichen Arbeitskraft L_0.

Das Grundmodell in der Version mit **festen Koeffizienten** hat in der Periode t den Kapazitätsausstoß K_t/v, ausgedrückt im gegebenen Kapitalbestand K_t zu Beginn der Periode, wobei v ein fester Koeffizient der Produktionsfunktion ist. Bei Vollkapazität ist der tatsächliche Ausstoß Y_t der Periode gleich dem Kapazitätsniveau, was $K_t = vY_t$ als Vollkapazitätsbedingung des Modells in jeder Periode ergibt.

Die drei Variablen Y_t, K_t und L_t des Modells werden durch drei Gleichgewichtsbedingungen bestimmt, und zwar durch die Periodenform der Version (1) aus 11.2 oben:

$$\left.\begin{array}{ll} \text{Vollkapazität} & K_t = vY_t \\ \text{Investition} = \text{Sparen} & K_{t+1} - K_t = sYt \\ \text{Vollbeschäftigung} & L_t = uY_t = L_0 \, (1 + n)^t \end{array}\right\} \qquad (1)$$

Die ersten zwei Bedingungen ergeben genau wie in Fall (1) in 10.4 oben nach Ausschaltung von K_t eine Differenzengleichung für Y_t:

$$vY_t - vY_{t-1} = K_t - K_{t-1} = sY_{t-1} \ .$$

Daher ist: $Y_t = (1 + g) \, Y_{t-1}$ oder $\dfrac{Y_t - Y_{t-1}}{Y_{t-1}} = g$, wobei $g = \dfrac{s}{v}$

und $Y_t = Y_0 \, (1 + g)^t$ bei gegebenem Anfangswert Y_0 .

Weiter ist: $K_t = vY_t = K_0 \, (1 + g)^t$ vom Anfangswert $K_0 = vY_0$ an.

Sowohl Y_t als auch K_t wachsen von Periode zu Periode mit der **befriedigenden Rate** $g = s/v$. Die dritte Bedingung von (1) gibt $L_t = uY_t$ auf der Nachfrageseite, so daß:

$$L_t = L_0\,(1 + g)^t \quad \text{vom Anfangswert} \quad L_0 = uY_0 \quad \text{an} .$$

Es folgt, daß die Beschäftigung (als Nachfrage nach Arbeit) ebenso mit der Rate g wächst, während das Arbeitsangebot mit der **natürlichen Rate** n wächst. Das Modell ist dann und nur dann konsistent, wenn genau wie im kontinuierlichen Modell

$$g = \frac{s}{v} = n . \tag{2}$$

Wenn (2) erfüllt ist, so daß befriedigende und natürliche Wachstumsrate übereinstimmen, dann zeigen alle Variablen stetiges Wachstum:

$$Y_t = Y_0\,(1 + g)^t,\ K_t = K_0\,(1 + g)^t,\ L_t = L_0\,(1 + g)^t, \quad \text{wobei} \quad g = \frac{s}{v} = n . \tag{3}$$

Dabei ist $t = 0, 1, 2, \ldots$ und die Anfangswerte sind $K_0 = vY_0$ und $L_0 = uY_0$.

Diese Formulierung kann, wie in 11.2 oben, abgeschwächt werden, indem auf die explizite Bezugnahme auf den Kapitalbestand und auf die Produktionsfunktion verzichtet wird. Die Investition I_t in der Periode t wird zum Ausstoß in Beziehung gesetzt und das als konstant angenommene Verhältnis ist:

$$\frac{1}{v} = \frac{Y_{t+1} - Y_t}{I_t} = \frac{\text{Veränderung des Kapazitätsausstoßes}}{\text{Investition}} ;$$

das ist die Veränderungsform der Kapazitäts-Kapitalproduktivität. Die drei Gleichgewichtsgleichungen erscheinen nun in den Variablen Y_t, I_t und L_t:

$$\left.\begin{array}{ll} \text{Vollkapazität} & I_t = v\,(Y_{t+1} - Y_t) \\ \text{Investition} = \text{Sparen} & I_t = sY_t \\ \text{Vollbeschäftigung} & L_t = uY_t = L_0\,(1 + n)^t \end{array}\right\} \tag{4}$$

Die Lösung erhält man durch Ausschaltung von I_t:

$$v\,(Y_t - Y_{t-1}) = I_{t-1} = sY_{t-1}, \quad \text{d. h.} \quad \frac{Y_t - Y_{t-1}}{Y_{t-1}} = g, \quad \text{wobei} \quad g = \frac{s}{v} .$$

Die Differenzengleichung in Y_t ist wieder $Y_t = (1 + g)\,Y_{t-1}$ und die Lösung ist die gleiche wie vorher. Die Variablen I_t und L_t folgen dann und geben die vollständige stetige Lösung:

$$Y_t = Y_0\,(1 + g)^t,\ I_t = I_0\,(1 + g)^t,\ L_t = L_0\,(1 + g)^t, \quad \text{wobei} \quad g = \frac{s}{v} = n .$$

Hier ist $t = 0, 1, 2, \ldots$ und die **Anfangswerte** sind: $I_0 = sY_0$ und $L_0 = uY_0$.

Die **Multiplikator-Akzelerator-Version** ist eine Variante von (4), wobei die Vollkapazitätsbedingung in ihrer Lag/Lead-Interpretation umgekehrt wird und die Investitionsfunktion

$$I_t = v\,(Y_t - Y_{t-1})$$

ergibt. Hier wird die geplante Investition durch die Ausstoßveränderung in der Vorperiode festgelegt und das als konstant angenommene Verhältnis erscheint in der Veränderungsform:

$$v = \frac{I_t}{Y_t - Y_{t-1}} = \frac{\text{Investition}}{\text{Ausstoßveränderung}}\,. \tag{5}$$

Die Strombedingung für Investition und Sparen muß ebenfalls verändert werden. Es ist möglich anzunehmen (siehe Übung 11.3), daß die Investition aus dem laufenden Sparen (sY_t), welches in jeder Periode genau antizipiert wird, getätigt wird. Die alternative Annahme, die mehr mit der Harrod-Domar-Methode übereinstimmt, ist, daß die Investitionspläne der Periode t auf die Sparpläne, die in bezug auf das Einkommen der vorhergehenden Periode $(t-1)$ gemacht und verwirklicht wurden, abgestimmt werden. Die Strombedingung ist $I_t = S_t = sY_{t-1}$. Der Unterschied zwischen den zwei Annahmen, eine mit laufender, die andere mit verzögerter Sparfunktion, ist genau der zwischen den Fällen (3) und (4) in der Periodenanalyse von 10.4 oben.

Die Multiplikator-Akzelerator-Fassung des Harrod-Domar Modells in Periodenform hat die Gleichungen in Y_t, I_t und L_t, wenn eine verzögerte Sparfunktion angenommen wird:

$$\left.\begin{array}{ll} \text{Investitionsfunktion} & I_t = v\,(Y_t - Y_{t-1}) \\ \text{Investition} = \text{Sparen} & I_t = sY_{t-1} \\ \text{Vollbeschäftigung} & L_t = uY_t = L_0\,(1+n)^t \end{array}\right\} \tag{6}$$

Der Parameter des Multiplikators ist die Sparneigung s und der Parameter des Akzelerators ist die technische Beziehung v der Investition zur Ausstoßveränderung.

Die Gleichungen (6) sind ähnlich den Gleichungen (4) und die Lösung erfolgt in gleicher Weise, indem zunächst I_t aus den ersten beiden Bedingungen ausgeschaltet wird:

$$v\,(Y_t - Y_{t-1}) = I_t = sY_{t-1}, \quad \text{d. h.} \quad \frac{Y_t - Y_{t-1}}{Y_{t-1}} = g\,, \quad \text{wobei} \quad g = \frac{s}{v}\,.$$

Die Differenzengleichung in Y_t ist wieder die gleiche und die stetige Lösung ist: $Y_t = Y_0 (1 + g)^t$. Die dritte Bedingung aus (6) gibt wieder: $L_t = L_0 (1 + g)^t$, wobei $g = s/v = n$ und $L_0 = uY_0$. Es gibt jedoch einen kleinen signifikanten Unterschied in der Lösung für I_t:

$$I_t = sY_{t-1} = sY_0 (1 + g)^{t-1} ,$$

das ergibt: $I_t = I_1 (1 + g)^{t-1}$, worin $I_1 = sY_0$, für $t = 1, 2, 3, \ldots$

Der Unterschied entsteht wegen der verzögerten Sparfunktion; die erste Periode, für die die Investition dem Sparen gleichgesetzt werden kann, ist Periode 1; die Investition I_0 der Anfangsperiode ist für das Modell unerheblich. Die vollständige stetige Lösung der Multiplikator-Akzelerator-Version des Harrod-Domar-Perioden-Modells ist daher:

$$Y_t = Y_0 (1 + g)^t,\ I_t = I_1 (1 + g)^{t-1},\ L_t = L_0 (1 + g)^t \quad \text{für } t = 1, 2, 3, \ldots,$$

wobei $g = s/v = n$ und die Anfangswerte $I_1 = sY_0$ und $L_0 = uY_0$ sind.

Wenn wir schließlich zusätzlich annehmen, daß K_t meßbar ist, können wir untersuchen, ob das Verhältnis in Veränderungsform (5) der Investitionsfunktion auf ein konstantes Verhältnis zwischen gewünschtem Kapitalbestand und Ausstoß reduziert werden kann. Wieder zeigt das in 4.7 oben ermittelte Ergebnis, jetzt aber in Periodenform, daß dem so ist, vorausgesetzt, daß der Anfangskapitalbestand zu Beginn der Periode 1 (oder am Ende der Periode 0) in geeigneter Weise zum früheren Anfangsausstoß ($K_1 = vY_0$) in Beziehung gesetzt wird. Es folgt, daß, wenn $K_1 = vY_0$, $K_t = vY_{t-1}$ für alle Perioden t, und daß:

$$\frac{K_t}{Y_{t-1}} = \frac{\text{gewünschter Kapitalbestand}}{\text{Ausstoß}} = v = \text{konstant} . \tag{7}$$

Nach Substitution von (7) für (5) im Aufbau des Multiplikator-Akzelerator-Modells und der Annahme, daß der gewünschte Kapitalbestand erreicht ist, kann man einfach die erste Bedingung des Systems (6) in die gleichwertige Form $K_t = vY_{t-1}$ bringen. In der zweiten Bedingung folgt eine Substitution von $K_{t+1} - K_t$ für I_t. Die Lösung bleibt unverändert.

Unsere Schlüsse über die Gleichwertigkeit der zwei Fassungen des Harrod-Domar-Modells sind weitgehend die gleichen wie im kontinuierlichen Fall von 11.3 oben. Wir haben jedoch in der Periodenanalyse gesehen, daß es wesentlich ist, die Lags und Leads der angenommenen technischen Beziehungen in richtig datierte Variable zu übersetzen. Die Multiplikator-Akzelerator-Version des Modells hat im besonderen die Investition I_t zur vorhergehenden Ausstoßveränderung $Y - Y_{t-1}$ in Beziehung gesetzt; das impliziert, daß der gewünschte Kapitalbestand

K_t mit dem früheren Ausstoß Y_{t-1} verbunden ist. Um stetiges Wachstum mit der befriedigenden Wachstumsrate $g = s/v$ in Periodenform zu bekommen, braucht diese Version eine Strombedingung, welche Investition I_t und verzögertes Sparen sY_{t-1} gleichsetzt. Das wirft eine Frage bei der Interpretation des Modells auf, weil es scheinen könnte, daß die Strombedingung ($I_t = sY_{t-1}$) eine Verzögerung beinhaltet, die in der Ungleichgewichtsanalyse eher angebracht ist als in diesem Zusammenhang. Wir werden später besser in der Lage sein, die Frage zu beleuchten[2].

11.5 Varianten des Harrod-Domar-Modells

Das grundlegende Harrod-Domar-Modell ist hinsichtlich der drei Parameter sehr eng spezifiziert. Ein konstanter Anteil s des Einkommens wird annahmegemäß gespart. Die Vollkapazitätsbedingung bedeutet, daß der Kapitalbestand K durch $K = vY$ für konstantes v mit dem Ausstoß Y verbunden ist. Die Vollbeschäftigungsbedingung bedeutet, daß die mit dem Kapazitätsausstoß verbundene Nachfrage nach Arbeit mit der konstanten Rate n wachsen muß.

Das kann in das Modell eingepaßt werden, um als Lösung stetiges Wachstum (oder in der Tat irgend eine Lösung) zu bekommen, und zwar dann und nur dann, wenn die drei Parameter so geartet sind, daß $s/v = n$. Das kann als zufällig bezeichnet werden und wird es auch oft. Kein Modell sollte aber auf zufälliger Basis aufgebaut werden. Das Harrod-Domar-Modell würde überbestimmt, zu starr erscheinen, um brauchbar zu sein. Es ist jedoch vielleicht besser, Joan Robinson[3] zu folgen, und sich auf die eindeutige Lösung stetigen Wachstums des Modells als Goldenes Zeitalter (Golden Age) zu beziehen. Die Bedeutung besteht darin, daß sie einen hypothetischen, aber nützlichen Standard setzt, an welchem andere Modelle beurteilt werden können.

Jedenfalls hat die Frage, ob die Bedingung $s/v = n$ erfüllt ist oder nicht, nichts mit dem Messerschneide-Problem zu tun. Dabei handelt es sich um ein Stabilitätsproblem, nämlich, was geschieht gemäß einem Ungleichgewichtsmodell, wenn das stetige Wachstum gestört ist. Das muß für das Harrod-Domar-Modell ebenso ausgearbeitet werden, wie für das (Partial)-Modell der Kapitalakkumulation in 10.6 und 10.7 oben.

---

[2] Siehe besonders Übungen 17.8 und 17.9 im Kapitel 17. Wir können jedoch sagen, daß die Strombedingung in Ordnung ist, selbst wenn $S_t = sY_{t-1}$ als eine verzögerte Sparfunktion interpretiert wird. Wir brauchen nur anzunehmen, daß es zwischen Nachfrage und Ausstoß keine Verzögerung gibt und daß (recht zweifelhaft) Sparpläne eher als Konsumpläne verwirklicht werden (siehe Übung 2.3 oben).

[3] Joan *Robinson*, The Accumulation of Capital (1956), S. 99; deutsch: Die Akkumulation des Kapitals, Wien, S. 122.

Wir können etwas, aber nicht weit, vorwärts kommen, wenn wir versuchen, vernünftige Werte für s und v einzusetzen. Wenn $s = 0{,}1$ (eine Sparneigung von 10 %) und der Kapitalkoeffizient für Jahresdaten $v = 4$ ist, dann ist die befriedigende Wachstumsrate $g = s/v = 0{,}025$. Zur Erfüllung der Bedingungen in diesem numerischen Beispiel muß daher die Wachstumsrate n des Faktors Arbeit 2,5 % pro Jahr sein, ein nicht unwahrscheinlicher Wert. Mit hohen Werten für s und niedrigen für v, die zur Stabilität führen (10.8 oben), kann jedoch die befriedigende Wachstumsrate weit höher sein. Zum Beispiel wenn $s = 0{,}2$ und $v = 2$, dann ist g 10 % pro Jahr. Eine Wachstumsrate der Arbeitskraft in diesem Ausmaß kann nicht erwartet werden.

Ein anderer Aspekt der Unbeweglichkeit des Modells ist, daß es keinen Platz für eine Bestimmung der Einkommensverteilung zwischen Löhnen und Gewinnen einräumt. Die Gleichgewichtsbedingung für den Arbeitsmarkt ist einfach die, daß die verfügbare Arbeitskraft vollbeschäftigt ist; es wird nicht auf den Lohnsatz Bezug genommen. Desgleichen wird in den Bedingungen für den Gütermarkt nicht auf die Gewinnrate Bezug genommen. Das geschieht deshalb, weil die Annahme fester Koeffizienten in der Produktion die Grenzproduktivitätsbetrachtung in der Einkommensverteilung ausschließt und weil es keine Flexibilität gibt, die die Einführung von Einkommensanteilen als eine Variable erlaubt. Das grundlegende Harrod-Domar-Modell übergeht die Theorie der Einkommensverteilung.

Will man das grundlegende, aber unbewegliche Modell, in welcher Fassung immer man es für geeignet hält, verwenden, muß man die strengen Bedingungen fallen lassen. Das kann man auf eine oder auf mehrere Arten tun[4]. Wir haben in der Tat den Kreis der Bedingungen $s/v = n$, die den drei Parametern des Modells durch die Notwendigkeit, eine stetige Lösung zu sichern, auferlegt sind, zu quadrieren. Wir können beginnen, indem wir irgend einen der drei Parameter nehmen und die Annahme fallen lassen, daß er konstant ist; er kann entweder variiert oder durch etwas anderes ersetzt werden.

Die leichteste aber nicht wirklich befriedigende Art ist es, die Konstanz der Wachstumsrate der Arbeitskraft (n) aufzugeben. Abgesehen vom Arbeitsangebot ist das Harrod-Domar-Modell nichts weiter als ein nachfrageorientiertes Modell der Kapitalakkumulation auf dem Gütermarkt (Kapitel 10); es führt zu einem eindeutigen stetigen Wachstum des Ausstoßes Y und der Nachfrage nach Arbeit uY (mittels des festen Koeffizienten u) mit der befriedigenden Rate $g = s/v$. Wenn wir

[4] Das wird in einem Übersichtsartikel dargelegt, auf den man sich in vielen Punkten der folgenden Kapitel vorteilhaft beziehen kann: F. H. *Hahn* und R. C. O. *Matthews*, „The Theory of Economic Growth: A Survey", Economic Journal (Dezember 1964).

das Arbeitsangebot gänzlich vernachlässigen, haben wir kein Problem. Wir können jedoch weitergehen und dem Arbeitsangebot gestatten, flexibler zu sein, als wir es bisher angenommen haben, sowie die Vollbeschäftigungsbedingung zu variieren. Wir nehmen an, daß die Arbeitskraft mit einer Rate n, die in der Zeit veränderlich ist, wächst. Nehmen wir weiter an, daß manchmal $g = s/v > n$, was in der Praxis ganz gut der Fall sein kann. Wenn die Arbeitskraft größer ist als die Nachfrage nach Arbeit uY, dann gibt es unbeschäftigte Faktoren; stetiges Wachstum von Y, K und der Beschäftigung L mit der befriedigenden Rate g kann für einige Zeit weitergehen, und zwar bis die Arbeitslosigkeit verschwunden ist. Wenn auf der anderen Seite zu irgend einer Zeit $g = s/v \leqslant n$, dann kann stetiges Wachstum mit der befriedigenden Rate g unbeschränkt fortgesetzt werden, oder bis n in einem späteren Zeitpunkt unter $g = s/v$ fällt. Stetiges Wachstum besteht hier auf Kosten der Unterbeschäftigung der Arbeitskraft. Diese Umstände werden von Kahn als ‚*Bastard Golden Age*' beschrieben, was ‚einen Zustand des gleichgewichtigen Wachstums bedeutet, der alle Eigenschaften eines Goldenen Zeitalters mit Ausnahme der Vollbeschäftigung hat'[5].

Ein mehr versprechender Ansatz ist es, s und/oder v zu gestatten, verschiedene Werte anzunehmen, so daß es eine Reihe befriedigender Wachstumsraten $g = s/v$ gibt. Man muß dann nur noch bestimmen, ob ein g-Wert aus dieser Reihe der gegebenen natürlichen Wachstumsrate gleich ist; wenn dem so ist, müssen ferner die geeigneten Werte von s und/oder v bestimmt werden. Wir folgen dieser Entwicklung, erstens, indem wir alternative Werte von v (in 11.6) oder ein kontinuierliches Band solcher Werte (in 11.7) nehmen, und zweitens, indem wir s gestatten, gemäß der Einkommensverteilung zwischen Löhnen und Gewinnen zu variieren (in 11.8).

11.6 Ein lineares Programmierungsmodell

Die Produktionsfunktion des Harrod-Domar-Modells hat feste Koeffizienten: $K = vY$ und $L = uY$. Es wird nur ein Produktionsprozeß betrachtet, und es gibt konstante Erträge; das Einheitsprodukt erhält man aus v Kapitaleinheiten mit u Arbeitseinheiten und andere Ausstoßniveaus im entsprechenden Verhältnis. Es kann sein, daß dies der einzige mögliche Prozeß ist, aber das muß nicht notwendig der Fall sein. Es kann genau so gut sein, daß mehrere Prozesse zur Verfügung stehen und daß einer davon auf irgend eine Weise ausgewählt wurde. Man kann dann weiter gehen und alle möglichen Prozesse ausprobieren.

---

[5] R. F. *Kahn*, „Exercises in the Analysis of Growth", Oxford Economic Papers (Juni 1959), S. 150.

Man kann herausfinden, daß in einem bestimmten Prozeß die befriedigende Wachstumsrate ($g = s/v$) mit der natürlichen Wachstumsrate (n) konform ist. Selbst wenn das nicht der Fall sein sollte, haben wir noch immer die Möglichkeit, nicht bloß einen einzelnen Prozeß heranzuziehen, sondern eine Mischung von zwei oder mehreren Prozessen zu nehmen, um die gewünschte Übereinstimmung der beiden Raten zu erreichen.

Die Darstellung, die wir im Auge haben, geht von einer Produktionsfunktion des linearen Programmierungs-Typs aus (3.3 oben), in welcher zwei oder mehrere Produktionsprozesse zur getrennten oder gemeinsamen Verwendung spezifiziert sind. Wir betrachten hier den Fall zweier unterschiedlicher Produktionsprozesse:

$$Y = \frac{K}{v_1} = \frac{L}{u_1} \quad \text{und} \quad Y = \frac{K}{v_2} = \frac{L}{u_2} . \tag{1}$$

Nehmen wir an $v_1 < v_2$ und $u_1 > u_2$.

Die Einheitsprodukt‚kurve' ist nun die in Fig. 11.6 in der (L, K)-Ebene gezeigte. Wenn der erste Prozeß aus (1) allein verwendet wird, dann entsteht das Einheitsprodukt aus u_1 Arbeitseinheiten und v_1 Kapitaleinheiten — d. h. der Punkt P_1 mit den Koordinaten (u_1, v_1). Ähnlich stellt der Punkt P_2 mit den Koordinaten (u_2, v_2) das Einheitsprodukt bei alleiniger Verwendung des zweiten Prozesses dar. Beide Prozesse können verwendet werden, z. B. der eine von einigen Firmen, der zweite von anderen. Wenn sie im Verhältnis $\lambda : 1-\lambda$ $(0 \leqslant \lambda \leqslant 1)$ verwendet werden, dann wird das Einheitsprodukt, das man aus u Arbeitseinheiten und v Kapitaleinheiten erhält, durch den Punkt P dargestellt, wo

$$u = \lambda u_1 + (1-\lambda)\, u_2 \quad \text{und} \quad v = \lambda v_1 + (1-\lambda)\, v_2 . \tag{2}$$

Bei variierendem λ $(0 \leqslant \lambda \leqslant 1)$ bewegt sich P auf dem Abschnitt $P_1 P_2$ der Einheitsprodukt‚kurve'. Bei variierender Produktionshöhe, bewegt sich P, für gegebenes λ, auf dem Strahl von O bis P.

Die Ergebnisse des grundlegenden Harrod-Domar Modells sind nun anwendbar, abgesehen davon, daß der die ‚Mischung' der Produktionsprozesse bestimmende Parameter λ auf einer weiteren und exogenen Stufe gewählt wird. Wenn λ gegeben ist, dann ist $K = vY$, wobei v durch (2) gegeben ist und die befriedigende Wachstumsrate $g = s/v$ ist. Noch immer nur zufällig stimmt g mit der natürlichen Wachstumsrate n überein und sichert eine stetige Wachstumslösung. Das neue Merkmal des Modells ist, daß der Parameter λ variiert werden kann, indem er je nach der angenommenen ‚Mischung' einen Wert zwischen 0 und 1 annimmt. Die Analyse wird vervollständigt, indem man λ als eine ‚freie' Variable behandelt, die gewählt wird, um die befriedigende Wachstums-

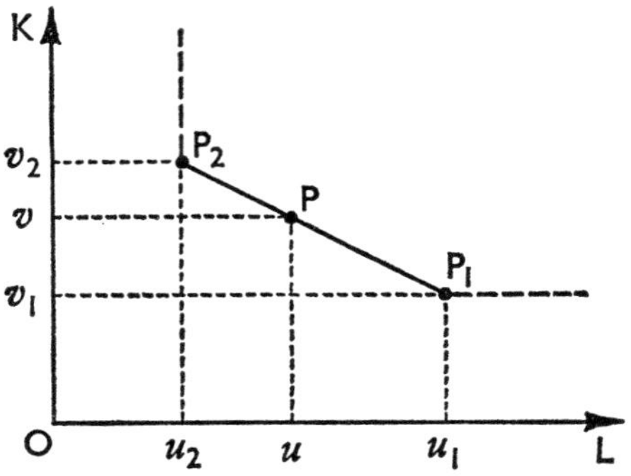

Fig. 11.6

rate und die natürliche Wachstumsrate gleichzusetzen. Die Frage ist nun, ob dieser Kunstgriff gelingt.

Wenn λ von 0 auf 1 steigt, sinkt v von v_2 auf v_1 und g erhöht sich von s/v_2 auf s/v_1. Wir haben nun eine Reihe befriedigender Raten, und es ist nun nur notwendig, daß sie die gegebene natürliche Wachstumsrate einschließt. Es gibt eine eindeutige stetige Lösung dann und nur dann, wenn:

$$\frac{s}{v_2} \leqslant n \leqslant \frac{s}{v_1} . \tag{3}$$

Das ist eine beträchtliche Verbesserung gegenüber der entsprechenden Bedingung ($n = s/v$) der Harrod-Domar Analyse mit einem einzigen Paar fixer Koeffizienten. Wieviel an Verbesserungen das bedeutet, hängt von v_1 und v_2 ab, und besonders davon, welcher Abstand zwischen ihnen besteht. Sind v_1 und v_2 sehr verschieden, dann bestehen mehr Chancen, daß der Bereich von g auch den gegebenen Wert von n umfaßt.

Wenn (3) erfüllt ist, folgt das geeignete λ für stetiges Wachstum:

$$n = \frac{s}{v} = \frac{s}{\lambda v_1 + (1-\lambda)\, v_2} \quad \text{auf Grund von (2).}$$

Daher ist: $$\lambda v_1 + (1-\lambda)\, v_2 = s/n \; ;$$

das gibt: $$\lambda = \frac{v_2 - s/n}{v_2 - v_1} , \tag{4}$$

wobei $0 < \lambda < 1$, da s/n zwischen v_1 und v_2 auf Grund von (3) liegt.

Das Modell hat eine eindeutige stetige Lösung, bei welcher die zwei Produktionsprozesse im Verhältnis $\lambda : 1-\lambda$ kombiniert werden und λ

durch (4) gegeben ist. Die Lösung existiert nur, wenn (3) erfüllt ist. Was dem Modell fehlt, ist ein Mechanismus, der sichert, daß die geeignete ‚Mischung' erreicht wird. Das ist eine technische Angelegenheit, die gesondert betrachtet werden muß. Das Modell behauptet, daß es eine geeignete ‚Mischung' von Produktionsprozessen gibt und läßt sie exogen bestimmt sein.

11.7 Das grundlegende neoklassische Modell

Die Analyse für unterschiedliche Produktionsprozesse kann offensichtlich vom Fall zweier Prozesse zum allgemeinen Fall einer beliebigen Anzahl von Prozessen erweitert werden. Werden mehr Prozesse herangezogen, dann erweitert sich allgemein der Bereich der Koeffizienten $v_1, v_2, v_3, \ldots$, so daß eine größere Chance besteht, daß die befriedigende Wachstumsrate $g = s/v$ der natürlichen Rate n gleich ist. Es erhebt sich die Frage, ob die Chance fast eine Sicherheit wird, wenn eine große Zahl von Prozessen zugelassen wird, und ob sie im Grenzfall, wenn die Produktionsfunktion eine kontinuierliche Form annimmt, zur Sicherheit wird. Bei positiver Beantwortung dieser Frage, zumindest unter geeigneten Beschränkungen für die Produktionsfunktion, entwickeln wir eine grundlegende Form eines neoklassischen Wachstumsmodells ohne technischen Fortschritt.

Die neoklassische Behandlung des Problems des stetigen Wachstums beruht auf der Annahme einer unbeschränkten großen Zahl von Produktionsprozessen, die fließend ineinander übergleiten, so daß die Kapitalproduktivität $(1/v)$ kontinuierlich variiert. Es sollte dann möglich sein, einen Wert auszuwählen, um ein stetiges Wachstum mit einer befriedigenden Rate $(g = s/v)$ zu sichern, welches mit der gegebenen Rate (n), mit der sich die Arbeitskraft erhöht, übereinstimmt.

Das hier untersuchte Modell ist in stetigen Größen und auf das Wesentlichste reduziert. Es muß sorgfältig spezifiziert werden, um genau zu zeigen, wie es über das Harrod-Domar-Modell hinausgeht (11.2 oben). Die drei Gleichgewichtsbedingungen für den Güter- und Arbeitsmarkt sind unverändert, ebenso die Annahmen über eine proportionale Sparfunktion $(S = sY)$ und eine mit einer gegebenen Rate n wachsende Arbeitskraft. Es ist die Produktionsfunktion, die verändert wird, um die kontinuierliche Substitution zwischen Kapital K und Arbeit L bei der Produktion des Ausstoßes Y zu erlauben. Die in diesem grundlegenden Modell vorgenommene Vereinfachung ist die Annahme konstanter Skalenerträge gemäß einer wohlgestalteten Produktionsfunktion im Sinne von 3.4 oben. Es folgt daraus, daß die Analyse in *Pro-Kopf*-Variablen vorgenommen werden kann: Wir schreiben die Produktionsfunktion:

$$\left.\begin{array}{l} y = f(k), \quad \text{wobei} \quad y = \dfrac{Y}{L} \quad \text{und} \quad k = \dfrac{K}{L}, \\ \text{sofern} \\ f'(k) > 0;\ f''(k) < 0;\ f'(k) \to \infty, \quad \text{wenn} \quad k \to 0;\ f'(k) \to 0, \ \text{wenn} \quad k \to \infty . \end{array}\right\} \qquad (1)$$

Die Gestalt der entsprechenden Produktionskurve findet sich in Fig. 11.7 unten. Ein besonderer Fall eines geeigneten Typs ist die Cobb-Douglas Form, $y = k^{\alpha}$, für konstantes α, derart, daß $0 < \alpha < 1$.

Die Gleichgewichtsbedingungen des Modells, die (1) des Harrod-Domar Modells von 11.2 ersetzen, können wie folgt geschrieben werden:

$$\left.\begin{array}{ll} \text{Vollkapazität} & \dfrac{Y}{L} = f\left(\dfrac{K}{L}\right) \\ \text{Investition = Sparen} & DK = sY \\ \text{Vollbeschäftigung} & L = L_0\, e^{nt} . \end{array}\right\} \qquad (2)$$

Wir wählen $k = K/L$, den *Pro-Kopf*-Kapitalbestand, als unsere Variable und schreiben:

$$\frac{1}{k} Dk = D \log k = D (\log K - \log L) = \frac{1}{K} DK - n$$

auf Grund der dritten Bedingung von (2). Die zwei anderen Bedingungen ergeben:

$$\frac{1}{K} DK = s \frac{Y}{K} = s \frac{y}{k} = \frac{s}{k} f(k)$$

und so:

$$\frac{1}{k} Dk = \frac{s}{k} f(k) - n .$$

Man erhält die Differentialgleichung des Modells:

$$Dk + nk = sf(k) . \qquad (3)$$

Es folgt die Lösung von (3) bei gegebenem Anfangswert $k = k_0$; das ist der Gleichgewichtspfad des *Pro-Kopf*-Kapitals k in der Zeit. Die Lösung hängt von der Form der Produktionsfunktion $f(k)$ ab; allgemein kann wenig darüber gesagt werden.

Es gibt jedoch einen Fall, wo (3) eine besonders einfache Lösung hat. Dieser tritt ein, wenn das anfängliche k_0 einen geeigneten Wert hat. Die Lösung ist $k = k_0$, konstant für alle t, so daß $Dk = 0$. Nach Einsetzen in (3): $nk_0 = sf(k_0)$. Das Modell hat daher eine Lösung $k = k_0$, wobei das konstante k_0 die **algebraische Gleichung**

$$\frac{f(k_0)}{k_0} = \frac{n}{s} \qquad (4)$$

befriedigt.

Allgemein hat (4) eine oder mehrere Wurzeln. Wenn k_0 irgend eine Wurzel ist, dann ist $k = k_0$ für alle t ein mit dem Modell konsistenter Gleichgewichtspfad. Wenn der anfängliche *Pro-Kopf*-Kapitalbestand k_0 ist, dann ist der Gleichgewichtspfad dergestalt, daß der *Pro-Kopf*-Kapitalbestand k für alle Zeit konstant bleibt.

Die Pfade der Variablen (Y, K und L) folgen sogleich. Der Pfad von L ist gegeben, und zwar $L = L_0\, e^{nt}$. Da $K/L = k = k_0$, ist der Pfad von K $K = k_0\, L_0\, e^{nt}$. Weiters ist, da k konstant ist, der *Pro-Kopf*-Ausstoß $y = f(k) = f(k_0)$ ebenfalls konstant. Wir schreiben $y_0 = f(k_0)$ für den anfänglichen *Pro-Kopf*-Ausstoß. Dann ist $y = y_0$ für alle t und aus $Y/L = y = y_0$ ist dann der Pfad Y: $Y = y_0\, L_0\, e^{nt}$. Alle Variablen wachsen entlang des Gleichgewichtspfades mit der gegebenen Rate n. Die Lösung $k = k_0$ für jede beliebige Wurzel k_0 aus (4) ist ein stetiges Wachstum:

$$Y = y_0\, L_0\, e^{nt}, \quad K = k_0\, L_0\, e^{nt}, \quad L = L_0\, e^{nt} \,.$$

Es ist noch die Gleichung (4) zu interpretieren, von der die stetige Wachstumslösung abhängt. Die anfänglichen *Pro-Kopf*-Werte k_0 und $y_0 = f(k_0)$, die stetiges Wachstum hervorbringen, müssen so sein, daß y_0/k_0 gleich n/s ist. Ist das so, dann ist $y = y_0$ und $k = k_0$ für alle t und das Verhältnis y/k bleibt für alle Zeit konstant (und gleich n/s). Zu beachten ist, daß $y/k = Y/K$ (die Kapitalproduktivität). Es folgt daraus, daß das Modell eine stetige Wachstumslösung hat, und zwar dann und nur dann, wenn die anfängliche Kapitalproduktivität n/s ist. Der stetige Wachstumspfad verläuft dann so, daß die Kapitalproduktivität konstant bleibt:

$$\frac{1}{v} = \frac{Y}{K} = \frac{n}{s} \text{ für alle } t \,.$$

Wir sind wieder zu unserem Ausgangspunkt zurückgekehrt: Für stetiges Wachstum muß die befriedigende Wachstumrate ($g = s/v$) gleich der natürlichen Rate (n) sein. Der Unterschied liegt darin, daß die Produktionsfunktion nun v kontinuierlich variabel hat, was die Auswahl des geeigneten Wertes für stetiges Wachstum gestattet.

Die Beschränkung (1) für die Form der Produktionsfunktion sichert, daß es einen und nur einen Wert von k_0 gibt, der (4) befriedigt; d. h. daß es einen eindeutigen Pfad stetigen Wachstums gibt[6]. Das wird am besten in Form eines Diagramms dargestellt. Die Produktionskurve f wird in der (k, y)-Ebene von Fig. 11.7 gezeigt. P sei der Punkt auf der Kurve,

---

[6] Die Bedingung (1) für eine wohlgestaltete Produktionsfunktion kann ein wenig abgeschwächt werden, so daß nur gefordert wird, daß $f'(k) \to a$, wenn $k \to 0$ und $f'(k) \to b$, wenn $k \to \infty$, *wobei* $0 \leqslant b < a$. Dann sinkt der Anstieg von OP kontinuierlich von a auf b und es gibt ein eindeutiges P_0, vorausgesetzt, daß $b \leqslant n/s \leqslant a$.

der dem *Pro-Kopf*-Kapitalbestand k entspricht. Der Anstieg von OP ist dann

$$\frac{1}{v} = \frac{y}{k} = \text{Kapitalproduktivität.}$$

Wir zeichnen einen Strahl mit dem gegebenen Anstieg n/s durch O; er soll die Kurve in P_0 mit den Koordinaten (k_0, y_0) schneiden. Dann ist:

$$\frac{y_0}{k_0} = \frac{f(k_0)}{k_0} = \frac{n}{s}.$$

Da die Produktionsfunktion durch die Beschränkung (1) wohlgestaltet ist, fällt der Anstieg von OP stetig über alle positiven Werte, sofern k unbeschränkt von Null weg steigt. Es gibt daher einen und nur einen Punkt P_0. Der so bestimmte Wert von k_0 ist die eindeutige Wurzel von (4).

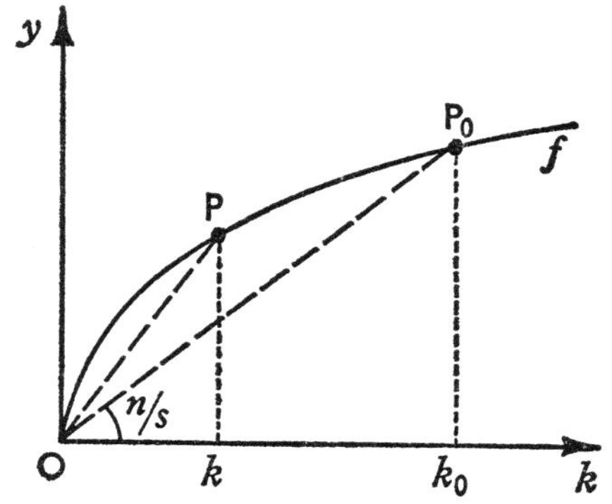

Fig. 11.7

Dieses neoklassische Modell hat stetiges Wachstum als seinen eindeutigen Gleichgewichtspfad unter der Voraussetzung, daß der anfängliche Kapitalbestand (pro Kopf) k_0 ist, wie er durch die algebraische Gleichung (4) oder durch den Punkt P_0 des Diagramms gegeben ist. Es gibt eine Kapitalproduktivität ($1/v = n/s$), die die befriedigende und natürliche Wachstumsrate ausgleicht. Die Kapitalproduktivität, wenn sie einmal erreicht ist, bleibt am stetigen Wachstumspfad konstant. Um mehr als das zu sagen, muß man auf die Differentialgleichung (3) zurückgehen, um den Gleichgewichtspfad des Modells zu bekommen, wenn der Anfangswert von k nicht die Bedingung (4) befriedigt, d. h. wenn die Kapitalproduktivität nicht gleich n/s ist. Das Problem wird später in Kapitel 14 betrachtet.

11.8 Das grundlegende Kaldor-(keynesianische) Modell

Wir geben nun die Annahme auf, daß die Sparneigung (s) für alle Einkommensniveaus konstant ist. Dafür erlauben wir s, je nach der Einkommensverteilung zwischen Löhnen und Gewinnen ($W : P$) zu variieren, indem wir die Sparfunktion in differenzierter Form (2.7 oben) nehmen:

$$S = sY, \quad \text{wobei} \quad s = s_w + (s_p - s_w)\frac{P}{Y}. \tag{1}$$

Die Anteile des Sparens aus Löhnen und Gewinnen sind gegebene Konstanten, die der Beschränkung $0 \leqslant s_w < s_p \leqslant 1$ unterworfen sind. Das zu entwickelnde Modell hat ein zusätzliches Aggregat, die Gewinne P; das Aggregat Löhne folgt aus $W = Y - P$.

Das Modell enthält explizit die Einkommensverteilung zwischen Löhnen und Gewinnen. Es ist im keynesianischen Sinn zu interpretieren, nämlich daß die Bestimmung der Einkommensverteilung die Investitionsentscheidungen der Fimen ergänzt. Wie Kaldor es ausdrückt, ist es das Modell einer Wirtschaft, in dem der Mechanismus der Gewinn- und Einkommensentstehung genügend Ersparnisse hervorbringt ..., um ein Gleichgewicht mit den Investitionen, für welche sich die Unternehmer entscheiden, herbeizuführen[7].

Übereinstimmend mit dem keynesianischen Ansatz, erscheint die Einkommensverteilung im Modell in Form eines Parameters. Sie wird nicht durch das Modell selbst bestimmt; vielmehr wird sie der Bestimmung durch exogene Bedingungen überlassen. Ein geeigneter Parameter für diesen Zweck ist die Profitrate $\varrho = P/K$, die Ertragsrate des Kapitalbestandes.

Abgesehen von der Sparfunktion, die von der Einkommensverteilung abhängt, nimmt das grundlegende Kaldor-(keynesianische) Modell, das hier als erster Schritt entwickelt wird, die gleichen Bedingungen wie das grundlegende Harrod-Domar Modell an; feste Koeffizienten in der Produktion, keinen technischen Fortschritt, eine Arbeitskraft, die mit der gegebenen konstanten Rate n wächst. Die drei Gleichgewichtsbedingungen sind:

$$\left.\begin{array}{lr} \text{Vollkapazität} & K = vY \\ \text{Investition = Sparen} & DK = sY \\ \text{Vollbeschäftigung} & L = uY = L_0\, e^{nt}\,, \end{array}\right\} \tag{2}$$

wobei s durch (1) gegeben ist.

---

[7] N. *Kaldor* und J. A. *Mirrlees*, „A New Model of Economic Growth“, Review of Economic Studies (Juni 1962), S. 175.

Das System (2) gibt wieder eine eindeutige stetige Lösung, in der Y, K und L mit der Rate n wachsen, und zwar dann und nur dann, wenn die befriedigende Wachstumsrate ($g = s/v$) der natürlichen Rate (n) gleich ist. Der Unterschied besteht darin, daß s keine Konstante mehr ist, sondern vom Parameter ϱ abhängt. Die Bedingung ist:

$$\frac{s}{v} = n, \quad \text{wobei} \quad s = s_w + (s_p - s_w) \frac{P}{Y}. \tag{3}$$

Die Analyse wird vervollständigt, indem ϱ als eine ‚freie' Variable behandelt wird, die dazu bestimmt ist zu sichern, daß (3) erfüllt ist und es stetiges Wachstum gibt. Die Frage ist, ob es einen solchen Wert für ϱ gibt und wenn, ob es sich um einen eindeutigen Wert handelt.

Unter Verwendung der Kapitalproduktivität ($1/v = Y/K$) schreiben wir (3) mit dem Parameter ($\varrho = P/K$):

$$\frac{1}{v}\left[s_w + (s_p - s_w)\, \varrho \,\frac{K}{Y}\right] = n\,,$$

d. h.

$$\frac{s_w}{v} + (s_p - s_w)\, \varrho = n\,. \tag{4}$$

Die Profitrate ϱ ist der Beschränkung unterworfen, daß die Profite das Einkommen nicht übersteigen (daß die Löhne nicht negativ sind). Daher: $0 \leqslant P \leqslant Y = K/v$ und $0 \leqslant \varrho \leqslant 1/v$. Wenn ϱ von 0 auf $1/v$ steigt, erhöht sich die linke Seite von (4) von s_w/v auf s_p/v und die Bedingung ist dann und nur dann erfüllt, wenn:

$$\frac{s_w}{v} \leqslant n \leqslant \frac{s_p}{v}. \tag{5}$$

Das ist sinnvoll; während im Harrod-Domar Modell n dem einzigen Wert s/v gleich sein muß, kann es nun irgendwo zwischen den zwei Werten s_w/v und s_p/v liegen. Die Bedingung stellt eine Verbesserung dar, die davon abhängt, wie weit s_w und s_p voneinander entfernt sind.

Wenn die Bedingung (5) erfüllt ist, dann ergibt (4) den eindeutigen Wert des Parameters ϱ für stetiges Wachstum:

$$\varrho = \frac{n - s_w/v}{s_p - s_w}, \quad \text{wobei} \quad 0 \leqslant \varrho \leqslant \frac{1}{v}. \tag{6}$$

Die Einkommensverteilung muß durch außerhalb des Modells liegende Betrachtungen festgelegt werden, so daß die Profitrate diesen Wert annimmt. Das Modell setzt zwar fest, daß es eine eindeutige Profitrate für stetiges Wachstum gibt, aber nicht, wie die Profitrate erreicht wird. Die Situation ähnelt jener des linearen Programmierungsmodells aus 11.6 oben. In jedem Fall gibt es einen Parameter, der durch exogene Bedingungen auf dem für stetiges Wachstum geeigneten Niveau festgelegt werden muß. Im linearen Programmierungsmodell ist es der technische Parameter der ‚Mischung' der Produktionsprozesse. Nun ist es die Profitrate, die exogen angenommen wird. Das Modell muß durch eine Theorie der Einkommensverteilung ergänzt werden.

Ein besonderer Fall, der von Interesse ist, liegt dann vor, wenn alle Ersparnisse aus den Profiten kommen und wir die **klassische Sparfunktion:** $S = s_p P$, wobei $0 < s_p \leqslant 1$, haben. Die Bedingung (5) für stetiges Wachstum wird dann:

$$0 \leqslant n \leqslant \frac{s_p}{v}$$

im Gegensatz zur Harrod-Domar-Bedingung, $n = s/v$. Schreiben wir dann $v = K/Y$ und s aus (1), bekommen wir:

$$g = \frac{s}{v} = \frac{Y}{K} s_p \frac{P}{Y} = s_p \varrho \ .$$

Die befriedigende Wachstumsrate ($g = s_p \varrho$) ist gleich der natürlichen (n), wenn:

$$g = s_p \varrho = n \ .$$

Diese Beziehung werden wir wieder antreffen, wenn die klassische Sparfunktion angenommen wird. Sie unterstellt, daß die entsprechende Profitrate $\varrho = n/s_p$ ist, wie in (6) nachgeprüft werden kann. Wenn also die gesamte Ersparnis aus den Profiten kommt, und zwar im Verhältnis s_p, dann ist die Profitrate ein Vielfaches ($1/s_p \geqslant 1$) der natürlichen Wachstumsrate der Arbeitskraft. Im Grenzfalle, wenn alle Profite gespart werden, haben wir $\varrho = n$ und die Profitrate ist gleich der natürlichen Wachstumsrate[8]. Es ist leicht zu sehen, warum der ‚klassische' Fall so oft verwendet wird, um die Analyse zu vereinfachen.

In allen Fällen ist die Beschränkung für die drei Parameter (s_p, v und n) nicht mehr eine Gleichung, sondern eine Ungleichung. Die obere Grenze ist $n \leqslant s_p/v$, d. h. das Verhältnis s_p/v darf nicht kleiner sein als die gegebene Wachstumsrate n der Arbeitskraft. Das ist klarerweise eine starke Verbesserung gegenüber der strengen Bedingung $n = s/v$ des Harrod-Domar Modells. Wieviel an Verbesserung erreicht wird, hängt vom wahrscheinlichen Bereich der Werte der Parameter ab. Kaldor selbst meint auf Basis jährlicher U.S.-Daten für die 50er Jahre, s_p kann bei 2/3 liegen und n kann bis zu 0,04 pro Jahr ausmachen[9]. Mit diesen Werten ist die Bedingung $n \leqslant s_p/v$ oder $v \leqslant s_p/n$ durch alle Werte von $v \leqslant 50/3$ für Jahresdaten erfüllt, d. h. für alle vernünftigen Werte dieses Parameters.

---

[8] Dieser Fall kann sich in vielen Modellen ergeben (siehe Übung 11.8); siehe auch Joan *Robinson*, The Accumulation of Capital (1956), S. 76; deutsch: Die Akkumulation des Kapitals, Wien, S. 96.

[9] *Kaldor* und *Mirrlees*, op. cit. S. 187.

Übungen

11.1 Interpretieren Sie das grundlegende Harrod-Domar-Modell von 11.2 oben folgendermaßen: Gegeben seien das Wachstum der Arbeitskraft $L = L_0\, e^{nt}$, die Vollbeschäftigungsbedingungen des Kapitals und der Arbeit; beweisen Sie die entsprechenden Pfade des Ausstoßes $Y = Y_0\, e^{nt}$ und des Kapitalbestandes $K = K_0\, e^{nt}$, vorausgesetzt, daß für die Anfangswerte folgende Beziehungen gelten: $K_0 = vY_0$ und $Y_0 = (1/u)\, L_0$. Die Strombedingung (Investition gleich Sparen) muß dann mit stetigem Wachstum mit der Rate n konsistent sein und so ist $nK_0 = sY_0$. Damit daher das ganze Modell (mit stetigem Wachstum als einzige Lösung) konsistent ist, müssen Y_0 und K_0 sowohl $K_0 = vY_0$ als auch $nK_0 = sY_0$ befriedigen. Die notwendige Bedingung für die Parameter ist $n = s/v$.

11.2 Zeigen Sie, daß das Kaldor-(keynesianische) Modell von 11.8 oben in gleicher Weise interpretiert werden kann, wie die vorhergehende Übung, mit der Ausnahme, daß s durch die Wahl des Parameters ϱ, der exogenen Profitrate, nv gleichgesetzt wird.

11.3 Schreiben Sie die Gleichgewichtsbedingungen für das Perioden-Multiplikator-Akzelerator-Modell an, wenn die Investitionen aus den laufenden Ersparnissen stammen ($I_t = SY_t$). Zeigen Sie, daß

$$\frac{Y_t - Y_{t-1}}{Y_{t-1}} = \frac{g}{1-g} > g, \quad \text{vorausgesetzt, daß} \quad 0 < g < 1 \; (v > s) \; .$$

Leiten Sie ab, daß $Y_t = Y_0\,(1 + \lambda)^t$, wobei $\lambda = g/(1-g)$ und vervollständigen Sie die Lösung. Zeigen Sie wieder (siehe Übung 10.5 oben), daß die Erscheinung der Resonanz auftritt, wenn die Periode des Modells so lang ist, daß $v \to s$ und $n \to \infty$.

11.4 Nehmen Sie die Produktionsfunktion in Cobb-Douglas-Form $Y = \sqrt{(KL)}$ im neoklassischen Modell an und setzen Sie $s = 0{,}1$ und $n = 0{,}025$ ($2^1/_2$ % im Jahr). Zeigen Sie, daß die stetigen Wachstumspfade $Y = 4\, L_0\, e^{0{,}025t}$ und $K = 16\, L_0\, e^{0{,}025t}$ sind. Verallgemeinern Sie die Ergebnisse für die Cobb-Douglas-Form $Y = K^{\alpha} L^{1-\alpha}$.

11.5 Erweitern Sie das lineare Programmierungs-Modell von 11.6 oben auf drei Produktionsprozesse mit $v_1 < v_2 < v_3$ und zeigen Sie auf welche Weise die eindeutige stetige Lösung eine geeignete ‚Mischung' von Prozessen ist, vorausgesetzt, daß n zwischen s/v_3 und s/v_1 liegt.

11.6 Die Produktionsfunktion des linearen Programmierungs-Modells, das konstante Erträge hat, kann $y = f(k)$ geschrieben werden; $y = Y/L$, $k = K/L$. Zeigen Sie für den Fall der drei Prozesse, daß die ‚Kurve' $y = f(k)$ in der (k, y)-Ebene (siehe 3.3 oben) aus zwei linearen Abschnitten besteht, so daß bei vollkommenem Wettbewerb die Gewinnrate $\varrho = f'(k)$ nur zwei verschiedene Werte hat. Zeigen Sie durch Anpassung der Fig. 11.7, daß es einen eindeutigen konstanten Wert des Kapitalkoeffizienten $v = k/f(k)$ für stetiges Wachstum und eine eindeutige Gewinnrate ϱ gibt, ausgenommen dann, wenn durch Verwendung nur eines Prozesses die Gewinnrate unbestimmt wird.

11.7 Nehmen Sie an, daß im Kaldor-(keynesianischen) Modell die Gewinnrate mit 10 % im Jahr festgesetzt ist. Zeigen Sie, daß, wenn $s_p = 0{,}5$ und $v = 2$

für Jahresdaten ist, s_w und n (die gegebene jährliche Wachstumsrate der Arbeitskraft) für stetiges Wachstum linear in Beziehung stehen müssen: $8\, s_w = 20\, n - 1$. Prüfen Sie, daß die Arbeitskraft 5 % im Jahr wachsen muß, selbst wenn es keine Ersparnisse aus den Löhnen gibt.

11.8 Wenn die gesamten Gewinne gespart werden ($s_p = 1$, $s_w = 0$) lautet die klassische Sparfunktion $S = P = \varrho K$, wobei ϱ die Gewinnrate ist. Schreibei Sie die Bedingungen (2) des neoklassischen Modells von 11.7 oben für diesen Fall und für die Produktionsfunktion $Y = K^{\alpha} L^{1-\alpha}$ wieder an. Zeigen Sie, daß, wenn ϱ und n gegeben sind, $D \log K = \varrho$ und $D \log Y = \alpha\varrho + (1-\alpha)\, n$. Leiten Sie ab, daß für stetiges Wachstum $\varrho = n$.

Kapitel 12

Zwei-Sektoren-Wachstumsmodelle

12.1 Die Preisgleichungen

Wir betrachten eine Wirtschaft mit zwei Produktionssektoren und einer gegebenen Technologie. Im ersten Sektor werden Kapitalgüter (Maschinen) mit Arbeitseinsätzen (z. B. gemessen in Arbeiter-Jahren) und Einsätzen der Kapitalgüter selbst produziert. Im zweiten Sektor werden Konsumgüter mit den gleichen zwei Einsätzen erzeugt. Das Kapitalgut wird homogen angenommen. Wird es mit Arbeit kombiniert, erzeugt es sich entweder selbst oder das Konsumgut. Es wird ferner angenommen, daß es von unbegrenzter Dauerhaftigkeit sei und nicht der Entwertung oder Sterblichkeit unterworfen ist. Die Analyse, die stark von der Annahme homogenen Kapitals abhängt, folgt jener von Hicks[1].

Die gegebene Technologie hat konstante Skalenerträge und, wie früher, nehmen wir für jeden Sektor getrennt feste Produktionskoeffizienten. Es kann sein, daß es feste technische Koeffizienten sind, die den einzig möglichen Produktionsprozeß darstellen, oder es können Koeffizienten einiger ausgewählter Produktionsprozesse sein. Die Auswahl der Produktionsprozesse aus mehreren möglichen soll später behandelt werden.

Wir bezeichnen mit Q_1 (Maschinen) und Q_2 (Konsumgüter) die Sektorenausstöße. Die Einsätze sind K_1 (Maschinen) und L_1 (Arbeit) im Kapitalgütersektor und K_2 und L_2 in der Produktion des Konsumgutes. Dann ist:

$$Q_1 = \frac{K_1}{v_1} = \frac{L_1}{u_1} \quad \text{und} \quad Q_2 = \frac{K_2}{v_2} = \frac{L_2}{u_2}, \tag{1}$$

wobei die Koeffizienten gegeben und fest sind. Das ist die quantitative Darstellung der Technologie, die drei verschiedene Einheiten umfaßt: Konsumgut (in Q_2), Kapitalgut (Zahl der Maschinen in Q_1, K_1 und K_2) und Arbeit (Arbeiter-Jahre in L_1 und L_2).

---

[1] J. R. *Hicks*, Capital and Growth (1965), Kap. XII. Er verwendet eine ‚Parabel' von der Besiedlung eines neuen Landes, mit ‚Korn' als Konsumgut und ‚Traktoren' als Kapitalgüter.

Die relativen Preise spielen im Zwei-Sektoren-Modell eine wesentliche Rolle. Mengen müssen für die gesamte Wirtschaft aggregiert werden und das kann nur in Werten geschehen. Jede Menge muß mit dem entsprechenden Preis multipliziert werden. Jedoch sind wir an realen Werten (nicht an Geldwerten) interessiert, und zwar ausgedrückt in einem Standardgut, als welches das Konsumgut, Maschinen oder Arbeiter-Jahre genommen werden können. Das Standardgut hat den Einheitspreis und die anderen Preise stehen dazu im Verhältnis. Am bequemsten ist, man nimmt das Konsumgut und setzt seinen Preis gleich eins. Die anderen Preise verwandeln dann Mengen in reale Werte, ausgedrückt in Einheiten des Konsumgutes.

Wir brauchen drei Preise, und zwar für den Ausstoß an Kapitalgütern und für die zwei Einsätze. Es gibt, wie wir sehen werden, bei ihrer Spezifikation eine gewisse Wahlmöglichkeit; wir können jedoch als zweckdienlich wählen:

w = Lohnsatz, ausgedrückt in Einheiten des Konsumgutes

p = Preis des Kapitalgutes, ausgedrückt in Einheiten des Konsumgutes

ϱ = Profitrate, ausgedrückt in Einheiten des Kapitalgutes.

p und w umfassen jeweils zwei Einheiten (Konsumgut und Maschinen oder Arbeiter-Jahre), nur die Profitrate ϱ ist eine reine, von Einheiten unabhängige Rate, die als Quasi-Rente der Maschinen, ausgedrückt in Maschinen, dargestellt wird. Zwei andere Preise erhält man, indem man zwischen Kapitalgut und Standardkonsumgut wechselt, d. h. indem man mit p multipliziert oder durch p dividiert:

$\frac{w}{p}$ = Lohnsatz, ausgedrückt in Einheiten des Kapitalgutes

$p\varrho$ = Quasi-Rente des Kapitalgutes, ausgedrückt in Einheiten des Konsumgutes.

Um reale Werte zu erhalten (in Einheiten des Standard-Konsumgutes), belassen wir die Mengen des Konsumgutes, multiplizieren jedoch die Kapitalgutmengen mit p.

Die Faktorentlohnungen sind in beiden Sektoren bei vollkommenem Wettbewerb gleich, und das Produkt wird zwischen den Faktoren aufgeteilt. In realen Werten ist das:

$$pQ_1 = p\varrho K_1 + wL_1 \quad \text{und} \quad Q_2 = p\varrho K_2 + wL_2 \ .$$

Wenn wir aus (1) substituieren, erhalten wir die **Preisgleichungen:**

$$p\varrho v_1 + wu_1 = p \quad \text{und} \quad p\varrho v_2 + wu_2 = 1 \ . \tag{2}$$

Die Gleichungen (2) können algebraisch gelöst werden, so daß sich p und w als Funktion von ϱ und den festen Koeffizienten ergeben:

$$\frac{p}{u_1} = \frac{w}{1-v_1\,\varrho} = \frac{1}{u_2\,(1-v_1\,\varrho) + u_1\,v_2\,\varrho}\,. \tag{3}$$

Betrachten wir zuerst den durch (3) gegebenen Ausdruck für w als Funktion von ϱ. Das ist die **Faktorpreisgrenze** (factor-price frontier) von Samuelson[2]:

$$\frac{1}{w} = u_2 + \frac{u_1\,v_2\,\varrho}{1-v_1\,\varrho}\,, \tag{4}$$

die durch eine Kurve (eine rechtwinkelige Hyperbel) in der $(w,\,\varrho)$-Ebene dargestellt wird. Wir schreiben (4) in der Standardform für eine rechtwinkelige Hyperbel:

$$(u_1\,v_2 - u_2\,v_1)\,w\varrho + u_2\,w + v_1\,\varrho = 1\,.$$

Nach (1) gibt es ein Maschinen-Pro-Kopf-Verhältnis in jedem Sektor: v_1/u_1 für die Kapitalgüterproduktion und v_2/u_2 für die Konsumgüter. Der Konsumgütersektor ist stärker mechanisiert, wenn $v_1/u_1 < v_2/u_2$ und umgekehrt, wenn $v_1/u_1 > v_2/u_2$. Das Verhältnis der zwei Maschinen-Pro-Kopf-Ziffern ist daher von Interesse. Wir schreiben:

$$\mu = \frac{v_2}{u_2} \Big/ \frac{v_1}{u_1} = \frac{u_1\,v_2}{u_2\,v_1}\,, \tag{5}$$

so daß $\mu > 1$ der Fall stärkerer Mechanisierung in der Konsumgüterproduktion und $\mu < 1$ der in der Kapitalgüterproduktion ist. Die rechtwinkelige Hyperbel ist dann:

$$u_2\,v_1\,(\mu - 1)\,w\varrho + u_2\,w + v_1\,\varrho = 1\,.$$

Die Kurve schneidet beide Achsen, und zwar in $w = 1/u_2$, wenn $\varrho = 0$, und in $\varrho = 1/v_1$, wenn $w = 0$. Sie ist konvex zum Ursprung, wenn $\mu > 1$, was in Fig. 12.1 der Fall ist. Wenn $\mu < 1$, ist sie konkav zum Ursprung. In beiden Fällen ist ϱ eindeutig für $w < 1/u_2$ und w eindeutig für $\varrho < 1/v_1$ gegeben; ϱ sinkt, wenn w steigt und umgekehrt.

Betrachten wir als nächstes p, wie es durch (3) als Funktion von ϱ gegeben ist:

$$\frac{1}{p} = \frac{u_2}{u_1}\,(1-v_1\,\varrho) + v_2\,\varrho = \frac{u_2}{u_1}\left[1 + v_1\left(\frac{u_1\,v_2}{u_2\,v_1} - 1\right)\varrho\right]\,.$$

---

[2] P. A. *Samuelson*, „Parable and Realism in Capital Theory", Review of Economic Studies (Juni 1962), Hicks, op. cit., zieht es vor, sie ‚Lohngrenze' (wage frontier) zu nennen.

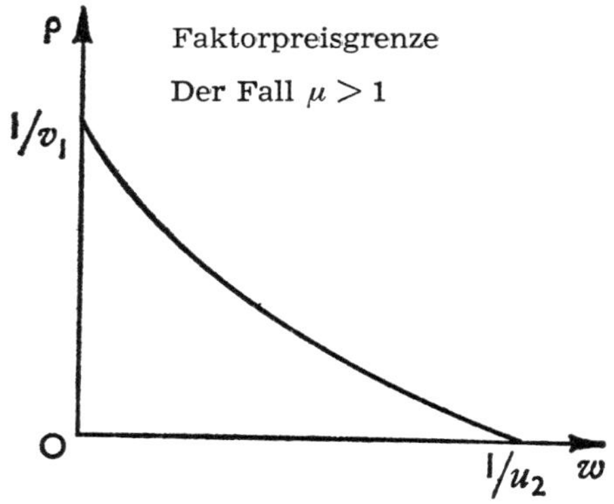

Fig. 12.1

Wenn wir das Verhältnis μ wieder verwenden, erhalten wir aus (5):

$$\frac{1}{p} = \frac{u_2}{u_1} [1 + v_1 (\mu - 1) \varrho] \tag{6}$$

als die **Preisgleichung für p,** die $1/p$ als eine lineare Funktion von ϱ ergibt. Diese Gleichung kann leicht in linearer Form behandelt werden (6); sie gibt p als Funktion von ϱ, eine rechtwinkelige Hyperbel in der (p, ϱ)-Ebene (siehe Übung 12.3). Die zwei Fälle $\mu > 1$ und $\mu < 1$ führen zu verschiedenen Ergebnissen:

Der Fall $\mu > 1$: $1/p$ ist eine lineare und steigende Funktion von ϱ, so daß p eine fallende Funktion von ϱ ist. Wenn die Erzeugung von Konsumgütern stärker mechanisiert ist, sinkt p, wenn ϱ steigt.

Der Fall $\mu < 1$: $1/p$ ist eine lineare fallende Funktion von ϱ, so daß p eine steigende Funktion von ϱ ist. Wenn die Kapitalgüterproduktion stärker mechanisiert ist, steigt p mit ϱ.

Die Gleichungen (4) und (6) zwischen ihnen dienen dazu, zwei der drei Preise (p, w und ϱ) eindeutig als Funktion des dritten auszudrücken und sie hängen nur von der Technologie der Wirtschaft ab, wie sie durch (1) dargestellt ist. So erhält man zwei Preise aus dem dritten, ohne auf irgend ein Gleichgewichtsmodell der Wirtschaft Bezug zu nehmen, und vor allem hängen sie nicht vom Verhältnis zwischen Sparen und Investieren ab.

12.2 Die Mengengleichungen

Die Technologie der Wirtschaft führt zu weiteren Beziehungen, und zwar (im Gegensatz zu den Preisen) zwischen den Mengen in den zwei

Sektoren, vorausgesetzt allerdings, daß Vollbeschäftigung der Maschinen herrscht und daß man die proportionale Rate, mit der die Gesamtnutzung des Kapitals (Maschinen) in der Zeit steigt, kennt. Diese Rate wird als g geschrieben und stellt die Rate zu einer bestimmten Zeit t dar. Es gibt (bis jetzt) keinen Hinweis, daß g in der Zeit konstant ist.

Wir schreiben die Gesamtnutzung der (Nachfrage nach den) Faktoren:

$$K = K_1 + K_2 = v_1 Q_1 + v_2 Q_2$$

und

$$L = L_1 + L_2 = u_1 Q_1 + u_2 Q_2 \; .$$

Wenn alle zur Zeit t erzeugten Maschinen Q_1 genutzt werden, dann ist ohne Entwertung:

$$DK = Q_1 \quad \text{und} \quad \frac{1}{K} DK = D \log K = g \; ,$$

d. h.

$$Q_1 = gK \; . \tag{1}$$

Nach Substitution von (1):

$$K = v_1 gK + v_2 Q_2 \quad \text{und} \quad L = u_1 gK + u_2 Q_2 \; .$$

Daher ist

$$Q_2 = \frac{1}{v_2} (1 - v_1 g) K \tag{2}$$

und

$$L = u_1 gK + \frac{u_2}{v_2} (1 - v_1 g) K \, ,$$

d. h.

$$L = \frac{u_2}{v_2} [1 + v_1 (\mu - 1) g] K \tag{3}$$

nach Substitution für μ aus (5) in 12.1 oben.

Aus (1), (2) und (3) folgt, daß die Verhältnisse der vier Mengen Q_1, Q_2, K und L durch die Wachstumsrate von K und durch die festen Koeffizienten der Technologie bestimmt sind. Q_1 und Q_2 sind hier die Sektorenausstöße, während K und L die gesamte Nachfrage nach Faktoreinsätzen ist. Die Verbindung zwischen ihnen stammt aus der Tatsache, daß das Wachstum von K der Zuwachs neu produzierter Maschinen Q_1 ist.

Die **Mengengleichungen** können zusammengefaßt werden:

$$Q_1 : Q_2 : K : L = v_2 g : (1 - v_1 g) : v_2 : u_2 [1 + v_1 (\mu - 1) g] \; . \tag{4}$$

Es gibt eine Beschränkung für g, damit die Mengen alle positiv sind:

$$g < \frac{1}{v_1} \, . \tag{5}$$

Die relative Mechanisierung der zwei Sektoren erscheint nun in der Nutzung der Arbeitskraft L (im Verhältnis zu einer der anderen Mengen). Das gesamte Maschinen-Pro-Kopf-Verhältnis ist:

$$\frac{K}{L} = \frac{v_2}{u_2} \frac{1}{1 + v_1 (\mu - 1) g} . \tag{6}$$

Wenn $\mu > 1$ (die Konsumgüterproduktion ist stärker mechanisiert), dann führt eine Erhöhung der Wachstumsrate der Maschinen g zu einem Fallen des Maschinen-Pro-Kopf-Verhältnisses K/L. Das Gegenteil ist der Fall, wenn $\mu < 1$.

12.3 Das grundlegende Zwei-Sektoren-Modell

Um einige der wesentlichsten Merkmale des Wachstums in einem Zwei-Sektoren-Modell herauszustellen, spezifizieren wir unser Modell in der einfachst möglichen Form. Wir nehmen weiter homogenes Kapital (Maschinen), keine Entwertung, konstante Erträge und feste Koeffizienten in der Produktion an. Wir fügen die Arbeitskraft hinzu, von der angenommen wird, daß sie mit einer gegebenen proportionalen Rate n bei unendlich elastischem Angebot zum herrschenden Lohnsatz wächst. Wir nehmen keine Verzögerungen an, jedoch Vollkapazitätsnutzung von Maschinen und Arbeit. Zur Zeit t ist daher $L = L_0 e^{nt}$, wobei L_0 die anfängliche Arbeitsausstattung ist.

Mit diesen Annahmen über die Technologie und das Arbeitsangebot können wir entweder den Lohnsatz w oder die Profitrate ϱ als von außen gegeben betrachten. Dann folgen auf Grund der Technologie alle Preise aus w oder ϱ gemäß den Preisgleichungen von 12.1. Tatsächlich behandeln wir w oder ϱ (eines steigt, wenn das andere fällt) als einen ‚freien' Parameter des Modells, dessen Wert entsprechend exogen festgesetzt wird, ziemlich in derselben Weise, wie die Einkommensverteilung im Kaldor-(keynesianischen) Modell, 11.8 oben, behandelt wird.

Für die Gleichgewichtsbedingungen des Modells bleibt nur mehr sehr wenig zu tun. Die Annahme der Vollbeschäftigung von Maschinen und Arbeit bedeutet, daß die Nutzungen von K und L in 12.2 einfach als Bestand an Maschinen bzw. Arbeitskraft interpretiert werden können. $L = L_0 e^{nt}$ ist dann über die Zeit gegeben. Die Mengengleichungen (4) von 12.2 dienen dazu, jede der anderen Mengen (Q_1, Q_2 und K) in L auszudrücken, vorausgesetzt, daß wir die Rate (g) haben, mit der der Maschinenbestand (K) in jeder Periode wächst. Die Zuteilung der Maschinen und der Arbeit zu den Sektoren folgt aus Q_1 und Q_2 und aus den festen Koeffizienten. Die Preisgleichung aus 12.1 ergibt die Preise als Funktion der ‚freien' Variablen (w oder ϱ).

Die verbleibende Gleichgewichtsgleichung ist die Strombedingung für den gesamten Ausstoß. Bei Fehlen von Verzögerungen bedeutet das die Gleichheit von geplanten Investitionen und Sparen. Die Gleichung hat die Aufgabe, die Rate g als eine Variable in der Zeit oder (wie wir erwarten) als eine Konstante für stetiges Wachstum zu bestimmen.

Die Spar/Investitionsbedingung muß spezifiziert werden und das muß in realen Werten sein, und zwar mittels des Konsumgutes. Die Investition ist pDK und das Sparen S wird durch den Ausstoß (Einkommen) Y, ausgedrückt in Konsumgütern, gegeben. Die Bedingung, die wir brauchen, setzt geplantes Sparen S gleich den Investitionen: $pDK = S$. Die besondere Form der Sparfunktion steht zur Wahl und wir beginnen mit einem ziemlich allgemeinen Fall mit zwei Parametern: differenziertes Sparen mit gegebenen Anteilen s_w und s_p, die aus Löhnen und Gewinnen gespart werden. ($0 \leqslant s_w \leqslant s_p \leqslant 1$). Es ist daher

$$S = sY, \quad \text{wobei} \quad s = s_w + (s_p - s_w)\frac{P}{Y}\,. \tag{1}$$

Hier ist:
$$Y = pQ_1 + Q_2 \quad \text{und} \quad P = p\varrho\,(K_1 + K_2)\,, \tag{2}$$

beide in realen Werten.

Unser ziemlich allgemeines Modell, das unter vereinfachten Annahmen spezifiziert wurde, hat die drei Gleichgewichtsbedingungen:

$$\left.\begin{array}{ll} \text{Vollkapazität} & K = K_1 + K_2 \\ \text{Investition} = \text{Sparen} & pDK = sY \\ \text{Vollbeschäftigung} & L = L_1 + L_2 = L_0\, e^{nt} \end{array}\right\} \tag{3}$$

wobei s durch (1), Y und P durch (2) oben gegeben sind.

Schreiben wir $(1/K)\,DK = g$ als die (im allgemeinen variable) Wachstumsrate des Kapitalbestandes, so geben die ersten zwei Bedingungen von (3):

$$g = \frac{s}{p}\,\frac{Y}{K} = \frac{1}{p}\left\{s_w + (s_p - s_w)\frac{p\varrho K}{pQ_1 + Q_2}\right\}\frac{pQ_1 + Q_2}{K}\,,$$

d. h.
$$g = \frac{s_w}{p}\,\frac{pQ_1 + Q_2}{K} + (s_p - s_w)\,\varrho\,.$$

Die Mengengleichungen von 12.2 geben nun:

$$\frac{Q_1}{K} = g \quad \text{und} \quad \frac{Q_2}{K} = \frac{1 - v_1\, g}{v_2}\,.$$

Es ist dann:
$$g = s_w\, g + \frac{s_w}{p}\,\frac{1 - v_1\, g}{v_2} + (s_p - s_w)\,\varrho$$

und man erhält den Wert von g:

$$g = \frac{s_w + (s_p - s_w)\, v_2\, p\varrho}{v_2\, p + s_w\, (v_1 - v_2\, p)} . \tag{4}$$

Da p und ϱ durch die Preisgleichungen als Funktion des exogen festgesetzten Parameters (w oder ϱ) gegeben sind, ist der Wert von g, der durch die ersten Bedingungen des Modells bereitgestellt wird, eine Konstante in der Zeit. Der Wert g aus (4) ist die **befriedigende Wachstumsrate** des Kapitalbestandes K.

Die Mengengleichungen in 12.2 mit konstantem g zeigen, daß das Verhältnis K zu L eine Konstante ist. Die letzte der Gleichgewichtsbedingungen ist $L = L_0\, e^{nt}$, so daß K und L mit der **natürlichen Rate** n wachsen müssen. Es gibt daher dann und nur dann eine stetige Lösung des Modells, wenn

$$g = \frac{s_w + (s_p - s_w)\, v_2\, p\varrho}{v_2\, p + s_w\, (v_1 - v_2\, p)} = n .$$

Abgesehen von den gegebenen Parametern s_p, s_w, n und den festen Koeffizienten schließt diese Bedingung p und ϱ ein, die als Funktion des ‚freien' Parameters (w oder ϱ) auszudrücken sind. Schließlich muß dann der ‚freie' Parameter gewählt werden, so daß die Bedingung erfüllt ist und man die stetige Lösung erhält, bei der K und L mit der stetigen Rate $g = n$ wachsen. Ob das überhaupt und eindeutig möglich ist, hängt von den Parametern ab. Diese Angelegenheit wird unten in zwei besonderen Fällen verfolgt.

Unter der Annahme, daß Preise für stetiges Wachstum mit der Rate $g = n$ ausgewählt werden können, verwenden wir die Mengengleichungen aus 12.2 in zwei Arten. Erstens sind die Verhältnisse der Variablen Q_1, Q_2, K und L alle über die Zeit konstant. Das Verhältnis von $Y = pQ_1 + Q_2$ zu jeder der Variablen ist ebenfalls konstant. Die zwei interessantesten Verhältnisse sind die Kapitalintensität K/L und die Kapitalproduktivität Y/K. Das erste wird direkt durch die Mengengleichungen, wie in (6) von 12.2, gegeben.

$$\frac{K}{L} = \frac{v_2}{u_2}\, \frac{1}{1 + v_1\, (\mu - 1)\, g} \tag{5}$$

und das zweite wird abgeleitet:

$$\frac{Y}{K} = p\,\frac{Q_1}{K} + \frac{Q_2}{K} = pg + \frac{1 - v_1\, g}{v_2} ,$$

d. h.

$$\frac{Y}{K} = \frac{1 - (v_1 - v_2\, p)\, g}{v_2} . \tag{6}$$

(5) und (6) sind hier als Konstante für irgendein konstantes g ausgedrückt. In der stetigen Lösung ist $g = n$ einzufügen.

Die zweite Verwendung der Mengengleichungen geschieht durch expliziten Ausdruck für die stetigen Zeitpfade der Variablen. Sie wachsen alle mit der Rate $g = n$.

$$Y = Y_0\, e^{nt},\ K = K_0\, e^{nt},\ L = L_0\, e^{nt}$$

und ähnlich für Q_1 und Q_2. Die Anfangswerte sind durch die Mengengleichungen verbunden. Da L_0 die gegebene Anfangsarbeitskraft ist, sind sie in L_0 ausgedrückt:

$$Y_0 = \frac{1}{u_2} \frac{1-(v_1-v_2\, p)\, n}{1+v_1\,(\mu-1)\, n} L_0,\quad K_0 = \frac{v_2}{u_2} \frac{1}{1+v_1\,(\mu-1)\, n} L_0\ .$$

Diese zwei Anfangswerte erhält man auf einmal aus (5) und (6) oben mit $g = n$.

12.4 Der Fall mit der klassischen Sparfunktion

Der erste besondere Fall, den wir nehmen — es stellt sich heraus, daß es bei weitem der einfachste ist — ist der, bei welchem alle Ersparnisse aus den Gewinnen in einem gegebenen Verhältnis s_p ($s_w = 0$, $0 < s_p < 1$) [3] stammen. Es ist dann $S = s_p\, P = s_p\, p\varrho\, (K_1 + K_2)$ und die ersten zwei Gleichgewichtsbedingungen reduzieren sich auf

$$K = K_1 + K_2 \quad \text{und} \quad DK = s_p\, \varrho\, (K_1 + K_2)\ .$$

So ist:

$$\frac{1}{K} DK = g, \quad \text{wobei} \quad g = s_p\, \varrho\ .$$

Dieser konstante Wert von g kann überprüft werden, indem man in (4) von 12.3 oben $s_w = 0$ setzt. Die dritte Bedingung verlangt wieder, daß die befriedigende Wachstumsrate für die stetige Lösung gleich der natürlichen Rate n sein muß:

$$g = s_p\, \varrho = n\ . \tag{1}$$

In diesem Fall ist die Vereinfachung sehr beträchtlich. Die Gesamtmenge der Gleichungen des Modells teilt sich in zwei verschiedene und leicht zu handhabende Untermengen. Eine umfaßt die Gleichgewichtsbedingungen, die in (1) zusammengefaßt sind, zusammen mit der Faktorpreisgrenze:

$$\frac{1}{w} = u_2 + \frac{u_1\, v_2\, \varrho}{1-v_1\, \varrho}\,, \tag{2}$$

[3] Der Grenzfall, wo $s_p = 1$ und alle Gewinne gespart werden, kann ebenfalls behandelt werden, siehe Übung 12.4.

die w und ϱ verbindet. Die andere besteht aus allen Mengengleichungen zusammen mit der anderen Preisgleichung, die p und ϱ verbindet.

Betrachten wir die Ergebnisse (1) und (2). Die wichtigste Frage ist, ob der ‚freie' Parameter (w oder ϱ) so festgesetzt werden kann, daß die befriedigende und natürliche Wachstumsrate zusammenfallen. Es spielt keine Rolle, welcher Parameter genommen wird. Auf Grund von (2) verändern sie sich invers; wenn w von $1/u_2$ auf 0 fällt, steigt ϱ von 0 auf $1/v_1$. Einigen wir uns darauf, die Profitrate festzusetzen, wobei sich der entsprechende Lohnsatz w aus (2) ergibt.

Wenn ϱ von 0 auf $1/v_1$ steigt, erhöht sich die befriedigende Wachstumsrate $g = s_p\,\varrho$ von 0 auf s_p/v_1. Das niedrigste g entspricht der Profitrate von 0 und das höchste dem Lohnsatz von 0. Da das größte $g = s_p/v_1 < 1/v_1$ ist, ist die Beschränkung (5) von 12.2 erfüllt. Aus (1) folgt, daß stetiges Wachstum mit der Rate $g = n$ für eine eindeutige, von Null verschiedene Profitrate und einen eindeutigen, von Null verschiedenen Lohnsatz existiert, und zwar dann und nur dann, wenn die gegebene natürliche Wachstumsrate

$$0 < n < \frac{s_p}{v_1}$$

befriedigt.

Das ist eine bekannte Bedingung, und es ist wahrscheinlich, daß sie in der Praxis erfüllt wird. Es ist die Bedingung, die im entsprechenden klassischen Fall des Kaldor- (keynesianischen)Modells aus 11.8 gefunden wurde, mit der Ausnahme, daß der Koeffizient v_1 nun durch den Kapitalgütersektor gegeben ist. Die für stetiges Wachstum festgesetzte Profitrate ist wieder ein Vielfaches ($1/s_p > 1$) der Wachstumsrate: $\varrho = n/s_p$.

Der Rest der stetigen Lösung des Modells folgt aus der Preisgleichung für p und aus den Mengengleichungen. Gleichung (6) aus 12.1 gibt den Kapitalgüterpreis p als Funktion der Profitrate $\varrho = n/s_p$ an. Die Gesamtverhältnisse, K/L für das Pro-Kopf-Kapital und die Kapitalproduktivität Y/K, erhalten wir aus (5) und (6) von 12.3 als Funktion der stetigen Wachstumsrate $g = s_p\varrho = n$.

Für ein Problem der komparativen Dynamik nehmen wir an, daß die stetige Wachstumsrate wegen einer Aufwärtsverschiebung der Wachstumsrate der Arbeitskraft (n) steigt; die Sparneigung (s_p) soll unverändert bleiben. Um die höhere stetige Wachstumsrate ($g = s_p\varrho = n$) aufrecht zu erhalten, steigt die Profitrate ϱ und der Lohnsatz w fällt. Die Frage ist, was mit p und den Verhältnissen K/L und Y/K geschieht. Die Antwort hängt davon ab, welcher Sektor stärker mechanisiert ist.

Der Fall, wenn $\mu > 1$. Der Konsumgütersektor ist stärker mechanisiert. Wenn ϱ steigt (und w fällt) finden wir zunächst, daß p und K/L fallen. Weil p fällt und $g\ (= n)$ steigt, haben wir ein eindeutiges Ergebnis für die Variation von Y/K, nämlich Y/K fällt. Die betrachtete Verschiebung (eine Erhöhung der stetigen Wachstumsrate) wird durch eine höhere Profitrate, aber durch einen niedrigeren Kapitalgüterpreis, einen niedrigeren Lohnsatz, weniger Kapital pro Kopf und eine gesenkte Kapitalproduktivität charakterisiert.

Der Fall, wenn $\mu < 1$. Hier ist der Kapitalgütersektor stärker mechanisiert. Der erste Effekt geht nun in die entgegengesetzte Richtung: sowohl der Kapitalgüterpreis als auch das Pro-Kopf-Kapital steigen mit höherer Profitrate (und niedrigerem Lohnsatz). Wir können nicht weiter gehen, da die Variation in der Kapitalproduktivität (Y/K), wie aus (6) von 12.3 ersichtlich ist, in jede Richtung gehen kann. Alles hängt vom relativen Ausmaß der Erhöhungen der Profitrate und des Kapitalgüterpreises ab.

Ein anderes Problem der komparativen Dynamik tritt auf, wenn sich die Sparneigung aus den Gewinnen (s_p) nach unten verlagert und die Wachstumsrate der Arbeitskraft unverändert bleibt. Die Rate stetigen Wachstums $(g = s_p \varrho = n)$ ist unverändert aber ϱ muß wieder steigen und w fallen, damit die Rate erhalten bleibt. Die daraus folgenden Ergebnisse sind dann etwas anders (siehe Übung 12.6).

12.5 Der Fall mit proportionaler Sparfunktion

Im zweiten besonderen Fall wählen wir die Sparfunktion in proportionaler Form: $S = sY$ für gegebenes $s\ (0 < s < 1)$. Die ersten zwei Gleichgewichtsbedingungen werden zu:

$$K = K_1 + K_2 \quad \text{und} \quad pDK = s\,(pQ_1 + Q_2)\ .$$

So ist: $$\frac{1}{K} DK = g\,, \quad \text{wobei} \quad g = s\,\frac{Q_1}{K} + \frac{s}{p}\,\frac{Q_2}{K}$$

und aus den Mengengleichungen:

$$\frac{Q_1}{K} = g \quad \text{und} \quad \frac{Q_2}{K} = \frac{1 - v_1\, g}{v_2}\ .$$

Daher ist: $$g = sg + \frac{s}{p}\,\frac{1 - v_1\, g}{v_2}\,, \quad \text{d. h.} \quad v_2\, pg + (v_1 - v_2\, p)\, sg = s\ .$$

Daher ist: $$g = \frac{s}{v_2\, p + (v_1 - v_2\, p)\, s}\ .$$

Die befriedigende Wachstumsrate ist wieder eine Konstante. Ihren Wert erhält man aus (4) von 12.3 oben, indem man $s_w = s_p = s$ setzt. Das ist aber nicht die einzige Art, auf die die proportionale Sparfunktion auftreten kann. Die dritte Gleichgewichtsbedingung verlangt wieder für die stetige Lösung, daß die befriedigende Rate gleich der natürlichen ist:

$$g = \frac{s}{v_2 p + (v_1 - v_2 p) s} = n \ . \tag{1}$$

Hier gibt es keine wirkliche Vereinfachung. Das konstante g hängt vom Preis p, den festen Koeffizienten und auch von s ab. Um es als Funktion des ‚freien' Parameters (w oder ϱ) ausdrücken zu können, müssen wir daher beide Preisgleichungen verwenden. Die Antwort auf die Frage, ob (1) durch die Wahl von w oder ϱ befriedigt werden kann, ist nun komplizierter.

Erstens ist die Ableitung von (1):

$$\frac{\partial g}{\partial p} = - \frac{v_2 s (1-s)}{[v_2 p + (v_1 - v_2 p) s]^2} < 0 \ ,$$

d. h. g fällt, wenn p steigt. Je höher der Preis der Maschinen, desto niedriger ist die befriedigende Wachstumsrate. Dann lassen wir w von $1/u_2$ auf Null fallen, wobei ϱ von 0 auf $1/v_1$ steigt. Die entsprechende Bewegung von p auf Grund der Preisgleichung hängt davon ab, ob $\mu > 1$ oder $\mu < 1$. Wir betrachten die Fälle der Reihe nach:

Der Fall, wenn $\mu > 1$. Hier ist der Konsumgütersektor stärker mechanisiert. Wenn ϱ von 0 auf $1/v_1$ steigt, fällt p von u_1/u_2 auf $(1/\mu)\,(u_1/u_2)$ und g steigt von

$$g_1 = \frac{s}{v_1} \frac{1}{1 + (\mu - 1)(1-s)} \quad \text{auf} \quad g_2 = \frac{s}{v_1} \ .$$

Hier entspricht g_1: $\varrho = 0$ ($w = 1/u_1$), g_2 entspricht $w = 0$ ($\varrho = 1/v_1$).

Weiters fällt die Kapitalproduktivität

$$\frac{Y}{K} = \frac{1}{v_2} [1 - (v_1 - v_2 p) g] \ ,$$

wenn ϱ steigt, da steigendes ϱ fallendem p und steigendem g entspricht.

Der Fall, wenn $\mu < 1$. Hier ist die Erzeugung von Kapitalgütern stärker mechanisiert. Da ϱ von 0 auf $1/v_1$ steigt, erhöht sich p von u_1/u_2 auf $(1/\mu)\,(u_1/u_2)$ und g fällt von

$$g_1 = \frac{s}{v_1} \frac{1}{1 - (1 - \mu)(1-s)} \quad \text{auf} \quad g_2 = \frac{s}{v_1} \ .$$

Weiters steigt die Kapitalproduktivität mit ϱ, da p steigt und g fällt.

Folglich kann in beiden Fällen w genügend fallen (oder ϱ steigen), um $g = n$ zu machen und so die Bedingung (1) für stetiges Wachstum erfüllen, vorausgesetzt, daß n im Bereich liegt, der durch g_1 und g_2 gesetzt wird[4]. Die zulässigen Werte von n sind:

$$\text{für} \quad \mu > 1 \qquad \frac{s}{v_1} \frac{1}{1 + (\mu - 1)(1 - s)} < n < \frac{s}{v_1},$$

$$\text{für} \quad \mu < 1 \qquad \frac{s}{v_1} < n < \frac{s}{v_1} \frac{1}{1 - (1 - \mu)(1 - s)}.$$

Für solche zulässige n gibt es ein eindeutiges von Null verschiedenes w (oder ein eindeutiges von Null verschiedenes ϱ), das von außen festgesetzt werden kann, um die stetige Lösung zu erreichen.

Die Schwierigkeit ist hier, daß der Bereich der zulässigen n recht eng sein kann. Das ist sicher dann so, wenn μ fast 1 ist, d. h. wenn zwischen dem Mechanisierungsgrad der beiden Sektoren wenig Unterschied besteht. Im Spezialfall, wenn $\mu = 1$, wenn also die Sektoren gleich mechanisiert sind, erscheint wieder die bekannte Harrod-Domar-Bedingung, daß $n = s/v_1$.

Als Fall komparativer Dynamik nehmen wir an, daß die Wachstumsrate (n) der Arbeitskraft steigt, während die anderen Parameter unverändert bleiben. Die befriedigende Wachstumsrate (g) muß dann steigen, um die stetige Lösung aufrecht zu erhalten, wobei Folgen auftreten, die einigermaßen denen ähnlich sind — aber mit kleinen Unterschieden —, die im klassischen Fall gefunden wurden. Wenn $\mu > 1$ und der Konsumgütersektor der stärker mechanisierte ist, dann bedeutet eine Erhöhung von g, daß ϱ steigt und p fällt und daher aus (5) und (6) von 12.3, daß sowohl K/L als auch Y/K fallen. Wir haben hier wieder eine höhere Profitrate und eine niedrigere Kapitalproduktivität. Wenn auf der anderen Seite der Kapitalgütersektor mehr mechanisiert ist ($\mu < 1$), dann bedeutet steigendes g, daß ϱ und p fallen, so daß K/L steigt, während Y/K weiterhin fällt. In diesem Fall gibt es sowohl eine niedrigere Profitrate wie auch eine niedrigere Kapitalproduktivität. Welche Situation immer bestehen mag, wir sehen, daß eine Erhöhung der Rate stetigen Wachstums (wegen der schneller steigenden Arbeitskraft) von einer Verringerung der Kapitalgüterpreise und der Kapitalproduktivität begleitet ist.

---

[4] Das größte $g = s/v_1 < 1/v_1$ $(s < 1)$ im Falle $\mu > 1$. Es ist

$$g = \frac{1}{v_1} \frac{s}{1 - (1 - \mu)(1 - s)},$$

d. h.

$$g = \frac{1}{v_1} \frac{s}{s + \mu(1 - s)} < \frac{1}{v_1} \qquad (\mu > 0,\ s < 1)$$

auch im Falle $\mu < 1$. Die Bedingung (5) von 12.2 ist automatisch erfüllt.

12.6 Stabilität

Die stetige Lösung des Modells aus 12.3 ist $K = \bar{K}_0 e^{nt}$, wenn $L = L_0 e^{nt}$ gegeben ist, vorausgesetzt, daß der Anfangsbestand $\bar{K}_0$ an Maschinen mit der Anfangsarbeitskraft entsprechend übereinstimmt:

$$\bar{K}_0 = \frac{v_2}{u_2} \frac{L_0}{1 + v_1 (\mu - 1) n} \; . \tag{1}$$

Der Strich über K_0 soll angeben, daß es der Wert für stetiges Wachstum mit der Rate n ist. Es wird auch angenommen, daß die entsprechende Profitrate (oder der Lohnsatz) für die stetige Lösung eingesetzt wird.

Wir schlagen vor, den Ungleichgewichtspfad von K zu untersuchen, wenn der Anfangsbestand an Maschinen irgend ein Wert K_0 ist, der von (1) verschieden ist. Wir nehmen an, daß zur Zeit $t = 0$ der Bestand K_0 mit einer Wachstumsrate g_0 für K wächst. Die Mengengleichungen von 12.2 gelten für jede Wachstumsrate in einer beliebigen Periode, so daß

$$K_0 = \frac{v_2}{u_2} \frac{L_0}{1 + v_1 (\mu - 1) g_0} \; . \tag{2}$$

Diese Situation mag auf Grund vergangener Fehler eingetreten sein. Es handelt sich dann um eine Frage der Stabilität: Neigt der Ungleichgewichtspfad von K dazu, die Lage zu korrigieren? Oder die Situation kann auch so sein, daß die Wirtschaft zur Zeit $t = 0$ an eine gegebene Wachstumsrate g_0 angepaßt ist, aber dann eine Verschiebung zu einer Wachstumsrate n eintritt. Es gibt dann einen neuen stetigen Pfad von K und es handelt sich nun um die Frage des Überganges: Führt der Ungleichgewichtspfad von K vom alten zum neuen stetigen Pfad?

Im vorher betrachteten Ungleichgewichtsmodell (10.6 oben), entschieden wir uns dazu, die Strombedingung für Sparen/Investieren beizubehalten und das Erfordernis, daß der Kapitalbestand bis zur Kapazität genutzt wird, aufzugeben. Das ist ein Weg, aber nicht der einzige Weg, um ein Ungleichgewichtsmodell zu formulieren. Im vorliegenden Fall ist es günstig und vernünftig, die umgekehrte Wahl zu treffen: die Vollbeschäftigungsbedingung beizubehalten und die Spar/Investitionsbedingung fallen zu lassen.

Die Hauptvariable unseres Modells ist die tatsächliche Wachstumsrate des Kapitalbestandes im Zeitpunkt t: $g(t) = (1/K)\, DK = D \log K$. g ist hier nicht (notwendigerweise) die befriedigende Wachstumsrate, da wir die Spar/Investitionsbedingungen nicht aufrecht erhalten; es ist einfach eine Variable in der Zeit. Worauf wir bei der Stabilitätsbetrachtung schauen, ist, ob $g(t) \to n$ oder nicht, wenn $t \to \infty$. Das heißt wieder die Stabilität im Sinne von Harrod (10.5 oben) aufzufassen.

Da die Vollbeschäftigungsbedingungen im Modell aufrecht erhalten werden, ist der Pfad von g in der Zeit ein Vollbeschäftigungspfad. Wir sehen zunächst, wie weit wir mit diesen Bedingungen kommen können: $K = K_1 + K_2$ für den Maschinenbestand zur Zeit t und $L = L_1 + L_2 = L_0\, e^{nt}$ wachsen also mit der gegebenen Rate n. Mit K als Kapitalbestand und L als Arbeitskraft interpretiert und mit g zur Zeit t spezifiziert, ergeben die Mengengleichungen von 12.2 das Verhältnis K/L zur Zeit t als Funktion von g:

$$K = \frac{v_2}{u_2} \frac{L}{1 + v_1 (\mu - 1)\, g}\,, \quad \text{wobei} \quad L = L_0\, e^{nt}\,. \tag{3}$$

Der Anfangswert K_0 ist durch (2) ähnlich mit der Anfangswachstumsrate g_0 verbunden.

Betrachten wir nun den Ungleichgewichtsaspekt des Modells, das Wegfallen der Spar/Investitionsbeziehung. Die tatsächliche Wachstumsrate von K ist nicht die durch die Spar/Investitionsbedingung für das Gleichgewicht gegebene befriedigende Wachstumsrate. Dafür müssen wir eine Fehleranpassungsbedingung einführen. Das kann in verschiedener Weise geschehen. Das vorliegende einfache Modell verwendet eine ziemlich primitive Bedingung.

Obwohl es im Ergebnis keinen wesentlichen Unterschied macht, nehmen wir der Einfachheit halber eine klassische Sparfunktion an: $S = s_p\, P = s_p\, p\varrho\, (K_1 + K_2)$. Die befriedigende Wachstumsrate ist dann $s_p\varrho$ und n gleichzusetzen. In unserem Ungleichgewichtsmodell ist $g \neq s_p\varrho$. Geplantes Sparen ist $S = s_p\, p\varrho K$. Die Investition ist $p\,(dK/dt) = gpK$. Aber geplantes Sparen wird nicht als *Ex-post*-Sparen = Investition verwirklicht. Wir nehmen an, daß *Ex-post*-Sparen ein Anteil σ_p der Profite und gleich der Investition ist: $\sigma_p\, p\varrho K = gpK$. Zu jeder Zeit t ist daher $g = \sigma_p\, \varrho$. In der Ungleichgewichtslage ist $\sigma_p \neq s_p$ und ϱ ist ein von außen gegebener Wert. Die angenommene Fehleranpassungsbedingung ist, daß, welches ϱ auch immer gilt, der Unterschied zwischen dem tatsächlichen (σ_p) und geplanten gesparten Anteil (s_p) der Profite in Form der unbeabsichtigten Ersparnisse (oder des unbeabsichtigten Konsums) aus den Gewinnen absorbiert wird. Entlang des Ungleichgewichtspfades weicht die tatsächliche Sparquote σ_p von der geplanten s_p ab und die Profitrate ϱ kann von der abweichen, die für stetiges Wachstum gebraucht wird[5].

Alles, was wir folglich für unseren Vollbeschäftigungs-Gleichgewichtspfad brauchen, ist (3). Das Zurückbleiben oder der Überschuß des ge-

[5] *Hicks*, Capital and Growth, Kap. XVI, scheint anzunehmen, daß die Sparneigung und die Profitrate oder eine von beiden entlang des Ungleichgewichtspfades variieren. Unser Modell gestattet beides.

planten Sparens erledigt sich selbst. Man erhält eine Differentialgleichung in $g(t)$ aus (3) durch logarithmische Ableitung:

$$\log K = \log\left(\frac{v_2}{u_2} L_0\right) + nt - \log\left[1 + v_1(\mu-1)\,g\right] \;;$$

das ergibt:
$$g = n - \frac{v_1(\mu-1)}{1 + v_1(\mu-1)\,g}\,Dg \;.$$

So ist:
$$v_1(\mu-1)\,Dg = (n-g)\left[1 + v_1(\mu-1)\,g\right] \;. \tag{4}$$

Da die Variablen getrennt sind, kann die Differentialgleichung (4) leicht integriert werden. Durch Partialbruchzerlegung ist:

$$\frac{dt}{v_1(\mu-1)} = \frac{dg}{(n-g)\left[1 + v_1(\mu-1)\,g\right]} = \frac{dg}{1 + v_1(\mu-1)\,n}\left\{\frac{1}{n-g} + \frac{v_1(\mu-1)}{1 + v_1(\mu-1)\,g}\right\}.$$

Wir schreiben die Konstante $a = (1/v_1)\,[1 + v_1(\mu-1)\,n]$, wobei $a > 0$, da $\bar{K}_0$ durch (1) ein positives Vielfaches von a ist. So ist nach Integration:

$$\int \frac{a}{\mu-1}\,dt = \int \frac{dg}{n-g} + \int \frac{v_1(\mu-1)}{1 + v_1(\mu-1)\,g}\,dg + \text{Konstante}\,,$$

das ist:
$$\frac{at}{\mu-1} = -\log(n-g) + \log\left[1 + v_1(\mu-1)\,g\right] + \text{Konstante}\;,$$

das ist:
$$\frac{n-g}{1 + v_1(\mu-1)\,g} = Ae^{-[a/(\mu-1)]t}, \quad \text{wobei} \quad A = \frac{n-g_0}{1 + v_1(\mu-1)\,g_0}$$

(wenn wir $t = 0$ setzen).

Der Ungleichgewichtspfad von $g(t)$ wird dann einfach abgeleitet:

$$g(t) = \frac{n - Ae^{-[a/(\mu-1)]t}}{1 + v_1(\mu-1)\,Ae^{-[a/(\mu-1)]t}} \;. \tag{5}$$

Unsere Analyse ist nun vollständig. Das Ungleichgewichtsmodell führt zu einer Differentialgleichung (4) in der variablen Wachstumsrate des Kapitalbestandes $g(t)$ und die einzige Lösung ist der durch (5) gegebene Pfad von $g(t)$. Die Stabilitätsfrage ist nun beantwortet: $g(t) \to n$, wenn $t \to \infty$, vorausgesetzt, daß $\mu > 1$. Daher gilt:

Der Pfad stetigen Wachstums des Zwei-Sektoren-Modells ist dann und nur dann stabil im Sinne Harrods, wenn der Konsumgütersektor der stärker mechanisierte ist.

Gleichermaßen gibt es unter den gleichen Umständen als weitere Interpretation einen konvergierenden Pfad von einer Situation stetigen Wachstums zu einer neuen.

Wie wir oben gefunden haben, liegt der unangenehme Fall $\mu < 1$ dann vor, wenn der Kapitalgütersektor stärker mechanisiert ist. Stetiges Wachstum ist dann instabil. Tatsächlich geht $g(t)$ nach $[1/v_1(1-\mu)] \neq n$, wenn $t \to \infty$, was zu seltsamen Ergebnissen aus den Mengengleichungen von 12.2 oben führt. Die Produktion von Konsumgütern (Q_2) wird negativ und das Pro-Kopf-Kapital (K/L) wird unendlich groß.

Diese Ergebnisse werden nicht bereitwillig anerkannt und, wie Hicks es ausdrückte[6], kann das vorliegende einfache Modell klarerweise nur als Grundlage für etwas sehr viel Komplizierteres dienen.

Übungen

12.1 Untersuchen Sie den Spezialfall des Zwei-Sektoren-Modells, wenn die Sektoren gleichermaßen mechanisiert sind ($\mu = 1$). Zeigen Sie, daß die Faktorpreisgrenze (factor-price frontier) eine gerade fallende Linie ist und daß der Kapitalgüterpreis (p) konstant ist.

12.2 Schreiben Sie die Mengengleichungen für eine gegebene Wachstumsrate g an, wenn $\mu = 1$. Zeigen Sie, daß g die Ausstöße der Sektoren beeinflußt, daß aber die Gesamtverhältnisse K/L und Y/K konstant sind. Interpretieren Sie das und wenden Sie es auf ein Modell mit klassischer Sparfunktion an.

12.3 Stellen Sie die Preisgleichung für das p als rechtwinkelige Hyperbel in der (p, ϱ)-Ebene dar und zeichnen Sie den entsprechenden Teil der Kurve ($p \geqslant 0$, $\varrho \geqslant 0$) zunächst, wenn $\mu > 1$ und dann, wenn $\mu < 1$. Zeigen Sie für den ersten Fall, daß ϱ von Null ansteigt, wenn p von u_1/u_2 abfällt und daß $\varrho \to \infty$ wenn $p \to 0$. Zeigen Sie für den zweiten Fall, daß ϱ von Null ansteigt, wenn p von u_1/u_2 steigt, und daß $\varrho \to 1/v_1(1-\mu)$, wenn $p \to \infty$.

12.4 Im extremen klassischen Fall ist $s_p = 1$ und $S = P = p\varrho K$. Zeigen Sie, daß es für stetiges Wachstum von Null verschiedene Gewinn- und Lohnraten gibt, vorausgesetzt, daß die gegebene Wachstumsrate der Arbeitskraft im Bereich von $0 < n < 1/v_1$ liegt. Zeigen Sie, daß

$$\varrho = n \quad \text{und} \quad w = \frac{1}{u_2}\,\frac{1 - v_1 n}{1 - v_1(1-\mu)\,n}\,.$$

12.5 Substituieren Sie im Ausdruck (6) von 12.3 p als Funktion von ϱ (aus der Preisgleichung) und setzen Sie $g = s_p\,\varrho$ im klassischen Fall. Zeigen Sie, daß

$$\left(\frac{Y}{K} - \frac{1}{v_2}\right) \quad \text{und} \quad \frac{\partial}{\partial \varrho}\left(\frac{Y}{K}\right)$$

jeweils positive Vielfache von

$$\frac{\mu\varrho}{1 + v_1(\mu-1)\,\varrho} - \varrho \quad \text{und} \quad \frac{\mu}{[1 + v_1(\mu-1)\,\varrho]^2} - 1 \quad \text{sind.}$$

Was kann über die Veränderung von Y/K bei steigendem ϱ abgeleitet werden?

---

[6] *Hicks*, op. cit. S. 186 - 90.

12.6 Die Sparfunktion hat klassische Form und der Parameter s_p wird gesenkt (bei unveränderter Wachstumsrate der Arbeitskraft n). Zeigen Sie, daß stetiges Wachstum eine höhere Gewinnrate verlangt, daß die Kapitalintensität (K/L) unverändert bleibt und daß sich die Kapitalproduktivität (Y/K) und der Kapitalgüterpreis (p) zusammen bewegen, und zwar nach unten, wenn $\mu > 1$, und nach oben, wenn $\mu < 1$. Interpretieren Sie diese Ergebnisse.

12.7 Nehmen Sie für den klassischen Fall von 12.4 oben an, daß die Arbeitskraft in der Zeit konstant ist ($n = 0$). Zeigen Sie, daß es auf Grund dieses Modells keine Gewinne, keine Ersparnisse und keinen Ausstoß an Kapitalgütern gibt.

12.8 Die Wachstumsrate der Arbeitskraft im klassischen Modell sei $n = s_p/v_1$. Zeigen Sie, daß der Lohnsatz Null ist und daß daher der gesamte Konsum sowie die gesamten Ersparnisse aus den Gewinnen kommen. Was kann über den Fall $s_p = 1$ gesagt werden? Stellen Sie das der Situation aus der vorhergehenden Übung gegenüber.

Kapitel 13

Technischer Fortschritt

13.1 Verschiedene Formen des technischen Fortschritts

Stetiges Wachstum kann, wie wir gesehen haben, durch Kapitalakkumulation in Verbindung mit einer wachsenden Arbeitskraft selbst dann zustande kommen, wenn es keinen technischen Fortschritt gibt. Aber der technische Fortschritt ist ein wichtiger, vielleicht sogar der wichtigste Faktor für das Wachstum. Technischer Fortschritt bedeutet einfach, daß man erhöhten Ausstoß über die Zeit von gegebenen Ressourcen an Arbeitskräften und Maschinen erhalten kann. Aber er kann eine Vielfalt von Formen annehmen. Unsere Aufgabe ist es nun, einige der einfacheren Formen zu definieren und zu unterscheiden.

Ein Hauptunterschied besteht zwischen ‚ungebundenem' (disembodied) technischem Fortschritt und verschiedenen ‚gebundenen' (embodied) Formen. Wir beginnen mit dem **ungebundenen technischen Fortschritt,** der sich in gleicher Weise auf alle in Verwendung stehenden Ressourcen an Arbeitskräften und Maschinen bezieht. Um ein bekanntes Gleichnis zu verwenden, solcher technischer Fortschritt ist das technische Wissen, das wie Manna vom Himmel fällt. Ungebundener technischer Fortschritt ist hier zunächst eingebettet in ein vereinfachtes Modell, das ein homogenes Gut für den Konsum und als unendlich dauerhaftes Kapital sowie eine glatte Produktionsfunktion annimmt, in welcher man den Ausstoß aus kontinuierlich substituierbaren Einsätzen von Kapital und Arbeit erhält. Es wird keine Verzögerung zwischen Ausstoß und Einkommen angenommen, die beide durch die Variable Y dargestellt werden. Wir schreiben die Produktionsfunktion $Y = F(K, L, t)$; Y, K und L sind kontinuierliche Variable in der Zeit, F ist eine gegebene stetige und differenzierbare Funktion; die Variable t wird explizit eingeführt, um eine Verschiebung der ganzen Produktionsfunktion in der Zeit zu ermöglichen.

Die Form der Produktionsfunktion F kann völlig unspezifiziert sein. Aber sie wird oft als linear und homogen in den Variablen K und L — der Fall konstanter Skalenerträge — angenommen. Als besondere Fälle können dann algebraische Formen mit geeigneten Parametern für F angenommen werden, z. B. die Formen mit festen Koeffizienten, Cobb-

Douglas- oder Konstante-Substitutionselastizitäts (CES)-Formen aus Kapitel 3. Später können wir die Annahme einer Produktionsfunktion, zumindest in expliziter Form, aufgeben und sie durch andere Konstruktionen ersetzen, wie durch Kaldors technische Fortschrittsfunktion (technical progress function).

Wir wenden uns nun technischen Veränderungen verschiedener Art in Form des **gebundenen technischen Fortschritts** zu. Dieser bezieht sich nicht auf den ganzen Bereich verfügbarer Ressourcen, sondern nur auf einige Teile von Kapitalausrüstung, gewöhnlich auf laufend erzeugte und aufgestellte Maschinen gemeinsam mit der dazugehörenden Bedienungsmannschaft. Kapital wird nicht länger mehr als homogen angenommen. Im Gegenteil, Kapital ist im wesentlichen ein gemischter Bestand verschiedener ‚Jahrgänge' (vintages). Maschinen eines Jahrgangs sind in ihrer Art verschieden von denen aus einem anderen. Wegen des gebundenen technischen Fortschritts sind neue Maschinen produktiver als ältere (sonst ähnliche) Maschinen. Weiters soll die Arbeit in ähnlicher Weise behandelt werden, indem die Annahme einer homogenen Arbeitskraft aufgegeben wird und dafür Arbeiter verschiedener Jahrgänge genommen werden, die durch Alter und Ausbildung unterschieden sind. Arbeiter des laufenden Jahrganges, d. h. solche, die erst kürzlich ausgebildet wurden, sind dann produktiver als jene der früheren Jahrgänge. Die Analyse kann wieder mit einer Produktionsfunktion vorgenommen werden, entweder in der Form fester Koeffizienten oder in einer glatten Version, oder in Form einer technischen Fortschrittsfunktion als alternativer Konstruktion.

Da wir technische Veränderung im Zusammenhang mit stetigem Wachstum zu einer konstanten proportionalen Rate erforschen, nehmen wir allgemein an, daß technischer Fortschritt mit einer gegebenen proportionalen Rate vor sich geht. Wir schreiben m für die durch exogene Faktoren gegebene technische Fortschrittsrate.

13.2 Neutralität des ungebundenen technischen Fortschritts

Wir betrachten besonders jene Formen der technischen Veränderung, die die Produktionsfunktion derart verschieben, daß das Gleichgewicht zwischen Kapital und Arbeit in der laufenden Produktion über die Zeit ungestört fortbesteht. Zu diesem Zweck müssen wir **neutralen technischen Fortschritt** in genauer Weise spezifizieren, um die technische Veränderung ohne Verzerrung (d. h. weder kapital- noch arbeitssparend) darzustellen.

Betrachten wir die verschiedenen Arten, auf die ungebundener technischer Fortschritt in eine glatte Produktionsfunktion $Y = F(K, L, t)$

eingebaut werden kann, um ihre Verschiebung in der Zeit zu bewirken. Wir müssen eine neutrale Verschiebung spezifizieren, um genau zu sagen, wie sie in die Funktion für neutralen technischen Fortschritt einzubauen ist.

(1) **Harrod-neutraler technischer Fortschritt** soll als erster behandelt werden. Man erhält ihn, wenn sich die Produktionsfunktion in der Zeit gemäß der Form

$$Y = F(K, \alpha L)$$

verschiebt, wobei $\alpha = \alpha(t)$, vorausgesetzt daß

$$\alpha(t) = 1 \quad \text{in} \quad t = 0$$

$$\text{und} \quad \alpha(t) > 1, \quad \alpha'(t) > 0 \quad \text{für} \quad t > 0 \; .$$

Diese Definition folgt eher dem Konzept Joan Robinsons für eine überall wirkende Erhöhung der Arbeitseffizienz[1] als Harrods ursprünglicher (und gleichwertiger) Definition, die später abgeleitet wird (13.3 unten). Wir können die Produktionsfunktion schreiben:

$$Y = F(K, \bar{L}), \quad \text{wobei} \quad \bar{L} = \alpha(t)\, L \; ,$$

und wir haben tatsächlich eine **feste Form** für die Produktionsfunktion, jedoch eher mit dem Arbeitseinsatz $\bar{L}$, gemessen in **Effizienzeinheiten,** als in natürlichen Einheiten der Arbeitskraft, z. B. die Zahl der Arbeiterjahre L. In der Darstellung jedoch werden wir uns im allgemeinen eher ungenau auf ‚Arbeiter' als der natürlichen Einheit, in der L gemessen wird, beziehen.

Wir haben also zwei Alternativen: **Entweder** wir nehmen eine sich **verschiebende** Produktionsfunktion $Y = F\{K, \alpha(t)\, L\}$ mit den natürlichen Einheiten sowohl für die Arbeit (Arbeiter) als auch für das Kapital; **oder** wir können eine **feste** Produktionsfunktion $Y = F(K, \bar{L})$ schreiben, passen jedoch die Einheiten für die Arbeit so an, daß sie sich in der Zeit verändern. Bei der zweiten Alternative ist $\bar{L}$ die Arbeit in Effizienzeinheiten, die mit den natürlichen Einheiten (Arbeitern) durch die Beziehung $\bar{L} = \alpha(t)\, L$ in jedem Zeitpunkt verbunden sind.

Technischer Fortschritt in dieser Form ist **arbeitsvermehrend** in dem Sinne, daß er einer entsprechenden Erhöhung der Arbeitskraft gleichwertig ist. Da sich α in der Zeit erhöht, bedeutet $Y = (K, \alpha L)$, daß man einen gegebenen Ausstoß aus einem gegebenen Kapitaleinsatz verbunden mit einem Arbeitseinsatz L an Arbeitern, der mit fortschreitender Zeit sinkt, erhalten kann. Andererseits bedeutet $Y = F(K, \bar{L})$, daß man einen

---

[1] Joan *Robinson*, „The Classification of Inventions", Review of Economic Studies (Februar 1938) S. 140.

gegebenen Ausstoß von einem gegebenen Kapitaleinsatz und dem gleichen Arbeitseinsatz $\bar{L}$ in der Zeit, aber in Effizienzeinheiten gemessen, erhält. Mit fortschreitender Zeit stellt eine gegebene Arbeitskraft L an Arbeitern eine steigende Zahl von Effizienzeinheiten wegen des technischen Fortschritts ($\bar{L} = \alpha L$) dar; ebenso stellt der gleiche Einsatz in Effizienzeinheiten eine sinkende Zahl von Arbeitern dar. Bei Harrod-neutralem technischem Fortschritt leistet ein Arbeiter im Zeitpunkt t α-mal so viel Arbeit als er ursprünglich leistete. Zum Beispiel kann technischer Fortschritt so wirken, daß ein Mann soviel arbeitet wie zwei Männer getan haben, dann soviel wie drei, usw.

In dieser Form entwickelt sich technischer Fortschritt mit einer proportionalen Rate $d\alpha/\alpha dt$ und verändert sich im allgemeinen in der Zeit. Bewegt er sich mit einer konstanten proportionalen Rate m, dann ist

$$\frac{1}{\alpha}\frac{d\alpha}{dt} = m \quad \text{mit} \quad \alpha = 1 \quad \text{in} \quad t = 0 \ .$$

Daher ist:

$$\alpha = e^{mt} \ .$$

Harrod-neutraler technischer Fortschritt mit der konstanten Rate m ist durch

$$Y = F(K, e^{mt} L)$$

oder durch

$$Y = F(K, \bar{L}), \quad \text{wobei} \quad \bar{L} = e^{mt} L \ ,$$

gegeben.

Wir betrachten Wachstumsmodelle, wobei wir ins Auge fassen, daß Y und K mit derselben befriedigenden Wachstumsrate wachsen. Wir erwarten hier, daß die Kapitalproduktivität Y/K in der Zeit konstant ist, oder zumindest einem konstanten Niveau zustrebt. Harrod-neutraler technischer Fortschritt macht das möglich. Wie wir gesehen haben, entspricht ein solcher technischer Fortschritt einer Erhöhung der Arbeitskraft. Wenn ein Modell ohne technischen Fortschritt dann stetiges Wachstum hat, wenn die natürliche Rate n (die Wachstumsrate der Arbeitskraft) ist, dann sollte das gleiche Modell mit Harrod-neutralem technischem Fortschritt mit der Rate m stetiges Wachstum bei einer natürlichen Rate $m + n$ (Wachstumsrate der Arbeitskraft und des technischen Fortschritts zusammen) haben. Wir werden finden, daß das der Fall ist[2].

---

[2] Tatsächlich kann behauptet werden (siehe F. H. *Hahn* und R. C. O. *Matthews*, „The Theory of Economic Growth: A Survey", Economic Journal (Dezember 1964), S. 829), daß nicht-Harrod-neutraler technischer Fortschritt mit stetigem Wachstum und einer konstanten Kapitalproduktivität inkonsistent ist. Zum Beispiel muß eine kapitalsparende Verzerrung zu einem Abfallen des Ausstoßwachstums führen.

(2) **Solow-neutraler technischer Fortschritt** ist von der gleichen Form, nur daß er **kapitalvermehrend** anstatt arbeitsvermehrend ist. Die sich verschiebende Produktionsfunktion ist:

$$Y = F(\alpha K, L) \quad ,$$

wobei $\alpha = \alpha(t)$ unter den gleichen Bedingungen wie vorher ist. Alternativ ist:

$$Y = F(\bar{K}, L), \quad \text{wobei} \quad \bar{K} = \alpha K \quad ,$$

ausgedrückt in einer festen Produktionsfunktion, aber mit Kapital in Effizienzeinheiten gemessen, die sich in der Zeit verändern.

Die Eigenschaften des technischen Fortschritts in dieser Form sind jenen des Harrod-neutralen Typs ähnlich, nur daß K und L vertauscht sind. Es zeigt sich jedoch, daß das keine geeignete Form des technischen Fortschritts für Wachstumsmodelle ist, wenn die Kapitalproduktivität konstant ist, zumindest solange nicht, als der technische Fortschritt von der nun betrachteten ungebundenen Art ist. Er eignet sich mehr — und wurde in der Tat von Solow so aufgefaßt[3] — für Vintage-Modelle, in denen die technische Veränderung an aufeinanderfolgende Maschinen-Jahrgänge, die mit fortschreitender Zeit effizienter werden, gebunden ist.

(3) **Hicks-neutraler technischer Fortschritt** ist die Form des ungebundenen technischen Fortschritts, der am natürlichsten mit der Idee der Neutralität übereinzustimmen scheint. Es war der erste Typ, der vorgeschlagen wurde[4]. Er liegt vor, wenn sich die Produktionsfunktion in der Zeit durch eine einheitliche Aufwärtsverlegung der ganzen Funktion verschiebt:

$$Y = \alpha F(K, L) \quad ,$$

wobei $\alpha = \alpha(t)$ unter denselben Bedingungen wie vorher. Wenn die Einsätze K und L in ihren natürlichen Einheiten gleich bleiben, dann erhält man ein Produkt, das sich in der Zeit mit der proportionalen Rate $d\alpha/\alpha dt$ erhöht. Das ist im offensichtlichsten Sinne ‚Manna vom Himmel'.

Wenn die feste Produktionsfunktion F linear und homogen in K und L ist — der gewöhnlich angenommene Fall konstanter Erträge — dann ist Hicks-neutraler technischer Fortschritt geradewegs eine Kombination der zwei anderen Arten, die sich mit der gleichen Rate entwickeln; er ist gleichermaßen arbeits- und kapitalvermehrend. Die lineare und homogene Eigenschaft ist, daß $F(\alpha K, \alpha L) = \alpha F(K, L)$ für jedes $\alpha > 0$. Die sich verschiebende Produktionsfunktion im Falle von Hicks-Neutralität und konstanten Erträgen ist daher:

$$Y = F(\bar{K}, \bar{L}), \quad \text{wobei} \quad \bar{K} = \alpha K \quad \text{und} \quad L = \alpha L \; .$$

[3] R. M. *Solow*, Capital Theory and the Rate of Return (1963).

[4] J. R. *Hicks*, The Theory of Wages (1932), gab die Definition zuerst, nicht in dieser Form, aber gleichwertig ausgedrückt (siehe Übung 13.1).

Wieder folgt, daß die Neutralität im Sinne Hicks nicht das geeignete Konzept für ein stetiges Wachstumsmodell mit ungebundenem technischem Fortschritt ist. Sie ist mit konstanter Kapitalproduktivität nicht konsistent.

13.3 Konstante Erträge

Der in größter Ausführlichkeit zu erklärende Fall ist jener, in dem die Produktionsfunktion konstante Erträge hat. Sie ist dann von linearer und homogener Form, so daß, abgesehen vom technischen Fortschritt, die Funktion $Y = F(K, L)$ auf die zweidimensionale Form in *Pro-Kopf*-Größen reduziert werden kann: $y = f(k)$, wobei $y = Y/L$ und $k = K/L$. Wir betrachten ungebundenen technischen Fortschritt mit besonderer Bezugnahme auf die Harrod-neutrale Art mit einer konstanten Rate m.

Die Eigenschaften des Falles konstanter Erträge, die die Analyse so viel leichter machen, sind in 3.4 und 3.5 oben untersucht. Die Produktionsfunktion $y = f(k)$, die den Ausstoß pro Kopf zum Kapital pro Kopf in Beziehung setzt, kann als Kurve in der (k, y)-Ebene dargestellt werden, wie es in Fig. 13.3 A für den Fall der wohlgestalteten Funktion (3.4 oben) veranschaulicht wird. Die zwei Grenzprodukte sind:

$$\frac{\partial Y}{\partial K} = f'(k) \quad \text{und} \quad \frac{\partial Y}{\partial L} = f(k) - kf'(k)\ ,$$

die bei vollkommenem Wettbewerb der Profitrate ϱ bzw. dem Lohnsatz w gleichzusetzen sind. Das Produkt verteilt sich dann $y = \varrho k + w$, wie es durch $ON = WN + OW$ in **Fig. 13.3 A** dargestellt wird. Die Profitrate (Grenzprodukt des Kapitals) wird als Neigung der Tangente in P interpretiert.

Wir fügen nun den technischen Fortschritt mit der Harrod-neutralen Rate m hinzu. Die sich verlagernde Produktionsfunktion ist:

$$Y = F(K, e^{mt} L) = F(K, \bar{L}), \quad \text{wobei} \quad \bar{L} = e^{mt} L\ .$$

Wir schreiben:

$$\left.\begin{aligned} \bar{y} &= \frac{Y}{\bar{L}} = \frac{Y}{L} e^{-mt} = ye^{-mt} \\ \text{und} \quad \bar{k} &= \frac{K}{\bar{L}} = \frac{K}{L} e^{-mt} = ke^{-mt} \end{aligned}\right\} \tag{1}$$

wobei y und k Ausstoß und **Kapital** pro Kopf, $\bar{y}$ und $\bar{k}$ Ausstoß und Kapital pro Arbeitseffizienzeinheit sind. Da $F(K, \bar{L})$ linear und homogen in K und $\bar{L}$ ist, können wir $Y = F(K, \bar{L})$ als $\bar{y} = f(\bar{k})$ schreiben. Die Produktionsfunktion mit konstanten Erträgen und Harrod-neutralem technischen Fortschritt mit der Rate m ist daher:

$$\bar{y} = f(\bar{k}), \quad \text{wobei} \quad \bar{y} = ye^{-mt} \quad \text{und} \quad \bar{k} = ke^{-mt}\ , \tag{2}$$

oder alternativ:

$$y = e^{mt} f\,(ke^{-mt}) \;. \tag{3}$$

Die erste dieser Schreibweisen hat f fixiert und die Variablen $\bar{y}$ und $\bar{k}$ in Einheiten, die in der Zeit variieren, wie es durch (1) gezeigt wurde. Die zweite zeigt eine sich verschiebende Funktion und die Variablen y und k in festen (natürlichen) Einheiten.

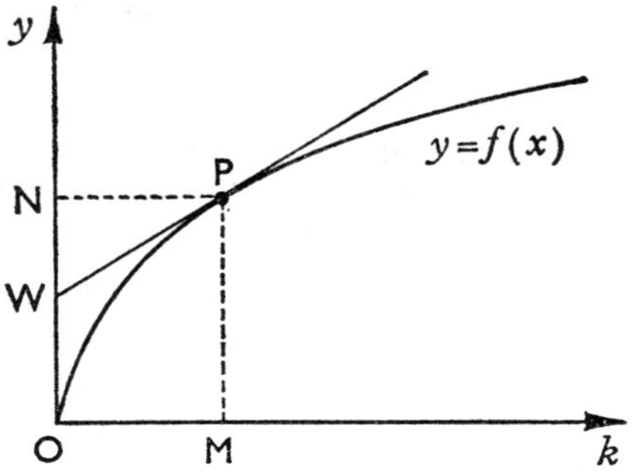

Fig. 13.3 A

Eine wesentliche Eigenschaft Harrod-neutralen technischen Fortschritts im Falle konstanter Erträge wird nun abgeleitet. Zu jeder Zeit t sind die Grenz- und Durchschnittsprodukte:

$$\frac{\partial Y}{\partial K} = \frac{\partial y}{\partial k} = \frac{\partial \bar{y}}{\partial \bar{k}} = f'\,(\bar{k})$$

und

$$\frac{Y}{K} = \frac{y}{k} = \frac{\bar{y}}{\bar{k}} = \frac{1}{\bar{k}} f\,(\bar{k}) \;.$$

Wenn also das Grenzprodukt $\partial Y/\partial K$ in der Zeit konstant bleibt, dann ist $\bar{k}$ konstant und ebenso die Kapitalproduktivität Y/K. Desgleichen gilt das Umgekehrte. Das Ergebnis ist also:

Wenn der technische Fortschritt Harrod-neutral mit konstanten Skalenerträgen ist, dann bleibt das Grenzprodukt des Kapitals ($\partial Y/\partial K$) in der Zeit konstant, wann immer die Kapitalproduktivität (Y/K) in der Zeit konstant ist.

Wenn darüber hinaus die Einkommensverteilung bei vollkommenem Wettbewerb auf Basis der Grenzproduktivität bestimmt ist, ist das Grenzprodukt des Kapitals zu jeder Zeit t die Profitrate ϱ. Das Ergebnis wird dann:

Wenn der technische Fortschritt bei vollkommenem Wettbewerb mit konstanten Erträgen Harrod-neutral ist, dann bleibt die Profitrate ϱ in der Zeit konstant, wann immer die Kapitalproduktivität in der Zeit konstant ist.

Diese Eigenschaft wird in der Tat von Harrod als Definition des neutralen technischen Fortschritts verwendet[5]. Weiters würde Harrod nichtneutralen technischen Fortschritt **entweder** als arbeitssparend bezeichnen, wenn konstantes ϱ in der Zeit mit einer fallenden Kapitalproduktivität, **oder** als kapitalsparend, wenn es mit einer steigenden Kapitalproduktivität verbunden ist.

Die Produktionsfunktion mit konstanten Erträgen und Harrod-neutraler technischer Veränderung wird entweder durch (2) oder (3) dargestellt. Es gibt zwei einander entsprechende alternative Methoden der graphischen Darstellung in zwei Dimensionen. Wir nehmen die Form (2) und zeichnen das Diagramm von Fig. 13.3 A mit $\bar{k}$ und $\bar{y}$ anstelle von k und y. Die Variablen des Diagramms sind dann Kapital und Ausstoß pro Arbeitseffizienzeinheit. Die Einheit verändert sich mit technischem Fortschritt in der Zeit. Die Variablen $\bar{k}$ und $\bar{y}$ sind in *Pro-Kopf*-Größen ausgedrückt und mit dem technischen Fortschritt bis zur Zeit t diskontiert:

$$\bar{k} = ke^{-mt} \quad \text{und} \quad \bar{y} = ye^{-mt} .$$

Alle Veränderungen in der Zeit, die auf Grund des technischen Fortschritts erfolgen, erscheinen in $\bar{k}$ und $\bar{y}$. Die Produktionsfunktion selbst bleibt fest, d. h. die Kurve in Fig. 13.3 A verschiebt sich nicht in der Zeit. Von den soeben erzielten Ergebnissen ist die wesentliche Eigenschaft des Harrod-neutralen technischen Fortschritts, daß, solange $\bar{k}$ unverändert bleibt (wie in M von Fig. 13.3 A), das Grenzprodukt des Kapitals (das gleich der Profitrate bei vollkommenem Wettbewerb ist) in der Zeit unverändert ist; das wird durch die Neigung der Tangente in P gezeigt. Die Kapitalproduktivität ist ebenfalls in der Zeit unverändert, was durch die Neigung von OP gezeigt wird.

Nehmen wir nun die alternative Darstellung der Produktionsfunktion (3) und zeichnen wir ein Diagramm (13.3 B), in dem k und y entlang der Achsen aufgetragen werden, d. h. Kapital und Ausstoß pro Kopf in natür-

---

[5] R. F. *Harrod,* in einem Überblick über Joan Robinsons Aufsatz von 1937, Economic Journal (Juni 1937) S. 328 - 29, und in „Towards a Dynamic Economics“ (1948), S. 22 - 27. Joan Robinson hat ausgeführt, daß Harrods Definition einem ‚allumfassenden Anstieg der Arbeitseffizienz‘ gleichwertig ist, d. h. gleichwertig der hier verwendeten Definition (13.2). Wir haben nun bewiesen, daß unsere Definition (als hinreichende Bedingung dafür) Harrods Eigenschaft einschließt. Es kann auch nachgewiesen werden, daß unsere Definition eine notwendige Bedingung für die Harrods ist. Siehe H. *Uzawa,* „Neutral Inventions and the Stability of Growth Equilibrium“, Review of Economic Studies (Februar 1961).

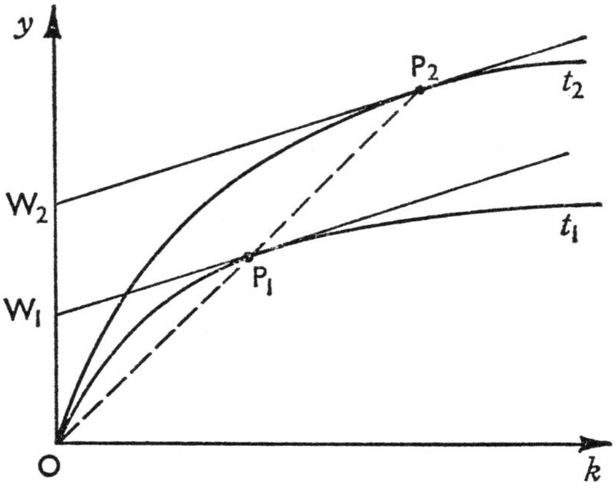

Fig. 13.3 B

lichen Einheiten in der Zeit fixiert sind. Es verschiebt sich dann die Produktionsfunktion in der Zeit gemäß der Variablen t in der Form (3), wie es in Fig. 13.3 B gezeigt wird, wo zwei Zustände in t_1 und t_2 ($t_1 < t_2$) dargestellt sind. Die wesentliche Eigenschaft Harrod-neutralen technischen Fortschritts erscheint nun ziemlich anders. Wenn P_1 und P_2 jene Punkte auf den Kurven sind, die einander in dem Sinne entsprechen, daß sie die gleiche Kapitalproduktivität ($Y/K = y/k$) haben, dann liegen P_1 und P_2 am selben Strahl aus O. Die Eigenschaft des Harrod-neutralen technischen Fortschritts ist, daß die Profitrate in P_1 und P_2 dieselbe ist, d. h. das Grenzprodukt des Kapitals ist unverändert und die Neigung der Tangente in P_1 ist gleich der Neigung der Tangente in P_2. Wenn also z. B. die Zeit von t_1 zu t_2 fortschreitet, bleiben die Tangenten an die sich verschiebende Produktionskurve parallel und die Profitrate (die Neigung der Tangente) wird nicht verändert, solange die Kapitalproduktivität nicht verändert wird.

Der Lohnsatz kann auch in alternativen Weisen aus den Diagrammen abgelesen werden. Die Lohnsumme ist $W = wL = \bar{w}\bar{L}$, ausgedrückt entweder als **Lohnsatz pro Arbeiter** w oder als **Lohnsatz pro Arbeitseffizienzeinheit** $\bar{w}$. Da $\bar{L} = e^{mt} L$, folgt, daß:

$$\bar{w} = we^{-mt} ,$$

was genau (1) für k und y entspricht. Für eine sich verschiebende Produktionsfunktion bei Harrod-neutralem technischem Fortschritt nehmen wir an, daß die Kapitalproduktivität und daher die Profitrate konstant bleiben. Dann ist aus Fig. 13.3 A (mit $\bar{k}$ und $\bar{y}$ als Variablen) der Lohnsatz $\bar{w}$ pro Effizienzeinheit durch OW gegeben und $\bar{w}$ bleibt auch konstant. $w = \bar{w}e^{mt}$, als der Lohnsatz pro Arbeiter, steigt dann in der Zeit. Das wird in Fig. 13.3 B gezeigt, wo der Lohnsatz pro Arbeiter w durch das Interzept auf Oy gegeben ist. In der Zeit von t_1 zu t_2 erhöht sich der Wert von w von OW_1 auf OW_2.

Wir nehmen die sich verschiebende Produktionsfunktion in der Form (3) und schreiben der Kürze halber f und f' für die Funktion und ihre Ableitung im Punkt $\bar{k} = ke^{-mt}$ zu jeder Zeit t. Wir nehmen Logarithmen: $\log y = mt + \log f$ und differenzieren:

$$\frac{1}{y}\frac{dy}{dt} = m + \frac{f'}{f}\frac{d\bar{k}}{dt}, \quad \text{wobei} \quad \frac{d\bar{k}}{dt} = \left(\frac{dk}{dt} - m\,k\right)e^{-mt} .$$

Nach Substitution von $f = ye^{-mt}$ aus (3) erhalten wir:

$$\frac{1}{y}\frac{dy}{dt} = m + f'\,\frac{k}{y}\left(\frac{1}{k}\frac{dk}{dt} - m\right),$$

das ist

$$\frac{1}{y}\frac{dy}{dt} = m\left(1-f'\,\frac{k}{y}\right) + f'\,\frac{k}{y}\left(\frac{1}{k}\frac{dk}{dt}\right). \tag{4}$$

Das ist eine lineare Beziehung zwischen den zwei Wachstumsraten dy/ydt und dk/kdt, die durch die sich verschiebende Technologie ermöglicht wurde. Die Koeffizienten in (4) sind jedoch nicht konstant, sie hängen explizit (über f' bei $\bar{k} = ke^{-mt}$) von der Zeit t ab. Die lineare Beziehung verschiebt sich daher in der Zeit.

Wir können die Frage aufwerfen: Unter welchen Umständen erlaubt es die sich verschiebende Technologie den Wachstumsraten der *Pro-Kopf*-Variablen y und k gleich und in der Zeit konstant zu sein? Wir setzen in (4) $dy/ydt = dk/kdt = \lambda$ für alle t konstant. Dann ist $\lambda = m\,[1 - f'\,(k/y)] + f'\,(k/y)\,\lambda$. Das gibt $\lambda = m$, vorausgesetzt nur, daß $1-f'\,(k/y) \neq 0$. Die Bedingung ist, daß $y/k \neq f'\,(ke^{-mt})$, d. h. $\bar{y}/\bar{k} \neq f'\,(\bar{k})$; in der diagrammatischen Darstellung der Fig. 13.3 A verlangen wir, daß die Neigung von OP nicht der Neigung der Tangente in P gleich ist. Für eine wohlgestaltete Produktionsfunktion, wie sie im Diagramm dargestellt ist, gilt das überall, da die Neigung von OP größer ist als die der Tangente. Wir schließen daher, zumindest für die angenommene Art der wohlgestalteten Produktionsfunktion, daß die Technologie dem Pro-Kopf-Ausstoß und dem Pro-Kopf-Kapital erlaubt, mit der gleichen Rate zu wachsen, deren gemeinsamer Wert die Rate (m) des technischen Fortschritts ist. Es folgt dann, wenn die Arbeitskraft mit der gegebenen Rate n wächst, daß Ausstoß und Kapital mit der gleichen Rate $\mu = m + n$, die konstant in der Zeit ist, wachsen können. Das ist die *natürliche Wachstumsrate*, die einfach die Summe aus einer gegebenen Rate (m) des technischen Fortschritts und aus einer gegebenen Rate (n) des Wachstums der Arbeitskraft darstellt. Daher gilt:

Wenn der technische Fortschritt Harrod-neutral ist und wenn es konstante Skalenerträge gibt, dann erlaubt die Technologie, daß Ausstoß und Kapital gemeinsame Raten stetigen Wachstums haben, nämlich die natürliche Rate $\mu = m + n$, die man erhält, indem man die Rate des technischen Fortschritts und die Wachstumsrate der Arbeitskraft addiert. Ausstoß oder Einkommen pro Kopf wachsen dann mit derselben Rate (m) wie der technische Fortschritt.

Gerade dieses Ergebnis macht das Konzept des Harrod-neutralen technischen Fortschritts für Modelle stetigen Wachstums anwendbar. Damit wird die Tatsache ausgedrückt, daß solcher technischer Fortschritt arbeitsvermehrend ist und der Erhöhung der Arbeitskraft gleichwertig ist.

13.4 Der Fall mit festen Koeffizienten

Unser erster besonderer Fall einer Produktionsfunktion ist der mit festen Koeffizienten (u und v). Wir haben dann den Spezialfall, wo es konstante Erträge, aber keine Substitution zwischen Kapital- und Arbeitseinsätzen gibt. Die Konzepte neutralen technischen Fortschritts, obwohl sie in 13.2 für eine stetig substituierbare Produktionsfunktion entwickelt wurden, können leicht auf den Fall fester Koeffizienten angewendet werden.

Harrod-neutraler technischer Fortschritt. Im allgemeinen ist die sich verschiebende Produktionsfunktion:

$$Y = \frac{K}{v} = \frac{\bar{L}}{u}, \quad \text{wobei} \quad \bar{L} = \alpha(t)\, L$$

und wo $\alpha(t)$ den gleichen Beschränkungen wie vorher unterworfen ist (13.2 oben). Wir nehmen jedoch technischen Fortschritt mit der gegebenen (proportionalen) Rate m an, so daß $\alpha(t) = e^{mt}$ ist:

$$Y = \frac{K}{v} = \frac{\bar{L}}{u}, \quad \text{wobei} \quad \bar{L} = e^{mt} L. \tag{1}$$

Indem wir (1) als unsere sich verschiebende Technologie annehmen, sind wir in der Lage, technischen Fortschritt sowohl in die nachfrageorientierten Modelle der Kapitalakkumulation (Kapitel 10) als auch in die Harrod-Domar-Wachstumsmodelle einzuführen (Kapitel 11). Diese Modelle beruhen auf einer Produktionsfunktion mit festen Koeffizienten, wie sie nun in (1) gezeigt wird.

Die nachfrageorientierten Modelle sind vom technischen Fortschritt völlig unbeeinflußt, ausgenommen bei einer offensichtlichen Veränderung der Nachfrage nach Arbeit, die auf den Arbeitsmarkt übertragen wird. Die Gleichgewichtsbedingungen ($K = vY$ und $DK = sY$) sind unverändert, da erstere aus (1) stammt, wie immer auch die Rate des (Harrod-neutralen) technischen Fortschritts sein mag. Gleichermaßen ist das Ungleichgewichtsmodell, das zur Abschätzung der Stabilität des stetigen Wachstums verwendet wird, unverändert. Die Gleichgewichtslösung ist nach wie vor eindeutig: Wachstum des Ausstoßes (und des Kapitalbestandes) mit der befriedigenden Rate $g = s/v$; und das Wachstum ist unter genau den gleichen Bedingungen wie vorher stabil oder instabil. Was verändert wird, ist nur, daß die Nachfrage nach Arbeit (bei gegebenem Ausstoß Y) $\bar{L} = uY$ ist und in **Effizienzeinheiten** gemessen wird. Um die Nachfrage in natürlichen Einheiten (Arbeitern) zu bekommen und sie dem Arbeitsangebot gegenüberzustellen, schreiben wir $L = \bar{L}e^{-mt}$ und so ist

$$L = (ue^{-mt})\, Y \; . \tag{2}$$

Die Nachfrage nach Arbeit wird durch das Vorhandensein technischen Fortschritts vermindert. Das ist wieder eine Auswirkung der Tatsache, daß die Art des angenommenen technischen Fortschritts arbeitsvermehrend ist.

Die Anwendung auf das Harrod-Domar-Wachstumsmodell ergibt sich unmittelbar. Die Nachfrage nach Arbeit (2) wird der gegebenen Arbeitskraft, von der angenommen wird, daß sie mit der konstanten Rate n wächst, in der Gleichgewichtsbedingung für Volbeschäftigung gegenübergestellt:

$$L = (ue^{-mt})\, Y = L_0\, e^{nt} \; ,$$

d. h. $$uY = L_0\, e^{\mu t}, \quad \text{wobei} \quad \mu = m + n \; .$$

$\mu = m + n$ ist hier die **natürliche Wachstumsrate** des Modells. Andererseits wächst im Gleichgewicht der Ausstoß Y mit der **befriedigenden Rate** $g = s/v$. Für stetiges Wachstum müssen die Parameter des Modells die Bedingung

$$s/v = m + n \tag{3}$$

erfüllen, welche die Notwendigkeit des Übereinstimmens von befriedigender und natürlicher Wachstumsrate ausdrückt. Es sind nun vier Parameter involviert. Wenn $m = 0$, der Fall ohne technischen Fortschritt, erhalten wir wieder die bekannte Bedingung: $s/v = n$. Wenn $m > 0$, wird die Bedingung (3) mit größerer Wahrscheinlichkeit für vernünftige Werte der Parameter s und v erfüllt werden können. Wenn s zwischen 0,1 und 0,2 und v im Bereich zwischen 2 und 4 für Jahresdaten liegt, dann muß die natürliche Rate $\mu = m + n$ im Bereich von 2,5 % bis 10 % pro Jahr liegen. Das ist sogar für niedrige Raten des technischen Fortschritts und des Bevölkerungswachstums ganz gut möglich. Zusammenfassend gilt:

Wenn die Technologie feste Koeffizienten und Harrod-neutralen technischen Fortschritt mit der gegebenen Rate m besitzt, dann ist die befriedigende Wachstumsrate g = s/v in einem Harrod-Domar-Wachstumsmodell von m unabhängig und die Bedingung für stetiges Wachstum wird g = μ, wobei μ = m + n, wenn die Arbeitskraft mit der gegebene Rate n wächst; d. h. die vier Parameter müssen der Bedingung s/v = m + n entsprechen.

Kurzum wir sehen, daß technischer Fortschritt der arbeitsvermehrenden Art leicht in den Rahmen von Wachstumsmodellen, die auf festen Produktionskoeffizienten beruhen, paßt.

Solow-neutraler technischer Fortschritt mit der Rate m. Die sich verschiebende Produktionsfunktion ist:

$$Y = \frac{\bar{K}}{v} = \frac{L}{u}, \quad \text{wobei} \quad \bar{K} = e^{mt} K \,. \tag{4}$$

Die unmittelbare Folgerung ist nun, daß stetiges Wachstum nicht länger mehr mit Harrod-Domar-Modellen, die technischen Fortschritt des Typs (4) beinhalten, vereinbar ist. Wir suchen nach einer Lösung der Modelle, wo die Wachstumsraten des Ausstoßes und des Kapitalbestandes in der Zeit konstant und gleich sind. Die Beziehung zwischen Y und K, die durch die Produktionsfunktion (4) hergestellt wird, ist in logarithmischer Form:

$$\log Y = mt + \log K - \log v$$

und so ist:

$$\frac{1}{Y}\frac{dY}{dt} = m + \frac{1}{K}\frac{dK}{dt} \,.$$

Die Wachstumsrate des Ausstoßes muß daher die des Kapitalbestandes um das Ausmaß des technischen Fortschritts übersteigen. Das ist eine einfache Auswirkung der kapitalvermehrenden Natur dieser Form des technischen Fortschritts. Die tatsächlichen Gleichgewichtswachstumsraten können durch Lösung der Gleichungen des Gütermarkts (siehe Übung 13.4) gefunden werden. Obwohl die Raten in der Zeit schwanken, bestätigt sich, daß sie sich durch eine Konstante m unterscheiden.

Die Schlußfolgerungen, zumindest für den Fall fester Koeffizienten, ist, daß technischer Fortschritt der kapitalvermehrenden (Solow-neutralen) Art mit stetigem Wachstum nicht konsistent ist. Zum gleichen Schluß kommt man für technischen Fortschritt in Hicks-neutraler Form, der zu einer sich verschiebenden Produktionsfunktion (mit festen Koeffizienten) führt, die eine Kombination von (1) und (4) ist.

Kapitalvermehrender technischer Fortschritt der linearen Trendform. Eine gröbere Annäherung an technischen Fortschritt in kapitalvermehrender (jedoch nicht neutraler) Form wird durch eine sich verschiebende Produktionsfunktion gegeben:

$$Y = \frac{K + mt}{v} = \frac{L}{u}, \quad \text{wo } m > 0 \text{ konstant ist.} \tag{5}$$

Diese Form wurde von Goodwin vorgeschlagen[6]. Es handelt sich um eine Art des technischen Fortschritts, die leichter in den Rahmen eines Harrod-Domar-Wachstumsmodells hineingepaßt werden kann als die Solow-neutrale Form. Die Gleichgewichtsbedingungen des Gütermarktes werden aus (5) zu:

$$K = vY - mt \quad \text{und} \quad DK = sY ,$$

was

$$sY = D(vY - mt) = vDY - m$$

ergibt.

Die Differentialgleichung für den Ausstoß Y ist daher:

$$vDY - sY = m$$

mit der Lösung:

$$Y = -\frac{m}{s} + \left(Y_0 + \frac{m}{s}\right) e^{gt}, \quad \text{wobei} \quad g = s/v . \tag{6}$$

Der Ausstoß Y wächst daher im Gleichgewicht mit der befriedigenden Rate $g = s/v$ unabhängig vom Parameter für den technischen Fortschritt m. Das stationäre Ausstoßniveau ist nicht mehr länger $Y = 0$ (was vernachlässigten autonomen Ausgaben entspricht); es ist $Y = -m/s$, hängt also vom Parameter m ab.

Die entsprechenden Gleichgewichtspfade des Kapitalbestandes und der Investitionen folgen aus den Gütermarktbedingungen. Die Anfangswerte sind $K_0 = vY_0$ und $I_0 = gK_0 = sY_0$. Man findet, daß die Pfade, die zu (6) für den Ausstoß passen,

$$K = -mt - \frac{m}{g} + \left(K_0 + \frac{m}{g}\right) e^{gt} \quad \text{und} \quad I = -m + (I_0 + m)\, e^{gt} \tag{7}$$

sind.

K und I wachsen also mit der befriedigenden Rate $g = s/v$, abgesehen davon, daß K auch einen fallenden Trendausdruck $(-mt)$ hat, der vom kapitalvermehrenden technischen Fortschritt kommt.

Die Lösung (6) und (7) hat eine einfache Interpretation. Die Variablen Y, $K + mt$ und I wachsen mit der befriedigenden Rate $g = s/v$. Die stationären Niveaus sind $Y = -m/s$, $K + mt = -m/g$ und $I = -m$. Ergeben sich diese Werte schon zu Beginn, dann bleiben sie für alle Zeit erhalten. Der Schlüssel ist im stationären Niveau der Investition zu sehen.

---

[6] R. M. *Goodwin*, „The Nonlinear Accelerator and the Persistence of Business Cycles“, Econometrica (Jänner 1951).

Wegen des kapitalvermehrenden technischen Fortschritts ergibt sich eine autonome Desinvestition in der Höhe von m. Wenn diese (negative) autonome Ausgabe ‚hinaufmultipliziert‘ wird, sinkt der Ausstoß Y, wie in (6) gezeigt wird, um m/s. Die Interpretation des Ausstoßpfades ist genau die des einfachen Wachstumsmodells von 10.3 oben, wenn man die autonome Ausgabe mit $A = -m$ annimmt.

13.5 Der Fall mit der Cobb-Douglas-Produktionsfunktion

Die Cobb-Douglas-Form der Produktionsfunktion mit konstanten Skalenerträgen kann mit einem einzigen Parameter α $(0 < \alpha < 1)$ geschrieben werden: $Y = K^{\alpha} L^{1-\alpha}$. Eine multiplikative Konstante wird hier in die Einheiten für die Messung des homogenen Gutes in Ausstoß und Kapital (3.7 oben) aufgenommen.

Liegt technischer Fortschritt vor, so verlagert sich die Produktionsfunktion in der Zeit. Der augenscheinliche, neutralen technischen Fortschritt darstellende Fall, der betrachtet werden soll, ist:

$$Y = A K^{\alpha} L^{1-\alpha} \ ,$$

wo $A = A(t)$, vorbehaltlich $A(t) = 1$ in $t = 0$

$$\text{und} \quad A(t) > 1, \ A'(t) > 0 \ \text{für} \ t > 0 \ .$$

Für technischen Fortschritt, der mit einer gegebenen proportionalen Rate wächst, schreiben wir:

$$Y = e^{\lambda t} K^{\alpha} L^{1-\alpha} \qquad \text{für konstantes } \lambda > 0 \ . \tag{1}$$

λ muß noch interpretiert werden.

Wir nehmen der Reihe nach jede der Arten des neutralen technischen Fortschritts her, verwenden die Definitionen von 13.2 und wenden sie auf die Cobb-Douglas-Funktion an.

Harrod-neutraler technischer Fortschritt mit der Rate m:

$$Y = K^{\alpha} \bar{L}^{1-\alpha}, \quad \text{wobei} \quad \bar{L} = e^{mt} L \ ,$$

d. h.

$$Y = K^{\alpha} (e^{mt} L)^{1-\alpha} \ .$$

So ist:

$$Y = e^{m(1-\alpha)t} K^{\alpha} L^{1-\alpha} \ ,$$

das ist (1) mit $\lambda = m(1-\alpha)$.

Solow-neutraler technischer Fortschritt mit der Rate m:

$$Y = \bar{K}^{\alpha} L^{1-\alpha}, \quad \text{wobei} \quad \bar{K} = e^{mt} K \ ,$$

d. h.

$$Y = (e^{mt} K)^{\alpha} L^{1-\alpha} \ .$$

So ist: $Y = e^{m\alpha t} K^{\alpha} L^{1-\alpha}$,

das ist (1) mit $\lambda = m\alpha$.

Hicks-neutraler technischer Fortschritt mit der Rate *m:*

$$Y = \bar{K}^{\alpha} \bar{L}^{1-\alpha}, \quad \text{wobei} \quad \bar{K} = e^{mt} K \quad \text{und} \quad \bar{L} = e^{mt} L,$$

d. h. $Y = (e^{mt} K)^{\alpha} (e^{mt} L)^{1-\alpha}$.

So ist: $Y = e^{mt} K^{\alpha} L^{1-\alpha}$,

das ist (1), mit $\lambda = m$.

Die Form (1) der sich verlagernden Cobb-Douglas Produktionsfunktion ist daher gleichzeitig Harrod-neutral, Solow-neutral und Hicks-neutral[7]. Zur Unterscheidung der drei Fälle muß lediglich der Parameter λ in geeigneter Weise als Funktion der konstanten Rate *m* des technischen Fortschritts interpretiert werden. Das Ergebnis ist:

Die Cobb-Douglas Produktionsfunktion (1) stellt neutralen technischen Fortschritt mit der Rate m dar, wobei

$\lambda = m(1-\alpha)$ **für Harrod-Neutralität**

$\lambda = m\alpha$ **für Solow-Neutralität**

und $\lambda = m$ **für Hicks-Neutralität**

gilt.

Wir können daher die Cobb-Douglas-Form als eine besondere Produktionsfunktion für jede der drei Arten des neutralen technischen Fortschritts verwenden. Wir müssen nur spezifizieren welche und den Parameter von (1) entsprechend interpretieren.

Die Cobb-Douglas Produktionsfunktion mit konstanten Erträgen in der *Pro-Kopf*-Form ist:

$$y = k^{\alpha}, \quad \text{wobei} \quad y = \frac{Y}{L} \quad \text{und} \quad k = \frac{K}{L}.$$

Wir nehmen technischen Fortschritt mit der Harrod-neutralen Rate *m*, so daß (1) die Produktionsfunktion mit $\lambda = m(1-\alpha)$ ist. Vorausgesetzt, daß der technische Fortschritt Harrod-neutral ist, kann die Cobb-Douglas Form in *Pro-Kopf*-Größen geschrieben werden:

$$\left.\begin{array}{ll} \bar{y} = \bar{k}^{\alpha}, \quad \text{wobei} \quad \bar{y} = y e^{-mt} \quad \text{und} \quad \bar{k} = k e^{-mt} \\ \text{oder:} \quad y = e^{m(1-\alpha)t} k^{\alpha} \end{array}\right\} \quad (2)$$

[7] Es ist wohlbekannt, daß die *einzige* Produktionsfunktion, die sowohl Harrod- als auch Hicks-neutral ist, die Cobb-Douglas-Form ist. Siehe H. *Uzawa*, Review of Economic Studies, (Februar 1961) S. 120 - 21.

Die Cobb-Douglas Form (2) ist wohlgestaltet, wie sie in Fig. 13.3 A dargestellt ist.

Die Beziehung zwischen den Wachstumsraten in den *Pro-Kopf*-Variablen y und k, die durch die Cobb-Douglas Form (2) hergestellt wird, erhält man durch Differenzieren von

$$\log y = m\,(1-\alpha)\,t + \alpha \log k\;,$$

das gibt:
$$\frac{1}{y}\frac{dy}{dt} = m\,(1-\alpha) + \alpha\left(\frac{1}{k}\frac{dk}{dt}\right). \tag{3}$$

Wie im allgemeinen Fall der konstanten Erträge, Gleichung (4) in 13.3 oben, ist die Beziehung linear. Die Vereinfachung, die hier gemacht wurde, ist, daß die Koeffizienten in dieser Beziehung konstant sind und durch die zwei Parameter m und α gegeben werden. Substituieren wir $dy/ydt = dk/kdt = \lambda$ in (3), dann erhalten wir $\lambda = m\,(1-\alpha) + \alpha\lambda$, so daß $\lambda = m$. Wieder können Ausstoß oder Einkommen pro Kopf und Pro-Kopf-Kapital mit der stetigen Rate m des technischen Fortschritts wachsen.

13.6 Nicht-konstante Erträge

Die Analyse ist schwieriger, wenn die Skalenerträge nicht konstant sind. Die sich verschiebende Produktionsfunktion ist $Y = F\,(K, \bar{L})$, wobei $\bar{L} = e^{mt}L$ und der technische Fortschritt Harrod-neutral mit der Rate m ist. Die Funktion F ist fest, aber da sie nicht linear und homogen ist, ist es jedoch nicht allgemein möglich, von drei Variablen zu zwei Variablen in *Pro-Kopf*-Größen überzeugen.

Die Analyse ist leicht durchzuführen, wenn F in Cobb-Douglas Form vorliegt:

$$Y = K^{\alpha} L^{\beta} \quad \text{ohne technischen Fortschritt.}$$

Dann bedeutet $\alpha + \beta > 1$ steigende Erträge, $\alpha + \beta = 1$ konstante Erträge und $\alpha + \beta < 1$ fallende Erträge. Bei Harrod-neutralem technischem Fortschritt mit der Rate m ist:

$$Y = K^{\alpha}\,(e^{mt}\,L)^{\beta}\;,$$

d. h.
$$Y = e^{m\beta t}\,K^{\alpha}\,L^{\beta}\;. \tag{1}$$

Wir nehmen an, daß die Arbeitskraft L mit der konstanten proportionalen Rate n wächst, so daß $dL/Ldt = n$. Durch Ableitung von (1) in logarithmischer Form:

$$\log Y = m\beta t + \alpha \log K + \beta \log L$$

erhalten wir:

$$\frac{1}{Y}\frac{dY}{dt} = m\beta + \alpha\frac{1}{K}\frac{dK}{dt} + \beta n\ ,$$

d. h.

$$\frac{1}{Y}\frac{dY}{dt} = (m+n)\,\beta + \alpha\frac{1}{K}\frac{dK}{dt}\,. \tag{2}$$

Das ist eine feste lineare Beziehung zwischen den Wachstumsraten des Ausstoßes und des Kapitals, wenn die Wachstumsrate der Arbeitskraft n und die Rate technischen Fortschritts m gegeben sind.

Wir setzen die beiden Wachstumsraten gleich, $dY/Ydt = dK/Kdt = \lambda$ in (2):

$$\lambda = (m+n)\,\beta + \alpha\lambda\ .$$

Es gibt daher eine eindeutige Wachstumsrate, mit der Y und K wachsen können:

$$\lambda = (m+n)\frac{\beta}{1-\alpha} = \frac{\beta\mu}{1-\alpha},\quad \text{wobei}\quad \mu = m+n\ , \tag{3}$$

vorausgesetzt, daß $\alpha < 1$ (was gewöhnlich angenommen wird). Bei konstanten Erträgen ($\alpha + \beta = 1$) ist die gemeinsame Rate $\mu = m + n$. Wenn Y und K mit der Rate $(m + n)$ wachsen, während L mit der Rate n wächst, dann wachsen in diesem Fall $y = Y/L$ und $k = K/L$ mit der Rate des technischen Fortschritts m. Das bestätigt die Ergebnisse von 13.5 oben.

Im Falle **steigender Erträge** ($\alpha + \beta > 1$) ist die durch (3) gegebene gemeinsame Wachstumsrate von Y und K größer als μ. Steigende Erträge ergänzen also die beiden anderen Faktoren (technischer Fortschritt und Bevölkerungswachstum) beim Zustandekommen stetigen Wachstums in Ausstoß und Kapital. Das ist der bekannte Fall externer Ersparnisse (external economies).

Bei **fallenden Erträgen** ($\alpha + \beta < 1$) kann die für Y und K durch (3) nun mögliche gemeinsame Wachstumsrate geschrieben werden:

$$(m+n) - \frac{1-\alpha-\beta}{1-\alpha}\,(m+n)$$

und die entsprechende Wachstumsrate für den Pro-Kopf-Ausstoß ist:

$$m - \frac{1-\alpha-\beta}{1-\alpha}\,(m+n)\ .$$

Fallende Erträge gleichen den Einfluß des technischen Fortschritts, der das Pro-Kopf-Einkommen steigen läßt, aus.

13.7 Technische Fortschrittsfunktionen

Die Cobb-Douglas Produktionsfunktion mit konstanten Erträgen und Harrod-neutralem technischem Fortschritt bedeutet eine feste lineare Beziehung, (3) in 13.5 oben, zwischen den Wachstumsraten des Pro-Kopf-Ausstoßes und des Pro-Kopf-Kapitals. Nimmt man eine allgemeinere Produktionsfunktion, bleibt die Beziehung (4) in 13.3 oben zwar linear, aber die Koeffizienten sind nicht fest; sie hängen vom Kapitalkoeffizienten (k/y) ab und variieren in der Zeit.

Kaldor verwendet eine andere Formulierung zur Definition seiner technischen Fortschrittsfunktion[8]. Das ist tatsächlich eine weitere Verallgemeinerung der festen linearen Beziehung zwischen den im Cobb--Douglas-Fall gegebenen Wachstumsraten. Anstatt die Form der Produktionsfunktion zu verallgemeinern, verzichtet Kaldor auf das Konzept der Produktionsfunktion (zumindest explizit) und nimmt dafür eine im allgemeinen nicht lineare Beziehung zwischen den Wachstumsraten des Pro-Kopf-Ausstoßes und des Pro-Kopf-Kapitals an:

$$\frac{1}{y}\frac{dy}{dt} = F\left(\frac{1}{k}\frac{dk}{dt}\right).$$

Die **technische Fortschrittsfunktion** F wird hier als wohlgestaltet angenommen:

$$F'(x) > 0, \quad F''(x) < 0, \quad F'(x) \to 0, \text{ wenn } x \to \infty \;,$$

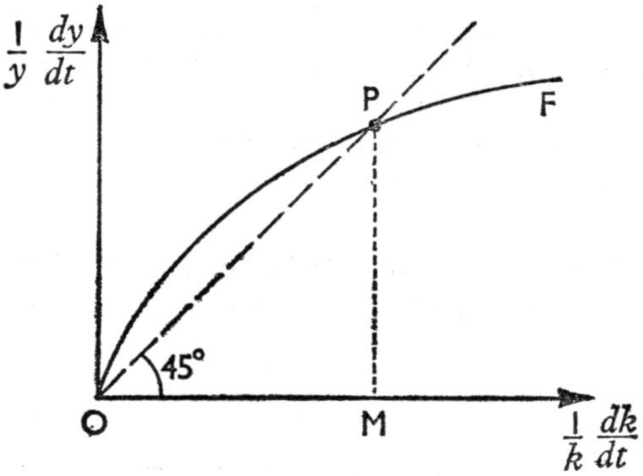

Fig. 13.7

[8] N. *Kaldor*, „A Model of Economic Growth“, Economic Journal (Dezember 1957). Diese Formulierung wurde hier wiedergegeben. Später wird in N. *Kaldor* und J. A. *Mirrlees*, „A New Model of Economic Growth“, Review of Economic Studies (Juni 1962), eine andere Formulierung im Zusammenhang mit dem Vintage-Kapital gebracht.

wobei $x = dk/kdt$. Wenn noch dazu $F(x) \geqslant 0$ in $x = 0$, wie es durch die Form der technischen Fortschrittskurve in Fig. 13.7 veranschaulicht wird, dann gibt es eine eindeutige Wachstumsrate des Pro-Kopf-Kapitals, gegeben durch M, die einer gleichen Wachstumsrate des Pro-Kopf-Ausstoßes entsprechen muß. Das wesentliche Merkmal an Kaldors Formulierung ist, daß die Beziehung zwischen dy/ydt und dk/kdt und ihr eindeutiger gemeinsamer Wert von der Kapitalproduktivität y/k unabhängig sind.

Als eine Verallgemeinerung des Cobb-Douglas Falles hat die technische Fortschrittsfunktion Kaldors folgende Eigenschaft:

Die technische Fortschrittsfunktion ist dann und nur dann linear, wenn eine Produktionsfunktion der Cobb-Douglas Form mit konstanten Erträgen und Harrod-neutralem technischem Fortschritt mit der Rate m vorliegt.

Beweis. Für die hinreichende Bedingung (wenn) nehmen wir an, daß es eine Cobb-Douglas Produktionsfunktion $y = e^{m(1-\alpha)t} k^{\alpha}$ gibt. Auf Grund von (3) in 13.5 gibt es dann eine feste lineare Beziehung zwischen dy/ydt und dk/kdt. Die technische Fortschrittsfunktion ist linear. Um die notwendige Bedingung (dann und nur dann) zu beweisen, nehmen wir an, daß die technische Fortschrittsfunktion linear ist:

$$\frac{1}{y}\frac{dy}{dt} = a + \alpha \frac{1}{k}\frac{dk}{dt},$$

wobei $a > 0$ und $0 < \alpha < 1$, wenn es einen eindeutigen Punkt P in Fig. 13.7 geben soll.

Daher ist $$\frac{d}{dt}(\log y - \alpha \log k) = a,$$

d. h. $$\frac{d}{dt}\left(\log \frac{y}{k^{\alpha}}\right) = a,$$

d. h. $y = Ae^{at} k^{\alpha}$ (A ist eine willkürliche Konstante).

Das ist eine Cobb-Douglas Produktionsfunktion mit konstanten Erträgen und Harrod-neutralem technischem Fortschritt mit der Rate $m = a/(1-\alpha)$. **Bewiesen.**

Das Ergebnis führt zur Frage: Wenn die technische Fortschrittsfunktion nicht linear ist, impliziert das eine Produktionsfunktion von einer anderen Form als die Cobb-Douglas Funktion? Die Antwort ist, daß die nicht lineare technische Fortschrittsfunktion allgemein nicht integrierbar ist und daß es keine Produktionsfunktion gibt, die hinter ihr steht[9].

---

[9] Siehe J. *Black*, „The Technical Progress Function and the Production Function", Economica (Mai 1962).

13.8 Gebundener technischer Fortschritt

Wir wenden uns nun dem Fall zu, in dem technischer Fortschritt nicht auf alle Arbeiter und Maschinen wie Manna vom Himmel fällt, sondern nur auf bestimmte Arten der Kapitalausstattung und auf bestimmte Teile der Arbeitskraft. Die Annahme, die sich von selbst anbietet, ist, daß technischer Fortschritt an den laufenden Jahrgang (vintage) der Maschinen, die aufgestellt werden (im Gegensatz zu den bestehenden Maschinen), und/oder an die laufend ausgebildeten Personen der Arbeitskraft, im Gegensatz zu den früher ausgebildeten, gebunden ist. Grob gesprochen kann man sagen, daß wir das Alter der Arbeiter und Maschinen unterscheiden müssen. Die wichtigere Rolle spielt jedoch der gebundene technische Fortschritt in den verschiedenen Jahrgängen der Kapitalausstattung, als der in der Ausbildung der Arbeitskraft. Der Einfachheit halber beschränken wir daher unsere Darstellung auf den Fall des technischen Fortschritts, der an das Vintage-Kapital gebunden ist. Es ist ganz gut möglich, die Analyse für den allgemeineren Fall, in dem Arbeitskraft und aggregierter Kapitalbestand in Jahrgänge aufgespalten werden, anzupassen. In der Tat, wenn Vintage-Arbeit direkt mit Vintage-Ausrüstung verbunden wird, kann man die folgende Analyse sofort auf die Kombination von Vintage-Kapital und -Arbeit anwenden.

Die Annahme eines homogenen Kapitalbestandes wird fallengelassen, indem man den Bestand aus Maschinen verschiedener Baujahre zusammengesetzt betrachtet. Jeder Jahrgang besteht aus einer homogenen Menge von Maschinen, die zur gleichzeitigen Aufstellung erzeugt wurden. Aufeinanderfolgende Maschinenjahrgänge beziehen sich auf eine Folge von Perioden. Wir brauchen zwei Zeitvariablen, eine (t) für die Zeit im gewöhnlichen Sinn und die andere (τ) für die Datierung der zur Zeit t in Gebrauch stehenden Maschinenjahrgänge. In einer diskreten Analyse mit gleichem Abstand der Baujahre (z. B. ein Jahr) sind die in der Zeit t in Verwendung stehenden Maschinen vom Jahrgang $\tau = t$ neu, $t-1$ ein Jahr alt, $t-2$ zwei Jahre alt, ... In einer kontinuierlichen Analyse, die hier vorgenommen wird, gibt es Maschinen aller Jahrgänge $\tau \leqslant t$, die zu irgendeiner Zeit t in Verwendung stehen.

Maschinen können jedoch physischer Abnutzung (Entwertung) und/oder wirtschaftlicher Verschlechterung (Veralten) unterworfen sein. Im zweiten Fall fällt mit dem Älterwerden der Maschinen ihre Quasi-Rente im Marshallschen Sinne und wird vielleicht sogar Null, wenn sie verschrottet werden. Um die Analyse zu vereinfachen, nehmen wir an, daß es keine Abnutzung gibt, d. h. daß die Maschinen unbegrenzt haltbar sind. Dabei handelt es sich um keine bedeutende Beschränkung; es ist im allgemeinen ganz leicht möglich, einen Ausdruck für die Abnutzung in Vintage-Modelle einzuführen. Auf der anderen Seite ist es wesentlich, das Veralten zu untersuchen und die ökonomische Lebensdauer T der Maschinen eines bestimmten Jahrganges als Variable des betrachteten Modells zu finden. Im allgemeinen sind Maschinen, die zur Zeit t in Verwendung stehen, vom Jahrgang τ, wobei $t-T \leqslant \tau \leqslant t$.

Es wird angenommen, daß sich technischer Fortschritt mit einer bestimmten proportionalen Rate m vollzieht, jedoch nur auf neue Maschinen wie Manna vom Himmel fällt. Wenn die Maschinen einmal aufgestellt sind, bleiben ihre technischen Eigenschaften starr und späterer technischer Fortschritt berührt sie nicht mehr. Zur Zeit t haben Maschinen des Jahrganges τ vom technischen Fortschritt bis zur Zeit τ Nutzen gezogen, aber nicht mehr nachher.

Gehen wir zur Produktionsfunktion über, die für Maschinen verschiedener Jahrgänge geeignet ist, dann müssen wir einerseits zwischen der Substituierbarkeit von Maschinen und Arbeit vor der Aufstellung neuer Maschinen und dieser Substituierbarkeit nach der Aufstellung der Maschinen andererseits unterscheiden. Wenn die Maschinen geplant werden und die Entscheidung zur Einrichtung getroffen wird, können wir die Substituierbarkeit gemäß einer glatten Produktionsfunktion annehmen. Im allgemeinen wird sich die Funktion von einem Jahrgang zum anderen verändern. Zur Zeit τ, wenn die Maschinen des Jahrganges τ neu sind, können die Produktionsmöglichkeiten, abgesehen vom technischen Fortschritt, durch

$$Q_\tau = F_\tau\,(K_\tau, L_\tau)$$

dargestellt werden, wobei K_τ die **Zahl** der Maschinen ist, während L_τ und Q_τ Arbeitseinsätze und Produktionsausstöße in gleichen Einheiten wie früher sind. Technischer Fortschritt in Harrod-neutraler bzw. in Solow-neutraler Form kann berücksichtigt werden:

$$\left.\begin{aligned} & Q_\tau = F_\tau\,(K_\tau, \bar{L}_\tau), \quad \text{wobei} \quad \bar{L}_\tau = e^{m\tau}\,L_\tau \\ \text{oder} \quad & Q_\tau = F_\tau\,(\bar{K}_\tau, L_\tau), \quad \text{wobei} \quad \bar{K}_\tau = e^{m\tau}\,K_\tau \end{aligned}\right\} \tag{1}$$

Vereinfachende Annahmen werden nun im Interesse einer leichter zu handhabenden Analyse notwendig. Erstens wird die gleiche Produktionsfunktion F für alle Jahrgänge genommen; zweitens nimmt man die Cobb-Douglas-Form mit konstanten Erträgen und einem einzigen Parameter α für F. So ergibt

$$Q_\tau = e^{\lambda\tau}\,K_\tau^{\alpha}\,L_\tau^{1-\alpha} \tag{2}$$

den Ausstoß Q_τ aus einem Arbeitseinsatz L_τ mit einer Anzahl von K_τ Maschinen des Jahrganges τ, wenn sie neu sind. Der Koeffizient λ, der den technischen Fortschritt mit der Rate m (bis zur Zeit τ) gestattet, ist als $\lambda = m(1-\alpha)$ im Harrod-neutralen Fall von (1) oder als $\lambda = m\alpha$ bei Solow-Neutralität zu interpretieren (13.5 oben).

Es ist eine andere Frage, inwieweit Maschinen und Arbeit zu irgendeiner Zeit $t > \tau$ substituiert werden können, nachdem die Maschinen des Jahrganges τ aufgestellt worden sind. Zur Zeit $t = \tau$ wird entsprechend den Bedingungen des betrachteten Modells eine Entscheidung getroffen, L_τ Arbeiter mit K_τ Maschinen des neuen Jahrganges zu verwenden, während der Ausstoß durch (2) gegeben ist. Zu jeder Zeit $t > \tau$ bieten sich zwei Alternativen selbst an: *entweder* wird die Substitution zwischen Maschinen und Arbeit gemäß einer Produktionsfunktion, $Q_t = e^{\lambda t} K_t^\alpha L_t^{1-\alpha}$ ähnlich (2) fortgesetzt, *oder* die zur Zeit τ aufgestellten Maschinen K_τ werden weiter mit den gleichen Arbeitern L_τ verwendet. Bei der ersten Alternative kann der Einsatz der Maschinen des Jahrganges τ und die mit ihnen verwendete Arbeit in der Zeit variieren und wird auch variieren. Bei der zweiten Alternative bleiben die Maschinen, wenn sie einmal installiert sind, für immer (bis sie wegen Veraltung verschrottet werden) mit dem gleichen Arbeitsteam beisammen und erzeugen das gleiche Produkt.

Verwendet man die von Phelps[10] eingeführten anschaulichen Ausdrücke, dann kann man die zwei alternativen Fälle als **Putty-Putty** (Lehm-Lehm), wenn es Substitution vor und nach der Aufstellung gibt, und als **Putty-Clay** (Lehm-Ton), wenn es Substitution vorher, aber feste Proportionen nach der Einrichtung gibt, unterscheiden. Vom zweiten Fall gibt es noch eine spezielle Art, wenn die Kapitalintensität vor und auch nach der Einrichtung fest ist; das ist der **Clay-Clay**-Fall (Ton-Ton). Die Produktionsfunktion (2) wird dann durch eine Form mit festen Koeffizienten (13.4 oben) ersetzt.

Abgesehen von den gewöhnlichen Gleichgewichtsbedingungen tauchen zwei zusätzliche Fragen auf, die beim Bau von Modellen mit Vintage-Kapital betrachtet werden müssen. Die eine ist die Bestimmung der variablen wirtschaftlichen Lebensdauer T der Maschinen jedes Jahrganges und ihre Beziehung zu stetigem Wachstum. Die andere ist, welcher Maßstab (wenn es einen gibt) für den gesamten Kapitalbestand genommen werden kann. Wir haben zu jeder Zeit t eine Menge Maschinen verschiedener Jahrgänge, d. h. K_τ Maschinen des Jahrganges τ für $t-T \leqslant \tau \leqslant t$. Es muß untersucht werden, ob diese Menge zu einem Kapitalbestand K zur Zeit t aggregiert werden kann.

Die hier ins Auge gefaßte Analyse beruht auf der Annahme einer glatten Produktionsfunktion, zumindest vor der Einrichtung der Maschinen des Jahrganges τ, die gebundenen technischen Fortschritt bis

---

10 E. S. *Phelps*, „Substitution, Fixed Proportions, Growth and Distribution", International Economic Review (September 1963).

zur Zeit τ beinhalten, entweder in der eher allgemeinen Form (1) oder in der handlicheren Cobb-Douglas Form (2). Wie beim ungebundenen technischen Fortschritt (13.7 oben) gibt es die Alternative, die Produktionsfunktion durch eine Form der technischen Fortschrittsfunktion zu ersetzen. Eine solche Funktion kann die Veränderungsrate des Pro-Kopf-Ausstoßes aus neuen Maschinen entweder zu Pro-Kopf-Investitionen (in neue Maschinen) oder zur Veränderungsrate der Pro-Kopf-Investitionen in Verbindung setzen.

Welche Methode der Untersuchung immer man verwendet, Kapital und Investition werden in Mengen von Maschinen verschiedener Jahrgänge ausgedrückt. Es ist daher die **Brutto**investition in neue Maschinen für die Untersuchung relevant, im Gegensatz zur **Netto**investition $I = dK/dt$, die der Untersuchung mit homogenem Kapital entspricht. Um von der Bruttoinvestition zum Kapitalbestand K (sofern er meßbar ist) zu kommen, ist noch ein weiterer Schritt in einer Vintage-Analyse mit gebundenem technischem Fortschritt erforderlich.

Übungen

13.1 Zeigen Sie, daß die Produktionsfunktion mit konstanten Erträgen und Hicks-neutralem technischem Fortschritt (wie sie in 13.2 oben definiert wurde) $\bar{y} = f(k)$ geschrieben werden kann und interpretieren Sie k und $\bar{y}$. Ermitteln Sie Ausdrücke für die Grenzprodukte $\partial Y/\partial K$ und $\partial Y/\partial L$ und zeigen Sie, daß das Verhältnis nur von k abhängt. Weisen Sie daher nach, daß im Falle konstanter Erträge unsere Definition des Hicks-neutralen technischen Fortschritts Hicks' ursprüngliche Definition (das Verhältnis der Grenzprodukte bleibt unverändert, wenn das eingesetzte Kapital pro Kopf unverändert bleibt) einschließt.

13.2 Stellen Sie die Produktionsfunktion mit konstanten Erträgen und Hicks-neutralem technischem Fortschritt mit der Rate m in einem Diagramm ähnlich der Fig. 13.3 B dar. Verwenden Sie die Eigenschaften der vorhergehenden Übung, um zu zeigen, daß bei festem Kapital pro Kopf (k) die Tangente zur verschobenen Kurve stets durch einen festen Punkt auf Ok geht.

13.3 Schreiben Sie die Produktionsfunktion mit konstanten Erträgen und Solow-neutralem technischem Fortschritt mit der Rate m, $y = f(ke^{mt})$, und leiten Sie ab, daß die lineare Beziehung ähnlich wie in (4) von 13.3 oben

$$\frac{1}{y}\frac{dy}{dt} = f'\frac{ke^{mt}}{y}\left(m + \frac{1}{k}\frac{dk}{dt}\right)$$

ist. Zeigen Sie für die Cobb-Douglas-Form, daß

$$\frac{1}{y}\frac{dy}{dt} = m\alpha + \alpha\left(\frac{1}{k}\frac{dk}{dt}\right)$$

mit konstanten Koeffizienten ist.

13.4 Betrachten Sie das Harrod-Domar-Modell mit festen Koeffizienten und Solow-neutralem technischem Fortschritt mit der Rate m. Suchen Sie aus den Gütermarkt-(Gleichgewichts-)Bedingungen, $K = ve^{-mt}Y$ und $DK = sY$, die variierenden Wachstumsraten: $(1/K)\,DK = ge^{mt}$ und $(1/Y)\,DY = m + ge^{mt}$. Was ist die allgemeine Natur der Gleichgewichtspfade von Y und K?

13.5 Schreiben Sie die Gütermarktbedingungen im Harrod-Domar-Modell an, schalten Sie Y aus und ermitteln Sie eine Gleichung für K, wenn die Produktionsfunktion $Y = (K + mt)/v = L/u$ ist. Lösen Sie die Gleichung, damit Sie $K + mt = -m/g + (K_0 + m/g)e^{gt}$, wobei $K_0 = vY_0$, erhalten. Schreiben Sie daher einen Ausdruck für die Investition I zu jeder Zeit an.

13.6 Im Modell der vorhergehenden Übung ist die Nachfrage nach Arbeit uY, wobei $Y = -m/s + (Y_0 + m/s)e^{gt}$. Fügen Sie die Vollbeschäftigungsbedingung hinzu und zeigen Sie, daß für ein vernünftiges Ergebnis das Arbeitsangebot L (wie der Ausstoß Y) von einem stationären Niveau an wachsen muß. Schreiben Sie $L = A + Be^{nt}$ und zeigen Sie, daß die geeigneten Konstanten $A = -mu/s$ und $B = L_0 + mu/s$ sind. Ist dieses Verfahren in allen Harrod-Domar-Modellen mit konstanten autonomen Investitionen notwendig?

13.7 Nehmen Sie $Y = e^{\lambda t} K^{\alpha} L^{\beta}$ und nehmen Sie an, daß L mit der gegebenen Rate n wächst. Zeigen Sie, daß die Beziehung zwischen den Wachstumsraten der *Pro-Kopf*-Variablen

$$\frac{1}{y}\frac{dy}{dt} = \lambda + (\alpha + \beta - 1)\,n + \alpha\left(\frac{1}{k}\frac{dk}{dt}\right)$$

ist. Setzen Sie $\beta = 1 - \alpha$ und $\lambda = m\,(1 - \alpha)$ und prüfen Sie (3) von 13.5 oben. Warum ist dieses Ergebnis von n unabhängig?

13.8 Zeigen Sie, daß es die Produktionsfunktion der vorhergehenden Übung y und k gestattet, mit der gleichen Rate ν zu wachsen, wobei $\nu = [\lambda/(1-\alpha)] + [(\alpha + \beta - 1)/(1-\alpha)]\,n$. Leiten Sie ab, daß, wenn zunehmende Erträge vorliegen $(\alpha + \beta > 1)$, $\nu > 0$ ist, selbst dann, wenn $\lambda = 0$, d. h. daß zunehmende Erträge zu steigendem Pro-Kopf-Einkommen führen können, auch wenn kein technischer Fortschritt vorliegt.

13.9 Zeigen Sie, daß die C.E.S.-Produktionsfunktion mit Harrod-neutralem technischem Fortschritt mit der Rate m in *Pro-Kopf*-Größen geschrieben werden kann:

$$y = e^{mt}\,\{a\,(ke^{-mt})^{-\beta} + 1\}^{-1/\beta}$$

und daß

$$\{a\,(ke^{-mt})^{-\beta} + 1\}\left(\frac{1}{y}\frac{dy}{dt}\right) = m + a\,(ke^{-mt})^{-\beta}\left(\frac{1}{k}\frac{dk}{dt}\right).$$

Welche gemeinsame Wachstumsrate für y und k ist möglich?

Kapitel 14

Neoklassische Wachstumsmodelle

14.1 Der neoklassische Ansatz

Die allgemeine Entwicklungslinie wird aus dem grundlegenden neoklassischen Modell, das in 11.7 oben untersucht wurde, klar. Das wesentliche Merkmal ist die Annahme einer glatten Produktionsfunktion, die einen kontinuierlichen Bereich möglicher Werte für die Kapitalproduktivität ($1/v$) sichert. Stetiges Wachstum ist insoferne mit dem Modell konsistent, als, wenn einmal die ‚richtige' Kapitalproduktivität erreicht ist, sie dann auch am stetigen Gleichgewichtspfad konstant bleibt. Die ‚richtige' Kapitalproduktivität wird durch die bekannte Harrod-Domar-Bedingung: $1/v = n/s$ ausgedrückt. Die Konstanz dieses Verhältnisses bedeutet, daß die befriedigende Wachstumsrate (s/v) der gegebenen Wachstumsrate (n) der Arbeitskraft gleich ist.

Die Beschränkung des neoklassischen Ansatzes liegt darin, daß er folgende Frage weitgehend offen läßt: Was geschieht, wenn die Kapitalproduktivität zu irgendeiner Zeit den Bedingungen für stetiges Wachstum *nicht* entspricht? Eine teilweise Antwort, aber nicht mehr, kann aus dem Funktionieren des neoklassischen Modells selbst gefunden werden. Solange der volle Satz von Gleichgewichtsbedingungen gilt, spezifiziert das Modell eine Differential- (oder Differenzen-)gleichung, die, wenn sie gelöst werden kann, den Gleichgewichtspfad der Variablen von *irgendeinem* Anfangswert der Kapitalproduktivität an angibt; Gleichung (3) aus 11.7 oben ist die einfachste Version. Die Schwierigkeit liegt in der Lösung der Gleichung. Tatsächlich kann nur wenig erreicht werden, wenn nicht eine besondere Produktionsfunktion, wie die Cobb-Douglas Form, angenommen wird.

Damit ist man mit den Schwierigkeiten noch nicht am Ende. Nehmen wir an, daß entweder auf Grund vergangener Fehler oder wegen Störungen die eine oder die andere der drei Gleichgewichtsbedingungen nicht erfüllt ist. Man braucht dann eine Ungleichgewichtsversion des dynamischen neoklassischen Modells, die eine Spezifikation einer Fehleranpassungsbedingung enthält, bevor die Pfade der Variablen gefunden werden können. Das kann sehr kompliziert sein; auf keinen Fall ist es leicht, einen Fehleranpassungsmechanismus zu spezifizieren, der sowohl geeignet als auch genau ist.

Neoklassische Autoren haben einen Mechanismus im Sinne, der den Zinssatz und/oder eine Investitionsfunktion verwendet. Zum Beispiel könnte der Zinssatz von einem monetären Prozeß bestimmt angesehen werden, oder es könnte eine Investitionsfunktion geben, die genügend zinselastisch ist. Die keynesianischen Einwände sind wohl bekannt: Ein inflexibles Geldsystem oder eine zinsunelastische Investitionsfunktion kann ein Festfahren des neoklassichen Mechanismus verursachen. Investitionen, die dem Vollbeschäftigungssparen entsprechen, können nicht bei jedem beliebigen Zinssatz erreicht werden[1].

14.2 Ein allgemeines neoklassisches Modell

Die aus dem Harrod-Domar Modell beibehaltenen Merkmale sind: homogenes Kapital, eine proportionale Sparfunktion und eine gegebene Wachstumsrate n der Arbeitskraft. Die neoklassische Annahme ist, daß es eine kontinuierliche Produktionsfunktion gibt. Wir beginnen mit dem eher allgemeinen Fall, in dem es für die Form der Funktion keine Beschränkungen gibt und in dem ungebundener technischer Fortschritt mit einer gegebenen Harrod-neutralen Rate m herrscht. Kapitalakkumulation wird dann bei stetigem Wachstum sowohl durch eine wachsende Arbeitskraft als auch durch technischen Fortschritt gewährleistet. Wir schreiben $\mu = m + n$ für die kombinierte **natürliche Wachstumsrate.** Als Spezialfälle seien angeführt: $m = 0$ ergibt Wachstum ohne technischen Fortschritt und $n = 0$ gibt Wachstum, wenn die Arbeitskraft fest ist.

Diese Analyse, die auf der bahnbrechenden Arbeit von Solow[2] beruht, geht in kontinuierlichen Größen, in stetigen und differenzierbaren Funktionen der Zeit vor sich: Einkommen Y, Kapitalbestand K und Arbeitskraft L. Die sich verschiebende Produktionsfunktion ist $Y = F(K, \bar{L})$, wobei $\bar{L} = e^{mt} L$ die Arbeitskraft, in Effizienzeinheiten gemessen, ist. Die drei Gleichgewichtsbedigungen sind:

$$\left.\begin{array}{lll} \text{Vollkapazität} & Y = F(K, \bar{L}), & \text{wobei } \bar{L} = e^{mt} L \\ \text{Investition = Sparen} & DK = sY & \\ \text{Vollbeschäftigung} & L = L_0 e^{nt} & \end{array}\right\} \quad (1)$$

---

[1] F. H. *Hahn* and R. C. O. *Matthews*, „The Theory of Economic Growth: A Survey", Economic Journal (Dezember 1964), überprüfen diese Einwände (S. 789 - 93).

[2] R. M. *Solow*, „A Contribution to the Theory of Economic Growth", Quarterly Journal of Economics (Februar 1956). Andere Autoren haben zur Entwicklung und Interpretation des Modells beigetragen, z. B. T. W. *Swan*, „Economic Growth und Capital Accumulation", Economic Record (November 1956), als einer der ersten.

Wir können das System (1) auf eine Gleichung in K allein reduzieren, indem wir zunächst die Produktionsfunktion für Y verwenden und dann durch logarithmische Ableitung von $\bar{L} = e^{mt} L$ die Größen L und $\bar{L}$ ausschalten. Das ergibt:

$$\frac{1}{\bar{L}} D\bar{L} = m + \frac{1}{L} DL = m + n = \mu ,$$

d. h.

$$\bar{L} = L_0 e^{\mu t} .$$

Wir erhalten also die Differentialgleichung in K:

$$DK = sF(K, L_0 e^{\mu t}) . \tag{2}$$

Bei gegebenem Anfangskapitalbestand K_0 und entsprechendem Anfangsausstoß $Y_0 = F(K_0, L_0)$ finden wir den Gleichgewichtspfad von K, indem wir (2) lösen, und den Pfad von Y aus $Y = F(K, L_0 e^{\mu t})$.

Eine explizite Lösung von (2) erfordert eine spezifizierte Form von F. Wir können jedoch die Frage stellen: Gibt es eine Form von F und einen Wert von K_0 für stetiges Wachstum von K mit der gleichen Rate μ, mit der die Arbeitskraft $\bar{L}$ in Effizienzeinheiten wächst? Um eine Antwort zu erhalten, setzen wir in (2) $K = K_0 e^{\mu t}$:

$$\mu K_0 e^{\mu t} = sF(K_0 e^{\mu t}, L_0 e^{\mu t}) .$$

Für die erforderliche stetige Lösung müssen also F und K_0 so sein, daß

$$F(K_0 e^{\mu t}, L_0 e^{\mu t}) = \frac{\mu}{s} K_0 e^{\mu t} , \tag{3}$$

Wenn nun F linear und homogen ist, haben wir $F(\lambda K, \lambda L) = \lambda F(K, L)$ für jedes $\lambda > 0$. Wir setzen $\lambda = e^{\mu t}$, $K = K_0$ und $L = L_0$ und erhalten:

$$F(K_0 e^{\mu t}, L_0 e^{\mu t}) = e^{\mu t} F(K_0, L_0) = Y_0 e^{\mu t} ,$$

was (3) entspricht, vorausgesetzt, daß die anfängliche Kapitalproduktivität (Y_0/K_0) μ/s ist. Daher gilt:

Eine hinreichende Bedingung für stetiges Wachstum ist, daß es konstante Erträge gibt und das Anfangsverhältnis von Ausstoß zu Kapital

$$\frac{\mathbf{1}}{\mathbf{v}_0} = \frac{\mathbf{Y}_0}{\mathbf{K}_0} = \frac{\mu}{\mathbf{s}}$$

ist.

Bei der stetigen Lösung wachsen sowohl K als auch $\bar{L}$ mit der Rate $\mu = m + n$. Da $Y = F(K, \bar{L})$ linear und homogen ist, wächst auch Y mit der gleichen Rate. Ein Charakteristikum der Lösung ist daher, daß die Kapitalproduktivität konstant ist:

$$\frac{1}{v} = \frac{Y}{K} = \frac{\mu}{s} \quad \text{für alle } t \ .$$

Das ist die Harrod-Domar Bedingung, daß die befriedigende Wachstumsrate ($g = s/v$) der natürlichen Rate, nun $\mu = m + n$, gleich ist. Da die Produktionsfunktion glatt ist, liegt der Unterschied darin, daß es einen kontinuierlichen Bereich von Werten $1/v$ gibt und man braucht nur einen Wert, der μ/s — eine gegebene Konstante — gleich ist, zu wählen.

Liegt **Gewinnmaximierung unter vollkommenem Wettbewerb** auf dem Güter- und Arbeitsmarkt vor, dann müssen Gewinn- und Lohnsatz zu jeder Zeit t den Grenzprodukten der Produktionsfunktion gleich sein. Aus $Y = F(K, \bar{L})$ ist

$$\varrho = \frac{\partial Y}{\partial K} \quad \text{und} \quad \bar{w} = \frac{\partial Y}{\partial \bar{L}} ,$$

wobei ϱ die Gewinne und $\bar{w}$ der Lohnsatz pro Effizienzeinheit ist. Wenn sich ferner die stetige Lösung bei konstanten Erträgen ergibt, dann wachsen Y, K und $\bar{L}$ mit der gleichen Rate μ, und ϱ sowie $\bar{w}$ sind für alle t konstant. Das Produkt verteilt sich wie folgt:

$$Y = \varrho K + \bar{w}\bar{L} \ .$$

In natürlichen Einheiten für die Arbeit ausgedrückt, halten wir fest, daß die Lohnsumme $W = \bar{w}\bar{L} = \bar{w}e^{mt} L$ und der Lohnsatz w pro Kopf daher

$$w = \bar{w}e^{mt}$$

ist, der sich mit der Rate des technischen Fortschritts m erhöht. Dann ist

$$Y = \varrho K + wL$$

und das Produkt verteilt sich zwischen Kapital K und Arbeit L.

14.3 Konstante Erträge

Die Analyse des Falles stetigen Wachstums bei konstanten Erträgen kann in *Pro-Kopf-Größen* der Variablen fortgeführt werden, indem man das grundlegende Modell von 11.7 oben durch Einführung des technischen Fortschritts verallgemeinert. Die Produktionsfunktion kann wie in 13.3 oben geschrieben werden:

$$\left.\begin{aligned} &\bar{y} = f(\bar{k}) \ , \\ \text{wobei} \quad &\bar{y} = \frac{Y}{\bar{L}} = \frac{Y}{L} e^{-mt} = y e^{-mt} \quad \text{und} \quad \bar{k} = \frac{K}{\bar{L}} = \frac{K}{L} e^{-mt} = k e^{-mt} \end{aligned}\right\} \tag{1}$$

Ausstoß und Kapital pro Effizienzeinheit sind. Hier ist $L = L_0 e^{nt}$.

Die Differentialgleichung des Modells kann in $\bar{k}$ geschrieben werden. Aus der Gleichgewichtsbedingung haben wir: $DK = sY$, d. h. $(1/K) DK = s(Y/K)$. Wir haben:

$$\frac{Y}{K} = \frac{\bar{y}}{\bar{k}} = \frac{f(\bar{k})}{\bar{k}}$$

und durch logarithmische Ableitung von $K = \bar{k} L e^{mt}$ aus (1):

$$\frac{1}{K} DK = \frac{1}{\bar{k}} D\bar{k} + \frac{1}{L} DL + m = \frac{1}{\bar{k}} D\bar{k} + \mu .$$

Unsere Differentialgleichung ist daher:

$$D\bar{k} + \mu\bar{k} = s f(\bar{k}) \ . \tag{2}$$

Wie im Grundmodell von 11.7 oben suchen wir nach einer partikulären Lösung $\bar{k} = k_0$ für alle t, wobei k_0 ein zu findender Anfangswert von $\bar{k}$ ist. In (2) eingesetzt erhält man: $\mu k_0 = s f(k_0)$. Die partikuläre Lösung ergibt sich also dann und nur dann, wenn

$$\frac{f(k_0)}{k_0} = \frac{\mu}{s} . \tag{3}$$

Der Anfangswert k_0 muß die **algebraische Gleichung** (3) befriedigen. Die Zahl und die Werte der Wurzeln dieser Gleichung hängen von der Form von f ab.

k_0 sei irgend eine Wurzel von (3). Dann ist durch (1): $K = k_0 L e^{mt}$ und $Y = \bar{y} L e^{mt}$. Aber $\bar{y} = f(\bar{k}) = f(k_0) = (\mu/s) k_0$ auf Grund von (3). Weiters ist $L = L_0 e^{nt}$. Wir erhalten daher die Gleichgewichtspfade von K und Y in dieser Lösung:

$$K = k_0 L_0 e^{\mu t} \quad \text{und} \quad Y = \frac{\mu}{s} k_0 L_0 e^{\mu t} \ . \tag{4}$$

Die Lösung ist stetiges Wachstum mit der Rate $\mu = m + n$ und mit der Kapitalproduktivität:

$$\frac{1}{v} = \frac{Y}{K} = \frac{\mu}{s} \qquad \text{für alle } t \ .$$

Durch die Wurzel k_0 wird sie vollständig spezifiziert und zu jeder solchen Wurzel von (3) gibt es ein anderes stetiges Wachstum, das mit dem

Modell konsistent ist. Alles hängt von der Gewinnung der Wurzeln der algebraischen Gleichung (3) ab, die unten in diagrammatischer Form (14.4) und für besondere Produktionsfunktionen (14.6) gezeigt wird.

Bei vollkommenem Wettbewerb auf dem Güter- und Arbeitsmarkt sind die Gewinnrate ϱ und der Lohnsatz $\overline{w}$ (pro Effizienzeinheit) wie in 3.5 oben gegeben:

$$\varrho = \frac{\partial Y}{\partial K} = f'(k_0) \quad \text{und} \quad \overline{w} = \frac{\partial Y}{\partial \overline{L}} = f(k_0) - k_0 f'(k_0) \ , \tag{5}$$

so daß beide in der stetigen Lösung ($\overline{k} = k_0$) in der Zeit konstant sind.

Weiters wächst

$$w = \overline{w} e^{mt} \ , \tag{6}$$

der Lohnsatz pro Kopf, mit der Rate m. Auf Grund von (5) verteilt sich das Produkt zur Gänze:

$$\overline{y} = \varrho \overline{k} + \overline{w} \ .$$

Substituiert man $\overline{y} = y e^{-mt}$ und $\overline{k} = k e^{-mt}$ aus (1) und $\overline{w} = w e^{-mt}$ aus (6), so findet man, daß sich das *Pro-Kopf*-Produkt wie folgt verteilt:

$$y = \varrho k + w \ .$$

Die Wachstumsraten der Variablen und die Konstanten des Modells können zur besseren Übersicht wie folgt in eine Tabelle geschrieben werden:

Wachstumsrate	Variable	Konstante
n	L = Arbeit	ϱ = Gewinnrate
m	w = Lohnsatz $k = K/L$ = Kapital pro Kopf $y = Y/L$ = Ausstoß pro Kopf	$\overline{w}$ = Lohnsatz (pro Effizienzeinheit) $\overline{k} = K/\overline{L}$ = Kapital pro Effizienzeinheit
$m + n$	$\overline{L}$ = Arbeit (Effizienzeinheiten) K = Kapital Y = Ausstoß	$\overline{y} = Y/\overline{L}$ = Ausstoß pro Effizienzeinheit

Die Rate stetigen Wachstums im Modell ist das Ergebnis (allein und additiv) der Zuwachsraten der Bevölkerung und des technischen Fortschritts.

Sie wird nicht durch die Sparneigung s beeinflußt. Veränderungen in s berühren das Niveau, aber nicht die Wachstumsrate des Ausstoßes und des Kaptials.

14.4 Diagrammatische Darstellung

Das neoklassische Modell mit konstanten Erträgen und mit Variablen in *Pro-Kopf*-Größen ist einer Darstellung in einem zweidimensionalen Diagramm am ehesten zugänglich. Wir brauchen nur das Diagramm von 11.7 oben adaptieren, indem wir die *Pro-Kopf*-Variablen k und y in natürlichen Einheiten durch die entsprechenden $\bar{k}$ und $\bar{y}$ in Effizienzeinheiten ersetzen. Die Produktionsfunktion $\bar{y} = f(\bar{k})$ wird durch die Kurve f auf der $(\bar{k}, \bar{y})$-Ebene von Fig. 14.4 A dargestellt. Stetiges Wachstum liegt vor, wenn $\bar{k} = k_0$ (für alle t) und k_0 eine Wurzel von

$$\frac{\bar{y}}{\bar{k}} = \frac{\mu}{s}, \quad \text{wobei} \quad \bar{y} = f(\bar{k}),$$

ist.

Ein Wert von k_0 wird durch den Punkt P gegeben, wobei OP mit der Neigung μ/s die Kurve f schneidet. Wenn die Produktionsfunktion wohlgestaltet ist, (3.4 oben), hat die Kurve die gezeigte Gestalt und der Punkt P existiert und ist eindeutig[3]. Das neoklassische Modell hat dann eine eindeutige stetige Lösung.

Das Diagramm zeigt auch die Verteilung des Produktes (Einkommens) wie in 3.5 oben. Die Profitrate ϱ ist die Neigung der Tangente in P und der Lohnsatz $\bar{w}$ in Effizienzeinheiten ist das Interzept OW auf der senkrechten Achse. Bei $\bar{k} = k_0$ ist daher:

$$\bar{y} = \varrho\bar{k} + \bar{w}$$

dargestellt als:

$$ON = WN + OW .$$

Weiters ist das Verhältnis des Lohnsatzes zur Profitrate: $OR = \bar{w}/\varrho$.

Da $\bar{y} = ye^{-mt}$ und $\bar{k} = ke^{-mt}$ durch (1) von 14.3, ist die sich verschiebende Produktionsfunktion in den *Pro-Kopf*-Variablen k und y

$$y = e^{mt} f(ke^{-mt}) .$$

Ein alternatives Diagramm zu Fig. 14.4 A kann gezeichnet werden, um die sich verschiebende Produktionskurve in der (k, y)-Ebene und die Bestimmung von k und y für stetiges Wachstum zu zeigen.

---

[3] Das ist eine notwendige und hinreichende Bedingung für die Existenz einer eindeutigen Lösung, wenn μ/s irgend einen Wert annehmen kann. Wenn jedoch bekannt ist, daß $0 < b < \mu/s < a$, dann brauchen wir nur verlangen, daß, zusätzlich zu $f'(k) > 0$ und $f''(k) < 0$, $f'(k) \to a$, wenn $k \to 0$, und $f'(k) \to b$, wenn $k \to \infty$.

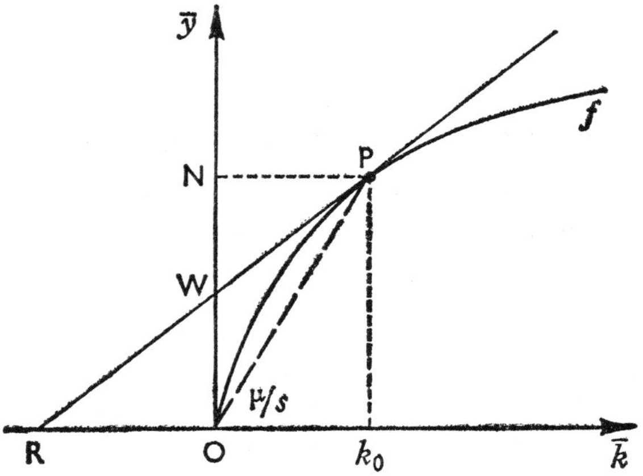

Fig. 14.4 A

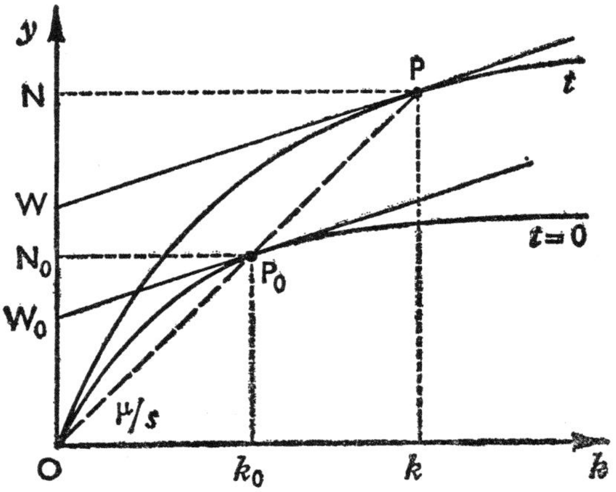

Fig. 14.4 B

Wir halten fest, daß $\bar{y}/\bar{k} = y/k$, so daß für stetiges Wachstum

$$\frac{y}{k} = \frac{\mu}{s}$$

ist, wobei $$y = e^{mt} f(ke^{-mt}) .$$

Fig. 14.4 B zeigt die Bestimmung von k und y. Sie zeigt die Produktionskurve zur Zeit $t = 0$ und die verschobene Kurve zu einem späteren Zeitpunkt t. Die Darstellung in Fig. 14.4 B bedient sich der Tatsache, daß sowohl die Kapitalproduktivität y/k als auch die Profitrate ϱ bei der stetigen Lösung in der Zeit konstant sind. Die Harrod-neutrale Form des technischen Fortschritts sichert, daß diese zwei Konstanten stets kompatibel sind (13.3 oben). Die gerade Linie mit der Neigung μ/s schneidet die Kurve $t = 0$ in P_0 und die Kurve t in P; die Tangenten, die in diesen Punkten parallel sind, haben eine der Profitrate ϱ gleiche Neigung. Die Werte von k und y, die durch P gegeben sind, stellen die stetige Lösung des Modells dar. Die Verteilung des Produkts (Einkommens):

$$y = \varrho k + w$$

wird durch

$$ON = WN + OW$$

gezeigt.

Die Profitrate ϱ ist konstant (Neigung der Tangente), aber der Lohnsatz (wie y und k) wächst mit der stetigen Rate m, wie es im Diagramm durch die Erhöhung von $w_0 = OW_0$ in $t = 0$ auf $w = OW$ zur Zeit t gezeigt wird.

14.5 Das Modell mit differenziertem Sparen

Das Modell mit konstanten Erträgen von 14.3 oben kann ganz leicht verändert und die diagrammatische Behandlung von 14.4 entsprechend angepaßt werden, wenn die proportionale Sparfunktion durch eine mit differenziertem Sparen ersetzt wird. Wenn die gesparten Anteile aus Löhnen und Gewinnen s_w bzw. s_p sind $(0 \leqslant s_w \leqslant s_p \leqslant 1)$, dann ist $S = sY$, wobei $s = s_w + [(s_p - s_w)\, P/Y]$ vom Anteil der Profite P am Einkommen Y abhängt.

Die Differentialgleichung des Modells in $\bar{k}$ (Kapital pro Arbeitseffizienzeinheit) ist weiterhin (2) aus 14.3, nur daß s den neuen Ausdruck annimmt:

$$s = s_w + (s_p - s_w)\frac{P}{Y} = s_w + (s_p - s_w)\,\varrho\,\frac{\bar{k}}{\bar{y}} = s_w + (s_p - s_w)\,\bar{k}\,\frac{f'(\bar{k})}{f(\bar{k})}\,,$$

da

$$\frac{P}{Y} = \varrho\,\frac{K}{Y} = \varrho\,\frac{\bar{k}}{\bar{y}}\,, \quad \text{wobei} \quad \bar{y} = f(\bar{k}) \quad \text{und} \quad \varrho = f'(\bar{k})\,.$$

So ist:

$$D\bar{k} + \mu\bar{k} = sf(\bar{k}) = s_w f(\bar{k}) + (s_p - s_w)\,\bar{k}f'(\bar{k})\,. \tag{1}$$

$\mu = m + n$ ist hier die natürliche Wachstumsrate.

Wir untersuchen wieder die Lösung, die $D\bar{k} = 0$ hat und $\bar{k}$ ist konstant in der Zeit. Damit das eine Lösung von (1) ist, muß $\bar{k}$ durch die algebraische Gleichung

$$f(\bar{k}) = \frac{\mu}{s_w}\bar{k} - \frac{s_p - s_w}{s_w}\bar{k}f'(\bar{k}) \qquad (s_w \neq 0) \tag{2}$$

gegeben sein.

Jede Wurzel von (2) bringt ein konstantes $\bar{k}$ und gibt eine stetige Lösung des Modells, wobei die Pfade von K und Y

$$\left.\begin{aligned} K &= \bar{k}Le^{mt} = \bar{k}L_0\, e^{(m+n)t} = \bar{k}L_0\, e^{\mu t} \\ Y &= \bar{y}Le^{mt} = f(\bar{k})\, L_0\, e^{(m+n)t} = f(\bar{k})\, L_0\, e^{\mu t} \end{aligned}\right\} \tag{3}$$

und

sind.

Um diese Analyse weiter zu entwickeln, müssen wir die Profitrate benützen, $\varrho = f'(k)$, und zwar wie sie durch die Grenzproduktivität bestimmt wird. Da $\bar{k}$ nun eine Konstante ist — jede Wurzel von (2) — ist ϱ eine Konstante in der Zeit wie früher. (2) wird dann zu:

$$f(\bar{k}) = \frac{\mu - (s_p - s_w)\,\varrho}{s_w}\,\bar{k}\,.$$

Aus (3) müssen die Anfangswerte für die Pfade stetigen Wachstums

$$Y_0 = \frac{\mu - (s_p - s_w)\,\varrho}{s_w}\,\bar{k}L_0 \quad \text{und} \quad K_0 = \bar{k}L_0$$

sein, was die anfängliche Kapitalproduktivität $1/v_0 = Y_0/K_0 = [\mu - (s_p - s_w)\,\varrho]/s_w$ ergibt. Auf Grund von (3) ist dann wieder die laufende Kapitalproduktivität in der Zeit konstant:

$$\frac{1}{v} = \frac{Y}{K} = \frac{\mu - (s_p - s_w)\,\varrho}{s_w}\,.$$

In diesem Fall differenzierten Sparens entspricht daher der Harrod-Domar-Bedingung ($n = s/v$)

$$\mu = \frac{s_w}{v} + (s_p - s_w)\,\varrho\,.$$

Diese Bedingung wird nicht zufällig, sondern wieder durch Festlegung der „richtigen“ Anfangskapitalproduktivität, die in der Zeit konstant bleibt, erfüllt.

Genau wie in 14.3 wird der Lohnsatz $\bar{w}$ pro Effizienzeinheit als eine Konstante durch die Grenzproduktivität gegeben und der Lohnsatz w pro Kopf folgt:

$$\bar{w} = f(\bar{k}) - \bar{k}f'(\bar{k}) \quad \text{und} \quad w = \bar{w}e^{mt}\,.$$

Das Produkt verteilt sich zur Gänze sowohl in Effizienzeinheiten ($\bar{y} = \varrho\bar{k} + \bar{w}$) wie auch in Pro-Kopf-Größen ($y = \varrho k + w$).

Der Fall: $s_w = 0$: Alle Ersparnisse stammen aus Gewinnen mit dem gegebenen Anteil s_p. Das ist der Fall der **klassischen Sparfunktion** und die Lösung ist sehr vereinfacht. Die Differentialgleichung des Modells, (1) oben, wird zu

$$D\bar{k} + \mu\bar{k} = s_p \bar{k} f'(\bar{k}) .$$

Ein konstantes $\bar{k}$ für die stetige Lösung ist eine Wurzel der algebraischen Gleichung:

$$f'(\bar{k}) = \frac{\mu}{s_p} .$$

Aber $\varrho = f'(\bar{k})$ ist eine Konstante über die Zeit in der stetigen Lösung. So hat das Modell eine stetige Lösung (3) oben, wobei $\bar{k}$ eine Konstante ist, die durch die Bedingung, daß die Ableitung der Produktionsfunktion $\bar{y} = f(\bar{k})$ den Wert μ/s_p annimmt, bestimmt wird. Die Lösung wird durch die bekannte Beziehung charakterisiert:

$$g = s_p \varrho = m + n = \mu ,$$

d. h. die befriedigende Wachstumsrate ($g = s_p\varrho$) ist gleich der natürlichen Rate ($\mu = m + n$), die sich sowohl aus der technischen Veränderung als auch aus dem Bevölkerungswachstum ergibt.

Die Lösung kann in Diagrammen ähnlich jenen von 14.4 oben dargestellt werden. Erstens **ist im Fall, wo es keinen technischen Fortschritt** gibt ($m = 0$), das Kapital pro Kopf k durch die Bedingung $f'(k) = n/s_p$ bestimmt, d. h. durch den Punkt P auf der Produktionsfunktion, wo die Neigung der Tangente n/s_p ist. Das wird in Fig. 14.5 für den Fall einer wohlgestalteten Produktionsfunktion mit einer eindeutigen Lösung veranschaulicht. Die Einkommensverteilung ist:

$$y = \varrho k + w ,$$

d. h. $$ON = WN + OW .$$

Die Gewinnrate $\varrho = n/s_p$ ist die Neigung der Tangente und der Lohnsatz ist OW, das Interzept der Tangente auf Oy. Darüber hinaus ist, wenn die Tangente Ok in R schneidet, OR wieder das Verhältnis w/ϱ des Lohnsatzes zur Profitrate.

Ferner wird für den **Fall mit technischem Fortschritt** mit der Harrod-neutralen Rate m das Diagramm von Fig. 14.5 verändert, indem man $\bar{k}$ und $\bar{y}$ (Kapital und Ausstoß pro Effizienzeinheit) anstelle von k und y entlang der Achsen mißt. Der Wert von $\bar{k}$ für stetiges Wachstum ist

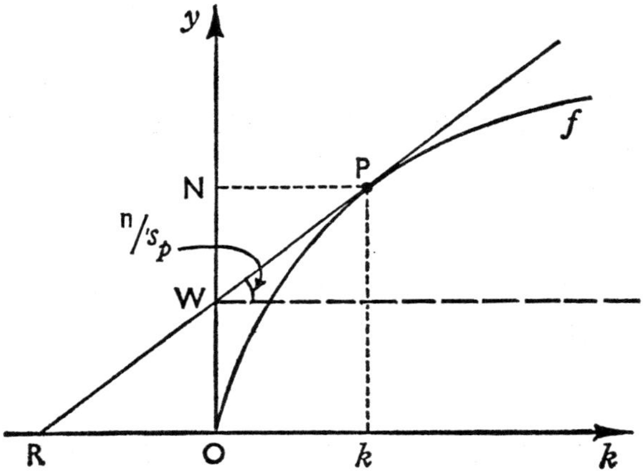

Fig. 14.5

durch P gegeben, wo die Neigung der Tangente (und die Profitrate) μ/s_p ist. Die Einkommensverteilung ist $\bar{y} = \varrho\bar{k} + \bar{w}$, gezeigt durch

$$ON = WN + OW \ ,$$

und das Interzept OW ist der Lohnsatz $\bar{w}$ pro Effizienzeinheit. Alternativ kann ein ähnliches Diagramm wie Fig. 14.4 B gezeichnet werden, wo sich die Produktionsfunktion in der Zeit auf der (k, y)-Ebene verschiebt (siehe Übung 14.1).

Die Diagramme Fig. 14.4 A und Fig. 14.4 B zeigen einen scharfen Gegensatz in der Bestimmung des Kapitals pro Kopf (k) für stetiges Wachstum im Fall mit proportionaler Sparfunktion und im Fall der klassischen Sparfunktion. Darauf wurde von Hahn und Matthews hingewiesen[4]. Ist die Sparfunktion in proportionaler Form, (Fig. 14.4 A), dann wird k durch den Punkt auf der Produktionsfunktion bestimmt, wo die Kapitalproduktivität gleich μ/s ist; damit ergibt sich die Bestimmung der Gewinnrate ϱ aus der Neigung der Tangente, entsprechend der Gestalt der Produktionskurve. Die Situation wird umgedreht, wenn man die klassische Sparfunktion (Fig. 14.5) nimmt. k wird jetzt durch den Punkt P bestimmt, wo die Neigung der Tangente (Gewinnrate ϱ) μ/s gleich ist. Die Kapitalproduktivität folgt dann aus der Neigung von OP entsprechend der Gestalt der Produktionsfunktion.

---

[4] *Hahn* und *Matthews,* Economic Journal (Dezember 1964) S. 795.

14.6 Besondere Produktionsfunktionen

Betrachten wir zuerst eine Produktionsfunktion der **Cobb-Douglas-**Form mit Harrod-neutralem technischem Fortschritt mit der Rate m und mit konstanten Erträgen[5].

Wir schreiben:

$$Y = K^{\alpha} (\bar{L})^{1-\alpha}, \quad \text{wobei} \quad \bar{L} = e^{mt} L \quad \text{und} \quad 0 < \alpha < 1 \, .$$

In *Pro-Kopf*-Größen:

$$\bar{y} = \bar{k}^{\alpha}, \quad \text{wobei} \quad \bar{y} = \frac{Y}{L} e^{-mt} \quad \text{und} \quad \bar{k} = \frac{K}{L} e^{-mt} \, .$$

Im neoklassischen Modell mit proportionaler Sparfunktion (14.3 oben) wird das konstante $\bar{k}$ für stetiges Wachstum durch die Gleichung

$$\bar{k}^{\alpha} = \frac{\mu}{s} \bar{k}, \quad \text{wobei} \quad \mu = m + n \, ,$$

festgelegt.

Es gibt einen eindeutigen Wert:

$$\left.\begin{aligned} \bar{k} &= \left(\frac{s}{\mu}\right)^{1/1-\alpha} \\ \text{und entsprechend:} \qquad \bar{y} &= \left(\frac{s}{\mu}\right)^{\alpha/1-\alpha} \end{aligned}\right\} \qquad (1)$$

aus der Produktionsfunktion $\bar{y} = \bar{k}^{\alpha}$. Die eindeutige Lösung ist zu erwarten, weil die Cobb-Douglas-Form eine wohlgestaltete Produktionsfunktion ist. Die stetigen Pfade werden dann aus (4) von 14.3 oben angeschrieben:

$$K = L_0 \left(\frac{s}{\mu}\right)^{1/1-\alpha} e^{\mu t} \quad \text{und} \quad Y = L_0 \left(\frac{s}{\mu}\right)^{\alpha/1-\alpha} e^{\mu t} \, .$$

Es ist wieder klar, daß die Sparneigung (s) nur die Niveaus und nicht die Wachstumsrate beeinflußt. Je größer die Sparneigung, desto höher sind die Niveaus von Ausstoß und Kapital.

Die stetigen Pfade folgen aus dem Modell, vorausgesetzt, daß es „richtige" Anfangswerte gibt: $K_0 = L_0 \, (s/\mu)^{1/1-\alpha}$ und $Y_0 = L_0 \, (s/\mu)^{\alpha/1-\alpha}$. Die Kapitalproduktivität muß anfänglich mit dem Wert μ/s angesetzt werden und bleibt dann konstant, d. h. $1/v = Y/K = \mu/s$ für alle t.

---

[5] Die Cobb-Douglas-Form ergibt auch stetiges Wachstum, wenn die Erträge nicht konstant sind. Sie muß dann mittels der allgemeinen Differentialgleichung in der Variablen K, (2) von 14.2 oben, nach dem in 14.7 unten angegebenen Muster behandelt werden. (Siehe Übung 14.3).

Im Modell mit einer klassischen Sparfunktion (14.5 oben) ist für die Bestimmung des stetigen Wachstums die Profitrate notwendig:

$$\varrho = \frac{\partial Y}{\partial K} = \frac{\partial \bar{y}}{\partial \bar{k}} = \frac{d}{d\bar{k}}(\bar{k}^{\alpha}) = \frac{\alpha}{\bar{k}^{1-\alpha}}.$$

Das konstante $\bar{k}$ für die stetige Lösung ergibt sich daher aus:

$$\frac{\alpha}{\bar{k}^{1-\alpha}} = \frac{\mu}{s_p}.$$

Es gibt einen eindeutigen Wert: $\bar{k} = \left(\alpha \frac{s_p}{\mu}\right)^{1/1-\alpha}$

und entsprechend: $\bar{y} = \left(\alpha \frac{s_p}{\mu}\right)^{\alpha/1-\alpha}$ (2)

Vergleicht man (2) mit (1), so sieht man, daß die stetigen Pfade von K und Y genau wie vorher sind, wobei αs_p für s gesetzt wird.

Wenn die Produktionsfunktion die **Konstante-Substitutionselastizität-(C.E.S.)**-Form besitzt und wieder konstante Erträge und technischen Fortschritt mit der Harrod-neutralen Rate m hat, schreiben wir die Funktion mit zwei Parametern α und β und der Substitutionselastizität $\sigma = 1/(1+\beta)$:

$$Y^{-\beta} = aK^{-\beta} + \bar{L}^{-\beta}, \quad \text{wobei} \quad \bar{L} = e^{mt} L .$$

In *Pro-Kopf*-Variablen ausgedrückt:

$$\bar{y}^{-\beta} = a\bar{k}^{-\beta} + 1, \quad \text{wobei} \quad \bar{y} = \frac{Y}{L} e^{-mt} \quad \text{und} \quad \bar{k} = \frac{K}{L} e^{-mt} .$$

Im neoklassischen Modell mit proportionaler Sparfunktion ergibt sich stetiges Wachstum für ein konstantes $\bar{k}$, das aus der Gleichung:

$$\bar{y} = (a\bar{k}^{-\beta} + 1)^{-1/\beta} = \frac{\mu}{s}\bar{k} \text{ stammt,}$$

d. h. $$a + \bar{k}^{\beta} = \left(\frac{\mu}{s}\right)^{-\beta}.$$

Es gibt einen eindeutigen Wert: $\bar{k} = \left\{\left(\frac{\mu}{s}\right)^{-\beta} - a\right\}^{1/\beta}$

und entsprechend: $\bar{y} = \frac{\mu}{s}\left\{\left(\frac{\mu}{s}\right)^{-\beta} - a\right\}^{1/\beta}$ (3)

Die stetigen Pfade der Variablen stammen aus (4) von 14.3 oben:

$$K = L_0 \left\{\left(\frac{\mu}{s}\right)^{-\beta} - a\right\}^{1/\beta} e^{\mu t} \quad \text{und} \quad Y = L_0 \frac{\mu}{s}\left\{\left(\frac{\mu}{s}\right)^{-\beta} - a\right\}^{1/\beta} e^{\mu t} .$$

Damit diese Pfade in einem stetigen Wachstum mit der Rate $\mu = m + n$ zustande kommen, müssen die Anfangswerte die „richtigen" sein:

$$K_0 = L_0 \left\{ \left(\frac{\mu}{s} \right)^{-\beta} - a \right\}^{1/\beta} \quad \text{und} \quad Y_0 = L_0 \frac{\mu}{s} \left\{ \left(\frac{\mu}{s} \right)^{-\beta} - a \right\}^{1/\beta}.$$

Die Kapitalproduktivität beginnt mit $1/v = Y/K = \mu/s$ und bleibt konstant: Nimmt man die klassische Sparfunktion, erhält man zuerst $\varrho = d\bar{y}/d\bar{k}$.

Aus $\bar{y}^{-\beta} = a\bar{k}^{-\beta} + 1$ erhält man $(-\beta)\,\bar{y}^{-(1+\beta)}\,(d\bar{y}/d\bar{k}) = (-\beta)\,a\bar{k}^{-(1+\beta)}$ und so ist:

$$\varrho = a \left(\frac{\bar{y}}{\bar{k}} \right)^{1+\beta},$$

was gleich $\frac{\mu}{s_p}$ gesetzt wird, um das konstante $\bar{k}$ für stetiges Wachstum zu ergeben. Daher ist

$$\frac{\bar{y}}{\bar{k}} = \left(\frac{\mu}{as_p} \right)^{1/(1+\beta)}$$

die konstante Kapitalproduktivität auf dem stetigen Pfad.

Um $\bar{k}$ zu erhalten, ist

$$a\bar{k}^{-\beta} + 1 = \bar{y}^{-\beta} = \left(\frac{\mu}{as_p} \right)^{-\beta/(1+\beta)} \bar{k}^{-\beta},$$

d. h.
$$\bar{k}^{\beta} = \left(\frac{\mu}{as_p} \right)^{-\beta/(1+\beta)} - a.$$

Es gibt einen eindeutigen Wert:
$$\bar{k} = \left\{ \left(\frac{\mu}{as_p} \right)^{-\beta/(1+\beta)} - a \right\}^{1/\beta}$$

und entsprechend:
$$\bar{y} = \left(\frac{\mu}{as_p} \right)^{1/(1+\beta)} \left\{ \left(\frac{\mu}{as_p} \right)^{-\beta/(1+\beta)} - a \right\}^{1/\beta} \qquad (4)$$

Die stetigen Pfade für K und Y folgen wie vorher.

Die stetige Lösung für den Fall der klassischen Sparfunktion unterscheidet sich nun von der für die proportionale Sparfunktion. Das sieht man, wenn man (4) mit (3) vergleicht; sie unterscheiden sich sogar, wenn as_p für s gesetzt wird. Die konstante Kapitalproduktivität ist durch $\bar{y}/\bar{k}$ gegeben. Für den Fall der proportionalen Sparfunktion haben wir wie gewöhnlich:

$$\frac{1}{v} = \frac{Y}{K} = \frac{\mu}{s},$$

aber im Fall der klassischen Sparfunktion ist das Verhältnis:

$$\frac{1}{v} = \frac{Y}{K} = \left(\frac{\mu}{as_p}\right)^{1/(1+\beta)} .$$

Der Unterschied entsteht, weil die Substitutionselastizität $\sigma = 1\ (1 + \beta) \neq 1$. Übereinstimmung herrscht nur, wenn $\sigma \to 1$ und die Produktionsfunktion die Cobb-Douglas-Form annimmt.

14.7 Stabilität

Nehmen wir das neoklassische Modell von 14.3 als unseren Prototyp (konstante Erträge, proportionale Sparfunktion), so können wir das bisher Erreichte zusammenfassen. Das Modell ergibt eine Differentialgleichung in $\bar{k}$, dem Kapital pro Arbeitseffizienzeinheit. Eine Lösung mit stetigem Wachstum mit der Rate $\mu = m + n$ erhält man, wenn $\bar{k}$ in der Zeit konstant ist, vorausgesetzt, daß $\bar{k}$ eine Wurzel der algebraischen Gleichung:

$$f\,(\bar{k}) = \frac{\mu}{s}\,\bar{k} \tag{1}$$

ist. Es gibt keinen Mechanismus im Modell selbst, der sichert, daß das „richtige“ $\bar{k}$ (oder eines von ihnen) erreicht wird. Wir können nur sagen: Wenn am Anfang $K_0 = \bar{k}L_0$ für ein durch (1) gegebenes $\bar{k}$ ist, so daß $Y_0 = f\,(\bar{k})\,L_0 = (\mu/s)\,\bar{k}L_0$, dann wird der stetige Pfad durch das Modell hervorgebracht. Die Kapitalproduktivität ist anfänglich $1/v_0 = Y_0/K_0 = \mu/s$ und wird dann mit diesem konstanten Wert in der Zeit aufrecht erhalten.

Das kann in einer alternativen aber gleichwertigen Art ausgedrückt werden. Wir nehmen an, die Kapitalproduktivität sei zu Beginn „richtig“: $1/v_0 = Y_0/K_0 = \mu/s$. Dann ergibt die Produktionsfunktion:

$$f\,(\bar{k}_0) = \bar{y}_0 = Y_0/L_0 = Y_0/K_0 \cdot K_0/L_0 = (\mu/s)\,\bar{k}_0 ,$$

d. h. der Anfangswert von $\bar{k}$ ist „richtig“, er ist eine Wurzel von (1). So folgt aus der „richtigen“ Anfangskapitalproduktivität wieder der stetige Pfad.

Wenn wir also mit dem „richtigen“ $K_0 = \bar{k}L_0$ für ein durch (1) gegebenes $\bar{k}$ beginnen, oder wenn wir mit der „richtigen“ Kapitalproduktivität $1/v_0 = Y_0/K_0 = \mu/s$ beginnen, dann führt das Modell zu einer eindeutigen Lösung, nämlich zum stetigen Wachstumspfad. Wenn aber $K_0 \neq \bar{k}L_0$ oder wenn $1/v_0 = Y_0/K_0 \neq \mu/s$, dann ist der Pfad etwas anders. Wir müssen zu

$$D\bar{k} + \mu\bar{k} = sf\,(\bar{k}) , \tag{2}$$

der Differentialgleichung des Modells von 14.3, zurückgehen. Wir müssen den Anfangswert von $\bar{k}$ gleich K_0/L_0, nicht gleich dem „richtigen“ Wert, der (1) befriedigt, setzen und sehen, welcher Gleichgewichtspfad durch (2) gegeben ist.

Das ist eine Übung in gleichgewichtiger Dynamik. Unter anderem werden wir eine Antwort auf die Frage nach der Stabilität des stetigen Pfades erhalten, d. h. ob der Gleichgewichtspfad von (2) zum stetigen Pfad konvergiert. Das ist Stabilität im Sinne gleichgewichtiger Dynamik und nicht im Ungleichgewichtssinn. Gleichermaßen erhalten wir den Gleichgewichtspfad des Überganges von einem stetigen Wachstum (das zu Beginn besteht) zu einem neuen, das sich aus einer Verschiebung der Parameter ergibt.

Die Frage der Stabilität oder des Überganges zwischen Pfaden stetigen Wachstums kann in adäquater Weise nur betrachtet werden, wenn eine besondere Produktionsfunktion angenommen wird. Wir nehmen hier den **Cobb-Douglas**-Fall aus 14.6: $Y = K^{\alpha} \bar{L}^{1-\alpha}$, wobei $0 < \alpha < 1$. Es ist angenehm, nun vom Anfang an die Variablen Y, K und L zu verwenden und die Differentialgleichung des Modells nicht in der Form (2), sondern wie sie ursprünglich in 14.2 gegeben war, anzuschreiben:

$$DK = sF(K, L_0 e^{\mu t}) = sL_0^{1-\alpha} K^{\alpha} e^{\mu(1-\alpha)t} . \qquad (3)$$

Die Variablen werden getrennt und man erhält sofort durch Integration den Gleichgewichtspfad von K:

$$\int \frac{dK}{K^{\alpha}} = sL_0^{1-\alpha} \int e^{\mu(1-\alpha)t}\, dt + \text{Konstante} ,$$

d. i.
$$\frac{1}{1-\alpha} K^{1-\alpha} = \frac{s}{\mu(1-\alpha)} L_0^{1-\alpha} e^{\mu(1-\alpha)t}\, dt + \text{Konstante} ,$$

d. i.
$$K^{1-\alpha} = A + \frac{s}{\mu} L_0^{1-\alpha} e^{\mu(1-\alpha)t} ,$$

wobei die Konstante A aus den Anfangswerten ($t = 0$) gefunden wurde:

$$A = K_0^{1-\alpha} - \frac{s}{\mu} L_0^{1-\alpha} .$$

Der Gleichgewichtspfad von K, das ist die Lösung von (3), wird also gegeben durch:

$$K^{1-\alpha} = K_0^{1-\alpha} + \frac{s}{\mu} L_0^{1-\alpha} \left[e^{\mu(1-\alpha)t} - 1\right] . \qquad (4)$$

Zunächst können wir nachprüfen, daß die allgemeine Lösung (4) den stetigen Pfad von K ergibt, wenn der Anfangswert von K_0 der „richtige“ ist. Auf Grund von 14.6 ist das:

$$K_0 = \left(\frac{s}{\mu}\right)^{1/(1-\alpha)} L_0 \,. \tag{5}$$

Nach Einsetzten in (4):

$$K^{1-\alpha} = \frac{s}{\mu} L_0^{1-\alpha} + \frac{s}{\mu} L_0^{1-\alpha} [e^{\mu(1-\alpha)t} - 1] \,,$$

das gibt:

$$K = \left(\frac{s}{\mu}\right)^{1/(1-\alpha)} L_0 \, e^{\mu t} = K_0 \, e^{\mu t} \,,$$

den stetigen Pfad des Modells.

Dann nehmen wir an, daß K_0 nicht dem „richtigen“ Wert von (5) entspricht, und wir untersuchen, was mit der durch (4) gegebenen Lösung für K geschieht, wenn $t \to \infty$. Der Grenzpfad von K wird gegeben durch:

$$K^{1-\alpha} = \frac{s}{\mu} L_0^{1-\alpha} e^{\mu(1-\alpha)t} \,,$$

da die Glieder in (4), die t nicht enthalten, im Vergleich zum Wachstumsglied ($\alpha < 1$) unbedeutend werden. Der Pfad (4) konvergiert also nach:

$$K = \left(\frac{s}{\mu}\right)^{1/(1-\alpha)} L_0 \, e^{\mu t} \,,$$

das ist wieder der stetige Pfad. Die Schlußfolgerung ist ganz klar. Das neoklassische Modell mit einer Cobb-Douglas-Produktionsfunktion ist im Sinne der gleichgewichtigen Dynamik stabil. Das gleiche Ergebnis erhält man zumindest für bestimmte andere Produktionsfunktionen und für eine klassische (anstatt einer proportionalen) Sparfunktion (siehe Übungen 14.4 und 14.5).

Nichts wird hier über Stabilität im ungleichgewichtigen Sinne gesagt. Um diese Frage zu untersuchen, müßten wir ein Ungleichgewichtsmodell bilden, in dem eine der Gleichgewichtsbedingungen aufgegeben und durch eine Fehleranpassungsbedingung ersetzt wird. Die Sache ist mathematisch kompliziert und wird hier nicht weiter verfolgt.

14.8 Ein neoklassisches Zwei-Sektoren-Modell

Bis jetzt waren wir mit der Entwicklung des Harrod-Domar-Modells in eine neoklassische Version befaßt, in welcher es eine variable Kapitalproduktivität möglich macht, den Produktionskoeffizienten v so zu wählen, daß der „Kreis" der Bedingungen ($n = s/v$) für stetiges Wachstum „quadriert" wird. Dasselbe Verfahren kann auf das Zwei-Sektoren-Modell des Kapitels 12 angewendet werden, indem man den Produktionskoeffizienten gestattet, in beiden Sektoren zu variieren. Eine solche Möglichkeit wird hier analysiert. Sie wird vereinfacht, indem eine klassiche Sparfunktion gewählt wurde, d. h. alle Ersparnisse stammen mit einem festen Anteil s_p ($0 < s_p \leqslant 1$) aus den Gewinnen. Aus 12.4 oben ist klar, daß die Analyse durch diese Annahme, die die gesamte Menge von Bedingungen zweiteilt, leichter zu handhaben ist. Ein neoklassisches Modell mit proportionaler Sparfunktion ist schwieriger zu behandeln und die Ergebnisse sind weniger klar[6].

Zusätzlich nehmen wir an, daß es keinen technischen Fortschritt gibt. Das ist nur im Interesse der algebraischen Vereinfachung. Das ist keine echte Beschränkung, da technischer Fortschritt mit einer gegebenen Harrod-neutralen Rate m in beiden Sektoren leicht in unsere Ergebnisse eingebaut werden kann, und zwar indem man zunächst die *Pro-Kopf*-Variablen durch die entsprechenden Werte in Arbeitseffizienzeinheiten ersetzt und indem man dann m zur Rate des Bevölkerungswachstums n hinzuzählt.

Wir bedienen uns wieder der Notation des Kapitels 12. Anstelle der festen Koeffizienten nehmen wir eine glatte Produktionsfunktion für jeden Sektor an, und zwar in der wohlgestalteten Form und mit konstanten Erträgen:

$$\left.\begin{aligned} & q_1 = f_1(k_1), \quad \text{wobei} \quad q_1 = \frac{Q_1}{L_1} \quad \text{und} \quad k_1 = \frac{K_1}{L_1} \\ \text{und} \quad & q_2 = f_2(k_2), \quad \text{wobei} \quad q_2 = \frac{Q_2}{L_2} \quad \text{und} \quad k_2 = \frac{K_2}{L_2} \end{aligned}\right\} \qquad (1)$$

q_1 wie Q_1 ist hier durch das Kapitalgut ausgedrückt und q_2 sowie Q_2 durch das Konsumgut.

Der eine Teil des Modells, welcher die Gleichgewichtsbedingungen umfaßt, ist leicht zu behandeln. Die Spar/Investitionsbedingung ist, daß geplantes Sparen: $S = s_p P = S_p p\varrho (K_1 + K_2)$ als Investition in realen Werten verwirklicht wird. Die anderen Bedingungen beziehen sich auf die Vollbeschäftigung, wobei das Arbeitsangebot $L = L_0 e^{nt}$ gegeben ist:

$$\left.\begin{aligned} &\text{Vollkapazität} && K = K_1 + K_2 \\ &\text{Investition} = \text{Sparen} && DK = s_p \varrho (K_1 + K_2) \\ &\text{Vollbeschäftigung} && L = L_1 + L_2 = L_0 e^{nt} \end{aligned}\right\} \qquad (2)$$

[6] Siehe H. *Uzawa*, „On a Two-sector Model of Economic Growth", Review of Economic Studies (Oktober 1961; Juni 1963).

Genau wie in 12.4 geben die Bedingungen (2) eine konstante befriedigende Wachstumsrate von K ($g = s_p \varrho$), die der natürlichen Rate (n) für stetiges Wachstum gleich sein muß:

$$g = s_p \varrho = n \,. \tag{3}$$

K und L wachsen also mit der Rate n und das gesamte Pro-Kopf-Kapital $k = K/L$ ist in der Zeit konstant. Die Gewinnrate ϱ wird als n/s_p für stetiges Wachstum bestimmt.

Ist das alles einmal niedergeschrieben, gehen wir zum zweiten getrennten Teil des Modells über. Hier betrachten wir die Allokation der Ressourcen an die zwei Sektoren, wobei wir uns der Grenzproduktivitätsbedingungen für die Gewinnrate ϱ und für den Lohnsatz w bedienen. Bei vollkommenem Wettbewerb sind die Raten in beiden Sektoren die gleichen.

Um in Übereinstimmung mit dem anderen Sektor zu bleiben, messen wir im Kapitalgütersektor die Grenzprodukte mit Hilfe des Preises p in Konsumgütereinheiten:

das Grenzprodukt des Kapitals $p\dfrac{\partial Q_1}{\partial K_1} = pf_1'(k_1)$ wird gleichgesetzt $p\varrho$,

das Grenzprodukt der Arbeit $p\dfrac{\partial Q_1}{\partial L_1} = p\,[f_1(k_1) - k_1 f_1'(k_1)]$

wird gleichgesetzt w

und das Produkt wird folgendermaßen verteilt:

$$pq_1 = p\varrho k_1 + w \,. \tag{4}$$

Im Konsumgütersektor sind die Grenzprodukte direkt in Konsumgütereinheiten gegeben:

das Grenzprodukt des Kapitals $\dfrac{\partial Q_2}{\partial K_2} = f_2'(k_2)$ wird gleichgesetzt $p\varrho$

das Grenzprodukt der Arbeit $\dfrac{\partial Q_2}{\partial L_2} = f_2(k_2) - k_2 f_2'(k_2)$

wird gleichgesetzt w

und das Produkt verteilt sich wieder:

$$q_2 = p\varrho k_2 + w \tag{5}$$

Für die Allokation der Ressourcen zwischen den zwei Sektoren in bezug auf die Faktorpreise haben wir also vier Bedingungen, die die Produktionsfunktionen (1) einschließen:

$$\left.\begin{aligned} \varrho &= f_1'(k_1) = \frac{1}{p} f_2'(k_2) \\ w &= p\,[f_1(k_1) - k_1 f_1'(k_1)] = f_2(k_2) - k_2 f_2'(k_2) \end{aligned}\right\} \tag{6}$$

Das Verbindungsglied zwischen den zwei Teilen des Modells ist die Gewinnrate ϱ. Aus (3) des ersten Teiles ist $\varrho = n/s_p$. Die vier Gleichungen (6) dienen dann zur Bestimmung der zwei Pro-Kopf-Kapital-Größen k_1 und k_2 und der zwei Preise w und p, alles als Funktion von $\varrho = n/s_p$ ausgedrückt. Sind die Parameter n und s_p sowie die zwei Produktionsfunktionen gegeben, dann ist die Lösung in *Pro-Kopf*-Größen vollständig.

Einige Merkmale des stetigen Wachstums sind nun neben der Konstanz von $k = K/L$ offenbar. Die Gleichungen (6) haben kein explizites Zeitglied. Da $\varrho = n/s_p$ in der Zeit konstant ist, sind es auch w und p. Alle Preise bleiben bei stetigem Wachstum unverändert. Darüber hinaus ist nicht nur k, sondern es sind auch k_1 und k_2 in den Sektoren über die Zeit konstant.

Die tatsächliche Allokation von Maschinen und Arbeitskräften zwischen den zwei Sektoren ist noch zu bestimmen. Die Allokation der Arbeit kann durch einen Parameter λ dargestellt werden, indem man $\lambda = L_1/L$ und $1-\lambda = L_2/L$ schreibt. Dann ist:

$$k = \frac{K}{L} = \frac{K_1 + K_2}{L} = \frac{K_1}{L_1}\frac{L_1}{L} + \frac{K_2}{L_2}\frac{L_2}{L} = \lambda k_1 + (1-\lambda)\, k_2 \,.$$

Da k, k_1 und k_2 konstant sind, ist es auch λ. Weiters ist:

$$y = \frac{Y}{L} = \frac{pQ_1 + Q_2}{L} = p\frac{Q_1}{L_1}\frac{L_1}{L} + \frac{Q_2}{L_2}\frac{L_2}{L} = \lambda p q_1 + (1-\lambda)\, q_2 \,.$$

Auf Grund von (4) und (5) verteilt sich also das Gesamtprodukt (Einkommen) wie folgt: $y = p\varrho k + w$. Da k_1 und k_2 konstant sind, sind es auch q_1 und q_2 auf Grund von (1). Da p und λ konstant sind, ist es auch y. Folglich sind alle *Pro-Kopf*-Variablen konstant.

Wie erwartet, ist das Merkmal der stetigen Lösung, daß Preise und *Pro-Kopf*-Variable in der Zeit unverändert bleiben. Da L mit der Rate n wächst, wachsen alle Mengen (Q_1, Q_2, K_1, K_2, L_1 und L_2) und die Aggregate (Y, K und L) mit der stetigen Rate n.

Der tatsächliche Wert der Konstanten λ, die die Allokation der Arbeit (und dann die Gesamtgrößen k und y) ergibt, wurde noch nicht gefunden. Man erhält ihn, wenn man beachtet, daß Konsum nichtgespartes Einkommen ist d. h. $wL + (1-s_p)\, P$ ist das Gleiche wie der Ausstoß des Konsumgütersektors ($Q_2 = q_2 L_2$). So ist:

$$q_2 L_2 = wL + (1-s_p)\, P = wL + (1-s_p)\, p\varrho K \,,$$

d. i. $$q_2 \frac{L_2}{L} = w + (1-s_p)\, p\varrho \frac{K}{L} \,,$$

d. i. $$(1-\lambda)\, f_2(k_2) = w + (1-s_p)\, p\varrho\, [\lambda k_1 + (1-\lambda)\, k_2] \,.$$

Das ist eine lineare Gleichung in λ, die dessen Wert als Funktion von k_1 und k_2 und den Preisen — auf Grund (6) und $\varrho = n/s_p$ — ergibt. Die Lösung ist vollständig.

Die Gleichungen (6) für k_1, k_2 und die Preise können, wenn $\varrho = n/s_p$ gegeben ist, durch ein Diagramm veranschaulicht werden, das die zwei Produktionsfunktionen (die als wohlgestaltet angenommen wurden) wie in Fig. 14.8 zeigt. k_1 und k_2 (Kapital pro Kopf) werden entlang Ok gemessen; entlang Oq haben wir q_1 (in Kapitalgütereinheiten) und q_2 (in Konsumgütereinheiten). Das gegebene ϱ ($= n/s_p$) ist die Neigung der Tangente an die erste Produktionskurve in P_1, nämlich für das Kapitalgut. Die entsprechende Neigung der Tangente an die zweite Produktionskurve in P_2, nämlich für das Konsumgut, ist $p\varrho$. Auf Grund von (4) ist: $q_1 = \varrho k_1 + (w/p)$ und im Diagramm gilt:

$$OW_1 = \frac{w}{p}\,; \quad OR = \frac{1}{p}\,\frac{w}{\varrho}\,.$$

Ähnlich ist auf Grund von (5): $q_2 = p\varrho k_2 + w$ und im Diagramm:

$$OW_2 = w\;; \quad OR = \frac{1}{p}\,\frac{w}{\varrho}\,.$$

Die zwei Tangenten müssen also durch den gleichen Punkt R auf Ok gezeichnet werden. Die Preise können bei gegebenem ϱ ($= n/s_p$) als Anstieg in P_1 abgelesen werden, d. h. w ist OW_2 und p ist das Verhältnis

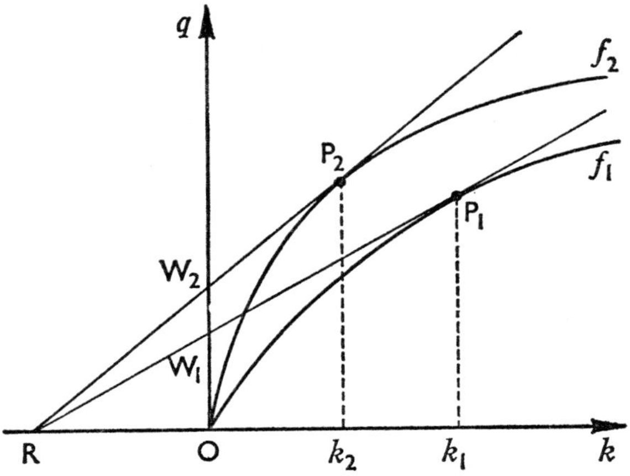

Fig. 14.8

OW_2/OW_1. Die stetigen Werte für k_1 und k_2 können von P_1 bzw. P_2 abgelesen werden. Die Kapitalproduktivität ist in jedem Sektor variabel, aber die für stetiges Wachstum erforderlichen Verhältnisse werden durch die Neigungen OP_1 und OP_2 für die zwei Sektoren gegeben. Auf diese Weise werden die für stetiges Wachstum geeigneten Produktionskoeffizienten (v_1 und v_2) festgelegt. Es gibt aber im Modell selbst keinen Mechanismus, der zeigt, wie die Punkte P_1 und P_2 erreicht werden können; das Modell zeigt nur, daß sie existieren.

Die Festsetzung der Preise w und p im Verhältnis zu ϱ durch die Gleichungen (6), wie es in Fig. 14.8 dargestellt wird, zeigt, daß nur die Produktionsfunktionen verwendet werden. Die relativen Preise hängen nur von der Technologie ab und in keiner Weise von der Gleichgewichtsbedingung für Sparen und Investieren. Das ist die neoklassische Version der Preisgleichungen von 12.1 oben (siehe Übungen 14.8 und 14.9).

Die Allokation von Maschinen und Arbeitskräften zwischen den zwei Sektoren und die Bestimmung der Gesamtgrößen k und y werden oben in algebraischen Ausdrücken gegeben. Sie können nicht in irgendeiner einfachen Weise im Diagramm von Fig. 14.8 dargestellt werden[7].

Die Frage der Stabilität des stetigen Pfades in der neoklassischen Version des Zwei-Sektoren-Modells wird hier nicht behandelt. Hahn und Matthews[8] zeigen, daß die stetige Lösung stabil ist, wenn der Konsumgütersektor stärker mechanisiert ist. Das Ergebnis stimmt mit dem für das Modell mit festen Koeffizienten aus 12.6 oben überein.

Übungen

14.1 Zeichnen Sie ein Diagramm ähnlich der Fig. 14.4 B, um stetiges Wachstum in k, y und w mit der Rate m darzustellen, wenn eine klassische Sparfunktion ($S = s_p P$) vorliegt.

14.2 Betrachten Sie das neoklassische Modell, wenn die Produktionsfunktion Cobb-Douglas-Form hat und differenziertes Sparen ($s_p > s_w > 0$) vorliegt. Schreiben Sie die Gleichung in $\bar{k}$ für stetiges Wachstum an und setzen Sie sie in die Form: $\bar{k}^{1-\alpha} = [\alpha s_p + (1-\alpha) s_w]/\mu$. Zeigen Sie daher, daß das eindeutige $\bar{k}$ mit s_p und s_w steigt, jedoch fällt, wenn μ steigt. Illustrieren Sie das, wenn $\alpha = 0{,}5$, $s_p = 0{,}5$ und $s_w = 0{,}1$.

---

[7] *Hahn* und *Matthews*, Economic Journal (Dezember 1964), S. 814, führen das Diagramm unserer Fig. 14.8 ein und geben wohl eine geometrische Version der Allokation und der Bestimmung von k, aber nur für den Grenzfall $s_p = 1$.

[8] Op. cit. S. 817 - 19. Sie erörtern auch (S. 816) die wichtige Aussage, daß der Pfad stetigen Wachstums den Pro-Kopf-Konsum maximiert.

14.3 Nehmen Sie eine Cobb-Douglas Produktionsfunktion mit zunehmenden Erträgen und Harrod-neutralem technischem Fortschritt an: $Y = K^\alpha \bar{L}^\beta$, wobei $\alpha + \beta > 1$ und $\bar{L} = e^{mt} L$. Zeigen Sie durch Lösung der Differentialgleichung (14.2 oben) des allgemeinen Modells mit proportionalem Sparen, daß

$$K = K_0\, e^{[\beta/(1-\alpha)]\,\mu t}, \quad \text{wobei} \quad K_0 = \left(\frac{s}{\mu}\,\frac{1-\alpha}{\beta}\right)^{1/(1-\alpha)} L_0^{\beta/(1-\alpha)}$$

und daß für ein anderes K_0 der Pfad von K zu diesem stetigen Zustand konvergiert. Leiten Sie ab, daß Wachstum mit der Rate $[\beta/(1-\alpha)]\,\mu > \mu = m + n$ stabil ist und daß die konstante Kapitalproduktivität $\mu\beta/s\,(1-\alpha) > \mu/s$ ist. Welches sind die entsprechenden Ergebnisse für abnehmende Erträge ($\alpha + \beta < 1$)? Geben Sie an, warum sich das Ergebnis von 14.2 als hinreichende, nicht aber als notwendige Bedingung ergibt?

14.4 Schreiben Sie die Differentialgleichung (2) von 14.7 oben für die C.E.S.-Produktionsfunktion (mit $\sigma = 2$) an: $\bar{y} = (a\sqrt{\bar{k}} + 1)^2$. Zeigen Sie, daß sie in die Form

$$D\bar{k} = s\,(A\sqrt{\bar{k}} + 1)\,(B\sqrt{\bar{k}} + 1), \quad \text{wobei} \quad A, B = a \pm \sqrt{\frac{\mu}{s}},$$

gesetzt werden kann. Prüfen Sie, daß die stetige Lösung $K = L_0\, e^{\mu t} / \left[\sqrt{\left(\frac{\mu}{s}\right)} - a\right]^2$ ist. Zeigen Sie dann, daß die allgemeine Lösung zum Pfad stetigen Wachstums konvergiert, wenn $a < \sqrt{\frac{\mu}{s}}$. Siehe Solow, Quarterly Journal of Economics (Februar 1956), S. 77 - 78.

14.5 Die Differentialgleichung des Modells mit differenziertem Sparen ist (1) von 14.5 oben. Nehmen Sie eine Cobb-Douglas-Produktionsfunktion $f(\bar{k}) = \bar{k}^\alpha$ für den klassischen Fall ($s_w = 0$) an und prüfen Sie nach, daß der Kapitalbestand einen stetigen Pfad hat: $K = L_0\,(\alpha\, s_p/\mu)^{1/(1-\alpha)}\, e^{\mu t}$. Untersuchen Sie die allgemeine Lösung nach dem Muster von 14.7 und kommentieren Sie die Stabilität des Modells. (Siehe Hahn and Matthews, Economic Journal (Dezember 1964), S. 811).

14.6 Nehmen Sie im Zwei-Sektoren-Modell beide Produktionsfunktionen mit $q = \sqrt{k}$ an und lösen Sie die Gleichungen (6) von 14.8, so daß sie $k_1 = k_2 = 1/4\,\varrho^2$, $p = 1$, $w = 1/4\,\varrho$ ergeben; $\varrho = n/s_p$. Interpretieren Sie das, indem Sie ϱ mit 0,1 annehmen.

14.7 Schreiben Sie die Produktionsfunktionen des Zwei-Sektoren-Modells an: $q_1 = k_1^\alpha$ und $q_2 = k_2^{1-\alpha}$ $(0 < \alpha < 1)$. Zeigen Sie, daß man die Gleichgewichtswerte als Funktion von $\varrho = n/s_p$ aus

$$k_1 = \left(\frac{\alpha}{\varrho}\right)^{1/(1-\alpha)}; \quad k_2 = (1-\alpha)^2 \left(\frac{\alpha^{2\alpha - 1}}{\varrho}\right)^{1/(1-\alpha)}; \quad p = \frac{w}{1-\alpha}\left(\frac{\alpha}{\varrho}\right)^{-\alpha/(1-\alpha)}$$

erhält, wobei $w = (1/\varrho)\,\alpha^{2\alpha}\,(1-\alpha)^{2\,(1-\alpha)}$. Prüfen Sie das aus dem Ergebnis der vorhergehenden Übung nach, indem Sie $\alpha = \frac{1}{2}$ setzen. Vergleichen Sie den Fall stärker mechanisierter Konsumgüterproduktion ($\alpha < \frac{1}{2}$) bzw. stärker mechanisierter Kapitalgüterproduktion ($\alpha > \frac{1}{2}$). Veranschaulichen Sie das mit $\alpha = \frac{1}{3}$ und ^{2} .

14.8 Durch Ausschalten von f_1' und f_2' aus den vier Gleichungen (6) von 14.8 gelangen Sie zu:

$$w = p\,(q_1 - k_1\,\varrho) = q_2 - k_2\,p\varrho$$

und so zu: $\frac{1}{w} = \frac{1}{q_2}\left(1 + \frac{k_2\,\varrho}{q_1 - k_1\,\varrho}\right)$ und $\frac{1}{p} = \frac{1}{q_2}\,[q_1 - (k_1 - k_2)\,\varrho]$.

14.9 Ziehen Sie die Parallele zwischen den Ergebnissen der vorhergehenden Übung und den Preisgleichungen von 12.1 oben. Zeigen Sie, wenn wir in einer Produktionsfunktion $q = f\,(k)\,k$ (für das Kapital pro Kopf) wählen, daß die Produktion mit festen Koeffizienten $u = 1/q$ und $v = k/q$ abläuft. Benützen Sie das Ergebnis, um die Preisgleichung der vorhergehenden Übung in die Form von 12.1 zu setzen, und interpretieren Sie das.

Kapitel 15

Vintage-Modelle

15.1 Modelle mit gebundenem technischem Fortschritt

Es ist nun Zeit, die Annahme homogenen Kapitals aufzugeben. Dafür nehmen wir an, der Kapitalbestand sei zu jeder Zeit aus Maschinen verschiedener Jahrgänge (vintages) zusammengesetzt, und zwar entsprechend dem Zeitpunkt der Aufstellung in der Vergangenheit, so daß der technische Fortschritt in gebundener Art eintreten kann (13.8 oben). Das Manna des technischen Fortschritts fällt nur auf neue Maschinen, steigt aber in der Zeit mit einer gegebenen Wachstumsrate m. Die Analyse ist nun komplizierter. Wir können sie bis zu einem gewissen Grad vereinfachen, indem wir nur eine kontinuierliche Analyse verwenden und indem wir annehmen, daß es weder Entwertung noch physischen Tod der Maschinen gibt.

Wenn wir uns Maschinen und Arbeit als substituierbar denken, nehmen wir eine glatte Produktionsfunktion an, die technischen Fortschritt bis zur Aufstellung der Maschinen, nicht aber darüber hinaus, berücksichtigt. Die Frage ist: welche Form der Funktion soll man nehmen? Wir haben gesehen (13.2 oben), daß, soll stetiges Wachstum gesichert sein, der technische Fortschritt von arbeitsvermehrender (Harrod-neutraler) Art sein sollte. Auf der anderen Seite wäre es zumindest bequem, wenn technischer Fortschritt von kapitalvermehrender (Solow-neutraler) Art wäre, so daß man sehr leicht aufeinanderfolgende Jahrgänge von Maschinen steigender Effizienz einbauen könnte. Wir suchen daher nach einer Produktionsfunktion, die sowohl Harrod-neutral als auch Solow-neutral ist, damit uns beide Möglichkeiten zur Verfügung stehen und wir uns die Vorteile beider Arten sichern. Es gibt eine und nur eine Funktion, die sowohl Harrod- als auch Solow-neutral ist, nämlich die Cobb-Douglas Form mit konstanten Erträgen und zwei Parametern:

$$Q_t = e^{\lambda t} K_t^{\alpha} L_t^{1-\alpha}, \quad \lambda > 0 \quad \text{und} \quad 0 < \alpha < 1 .$$

Sie ist hier für neue (und gegen Arbeit substituierbare) Maschinen zur Zeit t, d. h. Maschinen des Jahrganges $\tau = t$, angeschrieben. Wir müssen λ als technischen Fortschritt interpretieren. Da stetiges Wachstum von der Harrod-Neutralität abhängt, entschließen wir uns, technischen Fortschritt mit der Harrod-neutralen Rate m zu spezifizieren. Wir schreiben also $\lambda = m(1-\alpha)$ und haben:

$$Q_t = e^{m(1-\alpha)t} K_t^{\alpha} L_t^{1-\alpha} = K_t^{\alpha} \bar{L}_t^{1-\alpha},$$

wobei $\bar{L}_t = e^{mt} L_t$ der Arbeitseinsatz in Effizienzeinheiten ist. Zur gleichen Zeit ist

$$Q_t = (e^{m[(1-\alpha)/\alpha]t} K_t)^{\alpha} L_t^{1-\alpha} = \bar{K}_t^{\alpha} L_t^{1-\alpha},$$

wobei $\bar{K}_t = e^{m[(1-\alpha)/\alpha]t} K_t$ der Maschineneinsatz in Effizienzeinheiten ist. Wir haben also gleichzeitig technischen Fortschritt in Solow-neutraler Form mit der Rate $m' = m\,[(1-\alpha)/\alpha]$ und in Harrod-neutraler Form mit der Rate m.

Aus diesen Gründen vereinfachen wir die Analyse der Vintage-Modelle, indem wir die Cobb-Douglas Produktionsfunktion verwenden. Wir müssen jedoch bedenken, daß die Ergebnisse wesentlich von der Annahme dieser besonders bequemen Funktion abhängen. Für neue Maschinen des Jahrganges τ schreiben wir daher für die Substitutionsmöglichkeiten:

$$Q_{\tau} = e^{m(1-\alpha)\tau} K_{\tau}^{\alpha} L_{\tau}^{1-\alpha};$$

Q_{τ} ist der Ausstoß (in Einheiten des produzierten homogenen Gutes), den man zur Zeit der Aufstellung, erhält, wenn man den Arbeitseinsatz L_{τ} (in Arbeitern) mit K_{τ} Maschinen des Jahrganges τ verwendet. Obwohl K_{τ} eine Anzahl von Maschinen darstellt, kann die tatsächliche Einheit noch gewählt werden (z. B. kann die Zahl der Maschinen in Hunderten oder Tausenden ausgedrückt werden). Eine bequeme Einheit ist die, welche soviel kostet wie eine Einheit des Produkts, so daß der Preis von neuen Maschinen eins und gleich dem realen Preis des erzeugten Gutes in Produkteinheiten gemessen[1] ist.

Ob Maschinen und Arbeit noch substituierbar sind, wenn sie einmal eingesetzt sind, ist eine andere Frage. Zwei Fälle sollen untersucht werden, der eine wird (in der Terminologie von 13.8 oben) als Putty-Putty und der andere als Putty-Clay bezeichnet. Der **Putty-Putty-Fall** hat glatte Substitution sowohl wenn die Maschinen neu sind als auch nach der Aufstellung, und zwar gemäß der gleichen (Cobb-Douglas) Produktionsfunktion. Der **Putty-Clay-Fall** gestattet Substitution von Arbeit für neue Maschinen, nicht aber für alte; ist die Maschine einmal aufgestellt, dann wird sie mit einer zahlenmäßig fixierten Mannschaft betrieben. Zusätzlich erwähnen wir einen speziellen und ziemlich

---

[1] Siehe R. M. *Solow*, „Investment and Technical Progress", in Mathematical Methods in Social Science (Hrsg. Arrow, Karlin, Suppes, 1960) S. 100.

starren **Clay-Clay-Fall,** in dem es überhaupt keine Substitution gibt. Anstelle einer glatten Produktionsfunktion nehmen wir dann eine Technologie mit festen Koeffizienten und technischem Fortschritt von Harrod-neutraler Form an (13.4 oben). Die tatsächlichen Verhältnisse werden irgendwo zwischen Putty-Putty und Putty-Clay liegen[2]. Sie mögen Putty-Clay näher kommen und der Clay-Clay-Fall kann unter Umständen eine gute Annäherung sein.

Wir nehmen an, daß es keinen physischen Zerfall (Entwertung) der Maschinen gibt, so daß sie ein unendliches (physisches) Leben haben. K_t, die Zahl der Maschinen des neuen Jahrganges zur Zeit t, stellt daher die Bruttoinvestition dar, jedoch auch Nettoinvestition in dem Sinne, daß die Maschinen dem bestehenden Bestand hinzugefügt werden. Im Putty-Putty-Fall ist die ökonomische Lebensdauer ebenfalls unbeschränkt und die Frage des Veraltens tritt nicht auf. Maschinen brauchen nie verschrottet zu werden; sie werden, wenn sie älter werden, mit weniger Arbeitskraft ausgestattet. In diesem Falle sterben die Maschinen (wie alte Soldaten) nie, sondern schwinden langsam dahin. Im Putty-Clay-Fall müssen die Maschinen, solange sie in Verwendung stehen, mit einer gegebenen Arbeitskraft betrieben werden, nämlich mit der Arbeiterschaft, die ihnen ursprünglich zugeordnet wurde. Diese Unbeweglichkeit bedeutet, daß alte Maschinen nicht graduell ausscheiden können; sie müssen einmal als veraltet verschrottet und ihre Arbeiter entlassen werden, um neue Maschinen zu bedienen. Die ökonomische Lebensdauer T einer Maschine gegebenen Jahrganges wird eine zu bestimmende Variable.

Der allgemeine Ansatz für stetiges Wachstum in einem Vintage-Modell, wie es hier gewählt wurde, ist dem der neoklassischen Analyse sehr ähnlich und tatsächlich sind auch schließlich viele Ergebnisse ähnlich. Die erste Frage ist, ob stetiges Wachstum mit dem Modell konsistent ist, und die zweite, ob der stetige Pfad im Sinne gleichgewichtiger Dynamik stabil ist, indem er sich nur an Gleichgewichtspfade hält. Ungleichgewichtige Dynamik kann mathematisch schwierig sein und wird hier nicht weiter verfolgt.

15.2 Vintage-Kapital mit Faktorsubstitution

Die Analyse des Putty-Putty-Falles, die in diesem und in den nächsten drei Abschnitten entwickelt wird, beruht auf der Arbeit von Solow[3].

[2] *Solow,* (op. cit. S. 92 Fn.) bemerkt, daß „die Wahrheit ohne Zweifel irgendwo dazwischen liegt".

[3] *Solow,* op. cit. Es gibt auch jüngere Arbeiten, insbesondere E. S. *Phelps,* „The New View of Investment", Quarterly Journal of Economics (November 1962).

Maschinen werden in einer kontinuierlichen Folge von Jahrgängen aufgestellt und die Anzahl Maschinen des Jahrganges τ ist K_τ und variiert mit τ. K_τ ist hier die Rate der Aufstellung pro Zeiteinheit, so daß die Zahl der Maschinen, die während eines Zeitabschnittes von τ bis $\tau + d\tau$ aufgestellt wurden, $K_\tau\, d\tau$ ist. Die Maschinen haben unbeschränkte Lebensdauer und die Zahl der Maschinen des Jahrganges τ, die zur Zeit t in Verwendung stehen, bleibt K_τ für alle $t \geqslant \tau$. Es gibt zu jeder Zeit Substitution zwischen Maschinen und Arbeit, also bei und nach der Aufstellung, und zwar gemäß der Cobb-Douglas-Produktionsfunktion:

$$Q_\tau(t) = e^{m(1-\alpha)\tau} K_\tau^\alpha L_\tau(t)^{1-\alpha} \quad \text{für} \quad t \geqslant \tau\,. \tag{1}$$

Technischer Fortschritt mit der Harrod-neutralen Rate m wirkt bis zur Zeit τ, wo die Maschinen eingestellt werden, nicht aber nachher. Die Zahl der Maschinen des Jahrganges τ, die in Verwendung sind, bleibt mit K_τ konstant. Die zeitabhängigen Variablen in (1) sind daher der Arbeitseinsatz $L_\tau(t)$ und der sich ergebende Ausstoß $Q_\tau(t)$ der Maschinen des Jahrganges τ zur Zeit t.

Die Allokation der Arbeit zu den Maschinen erfolgt bei vollkommenem Wettbewerb; der Lohnsatz $w(t)$ verändert sich in der Zeit, gilt aber für die Arbeitskräfte, die mit Maschinen aller Jahrgänge verwendet werden. $w(t)$ ist daher dem Grenzprodukt der Arbeit für Maschinen jedes Jahrganges zur Zeit t gleich:

$$\frac{\partial Q_\tau(t)}{\partial L_\tau(t)} = w(t) \qquad \text{für jedes } \tau \text{ und } t \geqslant \tau\,.$$

Aus (1) ist die partielle Ableitung $(1-\alpha)\, Q_\tau(t)/L_\tau(t)$ und so ist:

$$(1-\alpha)\frac{Q_\tau(t)}{L_\tau(t)} = w(t) \qquad \text{für jedes } \tau \text{ und } t \geqslant \tau\,. \tag{2}$$

Die Allokation der Arbeit folgt aus (1) und (2), was sowohl $Q_\tau(t)$ als auch $L_\tau(t)$ als Funktion des herrschenden Lohnsatzes ergibt:

$$\left.\begin{aligned} Q_\tau(t) &= e^{m'\tau}(1-\alpha)^{(1-\alpha)/\alpha}\, w(t)^{-(1-\alpha)/\alpha} K_\tau \\ L_\tau(t) &= e^{m'\tau}(1-\alpha)^{1/\alpha}\, w(t)^{-1/\alpha} K_\tau \end{aligned}\right\} \quad \text{wobei} \quad m' = m\,\frac{1-\alpha}{\alpha}\,. \tag{3}$$

m' ist die Rate des technischen Fortschritts in der gleichwertigen Solow-neutralen Form. Arbeit und Ausstoß pro Maschine, die für jeden Jahrgang durch (3) gegeben sind, hängen also nur von dem sich in der Zeit verändernden Lohnsatz ab. Wenn (wie wir erwarten) $w(t)$ in der Zeit steigt, dann wird die Allokation von Arbeit an eine Maschine eines gegebenen Jahrganges abnehmen und damit auch der Ausstoß dieser Maschine.

Wir schreiben $Q(t)$ für den Ausstoß aller Maschinen und $L(t)$ für die zur Zeit t beschäftigten Arbeitskräfte. Durch Integration ist:

$$Q(t) = (1-\alpha)^{(1-\alpha)/\alpha}\, w(t)^{-(1-\alpha)/\alpha} \int_{-\infty}^{t} e^{m'\tau} K_\tau \, d\tau \; ,$$

$$L(t) = (1-\alpha)^{1/\alpha}\, w(t)^{-1/\alpha} \int_{-\infty}^{t} e^{m'\tau} K_\tau \, d\tau$$

und so ist:
$$\frac{Q(t)}{L(t)} = \frac{1}{1-\alpha}\, w(t) \; .$$

Die Zeitvariablen sind $Q(t)$, $L(t)$ und $w(t)$. Wir können nun der Bequemlichkeit halber die explizite Bezugnahme auf t fallen lassen und einfach Q, L und w schreiben. So ist:

$$Q = (1-\alpha)^{(1-\alpha)/\alpha} J w^{-(1-\alpha)/\alpha} \quad \text{und} \quad L = (1-\alpha)^{1/\alpha} J w^{-1/\alpha} \; , \tag{4}$$

wobei man
$$J = \int_{-\infty}^{t} e^{m'\tau} K_\tau \, d\tau$$

aus der Zahl der Maschinen verschiedener Jahrgänge erhält. Weiters ist:

$$w = (1-\alpha) \frac{Q}{L} \tag{5}$$

für den Lohnsatz. Wenn wir (4) und (5) verwenden, haben wir zu bedenken, daß Q, L und w Variable in der Zeit sind.

15.3 Die aggregierte Produktionsfunktion

Man muß noch zu einem aggregierten Kapitalbestand kommen, der dem aggregierten Ausstoß Q und dem aggregierten Arbeitseinsatz L entspricht. Die Zahl der Maschinen jedes Jahrganges τ ist K_τ und konstant für alle Zeit nach der Aufstellung. Der Kapitalbestand zur Zeit t umfaßt Maschinen aller Jahrgänge $\tau \leqslant t$ und die Gesamtzahl ist

$$\int_{-\infty}^{t} K_\tau \, d\tau \; .$$

Da der Preis aller neuen Maschinen eins ist, ist das auch der **aggregierte Kapitalbestand zu historischen Kosten:**

$$N(t) = \int_{-\infty}^{t} K_\tau \, d\tau \; .$$

Diese Summe ist jedoch keine adäquate Darstellung des Kapitalbestandes, weil die Maschinen aufeinanderfolgender Jahrgänge mit dem technischen Fortschritt effizienter werden; jüngere Maschinen müssen mehr zählen als ältere. Wir suchen daher nach einem Maß für den Kapitalbestand, der eine gewichtete Summe der Zahl der Maschinen einzelner Jahrgänge darstellt; als geeignetes Gewicht für K_τ bietet sich $e^{m'\tau}$ von selbst an. Es stellt Solow-neutralen technischen Fortschritt mit der Rate m' bis zur Zeit τ dar. Der technische Fortschritt ist an Maschinen des Jahrganges τ gebunden. Wenn K_τ die Zahl der Maschinen des Jahrganges τ ist, dann ist $\bar{K}_\tau = e^{m'\tau} K_\tau$ ein Maß für die Maschinen in Effizienzeinheiten. Der **aggregierte Kapitalbestand in Effizienzeinheiten** zur Zeit t ist daher:

$$\bar{K}(t) = \int_{-\infty}^{t} \bar{K}_\tau \, d\tau = \int_{-\infty}^{t} e^{m'\tau} K_\tau \, d\tau \; . \tag{1}$$

Das ist das Integral J in (4) von 15.2 und wird nun zu:

$$Q = (1-\alpha)^{(1-\alpha)/\alpha} \bar{K} w^{-(1-\alpha)/\alpha} \quad \text{und} \quad L = (1-\alpha)^{1/\alpha} \bar{K} w^{-1/\alpha} \; .$$

Wir eliminieren w und bekommen:

$$\frac{Q}{L^{1-\alpha}} = \frac{(1-\alpha)^{(1-\alpha)/\alpha} \bar{K}}{(1-\alpha)^{(1-\alpha)/\alpha} \bar{K}^{1-\alpha}} = \bar{K}^{\alpha} \; .$$

Wir erhalten also eine **aggregierte Produktionsfunktion** der Cobb-Douglas-Form:

$$Q = \bar{K}^{\alpha} L^{1-\alpha} \; . \tag{2}$$

Sie ist fix in der Zeit, technischer Fortschritt ist an den Kapitalbestand $\bar{K}$ in Effizienzeinheiten, (1) oben, gebunden.

Alternativ schreiben wir, indem wir dem Weg, den wir vorhin als ererfolgreich beschritten haben, folgen, (2) in einer Form, die sich in der Zeit mit dem technischen Fortschritt verschiebt und die mit einem Kapitalbestand K in Einheiten, die in der Zeit fixiert sind, arbeitet. Wir schreiben $\bar{K}(t) = e^{m't} K(t)$ und definieren so ein alternatives Maß für den Kapitalbestand:

$$K(t) = e^{-m't} \bar{K}(t) = \int_{-\infty}^{t} e^{-m'(t-\tau)} K_\tau \, d\tau \; . \tag{3}$$

Vergleichen wir (1) und (3), so sehen wir, daß K den Kapitalbestand in Form *äquivalenter neuer Maschinen* ausdrückt, während $\bar{K}$ ihn in Effizienzeinheiten mißt. Aggregiert man Maschinen verschiedener Jahrgänge zur Zeit t zu K, dann werden die Maschinen des Jahrganges τ

(mit der Rate des technischen Fortschritts m' in Solow-neutraler Form) von der Zeit t zurück zur Zeit τ ihrer Aufstellung diskontiert. Die aggregierte Produktionsfunktion (2) wird zu:

$$Q = e^{m' \alpha t} K^{\alpha} L^{1-\alpha} . \tag{4}$$

Das ist die Cobb-Douglas-Form mit Solow-neutralem technischem Fortschritt mit der Rate $m' = m\,[(1-\alpha)/\alpha]$.

Bei vollkommenem Wettbewerb sind die Grenzprodukte der Produktionsfunktion (4) zur Zeit t gleich der Gewinnrate ϱ und dem Lohnsatz w:

$$\varrho = \frac{\partial Q}{\partial K} = \alpha \frac{Q}{K} \quad \text{und} \quad w = \frac{\partial Q}{\partial L} = (1-\alpha) \frac{Q}{L} .$$

Das folgt wie aus jeder Cobb-Douglas-Funktion (konstante Erträge). Das Produkt verteilt sich zu jeder Zeit t folgendermaßen: $Q = \varrho K + wL$. Dieses Ergebnis wurde in unserem vorliegenden Fall erzielt, indem K, gegeben durch (3), als unser Maß des Kapitalbestandes in festen Einheiten genommen wurde. Festzuhalten ist auch, daß (5) von 15.2 hier als das Grenzprodukt aus der Produktionsfunktion (4) oben wieder auftritt.

15.4 Das Vintage-Modell: Faktorsubstitution

Bis jetzt haben wir nur Maschinen verschiedener Jahrgänge Arbeit zugeordnet, die entsprechenden erhaltenen Ausstöße angeschrieben und dann eine Produktionsfunktion in den relevanten Aggregaten für die Maschinen aller Jahrgänge abgeleitet. Wir müssen noch sehen, wie die Zahl der Maschinen verschiedener Jahrgänge zu bestimmen ist und die Nachfrage nach Arbeit zum Angebot in Beziehung setzen. Um diese Ziele zu erreichen, müssen wir die Gleichgewichtsbedingungen am Güter- und Arbeitsmarkt in einem vollständigen (Vintage)-Modell spezifizieren.

Es müssen die drei gleichen Gleichgewichtsbedingungen wie in den früheren Modellen gestellt werden. Unter der Annahme, daß zwischen Ausstoß und Einkommen keine Verzögerung auftritt, schreiben wir den Ausstoß Q als Einkommen Y. Als Sparfunktion wählen wir die proportionale Form: $S = sY$. Die **Strombedingung** des Gütermarktes ist, wenn keine Verzögerungen vorliegen, die Gleichheit von geplantem Sparen und Investieren, wobei die Investition zur Zeit t die Zahl der neu aufgestellten Maschinen (des Jahrganges $\tau = t$) ist: $I = K_t$. Das sind Bruttoinvestitionen, da aber die Maschinen unbegrenzte Lebensdauer haben, stellen sie auch Nettoinvestitonen dar und entsprechen den Ersparnissen S. Die **Vollbeschäftigungsbedingungen** sind sowohl für den

Kapitalbestand als auch für die Arbeit anwendbar; der Kapitalbestand umfaßt Maschinen aller Jahrgänge und vom Arbeitsangebot wird angenommen, daß es mit einer gegebenen Rate n wächst: $L = L_0 e^{nt}$.

Der Kapitalbestand muß zu den Investitionen in Beziehung gesetzt werden. Zu diesem Zwecke haben wir die Produktionsfunktion in aggregierter Form [(2) oder (4) von 15.3]. Leichter arbeitet man mit (2), d. h. man nimmt den Kapitalbestand $\bar{K}$ in Effizienzeinheiten, wobei $K = e^{-m't} \bar{K}$ das entsprechende Maß in festen Einheiten ist. Aus der Definition von $\bar{K}$ [(1) aus 15.3] haben wir:

$$D\bar{K} = e^{m't} K_t = e^{m't} I \,, \quad \text{d. h.} \quad I = e^{-m't} D\bar{K} \,.$$

Die drei Gleichgewichtsbedingungen in diesem Vintage-Modell des Putty-Putty-Typs (Faktorsubstitution vor und nach der Aufstellung) sind also:

$$\left.\begin{array}{ll} \text{Vollkapazität} & Y = \bar{K}^{\alpha} L^{1-\alpha} \\ \text{Investition} = \text{Sparen} & I = e^{-m't} D\bar{K} = sY \\ \text{Vollbeschäftigung} & L = L_0 e^{nt} \end{array}\right\} \text{wobei} \quad \bar{K} = e^{m't} K \,. \tag{1}$$

Die Bedingungen (1) ergeben die Pfade von Y und $\bar{K}$ oder K in der Zeit als Funktion des gegebenen Wachstums der Arbeitskraft. Sie ergeben auch $I = K_t$, d. h. die Zahl der Maschinen jedes der aufeinanderfolgenden Jahrgänge. Zur Lösung wählen wir $\bar{K}$ als die bequemste Variable:

$$D\bar{K} = se^{m't} Y = se^{m't} \bar{K}^{\alpha} L^{1-\alpha} = se^{m't} \bar{K}^{\alpha} L_0^{1-\alpha} e^{n(1-\alpha)t} \,.$$

So ist:
$$D\bar{K} = sL_0^{1-\alpha} e^{[m' + n(1-\alpha)]t} \bar{K}^{\alpha} \,. \tag{2}$$

Das ist die Differentialgleichung des Modells. Sie ist für den Gleichgewichtspfad des Kapitalbestandes $\bar{K} = e^{m't} K$ zu lösen. Der technische Fortschritt hat die Harrod-neutrale Rate m, die der Solow-neutralen Rate $m' = m\,[(1-\alpha)/\alpha]$ gleichwertig ist.

Das Modell kann sofort mit dem entsprechenden neoklassischen Modell des vorangegangenen Kapitels verglichen werden. Die neoklassischen Bedingungen sind (1) und führen zu der Differentialgleichung (2) aus 14.2; die Produktionsfunktion ist aber in der Cobb-Douglas-Form $Y = K^{\alpha} (\bar{L})^{1-\alpha}$ anzunehmen, wobei $\bar{L} = e^{mt} L$. Sie können auf folgende Art, parallel zu (1) und (2) oben, ausgedrückt werden:

$$\left.\begin{array}{ll} \text{Vollkapazität} & Y = K^{\alpha} \bar{L}^{1-\alpha} \\ \text{Investition} = \text{Sparen} & I = DK = sY \\ \text{Vollbeschäftigung} & \bar{L} = L_0 e^{(m+n)t} \end{array}\right\} \text{wobei} \quad \bar{L} = e^{mt} L \,, \tag{1'}$$

was die Differentialgleichung: $DK = sL_0^{1-\alpha} e^{(m+n)(1-\alpha)t} K^{\alpha}$ ergibt. (2′)

Der Hauptunterschied liegt in der Art wie der technische Fortschritt in den Gleichgewichtsbedingungen auftritt. Im neoklassischen Modell ist der technische Fortschritt ungebunden und gleichbedeutend mit einer Vermehrung der Arbeitskraft, so daß $\bar{L} = e^{mt} L$ zur Messung der Arbeitskraft in Effizienzeinheiten verwendet wird. Im Vintage-Modell ist technischer Fortschritt an Maschinen mit zunehmender Effizienz gebunden, und $\bar{K} = e^{m't} K$ wird zur Messung des Kapitalbestandes in Effizienzeinheiten verwendet. Die verwendete Cobb-Douglas Produktionsfunktion hat die Eigenschaft, daß technischer Fortschritt sowohl Harrod-neutral mit der Rate m wie auch Solow-neutral mit der Rate $m' = m\ [(1-\alpha)/\alpha]$ ist.

Die Differentialgleichungen (2) und (2′) haben genau die gleiche Form, abgesehen vom konstanten Vielfachen von t im Exponenten von e. Die Löstung von (2) kann daher aus der Lösung von (2′) niedergeschrieben werden. Die Ergebnisse von 14.6 und 14.7 oben bringen zweierlei: Erstens erhält man eine stetige Lösung von (2′): $K = K_0\, e^{(m+n)t}$, vorausgesetzt, daß $K_0 = L_0\, [s/(m+n)]^{1/1-\alpha}$. Zweitens, wenn K nicht diesen Anfangswert hat, dann ist der Gleichgewichtspfad von K nicht stetiges Wachstum, sondern konvergiert zum stetigen Pfad, wenn $t \to \infty$, d. h. es liegt Stabilität im Sinne gleichgewichtiger Dynamik vor. Wir erhalten die gleichen Ergebnisse für die Differentialgleichung (2) unseres Vintage-Modells, nur mit veränderten Parametern.

Das Vintage-Modell (1) hat also einen Pfad stetigen Wachstums für $\bar{K}$:

$$\bar{K} = \bar{K}_0\, e^{[(m'/(1-\alpha))+n]t}, \quad \text{vorausgesetzt, daß} \quad \bar{K}_0 = L_0 \left[s \Big/ \left(\frac{m'}{1-\alpha} + n \right) \right]^{1/(1-\alpha)}$$

und der Pfad ist stabil im Sinne gleichgewichtiger Dynamik. Den entsprechenden Pfad von K, dem Kapitalbestand gemessen in festen Einheiten, erhält man, indem man $\bar{K} = e^{m't} K$ und $\bar{K}_0 = K_0$ (in $t = 0$) substituiert. Der Pfad ist:

$$K = K_0\, e^{[(m'\alpha/(1-\alpha))+n]t}, \quad \text{vorausgesetzt, daß} \quad K_0 = L_0 \left[s \Big/ \left(\frac{m'}{1-\alpha} + n \right) \right]^{1/(1-\alpha)}.$$

Weiters ergibt sich der stetige Pfad für den Ausstoß (Einkommen) Y aus der Produktionsfunktion:

$$Y = \bar{K}^{\alpha} L^{1-\alpha} = K_0^{\alpha}\, e^{[(m'/(1-\alpha))+n]\alpha t}\, L_0^{1-\alpha}\, e^{n(1-\alpha)t},$$

d. h.

$$Y = Y_0\, e^{[(m'\alpha/(1-\alpha))+n]t}, \quad \text{vorausgesetzt, daß} \quad Y_0 = L_0 \left[s \Big/ \left(\frac{m'}{1-\alpha} + n \right) \right]^{\alpha/(1-\alpha)}.$$

Schließlich erhält man dann den stetigen Pfad der Investition I, d. i. die Zahl der neuen Maschinen, die im Zeitpunkt t aufgestellt werden, aus $I = sY$.

Die Ergebnisse werden als Funktion des technischen Fortschritts mit der Solow-neutralen Rate m' augedrückt. Sie können in die Harrod-neutrale Rate m umgeformt werden, indem man $m = m'\alpha/(1-\alpha)$ schreibt, und sind so eher wiederzuerkennen. Wir halten fest daß:

$$\frac{m'}{1-\alpha} + n = \frac{m'\alpha}{1-\alpha} + m' + n = m + m' + n.$$

Die Pfade stetigen Wachstums des Vintage-Modells sind also:

$$\left.\begin{array}{ll} & K = K_0\, e^{(m+n)t}, \quad \text{wobei} \quad K_0 = L_0\left(\dfrac{s}{m+m'+n}\right)^{1/(1-\alpha)} \\ \text{und} & Y = Y_0\, e^{(m+n)t}, \quad \text{wobei} \quad Y_0 = L_0\left(\dfrac{s}{m+m'+n}\right)^{\alpha/(1-\alpha)} \end{array}\right\} \qquad (3)$$

Die Zahl der neuen Maschinen K_t, die zur Zeit t aufgestellt werden, wird durch $I = sY$ gegeben.

Das Putty-Putty-Vintage-Modell führt schließlich zu einem Ergebnis, das mit den neoklassischen Modellen mit ungebundenem technischem Fortschritt übereinstimmt. Es gibt eine stetige Wachstumslösung, die im Sinne gleichgewichtiger Dynamik stabil ist; K und Y wachsen mit der Rate $\mu = m + n$, vorausgesetzt, daß die Anfangswerte „richtig“ sind. Die Kapitalproduktivität muß anfänglich

$$\frac{Y_0}{K_0} = \frac{m + m' + n}{s} \qquad (4)$$

sein und bleibt dann im stetigen Wachstum konstant.

Die Rate stetigen Wachstums des Modells ist $\mu = m + n$ und schließt die Harrod-neutrale Rate des technischen Fortschritts m ein. Aber sowohl m wie auch die Solow-neutrale Rate m' erscheinen in den erforderlichen Anfangsbedingungen von (3) und in der Kapitalproduktivität (4), die charakteristisch für das Modell ist. Die Sparneigung s hat wieder nur auf die Niveaus des Ausstoßes und des Kapitals, nicht aber auf ihre Wachstumsraten Einfluß.

Es ist wesentlich, sich dessen bewußt zu sein, daß dieses Ergebnis von der Annahme einer Cobb-Douglas-Produktionsfunktion abhängt. Die Annahme gestattet technischen Fortschritt sowohl mit der Harrod-neutralen Rate m als auch mit der Solow-neutralen Rate $m' = m\,[(1-\alpha)/\alpha]$. Tatsächlich ist die Cobb-Douglas-Form die einzige Produktionsfunktion mit dieser Eigenschaft, die für das hier gebildete Vintage-Modell wesentlich ist. Arbeitsvermehrender (Harrod-neutraler) technischer Fortschritt ist notwendig, um zusammen mit dem Wachstum der Arbeitskraft stetiges Wachstum mit der kombinierten Rate $(m + n)$ zu ermöglichen. Kapitalvermehrender (Solow-neutraler) technischer Fortschritt ist für die Bildung eines Maßes des Kapitalbestandes K und für die aggregierte Produktionsfunktion erforderlich. Ohne ihn haben wir kein einheitliches Maß für den Kapitalbestand, sondern gerade nur eine Menge Maschinen verschiedener Jahrgänge. Anstatt in der Lage zu sein, den „richtigen" Kapitalbestand K_0 als einfache Zahl festzulegen, sollte man bei der Spezifikation der Anfangsbedingungen auf die Verteilung der Maschinen aller Jahrgänge achten müssen. Die Auswirkung auf die Stabilität hängt ebenfalls von der Vereinfachung der Cobb-Douglas-Form ab.

Wenig wurde an der komplizierteren Situation gearbeitet, wenn die Produktionsfunktion andere Formen als die Cobb-Douglas-Form annimmt. Das Problem wird hier nicht weiter verfolgt.

15.5 Der Kapitalbestand und seine Bewertung

Wir wissen, daß die Menge K des Kapitalbestandes in der stetigen Lösung mit der Rate $\mu = m + n$ wächst. Darüber hinaus hat der Bestand steigende Effizienz auf Grund der kapitalvermehrenden Natur des technischen Fortschritts. In Effizienzeinheiten gemessen ist der Bestand $\bar{K} = e^{m't} K$ und wächst am stetigen Pfad mit der Rate $\mu + m' = m + m' + n$. Wir können auch etwas über die zahlenmäßige Zusammensetzung des Maschinenbestandes aussagen.

Am Pfad stetigen Wachstums ist die Menge der Maschinen des Jahrganges τ aus dem Kapitalbestand zu jeder Zeit t:

$$K_\tau = sY(\tau) = sY_0 e^{\mu\tau} \qquad \text{für} \quad \tau \leqslant t .$$

Das ist eine leicht zu handhabende exponentielle Verteilung. Die Gesamtmenge der Maschinen ist:

$$N(t) = \int_{-\infty}^{t} K_\tau \, d\tau = sY_0 \int_{-\infty}^{t} e^{\mu\tau} \, d\tau = \frac{sY_0}{\mu} e^{\mu t} . \tag{1}$$

Da weiters die Maschinen des Jahrganges τ zur Zeit t $(t-\tau)$ Jahre alt sind, ist das aggregierte Alter der vorhandenen Maschinen:

$$\int_{-\infty}^{t} (t-\tau) K_\tau \, d\tau = tN - \int_{-\infty}^{t} \tau K_\tau \, d\tau = tN - sY_0 \int_{-\infty}^{t} \tau e^{\mu\tau} \, d\tau .$$

Durch gliedweise Integration haben wir

$$sY_0 \int_{-\infty}^{t} \tau e^{\mu\tau} \, d\tau = sY_0 \left\{ \frac{te^{\mu t}}{\mu} - \frac{e^{\mu t}}{\mu^2} \right\} = tN - \frac{sY_0}{\mu^2} e^{\mu t} .$$

Das aggregierte Alter ist also: $\frac{sY_0}{\mu^2} e^{\mu t}$. (2)

Es folgt, daß sowohl die Zahl als auch das aggregierte Alter der Maschinen mit der stetigen Rate wachsen und daß sie proportional zu s, der Sparneigung, sind. Dividiert man jedoch (2) durch (1), so erhält man:

$$\text{das durchschnittliche Alter der vorhandenen Maschinen} = \frac{1}{\mu}.$$

Das durchschnittliche Alter ist in der Zeit konstant: es sinkt bei höheren Wachstumsraten und ist von der Sparneigung unabhängig.

Als nächstes wenden wir uns der Frage der Allokation von Arbeit zu Maschinen bei vollkommenem Wettbewerb zu, wie sie in 15.2 oben betrachtet wurde. Auf Grund von 15.2 ist der Lohnsatz w:

$$w = (1-\alpha) \frac{Y}{L}$$

und wächst am stetigen Pfad mit der Harrod-neutralen Rate m des technischen Fortschritts. Auf Grund von (3) von 15.2 sinkt dann die zur Zeit t pro Maschine des Jahrganges τ verwendete Arbeitskraft L_τ mit der Rate m/α in der Zeit. Arbeitskraft an alten Maschinen wird freigesetzt. Durch diese Freisetzung und durch das Wachstum der gesamten Arbeitskraft werden Arbeitskräfte für den Betrieb neuer Maschinenjahrgänge, die in die Produktion eingesetzt werden, bereitgestellt.

Schließlich haben wir noch keinen Ausdruck für die Quasirente der Maschinen des Jahrganges τ zur Zeit t erhalten. Wir schreiben für diese Quasirente $r_\tau(t)$, die bei vollkommenem Wettbewerb dem Grenzprodukt gleich ist:

$$r_\tau(t) = \frac{\partial}{\partial K_\tau} Q_\tau(t) = \alpha \frac{Q_\tau(t)}{K_\tau} \quad \text{aus (1) von 15.2}$$

$$= e^{m'\tau} \alpha (1-\alpha)^{(1-\alpha)/\alpha} w(t)^{-(1-\alpha)/\alpha} \quad \text{aus (3) von 15.2,}$$

wobei der Lohnsatz $w(t)$ für die Arbeit gilt, die zur Zeit t an allen Maschinenjahrgängen beschäftigt ist. Wir nehmen vollkommene Voraussicht an, so daß alle künftigen Quasirenten genau antizipierbar sind. Der Gebrauchtpreis $p_\tau(t)$ einer Maschine des Jahrganges τ zur Zeit t ist dann:

$$p_\tau(t) = \int_t^\infty r_\tau(T)\, e^{-\varrho(T-t)}\, dT ,$$

wenn man mit einer gegebenen Rate ϱ diskontiert. So ist:

$$p_\tau(t) = e^{m'\tau + \varrho t} \alpha (1-\alpha)^{(1-\alpha)/\alpha} \int_t^\infty w(T)^{-(1-\alpha)/\alpha} e^{-\varrho T}\, dT .$$

Auf Grund der Wahl der Einheiten für Maschinen (15.1 oben) ist der Preis $p_t(t)$ neuer Maschinen eins, d. h.

$$1 = p_t(t) = e^{(m'+\varrho)t} \alpha (1-\alpha)^{(1-\alpha)/\alpha} \int_t^{\infty} w(T)^{-(1-\alpha)/\alpha} e^{-\varrho T} dT \ .$$

Nach Substitution des so erhaltenen Wertes für das Integral ist

$$p_\tau(t) = e^{-m'(t-\tau)} \ . \tag{3}$$

Wenn es vollkommene Voraussicht gibt, ist also der Gebrauchtpreis einer Maschine der mit der Rate m', der Rate des Solow-neutralen technischen Fortschritts, diskontierte Neupreis (eins). Der Gebrauchpreis fällt mit fortschreitender Zeit exponentiell nach Null ab.

Auf Grund der getroffenen Annahmen (vollkommene Voraussicht und vollkommener Wettbewerb) kann der Kapitalbestand zur Zeit t mit den Gebrauchtpreisen aller bestehenden Maschinen bewertet werden: K_τ Maschinen des Jahrganges τ für alle $\tau \leqslant t$. Auf Grund von (3) ist der Wert:

$$\int_{-\infty}^{t} p_\tau(t) K_\tau d\tau = \int_{-\infty}^{t} e^{-m'(t-\tau)} K_\tau d\tau = K \ .$$

Es folgt, daß unser Maß für den Kapitalbestand, als Funktion gleichwertiger neuer Maschinen, wie es durch (3) in 15.3 oben definiert wird, auch die Marktbewertung des Bestandes ist, wenn alle Quasirenten genau antizipiert werden. Das bekräftigt einfach die Bedeutung des Maßes K des Kapitalbestandes wie es in der Analyse des Vintage-Modells verwendet wird. Der so gemessene Kapitalbestand wächst mit der Rate $\mu = m + n$ auf dem durch das Modell hervorgebrachten stetigen Pfad. Das Problem der Aggregation des Vintage-Kapitals kann als gelöst betrachtet werden, vorausgesetzt, daß wir, wie in diesem Modell, die Produktionsfunktion in der Cobb-Douglas-Form annehmen.

15.6 Das Vintage-Modell: Fester Arbeitseinsatz

Es stellt sich heraus, daß der Putty-Putty-Fall des Vintage-Kapitals, den wir bis jetzt betrachtet haben, mit stetigem Wachstum konsistent ist, nahezu genau so wie in einem neoklassischen Modell mit ungebundenem technischem Fortschritt. Das kann so sein, weil wir außer der einfachen Cobb-Douglas-Produktionsfunktion vollkommene Substituierbarkeit zwischen den Faktoren annehmen. Es soll ein Vintage-Modell vielleicht in „realistischerer“ Form aufgebaut werden, in welchem eine Maschine, wenn sie einmal in die Produktion eingesetzt ist, so lange eine fixe Arbeitsbesatzung beschäftigt, bis sie verschrottet wird. Hier wird ein Putty-Clay-Modell mit festem Arbeitseinsatz auf der Basis der Arbeiten von Johansen und anderen analysiert[4].

Im Putty-Putty-Fall war es vernünftig anzunehmen, daß eine Maschine eines bestimmten Jahrganges für immer in der Produktion bleibt; die der Maschine zugeteilte Arbeit und der Gebrauchtpreis sinken mit fortschreitender Zeit auf Null. Dem ist nicht so, wenn die für eine Maschine erforderliche Arbeitskraft für alle Zeit festgesetzt ist, gleichgültig wie alt die Maschine sein mag. Wenn Vintage-Arbeit bei einer Vintage-Maschine bleibt, wird keine Arbeitskraft frei, um neue Maschinen mit höherer Effizienz besetzen zu helfen — wenn nicht einige alte Maschinen verschrottet werden. Wir betrachten daher Quasirenten der alten Maschinen, die sinken und vielleicht sogar mit steigendem Lohnsatz Null werden. Die zu treffende wirtschaftliche Entscheidung ist dann, die Maschinen trotz fortbestehender physischer Haltbarkeit als veraltet zu verschrotten. Das Putty-Clay-Modell schließt eine Bedingung ein (eine Quasirente von Null), die die ökonomische Lebensdauer einer Maschine bestimmt.

Im Putty-Clay-Modell werden daher die Entscheidungen an zwei Grenzen getroffen[5]. Es gibt die „intensive Grenze" für die Entscheidung über die Investition in neue Maschinen wie vorher; und es gibt die „extensive Grenze" für die Entscheidung über die Verschrottung von Maschinen wegen Veraltens.

Es ist bequem, die Analyse in zwei Stufen aufzubauen. Im vorliegenden Abschnitt wird als starke Vereinfachung angenommen, daß die ökonomische Lebensdauer wie die physische Lebensdauer einer Maschine so lang ist, daß sie als unendlich angesehen werden kann; die Analyse wird dann auf die intensive Grenze beschränkt. Das Problem der extensiven Grenze, das von Quasirenten und Lohnsätzen abhängt, bleibt der Behandlung im nächsten Abschnitt überlassen[6].

Die für die Bildung des Putty-Clay-Modells gemachten Annahmen sind gegenüber jenen in 15.4 weitgehend unverändert: völliges Fehlen von Verzögerungen, eine proportionale Sparfunktion, Investitionen erfolgen zu jeder Zeit t in neue Maschinen (brutto = netto, da unendliche

---

[4] Siehe besonders L. *Johansen*, „Substitution versus Fixed Production Coefficients in the Theory of Economic Growth", Econometrica (April 1959) und E. S. *Phelps*, „Substitution, Fixed Proportions, Growth and Distribution", International Economic Review (September 1963).

[5] Die Ausdrücke ‚intensive und extensive Grenzen' sind aus F. H. *Hahn* and R. C. O. *Matthews*, „The Theory of Economic Growth: A Survey", Economic Journal (Dezember 1964) S. 840, entnommen.

[6] Man sieht dort, daß bei vollkommener Konkurrenz und steigendem Lohnsatz die Quasirenten der Maschinen in endlicher Zeit auf Null fallen müssen. Der vorliegende Fall ist direkt nur anwendbar, wenn kein vollkommener Wettbewerb herrscht und/oder wenn der Lohnsatz nicht steigt.

Lebensdauer angenommen wird) und ein gegebenes Arbeitsangebot. Die drei Gleichgewichtsbedingungen bleiben weiterhin aufrecht. Der Unterschied liegt in der angenommenen Produktionsfunktion. Für die Maschinen des Baujahres τ zur Zeit $t = \tau$ der Aufstellung wird die Produktionsfunktion wieder in Cobb-Douglas-Form genommen: $Q_\tau = e^{m(1-\alpha)\tau} K_\tau^\alpha L_\tau^{1-\alpha}$. Technischer Fortschritt hat bis zu dem Zeitpunkt, in dem die Maschinen in die Produktion eingesetzt werden, die Harrod-neutrale Rate m und die Solow-neutrale Rate $m' = m\,[(1-\alpha)/\alpha]$. Für die gleichen Maschinen des Jahrganges τ bleibt für spätere Zeitpunkte $t > \tau$ alles unverändert: K_τ Maschinen beschäftigen L_τ Arbeitskräfte und erzeugen den Ausstoß Q_τ. Zur Zeit t sind daher die gesamte verwendete Arbeitskraft L und der gesamte Ausstoß (Einkommen) Y einfach:

$$L = \int_{-\infty}^{t} L_\tau \, d\tau \quad \text{und} \quad Y = \int_{-\infty}^{t} Q_\tau \, d\tau \, . \tag{1}$$

Die drei Gleichgewichtsbedingungen an der intensiven Grenze sind dann zur Zeit t:

$$\left.\begin{array}{lll} \text{Vollkapazität} & K_\tau, L_\tau \text{ und } Q_\tau = e^{m(1-\alpha)\tau} K_\tau^\alpha L_\tau^{1-\alpha}, \\ & \quad \text{alle fixiert für alle } \tau \leqslant t \\ \text{Investition} = \text{Sparen} & K_t = sY \\ \text{Vollbeschäftigung} & L = L_0 \, e^{nt} \, , \end{array}\right\} \tag{2}$$

L und Y sind durch (1) gegeben.

Aus (1) und der ersten Bedingung von (2) ist:

$$DY = Q_t = e^{m(1-\alpha)t} K_t^\alpha L_t^{1-\alpha}.$$

Aus den beiden anderen Bedingungen von (2) ist $K_t = sY$ und $DL = nL_0 \, e^{nt}$. Aber nach (1) ist $DL = L_t$, so daß $L_t = nL_0 \, e^{nt}$. Daher ist:

$$DY = e^{m(1-\alpha)t} s^\alpha Y^\alpha (n \, L_0)^{1-\alpha} e^{n(1-\alpha)t} .$$

So ist

$$DY = s^\alpha n^{1-\alpha} L_0^{1-\alpha} \, e^{(m+n)(1-\alpha)t} \, Y^\alpha \tag{3}$$

die Differentialgleichung des Modells. Es ist genau die gleiche Form, die wir im Putty-Putty-Fall und im neoklassischen Modell mit ungebundenem technischem Fortschritt in den Gleichungen (2) und (2′) von 15.4 oben erhielten. Die Gleichung (3) ist jedoch in Y und nicht im Kapitalbestand (für den kein Maß verwendet wird; siehe Übung 15.2) ausgedrückt. Weiters unterscheidet sich das konstante Vielfache, indem es s^α anstatt s und nL_0 anstatt L_0 enthält.

Die stetige Lösung folgt daraus: Y wächst mit der stetigen Rate $\mu = m + n$, vorausgesetzt, daß der „richtige“ Anfangswert gesetzt wird:

$$Y_0 = nL_0 \left(\frac{s^{\alpha}}{m + n} \right)^{1/(1-\alpha)} .$$

Die mit dem Modell konsistente stetige Lösung ist daher:

$$Y = Y_0 \, e^{(m+n)t}, \quad \text{wobei} \quad Y_0 = \frac{nL_0 \, s^{\alpha/(1-\alpha)}}{(m + n)^{1/(1-\alpha)}} . \tag{4}$$

Wenn weiters der Anfangswert von Y nicht Y_0 von (4) ist, dann ergibt die Gleichung (3) einen Gleichgewichtspfad von Y, der zwar nicht stetiges Wachstum bedeutet, der aber mit fortschreitender Zeit zum stetigen Pfad konvergiert. Der stetige Pfad (4) ist stabil im Sinne gleichgewichtiger Dynamik.

Die Beschränkungen, die aus dem Modell entfernt werden müssen, sieht man am besten aus der Tatsache, daß keine Arbeitskräfte von alten Maschinen freigesetzt werden, da die Maschinen für immer mit ihrer fixen Arbeitskräftebesetzung weiterlaufen. Daraus folgt, daß neue Maschinen nur mit dem Zuwachs an Arbeitskräften versorgt werden können. Wir haben gesehen: $L_t = nL_0 \, e^{nt}$ ist die Arbeitsallokation an neue Maschinen. Zur zweiten Stufe übergehend, auf der die ökonomische Lebensdauer der Maschinen endlich sein soll, müssen wir diese Beschränkungen fallen lassen.

15.7 Das Veralten

An der extensiven Grenze, die nun betrachtet wird, wird die ökonomische Lebensdauer einer Maschine T durch die Veraltensbedingung bestimmt: die Quasirente der Maschine fällt nach T Perioden von der Aufstellung an gerechnet auf Null. Das Sinken der Quasirente tritt infolge des steigenden Lohnsatzes $w(t)$ ein, der bei vollkommenem Wettbewerb für die Arbeitskraft an Maschinen aller Jahrgänge gilt.

Daraus folgt jedoch nicht, daß $w(t)$ dem Grenzprodukt der Arbeit gleich ist, welches aus der Produktionsfunktion Q_t abgeleitet wird, die die *Ex-ante*-Substitution zwischen Arbeit und neuen Maschinen des Jahrganges $\tau = t$ vorsieht. Das ist so, weil die Beschäftigung eines zusätzlichen Arbeiters an neuen Maschinen die Verpflichtung mit sich bringt, ihn weiter für die ganze Lebensdauer der Maschine zu beschäftigen und ihm einen in der Zeit steigenden Lohn zu zahlen. Das Grenzprodukt muß nicht nur den laufenden Lohnsatz decken, sondern auch die erwartete künftige Erhöhung. Das Grenzprodukt übersteigt den laufenden Lohnsatz $w(t)$ und seine Bestimmung bleibt noch offen.

Wenn wir für den Augenblick annehmen, daß $w(t)$ mit einer proportionalen Rate λ in der Zeit steigt, können wir weitergehen und die Bedingung für das Veralten lösen. Betrachten wir Maschinen, die zur Zeit t neu sind, so daß in allen folgenden Zeitpunkten bis zur Verschrottung die an ihnen beschäftigte Arbeitskraft L_t und der Ausstoß Q_t ist. Zur Zeit $t + T$ ist daher das Produkt Q_t und die Lohnsumme ist $w(t + T) L_t$ in Produkteinheiten ausgedrückt; das ergibt $Q_t - w(t + T) L_t$ als Quasirente. Die Lebensdauer der Maschinen des Jahrganges t ist dann T derart daß:

$$Q_t - w(t + T) L_t = 0 \,. \tag{1}$$

Da $w(t)$ mit der Rate λ wächst, ist $w(t + T) = e^{\lambda T} w(t)$.

(1) gibt also: $$\frac{Q_t}{L_t} = w(t + T) = e^{\lambda T} w(t)$$

und der eindeutige Wert von T, die ökonomische Lebensdauer der Maschinen des Jahrganges t, ist:

$$T = \frac{1}{\lambda} \log \left\{ \frac{Q_t}{w(t) L_t} \right\} . \tag{2}$$

T hängt invers sowohl von der Wachstumsrate des Lohnsatzes (λ) als auch vom Verhältnis $w(t) L_t / Q_t$ ab, das ist der Anteil der Löhne am Ausstoß, oder der Anteil der Lohnkosten an den Gesamtkosten für Maschinen des Jahrganges t. Dieses Verhältnis wird durch die Produktionsfunktion bestimmt, wenn die Maschinen in die Produktion eingeschaltet werden, und es spiegelt die Kapitalintensität der Produktion wider, für die man sich mit den Maschinen entschieden hat.

Die Gleichgewichtsbedingungen des Vintage-Modells sind (2) aus 15.6, abgesehen davon, daß die (unendlichen) Integrale für L und Y durch endliche Integrale ersetzt werden:

$$L = \int_{t-T}^{t} L_\tau \, d\tau \quad \text{und} \quad Y = \int_{t-\tau}^{t} Q_\tau \, d\tau \,. \tag{3}$$

Die allgemeine Lösung des Vintage-Modells ist, obwohl sie hier vereinfacht wurde (z. B. durch die Verwendung der Cobb-Douglas Produktionsfunktion), höchst kompliziert. Wir prüfen hier nur, ob eine spezifizierte stetige Lösung mit dem Modell konsistent ist. Wir verfolgen jedoch nicht die weiterreichende Frage gleichgewichtiger (oder in der Tat ungleichgewichtiger) Dynamik und der Stabilität der besonderen stetigen Lösung, die wir gefunden haben.

Die zu prüfende Spezifikation stetigen Wachstums ist:

Variable		Wachstums-rate
Ausstoß aus neuen Maschinen	Q_t	$m + n$
Arbeit, die an neuen Maschinen beschäftigt ist	L_t	n
Lohnsatz	w	m
Ökonomische Lebensdauer der neuen Maschinen	T	konstant

Bei der Prüfung nehmen wir einfach an, daß diese spezifizierten Raten gelten. Da L_t mit der Rate n wächst und Q_t mit der Rate $(m + n)$, gibt die Ableitung von (3):

$$DL = L_t - L_{t-T} = L_t (1 - e^{-nT}) \quad \text{und} \quad DY = Q_t - Q_{t-T} = Q_t (1 - e^{-(m+n)T}) \ .$$

Auf Grund der Gleichgewichtsbedingungen ist $K_t = sY$ und $DL = nL_0 e^{nt}$; das gibt:

$$K_t = sY \quad \text{und} \quad L_t = nL_0 \frac{e^{nt}}{1 - e^{-nT}} \ .$$

Durch Verwendung der Produktionsfunktion $Q_t = e^{m(1-\alpha)t} K_t^{\alpha} L_t^{1-\alpha}$ ist dann:

$$DY = Q_t (1 - e^{-(m+n)T}) = e^{m(1-\alpha)t} (1 - e^{-(m+n)T}) K_t^{\alpha} L_t^{1-\alpha}$$

$$= e^{m(1-\alpha)t} (1 - e^{-(m+n)T}) s^{\alpha} Y^{\alpha} (nL_0)^{1-\alpha} \frac{e^{n(1-\alpha)t}}{(1 - e^{-nT})^{1-\alpha}} \ .$$

Man erhält also die Differentialgleichung für Y:

$$DY = s^{\alpha} n^{1-\alpha} L_0^{1-\alpha} A e^{(m+n)(1-\alpha)t} Y^{\alpha}, \quad \text{wobei} \quad A = \frac{1 - e^{-(m+n)T}}{(1 - e^{-nT})^{1-\alpha}} \ .$$

Das ist die gleiche Gleichung wie (3) in 15.6, abgesehen von einer zusätzlichen Konstanten A, und die stetige Lösung besteht in einer einfachen Veränderung von (4) in 15.6

$$Y = Y_0 e^{(m+n)t}, \quad \text{wobei} \quad Y_0 = nL_0 s^{\alpha/(1-\alpha)} \left(\frac{A}{m+n}\right)^{1/(1-\alpha)} \ . \qquad (4)$$

Auf Grund der angenommenen Spezifikationen gibt es also stetiges Wachstum mit der Rate $(m + n)$ in Y, vorausgesetzt, daß wir den „richtigen" Anfangswert Y_0 haben, der durch (4) gegeben wird.

Um T zu finden, das für alle Jahrgänge konstant angenommen wird, setzen wir $\lambda = m$ (wie nun angenommen wird) in (2) und halten fest, daß (wieder annahmegemäß) Q_t mit der Rate $(m + n)$, L_t mit der Rate n und $w(t)$ mit der Rate m wachsen, d. h. das Verhältnis der Lohnkosten zu den Gesamtkosten $= w(t) L_t/Q_t =$ konstant für alle Jahrgänge t. Wir schreiben für diese Konstante ω, so daß T durch

$$T = \frac{1}{m} \log \left(\frac{1}{\omega} \right) \tag{5}$$

gegeben ist. Die ökonomische Lebensdauer aller Vintage-Maschinen hängt invers von der gegebenen Rate des technischen Fortschritts m und dem konstanten Verhältnis der Lohnkosten zu den Gesamtkosten für alle Maschinen (wenn sie neu sind) ab.

Die Überprüfung ist jetzt vollständig. Das Modell ist mit stetigem Wachstum mit der Rate $(m + n)$ in Y sowie im Ausstoß Q_t von neuen Maschinen konsistent. Das Wachstum der Arbeitskräfte ist mit der Rate n gegeben, ebenso wächst die Arbeitsallokation L_t an neue Maschinen. Der Lohnsatz wächst mit der Rate m des technischen Fortschritts. Wir brauchen den „richtigen" durch (4) gegebenen Anfangswert Y_0 und die Konstante (5) für die ökonomische Lebensdauer aller Maschinen.

Zwei Merkmale der Lösung des Modells für stetiges Wachstum kann man sofort sehen. Erstens ergibt die Veraltensbedingung (1) $w(t + T) = Q_t/L_t$. Daher ist:

$$w(t) = \frac{Q_{t-T}}{L_{t-T}} \quad \text{für alle } t \,.$$

Der Lohnsatz wird nicht durch das Grenzprodukt an der intensiven Grenze gegeben; er ist jedoch zur Zeit t gleich dem **Durchschnittsprodukt** Q_{t-T}/L_{t-T} der Maschinen des ältesten Jahrganges, die vor der Verschrottung stehen; und das kann als Grenzprodukt an der extensiven Grenze aufgefaßt werden. Zweitens betrachten wir die Verteilung der Arbeitskraft über den ganzen Bereich der zur Zeit t in Verwendung stehenden Maschinen verschiedener Jahrgänge von $t - T$ bis t. Die Verteilung wird durch L_τ spezifiziert, das mit der proportionalen Rate n wächst, wenn τ steigt, d. h. die Verteilung hat die exponentielle Form:

$$L_\tau = L_t \, e^{-n(t-\tau)} \quad \text{für} \quad t - T < \tau \leq t \,.$$

Darüber hinaus haben wir festgestellt, daß die Ableitung von (3)

$$\frac{dL}{dt} = L_t - L_{t-T} \,, \quad \text{wobei} \quad L_{t-T} = e^{-nT} L_t \,,$$

d. i. $$L_t = \frac{dL}{dt} + L_{t-T}$$

ergibt und die an neuen Maschinen beschäftigte Arbeit (L_t) aus dem Zuwachs (dL/dt) an Arbeitskraft und aus der durch die laufende, altersbedingte Verschrottung von Maschinen freigesetzten Arbeit (L_{t-T}) stammt. Im besonderen Fall einer stationären Arbeitskraft ($n = 0$) ist die Verteilung der Arbeit über die Maschinen aller Jahrgänge einheitlich. Die neueren Maschinen sind zahlreicher, brauchen aber weniger Arbeit. Im besonderen ist $L_t = L_{t-T}$, so daß die kleinere Zahl der verschrotteten Maschinen genug Arbeitskräfte freisetzt, um die größere Zahl der neuen und effizienteren Maschinen, die in die Produktion eingesetzt werden, zu besetzen.

Der Einfluß des Sparens. Die Sparneigung (s) hat eine kompliziertere Wirkung auf die stetige Lösung des Putty-Clay-Vintage-Modells als es im neoklassischen Modell mit ungebundenem technischem Fortschritt oder im Putty-Putty-Modell von 15.4 mit seiner neoklassischen Lösung der Fall ist. Wie früher ist die stetige Wachstumsrate von s unabhängig, sie beeinflußt das Niveau (nicht jedoch das Wachstum) des Ausstoßes Y, wie es durch (4) oben angegeben wird. Die ökonomische Lebensdauer T der Maschinen wird aber von s beeinflußt und keineswegs auf einfache Weise. Wir wissen, daß Q_t (wie Y) direkt von s abhängt, ebenso $w(t) = Q_{t-T}/L_{t-T}$. Wenn s steigt, dann steigen auch Q_t und $w(t)$. Es folgt, daß $\omega = w(t)\, L_t/Q_t$, das Verhältnis von Lohnkosten zu Gesamtkosten, mit steigendem s in jeder Richtung variieren kann und desgleichen T, welches ein Vielfaches von $\log(1/\omega)$ ist. Im allgemeinen, aber nicht notwendigerweise, erwarten wir, daß T invers zu s variiert, d. h. wenn die Grenzneigung zum Sparen höher ist, wird eine kürzere Lebensdauer der Maschinen erwartet.

Die Verteilung und das Durchschnittsalter der Maschinen des Kapitalbestandes zur Zeit t kann wie in 15.5 berechnet werden, mit der Ausnahme, daß die Jahrgänge der Maschinen jetzt von $t-T$ bis t reichen. Auf dem Wachstumspfad mit der stetigen Rate $\mu = m + n$ ist die Zahl der Maschinen des Jahrganges τ im Kapitalbestand zur Zeit t:

$$K_\tau = sY(t) = sY_0\, e^{\mu t} \quad \text{für} \quad t-T < \tau \leq t \ ,$$

was eine abgeschnittene exponentielle Verteilung darstellt. Die Gesamtzahl der Maschinen ist:

$$N(t) = \int_{t-T}^{t} K_\tau\, d\tau = sY_0 \int_{t-T}^{t} e^{\mu\tau}\, d\tau = \frac{sY_0}{\mu}\, e^{\mu t}\, (1 - e^{-\mu T}) \tag{6}$$

und das aggregierte Alter der Maschinen ist:

$$\int_{t-T}^{t} (t-\tau)\, K_\tau \, d\tau = tN - sY_0 \int_{t-T}^{t} \tau e^{\mu\tau}\, d\tau \quad ,$$

wobei $$sY_0 \int_{t-\tau}^{t} \tau e^{\mu\tau}\, d\tau = sY_0 \left[\frac{\tau e^{\mu\tau}}{\mu} - \frac{e^{\mu\tau}}{\mu^2} \right]_{t-T}^{t}$$

$$= \frac{sY_0}{\mu} \left[t e^{\mu t} (1 - e^{-\mu T} + T e^{\mu(t-T)} \right] - \frac{sY_0}{\mu^2} e^{\mu t} (1 - e^{-\mu T})$$

$$= tN - \frac{sY_0}{\mu^2} e^{\mu t} (1 - e^{-\mu T}) + \frac{sY_0}{\mu} T e^{\mu(t-T)} \; .$$

Das aggregierte Alter ist also:

$$\frac{sY_0}{\mu^2} e^{\mu t} (1 - e^{-\mu T}) - \frac{sY_0}{\mu} T e^{\mu t} e^{-\mu T} \; . \tag{7}$$

Dividiert man (7) durch (6), so ist das Durchschnittsalter der zur Zeit t bestehenden Maschinen:

$$\bar{x} = \frac{1}{\mu} - \frac{T}{e^{\mu T} - 1} \, . \tag{8}$$

Das Durchschnittsalter $\bar{x}$ ist eine Konstante in der Zeit. Wenn T groß ist, ist $\bar{x}$ annähernd $1/\mu$ und hängt invers von der Rate stetigen Wachstums ab. Allgemein hängt $\bar{x}$ von T und daher von der Sparneigung (s) ab. Aus (8) haben wir:

$$\frac{d\bar{x}}{dT} = \mu T \frac{e^{\mu T}}{(e^{\mu T} - 1)^2} - \frac{1}{e^{\mu T} - 1} > 0 \; ,$$

wenn T überhaupt groß ist. $\bar{x}$ steigt also im allgemeinen mit T und fällt auch im allgemeinen, wenn s steigt. Wir erwarten, daß das Durchschnittsalter der Maschinen um so niedriger sein wird, je höher die Grenzneigung zum Sparen ist.

15.8 Das Vintage-Modell: Feste Koeffizienten

Wir behandeln schließlich den Clay-Clay-Fall, bei dem es keine Substitution zwischen Maschinen und Arbeit gibt. Zur Zeit $t = \tau$ der Aufstellung der Maschinen des Jahrganges τ, hat die Produktionsfunktion feste Koeffizienten, und zwar die gleichen für alle Jahrgänge, und der technische Fortschritt mit der Harrod-neutralen Rate m ist an die neue Ausrüstung gebunden. Für Maschinen des Jahrganges τ gilt:

$$Q_\tau = \frac{K_\tau}{v} = \frac{e^{m\tau} L_\tau}{u} \qquad \text{bei der Aufstellung in } t = \tau \; . \tag{1}$$

Zu jedem folgenden Zeitpunkt $t > \tau$, so lange als K_τ Maschinen des Jahrganges τ in Betrieb sind, bleiben die Arbeitsbesatzung L_τ und der Ausstoß Q_τ fest und werden durch den technischen Fortschritt nicht beeinflußt.

Die Interpretation dieser Bedingungen für aufeinanderfolgende Maschinenjahrgänge ist, daß jede Maschine $1/v$ Einheiten des Produkts erzeugt, gleichgültig welchem Jahrgang sie angehören mag, und daß sie eine Mannschaft von $(u/v)\, e^{-m\tau}$ Arbeitern beschäftigt, die mit der Entwicklung des technischen Fortschritts von einem Maschinenjahrgang zum nächsten abnimmt. Einiges der Strenge der Bedingungen ist eher scheinbar, als tatsächlich vorhanden, und zwar deswegen, weil wir wie vorher annehmen, daß die Einheit für die Zahl der Maschinen jedes Jahrganges so gewählt wird, daß der Preis aller neuen Maschinen in Produkteinheiten ausgedrückt eins ist. Die Konstanz der Kapitalproduktivität $(1/v)$ über die Jahrgänge ist nicht unvernünftig, wenn man das Kapital als Anzahl von Maschinen zum Einheitspreis nimmt.

Wir nehmen wieder an, daß es keine Entwertung gibt, so daß alle Maschinen eine unendliche physische Lebensdauer haben. Was das Veralten betrifft, wird nun ein ziemlich anderer Weg eingeschlagen. Wir nehmen an, daß die Maschinen nie verschrottet werden und daß sie in steigender Altersfolge in die Produktion eingesetzt werden, bis jeder verlangte Ausstoß erzielt wird. Die neueren Maschinen laufen in der Produktion und die älteren werden eingemottet; die Anpassung erfolgt entsprechend dem benötigten Ausstoß. In der hier verwendeten kontinuierlichen Analyse brauchen wir nur das Alter T des beschäftigten Grenzjahrganges spezifizieren.

Wir nehmen an, es gibt keine Verzögerungen, es besteht eine proportionale Sparfunktion und die Arbeitskraft wächst mit der gegebenen Rate n. Die **Strombedingung** des Gütermarktes ist die Gleichheit von geplantem Sparen und Investieren, und die einzige **Vollbeschäftigungsbedingung** bezieht sich auf die Arbeit. Die zwei Bedingungen zur Zeit t sind:

$$\left.\begin{array}{ll} \text{Investition} = \text{Sparen} & K_t = sY \\ \text{Vollbeschäftigung} & L = L_0\, e^{nt} \end{array}\right\} \qquad (2)$$

wobei Beschäftigung L und Ausstoß Y durch (1) gegeben sind als:

$$\left.\begin{array}{l} L = \int\limits_{t-T}^{t} L_\tau\, d\tau = \frac{u}{v} \int\limits_{t-T}^{t} K_\tau\, e^{-m\tau}\, d\tau \\ \text{und} \qquad Y = \int\limits_{t-T}^{t} Q_\tau\, d\tau = \frac{1}{v} \int\limits_{t-T}^{t} K_\tau\, d\tau \end{array}\right\} \qquad (3)$$

Es gibt keine Bedingung für die Vollkapazitätsnutzung des Maschinenbestandes.

Wieder können wir nicht mehr tun als das Modell auf Konsistenz mit einer stetigen Lösung zu prüfen: K_t wächst mit einer Rate μ und T ist konstant. Wir schreiben $K_t = K_0\, e^{\mu t}$ und differenzieren L in (3) bei konstantem T:

$$DL = \frac{u}{v}\,[K_t\, e^{-mt} - K_{t-T}\, e^{-m(t-T)}] = \frac{u}{v}\, K_0\,(1 - e^{-(\mu-m)T})\, e^{(\mu-m)t} .$$

Aus (2) ist: $DL = nL_0\, e^{nt}$, so daß:

$$\frac{u}{v}\, K_0\,(1 - e^{-(\mu-m)T})\, e^{(\mu-m)t} = nL_0\, e^{nt} \quad \text{für alle} \quad t .$$

Daher ist $\mu - m = n$, d. h. $\mu = m + n$. Die Rate stetigen Wachstums muß $\mu = m + n$ sein, d. i. die Summe aus Rate des technischen Fortschritts und Wachstumsrate der Arbeitskraft. Weiters muß die Anfangsinvestition

$$K_0 = n\,\frac{v}{u}\, L_0 \Big/ (1 - e^{-nT})$$

sein.

Wir schalten dann Y zwischen (2) und (3) aus:

$$K_t = \frac{s}{v} \int\limits_{t-T}^{t} K_\tau\, d\tau .$$

So ist:
$$DK_t = \frac{s}{v}\,(K_t - K_{t-T}) .$$

Wir substituieren $K_t = K_0\, e^{\mu t}$ und haben:

$$\mu K_0\, e^{\mu t} = \frac{s}{v}\, K_0\, e^{\mu t}\,(1 - e^{-\mu T}) .$$

Daher ist:
$$1 - e^{-\mu T} = \mu\,\frac{v}{s} ,$$

was
$$T = \frac{1}{\mu} \log \frac{g}{g - \mu} , \quad \text{wobei} \quad g = \frac{s}{v} , \tag{4}$$

ergibt. Das ist das dem stetigen Wachstum entsprechende Ausschlußalter der Maschinen. Es folgt sofort, daß T und s sich invers verändern, jedoch nicht so wie im Modell von 15.7 in den meisten, sondern in allen Fällen. Je höher die Grenzneigung zum Sparen ist, desto niedriger ist das Durchschnittsalter der in der Produktion eingesetzten Maschinen. Da T (durch (4) gegeben) positiv sein muß, ist:

$$g = s/v > \mu = m + n .$$

Für eine stetige Lösung muß die befriedigende Wachstumsrate ($g = s/v$) die natürliche ($\mu = m + n$) übersteigen; je größer der Unterschied ist, desto geringer ist das Alter der verwendeten Maschinen. Die Bedingung ist nicht streng (siehe Übung 15.5).

Schließlich setzen wir in (3) $K_t = K_0\, e^{\mu t}$ und $1 - e^{-\mu T} = \mu\,(v/s)$:

$$Y = \frac{K_0}{v} \int\limits_{t-T}^{t} e^{\mu \tau}\, d\tau = \frac{K_0}{\mu v}\, e^{\mu \tau}\,(1 - e^{-\mu T}) = \frac{K_0}{s}\, e^{\mu t} \;.$$

Das Einkommen (der Ausstoß) Y wächst auch mit der stetigen Rate μ von einem Anfangswert Y_0 an, welcher K_0/s sein muß. Die Schlußfolgerung ist:

Das Vintage-Modell mit festen Koeffizienten ist mit stetigem Wachstum mit der natürlichen Rate $\mu = m + n$ konsistent und beschäftigt alle Maschinen bis zu einem konstanten Alter T, vorausgesetzt daß $g = s/v > m + n$.

Damit der stetige Pfad entsteht, müssen die Anfangswerte des Einkommens Y_0 und der Investitionen K_0 als Funktion von L_0 und T gegeben sein:

$$Y_0 = \frac{K_0}{s} \quad \text{und} \quad K_0 = n\,\frac{v}{u}\,L_0 \Big/ (1 - e^{-nT}) \;.$$

Die konstante Kapitalproduktivität ($1/v$) der Produktionsfunktion für jeden Jahrgang wird für die ganze Produktion aufrecht erhalten, indem man den Kapitalbestand als ein Aggregat, bestehend aus einer Anzahl von Maschinen, anschreibt; es ist gleich den historischen Kosten des Bestandes in Produkteinheiten (der Kostenpreis aller Maschinen ist eins).

Der **eingesetzte Kapitalbestand** ist

$$N(t) = \int\limits_{t-T}^{t} K_\tau\, d\tau \qquad \text{und der Ausstoß ist} \quad \frac{1}{v} \int\limits_{t-T}^{t} K_\tau\, d\tau \;,$$

das gibt eine Kapitalproduktivität von $1/v$. Das ist so, gleichgültig ob man die stetige Lösung erhält oder nicht.

Weiters können wir, unter verschiedenen Umständen, den tatsächlichen Ausstoß Y und die Beschäftigung L zum **gesamten Kapitalbestand** zu historischen Kosten, in Produkteinheiten gemessen, in Beziehung setzen:

$$K(t) = \int\limits_{t-T}^{t} K_\tau\, d\tau \;.$$

Da es keine Entwertung gibt, ist $DK = K_t$ die Brutto- und Nettoinvestition. In der stetigen Lösung wachsen K und K_t gleichermaßen mit der Rate $\mu = m + n$. Um zu einem einfachen Ergebnis[7] zu kommen, nehmen wir den Fall an, daß die Arbeitskraft fixiert ist ($n = 0$) und daß der gesamte Kapitalbestand K mit der für den stetigen Pfad geeigneten Rate m wächst. Wir lassen die Gleichgewichtsbedingungen (2) fallen und gestatten Y und L in beliebiger Weise zu variieren. Die Annahme $(1/K)\,DK = m$ ist gleichbedeutend mit dem Ersatz der Gleichgewichtsbedingungen durch eine Investitionsfunktion $I = mK$, wobei $I = K_t = DK$. Wir haben: $K = Ae^{mt}$ und $K_t = mAe^{mt}$ (A ist konstant). Aus (3) ist:

$$\frac{L}{K} = \frac{u}{v} \int_{t-T}^{t} mA\,d\tau \Big/ Ae^{mt} = \frac{u}{v} mTe^{-mt} .$$

Daher ist: $$T = \frac{1}{m} \frac{v}{u} \frac{L}{K} e^{mt} \quad \text{und variiert in der Zeit} . \tag{5}$$

Ähnlich ist: $$\frac{Y}{K} = \frac{1}{v} \int_{t-T}^{t} mAe^{m\tau}\,d\tau \Big/ Ae^{mt} = \frac{1}{v}(1 - e^{-mT}) . \tag{6}$$

Wir schreiben $\bar{L} = (v/u)\,Le^{mt}$ als ein Maß für die beschäftigte Arbeit in Effizienzeinheiten und nicht in natürlichen Einheiten. Für gegebenes L erhöht sich das Maß $\bar{L}$ mit dem technischen Fortschritt in der Zeit. Substituieren wir dann $T = \bar{L}/mK$ aus (5) in (6), so finden wir, daß Y mit K und L verbunden ist:

$$Y = \frac{K}{v}(1 - e^{-\bar{L}/K}), \quad \text{wobei} \quad \bar{L} = \frac{v}{u} Le^{mt} . \tag{7}$$

Das ist eine aggregierte Produktionsfunktion, jedoch nicht in der üblichen Form, da sie den *tatsächlichen* Ausstoß Y zur *tatsächlichen* Beschäftigung L und zum *gesamten* Kapitalbestand K (und nicht zum verwendeten Bestand) in Beziehung setzt. Sie hat jedoch konstante Skalenerträge und technischen Fortschritt in Harrod-neutraler Form. Aus (5) und (7) haben wir:

$$Y < \frac{K}{v} \quad \text{für alle } t$$

und $$Y \to \frac{K}{v}, \quad \text{wenn} \quad \frac{L}{K} e^{mt} \to \infty \quad \text{und} \quad T \to \infty .$$

---

[7] Die sich ergebende Produktionsfunktion, Formel (7), ist nur für $n = 0$ gültig, kann aber für den Fall $n \neq 0$ verallgemeinert werden (siehe Übungen 15.7 und 15.8). Die Produktionsfunktion wurde (in dem eher allgemeineren Fall mit Entwertung) von A. R. *Bergstrom* entwickelt, „A Modell of Technical Progress, the Production Function and Cyclical Growth", Economica (November 1962).

Der Kapazitätsausstoß ist K/v vom gesamten Maschinenbestand K aller Jahrgänge. Die Produktionsfunktion (7) hat stets Unterkapazitätsausstoß, eine Folge des endlichen Ausschlußalters T der beschäftigten Maschinen.

Übungen

15.1 Nehmen Sie die Cobb-Douglas-Produktionsfunktion mit konstanten Erträgen und dem Parameter $\alpha = \frac{1}{2}$. Zeigen Sie, daß die aggregierte Produktionsfunktion des Putty-Putty-Modells $Y = \sqrt{(KLe^{mt})}$ ist und daß die stetige Lösung, bei gegebener Arbeitskraft $L = L_0\, e^{nt}$, $Y = Y_0\, e^{\mu t}$ und $K = K_0\, e^{\mu t}$ ist, wobei $Y_0 = sL_0/(\mu + m)$, $K_0 = sY/(\mu + m)$ und $\mu = m + n$. Leiten Sie ab, daß die Gewinn- und Lohnraten $\varrho = \frac{1}{2}\,[\mu + m)/s]$ und $w = \frac{1}{2}\,[s/(\mu + m)]\, e^{mt}$ sind.

15.2 Die Einheit für die Menge der Maschinen wird so gewählt, daß im Putty-Clay-Fall der Preis der neuen Maschinen eins ist. Interpretieren Sie

$$N(t) = \int_{t-T}^{t} K_\tau\, d\tau$$

als Kapitalbestand zu historischen Kosten und gelangen Sie zu

$$N(t) = \frac{1}{\mu}\, sY_0\, e^{\mu t}\,(1 - e^{-\mu T}) = \frac{1}{\mu}\, sY_0\, e^{\mu t} \text{ (annähernd, } T \text{ ist groß)}\ .$$

Kann man sagen, daß mit fallender Sparneigung weniger Maschinen mit längerer Lebensdauer verwendet werden? Was kann über die Bewertung des Kapitalbestandes $N(t)$ gesagt werden?

15.3 Zeigen Sie, indem Sie im Putty-Clay-Fall den Kapitalbestand mit $N(t)$ bewerten, daß die Kapitalproduktivität bei stetigem Wachstum $\mu/s\,(1 - e^{-\mu T})$ ist, das ist annähernd gleich μ/s (T ist groß). Kommentieren Sie das.

15.4. Erklären Sie, warum andere Maße außer $N(t)$ für den Kapitalbestand in der Analyse des Putty-Clay-Modells weder geeignet sind noch gebraucht werden.

15.5 Die Bedingung für stetiges Wachstum im Clay-Clay-Fall ist $g > \mu = m + n$. Zeigen Sie für den Fall, wenn s zwischen 0,1 und 0,2 variiert und wenn v zwischen 2 und 4 bezogen auf Jahresdaten liegt, daß g zwischen $2^1/_2$ % und 10 % pro Jahr liegt, und untersuchen Sie, wie wahrscheinlich es ist, daß $g > m + n$. Zeigen Sie, daß, wenn μ infolge einer hohen Rate des technischen Fortschritts und/oder Bevölkerungswachstums gegen g geht, dann mehr Maschinen verwendet werden, bis der Bestand erschöpft ist und stetiges Wachstum nicht mehr möglich ist.

15.6 Die Zahl der in Verwendung stehenden Maschinen ist bei der stetigen Clay-Clay-Lösung (zur Zeit t) folgendermaßen verteilt: $K_\tau = sY_0\, e^{\mu\tau}$ für $t - T < \tau < t$, wobei $Y_0 = nvL_0/su\,(1 - e^{-\mu T})$ und $T = (1/\mu) \log g/(g - \mu)$.

Zeigen Sie, daß die Gesamtzahl

$$N(t) = \frac{1}{\mu} sY_0 e^{\mu t} (1 - e^{-\mu T})$$

und das Durchschnittsalter $\bar{x} = (1/\mu) - [T/(e^{\mu T} - 1)]$ ist, so daß $d\bar{x}/dT > 0$. Leiten Sie ab, daß das Durchschnittsalter *stets* sinkt, wenn die Sparneigung steigt und vergleichen Sie das mit dem entsprechenden Ergebnis im Putty-Clay-Fall von 15.7.

15.7 Die Produktionsfunktion im Clay-Clay-Modell in der Form (7) von 15.8 oben nimmt an $n = 0$. Verallgemeinern Sie das, indem Sie zeigen, daß, wenn $K = Ae^{\mu t}$, dann ist

$$\frac{L}{K} = \frac{u}{v} \frac{\mu}{n} e^{-mt} (1 - e^{-nT}) \quad \text{und} \quad \frac{Y}{K} = \frac{1}{v} (1 - e^{-\mu T}) \; .$$

Leiten Sie ab, daß man durch Ausschaltung von T einen Ausdruck für Y als Funktion von K und L erhält, der die Parameter m, n, u und v zusammen mit einem Zeitglied für technischen Fortschritt beinhaltet.

15.8 Zeigen Sie, daß die Produktionsfunktion, die für $n \neq 0$ mit der Methode der vorhergehenden Übung abgeleitet wurde, in die Form

$$Y = \frac{K}{v} \left\{ 1 - \left(1 - \frac{n}{\mu} \frac{\bar{L}}{K} \right)^{\mu/n} \right\}, \quad \text{wobei} \quad \bar{L} = \frac{v}{u} Le^{mt} \; ,$$

gebracht werden kann, und prüfen Sie, daß sie konstante Erträge und Harrod-neutralen technischen Fortschritt hat. Verwenden Sie das Ergebnis $[1 - (x/r)]^r \to e^{-x}$, wenn $r \to \infty$, um nachzuweisen, daß die Form der Funktion nach (7) von 15.8 strebt, wenn $n \to 0$.

Kapitel 16

Kaldor- (keynesianische) Modelle

16.1 Entwicklung des Grundmodells

Das Kaldorsche (keynesianische) Grundmodell von 11.8 bedient sich der differenzierten Form der Sparfunktion: $S = sY$, wobei $s = s_w + (s_p - s_w)\ (P/Y)$, die von der Einkommensverteilung zwischen Gewinnen (P) und Löhnen ($Y - P$) und vom Anteil der Ersparnisse aus den Gewinnen (s_p) und aus den Löhnen (s_w) abhängt. Ein spezieller aber besonders angenehmer Fall ist der der klassischen Sparfunktion, in dem das gesamte Sparen aus den Gewinnen erfolgt und $S = s_p P$.

Das Modell wird nicht durch diesen Aspekt keynesianisch. Die differenzierte oder klassische Form der Sparfunktion kann in fast jedem Modell verwendet werden. Eine neoklassische Analyse, die auf einer solchen Sparfunktion beruht, ist genauso möglich wie eine keynesianische; das wird in 14.5 oben gezeigt. Es ist vielmehr die Behandlung der Investitionen im Verhältnis zum Sparen, die ein Modell keynesianisch macht: die Hauptentscheidungen der Unternehmer betreffen die Investitionen und die entsprechenden Ersparnisse ergeben sich. Im Grundmodell wird die Einkommensverteilung als ein „freier" Parameter behandelt, der autonom festgesetzt wird, um sicher zu stellen, daß s den Investitionen entspricht. Man muß das Modell erweitern und entwickeln, damit dieses Charakteristikum besser in die Formulierung eingebaut werden kann.

Darüber hinaus wurde im Grundmodell, wie es in 11.8 dargestellt wurde, die vereinfachende Annahme fester Koeffizienten in der Produktion gemacht. Kaldor würde das nicht anerkennen, und unsere Aufgabe ist es nun, zu Versionen des Kaldor-Modells überzugehen, die seiner eigenen Darstellungsart näherkommen. Wir ersetzen die festen Koeffizienten durch eine glatte Produktionsfunktion — oder durch eine nicht so glatte lineare Programmierungs-Version — und wir fügen technischen Fortschritt hinzu. Unter der Annahme konstanter Erträge schreiben wir $y = f(k)$ als Produktionsfunktion, die den Pro-Kopf-Ausstoß zum Pro-Kopf-Kapital in Beziehung setzt; nehmen wir Harrod-neutralen technischen Fortschritt dazu, erhalten wir die sich verschiebende Produktionsfunktion $y = e^{mt} f(ke^{-mt})$. Kaldor arbeitet nicht, zumindest nicht explizit, mit einer Produktionsfunktion. Er sieht technischen Fortschritt auf seine Weise vor, und zwar mittels der technischen Fortschrittsfunktion $dy/ydt = F\ (dk/kdt)$, wie sie in 13.7 oben definiert wurde. Wenn die Funktion linear ist, dann ist sie zu einer Produktionsfunktion besonderer Form (Cobb-Douglas) integrierbar. Ist sie nicht linear, dann gibt es keine entsprechende Produktionsfunktion in welcher Form immer.

Die folgende Analyse zerfällt in zwei Teile. Zuerst wird die Analyse unter Zugrundelegung ungebundenen technischen Fortschritts durchgeführt und sie entspricht Kaldors früherem Modell (1957)[1]. Im zweiten Teil erhält das Modell Vintage-Form und die Analyse entspricht Kaldors späterer Arbeit (1962)[2]. Kaldors Formulierungen sind jedoch nur zum Teil mathematisch ausgedrückt und er führt Verfeinerungen ein, die einfacher mathematischer Ausdrucksweise unzugänglich sind. Die vorliegende Abhandlung vereinfacht die Modelle zu einem ziemlich starren mathematischen Gerippe. Im besonderen ist sie in kontinuierlichen Größen anstatt in der komplizierten Periodenform, die ein Merkmal zumindest von Kaldors früherer Arbeit ist. Sie ist als ein Führer gedacht, damit man der ursprünglichen Entwicklung mit größerer Sicherheit folgen kann.

16.2 Kaldors Nicht-Vintage-Modell

Drei Funktionen müssen spezifiziert werden. Zuerst die **Sparfunktion** in differenzierter Form: $S = sY,\ s = s_w + (s_p - s_w)\ (P/Y)$. Sie hat zwei gegebene Parameter, die Sparneigungen aus Gewinnen (s_p) und aus Löhnen (s_w), wobei $0 \leqslant s_w \leqslant s_p \leqslant 1$.

Ferner gibt es eine **technische Fortschrittsfunktion**, die ungebundenen technischen Fortschritt bei konstanten Erträgen darstellt. Da keine Verzögerung zwischen Ausstoß und Einkommen angenommen wird, schreiben wir:

$$\frac{1}{y}\frac{dy}{dt} = F\left(\frac{1}{k}\frac{dk}{dt}\right), \quad \text{wobei} \quad y = \frac{Y}{L} \quad \text{und} \quad k = \frac{K}{L}$$

in *Pro-Kopf*-Variablen.

Die dritte Funktion ist eine **Investitionsfunktion,** die, wie bemerkt, kritische Funktion im Modell. Kaldor sagt ganz deutlich: „Die treibende Kraft im wirtschaftlichen Wachstumsprozeß ist die Bereitschaft, tech-

---

[1] N. *Kaldor,* „A Model of Economic Growth“, Economic Journal (Dezember 1957) und „Capital Accumulation and Economic Growth“, in The Theory of Capital (Hrsg. Lutz und Hague, 1961).

[2] N. *Kaldor* and J. A. *Mirrlees,* “A New Model of Economic Growth“, Review of Economic Studies (Juni 1962).

nischen Fortschritt zu absorbieren, verbunden mit dem Willen, Kapital in Unternehmen einzusetzen"[3]. Im einfachen Modell von Kapital 11 geht er an die Unternehmerentscheidungen eher über den (gewünschten) Kapitalkoeffizienten als über die (Kapazitäts-)Kapitalproduktivität heran, das ist etwa auf die gleiche Art wie die Akzelerator-Version von 11.3. Kaldors Investitionsfunktion wird jedoch zuerst in Kapitalstockgrößen geschrieben und die Differentialform in Investitionsgrößen folgt dann. Er schreibt die Funktion in zwei Parametern (v und β):

$$\frac{K^*}{Y} = v + \beta \frac{P}{Y} \quad (v > 0,\ \beta > 0) \ ,$$

wobei K^* der gewünschte Kapitalbestand ist. Gewünschtes Kapital in bezug auf den Umsatz ist eine linear steigende Funktion der Gewinnrate in bezug auf das tatsächliche Kapital, eine einfache Formulierung, die Kaldor auf verschiedene Arten rechtfertigt[4]. Wenn wir dann die Beziehung als $K^* = vY + \beta\,(P/K)\,Y$ schreiben und differenzieren, erhalten wir für die gewünschten Investitionen:

$$\frac{dK^*}{dt} = v\,\frac{dY}{dt} + \beta\,\frac{d}{dt}\left(\frac{P}{K}\,Y\right).$$

Das erste Glied ist als Akzelerator zu erkennen. Das Hinzufügen des zweiten Gliedes spiegelt Kaldors Kritik am Akzelerationsprinzip wider und läßt die Investitionen von Veränderungen der Gewinnrate abhängen.

Wir haben also drei Funktionen:

$$\left.\begin{array}{ll}
\text{Sparfunktion} & S = sY\ , \\
 & \quad\text{wobei}\quad s = s_w + (s_p - s_w)\,\dfrac{P}{Y} \\
\text{Technische Fortschrittsfunktion} & \dfrac{1}{y}\,Dy = F\left(\dfrac{1}{k}\,Dk\right), \\
 & \quad\text{wobei}\quad y = \dfrac{Y}{L} \quad\text{und}\quad k = \dfrac{K}{L} \\
\text{Investitionsfunktion} & \dfrac{K^*}{Y} = v + \beta\,\dfrac{P}{K}\,.
\end{array}\right\} \quad (1)$$

Wenn das Arbeitsangebot mit der Rate n wächst, sind die Strom- und Kapazitätsbedingungen für das Gleichgewicht ohne Verzögerungen:

$$\left.\begin{array}{ll}
\text{Vollkapazität} & K = K^* \\
\text{Investition} = \text{Sparen} & DK = sY \\
\text{Vollbeschäftigung} & L = L_0\,e^{nt}
\end{array}\right\} \quad (2)$$

---

[3] *Kaldor* (1957), op. cit. S. 599.
[4] *Kaldor* (1957) op. cit. SS 600 - 1.

Abgesehen von L, dessen Pfad gegeben ist, hat das Modell drei Variable zu bestimmen: K, Y und P. Jede wird als stetige und differenzierbare Funktion der Zeit angenommen. Die Beziehungen (1) und (2) ergeben die Pfade der Variablen in der Zeit.

16.3 Die stetige Lösung

Die Funktionen und Bedingungen des Modells sind nicht leicht zu handhaben und wenn man nicht eine einfache Form von F annimmt, kann man nicht mehr tun, als prüfen, daß das Modell mit stetigem Wachstum konsistent ist, und die Haupteigenschaften der stetigen Lösung finden. Das werden wir jetzt tun. Nimmt man die Form von F linear an, kann man etwas weiter kommen, jedoch nicht sehr weit (siehe Übung 16.3).

Wir nehmen an, daß die Funktion F im Sinne von 13.7 wohlgestaltet ist, so daß sie die in Fig. 13.7 gezeigte Gestalt hat. Es gibt dann einen eindeutigen Wert:

$$m = \frac{1}{k}\frac{dk}{dt} = \frac{1}{y}\frac{dy}{dt} \tag{1}$$

und m ist als Rate des technischen Fortschritts am Pfad stetigen Wachstums zu interpretieren. Die Bestimmung von m ist in Fig. 13.7 oben veranschaulicht; aus der wohlgestalteten Form von F sehen wir, daß m existiert und eindeutig ist. Da $k = K/L$ und $(1/L)\,DL = n$, gibt die logarithmische Ableitung: $(1/k)\,Dk = (1/K)\,DK - n$. Ähnlich ist: $(1/y)\,Dy = (1/Y)\,DY - n$. Aus (1) ist:

$$m + n = \frac{1}{K} DK = \frac{1}{Y} DY \ .$$

Es gibt ein eindeutiges $\mu = m + n$, so daß $(1/K)\,DK = (1/Y)\,DY = \mu$, d. h. stetiges Wachstum in K und Y mit der Rate μ. Wir schreiben daher:

$$K = K_0\, e^{\mu t} \quad \text{und} \quad Y = Y_0\, e^{\mu t}, \quad \text{wobei} \quad \mu = m + n \ . \tag{2}$$

Aus der Investitionsfunktion, zusammen mit der Vollkapazitätsbedingung haben wir $K/Y = v + \beta\,(P/K)$. Nach Substitution aus (2): $K_0/Y_0 = v + \beta e^{-\mu t}\,(P/K_0)$. Es folgt der Pfad stetigen Wachstums von P:

$$P = P_0\, e^{\mu t}, \quad \text{wobei} \quad P_0 = \frac{1}{\beta}\left(\frac{K_0}{Y_0} - v\right) K_0 \ . \tag{3}$$

Wir betrachten K_0 als gegeben und möchten Y_0 und P_0 durch *es* ausdrücken. Wir schreiben $R = K_0/Y_0$, wobei R noch gefunden werden muß. (2) und (3) können dann geschrieben werden:

$$\left.\begin{aligned} K &= K_0\, e^{\mu t};\; Y = Y_0\, e^{\mu t} \quad \text{und} \quad P = P_0\, e^{\mu t}\,, \\ \text{wobei} \qquad Y_0 &= \frac{1}{R} K_0 \quad \text{und} \quad P_0 = \frac{1}{\beta}(R-v)\, K_0 \end{aligned}\right\} \tag{4}$$

Hat man einmal R gefunden, dann ergibt (4) die Pfade stetigen Wachstums der drei Variablen, die mit dem Modell konsistent sind, als Funktion des Anfangskapitalbestandes K_0. In dieser stetigen Lösung sind die Verhältnisse der Variablen in der Zeit konstant:

$$\frac{Y}{K} = \frac{1}{R} \quad \text{und} \quad \frac{P}{K} = \frac{1}{\beta}(R-v)\,. \tag{5}$$

Sowohl die Kapitalproduktivität (Y/K) als auch die Gewinnrate (P/K) sind am stetigen Wachstumspfad konstant.

Um R zu finden, benützen wir die Spar/Investitionsbedingung:

$$\mu = \frac{1}{K}\, DK = s\,\frac{Y}{K} = s_w\,\frac{Y}{K} + (s_p - s_w)\,\frac{P}{K}\,.$$

Aus (5) ist also:

$$\mu = \frac{s_w}{R} + \frac{1}{\beta}(s_p - s_w)\,(R-v)$$

und wir bekommen eine quadratische Gleichung in R, der gesuchten Konstanten:

$$\frac{1}{\beta}(s_p - s_w)\, R^2 - \left\{\mu + \frac{v}{\beta}(s_p - s_w)\right\} R + s_w = 0\,. \tag{6}$$

Bei einer Interpretation von (6) müssen wir bedenken, daß $1/R = Y/K$ das Verhältnis eines Stromes zu einem Bestand ist und daß es eine Zeitdimension hat. Angenommen wir nehmen (zum Beispiel) das Jahr als Zeiteinheit. Y/K ist dann der Jahresstoß pro Kapitalbestandeinheit, ein Verhältnis, das im allgemeinen ziemlich klein ist. R ist dann ziemlich groß. Ähnlich ist v mit dem Akzeleratorkoeffizienten (in der hier angenommenen Investitionsfunktion) verwandt, und $1/v$ hat die Zeitdimension von Y/K, d. h. v ist für Jahresdaten ziemlich groß. Wir erwarten, daß v größer, vielleicht erheblich größer ist, als das Verhältnis von s_w zu $\mu = m + n$, wenn m und n als Zuwachsraten pro Jahr gemessen werden und wenn die Ersparnisse aus den Löhnen (s_w) nicht groß sind. Die nachstehende Analyse ist auf den Fall $v > s_w/\mu$ beschränkt.

Wir sehen (vorläufig) von dem Fall $s_w = 0$ ab und nehmen an $0 < s_w < s_p$. Wenn $\varphi(R)$ die quadratische Gleichung von (6) ist, dann sind die Koeffizienten von $\varphi(R)$ positiv, negativ und positiv und $\varphi(R) = 0$ hat zwei positive Wurzeln. Weiters gilt:

$$\begin{aligned} \varphi(0) &= s_w > 0 \\ \varphi(v) &= s_w - \mu v < 0 \\ \varphi(R) &\to +\infty, \quad \text{wenn} \quad R \to \infty \,. \end{aligned}$$

Daher ist eine der Wurzeln von (6) zwischen 0 und v und die andere größer als v.

Es gibt Beschränkungen für den Wert, den R annehmen kann, wenn Gewinne und Löhne positiv sind. Auf Grund von (5) ist die Gewinnquote $P/Y = (1/\beta)\, R\, (R-v)$ und muß zwischen 0 (die Gewinne verschwinden) und 1 (die Löhne verschwinden) liegen. Daher ist:

$$0 < R\,(R-v) < \beta \,.$$

Es folgt, daß $R > v$, wodurch die kleinere der zwei Wurzeln von (6) ausgeschaltet wird. Weiters darf die größere der Wurzeln nicht so groß sein, daß $R\,(R-v) \geqslant \beta$ ist. Die quadratische Gleichung (6) kann nicht mehr als eine zulässige Wurzel haben.

Wir haben nun bewiesen, daß das Modell eine einzige stetige Lösung hat. Sie wird durch (4) gegeben, wo der Wert von R die einzige zulässige Wurzel ($> v$) der quadratischen Gleichung (6) ist (wobei angenommen wird, daß R nicht so groß ist, daß die Löhne negativ werden). Die Rate stetigen Wachstums von K, Y und P ist $\mu = m + n$; wieder geben die Raten des technischen Fortschritts und des Bevölkerungswachstums zusammen die natürliche (stetige) Wachstumsrate des Modells. Bei gegebenem Anfangskapitalbestand K_0 müssen die Anfangswerte von Y und P die „richtigen" sein, die in (4) spezifiziert wurden, um die Pfade stetigen Wachstums hervorzubringen.

Die Ergebnisse sind den im entsprechenden neoklassischen Modell (14.5 oben) erzielten sehr ähnlich. Es besteht jedoch ein wichtiger Unterschied, der den keynesianischen Ansatz des vorliegenden Modells widerspiegelt. Es gibt nun (im allgemeinen) keine Produktionsfunktion und daher keine Grenzprodukte. Der Gewinn P ist eine Variable, die ins Modell eingebaut wurde, und sein Pfad in der stetigen Lösung wird wie die Pfade von K und Y bestimmt. Darüber hinaus ist die Gewinnrate $\varrho = P/K$ eines der Verhältnisse, die auf den Pfaden stetigen Wachstums konstant sind. Die Arbeitskraft L spielt eine untergeordnete Rolle, sie trägt ihre Wachstumsrate (n) zur natürlichen Wachstumsrate $\mu = m + n$ des Modells bei, aber kaum mehr. Der Lohnsatz erscheint nicht explizit im Modell, kann aber aus der konstanten Gewinnrate abgeleitet werden, er wächst mit der Rate technischen Fortschritts (m) (siehe Übung 16.5).

Die Existenz einer stetigen Lösung des Modells hängt von der Tatsache ab, daß die technische Fortschrittsfunktion (in ihrer wohlgestalteten Form) einen Wert für m, der Rate des technischen Fortschritts im stetigen Wachstum, ergibt. Es ist die Existenz des Punktes P in Fig. 13.7, die das ermöglicht. Das Modell besagt aber nur, daß stetiges Wachstum existiert; es sagt nichts darüber, wie es erreicht werden kann. Bezogen auf die Fig. 13.7 heißt das, der Punkt P existiert, aber es gibt im Modell keinen Mechanismus, der gewährleistet, daß er erreicht wird. Das ist eine Frage der ungleichgewichtigen Dynamik, eine Frage der Stabilität. Kaldor selbst behauptet, daß sein Modell stabil ist; wenn die Investitionen zu niedrig sind, gibt es einen Überschuß im Produktionswachstum, der seinerseits dazu führt, die Lage durch Erhöhung der Investition zu korrigieren, und zwar direkt über die Wirkung der Investitionsfunktion und indirekt über eine Erhöhung der Gewinnquote[5]. Ein Mechanismus dieser Art muß jedoch in einem Ungleichgewichtsmodell gerade mit einer Fehleranpassungsbedingung formuliert werden. Das kann auf verschiedene Arten gemacht werden, ist aber keinesfalls leicht auszuarbeiten. Die Frage der Stabilität wird hier nicht weiter verfolgt.

16.4 Der Fall mit der klassischen Sparfunktion

Die stetige Lösung des Modells ist besonders einfach, wenn $s_w = 0$ und alle Ersparnisse aus den Gewinnen mit der gegebenen Quote s_p kommen. Die Sparfunktion ist dann klassisch: $S = s_p P$.

Die Rate m des technischen Fortschritts ist weiter durch die technische Fortschrittsfunktion gegeben und die Rate stetigen Wachstums von K, Y und P ist weiter $\mu = m + n$. Abgesehen vom Arbeitsangebot, reduzieren sich die Modellbedingungen jetzt auf zwei ganz getrennte Beziehungen. Eine wird von der Spar/Investitionsbedingung abgeleitet: $DK = s_p P$. Die Gewinnrate ϱ ist eine Konstante:

$$\varrho = \frac{P}{K} = \frac{1}{s_p}\frac{1}{K} DK = \frac{\mu}{s_p} .$$

Daher erhält man

$$\varrho = \frac{\mu}{s_p}, \quad \text{wobei} \quad \mu = m + n , \tag{1}$$

nur durch die Verwendung der Spar/Investitionsbedingung des Modells. Die Gewinnrate ist ein Vielfaches ($1/s_p > 1$) der natürlichen Wachstums-

[5] *Kaldor* (1957) op. cit. S. 609 - 10.

rate $\mu = m + n$. Das Ergebnis (1) kann in einer sehr bekannten Form ausgedrückt werden:

$$s_p \varrho = \mu \ ,$$

d. h. die befriedigende Wachstumsrate ($s_p \varrho$) ist gleich der natürlichen ($\mu = m + n$).

Die andere Beziehung bleibt unverändert: $K/Y = v + \beta\,(P/K)$ aus der Investitionsfunktion bei Vollkapazität. Wenn wir (1) verwenden, haben wir $K/Y = v + \beta\varrho = v + \beta\,(\mu/s_p)$. Das ist das konstante Verhältnis, das wir als R geschrieben haben. Es gibt also nur ein R:

$$R = v + \beta\varrho = v + \beta\,\frac{\mu}{s_p}\,. \tag{2}$$

Das kann überprüft werden, indem man in der quadratischen Gleichung (6) von 16.3 $s_w = 0$ setzt.

Es müssen noch die Beschränkungen für die Gewinnquote untersucht werden. Aus (5) von 16.3 und (2) oben haben wir

$$\frac{P}{Y} = \frac{1}{\beta} R\,(R - v) = \varrho\,(v + \beta\varrho)\ .$$

Hier ist $P/Y \geqslant 0$, aber $P/Y \leqslant 1$ ergibt die Beschränkung $\varrho\,(v + \beta\varrho) \leqslant 1$, d. h. $(1/\varrho)\,[(1/\varrho) - v] \geqslant \beta$. Da $\beta > 0$, muß v kleiner als $1/\varrho = s_p/\mu$ sein. Daher ist:

$$v < \frac{s_p}{\mu} \quad \text{oder} \quad \mu < \frac{s_p}{v}\,.$$

In der zweiten Form muß die natürliche Wachstumsrate $\mu = m + n$ kleiner als s_p/v sein, was eine bekannte Bedingung darstellt (siehe 11.8 oben). Die erste Form setzt für v eine Obergrenze $s_p/(m + n)$, während wir in 16.3 oben eine Untergrenze $s_w/(m + n)$ forderten (was nun automatisch erfüllt ist, da $s_w = 0$). Wie in 11,8 oben ausgeführt wurde, kann s_p sogar $\frac{2}{3}$ erreichen und die natürliche Wachstumsrate (für Jahresdaten) $\mu = m + n$ kann in der Größenordnung von 6 % sein. Die Beschränkung für v ist nicht sehr streng; auf jährlicher Basis können v-Werte bis zu 10 die Bedingung gut erfüllen.

16.5 Kaldors Vintage-Modell

Das spätere der beiden Kaldor-Modelle ist in Vintage-Form, eine Variante und Weiterentwicklung des Putty-Clay-Modells (fester Arbeitsbedarf) von 15.6 oben. Anstatt einer glatten Produktionsfunktion für *Ex-ante*-Substitution zwischen Arbeit und dem laufenden Jahrgang der

Maschinen, verwendet Kaldor wieder zwei Funktionen (für technischen Fortschritt und für Investitionen) und, entsprechend, eine zusätzliche Variable, die Einkommensverteilung.

Von den drei spezifizierten Funktionen ist die **Sparfunktion** wieder in der differenzierten Form, jedoch im einfachen Fall der klassischen Funktion, $S = s_p P$, kommen alle Ersparnisse aus den Gewinnen. Die **technische Fortschrittsfunktion** unterscheidet sich in zweifacher Hinsicht von der des Nicht-Vintage-Modells. Da die Funktion sich auf technischen Fortschritt in gebundener Form beziehen muß, ist die abhängige Variable die (proportionale) Änderung des Pro-Kopf-Ausstoßes aus Maschinen des laufenden Jahrganges. Diese wird dann zur (proportionalen) Änderung der Pro-Kopf-*Investition* in neue Maschinen und nicht des Pro-Kopf-*Kapitals* in Abhängigkeit gesetzt.

Die dritte Funktion ist eine **Investitionsfunktion** ganz anderer Art; sie ist in der Tat wohl äußerst einfach, aber doch für bestimmte, ganz „realistische" Arten von Investitionsentscheidungen repräsentativ. Sie bezieht sich weder auf Veränderungen des Ausstoßes und der Gewinne noch auf diskontierte Werte eines erwarteten Ertragsstromes. Dafür wird einfach nur angenommen, daß die Investitionsentscheidungen auf Grund einer gegebenen Amortisationsperiode (pay-off-period) getroffen werden, während welcher die Investitionskosten aus dem Ausstoß wieder hereingebracht werden (4.5 oben).

Die vereinfachenden Annahmen werden wieder gemacht: Alle Maschinen haben unendliche physische Lebensdauer und, auf Grund der Wahl der Einheit, den Preis eins (in Produkteinheiten). Die einzige für die Lebensdauer relevante Frage ist die des Veraltens. Darüber hinaus nehmen wir in der vorliegenden Analyse an, daß der künftige Verlauf der Lohnsätze durch die Unternehmer genau antizipiert wird.

Wie für jedes Vintage-Modell, müssen die Variablen mit großer Sorgfalt spezifiziert werden; zuerst für Maschinen verschiedener Jahrgänge und dann als Gesamtaggregate zusammen mit dem Lohnsatz, der, ungeachtet des Jahrganges der Maschinen, für alle Arbeitskräfte gilt. Die folgende Analyse ist so aufgebaut, daß fünf Variable bestimmt werden müssen, während alle anderen von diesen abgeleitet werden. Es ist jedoch nicht leicht, die fünf am besten geeigneten Variablen zu finden, und manche mögen es vorziehen, eine andere Wahl als hier zu treffen.

Für Maschinen des Jahrganges τ haben wir die drei üblichen Variablen: Ausstoß Q_τ von K_τ Maschinen mit dem Arbeitseinsatz von L_τ Arbeitern. Wenn einmal die Maschinen zur Zeit $t = \tau$ installiert sind, bleiben diese Mengen für alle Zeit $t \geqslant \tau$ fest, zumindest bis die Maschinen, weil veraltet, verschrottet werden. Wir spezifizieren dann Variable, die sich auf neue Maschinen (des laufenden Jahrganges t) zur Zeit t beziehen, und behandeln sie als (stetige und differenzierbare) Funktionen der Zeit t:

$$\text{Ausstoß pro Kopf} \quad q_t = \frac{Q_t}{L_t}$$

$$\text{und Bruttoinvestitionen pro Kopf} \quad i_t = \frac{K_t}{L_t}.$$

Weiters gibt es zwei laufende Variable zur Zeit t:

Lohnsatz $w(t)$ und Lebensdauer der Maschinen $T(t)$.

Wir haben dann, wenn wir keine Verzögerungen annehmen, die Aggregate:

$$\text{Ausstoß (Einkommen)} \quad Y(t) = \int_{t-T}^{t} Q_\tau \, d\tau = \int_{t-T}^{t} q_\tau L_\tau \, d\tau$$

$$\text{Bruttoinvestitionen} \quad I(t) = K_t = i_t L_t$$

$$\text{eingesetzte Arbeit} \quad L(t) = \int_{t-T}^{t} L_\tau \, d\tau \, .$$

Diese werden in L_t ausgedrückt, von größerem Interesse aber als dieser Arbeitseinsatz selbst ist der Anteil an der Gesamtbeschäftigung:

$$R(t) = \frac{L_t}{L(t)} .$$

Wichtig ist auch der aggregierte Ausstoß pro Kopf:

$$y(t) = \frac{Y(t)}{L(t)} ,$$

Das vervollständigt die Zahl der Variablen. Die fünf, die wir als „strategische“ Variablen auswählen, sind:

q_t, i_t, $w(t)$, $T(t)$ und $R(t)$.

Die drei letzteren können nun als w, T und R geschrieben werden, die Abhängigkeit von der Zeit t versteht sich von selbst.

Die drei Funktionen des Modells sind:

$$\left.\begin{aligned}
&\text{Sparfunktion} && S = s_p\,(Y - wL) \\
&\text{Technische Fortschrittsfunktion} && \frac{1}{q_t}\frac{dq_t}{dt} = F\left(\frac{1}{i_t}\frac{di_t}{dt}\right) \\
&\text{Investitionsfunktion} && i_t = \int_{t}^{t+h} [q_t - w(x)]\,dx \\
& && \quad = hq_t - \int_{t}^{t+h} w(x)\,dx
\end{aligned}\right\} \qquad (1)$$

In letzterer ist x eine laufende Zeitvariable zur Integration von t nach $t+h$. Die Investitionen pro Kopf in neue Maschinen werden durch die Erträge über die gegebene Amortisationsperiode von h Zeiteinheiten in der Zukunft (h ist konstant und gegeben) gedeckt.

Von den drei üblichen Gleichgewichtsbedingungen ist der Vollkapazitätseinsatz der Maschinen implizit in der obigen Spezifikation enthalten, und man braucht dafür nichts anschreiben. Die Spar/Investitionsbeziehung und die Vollbeschäftigung der Arbeitskraft (die mit der proportionalen Rate n wächst) sind unten angeführt. Darüber hinaus gibt es eine Bedingung für das Veralten: Die wirtschaftliche Lebensdauer T zur Zeit t wird durch den Jahrgang $\tau = t - T$ gegeben, der verschrottet wird, weil die Quasirente $Q_{t-T} - wL_{t-T} = 0$.

$$\left.\begin{array}{lr} \text{Investition} = \text{Sparen} & I = S \\ \text{Vollbeschäftigung} & L = L_0\, e^{nt} \\ \text{Veralten} & q_{t-T} = w \end{array}\right\} \qquad (2)$$

sind also die Gleichgewichtsbedingungen.

16.6 Die stetige Lösung

Wenn wir nur annehmen, daß die Funktion F für den technischen Fortschritt wohlgestaltet ist, müssen wir unsere Analyse auf die Prüfung des Modells hinsichtlich einer konsistenten stetigen Lösung beschränken. Die wohlgestaltete Form von F sichert, daß es einen eindeutigen gemeinsamen Wert von $dq_t/q_t\,dt$ und $di_t/i_t\,dt$ gibt, der mit m bezeichnet und als Rate des technischen Fortschritts am Pfad stetigen Wachstums interpretiert wird:

$$m = \frac{1}{q_t}\frac{dq_t}{dt} = \frac{1}{i_t}\frac{di_t}{dt}\,. \qquad (1)$$

Die Bestimmung von m kann durch ein Diagramm, das der Fig. 13.7 ähnlich ist, veranschaulicht werden. Auf Grund von (1) wachsen q_t und i_t mit der stetigen Rate m:

$$q_t = (q_t)_0\, e^{mt} \quad \text{und} \quad i_t = (i_t)_0\, e^{mt}\,. \qquad (2)$$

Unsere nächste Aufgabe besteht darin, zu prüfen, ob das konstante T mit der stetigen Lösung konsistent ist. Wenn T konstant ist, ergibt die Veraltensbedingung von (2) aus 16.5 und (2) oben:

$$w = \frac{Q_{t-T}}{L_{t-T}} = q_{t-T} = q_t\, e^{-mT} \qquad (m \text{ und } T \text{ konstant})$$

und durch logarithmische Ableitung: $dw/wdt = dq_t/q_t\,dt = m$ auf Grund von (1) oben. Im stetigen Wachstum wächst der Lohnsatz daher mit der Rate m:

$$w = w_0\, e^{mt} \ . \tag{3}$$

Die Veraltensbedingung gibt $e^{-mT} = w/q_t =$ konstant, da w und q_t mit der gleichen Rate m wachsen. Die konsistente Konstante T ist daher:

$$T = \frac{1}{m} \log \left(\frac{q_t}{w}\right). \tag{4}$$

Die Vollbeschäftigungsbedingung von (2) aus 16.5 ist:

$$\int_{t-T}^{t} L_\tau\, d\tau = L_0\, e^{nt} \ .$$

Nach Ableitung bei konstantem T ist: $L_t - L_{t-T} = nL_0\, e^{nt}$. L_t wächst daher mit der Rate n und

$$L_t\,(1 - e^{-nT}) = n\, L_0\, e^{nt} = nL \ .$$

So ist:

$$R = \frac{L_t}{L} = \frac{n}{1 - e^{-nT}} \tag{5}$$

eine Konstante — der Anteil der Arbeitskraft, der mit neuen Maschinen kombiniert wird.

Die Spezifikation konstanten stetigen Wachstums ist nun vollständig in den Ergebnissen (2), (3), (4) und (5). Man erhält alle fünf strategischen Variablen; drei davon haben stetiges Wachstum mit der Rate m (q_t, i_t und w) und die beiden anderen sind in der Zeit konstant (T und R). Wir haben aber nicht die Beziehungen zwischen den Anfangswerten oder die konstanten Verhältnisse der Variablen q_t, i_t und w. Um sie zu erhalten, können wir uns noch der Spar/Investitionsbedingung und der Spar- und Investitionsfunktionen bedienen. Wir finden es jedoch bequem, nicht die Verhältnisse $q_t : i_t : w$ zwischen den drei Variablen auszudrücken, sondern das Verhältnis jeder zu y, dem aggregierten Ausstoß pro Kopf. Nun ist:

$$Y = \int_{t-T}^{t} q_\tau\, L_\tau\, d\tau \quad \text{und} \quad \frac{dY}{dt} = q_t\, L_t - q_{t-T}\, L_{t-T}$$

und beide, Y und dY/dt, wachsen mit der stetigen Rate $\mu = m + n$, da q_t mit der Rate m und L_t wie L mit der Rate n wachsen. $y = Y/L$ hat daher stetiges Wachstum mit der Rate m, ebenso wie q_t, i_t und w. Die drei folgenden Quoten sind konstant:

$$x_1 = \frac{q_t}{y} \ ; \quad x_2 = \frac{i_t}{y} \ ; \quad x_3 = \frac{w}{y} \, . \tag{6}$$

Wir verwenden den Ausdruck für dY/dt, substituieren $q_{t-T} = w$ aus der Veraltensbedingung und nehmen R aus (5) oben:

$$\frac{1}{Y}\frac{dY}{dt} = \frac{1}{yL}(q_t L_t - q_{t-T} L_{t-T}) = \frac{1}{yL}(q_t L_t - wL_t e^{-nT})$$

$$= \frac{L_t}{L}\left\{\frac{q_t}{y} - \frac{w}{y}\left(1 - \frac{n}{R}\right)\right\},$$

d. i. $\quad \mu = R\left\{x_1 - x_3\left(1 - \frac{n}{R}\right)\right\}$, da Y mit der Rate $\mu = m + n$ wächst.

Wir haben eine erste algebraische Gleichung zwischen unseren Konstanten von (6) oben:

$$Rx_1 - (R-n)\,x_3 = \mu\ .$$

Als nächstes haben wir die Spar/Investitionsbeziehung $I = S$, wobei:

$$I = i_t L_t = Ri_t L$$

und $\quad S = s_p(Y - wL) = s_p L\left(\frac{Y}{L} - w\right) = s_p L(y - w)\ .$

So ist: $\quad Ri_t L = s_p L(y-w)$, d. h. $Rx_2 = s_p(1 - x_3)\ .$

Das ist eine zweite algebraische Gleichung: $Rx_2 + s_p x_3 = s_p$. Eine letzte Gleichung stammt aus der Investitionsfunktion von (1) in 16.5 oben:

$$hq_t - i_t = \int_t^{t+h} w(x)\,dx = \int_t^{t+h} w_0\,e^{mx}\,dx$$

$$= \frac{w_0}{m}\left(e^{m(t+h)} - e^{mt}\right)$$

$$= w\,\frac{e^{mh}-1}{m},$$

d. i. $\quad hx_1 - x_2 = \frac{e^{mh}-1}{m}\,x_3\ .$

Wir haben nun drei algebraische Gleichungen mit drei Konstanten (6):

$$\left.\begin{aligned} Rx_1 - (R-n)\,x_3 &= m + n \\ Rx_2 + s_p\,x_3 &= s_p \\ hx_1 - x_2 - \frac{e^{mh}-1}{m}\,x_3 &= 0. \end{aligned}\right\} \qquad (7)$$

Alle Koeffizienten in (7) sind gegebene Konstanten (m, n, s_p und h), ausgenommen R. Aus (4) und (5) oben finden wir, daß R durch das Verhältnis x_1/x_3 und die gegebenen Konstanten m und n auszudrücken ist:

$$R = \frac{n}{1 - e^{-nT}}\,, \quad \text{wobei} \quad T = \frac{1}{m}\log\left(\frac{x_1}{x_3}\right). \qquad (8)$$

Die Gleichungen (7) sind also nicht linear in x_1, x_2 und x_3. Es ist jedoch möglich zu zeigen, daß sie eine Lösung haben und daß diese eindeutig ist[6].

Wir sind nun fertig. Die konstanten Verhältnisse der drei strategischen Variablen sind:

$$q_t : i_t : w = x_1 : x_2 : x_3 \ ,$$

wobei die x die eindeutigen Lösungen der algebraischen Gleichungen (7) darstellen. Die Konstanten, R für den Anteil der an neuen Maschinen beschäftigten Arbeitskraft und T für die wirtschaftliche Lebensdauer der Maschinen, sind durch (8) in Form der gleichen Lösung von (7) gegeben. Das gleiche Ergebnis kann als Funktion der Anfangswerte der Pfade stetigen Wachstums ausgedrückt werden. Wir wählen y_0 $(= Y_0/L_0)$ als zu spezifizierenden Anfangswert. Die Pfade stetigen Wachstums in (2) und (3) sind zusammen mit dem von y:

Aggregierter Ausstoß pro Kopf	$y = y_0\, e^{mt}$
Ausstoß pro Kopf aus neuen Maschinen	$q_t = x_1\, y_0\, e^{mt}$
Bruttoinvestitionen pro Kopf	$i_t = x_2\, y_0\, e^{mt}$
Lohnsatz	$w = x_3\, y_0\, e^{mt}$.

Schließlich hat die Einkommensverteilung, die im Modell eine Variable ist, am Pfad stetigen Wachstums einen konstanten Wert:

$$\text{Lohnquote} = x_3 \text{ und Gewinnquote} = 1 - x_3 \ .$$

Das folgt, weil $x_3 = w/y = wL/Y$, der Anteil der Löhne am Ausstoß (Einkommen).

16.7 Die Bewertung des Kapitalbestandes

Die stetige Lösung des Modells ist oben in Pro-Kopf-Variablen (Ausstoß, Investitionen und Lohn pro Kopf) dargestellt. Sie wachsen alle mit der stetigen Rate des technischen Fortschritts m. Zwei davon, q_t und i_t (Ausstoß und Investitionen pro Kopf aus bzw. in neue Maschinen), sind die Variablen, die für die Spezifikation der technischen Fortschrittsfunktion verwendet werden.

Die Lösung kann alternativ in den Aggregaten über alle Maschinenjahrgänge und in der kombinierten Wachstumsrate $\mu = m + n$ dargestellt werden. Abgesehen von der Arbeitskraft L, die mit der Rate n wächst, haben wir bereits den aggregierten Ausstoß (Einkommen) Y und die Bruttoinvestitionen I, die mit der Rate μ wachsen. Um das Bild zu

---

[6] *Kaldor* and *Mirrlees*, op. cit., Appendix.

vervollständigen, suchen wir nach einer Bewertung K des Kapitalbestandes aller Maschinen der Jahrgänge τ $(t-T < \tau \leqslant t)$ zur Zeit t.

Es gibt eine bereits verfügbare Bewertung des Kapitalbestandes, und zwar eine, die für Bruttoinvestitionen in Maschinen aufeinanderfolgender Jahrgänge nicht ungeeignet ist. Wieder ist es die aggregierte Zahl aller vorhandenen Maschinen ($K_\tau = i_\tau L_\tau$ für $t-T < \tau \leqslant t$), die dem **Kapitalbestand zu historischen Kosten** gleich ist:

$$K = \int_{t-T}^{t} i_\tau L_\tau \, d\tau$$

und entsprechend:

$$Y = \int_{t-T}^{t} q_\tau L_\tau \, d\tau \, .$$

Da i_t und q_t mit der Rate m und L_t mit der Rate n wachsen, ist

$$i_\tau = i_t \, e^{-m(t-\tau)}; \quad q_\tau = q_t \, e^{-m(t-\tau)} \quad \text{und} \quad L_\tau = L_t \, e^{-n(t-\tau)} \, .$$

So ist:

$$K = i_t L_t \, e^{-\mu t} \int_{t-T}^{t} e^{\mu\tau} \, d\tau = \frac{1-e^{-\mu T}}{\mu} \, i_t L_t$$

und

$$Y = q_t L_t \, e^{-\mu t} \int_{t-T}^{t} e^{\mu\tau} \, d\tau = \frac{1-e^{-\mu T}}{\mu} \, q_t L_t \, .$$

Weiter ist: $I = i_t L_t$.

Wir haben drei Aggregate: Ausstoß (Einkommen) Y, Kapitalbestand K und Bruttoinvestitionen I. Diese wachsen in der stetigen Lösung des Modells mit der Rate $\mu = m + n$. Ihre Verhältnisse zueinander sind konstant:

$$Y : K : I = q_t : i_t : \frac{\mu i_t}{1-e^{-\mu T}} \, .$$

$q_t : i_t$ ist hier das Verhältnis von x_1 zu x_2, das aus den Gleichungen (7) gefunden wurde, und T ist auf Grund von (8) in 16.6 oben in Form des Verhältnisses von x_1 zu x_3 gegeben.

Ein anderer Ausdruck des Verhältnisses I/Y kann mit Hilfe der zweiten Gleichung von (7) in 16.6 gefunden werden:

$$\frac{I}{Y} = \frac{i_t L_t}{yL} = R x_2 = s_p \, (1-x_3) \, .$$

Wir schreiben π für die Profitquote. Da $\pi = 1-x_3$, haben wir dann:

$$\frac{I}{Y} = s_p \, \pi \, .$$

Die Profitquote ist daher ein Vielfaches ($1/s_p > 1$) des Investitions-Ausstoßverhältnisses. Im Grenzfall ($s_p = 1$) erhalten wir dann das Ergebnis, daß die Profitquote P/Y gleich dem Verhältnis I/Y ist; das muß so sein, da die gesamten Gewinne gespart und investiert ($P = I$) werden.

16.8 Zusammenfassung

Das Vintage-Modell ist mit stetigem Wachstum konsistent. Die Wachstumsraten der Variablen und die Konstanten des Modells können für die stetige Lösung in einer Tabelle zusammengefaßt werden.

Wachstumsrate	Variable	Konstante
n	L = Arbeitskraft L_t = Arbeitsallokation an neue Maschinen	π = Anteil der Gewinne am Ausstoß (Einkommen) R = Anteil der neuen Maschinen zugeteilten Arbeitskraft T = Wirtschaftliche Lebensdauer der Maschinen
m	w = Lohnsatz y = Ausstoß pro Kopf q_t = Pro-Kopf-Ausstoß aus neuen Maschinen i_t = Bruttoinvestitionen pro Kopf	
$m + n$	Y = Ausstoß K = Kapitalbestand (zu historischen Kosten) I = Bruttoinvestitionen	

Die Raten stetigen Wachstums hängen (allein und additiv) von der gegebenen Wachstumsrate der Bevölkerung und von der Rate des technischen Fortschritts, der durch die technische Fortschrittsfunktion spezifiziert wird, ab. Sie werden nicht durch die Sparneigung aus den Gewinnen (s_p) beeinflußt. Veränderungen in s_p beeinflussen das Niveau, nicht aber die Wachstumsrate der Ausstoß- und Investitionsvariablen. Dieser Einfluß von s_p muß durch die Lösung der algebraischen Gleichungen für x_1, x_2 und x_3 bestimmt werden, allerdings auf Umwegen.

In Ergänzung zu den drei in der Tabelle gezeigten Konstanten ist das Verhältnis von zwei beliebigen Variablen mit der gleichen Wachstumsrate am Pfad stetigen Wachstums des Modells konstant. So sind z. B. die Verhältnisse $Y : K : I$ konstant.

Es gibt einen anderen gegebenen Parameter im Modell, die Länge der Amortisationsperiode h für Investitionsentscheidungen. Da h auch in den algebraischen Gleichungen für x_1, x_2 und x_3 aufscheint, können wir ziemlich allgemein sagen, daß Veränderungen in diesem Parameter die Niveaus (aber nicht die Wachstumsraten) der Variablen beeinflussen. Die Rolle von h wird jedoch beleuchtet, wenn man den interessanten (wenn auch nur akademischen) Fall untersucht, in dem die wirtschaftliche Lebensdauer der Maschinen sehr groß ist. (Siehe Übungen 16.7 und 16.8.) Wenn $T \rightarrow \infty$ finden wir, daß $w \rightarrow 0$, und das gesamte Einkommen aus Gewinnen besteht. Das vereinfacht die Sache so weit, daß wir

$$S = s_p Y \quad \text{und} \quad K = hY$$

haben.

$\mu = s_p/h$ ist dann so zu interpretieren: Die natürliche Wachstumsrate $\mu = m + n$ ist gleich der befriedigenden Rate s_p/h im Sinne der Harrod-Domar-Modelle.

Übungen

16.1 Wenn $v = 2$ für Jahresdaten ist, erfordert die Beschränkung $v > s_w/\mu$ von 16.3 oben eine kombinierte Wachstumsrate der Arbeitskraft und des technischen Fortschritts, die, auf Jahresbasis berechnet, $\frac{1}{2}\, s_w$ übersteigt. Wie wahrscheinlich ist das in der Praxis so? Verändert sich Ihre Einschätzung, wenn $v = 4$ für Jahresdaten ist?

16.2 Nehmen Sie eine lineare technische Fortschrittsfunktion an: $dy/ydt = a + \alpha\,(dk/kdt)$, wobei $a > 0$ und $0 < \alpha < 1$. Zeichnen Sie die Fig. 13.7 wieder auf und zeigen Sie, daß $m = a/(1-\alpha)$ die einzige zulässige gemeinsame Wachstumsrate von y und k ist. Zeigen Sie (wie in 13.7 oben), daß y und k (abgesehen von einer multiplikativen Konstanten) durch eine Cobb-Douglas-Form: $y = e^{at} k^{\alpha}$ mit technischem Fortschritt mit der Harrod-neutralen Rate $m = a/(1-\alpha)$ verbunden sind. Erklären Sie, warum in Kaldors Nicht-Vintage-Modell, selbst mit dieser Produktionsfunktion, die Grenzprodukte nicht der Gewinn- und Lohnrate gleich sind.

16.3 Zeigen Sie, daß Kaldors Nicht-Vintage-Modell mit einer linearen technischen Fortschrittsfunktion folgende Gleichgewichtsbedingungen hat:

$$K = vY + \beta \frac{P}{K} Y\,, \quad DK = s_w Y + (s_p - s_w)\, P \quad \text{und} \quad Y = L_0\, e^{(1-\alpha)\mu t} K^{\alpha}\,,$$

welche die Differentialgleichung

$$\frac{1}{K}\, DK = \frac{s_p - s_w}{\beta} \frac{K}{Y} - s_w \frac{Y}{K} + v \frac{s_p - s_w}{\beta} = 0\,, \quad \text{wobei} \quad Y = L_0\, e^{(1-\alpha)\mu t} K^{\alpha}$$

in K ergeben. Zeigen Sie, daß die Gleichung für den allgemeinen Gleichgewichtspfad von K nicht leicht zu lösen ist, daß man aber den stetigen Pfad von 16.3 oben erhält, indem man $(1/K)\, DK = \mu$ und $K/Y = R$ setzt und die Gleichung (6) von 16.3 für R erhält. Kommentieren Sie das.

16.4 Gelangen Sie zu einem Fall von Kaldors Nicht-Vintage-Modell mit einer proportionalen Sparfunktion, indem Sie $s_w = s_p = s$ in (6) von 16.3 setzen. Zeigen Sie, daß der Kapitalkoeffizient s/μ ist und daß die Gewinne im stetigen Wachstum weiter durch das Modell bestimmt werden, vorausgesetzt, daß $\mu < s/v$. Steht diese Beschränkung mit der in Übung 16.1 untersuchten in Widerspruch? Vergleichen Sie dieses Ergebnis mit der Harrod-Domar Lösung und mit der neoklassischen Lösung.

16.5 Der Lohnsatz in Kaldors Nicht-Vintage Modell ist $w = (Y-P)/L$. Zeigen Sie, daß im stetigen Wachstum $w = w_0\, e^{mt}$ ist, wobei $w_0 = (K_0/L_0)\,[1/R - (R-v)/\beta]$. Prüfen Sie nach, daß die durch (6) in 16.3 gegebene Wurzel R nicht so groß sein darf, daß $R\,(R-v) > \beta$.

16.6 Untersuchen Sie für den Fall der klassischen Sparfunktion in Kaldors Nicht-Vintage-Modell die Grenzfälle, wo es (1) keine Gewinne gibt ($P = 0$) und wo es (2) keine Löhne gibt ($P/Y = 1$). Zeigen Sie, daß man in (1) $\mu = 0$ haben muß. Was ist die (stetige) Gewinnrate in (2) und was kann über μ gesagt werden?

16.7 Zeigen Sie durch Verwendung der Gleichungen (7) und (8) von 16.6 oben, daß die stetige Lösung von Kaldors Vintage-Modell eine unendliche ökonomische Lebensdauer der Maschinen ergibt, wenn $w = 0$ und $R = L_t/L = n$. Leiten Sie ab, daß die Pfade des Ausstoßes und der Investitionen pro Kopf dann $q_t = (\mu/n)\, y_0\, e^{mt}$ und $i_t = (s_p/n)\, y_0\, e^{mt}$ sind. Zeigen Sie weiter, daß die Amortisationsperiode $h = s_p/\mu$ ist.

16.8 Zeigen Sie für den Fall unendlicher ökonomischer Lebensdauer der Maschinen, daß die Aggregate von Kaldors Vintage-Modell bei stetigem Wachstum die Verhältnisse $Y : K : I = \mu : s_p : \mu s_p$ haben. Schließen Sie daraus, daß die stetige Lösung für den Gütermarkt aus den Bedingungen des Harrod-Domar-Typs kommt:

$$S = s_p Y \quad \text{und} \quad K = vY, \quad \text{wobei} \quad v = h\,(\textit{Amortisationsperiode})$$

und daß die befriedigende Wachstumsrate s_p/h ist, die der gegebenen natürlichen Wachstumsrate $\mu = m + n$ gegenüberzustellen ist.

Kapitel 17

Multiplikator-Akzelerator-Modelle

17.1 Ungleichgewichtsmodelle

Die keynesianische Analyse des kurzfristigen Gleichgewichts geht in realen und nominellen Größen vor sich, aber vernachlässigt die Kapitalakkumulation und die gesamte Investition mit Ausnahme der autonomen. Bevölkerungswachstum und technischer Fortschritt kommen nicht vor. Andererseits charakterisieren gerade diese Faktoren das langfristige Gleichgewicht, wurden aber von uns bloß in einem sehr engen Rahmen behandelt. Er ist auf reales Wachstum beschränkt und übergeht viele der Instrumente des keynesianischen Systems.

Unser Ziel ist nun, die Kluft zwischen der kurzfristigen Betrachtungsweise von Keynes und der langfristigen des stetigen Wachstums zu überwinden. Wir betrachten das Problem **mittelfristig** und sind in der Annahme exogener bzw. endogener Bedingungen in unseren Modellen flexibel. Sicherlich werden wir in unsere Modelle einige der Faktoren einführen, die in der kurzfristigen Betrachtungsweise Keynes' exogen behandelt werden, aber wir lassen weiterhin viel von autonomen Einflüssen abhängen. Wir sind bereit, die Analyse sowohl in **realen wie auch in nominellen Größen** durchzuführen, unter Benützung der keynesianischen Instrumente, aber wegen der einfacheren Darstellung verwenden wir längere Zeit hindurch nur reale Größen. Tatsächlich sind wir erst kurz vor dem Ende soweit (Kapitel 20), daß wir das Geldangebot und das Preisniveau einführen. Vor allem beschäftigen wir uns mit dem **dynamischen Ungleichgewicht,** das auf Verzögerungen und möglichst realistischen Fehleranpassungsbedingungen beruht. Der Schwerpunkt hat sich vollkommen verschoben. Wir erwarten, daß sich das langfristige Wachstum in unseren Modellen als spezielle Lösung ergibt, die als Vergleichsstandard dient. Doch kümmern wir uns nicht in erster Linie um die Stabilitätsfrage: konvergiert ein Ungleichgewichtspfad zum stetigen Wachstum? Wir betrachten den Ungleichgewichtspfad als etwas an und für sich Interessantes und stellen die Frage: zu welcher Veränderung des Ausstoßes kommt es, und im besonderen, wann und wie entstehen Schwingungen? Kurz, wir sind in erster Linie an zyklischen Modellen interessiert.

Mit diesen Dingen vor Augen gehen wir an den Anfang zurück und konstruieren unsere Ungleichgewichtsmodelle von Grund auf neu. Wir beginnen wieder mit dem einfachsten Modell in realen Größen, mit einem nachfrageorientierten Modell des Gütermarkts, von derselben Art wie die Harrod-Domar-Wachstumsmodelle, aber insoferne modifiziert, als vom dynamischen Gleichgewicht zum dynamischen Ungleichgewicht übergegangen wird. Das beschäftigt uns im vorliegenden Kapitel. Mehrere Probleme treten dabei auf: ob Schwingungen, wenn sie auftreten, durch exogene Faktoren (Kapitel 18) reguliert werden können; wie die durch lineare Modelle hervorgebrachten symmetrischen Schwingungen so angepaßt werden können, daß sie adäquater die Gegebenheiten des Konjunkturzyklus beschreiben (Kapitel 19); und schließlich, wie Wachstum und Schwingungen kombiniert werden können, etwas, das wir die ganze Zeit im Sinn haben. Am Ende finden wir, daß geeignete Anpassung der autonomen Faktoren das bringt, was wir wollen, oder daß wir den Geltungsbereich unserer Modelle erweitern können und das Zusammenspiel von realen und nominellen Einflüssen zu Hilfe nehmen können, um zum zyklischen Wachstum zu gelangen (Kapitel 20). Das ist, genaugenommen, das Ziel des ganzen Buches; so weit können wir ungefähr in dieser makroökonomischen Richtung gehen.

17.2 Die Modellformulierung: Kontinuierliche Analyse

Harrod-Domar-Wachstumsmodelle verbinden eine unverzögerte Strombedingung des Gütermarkts mit zwei Bestandbedingungen, die volle Kapazitätsauslastung des Kapitalbestandes und der Arbeitskraft ausdrücken. Um genau zu sehen, wie und wo wir in unser dynamisches Ungleichgewichtssystem Verzögerungen und Fehleranpassungsbedingungen einführen sollen, halten wir eine Neuformulierung der Harrod-Domar-Struktur für günstig.

In kontinuierlicher Analyse können die Harrod-Domar-Bedingungen des Gütermarkts mittels der üblichen Parameter (v und $s = 1-c$) auf alternative Arten dargestellt werden:

Bestandbedingung:

$$\left.\begin{array}{lll} \text{Entweder:} & \text{Volle Kapazität} & K = vY \quad \text{und} \quad I = DK \\ \text{Oder:} & \text{Investitionsfunktion} & I = vDY \end{array}\right\} \qquad (1)$$

Strombedingung:

$$\left.\begin{array}{lll} \text{Entweder:} & \text{Ausstoß} = \text{Nachfrage} & Y = C + I, \quad \text{wobei} \quad C = cY \\ \text{Oder:} & \text{Investition} = \text{Sparen} & I = sY \end{array}\right\} \qquad (2)$$

Auf jeden Fall ergibt sich, daß die Variablen mit der befriedigenden Rate ($g = s/v$) wachsen. Wie in Harrod-Domar-Modellen konzentriert sich das Interesse auf die Übereinstimmung dieser Rate mit der natürlichen Wachstumsrate im System ($\mu = m + n$) für eine gegebene Wachstumsrate der Bevölkerung und eine gegebene Rate (Harrod-neutralen) technischen Fortschritts. Wenn wir das einmal erreicht haben, finden wir, daß — ohne technischen Fortschritt — der Ausstoß und die Beschäftigung mit derselben Rate (n) wachsen und daß der Ausstoß pro Kopf und der Lohnsatz konstant sind — keiner wird reicher. Selbst bei technischem Fortschritt wachsen Pro-Kopf-Ausstoß und Lohnsatz stetig mit dem technischen Fortschritt — keine sehr interessante Schlußfolgerung.

Unsere Ungleichgewichtsmodelle in diesem Kapitel sind auf dem Gütermarkt nachfrageorientiert. Also vernachlässigen wir wieder die zunehmende Arbeitskraft und behandeln den technischen Fortschritt, solange er Harrod-neutral ist, so, als ob er keinen Einfluß auf unsere Modelle hätte. Wir konzentrieren uns auf die Bestand- und Strombedingungen des Gütermarkts und betrachten sie der Reihe nach.

Die Bestandbedingung (1) nimmt direkt oder indirekt an, der Kapitalstock werde bis zur Kapazitätsgrenze ausgenützt. Das ist eine Bedingung, die wir fallen lassen müssen, und wir müssen nachdenken, was wir an ihre Stelle setzen sollen. Die Antwort hängt davon ab, ob wir den Kapitalstock als meßbar annehmen oder nicht und wie wir die Beziehung zwischen Kapital und Ausstoß herstellen. Die erste Form von (1) nimmt K als meßbar an und geht von einem konstanten Verhältnis aus:

$$\frac{\text{Kapazitätsausstoß}}{\text{Kapitalstock}} = \frac{1}{v} = \text{konstant}$$

und nimmt dann weiter an, daß der Kapazitätsausstoß bei jedem Kapitalstock erzielt werde ($Y = (1/v)\,K$). Die zweite Form von (1) ist die marginale und reziproke Form:

$$\frac{\text{gewünschte Investition}}{\text{Ausstoßänderung}} = v = \text{konstant},$$

so daß $I = vDY$, wenn die Investition realisiert wird. Wenn aber K als meßbar und ursprünglich mit dem Ausstoß übereinstimmend angenommen wird ($K_0 = vY_0$), verändert sich die Bedingung zu:

$$\frac{\text{gewünschtes Kapital}}{\text{Ausstoß}} = v = \text{konstant},$$

so daß immer $K = vY$ gilt, wenn der gewünschte Kapitalstock für jeden Ausstoß erreicht wird.

Wenn wir die Bedingung (1) aufgeben, können wir den tatsächlichen Kapitalstock K (als meßbar angenommen) von dem in Beziehung zum laufenden Ausstoß gebrachten gewünschten Kapitalstock $K^* = vY$ verschieden sein lassen. Wenn es also Überkapazität gibt ($K > K^*$), eliminieren wir den Überschuß durch eine Reduktion der Investition mittels eines geeigneten Fehleranpassungsprozesses; das geschieht in 10.6 oben. Aber wir arbeiten vielleicht lieber direkt mit der Investitionsfunktion, indem wir eine Fehleranpassungsbedingung annehmen, die über irgend eine Verzögerung die tatsächliche Investition zum gewünschten Niveau vDY in Beziehung bringt. Diesen Weg haben wir hier gewählt. Aber da $I \neq vDY$ impliziert, daß der gewünschte Kapitalstock nicht erreicht wird, lassen wir weiterhin veränderliche Kapazitätsauslastung über die Zeit zu, d. h. zu verschiedenen Zeitpunkten des Konjunkturzyklus.

Die Strombedingung (2) wird aufrechterhalten, außer daß sie Verzögerungen beinhalten muß und (im besoderen) einen Fehleranpassungsmechanismus, der von der mangelnden Übereinstimmung zwischen I und vDY herrührt. Wenn wir die autonome Nachfrage vernachlässigen, schreiben wir die Bedingung in der allgemeinen Form von 2.4 oben an:

$$\left.\begin{array}{ll} \text{Nachfrage:} & Z = C + I, \quad \text{wobei } C \text{ und } I \text{ verzögert sind} \\ \text{Ausstoß:} & Y \text{ in bezug auf } Z \text{ verzögert} \end{array}\right\} \quad (3)$$

Die Verwendung nur einer Investitionsverzögerung bedeutet eine beträchtliche Vereinfachung. Die Strombedingung läuft dann auf:

$$\text{Investition = Sparen:} \quad I = S(Y) \text{ hinaus, wobei } I \text{ verzögert ist.} \quad (4)$$

Wir sind nun so weit, daß wir ein spezifisches Ungleichgewichtsmodell für den Gütermarkt formulieren können. Die grundlegende Spezifizierung betrifft die Investitionsverzögerung (oder die Fehleranpassung), die wirksam wird, wenn die Kapazität nicht voll ausgelastet wird. Wenn das die einzige Verzögerung ist, führt man sie einfach in (4) ein. Aber es kann auch eine Verzögerung im Ausstoß oder im Konsum (oder in beiden) angenommen werden. In diesen Fällen müssen alle Verzögerungen in die allgemeine Form (3) der Strombedingung eingefügt werden.

17.3 Die Parameter der Multiplikator-Akzelerator-Modelle

Das spezielle Ungleichgewichtsmodell, das hier untersucht werden soll, ist vom Akzelerator-Multiplikatortyp. Abgesehen von Verzögerungen, nehmen wir also proportionale Konsum- und Sparfunktionen an ($C = cY$ und $S = sY$, wobei $s = 1 - c$) und die Investitionsfunktion als $I = vDY$. Wie üblich haben wir zwei Parameter, s und v. Ein wesentlicher Bestandteil ist die Investitionsverzögerung, die die Fehleranpassung bei nicht vollkommener Kapazitätsauslastung ausdrückt. Was immer wir tun, wir *müssen* eine Investitionsverzögerung haben; sonst sind wir wieder bei der Gleichgewichtsbedingung voller Kapazitätsauslastung. Aus der in 5.7 oben gegebenen Darstellung des wirtschaftlichen Prozesses, der von Ausstoßveränderungen über Investitionsentscheidungen zu Ausgaben für und Lieferung von Kapitalgütern geht, geht klar hervor, daß die Verzögerung lang und kompliziert sein *kann*. Wir haben also als Minimum drei Parameter: s, v und die Länge der Investitionsverzögerung.

Wir verwenden nun eine in 10.8 oben entwickelte Idee, um die Zahl der Parameter in einem kontinuierlichen Modell so klein wie möglich zu halten. Wir können die Zeiteinheit frei wählen. Anstatt irgendeine angenehme, aber willkürliche Zeiteinheit (z. B. ein Jahr) zu wählen, nehmen wir die Länge der Investitionsverzögerung als unsere Zeiteinheit. Die minimale Anzahl der Parameter wird dann auf zwei reduziert: s für die Sparneigung und v für den kombinierten Effekt des Kapitalkoeffizienten (z. B. auf jährlicher Basis) und der Länge der Investitionsverzögerung (z. B. in Jahren). Wenn wir bereit sind, die technische Beziehung zwischen Ausstoß und Kapital als gegeben anzunehmen, können wir unseren Parameter v einfach als umgekehrtes Maß der Investitionsverzögerung verwenden. Es gibt keine Unklarheit: steigendes s bedeutet höhere Sparneigung und höheres v führt zu kürzeren Investitionsverzögerungen. In 10.8 oben sind realistische Werte für s und v zusammengefaßt.

Das ist aber das bloße Minimum. Es ist möglich, daß die Investitionsverzögerung in komplizierterer Form angenommen werden muß, so daß sie durch zwei oder mehrere Parameter beschrieben wird und nicht nur durch ihre Länge. Weiters gibt es Ausstoß- und Konsumverzögerungen, die je nach Wunsch zusätzlich eingeführt werden können, aber zu mehr Parametern führen. Der nächst einfachste Fall, den wir betrachten, tritt auf, wenn die Investitionsverzögerung adäquat durch einen Parameter beschrieben wird (ihre Länge) und wenn noch eine andere Verzögerung — im Konsum oder im Ausstoß, aber nicht in beiden — vorkommt, die wieder durch ihre Länge beschrieben wird. Es reicht ein zusätzlicher Parameter, die Länge T der Ausstoß- (oder Konsum-)Verzögerung in der gewählten Zeiteinheit. Wenn man daran denkt, daß die Zeiteinheit die Länge der Investitionsverzögerung ist, interpretieren wir T als die *relative Länge* der zweiten Verzögerung, d. h. als ihre Länge im Verhältnis zu der der Investitionsverzögerung. Wir können erwarten, daß die Ausstoß- (oder Konsum-)Verzögerung kürzer, vielleicht sogar wesentlich kürzer als die Investitionsverzögerung ist. So ist T wahrscheinlich ein geeigneter Bruch, etwa in der Größenordnung von $\frac{1}{2}$. Als typischer Fall kann die Investitionsverzögerung kaum kleiner als ein Jahr und vielleicht zwei oder mehr Jahre sein; auf der anderen Seite ist eine Ausstoß- oder Konsumverzögerung von weniger als einem Jahr recht wahrscheinlich, sie mag sogar sehr kurz sein.

Ein Punkt muß schon zu Beginn klargestellt werden: unsere Modelle sind so konstruiert, daß $Y = 0$ die stationäre Lösung ist. Ohne Verzögerungen haben wir einfach:

$$Y = cY + vDY \quad \text{oder} \quad vDY = sY \ .$$

Stetiges Wachstum mit der Rate $g = s/v$ ist dann die Lösung. Aber $Y = 0$ (Wachstumsrate von Null) ist der mit dem Modell konsistente stationäre Zustand und das bleibt so, auch wenn wir Verzögerungen einführen. Die Lösung $Y = 0$ sieht sonderbar aus. Aber es gibt nichts Besonderes dabei; im Gegenteil, wie wir in 10.3 oben gesehen haben, ist sie gerade eine Folge davon, daß wir alle Arten von autonomer Ausgabe vernachlässigen: $A = 0$. Wenn ein konstantes A eingeführt wird, ist das stationäre Niveau das des Multiplikators $Y = A/s$. Wir machen nicht mehr, als den Ausstoß (das Einkommen) von einem willkürlichen Ursprung aus zu messen, nämlich dem stationären Multiplikatorniveau. In den Variablen des Modells ausgedrückt, geht jede Schwingung, die wir erhalten, um $Y = 0$ vor sich; aber in Wirklichkeit gehen sie um $Y = A/s$ vor sich. Wir haben absichtlich die Behandlung des autonomen Elements der Nachfrage auf später verschoben. In diesem Kapitel beschäftigen wir uns mit den *freien*, dem System endogenen *Schwingungen*; im nächsten Kapitel lassen wir exogene Faktoren, die durch die autonomen Ausgaben A wirken, zu, um das System um auferlegte geplante Schwingungen zu erweitern, die wir im Zusammenhang mit der wirtschaftlichen Steuerung betrachten.

17.4 Der Fall, wo nur eine Investitionsverzögerung vorliegt

Im Hinblick auf die Bedeutung der Investitionsverzögerung können wir unsere kontinuierliche Analyse der Multiplikator-Akzelerator-Modelle mit dem Fall beginnen, bei dem die Verzögerung (Fehleranpassung) in der Investition die einzige Verzögerung des Modells ist. Die Modellbedingungen hängen dann von der für die Verzögerung gewählten Form ab. Wenn es sich bei der Verzögerung um eine einfache exponentielle handelt, deren Zeitkonstante eins ist (durch geeignete Wahl der Zeiteinheit), ist das Blockdiagramm das in der Fig. 17.4 wiedergegebene und die Gleichungen sind:

$$\text{Nachfrage:} \quad Z = C + I, \quad \text{wobei} \quad C = cY \quad \text{und} \quad I = \frac{1}{D+1} vDY \ ,$$

$$\text{Ausstoß:} \quad Y = Z \ .$$

Also: $$Y = cY + \frac{1}{D+1} vDY ,$$

d. h. $$(D+1)\, sY = vDY ,$$

was eine Differentialgleichung erster Ordnung ergibt:

$$(v-s)\, DY - sY = 0 .$$

Die allgemeine Lösung von einem Anfangswert Y_0 ausgehend ist:

$$Y = Y_0\, e^{\lambda t}, \quad \text{wobei} \quad \lambda = \frac{s}{v-s} .$$

Wenn $Y_0 = 0$, haben wir den stationären Zustand $Y = 0$ für alle t. Sonst ist die einzige Lösung des Modells ein stetiges Wachstum oder eine stetige Abnahme des Ausstoßes Y, ausgehend von einem ursprünglichen Wert $Y_0 \neq 0$. Zu Wachstum kommt es, wenn $v > s$ und zu einem Rückgang, wenn $v < s$.

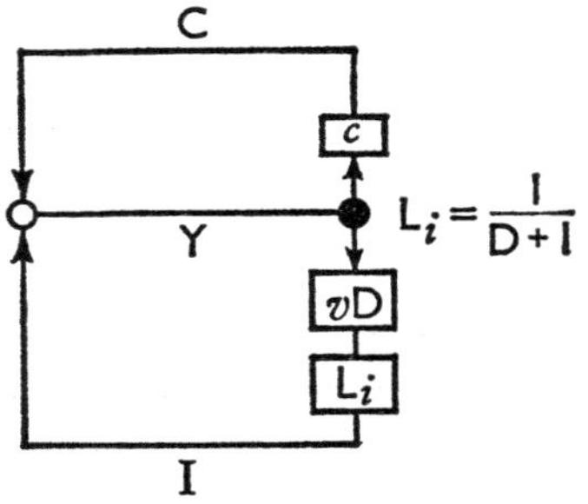

Fig. 17.4

Wenn wir von der Länge der Investitionsverzögerung ausgehen, die durch den Parameter v ausgedrückt wird, ist die Interpretation einfach. Wenn die Verzögerung nicht sehr lang ist, haben wir $v > s$ und stetiges Wachstum von Y. Wenn z. B. der Kapitalkoeffizient mit jährlichen Daten 2 ist und selbst wenn s sogar 0,25 ist, tritt $v < s$ nur auf, wenn die Investitionsverzögerung größer als 8 Jahre ist. In diesem illustrativen Fall kommt es also bei allen Investitionsverzögerungen bis zu einer Länge von 8 Jahren zu stetiger Ausstoßzunahme; bei längeren Verzögerungen sinkt der Ausstoß stetig. Dieses Ergebnis entspricht dem von 10.6 oben.

Wenn die Verzögerung doppelt exponentiell ist, was sicherlich eine bessere Darstellung des Investitionsprozesses darstellt, schreiben wir entsprechend 5.5 oben $I = [\varkappa/(D + \varkappa)]^2\, vDY$, wobei die Länge der doppelten Verzögerung gleich $T = 2/\varkappa$ ist. Nehmen wir durch entsprechende Wahl der Zeiteinheit $T = 1$ an, so daß $\varkappa = 2$. Die Modellgleichungen reduzieren sich dann zu:

$$Y = cY + \frac{4}{(D+2)^2} vDY ,$$

d. i.

$$(D+2)^2 sY = 4 vDY .$$

Man erhält dann die Differentialgleichung zweiter Ordnung:

$$D^2 Y - 4\left(\frac{v}{s} - 1\right) DY + 4Y = 0 .$$

Die Lösung enthält die beiden durch Anfangsbedingungen festgelegten Konstanten B_1 und B_2:

$$Y = B_1 e^{p_1 t} + B_2 e^{p_2 t} ,$$

wobei p_1 und p_2 Lösungen des quadratischen Ausdrucks

$$p^2 - 4\left(\frac{v}{s} - 1\right) p + 4 = 0$$

sind.

Also gilt:

$$p_1, p_2 = 2\left(\frac{v}{s} - 1\right) \pm 2 \sqrt{\left[\frac{v}{s}\left(\frac{v}{s} - 2\right)\right]} .$$

Die Wurzeln sind reell, **wenn v > 2 s** und, wie man aus den Vorzeichen der Konstanten der quadratischen Gleichung ersehen kann, sind beide Lösungen positiv. In diesem Fall ist der in der Lösung dominierende Ausdruck jener, bei dem $e^{p_1 t}$ vorkommt, wobei $p_1 = 2\,[(v/s) - 1] + 2 \sqrt{\{(v/s)\,[(v/s) - 2]\}}$. Im Grenzfall ist der Verlauf von Y stetiges Wachstum mit der Rate $p_1 > 1$.

Wenn andererseits **v < 2 s,** sind die Lösungen konjugiert komplex und können in der Form:

$$\alpha \pm i\omega = 2\left(\frac{v}{s} - 1\right) \pm 2i \sqrt{\left[\frac{v}{s}\left(2 - \frac{v}{s}\right)\right]}$$

angeschrieben werden, was eine Lösung mit Schwingungen ergibt:

$$y = Be^{\alpha t} \cos(\omega t - \varepsilon) ,$$

wobei die Amplitude (B) und die Phase (ε) durch Anfangsbedingungen festgelegt sind. Die Dämpfung (α) und die Periode ($2\pi/\omega$) ergeben sich aus den Parametern des Modells:

$$\alpha = 2\left(\frac{v}{s} - 1\right) \quad \text{und} \quad \frac{2\pi}{\omega} = \pi \Big/ \sqrt{\left[\frac{v}{s}\left(2 - \frac{v}{s}\right)\right]} .$$

Die wichtigste Eigenschaft, die untersucht werden muß, ist die Dämpfung der Zyklen. Sie sind gedämpft ($\alpha < 0$), wenn $v < s$ und explodierend ($\alpha > 0$), wenn $s < v < 2\,s$.

Die Interpretation geschieht wieder durch die Länge der Investitionsverzögerung, wie sie durch den Parameter v ausgedrückt wird und im Zusammenhang mit der Sparneigung s. Wir haben:

Fall	Verlauf des Ausstoßes
$v < s$	Gedämpfte Schwingung
$s < v < 2s$	Explodierende Schwingung
$v > 2s$	Stetiges Wachstum

Eine lange Investitionsverzögerung (v ist so klein, daß es kleiner als s ist) ist für einen gedämpften Zyklus im Ausstoß notwendig; sonst wächst der Ausstoß über die Zeit, entweder mit Schwingungen (mittellange Verzögerung) oder stetig (kleine Verzögerung). In dem von uns verwendeten illustrativen Beispiel kommt es zu Wachstum bei doppelten Verzögerungen bis zu 4 Jahren und zu explodierenden Schwingungen bei Verzögerungen, deren Länge zusammen zwischen 4 und 8 Jahren ausmacht und zu einem gedämpften Zyklus nur dann, wenn die Verzögerung 8 Jahre überschreitet.

Wenn es nur die Investitionsverzögerung gibt, ist die Schlußfolgerung, daß wir eine Lösung mit Schwingungen erhalten, wenn die Verzögerung (zumindest) eine doppelt exponentielle ist und vorausgesetzt, daß sie (zumindest) von mittlerer Länge (z. B. mehr als 4 Jahre) ist. Wenn ein Zyklus auftritt, ist die Wahrscheinlichkeit, daß er explodierend ist, größer, als daß er gedämpft ist.

17.5 Das Phillips-Modell

Wenn wir ein allgemeines Modell der eben untersuchten Art in kontinuierlicher Form analysieren, müssen drei Verzögerungen der Form (L_0, L_c und L_i) spezifiziert werden, wie es im Blockdiagramm der Fig. 5.8 C oben dargestellt wird. Die Gleichungen sind:

Nachfrage: $Z = C + I$, wobei $C = L_c\,(cY)$ und $I = L_i\,(vDY)$

Ausstoß: $Y = L_0\,Z$.

Der einfachste Fall mit all den drei Verzögerungen tritt auf, wenn jede der Verzögerungen in einfacher exponentieller Form vorkommt. Durch die Wahl der Zeiteinheit wird die Länge der Investitionsverzögerung eins und die Länge der beiden anderen Verzögerungen (Zeitkonstanten) kann als T_0 und T_c angeschrieben werden. Dann gilt:

$$L_0 = \frac{1}{T_0 D + 1}; \qquad L_c = \frac{1}{T_c D + 1}; \qquad L_i = \frac{1}{D + 1}.$$

Die Gleichungen reduzieren sich zu einer Differentialgleichung, im allgemeinen dritter Ordnung:

$$Y = \frac{1}{T_0 D + 1}\left(\frac{cY}{T_c D + 1} + \frac{vDY}{D + 1}\right).$$

Wir können die Gleichung aber auch so anschreiben:

$$Y = \left(\frac{1}{T_0 D + 1}\right)\left(\frac{1}{T_c D + 1}\right) cY + \left(\frac{1}{T_0 D + 1}\right)\left(\frac{1}{D + 1}\right) vDY ,$$

so daß wir tatsächlich eine *doppelte* Verzögerung sowohl in der Konsum- wie auch in der Investitionsfunktion haben. Die drei Verzögerungen reduzieren sich tatsächlich auf zwei.

Also reicht es in der Praxis, von vornherein nur zwei Verzögerungen anzunehmen. Es muß eine Investitionsverzögerung geben; die andere kann ohne weiteres kürzer und einfacher sein. Das bringt uns dazu, zur Vereinfachung $T_c = 0$ anzunehmen, so daß wir den Fall einfacher exponentieller Verzögerungen in der Investition und im Ausstoß erhalten. Wir schreiben T_0 als T, ein Parameter, der die relative Länge der Ausstoßverzögerung zur Investitionsverzögerung angibt. Wir erwarten $T < 1$, wobei als typischer Wert ungefähr $T = \frac{1}{2}$ angenommen werden kann. Die Differentialgleichung des Modells ist dann:

$$Y = \frac{1}{TD + 1}\left(cY + \frac{vDY}{D + 1}\right). \tag{1}$$

Wenn wir also die Verzögerungen zusammennehmen, haben wir den Fall einer einfachen Konsum- und einer doppelten Investitionsverzögerung. Das ist das von Phillips analysierte Modell[1]. Das Blockdiagramm des Modells wird in der Figur 17.5 A gezeigt. Es gibt drei Parameter: $s = 1 - c$ für die Sparneigung; v, um die inverse Länge der Investitionsverzögerung auszudrücken; T für die relative Ausstoßverzögerung. Man erhält das Modell aus dem Harrod-Domar-Wachstumsmodell (welches die Gleichung $Y = cY + vDY$ hat) durch Hinzufügen zweier Verzögerungen. Beide Modelle haben $Y = 0$ als stationären Zustand.

[1] A. W. *Phillips*, „Stabilisation Policy in a Closed Economy", Economic Journal (Juni 1954).

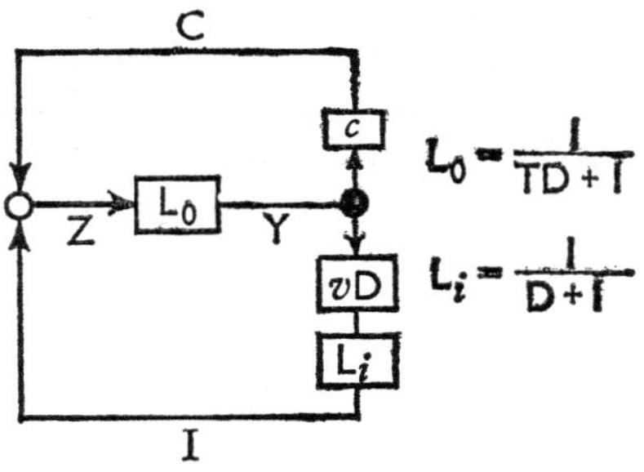

Fig. 17.5 A

Die Differentialgleichung (1) des Phillips-Modells ist von der zweiten Ordnung und wir finden ohne große Schwierigkeit ihre allgemeine Lösung. Wir erwarten, sowohl Schwingungs- wie Wachstumslösungen zu erhalten, wenn wir den Ausstoß betrachten, da ja tatsächlich eine doppelte Investitionsverzögerung vorkommt. Wir vereinfachen die Gleichung (1) und schreiben:

$$(D+1)(TD+1)\,Y = (D+1)\,cY + vDY \ ,$$

d. h.

$$TD^2\,Y - (v-s-T)\,DY + sY = 0 \ .$$

Die Lösung hat zwei Konstanten B_1 und B_2, die durch die Anfangsbedingungen gegeben sind:

$$Y = B_1\,e^{p_1 t} + B_2\,e^{p_2 t} \ ,$$

wobei p_1 und p_2 die Wurzeln der quadratischen Gleichung:

$$Tp^2 - (v-s-T)\,p + s = 0 \tag{2}$$

sind.

Also gilt:

$$p_1, p_2 = \frac{v-s-T \pm \sqrt{[(v-s-T)^2 - 4\,sT]}}{2\,T} . \tag{3}$$

Weiters finden wir aus den Koeffizienten von (2):

$$p_1 + p_2 = \frac{v-s-T}{T} \quad \text{und} \quad p_1\,p_2 = \frac{s}{T} > 0 \ . \tag{4}$$

Es sind zwei umfassende Fälle zu untersuchen, je nachdem, ob die Wurzeln (3) reell oder konjugiert komplex sind. Wir betrachten sie der Reihe nach.

Die Lösungen sind reell, wenn $\mathbf{(v-s-T)^2 > 4\,sT}$. Da das Produkt wegen (4) positiv ist, schließen wir sofort, daß die Wurzeln *entweder* beide positiv *oder* beide negativ sind. Im ersten Fall wird der Zeitpfad von Y durch zwei abnehmende exponentielle Ausdrücke wiedergegeben,

d. h. Y sinkt stetig über die Zeit. Im zweiten Fall wächst Y in ähnlicher Weise über die Zeit. Wir müssen diese beiden Fälle unterscheiden, indem wir entsprechende Kombinationen der drei Parameter v, s und T finden. Da die Länge der Investitionsverzögerung, die invers durch v angegeben wird, von größter Wichtigkeit ist, gehen wir daran, die Bedingungen für v als Funktion von s und T auszudrücken. Die Bedingung für reelle Wurzeln ergibt:

$$\text{entweder } v-s-T < -2\sqrt{sT} \quad \text{oder} \quad v-s-T > 2\sqrt{sT} .$$

Im ersten Fall ist $p_1 + p_2$ wegen (4) negativ und wir haben die Situation, in der sowohl p_1 wie p_2 negativ sind (stetige Abnahme von Y). Es gilt dann:

$$v < T-2\sqrt{sT} + s = (\sqrt{T} - \sqrt{s})^2 .$$

Im zweiten Fall gilt ähnlich, daß p_1 und p_2 positiv sind (stetige Zunahme von Y) und:

$$v > T + 2\sqrt{sT} + s = (\sqrt{T} + \sqrt{s})^2.$$

Mehr brauchen wir im wesentlichen nicht zu wissen. Eine lange Investitionsverzögerung (v klein) ergibt eine stetige Abnahme und eine kurze Verzögerung (v groß) eine stetige Zunahme des Ausstoßes.

Die Wurzeln sind komplex, **wenn $(\mathbf{v}-\mathbf{s}-\mathbf{T})^2 < 4\,\mathbf{sT}$,** und wir haben dann:

$$-2\sqrt{sT} < v-s-T < 2\sqrt{sT} ,$$

d. h.

$$(\sqrt{T} - \sqrt{s})^2 < v < (\sqrt{T} + \sqrt{s})^2 .$$

Dies ist der Fall mittlerer Investitionsverzögerungen. Die Lösung des Modells ergibt dann Schwingungen. Wir schreiben die beiden Wurzeln (3) in der Form $\alpha \pm i\omega$, wobei

$$\alpha = \frac{v-s-T}{2T} \quad \text{und} \quad \omega = \frac{1}{2T}\sqrt{[4\,sT-(v-s-T)^2]} . \tag{5}$$

Die Lösung des Modells als Funktion der willkürlichen Konstanten B für die Amplitude und ε für die Phase — beide durch Anfangsbedingungen gegeben — kann als

$$Y = Be^{\alpha t} \cos(\omega t-\varepsilon)$$

angeschrieben werden.

Die Dämpfung wird durch α angegeben und die Periode des Zyklus ist $\frac{2\pi}{\omega}$, durch (5) definiert. Die meisten Ergebnisse, die wir brauchen, finden wir, indem wir die Dämpfung untersuchen. Die Zyklen sind gedämpft ($\alpha < 0$), wenn $v < T + s$ und sie sind explodierend ($\alpha > 0$), wenn $v > T + s$.

Alle Ergebnisse können zusammengefaßt werden:

Bereich von v	Verlauf des Ausstoßes
$v < (\sqrt{T} - \sqrt{s})^2$	Stetige Abnahme
$(\sqrt{T} - \sqrt{s})^2 < v < T + s$	Gedämpfte Schwingungen
$T + s < v < (\sqrt{T} + \sqrt{s})^2$	Explodierende Schwingungen
$v > (\sqrt{T} + \sqrt{s})^2$	Stetige Zunahme

Wenn wir s als gegeben annehmen, haben wir vier Bereiche von v in Beziehung zu T zu betrachten. Wenn v zunimmt (im Vergleich zu T), geht die Lösung offensichtlich von der stetigen Abnahme zu gedämpften Schwingungen und dann zur Zunahme über, zuerst mit Schwingungen, dann stetig. Die vier Regionen können in die (v, T)-Ebene der Fig. 17.5 B eingezeichnet werden, wobei der illustrative Wert $s = 0{,}25$ angenommen wurde.

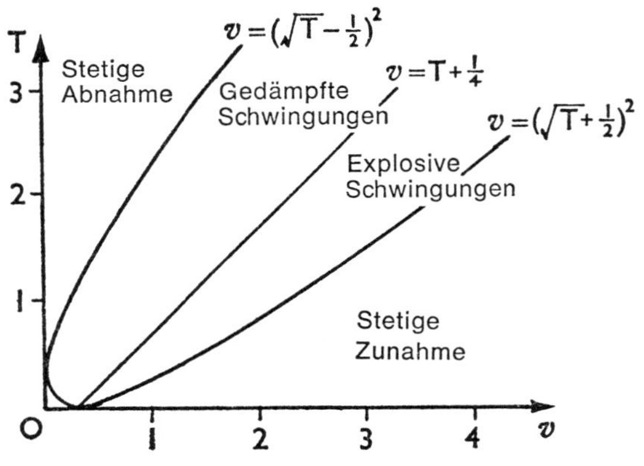

Fig. 17.5 B

Einige zusätzliche Informationen erhalten wir durch die Schwingungsperiode $2\pi/\omega$, wobei ω durch (5) im Fall eines zyklischen Ausstoßverlaufs gegeben ist.

Wir schreiben: $$4\,T^2\,\omega^2 = 4\,sT - (v - s - T)^2 \;.$$

Wenn v sich einer der beiden Grenzen der Region, in der Schwingungen auftreten, nähert, d. h. wenn $v \to (\sqrt{T} - \sqrt{s})^2$ oder wenn $v \to (\sqrt{T} + \sqrt{s})^2$, haben wir $(v-s-T)^2 \to 4\,sT$ und $\omega \to 0$. Wenn wir weiters nach v differenzieren (s und T sind gegeben), erhalten wir:

$$8\,T^2\,\omega\,\frac{\partial\omega}{\partial v} = -2\,(v-s-T)\ .$$

Also ist ω maximal (s und T sind gegeben), wenn $v = T + s$. Was die Periode $\frac{2\pi}{\omega}$ betrifft, finden wir, daß die Schwingungsperiode von unendlich groß bis zu einem Minimum für gedämpfte Schwingungen sinkt und dann wieder für explodierende Schwingungen bis zu unendlich großen Werten ansteigt, wenn v über den ganzen Schwingungsbereich wächst (wobei T konstant ist). Die kürzeste Periode tritt bei jenem Wert für v auf, bei dem gedämpfte Schwingungen in explosive übergehen. Den kleinsten Wert der Periodenlänge findet man, wenn man in den Ausdruck (5) $v = T + s$ für w einsetzt. Diese minimale Periode ergibt sich dann als:

$$\frac{2\pi}{\omega} = 2\pi\,\sqrt{\frac{T}{s}}\,.$$

Selbst bei ihrem Minimum kann die Schwingungsperiode noch ziemlich lang sein. Wenn z. B. $T = \frac{1}{2}$ und $s = \frac{1}{4}$, ist die Periode $2\,\sqrt{2}\,\pi$ oder ungefähr 9 Zeiteinheiten, oder etwa 10 Jahre, wenn die (einfache) Investitionsverzögerung etwas länger als ein Jahr ist.

Die Interpretation dieser Ergebnisse schließt sowohl die Länge der Investitionsverzögerung (wie sie durch v gegeben wird), als auch die relative Länge der Ausstoßverzögerung (wie sie durch T bestimmt ist) ein, vorausgesetzt, daß s gegeben ist. Für die numerischen Ergebnisse, die wir hier angeben, nehmen wir zur Illustration den Wert $s = 0{,}25$ wie in Fig. 17.5 B an. Wenn dann T gegeben ist, verändert sich die Lösung von stetiger Abnahme über die Fälle, in denen Schwingungen vorkommen, zur stetigen Zunahme, wenn v zunimmt und die Investitionsverzögerung kürzer wird. Ein sinnvoller Wert von T ist ungefähr $\frac{1}{2}$ (Ausstoßverzögerung halb so lang wie Investitionsverzögerung). Als günstigen Wert nehmen wir $T = 9/16$ an. Für Schwingungen muß dann v zwischen 1/16 und 25/16 liegen, d. h. in dem von uns bereits verwendeten illustrativen Fall (Kapitalkoeffizient von 2 mit jährlichen Daten), kann die Investitionsverzögerung einerseits 32 Jahre lang sein oder aber bloß 1,28 Jahre. Eine stetige Ausstoßabnahme tritt nur bei längeren Verzögerungen (über 32 Jahre) auf; stetige Zunahme nur für ganz kurze Verzögerungen (unter 1,28 Jahre). Man kann daher erwarten, daß die Lösung entweder gedämpfte oder explodierende Schwingungen angibt. Die Trennungslinie zwischen beiden und gleichzeitig der Fall der kürzesten Schwingungsperiode tritt bei $v = T + s$ auf; in unserem illustrativen Fall liegt diese Trennungslinie bei $v = 13/16$, d. h. einer Investitionsverzögerung von beinahe $2\frac{1}{2}$ Jahren. Als typischen Fall haben wir schwach explodierende Schwingungen bei einer Investitionsverzögerung von 2 Jahren ($v = 1$), einer Ausstoßverzögerung von 1 Jahr und einer Sparneigung von $\frac{1}{4}$.

Die Wirkung einer relativen Verlängerung der Ausstoßverzögerung (wobei v und die Investitionsverzögerung gegeben sind) besteht darin, daß das Auftreten gedämpfter Schwingungen und (eventuell) stetiger Abnahme des Ausstoßes wahrscheinlicher wird, wie aus Fig. 17.5 B ersehen werden kann. Die Wirkung einer Veränderung von s, der Sparneigung, ist vielleicht weniger stark. Es ist offensichtlich, wie die Tabelle oben zeigt, daß der Bereich für Schwingungen desto enger ist, je kleiner der Wert von s ist; man kann auch feststellen, daß $\partial\omega/\partial s > 0$, so daß die Schwingungsperiode ($2\pi/\omega$) desto länger ist, je kleiner s ist. Immer sind Schwingungen das wahrscheinliche Ergebnis des Modells, aber sie sind eher weniger wahrscheinlich, wenn s klein ist und eher wahrscheinlich, wenn s groß ist.

17.6 Periodenanalyse

Wir stellen nun alternativ eine Periodenanalyse dar und beginnen wieder mit einem Modell, in dem es nur eine Investitionsverzögerung gibt. Die Zeiteinheit der Analyse ist die gegebene Periodenlänge. Die unverzögerte Investitionsfunktion (4.7 oben) ist dann: $I_t = v\,(Y_t - Y_{t-1})$ für $t = 1, 2, 3, \ldots$. Wir nehmen an, daß die Investitionsverzögerung eine einfache Verzögerung um eine Periode ist. Die Investitionsfunktion mit einer **einperiodigen Verzögerung** ist: $I = v\,(Y_{t-1} - Y_{t-2})$. Wenn wir einen zeitlichen Verschiebungsoperator verwenden: $EY_{t-1} = Y_t$, was $E^{-1}\,Y_t = Y_{t-1}$ ergibt, kann die Investitionsfunktion mittels des Operators E^{-1} angeschrieben werden, der eine zeitliche Zurückverschiebung ausdrückt. Die unverzögerte Funktion ist dann:

$$I_t = v\,(Y_t - Y_{t-1}) = v\,(1 - E^{-1})\,Y_t$$

und bei einer einperiodigen Verzögerung ergibt sich:

$$I_t = v\,(Y_{t-1} - Y_{t-2}) = v\,E^{-1}\,(1 - E^{-1})\,Y_t\ ,$$

wieder durch die Verwendung von E^{-1}. Das Blockdiagramm des Modells wird in Fig. 17.6 gezeigt und die Gleichungen sind:

Nachfrage: $Z_t = C_t + I_t$, wobei $C_t = cY_t$ und $I_t = v\,(Y_{t-1} - Y_{t-2})$,

Ausstoß: $Y_t = Z_t$.

Die Gleichungen des Modells ergeben eine Differenzengleichung zweiter Ordnung:

$$Y_t = cY_t + v\,(Y_{t-1} - Y_{t-2}) \ ,$$

d. h.

$$sY_t - vY_{t-1} + vY_{t-2} = 0 \ .$$

Die Lösung mit den beiden (durch Anfangsbedingungen gegebenen) Konstanten B_1 und B_2 ist:

$$Y_t = B_1\, p_1^t + B_2\, p_2^t ,$$

wobei p_1 und p_2 die Wurzeln der quadratischen Gleichung:

$$sp^2 - vp + v = 0 \quad \text{sind.}$$

Also gilt:

$$p_1, p_2 = \frac{v}{2s} \pm \sqrt{\left[\frac{v}{s}\left(\frac{v}{4s} - 1\right)\right]} \ . \tag{1}$$

Weiters finden wir aus den Koeffizienten des quadratischen Ausdrucks:

$$p_1 + p_2 = \frac{v}{s} \quad \text{und} \quad p_1\, p_2 = \frac{v}{s} \ . \tag{2}$$

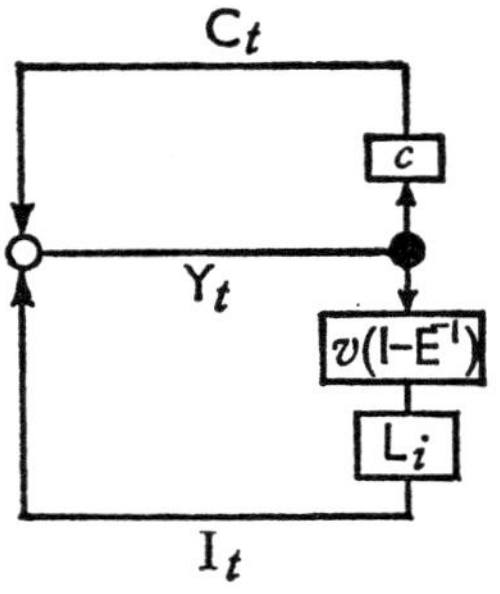

Fig. 17.6

Aus (1) ergibt sich, daß die Wurzeln reell sind, wenn **v > 4 s.** In diesem Fall folgt aus (2), daß zumindest eine (p_1 oder p_2) größer als eins ist. Also führt zumindest einer der beiden Ausdrücke in der Gleichung für Y_t zu stetiger Zunahme über die Zeit. Die Lösung muß daher eine stetiger Zunahme sein.

Doch sind die Wurzeln konjugiert komplex, wenn **v < 4 s.** Wir können sie dann als $r\,(\cos\vartheta \pm i \sin\vartheta)$ anschreiben, so daß die Lösung in Schwingungsform gebracht werden kann:

$$Y_t = Br^t \cos\,(\vartheta t - \varepsilon) \ ,$$

wobei die Amplitude B und die Phase ε durch Anfangsbedingungen gegeben sind. Wegen (2) ergeben sich die Werte für r und ϑ aus:

$$2r \cos \vartheta = \frac{v}{s} \quad \text{und} \quad r^2 = \frac{v}{s}.$$

Also $r = \sqrt{v/s}$ und $\cos \vartheta = \frac{1}{2} \sqrt{v/s}$. Die Schwingungsperiode ist:

$$\frac{2\pi}{\vartheta} = \frac{2\pi}{\cos^{-1} \frac{1}{2} \sqrt{v/s}}$$

und die Dämpfung hängt nur von r ab. Die Schwingungen sind gedämpft ($r < 1$), wenn $v < s$, und sie sind explodierend ($r > 1$), wenn $s < v < 4\,s$.

Die Resultate können gut zusammengefaßt werden:

Fall	Verlauf des Ausstoßes
$v < s$	Gedämpfte Schwingung
$s < v < 4s$	Explodierende Schwingung
$v > 4s$	Stetige Zunahme

Die Interpretation ist beinahe dieselbe wie im Fall der doppelten exponentiellen Verzögerung 17.4 oben. Das Modell ergibt eine Lösung mit Schwingungen, die eher explosiv als gedämpft sind, vorausgesetzt, daß v nicht größer als $4\,s$ ist. Der Wert von v hängt umgekehrt von der Periodenlänge des Modells (10.8 oben) ab, so daß für Schwingungen die Periode (und daher die Länge der Investitionsverzögerung) nicht zu kurz sein darf. Als Zahlenbeispiel nehmen wir $s = \frac{1}{4}$ an, so daß $v < 1$ die Bedingung für Schwingungen ist. Wenn dann der Kapitalkoeffizient bei jährlichen Daten 2 ist, brauchen wir eine Periode und eine Investitionsverzögerung von mindestens zwei Jahren für Schwingungen.

Das Interessante aber ist, daß die einfachste Periodenverzögerung in der Investition (Verzögerung um ein Jahr) wie die *doppelt* exponentielle Verzögerung der kontinuierlichen Form wirkt. Im Periodenmodell gibt es nichts, was dem Ergebnis bloßen Wachstums oder der Abnahme bei der einfachen exponentiellen Verzögerung entspricht. Wie so oft, ergibt die Periodenanalyse kompliziertere Ergebnisse als die entsprechende kontinuierliche Analyse.

Die größere Komplexität der Periodenanalyse beeinflußt auch unsere Wahl bei komplizierteren Multiplikator-Akzeleratormodellen, wenn zwei oder mehrere Verzögerungen in einfacher oder verteilter Form vorkommen. Wenn wir bloß die Investitionsverzögerung ausweiten, indem wir sie über zwei Perioden verteilen, hängt I_t von Y_{t-1}, Y_{t-2} und Y_{t-3} ab und die Differenzengleichung des Modells ist bereits dritter Ordnung und bezieht Y_t auf den Ausstoß der drei vorangegangenen Perioden. Wenn wir eine über nicht weniger als drei Perioden verteilte Konsumverzögerung hinzufügen, haben wir noch immer eine Gleichung dritter Ordnung. Auf der anderen Seite kompliziert die Einführung einer Ausstoßverzögerung die Dinge. Wenn eine einfache einperiodige Investitionsverzögerung vorliegt, $I_t = v\,(Y_{t-1} - Y_{t-2})$ und wenn für die Ausstoßverzögerung die einfache Form $Y_t = Z_{t-1}$ angenommen wird, bezieht die Differenzengleichung Y_t auf $Y_{t-2} - Y_{t-3}$, d. h. sie ist von dritter Ordnung, aber Y_{t-1} fehlt. Das ist kein Fortschritt, eher weniger „realistisch“ als eine Ausweitung der Investitionsverzögerung.

Die Fälle, die es daher wert sind, weiterverfolgt zu werden, sind jene mit Konsum- und Investitionsverzögerungen. Der erste Fall, den wir betrachten, hat eine einperiodige Verzögerung in der Investition und eine Konsumverzögerung über eine oder zwei Perioden, was zu einer Differenzengleichung zweiter Ordnung führt. Ein weiterer Fall hätte eine verteilte Investitionsverzögerung über zwei Perioden und irgendeine Konsumverzögerung bis zu drei Perioden, was eine Differenzengleichung dritter Ordnung ergibt. Nur der erste dieser beiden Fälle wird hier im nächsten Abschnitt weiterverfolgt. Die Ergebnisse sind eine bescheidene Erweiterung jener, die wir eben im Fall einer einperiodigen Investitionsverzögerung und keiner sonstigen Verzögerung erhalten hatten. Der zweite Fall, bei dem sowohl die Investitions- wie auch die Konsumverzögerung verteilt sind, bringt beträchtliche Schwierigkeiten mit sich[2].

17.7 Das Samuelson-Hicks-Modell: Elementarer Fall

Das Periodenmodell, das wir etwas detaillierter untersuchen, hat eine einfache einperiodige Verzögerung in der Investition, so daß die Zeiteinheit sowohl die Länge der Periode in der Analyse als auch die Länge der Investitionsverzögerung angibt. Es ist dieselbe Verzögerung wie im Modell in 17.6, aber wir fügen nun eine Konsumverzögerung von ein oder zwei Perioden hinzu und erhalten in jedem Fall eine Differenzengleichung zweiter Ordnung. Da die Konsumverzögerung im allgemeinen eher weniger als mehr kompliziert ist als die Investitionsverzögerung, reicht es, auch beim Konsum eine einperiodige Verzögerung anzunehmen. Das Modell hat also gleiche Konsum- und Investitionsverzögerung, beide betragen je eine Zeiteinheit, die gleichzeitig die Periode der Analyse ist. Es ist eine der einfachsten Versionen des Samuelson-Hicks-Mo-

---

[2] Siehe R. G. D. Allen, Mathematical Economics (1956), S. 228 - 37, deutsch: R. G. D. Allen, Mathematische Wirtschaftstheorie (Berlin 1971), S. 278 - 84.

dells des Multiplikator-Akzelerators, jenes, das von Hicks[3] als „elementarer Fall“ bezeichnet wurde.

Das Modell hat an Gleichungen:

Nachfrage: $Z_t = C_t + I_t$, wobei $C_t = cY_{t-1}$ und $I_t = v\,(Y_{t-1} - Y_{t-2})$,

Ausstoß: $Y_t = Z_t$,

was eine Differenzengleichung zweiter Ordnung in Y_t ergibt:

$$Y_t = cY_{t-1} + v\,(Y_{t-1} - Y_{t-2}) \;,$$

d. h.

$$Y_t - (1 + v - s)\,Y_{t-1} + vY_{t-2} = 0 \;.$$

Das Blockdiagramm wird in Fig. 17.7 A gezeigt. Es gibt nur zwei Parameter:

$s = 1 - c$ für die Sparneigung und v als inverses Maß der Periode des Modells und damit der Länge jeder der beiden Verzögerungen. Das Modell stammt von einem Harrod-Domar-Wachstumsmodell in Multiplikator-Akzeleratorform, aber die Verbindung ist keineswegs so eindeutig wie bei der kontinuierlichen Analyse (siehe Übungen 17.8 und 17.9).

Die Lösung mit zwei willkürlichen Konstanten (aus den Anfangsbedingungen) ist:

$$Y_t = B_1\,p_1^t + B_2\,p_2^t \,, \tag{1}$$

wobei p_1 und p_2 die Wurzeln der quadratischen Gleichung:

$$p^2 - (1 + v - s)\,p + v = 0 \tag{2}$$

sind. Aus dem quadratischen Ausdruck (2) erhalten wir:

$$p_1, p_2 = \frac{1 + v - s}{2} \pm \sqrt{\left[\left(\frac{1 + v - s}{2}\right)^2 - v\right]} \tag{3}$$

und aus den Koeffizienten in (2):

$$p_1 + p_2 = 1 + v - s > 0 \quad \text{und} \quad p_1\,p_2 = v > 0 \;. \tag{4}$$

Es gibt nur zwei Parameter im Modell: den Koeffizienten v, der von der Zeiteinheit abhängt und die Länge der Investitionsverzögerung (und Konsumverzögerung) invers mißt, und s, die Sparneigung. Wir untersuchen die verschiedenen Möglichkeiten für verschiedene Werte von v in Beziehung zu s.

---

[3] Die ursprüngliche Formulierung geht auf *Samuelson* zurück, „Interaction between the Multiplier Analysis and the Principle of Acceleration“, Review of Economic Statistics (Mai 1939). Die Analyse hier folgt J. R. *Hicks*, A Contribution to the Theory of the Trade Cycle (1956).

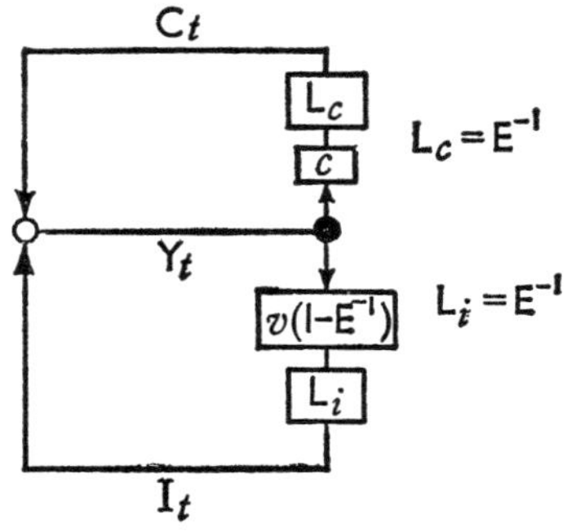

Fig. 17.7 A

Die Lösungen (3) sind reell, wenn $[(1 + v-s)]^2 > v$. Wegen (4) müssen sie beide positiv sein, aber wir sind bei der Interpretation der Lösung (1) an zwei Fällen interessiert: zumindest eine Wurzel soll größer als eins sein (stetige Zunahme, zumindest als Grenzfall); beide Wurzeln sind kleiner als eins (stetige Abnahme). Die Bedingung für reelle Lösungen ist:

$$1 + v-s > 2\sqrt{v}, \quad \text{d. h.} \quad (1-\sqrt{v})^2 > s \ .$$

Es gibt zwei Möglichkeiten, je nachdem, ob $v < 1$ oder $v > 1$. Für die erste gilt:

$$1-\sqrt{v} > \sqrt{s}\ , \quad \text{d. h.} \quad v < (1-\sqrt{s})^2\ ,$$

so daß wegen (4) $p_1 + p_2 < 1-s + (1-\sqrt{s})^2 = 2\,(1-\sqrt{s}) < 1$ und beide Wurzeln kleiner als eins sind. Das ist der Fall stetiger Ausstoßabnahme. Im zweiten Fall haben wir:

$$\sqrt{v}-1 > \sqrt{s}, \quad \text{d. h.} \quad v > (1 + \sqrt{s})^2,$$

was $p_1 + p_2 > 1-s + (1 + \sqrt{s})^2 = 2\,(1 + \sqrt{s}) > 1$ ergibt, mit zumindest p_1 oder p_2 größer als eins. Das ist der Fall stetiger Zunahme des Ausstoßes.

Die Wurzeln von (3) sind konjugiert komplex, wenn $[(1 + v-s)2]^2 < v$ und die Lösung (1) ergibt dann Schwingungen. Wir schreiben die Wurzeln $r\,(\cos\vartheta \pm i \sin\vartheta)$ und die Lösung als:

$$Y_t = Br^t \cos(\vartheta t-\varepsilon)$$

mit der Amplitude (B) und der Phase (ε), die durch Anfangsbedingungen gegeben sind. Für Schwingungen lautet die Bedingung für v als Funktion von s ausgedrückt:

$$1 + v-s < 2\sqrt{v}\ ,$$

d. h. $$(\sqrt{v}-1)^2 < s\ .$$

Das ist äquivalent mit $(\sqrt{v}-1)$ zwischen $-\sqrt{s}$ und $\sqrt{s}$, was

$$(1-\sqrt{s})^2 < v < (1+\sqrt{s})^2$$

ergibt. Das paßt genau zwischen die stetigen Fälle, wie es sein muß.

Nun gilt wegen (4):

$$2r\cos\vartheta = 1 + v - s \quad \text{und} \quad r^2 = v\ .$$

Also $r = \sqrt{v}$ und $\cos\vartheta = (1+v-s)/2\sqrt{v}$. Betrachten wir zuerst r, das gedämpfte $(r < 1)$ oder explosive $(r > 1)$ Schwingungen anzeigt. Die Schwingungen sind also gedämpft oder explodierend, je nachdem, ob $v < 1$ oder $v > 1$. Als nächstes ist die Schwingungsperiode durch ϑ gegeben:

$$\frac{2\pi}{\vartheta} = 2\pi \Big/ \cos^{-1}\left(\frac{1+v-s}{2\sqrt{v}}\right).$$

Wenn wir den Ausdruck für $\cos\vartheta$ ableiten, erhalten wir:

$$-\sin\vartheta\frac{\partial\vartheta}{\partial v} = \frac{1}{2}\frac{\partial}{\partial v}\left(\frac{1+v-s}{\sqrt{v}}\right) = \frac{v-(1-s)}{4v\sqrt{v}} = 0\,, \quad \text{wenn} \quad v = 1-s\,,$$

und $$-\sin\vartheta\frac{\partial\vartheta}{\partial s} = \frac{1}{2}\frac{\partial}{\partial s}\left(\frac{1+v-s}{\sqrt{v}}\right) = -\frac{1}{2\sqrt{v}} < 0\ .$$

Es folgt vom ersten dieser Ausdrücke, daß ϑ ein Maximum ϑ_m hat, wenn $v = 1-s$ (s gegeben) und $\cos\vartheta_m = (1+v-s)/2\sqrt{v}$ $(v = 1-s)$, d. h. $\cos\vartheta_m = \sqrt{1-s}$. Also ist die minimale Schwingungsperiode $2\pi/\cos^{-1}\sqrt{1-s}$, wenn $v = 1-s$. Je kleiner die Sparneigung ist, desto länger ist die (minimale) Schwingungsperiode. Weiters folgt aus dem zweiten Ergebnis, daß ϑ sinkt, wenn s sinkt (v konstant) und damit die Schwingungen eine längere Periode bekommen.

Wir können die wichtigsten gefundenen Ergebnisse in einer Tabelle zusammenfassen:

Bereich von v	Verlauf des Ausstoßes
$v < (1-\sqrt{s})^2$	Stetige Abnahme
$(1-\sqrt{s})^2 < v < 1$	Gedämpfte Schwingungen
$1 < v < (1+\sqrt{s})^2$	Explosive Schwingungen
$v < (1+\sqrt{s})^2$	Stetige Zunahme

Die verschiedenen Regionen sind in der (v, s)-Ebene der Fig. 17.7 B dargestellt. Weiters tritt die kleinste Schwingungsperiode auf, wenn $v = 1 - s$ für ein gegebenes s.

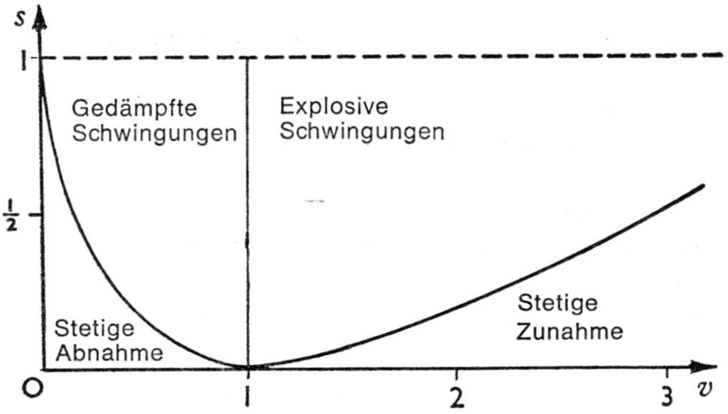

Fig. 17.7 B

Die Interpretation dieser Ergebnisse kann in erster Linie für einen gegebenen Wert von s und variierendes v gegeben werden, d. h. für unterschiedliche Längen der Verzögerung im Modell. Das zur Illustration verwendete Zahlenbeispiel hat $s = \frac{1}{4}$ und $v = 2$ für eine Periode von einem Jahr (Kapitalkoeffizient von 2 für Jahresdaten). Dann erhält man einen stetigen Ausstoßrückgang nur für lange Verzögerungen (z. B. größer als 8 Jahre), während stetige Zunahme bei kurzen Verzögerungen auftritt (z. B. nicht größer als etwas unter einem Jahr). Für mittlere Verzögerungen, etwa zwischen 1 und 8 Jahren in unserem Beispiel, ergibt das Modell einen schwingenden Verlauf für den Ausstoß. Für Werte von v um eins (eine zweijährige Verzögerung in unserem Beispiel), sind die Zyklen schwach gedämpft oder schwach explosiv. Wenn v eher über eins ist (Verzögerung von 1 - 2 Jahren), erwarten wir, daß die Ausstoßzyklen schwach explosiv sind.

Der Einfluß von s, der Sparneigung, ist weniger wichtig, aber durch unsere Ergebnisse sehr klar zum Vorschein gekommen. Wir schließen aus Fig. 17.7 B, daß der Bereich möglicher Schwingungen desto enger ist, je kleiner der Wert von s ist. Ein Wert von v um eins (eine zweijährige Verzögerung) ist immer gut genug, aber der Unterschied zwischen v und eins kann nicht groß sein, wenn s klein ist. Weiters wird die Schwingungsperiode länger, wenn die Sparneigung abnimmt, d. h. ein kleines s gibt eine lange Schwingung, wenn v entsprechend ist (nahe bei eins).

Übungen

17.1 Nehmen Sie als Alternative zum Phillips-Modell eine einfache exponentielle Konsumverzögerung der Länge T in Verbindung mit einer Verzögerung um eine Periode in der Investition an, aber keine Ausstoßverzögerung. Zeigen Sie, daß die Lösung dieselbe wie die in 17.5 ist, außer daß p_1 und p_2 die Wurzeln von $(1-v)\,Tp^2-(v-s-T)\,p+s=0$ sind. Nehmen Sie $T=1$ an, so daß die Konsum- und Investitionsverzögerungen gleich lang sind, und zeigen Sie, daß $p_1=s/(v-1)$ und $p_2=-1$. Leiten Sie ab, daß die einzigen Möglichkeiten stetige Abnahme ($v<1$) und stetige Zunahme (im Grenzfall, $v>1$) sind. Kommentieren Sie das im Hinblick darauf, daß dies der am ehesten mit dem elementaren Fall des Samuelson-Hicks-Modells vergleichbare kontinuierliche Fall ist.

17.2 Nehmen Sie im kontinuierlichen Modell eine dreifache exponentielle Investitionsverzögerung als die einzige Verzögerung an. Zeigen Sie, daß, wenn die Gesamtlänge der Verzögerung eins ist, $sY=27\,vDY/(D+3)^3$ und daß die Lösung $Y=B_1\,e^{p_1t}+B_2\,e^{p_2t}+B_3\,e^{p_3t}$ ist, wobei p_1, p_2 und p_3 die Wurzeln der kubischen Gleichung: $p^3+9\,p^2-27\,(v/s-1)\,p+27=0$ sind. Zeigen Sie, indem sie den Verlauf von $x=p^2+9\,p+27/p$ auf der (p,x)-Ebene skizzieren und $x=27\,(v/s-1)$ annehmen, wie die Wurzeln für verschiedene Werte von v/s variieren und zeigen Sie, daß die Ergebnisse im wesentlichen dieselben sind wie für die doppelte exponentielle Verzögerung, außer daß der Bereich von v (s gegeben) für explosive Schwingungen ziemlich größer ist.

17.3 Verändern Sie die Ergebnisse, die für das Phillips-Modell Bereiche für v angeben, so, daß diese Bereiche nun in s (als Funktion von v und T) ausgedrückt werden. Zeigen Sie insbesondere, daß $(\sqrt{v}-\sqrt{T})^2<s<(\sqrt{v}+\sqrt{T})^2$ für Schwingungen gilt, wobei $s=v-T$ die Grenze zwischen gedämpften und explodierenden Schwingungen angibt, vorausgesetzt, daß $v>T$. Zeigen Sie in Fig. 17.5 B ähnlichen Diagrammen s in Beziehung zu T, wenn 1. $v=\frac{1}{4}$ und 2. $v=4$ gegeben ist. Was kann über den Fall gesagt werden, in dem $v<T$?

17.4 Nehmen Sie $v=2$ und eine einjährige Investitionsverzögerung im Phillips-Modell an. Zeigen Sie, daß T ungefähr zwischen 0,8 und 3,7 Jahren für Schwingungen liegen muß, wenn $s=\frac{1}{4}$. Zeigen Sie andererseits, daß, wenn $T=1$, so daß Investitions- und Ausstoßverzögerung beide eine Länge von einem Jahr haben, (was zusammen eine einjährige Konsumverzögerung und eine zweijährige Investitionsverzögerung ergibt), als einzige Möglichkeit explosive Schwingungen ($s>0{,}17$) und stetige Zunahme ($s<0{,}17$) in Frage kommen.

17.5 Betrachten Sie im Samuelson-Hicks-Modell (elementarer Fall) den Fall $s=0$. Zeigen Sie, daß das nicht das Fehlen eines tatsächlichen Sparens S_t impliziert, sondern daß $S_t=Y_t-Y_{t-1}$. Reduzieren Sie die Modellgleichung zu $S_t=vS_{t-1}$, was eine stetige Veränderung der Ersparnis mit sich bringt (Sinken, wenn $v<1$, Wachsen, wenn $v>1$). Prüfen Sie an Hand der Fig. 17.7 B das Ergebnis.

17.6 Samuelsons ursprüngliche Version des Modells in 17.7 nimmt $I_t=k\,(C_t-C_{t-1})$ als Akzelerator und $C_t=cY_{t-1}$ als verzögerten Multiplikator an. Zeigen Sie, daß das Modell mit dem in 17.7 (mit $v=kc$) äquivalent ist, und geben Sie eine Interpretation.

17.7 Zeigen Sie, wenn ein Kapitalkoeffizient von v_a mit jährlichen Daten sowie s und T im Phillips-Modell gegeben sind, daß die minimale Schwingungsperiode

$$\frac{2\,\pi v_a}{T+s}\sqrt{\frac{T}{s}} \quad \text{Jahre}$$

für eine Investitionsverzögerung von $v_a/(T+s)$ Jahre ist. Suchen Sie das entsprechende Ergebnis für das Samuelson-Hicks-Modell (elementarer Fall), wenn s gegeben ist. Nehmen Sie $s = \frac{1}{4}$. $v_a = 2$ und $T = 1$ als Spezialfall und zeigen Sie, daß die kürzeste Schwingung im Phillips-Modell eine Periode von ungefähr 20 Jahren für eine Investitionsverzögerung von 1,6 Jahren hat und daß die entsprechenden Zahlen im anderen Modell 32 Jahre und $2\frac{2}{3}$ Jahre sind.

17.8 Zeigen Sie, daß das Samuelson-Hicks-Modell (Elementarfall) eine unverzögerte Form hat, die in der Strombedingung: $I_t = sY_t$ ausgedrückt werden kann, wobei $I_t = v\,(Y_t - Y_{t-1})$. Interpretieren Sie das als ein Wachstumsmodell, (siehe Übung 11.3 oben), das auf Fall 3 von 10.4 oben basiert. Leiten Sie ab, daß das Samuelson-Hicks-Modell durch Hinzufügen von zwei einperiodigen Verzögerungen (in Konsum und Investition) zu einem grundlegenden Wachstumsmodell des Harrod-Domar-Typs gefunden werden kann, bei dem aber das stetige Wachstum nicht mit einer Rate $g = s/v$, sondern nur mit einer größeren Rate als g und dann wieder nur, wenn $v > s$, vor sich geht.

17.9 Versuchen Sie im Hinblick auf die eher unbefriedigende Schlußfolgerung der vorigen Übung es besser zu machen, indem Sie vom Hauptmodell des Harrod-Domar-Typs in Multiplikator-Akzelerator-Form (11.4 oben) ausgehen, welches auf 4 von 10.4 basiert. Zeigen Sie, daß die Ungleichgewichtsstruktur des Modells nach Hinzufügen von Verzögerungen dann folgende ist:

Nachfrage: $Z_t = Y_t - S_t + I_t$, wobei S_t und I_t verzögerte Funktionen sind

Ausstoß: Y_t in bezug auf Z_t verzögert;

das unter der Annahme, daß nicht der Konsum verwirklicht wird, sondern die Ersparnis S_t. Wann gibt es unbeabsichtigten Konsum im Modell? Kommen Sie wieder auf das Harrod-Domar-Modell von 11.4 zurück, indem Sie $S_t = sY_{t-1}$ als die einzige Verzögerung annehmen, und zeigen Sie, daß das tatsächliche $C_t = Y_t - sY_{t-1}$ nicht gleich dem geplanten Konsum ist. Gehen Sie zu einem Ungleichgewichtsmodell mit einperiodigen Verzögerungen im Sparen und Investieren (keine Ausstoßverzögerung) über und zeigen Sie, daß die Differenzengleichung

$$Y_t = \frac{v}{v-s}\,Y_{t-1}$$

ist, d. h. ein Wachstumsmodell vom Typ des Falls 3 in 10.4. Erklären Sie also, warum das Samuelson-Hicks-Modell nicht auf dieser Version des Harrod-Domar-Wachstumsmodells basieren kann und kommentieren Sie die Schwierigkeiten der Periodenanalyse des Multiplikator-Akzelerators.

Kapitel 18

Regelndes Eingreifen in die Wirtschaft

18.1 Autonome Ausgaben

Die Multiplikator-Akzelerator-Modelle des Kapitels 17 zeigen Wachstum oder Schwingungen im Ausstoß um den Wert $Y = 0$, dem stationären Zustand der Modelle. Der Grund dafür ist, daß wir die autonome Ausgabe als Nachfrageelement vernachlässigt haben. Wenn es autonome Ausgaben gibt und sie ein konstantes Niveau A über die Zeit haben, ist das Ausstoßniveau im stationären Zustand A/s, entsprechend dem Multiplikator, und es ergeben sich Wachstum oder Schwingungen um $Y = A/s$. Das ist der Fall, den wir in den entsprechenden Gleichgewichts-(Wachstums-)Modellen (10.3 oben) gefunden haben. Es ist Zeit, A wieder einzuführen und über den Spezialfall, daß A konstant ist, hinauszugehen, indem wir A sich über die Zeit in einer durch exogene Faktoren festgesetzten Art und Weise verändern lassen. Wir beginnen, indem wir annehmen, A wachse mit einer beliebigen konstanten und exogenen Wachstumsrate über die Zeit; im nächsten Abschnitt wenden wir uns dann Fällen autonomer Schwingungen von A zu. Schließlich kommen wir dann zu einem wichtigeren Problem, wo die Regierung die autonome Ausgabe macht und sie zur Erreichung bestimmter Ziele entsprechend der laufenden Ausstoßveränderung reguliert. Nachfragesteuerung hat dann eine zusätzliche Rückwirkung auf das System.

In einer ersten Analyse ist es angenehm, zum **Gleichgewichts-Multiplikator-Akzelerator-Modell** zurückzugehen, das auf den Gütermarkt beschränkt ist und eine befriedigende (warranted) Wachstumsrate von $g = s/v$ ergibt. In einer Form angeschrieben, die leicht vom dynamischen Gleichgewicht auf Ungleichgewicht ausgedehnt werden kann, sind die Modellbedingungen:

$$Y = C + I + A, \quad \text{wobei} \quad C = cY, \quad I = vDY \quad \text{und} \quad A = A(t) \; . \tag{1}$$

Hier ist $A(t)$ irgendeine durch exogene Faktoren gegebene Funktion der Zeit. Man findet dann als Differentialgleichung des Modells in der Variablen Ausstoß Y:

$$vDY - sY + A(t) = 0 \; . \tag{2}$$

Bevor (2) gelöst werden kann, muß die Form von $A(t)$ spezifiziert werden.

1. Fall: $A(t) = 0$. Das ist das grundlegende Wachstumsmodell. Wir erhalten die Lösung $Y = Y_0 e^{gt}$ $(g = s/v)$ aus $vDY - sY = 0$. Der stationäre Zustand ist $Y = 0$, wenn $Y_0 = 0$. Es gibt stetiges Wachstum von jedem positiven Anfangsausstoß Y_0 weg.

2. Fall: $A(t) = A$ (konstant). Das ist eine einfache Variante, wie sie in 10.3 oben analysiert wurde. Die Differentialgleichung $vDY - sY + A = 0$ hat eine partikuläre Lösung $Y = A/s$, das stationäre Niveau, das die Gleichung erfüllt. Wenn wir die Komplementärfunktion z. B. im Fall $A(t) = 0$ hinzufügen, haben wir die vollständige Lösung für den ursprünglichen Ausstoß Y_0:

$$Y = \frac{A}{s} + \left(Y_0 - \frac{A}{s}\right) e^{gt} \qquad (g = s/v)\ .$$

Wenn $Y_0 = A/s$, erhalten wir die stationäre Lösung $Y = A/s$ für alle t. Wenn $Y_0 > A/s$, gibt es stetiges Wachstum von einem ursprünglichen Wert Y_0 aus.

3. Fall: $A(t) = A_0 e^{\varrho t}$, stetiges Wachstum der autonomen Ausgaben über die Zeit, mit einer gegebenen proportionalen Rate ϱ. Die Differentialgleichung ist:

$$vDY - sY + A_0 e^{\varrho t} = 0\ . \tag{3}$$

Wieder ist die Komplementärfunktion $Y = Be^{gt}$ $(g = s/v)$ für eine willkürliche Konstante B, die aus den Anfangsbedingungen gefunden wird. Wir suchen eine spezielle Lösung und erwarten, daß sie ein stetiges Wachstum mit der Rate ϱ ist. Wir versuchen $Y = Ce^{\varrho t}$ für eine beliebige Konstante C. Durch Substitution in (3) finden wir C:

$$vC\varrho e^{\varrho t} - sCe^{\varrho t} + A_0 e^{\varrho t} = 0 \quad \text{für alle } t\ ,$$

was

$$C = \frac{A_0}{s - v\varrho} = \frac{A_0}{v(g - \varrho)}$$

ergibt. Die komplette Lösung ist:

$$Y = [A_0/v(g-\varrho)]\, e^{\varrho t} + Be^{gt}\ .$$

Der Anfangsausstoß bei $t = 0$ sei Y_0, so daß: $Y_0 = [A_0/v(g-\varrho)] + B$. Also ist die willkürliche Konstante $B = Y_0 - [A_0/v(g-\varrho)]$. Der Verlauf des Ausstoßes Y von Y_0 weg ist:

$$Y = \frac{A_0}{v(g-\varrho)}\, e^{\varrho t} + \left[Y_0 - \frac{A_0}{v(g-\varrho)} \right] e^{gt}\ . \tag{4}$$

In (4) gibt es zwei exponentielle Wachstumsausdrücke; welcher an der Grenze, wenn $t \to \infty$, dominiert, hängt von der relativen Größe von ϱ

und g ab. Wenn wir $g > \varrho$ annehmen, finden wir, daß die befriedigende Wachstumsrate dominiert.

Am besten interpretiert man die Lösung (4), indem man das exogene vom endogenen Wachstum trennt. Die autonome Veränderung $A_0 e^{\varrho t}$ in A determiniert einen „erzwungenen" Wachstumspfad des Ausstoßes Y, der erste Ausdruck in (4). Das entspricht dem stationären Niveau A/s im Fall A = konstant. Wenn der ursprüngliche Ausstoß entsprechend groß ist, nämlich $Y_0 = A_0/v\,(g-\varrho)$, ist dies der tatsächliche Ausstoßverlauf; der Ausstoßpfad entspricht dem der autonomen Ausgabe $A_0 e^{\varrho t}$, die mit dem Faktor $1/v\,(g-\varrho)$ multipliziert wird. Wenn aber $Y_0 \neq A_0/v\,(g-\varrho)$ ist, weicht der durch (4) bestimmte Ausstoßpfad um die befriedigende Wachstumsrate g vom erzwungenen Wachstum (mit der Rate ϱ) ab.

Dieselbe Analysemethode kann bei einem **Ungleichgewichts-Multiplikator-Akzelerator-Modell** für Schwingungen oder Wachstum angewendet werden. Es wurde das Modell aus 17.5 oben gewählt; es hat eine Investitionsverzögerung (Fehleranpassung) von der Länge eins und eine Ausstoßverzögerung der Länge T. Die drei Parameter sind s, v und T. Die Bedingungen (1) gehen nun über in:

$$\left.\begin{aligned} &\text{Nachfrage:}\quad Z = C + I + A\,, \\ &\qquad\text{wobei}\quad C = cY,\quad I = \frac{1}{D+1}\,vDY \quad\text{und}\quad A = A(t) \\ &\text{Ausstoß:}\quad Y = \frac{1}{TD+1}\,Z\,, \end{aligned}\right\} \tag{5}$$

was die Differentialgleichung in Y ergibt:

$$(D+1)(TD+1)\,Y = c\,(D+1)\,Y + vDY + (D+1)\,A(t)\,,$$

d. h.

$$TD^2\,Y - (v-s-T)\,DY + sY = (D+1)\,A(t)\,. \tag{6}$$

Wir beschränken die Parameterwerte so, daß wir endogene Schwingungen in Y als Lösung des Modells erhalten; die Beschränkungen werden weiter unten spezifiziert.

1. Fall: $A(t) = 0$. Das ist das Modell von 17.5 oben. Die Differentialgleichung ist (6) mit Null auf der rechten Seite. Für Schwingungen nehmen wir v in folgendem Bereich an:

$$(\sqrt{T} - \sqrt{s})^2 < v < (\sqrt{T} + \sqrt{s})^2\,.$$

Die Hilfsgleichung $Tp^2 - (v-s-T)\,p + s = 0$ hat dann komplexe Wurzeln. Daraus folgt, daß der quadratische Ausdruck $Tp^2 - (v-s-T)\,p + s$ sein Vorzeichen nicht ändert; er ist immer positiv:

$$Tp^2 - (v-s-T)\,p + s > 0 \quad \text{für alle reellen } p\,. \tag{7}$$

Die Lösung ist ein Schwingungspfad um das stationäre Niveau $Y = 0$, der durch

$$Y = Be^{\alpha t} \cos (\omega t - \varepsilon) \tag{8}$$

gegeben ist. Dabei sind α und ω als **Funktion** von s, v und T durch (5) in 17.5 oben gegeben und B und ε sind durch Anfangsbedingungen gegeben. Das Modell hat eine endogene Schwingung, wobei die Dämpfung (α) und die Periode ($2\pi/\omega$) durch die Parameter gegeben sind; die Amplitude (B) und die Phase (ε) sind durch Anfangsbedingungen festgelegt.

2. Fall: A (t) = A (konstant). Das ist eine einfache Variante, bei der nur das stationäre Niveau verändert wird. Die Differentialgleichung (6) hat auf der rechten Seite A. Die Komplementärfunktion ist wieder (8) und das partikuläre Integral ist $Y = A/s$, eine Konstante, die die Differentialgleichung erfüllt. Die Lösung ist:

$$Y = \frac{A}{s} + Be^{\alpha t} \cos (\omega t - \varepsilon) \ , \tag{9}$$

d. h. eine Schwingung um das durch den Multiplikator gegebene stationäre Niveau A/s.

Eine Anwendung des Falles, bei dem A konstant ist, besteht im Auffinden des **Übergangspfades** von einer Gleichgewichtsposition zu einer anderen für den Fall, daß die Lösung des Ungleichgewichtsmodelles nicht bloß in Schwingungen besteht, sondern konkreter in gedämpften Schwingungen. Dafür nehmen wir den engeren Bereich von v an: $(\sqrt{T} - \sqrt{s})^2 < v < T+s$, wie er in 17.5 gegeben ist. $Y = 0$ sei das ursprünglich stationäre (Gleichgewichts-)Niveau, das wir durch entsprechende Wahl des Ursprungs für Y erhalten. Nun möge die autonome Ausgabe um den Betrag A zunehmen, so daß das neue stationäre (Gleichgewichts-) Niveau $Y = A/s$ ist. Dann gibt (9) den Pfad von Y von $Y = 0$ weg zum neuen Gleichgewicht an und Fig. 18.1 A illustriert ihn für das verwendete Ungleichgewichtsmodell. Eine Schwierigkeit tritt auf: in (9) müssen B und ε durch zwei Anfangsbedingungen festgelegt werden, wir haben aber nur eine: $Y = 0$, wenn $t = 0$. Was ist die entsprechende zweite Bedingung? Wie in 5.5 oben ist es der ursprüngliche Wert von DY, wenn $t = 0$, den man durch Vernachlässigung der Investitions-(Akzelerator-)Beziehung im Modell (5) erhält, wenn man also nur den Multiplikator beibehält:

$$Z = cY + A \quad \text{und} \quad Y = \frac{1}{TD + 1} Z \ ,$$

d. h.

$$TDY + sY = A \ ,$$

was $Y = 0$ und $DY = A/T$ bei $t = 0$ ergibt. Das sind die bei der Zeichnung des Übergangspfades in Fig. 18.1 A verwendeten Anfangswerte.

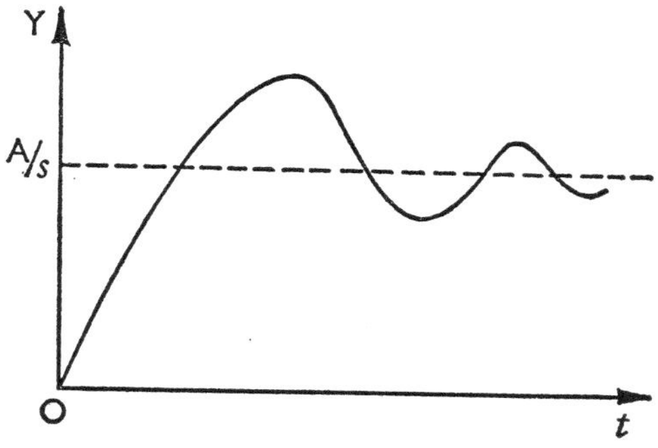

Fig. 18.1 A

3. Fall: $A(t) = A_0 e^{\varrho t}$, stetiges Wachstum der autonomen Ausgabe. Das ist der neue Fall, der nun untersucht werden soll. Die Differentialgleichung (6) wird zu:

$$TD^2 - (v-s-T)\,DY + sY = (D+1)\,A_0\,e^{\varrho t} = A_0\,(1+\varrho)\,e^{\varrho t}\ .$$

Wieder ist (8) die Komplementärfunktion und wir suchen ein partikuläres Integral. Wir versuchen $Y = Ce^{\varrho t}$, wobei C durch Substitution in die Differentialgleichung $TC\varrho^2 e^{\varrho t} - (v-s-T)\,C\varrho e^{\varrho t} + sCe^{\varrho t} = A_0\,(1+\varrho)\,e^{\varrho t}$ für alle t gefunden wird.

Also gilt: $$C = \frac{1+\varrho}{T\varrho^2 - (v-s-T)\,\varrho + s}\,A_0 > 0 \quad \text{wegen (7) oben.}$$

Die vollständige Lösung ist:

$$Y = \frac{1+\varrho}{T\varrho^2 - (v-s-T)\,\varrho + s}\,A_0\,e^{\varrho t} + Be^{\alpha t}\cos(\omega t - \varepsilon)\ . \tag{10}$$

Das entspricht in unserem Ungleichgewichtsmodell mit Schwingungen der Lösung (4), die wir für das Gleichgewichts-(Wachstums-)Modell erhalten haben. Zwei Anfangsbedingungen sind notwendig, um B und ε festzulegen. Alle anderen Komponenten der Lösung sind durch die Parameter (s, v, T und ϱ) gegeben.

Die Interpretation ist sehr ähnlich wie vorher. Wenn geeignete Anfangsbedingungen gegeben sind, so daß $B = 0$, gibt es „erzwungenes" Wachstum von Y, was dem ersten Ausdruck in (10) entspricht. Es wird durch das mit dem in (10) angeschriebenen Faktor multiplizierte autonome Wachstum von A bestimmt. Für andere Anfangsbedingungen gibt es endogene Modellschwingungen um den erzwungenen Wachstumspfad. Das wird in Fig. 18.1 B illustriert, wobei dieselben Anfangsbedingungen wie vorher verwendet werden ($Y = 0$ und $DY = A_0/T$, wenn $t = 0$).

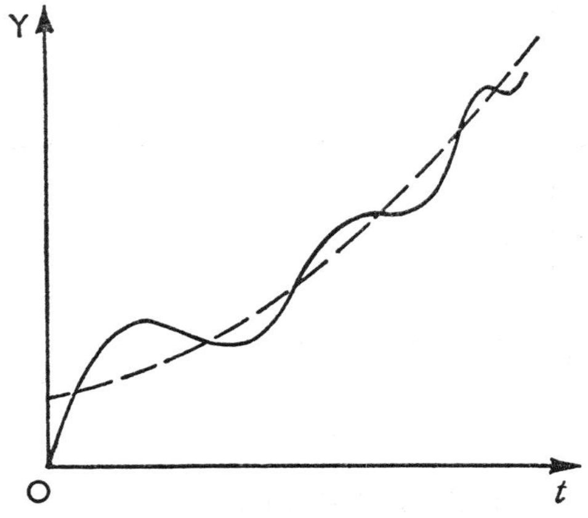

Fig. 18.1 B

18.2 Endogene und erzwungene Schwingungen

Der letzte noch zu untersuchende Fall ist der mit Schwingungen in der autonomen Ausgabe $A(t)$ über die Zeit. Wieder verwenden wir das Ungleichgewichts-Akzelerator-Multiplikator-Modell unter den Bedingungen (5) in 18.1 oben. Die Differentialgleichung des Modells ist (6) in 18.1 oben. Wieder sind die Parameterwerte beschränkt, so daß die Lösung mit $A = 0$ Schwingungen ergibt. Wenn wir zulassen, daß $A(t)$ Schwingungen hat, müssen wir zwei Zyklen betrachten: die exogenen Schwingungen in der autonomen Ausgabe, die zu erzwungenen Schwingungen des Ausstoßes führen, und die endogenen Schwingungen, die von den Modellparametern abhängen. Die Frage ist: was ergibt die Kombination dieser beiden Zyklen?

Jeder Zyklus hat vier verschiedene Charakteristika: Dämpfung, Periode, Amplitude und Phase. Was die endogenen Schwingungen betrifft, sind die ersten beiden durch die Parameter und die letzten beiden durch Anfangsbedingungen gegeben. Exogene Bedingungen legen alle vier Charakteristika der erzwungenen Schwingungen fest. Die Zahl dieser Charakteristika — insgesamt acht — ist aber zu groß, um damit arbeiten zu können. Um die wesentlichen Ergebnisse zu finden, müssen wir durch Weglassen der weniger wichtigen Details vereinfachen[1].

Eine große Vereinfachung wird durch die Annahme erreicht, daß die endogenen Schwingungen regelmäßig, weder gedämpft noch explodie-

[1] Die folgende Analyse ist kontinuierlich, was auch die Dinge vereinfacht. Für eine entsprechende Periodenanalyse siehe R. G. D. *Allen*, Mathematical Economics (1956), S. 223 - 7. Deutsch: R. G. D. *Allen*, Mathematische Wirtschaftstheorie, (Berlin, 1971), S. 273 - 7.

rend sind. Da wir davon ausgehen, daß der Zyklus in der Praxis nicht mehr als schwach explosiv ist, ist die Annahme dieses Falles als erste Annäherung sinnvoll. Aus den Ergebnissen von 17.5 oben geht hervor, daß der Fall regelmäßiger Zyklen ($\alpha = 0$) dann auftritt, wenn $v - s - T = 0$, so daß wir $T = v - s$ haben und die Zahl der Parameter auf zwei reduziert ist (s und v, wobei $v > s$). Dann vereinfacht sich die Differentialgleichung des Modells (6) von 18.1 oben zur Form:

$$(v - s)\, D^2 Y + sY = (D + 1)\, A\,(t)\ .$$

Die Lösung der homogenen Form ($A = 0$) ist:

$$Y = B \cos\,(\omega t - \varepsilon)\ ,$$

wobei ω aus den Wurzeln $p = \pm\, i\omega$ der Hilfsgleichung:

$$(v - s)\, p^2 + s = 0$$

gewonnen wird, d. h.

$$p = \pm\, i \sqrt{\frac{s}{v - s}}\ .$$

Also haben wir $\omega = \sqrt{s/(v - s)}$ und die regelmäßige Schwingungsperiode ist

$$\frac{2\pi}{\omega} = 2\,\pi \sqrt{\frac{v - s}{s}}\ .$$

Das ist nun die minimale Periode im allgemeinen Schwingungsmodell ($\alpha \neq 0$). Die Periode ist desto kürzer, je größer die Sparneigung s ist und je größer die Länge der Investitionsverzögerung ist (je kleiner v ist).

Als illustratives Zahlenbeispiel nehmen wir $v = 1$ für eine Zeiteinheit von 2 Jahren (d. h. für eine Investitionsverzögerung von 2 Jahren) und $s = \frac{1}{4}$ an. Dann gilt für eine regelmäßige Schwingung $T = v - s = \frac{3}{4}$ so daß die Ausstoßverzögerung $1\frac{1}{2}$ Jahre ist. Weiter gilt $\omega^2 = s/(v - s) = \frac{1}{3}$ und die Periode der regelmäßigen Schwingung ist $2\pi/\sqrt{3}$ Zeiteinheiten oder annähernd 20 Jahre.

Für die exogene Schwingung der autonomen Ausgaben schreiben wir:

$$A\,(t) = A \cos at, \quad \text{wobei} \quad A > 0 \quad \text{und} \quad a < \omega = \sqrt{\frac{s}{v - s}}\ .$$

Es gibt nur zwei Parameter, A und a, die die Amplitude und die Periode der Schwingung darstellen. Wieder besteht die Vereinfachung darin, daß der Zyklus regelmäßig ist, weder gedämpft noch explosiv. Weiter braucht durch entsprechende Wahl des Zeitursprungs kein Ausdruck für die Phase eingeführt werden; wir nehmen $t = 0$ als höchsten Punkt A der exogenen Schwingung an. Die letzte Restriktion, deren Grund später klar werden wird, ist, daß a klein ist (kleiner als ω), d. h. die Periode der exogenen Schwingung ist länger als die der endogenen. In unserem Zahlenbeispiel ist $a^2 < \omega^2 = \frac{1}{3}$ und wir können für a jeden Wert zwischen 0 und $1/\sqrt{3}$ annehmen; z. B. $a = \frac{1}{2}$, was eine erzwungene Schwingung mit der Periode 4π gegenüber einem endogenen Zyklus mit der Periode $2\pi\sqrt{3}$ ergibt.

Die Differentialgleichung des Modells findet man aus (6) von 18.1 oben:

$$(v-s)\,D^2 Y + sY = (D+1)\,A \cos at = A\,(\cos at - a \sin at)\ .$$

Auf Grund eines bekannten trigonometrischen Satzes können wir schreiben:

$$\cos at - a \sin at = \sqrt{(1+a^2)} \cos (at + \vartheta)\ , \quad \text{wobei} \quad \tan \vartheta = a\ .$$

Wir müssen also die Differentialgleichung zweiter Ordnung lösen:

$$(v-s)\,D^2 Y + sY = A\sqrt{(1+a^2)} \cos (at + \vartheta)\ .$$

Die Komplementärfunktion ist $Y = B \cos (\omega t - \varepsilon)$, wobei $\omega = \sqrt{s/(v-s)}$ und wobei Amplitude (B) und Phase (ε) durch Anfangsbedingungen festgelegt sind. Wir versuchen $Y = C \cos (at + \vartheta)$ für eine partikuläre Lösung. Wenn wir in die Differentialgleichung substituieren, erhalten wir:

$$-(v-s)\,a^2 C \cos (at + \vartheta) + sC \cos (at + \vartheta) = A\sqrt{(1+a^2)} \cos (at + \vartheta) \quad \text{für alle } t\ .$$

Also gilt:

$$C = \frac{\sqrt{1+a^2}}{s-(v-s)\,a^2} A > 0\ ,$$

da wir $a^2 < \omega^2 = s/(v-s)$ annehmen. Die Lösung ist dann:

$$Y = \frac{\sqrt{1+a^2}}{s-(v-s)\,a^2} A \cos (at + \vartheta) + B \cos (\omega t - \varepsilon)\ .$$

Hier ist $\omega = \sqrt{s/(v-s)}$ und $\vartheta = \tan^{-1} a$.

Die Interpretation ist die, daß, wenn entsprechende Anfangsbedingungen (die $B = 0$ ergeben) vorliegen, der Ausstoßpfad dem durch die autonome Ausgabe vorgegebenen folgt, d. h. einer erzwungenen Schwingung mit der Periode $2\pi/a$. Die Amplitude der erzwungenen Schwingung ist gleich der von A, aber mit $\sqrt{1+a^2}/[s-(v-s)\,a^2] > 1/s$ multipliziert. Für Anfangsbedingungen im allgemeinen besteht der Pfad von Y in erzwungenen Schwingungen, die auf die endogenen Modellschwingungen aufgepfropft werden, wobei der erzwungene Zyklus eine längere Periode $(2\pi/a)$ als der endogene Zyklus $(2\pi/\omega)$ hat.

Der Vergleich der erzwungenen Schwingung im Ausstoß Y mit dem Zyklus in $A(t) = A \cos at$, der sie hervorbringt, gibt folgende Ergebnisse. Die *Periode* ist die gleiche und die *Amplitude* wird mit einem Faktor größer als $1/s$ multipliziert. Die *Phase* der erzwungenen Schwingung ist anders. Der höchste Punkt des Zyklus von $A(t)$ ist bei:

$$t = \ldots, -\frac{2\pi}{a}, 0, \frac{2\pi}{a}, \ldots$$

und der in Y bei:

$$t = \ldots, -\frac{2\pi}{a} - \frac{\vartheta}{a}, -\frac{\vartheta}{a}, \frac{2\pi}{a} - \frac{\vartheta}{a}, \ldots .$$

Da die erzwungene Schwingung in Y der in A nachfolgen muß, ergibt sich, daß der höchste Punkt in A bei $t = 0$ vor dem höchsten Punkt in Y bei $(2\pi/a) - (\vartheta/a)$ kommt. Also folgt Y auf A mit einem Zeitintervall, das, da a klein ist, als

$$\frac{2\pi}{a} - \frac{\vartheta}{a} = \frac{2\pi}{a} - \frac{1}{a}\tan^{-1} a = \frac{2\pi}{a} - \frac{1}{a}\left(a - \frac{a^3}{3} + \ldots\right) = \frac{2\pi}{a} - 1$$

annäherungsweise angeschrieben werden kann. Der Unterschied beträgt eher mehr als 11 Zeiteinheiten, wenn $a = \frac{1}{2}$.

Der Parameter a wird im Intervall $0 < a < \omega = \sqrt{s/(v-s)}$ angenommen. Wenn $a \to 0$, findet man für sehr lange Schwingungen in A den Multiplikator, der die erzwungene Schwingung in Y ergibt, als:

$$\frac{\sqrt{(1+a^2)}}{s-(v-s)\,a^2} \to \frac{1}{s} \text{ wie beim gewöhnlichen Multiplikator.}$$

Wenn a zunimmt, wird auch der Multiplikator größer und an der Grenze geht $a \to \omega = \sqrt{s/(v-s)}$:

$$\frac{\sqrt{(1+a^2)}}{s-(v-s)\,a^2} \to \infty .$$

Das ist das Phänomen der **Resonanz.** Wenn die Periode der erzwungenen Schwingung sich der der endogenen Schwingung annähert, wird die Amplitude der Ausstoßschwingung unendlich groß. Eine Schwingung vergrößert die andere.

Im illustrativen Zahlenbeispiel mit einer Investitionsverzögerung von 2 Jahren (der Zeiteinheit), haben wir: $s = \frac{1}{4}$, $v = 1$, $T = \frac{3}{4}$, $\omega^2 = \frac{1}{3}$ und $a = \frac{1}{2}$. Dann ist der Faktor, um den die erzwungene Amplitude vergrößert wird:

$$\frac{\sqrt{(1+a^2)}}{s-(v-s)\,a^2} = \frac{\frac{1}{2}\sqrt{5}}{\frac{1}{4}(1-\frac{3}{4})} = 8\sqrt{5} = \text{beinahe } 20 .$$

Die Periode der endogenen Schwingung ist ungefähr 20 Jahre und die der erzwungenen Schwingung ziemlich größer. Der Vorsprung des Zyklus in A über den in Y beträgt etwas mehr als 11 Zeiteinheiten, oder mehr als 20 Jahre.

18.3 Stabilisierungspolitik

Wir haben schon (Kapitel 8) die komparative Statik einer zur Konsum- und Investitionsnachfrage hinzugefügten Regierungsausgabe G untersucht, d. h. wir haben die Multiplikatoreffekte der Veränderung einer Konstante G nachgezeichnet. Wir müssen nun noch eine öffentliche und exogene Nachfrage G in unser dynamisches Ungleichgewichts-Multiplikator-Akzelerator-Modell einführen. Wir haben gesehen, wie Veränderungen der autonomen Ausgabe (z. B. G) zu entsprechenden erzwungenen Veränderungen des Ausstoßes führen, die die endogenen, unbeschränkten Vorgänge im Modell kompensieren oder aber verstärken. Aber die öffentliche Nachfrage schwingt oder wächst nicht einfach über die Zeit; wir müssen annehmen, daß G von Zeit zu Zeit verändert wird, je nachdem, was mit dem Ausstoß Y geschieht. Die Frage ist nun, inwieweit die öffentliche Nachfrage so verändert werden kann, daß sie vorgegebene Ziele erfüllen kann und insbesondere einen Ausfall der privaten Nachfrage ersetzen kann, während sie unerwünschte Ausstoßschwankungen ausgleicht.

Das Multiplikator-Akzelerator-Modell, das wir als Ausgangspunkt wählen, ist das von 18.1 oben, d. h. es gibt eine Fehleranpassungsverzögerung von der Länge eins in der Investition und eine Ausstoßverzögerung von der Länge T. Wir nehmen eine gegebene autonome Ausgabe neben der der Regierung) an und schreiben sie als $-A < 0$. Wir nehmen also einen Zustand an, bei dem die private Nachfrage einmalig um den Betrag A gefallen ist. Das ist ein Ausfall, den die öffentliche Nachfrage ausgleichen muß.

Die Bedingungen des Modells sind die von (5) und die Differentialgleichung ist (6) in 18.1. Die Parameter sind s, v und T, die so angenommen werden, daß die endogenen Ausstoßveränderungen Schwingungen sind, im allgemeinen eher schwach gedämpft oder schwach explosiv. Das ursprüngliche stationäre Ausstoßniveau sei $Y = 0$ bei $t = 0$. Auf Grund des Sinkens von A ist das neue stationäre Niveau daher $Y = -A/s$. Der Übergang vom alten zum neuen Niveau ist durch (9) in 18.1 als Schwingung um $Y = -A/s$ gegeben:

$$Y = -\frac{A}{s} + Be^{\alpha t} \cos (\omega t - e) ,$$

wobei α und ω durch die Parameter (s, v und T) gegeben sind, während B und ε durch die Anfangsbedingungen $Y = 0$ und $DY = A/T$ bei $t = 0$ fixiert sind. Die Schwingungen können etwas gedämpft oder schwach explosiv sein, wie es in der Fig. 18.3 A illustriert ist. Im Fall der Dämpfung wird das neue stationäre Niveau $(-A/s)$ mit fortschreitender Zeit erreicht. Im explosiven Fall der Fig. 18.3 A wird das neue Niveau nicht erreicht; der Ausstoß schwingt immer stärker um den stationären Wert $Y = -A/s$.

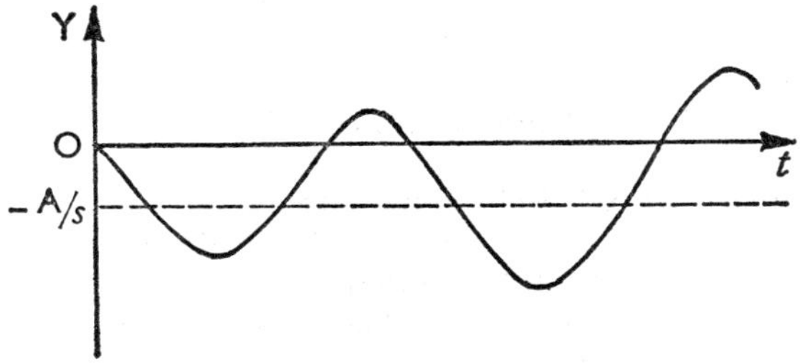

Fig. 18.3 A

Vom Standpunkt der Regierung aus gibt es zwei Dinge, die in einer solchen Wirtschaft nicht in Ordnung sind. Das neue stationäre Niveau des Ausstoßes ist zu niedrig und muß korrigiert werden; weiters gibt es Ausstoßschwingungen, die ausgeglichen werden müssen, so daß die Kapazität nicht in unterschiedlichem Maße über die Zeit unausgenützt bleibt. Wir nehmen an, daß die Pläne der Regierung darin bestehen, eine exogene Nachfrage G hinzuzufügen, ohne entsprechende Steuererhöhung, auf eine Weise, daß der Mangel korrigiert wird. Wir müssen nun prüfen, ob G über die Zeit so verändert werden kann, daß es den Ausfall der privaten Nachfrage ausgleicht, indem es den Ausstoß auf das gewünschte Niveau $Y = 0$ bringt, und ob gleichzeitig etwaige unerwünschte Schwingungen vermieden werden können. Vollkommenes Erreichen beider Ziele würde zum stationären Zustand $Y = 0$ für alle t führen.

Die Analyse, in kontinuierlicher Form, folgt Phillips[2]. Drei Zeitprofile der öffentlichen Nachfrage (jetzt als P bezeichnet) werden unterschieden; sie können allein oder in Verbindung miteinander zur wirtschaftlichen Stabilisierung verwendet werden:

---

[2] A. W. *Phillips*, „Stabilisation Policy in a Closed Economy", Economic Journal (Juni 1954).

(1) Proportionale Stabilisierungspolitik: $P = f_p(-Y)$ ($f_p > 0$ konstant).

(2) Integrale Stabilisierungspolitik: $P = f_i \int_0^t (-Y)\,dt$ ($f_i > 0$ konstant).

(3) Abgeleitete Stabilisierungspolitik: $P = f_d(-DY)$ ($f_d > 0$ konstant).

Bei Politik (1) wird, falls es ein **Defizit** im Ausstoß in der Höhe von $(-Y)$ unter dem gewünschten Ausstoß ($Y = 0$) gibt, ein fester Prozentsatz f_p des Defizits $(-Y)$ zu jedem Zeitpunkt als öffentliche Nachfrage hinzugefügt. Bei Politik (2) wird dieselbe Technik auf das **kumulative Ausstoßdefizit** ab $t = 0$ angewendet, wobei die Höhe der öffentlichen Nachfrage $\int_0^t (-Y)\,dt$ beträgt. Wenn es bei Politik (3) zu einem Sinken des Ausstoßes kommt, wird ein konstanter Prozentsatz f_d der Abnahme $(-DY)$ der aggregierten Nachfrage als öffentliche Nachfrage hinzugefügt. Das Ziel der Politik (3) ist zu dem der Politik (1) oder (2) komplementär, es korrigiert eher eine Tendenz zur Ausstoßabnahme als einen absolut niederen Ausstoß.

Im allgemeinen Fall können diese drei Stabilisierungspolitiken allein oder gemeinsam angewendet werden. Wir nehmen aber an, daß es eine Verzögerung zwischen der Formulierung der Politik P und ihrer Auswirkung auf die Nachfrage G gibt. Als Form wird eine einfache Exponentialverzögerung angenommen mit einer Zeitkonstanten τ. So tritt die Nachfrage P zu jedem Zeitpunkt als öffentliche Nachfrage in der Form:

$$G = \frac{1}{\tau D + 1} P\,, \quad \text{wobei} \quad P = -\left(f_p Y + f_i \int_0^t Y dt + f_d DY\right)$$

auf. Das Blockdiagramm des Multiplikator-Akzelerator-Modells, eine Erweiterung jenes der Fig. 17.5 A, wird in der Fig. 18.3 B gezeigt. Aus dem Diagramm geht klar hervor, daß Stabilisierungspolitik als zusätzliche Rückkoppelung im System wirkt.

18.4 Stabilisierung im Multiplikatormodell

Zuerst wird ein vereinfachtes Modell angenommen, in dem alle Investition in der autonomen Nachfrage enthalten ist. Das Modell involviert den Multiplikator, aber nicht das Akzelerationsprinzip für die Investition und die Rückkoppelung für I in Fig. 18.3 B wird fallen gelassen. Die Bedingungen sind:

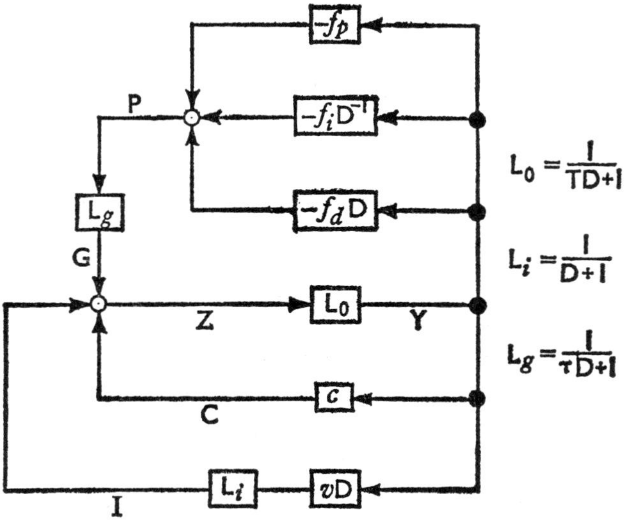

Fig. 18.3 B

Nachfrage: $Z = C - A + G$, wobei $C = cY$ und G die öffentliche Nachfrage ist.

Ausstoß: $Y = \frac{1}{TD+1} Z$.

Wenn $G = 0$, ist das Modell nicht reguliert und hat als Differentialgleichung:

$$(TD + 1)\, Y = cY - A \; ,$$

d. h.

$$TDY + sY + A = 0 \; .$$

Die Lösung ergibt eine stetige Abnahme vom ursprünglichen Wert $Y = 0$ bis zum neuen stationären Niveau $Y = -A/s$, die durch den Übergangspfad:

$$Y = -\frac{A}{s}(1 - e^{-\gamma t}) \; , \quad \text{wobei} \quad \gamma = \frac{s}{T} > 0 \; , \tag{1}$$

angegeben wird. Der einzige Fehler ist, daß das Ausstoßniveau $(-A/s)$ auf Grund eines Nachfrageausfalls zu niedrig ist und korrigiert werden muß. Es gibt keine Schwingungen.

Das Ziel regelnden Eingreifens in das Modell ist es, den Ausstoß Y von $Y = -A/s$ zurück auf $Y = 0$ zu bringen. Man könnte sich vorstellen, daß eine proportionale Stabilisierungspolitik allein dieses Ziel erreichen kann. Wir untersuchen das und schreiben $G = [1/(\tau D + 1)]\, P$, wobei $P = -f_p Y$.

Der Fall der proportionalen Stabilisierungspolitik: Die Differentialgleichung ist:

$$(TD + 1)\,Y = Z = cY - A - \frac{f_p}{\tau D + 1}\,Y\ ,$$

d. h. $$(\tau D + 1)(TD + 1)\,Y = c\,(\tau D + 1)\,Y - A - f_p\,Y\ .$$

So gilt: $$\tau T D^2 Y + (T + s\tau)\,DY + (s + f_p)\,Y + A = 0\ . \quad (2)$$

Diese Gleichung zweiter Ordnung hat eine Lösung für Y, die kontinuierlich (z. B. abnehmend) oder um einen stationären Wert $Y = -A/(s + f_p)$ schwingend sein kann. An einem Beispiel soll gezeigt werden, daß Schwingungen möglich sind.

Wir nehmen als Zeiteinheit ein Jahr an und Verzögerungen von der Länge von 3 Monaten (Ausstoß) und 6 Monaten (öffentliche Nachfrage):

$$s = \frac{1}{4}, \quad T = \frac{1}{4}, \quad \tau = \frac{1}{2}, \quad f_p = 2\,.$$

Die Differentialgleichung (2) ist:

$$D^2 Y + 3\,DY + 18\,Y + 8\,A = 0$$

unter der Bedingung $Y = 0$ und $DY = -A/T = -4\,A$ wenn $t = 0$. Die Komplementärfunktion erhält man aus den Lösungen der quadratischen Gleichung:

$$p^2 + 3\,p + 18 = 0\ ,$$

d. h. $p = -1{,}5 \pm 3{,}97\,i$ (was $\alpha = -1{,}5$ und $\omega = 3{,}97$ ergibt).

Die partikuläre Lösung ist $Y = -4\,A/9$. Die vollständige Lösung ist:

$$Y = -\frac{4A}{9} + Be^{-1{,}5t}\cos\,(3{,}97\,t - \varepsilon)\ ,$$

wobei B und ε sich aus den Anfangsbedingungen zum Zeitpunkt $t = 0$ ergeben:

$$Y = -\frac{4A}{9} + B\cos\varepsilon = 0\ ,$$

$$DY = -B\,[1{,}5\,e^{-1{,}5t}\cos\,(3{,}97\,t - \varepsilon) + 3{,}97\,e^{-1{,}5t}\sin\,(3{,}97\,t - \varepsilon)]$$

$$= -B\,(1{,}5\cos\varepsilon - 3{,}97\sin\varepsilon) = -4\,A\ .$$

So erhalten wir: $$B\cos\varepsilon = \frac{4A}{9} \quad \text{und} \quad B\sin\varepsilon = -\frac{10A}{11{,}91}\,,$$

was $$B = 0{,}95\,A \quad \text{und} \quad \varepsilon = -1{,}08 \text{ (Bogenmaß) ergibt.}$$

Die Lösung ist: $$Y = -\frac{4A}{9}\,[1 - 2{,}14\,e^{-1{,}5t}\cos\,(3{,}97\,t + 1{,}08)]\ .$$

Zum Vergleich: $$Y = -4\,A\,(1 - e^{-t})\ ,$$

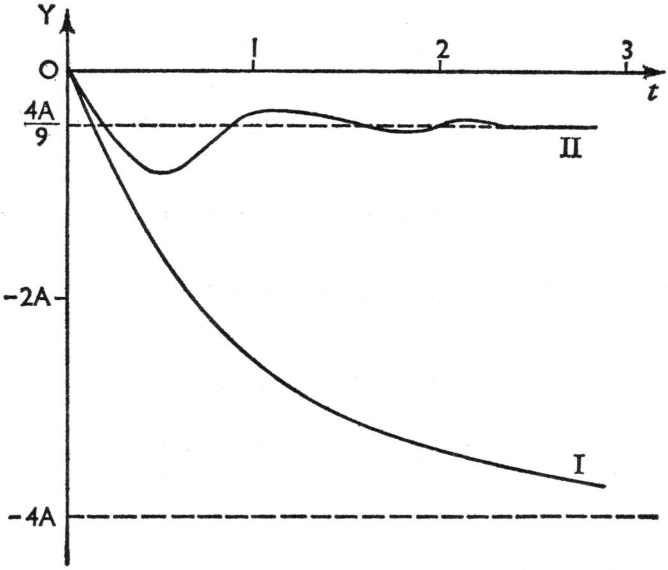

Fig. 18.4

was die Gleichung für den unregulierten Ausstoßverlauf (1) oben in diesem Fall angibt ($s = \frac{1}{4}$, $T = \frac{1}{4}$). Fig. 18.4 zeigt den regulierten Pfad II verglichen mit dem unregulierten I.

Die Korrektur für die Ausstoßhöhe ist beinahe vollständig, aber doch nicht ganz, da $-4\,A$ auf $-4\,A/9$ aber nicht auf 0 angehoben wird. Andererseits führt die Regulierung einen Zyklus in den Ausstoßpfad ein, der vor der Regulierung nicht vorhanden war. Die Zyklusperiode ist $2\,\pi/3{,}97$ oder etwas mehr als $1\,\frac{1}{2}$ Jahre. Der Zyklus ist aber stark gedämpft ($\alpha = -1{,}5$).

Die Schlußfolgerung ist, daß selbst in diesem einfachen Fall die proportionale Stabilisierungspolitik weder eine vollständige Korrektur des Ausstoßniveaus herbeiführt, noch die Schwingungen ausschaltet. Wir brauchen eine oder beide der übrigen Stabilisierungsmaßnahmen. Tatsächlich brauchen wir beide, wie wir sehen werden, die integrale Politik, um die Korrektur des Niveaus vorzunehmen, und die abgeleitete, um die Schwankungen auszuschalten.

Allgemeiner Fall: Wir wenden alle drei Maßnahmen zusammen an und setzen $G = [1/(\tau D + 1)]\,P$, wobei P alle Ausdrücke umfaßt:

$$P = -\left(f_p Y + f_i \int_0^t Y dt + f_d DY\right).$$

Es gilt dann: $$(TD + 1)\,Y = Z = cY - A - \frac{1}{\tau D + 1}\left(f_p Y + f_i \int_0^t Y dt + f_d DY\right),$$

d. h. $$(\tau D + 1)(TD + 1)\,Y - c(\tau D + 1)\,Y + f_p Y + f_d DY + A = -f_i \int_0^t Y dt\;.$$

Wenn $f_i = 0$, handelt es sich wieder um einen Ausdruck zweiter Ordnung und es gibt (im allgemeinen) Schwingungen um einen stationären Wert von $Y = -A/(s + f_p)$. Die Situation ist sehr ähnlich wie vorher, mit nur einer teilweisen Korrektur des Ausstoßniveaus. Aber man findet, daß der Ausdruck für f_d bereits etwas die Schwingungen ausgleicht.

Wenn aber $f_i \neq 0$, müssen wir die Gleichung differenzieren, um das Integral auf der rechten Seite loszuwerden. So haben wir:

$$D(\tau D + 1)(TD + 1)\,Y - cD(\tau D + 1)\,Y + f_p DY + f_d D^2 Y = -f_i Y\;.$$

Wenn wir die Ausdrücke zusammenfassen, erhalten wir eine Differentialgleichung dritter Ordnung in Y:

$$\tau T D^3 Y + (T + s\tau + f_d)\,D^2 Y + (s + f_p)\,DY + f_i Y = 0\;. \tag{3}$$

Es gibt keinen Ausdruck, der A enthält, und die Gleichung ist homogen. Daraus folgt, daß $Y = 0$ der stationäre Ausstoßwert ist und daß die Korrektur vollständig in dieser Hinsicht ist, wenn $f_i \neq 0$. Wir müssen noch sehen, ob weiterhin Schwingungen bestehen und wie das Vorhandensein von f_d im Koeffizienten von $D^2 Y$ sie reduziert, indem wir die vollständige Lösung von (3) aufsuchen. Ganz allgemein gibt es eine Vielzahl von Möglichkeiten, aber wir kommen nicht weiter, wenn wir nicht zumindest einige der Parameter s, T und τ im Grundmodell und f_p, f_i und f_d in der regelnden Nachfrage spezifizieren. Einige Illustrationen dafür werden in 18.7 unten gegeben.

18.5 Stabilisierung im Multiplikator-Akzelerator-Modell

Wir untersuchen nun das im Blockdiagramm der Fig. 18.3 B dargestellte allgemeine Modell. Wenn wir entsprechende Werte für die Parameter s, v und T annehmen, haben wir einen nichtregulierten Ausstoßverlauf in der Form von Schwingungen um das neue stationäre Niveau $-A/s$, wie es in Fig. 18.3 A illustriert ist. Wir fügen die öffentliche Nachfrage G hinzu und untersuchen nun sowohl die Korrektur der Ausstoßhöhe wie auch die Verminderung von Schwingungen.

Wenn alle Stabilisierungsmaßnahmen gesetzt werden, sind die Modellbedingungen:

Nachfrage: $Z = C + I - A + G$, wobei $C = cY$, $I = \frac{1}{D+1} vDY$

und $G = -\frac{1}{\tau D + 1}\left(f_p Y + f_i \int_0^t Y dt + f_d DY\right)$,

Ausstoß: $Y = \frac{1}{TD+1} Z$.

Die Differentialgleichung, die für das regulierte Y zu lösen ist, kann in zwei Stufen gefunden werden. Erstens durch Zusammenfassung der Bedingungen:

$$(TD+1)\,Y = Z = cY + v\frac{1}{D+1}DY - A - \frac{1}{\tau D+1}\left(f_p Y + f_i\int_0^t Y dt + f_d DY\right),$$

d. h. $(D+1)(\tau D+1)(TD+1)\,Y - c\,(D+1)(\tau D+1)\,Y - vD\,(\tau D+1)\,Y$

$$+ f_p (D+1)\,Y + f_d D\,(D+1)\,Y + A = -f_i (D+1)\int_0^t Y dt\,. \tag{1}$$

Wenn also $f_i = 0$, haben wir eine Differentialgleichung dritter Ordnung, die zu

$$\tau TD^3 Y + (T + s\tau + \tau T - v\tau + f_d)\,D^2 Y + (T + s\tau + s - v$$
$$+ f_p + f_d)\,DY + (s + f_p)\,Y + A = 0 \tag{2}$$

reduziert werden kann. Im allgemeinen kann die Lösung von (2) viele Formen annehmen, die grundsätzlich auch Schwingungen einschließen. Aber in allen Fällen gilt ein Resultat ($f_i = 0$): das stationäre Ausstoßniveau, um das Y oszilliert ist $Y = -A/(s + f_p)$, genau wie wir es in 18.4 oben gefunden haben. Solange die integrale Stabilisierungspolitik nicht verwendet wird, gibt es keine vollständige Korrektur des Ausstoßniveaus auf $Y = 0$ zurück. Die proportionale Politik (konstantes f_p) hilft, kann aber das Ziel nicht allein erreichen. Die abgeleitete Politik (konstantes f_d) beeinflußt das stationäre Niveau nicht; ihre Aufgabe ist die Verminderung der Schwingungen.

Zweitens, wenn $f_i \neq 0$, muß die Gleichung (1) differenziert werden, um das Integral zu eliminieren. Wir haben dann eine Gleichung vierter Ordnung:

$$\tau T D^4 Y + (T + s\tau + \tau T - v\tau + f_d) D^3 Y + (T + s\tau + s - v + f_p + f_d) D^2 Y + (s + f_p) DY = -f_i (D + 1) Y ,$$

d. h.
$$\tau T D^4 Y + (T + s\tau + \tau T - v\tau + f_d) D^3 Y + (T + s\tau + s - v + f_p + f_d) D^2 Y + (s + f_p + f_i) DY + f_i Y = 0 . \quad (3)$$

Es ist darin kein Ausdruck mit A enthalten, die Gleichung (3) ist homogen und der stationäre Wert ist $Y = 0$. Solange $f_i \neq 0$, kommt es zu einer vollkommenen Korrektur des Ausstoßniveaus; die Stabilisierungspolitik muß nur ein integrales Element enthalten, um $Y = 0$ als stationäres Ausstoßniveau wieder vollkommen zu erreichen. Aber nur die vollständige Lösung von (3) gibt den tatsächlichen Ausstoßverlauf an und da (3) von der vierten Ordnung ist, sind die verschiedenen Möglichkeiten noch umfangreicher als vorher. Einige Beispiele dafür werden in 18.7 unten gegeben.

18.6 Lösung mittels Laplace-Transformation

Die Differentialgleichungen, die wir für die Lösung nach dem regulierten Ausstoßpfad benötigen, sind, wie aus (3) in 18.5 ersichtlich, von der vierten Ordnung, solange die integrale Stabilisierungspolitik in einem Multiplikator-Akzelerator-Modell verwendet wird. Selbst wenn nur ein Multiplikatormodell genommen wird und eine integrale Politik angewendet wird, ist die Gleichung noch von dritter Ordnung, (3) in 18.4. Dabei braucht man die integrale Politik, wenn das gesunkene Ausstoßniveau vollständig wieder korrigiert werden soll. Es gibt nun technische Schwierigkeiten bei der Lösung solcher Gleichungen, d. h. linearer Differentialgleichungen höherer als zweiter Ordnung mit konstanten Koeffizienten.

Wir können klassische Methoden anwenden, indem wir z. B. die Lösungen der entsprechenden Hilfsgleichung (der vierten oder vielleicht dritten Ordnung) mittels algebraischer Methoden finden. Das bringt keine ungewöhnlichen Schwierigkeiten mit sich. Was unangenehm ist, ist die Notwendigkeit, Anfangsbedingungen zu spezifizieren, um den tatsächlichen Ausstoßverlauf zu finden; wir brauchen Anfangswerte von Y, DY, $D^2 Y$ und $D^3 Y$ zum Zeitpunkt $t = 0$. Die Nachfrage verschiebt sich plötzlich durch einen Rückgang von 0 auf $-A$ in $t = 0$. Also ist $Y = 0$ bei $t = 0$, aber es ist keineswegs klar, welchen Wert DY, $D^2 Y$ und $D^3 Y$ haben. Diese Anfangswerte hängen von der Reaktion des Systems auf die ursprüngliche Stufenveränderung ab; sie sind tatsächlich Werte zum Zeitpunkt $t = 0+$, unmittelbar *nach* der Veränderung.

Wir versuchen daher die Lösung mit anderen als den klassischen Methoden. Als erste haben wir die Methode der Laplace-Transformation, die zur Lösung von Differentialgleichungen recht hoher Ordnung bestimmt sind, wenn die Anfangsbedingungen spezifiziert sind[3]. Weiters kann die Schwierigkeit mit den Anfangsbedingungen gelöst werden, wie Tizard gezeigt hat[4], indem man die Stufenveränderung von A durch eine annähernd kontinuierliche Veränderung $A(t)$ um $t = 0$ ersetzt und die Anfangsbedingungen auf $t = 0-$ zurückverlegt, unmittelbar *vor* die Veränderung. Dann sind die Anfangsbedingungen:

$$Y = DY = D^2 Y = D^3 Y = 0$$

für eine Gleichung vierter Ordnung und die können leicht gehandhabt werden.

Da die Konstante A durch eine Variable $A(t)$ ersetzt wird, müssen wir bei dieser Methode die Differentialgleichungen (3) in 18.4 und 18.5 ändern und für das **Multiplikatormodell** schreiben:

$$\tau T D^3 Y + (T + s\tau + f_d) D^2 Y + (s + f_p) DY + f_i Y = -D(\tau D + 1) A(t) \quad (1)$$

und für das **Multiplikator-Akzelerator-Modell:**

$$\tau T D^4 Y + (T + s\tau + \tau T - v\tau + f_d) D^3 Y + (T + s\tau + s - v + f_p + f_d) D^2 Y$$
$$+ (s + f_p + f_i) DY + f_i Y = -D(D + 1)(\tau D + 1) A(t) \quad . \quad (2)$$

Die von Tizard gefundenen Ergebnisse können folgendermaßen beschrieben werden:

Wenn die zu lösende Differentialgleichung $f(D)\,Y(t) = \varphi(D)\,A(t)$ für gegebene Polynome f und φ ist und wenn die Anfangsbedingungen $Y = DY = D^2 Y = \ldots = 0$ sind, hat die Lösung $Y(t)$ die Form einer Laplace-Transformation $Y(p) = \int_0^\infty e^{-pt}\, Y(t)\, dt$, die durch

$$\overline{Y}(p) = \frac{\varphi(p)}{p f(p)} A \quad (3)$$

gegeben ist.

Der Ausdruck (3) wird **Hilfsgleichung** der Differentialgleichung genannt. Wenn sie auf (1) des Multiplikatormodells angewendet wird, wird sie zu:

$$\overline{Y}(p) = -\frac{\tau p + 1}{f_3(p)} A \ , \quad (4)$$

[3] Siehe z. B. J. C. *Jaeger*, An Introduction to the Laplace Transformation (1949).

[4] R. H. *Tizard*, „Note on Initial Conditions in the Solution of Linear Differential Equations with Constant Coefficients", Econometrica (April 1956).

wobei $f_3(p)$ ein kubischer Ausdruck in p ist, den man von der linken Seite von (1) erhält. In ähnlicher Weise ergibt (3) auf die Gleichung (2) des Multiplikator-Akzelerator-Modells angewendet:

$$\overline{Y}(p) = -\frac{(p+1)(\tau p+1)}{f_4(p)} A\,, \tag{5}$$

wobei $f_4(p)$ ein aus der linken Seite von (2) gewonnener Ausdruck vierter Ordnung ist.

Die erste Stufe, um die regulierte Lösung irgendeines numerischen Beispiels zu finden, ist die Laplace-Transformation der Funktion $Y(t)$, die durch (4) oder (5) gegeben ist. Alles, was noch zu tun übrigbleibt, ist von

$$\overline{Y}(p) = \int_0^\infty e^{-pt}\,Y(t)\,dt$$

auf den Pfad $Y(t)$ zurückzugehen. Dazu ist nicht mehr als die Anwendung der Regeln und Standardformen der Laplace-Transformation notwendig.

18.7 Numerische Beispiele

In den nächsten zwei Beispielen wird die Stabilisierungspolitik, gemischt in proportionaler und integraler Form ($f_p \neq 0$, $f_i \neq 0$, $f_d = 0$), mit dem Hauptziel einer vollständigen Korrektur des Ausstoßniveaus $Y = -A/s$ zurück auf $Y = 0$ angewendet. Wir finden, daß noch immer Schwingungen im Zeitpfad des Ausstoßes auftreten.

Der Fall des Multiplikatormodells: Wir nehmen als Zeiteinheit ein Jahr an und $s = \frac{1}{4}$, $T = \frac{1}{4}$, $\tau = \frac{1}{2}$, $f_p = f_i = 2$. Das ist eine einfache Erweiterung des Ergebnisses, das in Fig. 18.4 illustriert wurde, mit einer Verzögerung von 3 Monaten im Ausstoß und von 6 Monaten in der öffentlichen Nachfrage. Die Erweiterung besteht in der Hinzufügung einer integralen Stabilisierungspolitik, um eine vollkommene Korrektur des abgesunkenen stationären Niveaus $Y = -4A$ zu erzielen.

Die Differentialgleichung ist:

$$D^3 Y + 3D^2 Y + 18\,DY + 16\,Y = -4\,D\,(D+2)\,A$$

und die Hilfsgleichung ist:

$$\overline{Y}(p) = -\frac{4\,(p+2)\,A}{p^3 + 3p^2 + 18\,p + 16}\,.$$

Die Lösungen von $p^3 + 3p^2 + 18p + 16 = 0$ sind $p = -1$ und $p = -1 \pm 3{,}87\,i$, so daß $\overline{Y}(p)$ in Partialbrüchen angeschrieben werden kann:

$$\overline{Y}(p) = -\frac{4A}{15}\left[\frac{1}{p+1} - \frac{p+1}{(p+1)^2 + 3{,}87^2} + 3{,}87\,\frac{3{,}87}{(p+1)^2 + 3{,}87^2}\right],$$

was $\quad Y(t) = -\dfrac{4A}{15}(e^{-t} - e^{-t}\cos 3{,}87\,t + 3{,}87\,e^{-t}\sin 3{,}87\,t)$

mittels der Standardformen der Laplace-Transformation ergibt. Wenn wir die beiden trigonometrischen Funktionen kombinieren, ergibt sich:

$$Y(t) = -\frac{4A}{15}\,e^{-t}\,[1 - 4\cos(3{,}87\,t + 1{,}32)]\ .$$

Das ist der als *I* in Fig. 18.7 dargestellte Ausstoßpfad. Wie gewünscht ist das stationäre Niveau $\overline{Y} = 0$, aber es gibt noch immer Ausstoßschwingungen. Der Zyklus ist gedämpft ($\alpha = -1$), aber weniger als in Fig. 18.4, wo $\alpha = -1{,}5$ ohne jede integrale Politik. Die Periode des Zyklus ist

$$2\,\pi/3{,}87\ ,$$

noch immer größer als $1\frac{1}{2}$ Jahre.

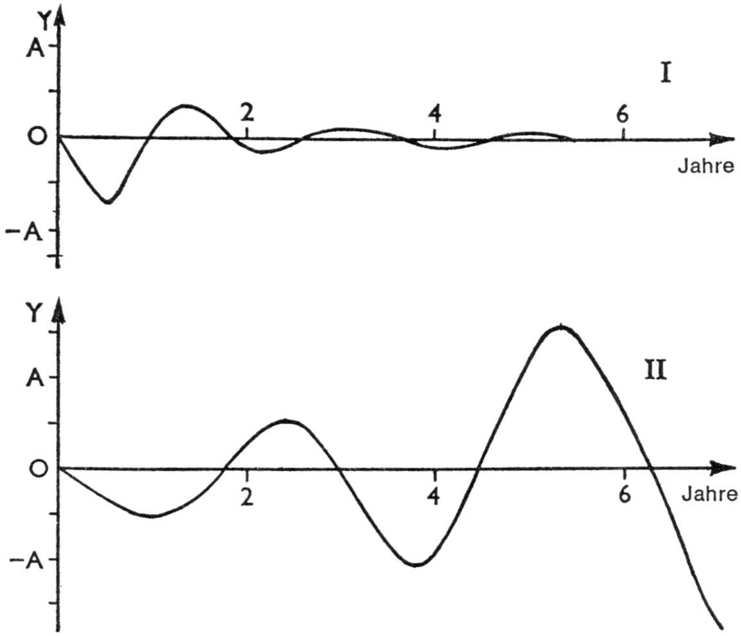

Fig. 18.7

Der Fall des Multiplikator-Akzelerator-Modells: Wir nehmen $s = \frac{1}{4}, v = \frac{3}{5}$ $T = \frac{1}{4}$, $\tau = \frac{1}{2}$, $f_p = f_i = 2$ und eine Zeiteinheit von 2 Jahren an. Das entspricht einer zweijährigen Investitionsverzögerung, einer sechsmonatigen Ausstoßverzögerung und einjährigen Verzögerung der öffentlichen Nachfrage.

Das unregulierte Modell hat als Differentialgleichung:

$$5\,D^2\,Y - 2\,DY + 5\,Y = -20\,A$$

mit einer Lösung, die schwach explosive Schwingungen ($\alpha = 0{,}2$) mit einer Periode von ein wenig mehr als $2\,\pi$ Zeiteinheiten oder etwas mehr als 12 Jahren enthält.

Das regulierte Modell hat als Differentialgleichung:

$$5\,D^4\,Y + 8\,D^3\,Y + 81\,D^2\,Y + 170\,DY + 80\,Y = -20\,D\,(D+1)\,(D+2)\,A$$

und die Hilfsgleichung ist:

$$\overline{Y}\,(p) = -\frac{20\,(p+1)\,(p+2)\,A}{5\,p^4 + 8\,p^3 + 81\,p^2 + 170\,p + 80}.$$

Die Gleichung vierter Ordnung $5\,p^4 + 8\,p^3 + 81\,p^2 + 170\,p + 80 = 0$ hat als Wurzeln $p = -0{,}69,\ -1{,}43,\ 0{,}26 \pm 4{,}03\,i$ und durch die Verwendung dieser Ergebnisse erhält man den folgenden Ausdruck von $\overline{Y}\,(p)$ in Partialbrüchen:

$$\overline{Y}\,(p) = -A\left[\frac{0{,}13}{p+0{,}69} + \frac{0{,}07}{p+1{,}43} - 0{,}21\,\frac{p-0{,}26}{(p-0{,}26)^2 + 4{,}03^2} + 1{,}06\,\frac{4{,}03}{(p-0{,}26)^2 + 4{,}03^2}\right].$$

Dann ergeben die Standardformen der Laplace-Transformation und eine Kombination trigonometrischer Funktionen den Zeitverlauf des Ausstoßes:

$$Y\,(t) = -A\,[0{,}13\,e^{-0{,}69t} + 0{,}07\,e^{-1{,}43t} - 1{,}08\,e^{0{,}26t}\cos\,(4{,}03\,t + 1{,}38)]\,,$$

wie durch II in Fig. 18.7 dargestellt.

Der stationäre Zustand ist wie gewünscht $Y = 0$, aber es gibt noch immer eine Schwingung und sogar eine explosive. Im Vergleich zum unregulierten Zyklus ist die Schwingung eher mehr explosiv ($\alpha = 0{,}26$ anstatt $\alpha = 0{,}2$) und die Periode ist mit $2\,\pi/4{,}03$ Zeiteinheiten oder ungefähr 3 Jahren wesentlich kleiner.

Die Schlußfolgerung, zu der wir auf Grund dieser beiden Beispiele für Stabilisierung ohne abgeleitete Politik kommen, ist:

Eine gemischte proportionale und integrale Stabilisierungspolitik, auf ein Multiplikator-Akzelerator-System nach einem anfänglichen Nachfragerückgang angewendet, erzielt eine vollständige Korrektur des Nachfrageausfalls, aber um den Preis verstärkter Schwingungen.

Als typischen Fall hat ein unreguliertes System eine schwach explosive Schwingung im Ausstoß. Der Zyklus ist explosiver, wenn in das System mit einer gemischten proportionalen und integralen Politik eingegriffen wird.

Es ist klar, daß eine **abgeleitete Stabilisierungspolitik** notwendig ist. Sie muß auf die Modellschwingungen einwirken und einen Ausstoßpfad ergeben, der sehr stark gedämpft, wenn nicht ganz von Schwingungen frei ist. Ein Beispiel genügt, um zu zeigen, was man damit erreichen kann. Wir ersetzen im Multiplikatorfall oben mit I in Fig. 18.7 als Ausstoßpfad $f_p = f_i = 2$ und $f_d = 0$ durch $f_p = f_i = 8$ und $f_d = 1$. Der Pfad des Ausstoßes ergibt sich dann (Übung 18.7) verändert als:

$$Y(t) = -0{,}08\,A\,[e^{-1{,}18t} - 8{,}5\,e^{-4{,}91t}\cos(5{,}50\,t + 1{,}47)]\ .$$

Die Schwingung hat eine kürzere Periode von $2\,\pi/5{,}50$ oder etwas mehr als 1 Jahr und ist viel stärker gedämpft ($\alpha = -4{,}91$ anstatt $\alpha = -1$).

Die erzielten Ergebnisse sind sehr unterschiedlich (Pfad des Ausstoßes über die Zeit), je nachdem, welche Parameter wir für das unregulierte Modell verwendet haben und welche Stabilisierungspolitik angewendet wurde. Und dabei wurden in den Modellen nur einfache Exponentialverzögerungen verwendet. Eine realistischere Verzögerung, besonders in der Investitionsfunktion, hätte eine doppelte oder dreifache exponentielle Form. Phillips zeigt, daß sowohl die Existenz verschiedener Verzögerungen wie auch die für jede Verzögerung angenommene besondere Form beträchtliche und manchmal kritische Auswirkungen auf das Ergebnis haben[5]. Es scheint z. B., daß mehrfache Verzögerungen die nach der Regulierung durch proportionale und integrale Maßnahmen noch bestehenden Schwingungen eher verstärken und so die Aufgabe der abgeleiteten Politik, sie zum Verschwinden zu bringen, viel schwerer machen.

Übungen

18.1 Fügen Sie zum elementaren Fall des Samuelson-Hicks-Modells (17.7) oben eine autonome Ausgabe A_t hinzu und zeigen Sie, daß $Y_t - (1 + v - s)\,Y_{t-1} + vY_{t-2} = A_t$ die Differenzengleichung ist mit einer Lösung, die Schwingungen ergibt, wenn für s und v gilt:

$$f(p) = p^2 - (1 + v - s)\,p + v > 0 \quad \text{für alle reellen } p\ .$$

[5] A. W. *Phillips*, „Stabilisation Policy and the Time-Form of Lagged Responses", Economic Journal (Juni 1957).

Schreiben Sie die Schwingungen als $Y_t = (A/s) + Br^t \cos(\vartheta t - \varepsilon)$ an, wenn $A_t = A$ (konstant) und wenden Sie es auf den Übergangspfad von einem Gleichgewicht zum anderen an (wie in Fig. 18.1 A).

18.2 Nehmen Sie im Schwingungsmodell der vorigen Übung $A_t = A_0 (1 + \varrho)^t$ für ein gegebenes $\varrho > 0$ an und zeigen Sie, daß $Y_t = (A_0/R)(1 + \varrho)^{t+2} + Br^t \cos(\vartheta t - \varepsilon)$, wobei $R = f(\varrho) + 2\varrho - v + s$ unter Verwendung von $f(p)$ oben. Zeigen Sie, daß Y_t dann und nur dann zyklisches Wachstum aufweist, wenn $R > 0$, ein Fall, der auftritt, wenn $\varrho > \frac{1}{2}(v - s)$ — aber nicht nur dann.

18.3 Nehmen Sie in der vorigen Übung bei jährlichen Daten $s = 0{,}25$, $v = 2$ und eine Periode (Investitionsverzögerung) von T Jahren an. Zeigen Sie, daß es zyklisches Ausstoßwachstum gibt, wenn die erzwungene Wachstumsrate $\varrho > (8 - T)/8\,T$. Wie wahrscheinlich ist dieser Fall?

18.4 Erklären Sie, warum es im Modell in 18.2 unmöglich ist, daß eine erzwungene regelmäßige Schwingung auch nur annähernd eine endogene regelmäßige Schwingung ausgleicht. Zeigen Sie, daß durch Wahl der Anfangsbedingungen der erste Zyklus oder die beiden ersten Zyklen gedämpft werden können, aber daß, wenn das weiterhin der Fall sein soll, die beiden Perioden gleich sein müssen, was zu Resonanz führt. Was impliziert dies für die Stabilisierungspolitik?

18.5 Illustrieren Sie den Einfluß der Länge der Investitionsverzögerung im Modell in 18.2, indem Sie den numerischen Fall im Text mit einem anderen Fall vergleichen, bei dem die Verzögerung ein Jahr ist (und wieder $s = \frac{1}{4}$ und $v = 2$ bei jährlichen Daten gilt). Zeigen Sie, daß für die angenommenen regelmäßigen Schwingungen $T = 1\frac{3}{4}$ Jahre und daß die endogenen Schwingungen eine Periode von ungefähr 17 Jahren haben. Nehmen Sie erzwungene Schwingungen mit einer 20jährigen Periode an ($a^2 = 0{,}1$) und zeigen Sie, daß die Amplitude mit einem Faktor von ungefähr 14 multipliziert wird.

18.6 Nehmen Sie den folgenden Fall zur Illustration einer auf den Multiplikator-Akzelerator angewendeten proportionalen Stabilisierungspolitik: $s = \frac{1}{4}$, $v = \frac{3}{5}$, $T = \frac{1}{4}$, $\tau = \frac{1}{2}$, $f_p = 2$. Zeigen Sie mittels Verwendung von Laplace-Transformationen, daß der Pfad des Ausstoßes

$$Y = -\frac{4A}{9}\,[1 + 0{,}056\,e^{-1{,}15t} - 2{,}5\,e^{-0{,}225t} \cos(3{,}89\,t + 1{,}13)]$$

ist. In welchem Sinn liegt dieses Modell zwischen Fall II der Fig. 18.4 und Fall II der Fig. 18.7? Geben sie zu den regulierten Pfaden in den drei Fällen einen Kommentar ab.

18.7 Nehmen Sie im Multiplikatormodell mit der allgemeinen Gleichung (1) in 18.6 $s = 1$ und $T = \frac{1}{4}$ an; zeigen Sie, daß die folgenden Stabilisierungsmaßnahmen zu den angegebenen Ausstoßpfaden führen und kommentieren Sie die Ergebnisse:

(1) $f_p = 2$, $f_i = f_d = 0$, $\tau = \frac{1}{8}$:

$$Y = -\frac{4A}{9}\,[1 - 1{,}17\,e^{-4{,}5t} \cos(7{,}19\,t + 0{,}56)]$$

(2) $f_p = f_i = \frac{1}{2}$, $f_d = 0$, $\tau = \frac{1}{8}$;

$$Y = -\frac{28A}{9}\left[e^{-t} - (1 + 1{,}71\,t)\,e^{-4t}\right]$$

(3) $f_p = f_i = 8$, $f_d = 1$, $\tau = \frac{1}{2}$:

$$Y = -0{,}08\,A\left[e^{-1{,}18t} - 8{,}5\,e^{4{,}91t}\cos(5{,}50\,t + 1{,}47)\right].$$

18.8 Eine proportionale Stabilisierungspolitik wird auf das Multiplikatormodell angewendet, aber mit einer doppelten exponentiellen Verzögerung $Y = [2\lambda/(D + 2\lambda)]^2 Z$ von einer Gesamtlänge $T = 1/\lambda$ im Ausstoß. Zeigen Sie, daß die Differentialgleichung (2) in 18.4 übergeht in: $\tau T^2 D^3 Y + T(T + 4\tau) D^2 Y + 4(T + s\tau) DY + 4(s + f_p) Y + 4A = 0$. Lösen Sie sie, wenn $s = \frac{1}{4}$, $T = \frac{1}{4}$, $\tau = \frac{1}{2}$, $f_p = 2$ und vergleichen Sie sie mit dem Zahlenbeispiel in 18.4, wobei sich zeigt, daß die Schwingungsperiode sich kaum verändert, aber die Dämpfung schwächer als im Fall der doppelten Verzögerung ist.

18.9 Ein Stabilisierungsmodell wird in Periodenform wie folgt konstruiert, wobei K_t der Kapitalstock am Ende der Periode t ist (für $t = 0, 1, 2, \ldots$). Die Konsumfunktion ist $C_t = cY_t$ und die Investitionsfunktion $I_t = vY_t - bK_t$ (auf Grund des Kapitalstockanpassungsprinzips), und jede ist um eine Periode verzögert. Die Regulierung durch die Regierung besteht in einer (I_t hinzugefügten) Investition $G_t = -f_k K_{t-1}$, die dem Defizit des Kapitalstocks proportional ist. Wir schreiben $\alpha = b + f_k$. Zeigen Sie, daß ohne Ausstoßverzögerung sich die Strombedingung und die Kapitalstockidentität (nun $K_t - K_{t-1} = I_t$) als

$Y_t = (v + c)\,Y_{t-1} - \alpha K_{t-1}$ und $K_t = vY_{t-1} + (1 - \alpha)\,K_{t-1}$ ergeben.

Reduzieren Sie sowohl den Ausdruck für Y_t wie auch für K_t zu einer Differentialgleichung zweiter Ordnung und geben sie die Art der Lösung und den Einfluß von α und von f_k an. Für simultane Differenzengleichung erster Ordnung in zwei Variablen siehe R. G. D. Allen „The Structure of Macro-Economic Models", Economic Journal (März 1960), S. 53 - 54.

Kapitel 19

Konjunkturtheorie

19.1 Schwingungen und der Konjunkturzyklus

Probleme der Wirtschaftssteuerung stehen nicht im Mittelpunkt der Entwicklung der positiven Ökonomie. Wir kehren nun zu unserer unterbrochenen Analyse von Systemen zurück, die gebildet wurden, um den Tatsachen der ökonomischen Wirklichkeit soweit als möglich Rechnung zu tragen. Unser Interesse konzentriert sich auf Wachstum und Schwingung im Ausstoß und in anderen Variablen in der Zeit.

Das vereinfachte Ungleichgewichtssystem, das wir anzuwenden vorschlagen, ist Phillips' Modell des Gütermarktes in kontinuierlichen Größen. Eine parallele Analyse in Periodengrößen ist ohne weiteres möglich, und zwar auf Basis des Samuelson-Hicks-Modells; es gibt aber dann zusätzliche Schwierigkeiten, die leicht die Hauptprobleme verdecken. Das System hat Multiplikator-Akzelerator-Form mit Verzögerungen im Ausstoß und in den Investitionen und wird durch drei Parameter beschrieben: s für die Sparneigung, v als inverses Maß der Länge der Investitionsverzögerung (bei gegebenem Kapitalkoeffizienten) und T für die Länge der Ausstoßverzögerung in bezug auf die Investitionsverzögerung. Das Modell ergibt *entweder* stetige Veränderung *oder* eine Schwingung im Ausstoß (jedoch nicht beides) um ein stationäres Niveau. Bei gegebenem s und T wird die Art der Lösung durch die Größe von v und daher durch die Länge der Investitionsverzögerung festgelegt. Wenn v so groß ist, daß es $(\sqrt{T}+\sqrt{s})^2$ übersteigt, hat der Ausstoß kontinuierliches Wachstum, das vom stationären Niveau ausgeht; ist $v < (\sqrt{T}-\sqrt{s})^2$, dann gibt es stetigen Abfall zum stationären Niveau. Wir sind jedoch nun mehr an mittleren Werten von v interessiert und daher an Investitionsverzögerungen mäßiger Länge. Wir nehmen an, daß v im Bereich von

$$(\sqrt{T}-\sqrt{s})^2 < v < (\sqrt{T}+\sqrt{s})^2$$

ist. Das Modell ergibt dann Schwingungen im Ausstoß, die gedämpft sind, wenn v kleiner als $T+s$ ist, und explosiv für größere Werte sind. Fügt man eine konstante autonome Ausgabe A, wie in 18.1 oben, hinzu, erhält man den Pfad des Ausstoßes:

$$Y = \frac{A}{s} + Be^{\alpha t} \cos (\omega t - \varepsilon), \tag{1}$$

wo die Amplitude (B) und die Phase (ε) von den Anfangsbedingungen abhängen, während die Dämpfung (α) und die Periode ($2\pi/\omega$) durch die Parameter

$$\alpha = (v - s - T)/2T \quad \text{und} \quad \alpha^2 + \omega^2 = s/T \tag{2}$$

ausgedrückt werden.

Die oszillatorische Lösung ergibt sich für die meisten vernünftigen Werte der Parameter. Als typisches Beispiel nehmen wir an $s = \frac{1}{4}$, $T = \frac{9}{16}$ und der Kapitalkoeffizient ist 2 pro Jahr. Der Wert von v ist dann $2/\tau$ für eine Investitionsverzögerung von τ Jahren. Gedämpfte Schwingungen erfordern $\frac{1}{16} < 2/\tau < \frac{13}{16}$ und explosive Schwingungen treten auf, wenn $\frac{13}{16} < 2/\tau < \frac{25}{16}$. Es kommt daher zu explosiven Schwingungen, wenn die Investitionsverzögerung zwischen 1,3 und 2,5 Jahren liegt; für längere Verzögerungen, bis zu 32 Jahren, sind die Schwingungen gedämpft. Weiters ist die kürzeste Schwingungsperiode $2\pi\sqrt{(T/s)} = 3\pi$ Zeiteinheiten, wenn die Schwingungen regelmäßig sind, d. h. in (2) $\alpha = 0$ gesetzt wird, und die Investitionsverzögerung dauert in unserem numerischen Beispiel $2\frac{1}{2}$ Jahre. Selbst mit ihrem kürzesten Wert ist daher die Schwingungsperiode lang, über 23 Jahre. Auf Grund dieses Beispiels erwarten wir, daß das Modell entweder leicht gedämpfte oder schwach explosive Schwingungen mit einer Periode, die nicht viel über dem Minimum liegt, ergibt. Selbst dann ist die Größenordnung der Schwingungsperiode bei 25 Jahren, das ist erheblich mehr, als man gewöhnlich zwischen zwei Konjunkturhöhepunkten in der Praxis findet.

Es gibt noch schwerwiegendere Faktoren, auf Grund derer das Modell weit von einer adäquaten Beschreibung der Wirklichkeit entfernt bleibt. Erstens geht eine Schwingung von der Form (1) um ein stationäres Niveau $Y = A/s$ vor sich, während wir nach einer Variation um einen Trend suchen, d. i. gewöhnlich zyklisches Wachstum. Wir haben bereits einen Weg gefunden, auf dem wir eine Erklärung von Zyklus und Wachstum zusammen liefern können. Wir brauchen nur, wie wir in 18.1 oben gezeigt haben, zum Multiplikator-Akzelerator-Modell mit Schwingungen eine stetige Zunahme der autonomen Ausgabe $A(t)$ hinzufügen. Der Ausstoß hat dann zyklisches Wachstum, wie es mit Fig. 18.1 B illustriert wurde. Das Modell ergibt Schwingungen und wir benützen exogene Faktoren, die das Wachstum liefern. Das ist in einem System, das die Realität erklären soll, kaum befriedigend, da es den Problemen der Wirkung der Wachstumsfaktoren ausweicht. Wir verfolgen diese wichtige Frage in diesem Kapitel eher beiläufig und nehmen sie im Kapitel 20 ernsthafter in Angriff.

Zweitens hat das Zeitprofil der Schwingungen (1) eine feste Periode $2\pi/w$ und die vollkommene Symmetrie der Cosinuskurve für alle Zeit. Darüber hinaus nimmt die Dämpfung oder Explosivität der Schwingungen, die durch ein konstantes α gegeben ist, die Form einer progressiv steigenden oder fallenden Amplitude in der Zeit an; die Zyklen explodieren oder verlieren sich mit fortschreitender Zeit. Diese Merkmale ergeben sich dann, wenn man das Modell in linearer Form nimmt und sie treten unabhängig von der Art des verwendeten linearen Modells auf[1]. Aber es sind alles recht unrealistische Merkmale. Die Zyklen, die der Ausstoß in der Wirklichkeit zeigt, haben eine variable Periode, die von Spitze zu Spitze oder von Tal zu Tal gemessen wird, und ihre Amplitude verändert sich nicht entsprechend irgend einer stetigen Progression, sondern manchmal in der Zeit steigend, manchmal fallend. Darüber hinaus kann es der Gestalt jedes einzelnen Zyklus, wenn sie auch grob einer Cosinuskurve entsprechen mag, beträchtlich an Symmetrie fehlen; der Boom ist typisch länger als der darauffolgende Abschwung.

Die Einfachheit linearer Modelle und die Genauigkeit der mathematischen Formulierung geben zusammen eine Lösung in Form einer Schwingung, die als hoffnungslos unrealistisch betrachtet werden muß, oder bestenfalls als eine sehr grobe Annäherung an die in der Praxis beobachteten Ausstoßschwankungen. Unsere theoretischen Zyklen sind viel zu regelmäßig und symmetrisch und werden immer größer oder verlieren sich, wenn wir weit genug gehen. Das heißt nicht, daß die Modelle die Wirkungen von Veränderungen autonomer Ausgaben oder regulierender politischer Maßnahmen nicht angeben können. Sie sind für solche Zwecke ausreichend. Sie können jedoch, wie sie sind, kaum als adäquate Erklärung des Konjunkturzyklus dienen. Es muß etwas getan werden und was es ist, scheint allgemein formuliert ganz klar: Es muß ein nicht-lineares Element in die Modelle eingeführt werden. Die Frage ist: Wo und wie?

19.2 Einige Ausführungen zur Konjunkturtheorie

In dieser Situation ist das natürliche Vorgehen, die übervereinfachte Struktur der Multiplikator-Akzelerator-Modelle zu verändern, und zwar erstens durch Einführung komplizierterer (aber noch linearer) Beziehungen und dann durch Einsetzen geeigneter nicht-linearer Elemente.

[1] Ein lineares Modell ist ein umfassenderes Konzept als man glauben würde. Die Beziehungen in einem linearen Modell sind derart, daß Schwingungen mit gleichbleibender Periode und Amplitude durch das ganze Modell gehen. Eine Vielzahl von Beziehungen erfüllt dieses Kriterium, z. B. Ableitungen, Integrale, feste Verzögerungen und verschiedene Formen von verteilten Verzögerungen. Ein nicht-lineares Modell ist nicht leicht zu formulieren oder mathematisch zu behandeln.

Manches, das auf dieser Linie liegt, wird später in diesem Kapitel versucht. Es gibt jedoch einen alternativen und vielleicht leichteren Ansatz: Man läßt das Grundmodell in seiner ganzen Einfachheit und mit seinen linearen Merkmalen bestehen und wendet es flexibel mit anderen Bestandteilen einer Konjunkturtheorie an. Die allgemeine Idee ist nicht, das Multiplikator-Akzelerator-Modell nicht-linear zu machen, sondern es in diskontinuierlicher Weise arbeiten zu lassen. Es ist möglich, gerade auf diese Art eine ganz beachtliche und vernünftige Theorie des Konjunkturzyklus zu bauen. Die Theorie hängt davon ab, welche anderen Bestandteile wir auswählen, um sie mit dem Multiplikator-Akzelerator zu vermischen.

Der Multiplikator setzt das stationäre Niveau des Systems fest und eine Verzögerung im Konsum führt bloß eine Variation ein, die zum stationären Niveau konvergiert (Kapital 9). Wenn die autonome Ausgabe A konstant ist, ist das stationäre Niveau des Ausstoßes einfach $Y = A/s$, d. i. die autonome Ausgabe mit dem Verhältnis 1/s ‚hinaufmultipliziert'. Wenn auf der anderen Seite $A(t)$ in der Zeit in einer angegebenen Weise variiert, nimmt das stationäre Niveau die Form einer entsprechenden erzwungenen Ausstoßveränderung an (Kapital 18). Kurz, der Multiplikator hat einen stabilisierenden Einfluß und man braucht mit ihm nichts zu tun. Es ist der Akzelerator — die verzögerte Abhängigkeit der Investitionen von Ausstoßveränderungen — den wir flexibel handhaben müssen. Wir nehmen den Fall an, wo Schwingungen auftreten, im allgemeinen entweder leicht gedämpfte (für eine lange Investitionsverzögerung) oder schwach explosive (für eine eher kurze Verzögerung). Welche wir nehmen, beeinflußt unsere Wahl der Konjunkturtheorie.

Auf der Basis einer leicht gedämpften Lösung besteht unsere Hauptaufgabe darin, zu zeigen, wie man verhindern kann, daß die Zyklen sich mit fortschreitender Zeit verlieren. Ein Element, das offensichtlich fehlt, ist eine mehr oder weniger zufällige Reihe von Störungen, die sich (zum Beispiel) aus autonomen technischen Veränderungen kapitalvermehrender Art (Neuerungen) ergeben. Jede Störung verändert die Ausgangsposition eines Zyklus, der dann wenig Chancen hat auszulaufen, bevor eine andere Störung eintritt. Die Wirkung kann ganz gut sein, daß die Amplitude des Zyklus erhalten bleibt, daß sich das Zeitprofil ändert und daß sich die Periode verkürzt, lauter Veränderungen in realistischer Richtung. Das ist die Grundlage der Konjunkturtheorie vom Typ des erratischen Schocks (‚erratic shock'). Allgemein kann wenig darüber gesagt werden; sie müßte ökonometrischer Prüfung unterworfen werden, insbesondere im Hinblick auf die Gültigkeit der Annahme, daß gedämpfte Schwingungen dem System innewohnen.

Es ist in der Tat wahrscheinlicher, daß die Wechselwirkungen zwischen Multiplikator und Akzelerator zu einer schwach explosiven Schwingung im Ausstoß führen. Um sie zu beschränken, müssen wir Obergrenzen (‚ceilings‘) oder Untergrenzen (‚floors‘), oder beides für die Ausstoßvariation einführen. Diese sind für das einfache Multiplikator-Akzelerator-Modell, das am Gütermarkt nachfrageorientiert ist und so die Arbeitskraft vernachlässigt, exogen. Dazu hat das Modell in der Form, wie wir es verwenden, keinen expliziten Bezug zum Kapitalbestand. Wir haben hier die Basis eines Bereiches wohlbekannter Konjunkturtheorien, wofür die Hickssche typisch ist[2].

Das Hauptargument hängt nun von einer flexiblen und nicht-linearen Anwendung der Akzeleratorbeziehung der Investition zum Ausstoß ab. Der Mechanismus dieser verzögerten Investitionsfunktion wird gestört, wann immer der Ausstoß an einen ‚Plafond‘ stößt oder auf einen ‚Boden‘ fällt. Wir können annehmen, daß die Beziehung nur für bestimmte Ausstoßveränderungen gilt, und sie durch eine andere Bestimmung der Investitionen zu anderen Zeiten ersetzen. Kurz, wir setzen den Akzelerator außer Kraft und bringen ihn wieder in einer nicht-linearen und exogenen Weise ins Spiel.

Der kritische zusätzliche Bestandteil ist der ‚Plafond‘, die Kapazitätsgrenze $\bar{Y}$, die dem Ausstoß gesetzt ist. Mittelfristig mag es — der Konjunkturtheorie entsprechend — genügend, $\bar{Y}$ als exogen fixiert oder zumindest als langsam mit dem autonomen Wachstum der Arbeitskraft steigend anzunehmen. Wir können auch annehmen, daß das stationäre Niveau $Y = A/s$ als Folge eines Wachstums der autonomen Ausgaben langsam steigt. Wir nehmen an $\bar{Y} > A/s$ und veranschaulichen das in Fig. 19.2. Der Zyklus des Modells, potentiell schwach explosiv, nimmt von einem Anfangsausstoß Y_0 seinen Ausgang. Früher oder später, und wahr-

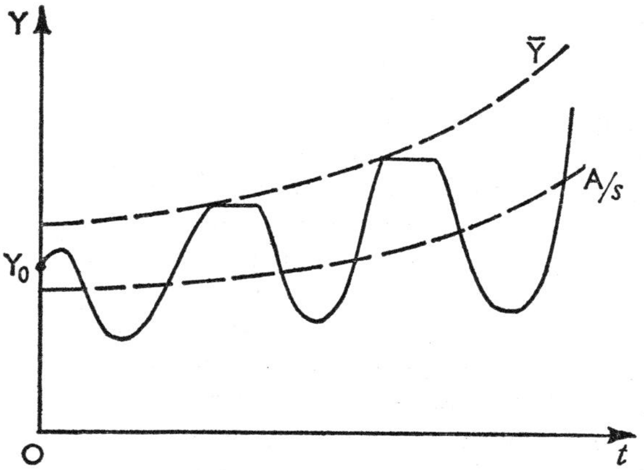

Fig. 19.2

[2] J. R. *Hicks*, A Contribution to the Theory of the Trade Cycle (1950).

scheinlich eher früher als später, stößt der Ausstoß an den ‚Plafond' $\bar{Y}$. Der Ausstoß wird dann (annähernd) konstant und nach einer Verzögerung reduziert der Akzelerator $I = vDY$ die Investitionen auf Null. Der Akzelerator tritt dann außer Kraft, denn der Ausstoß ist über dem stationären Niveau A/s mit einem Zustand ohne Investitionen konsistent. Die bekannte Situation, die vom Boom zur Krise und zum Abschwung führt, tritt ein. Irgendwann beginnt der Ausstoß vom erreichten Spitzenniveau Y_1 abzufallen und Y_1 stellt dann einen Anfangswert für das neuerliche Wirken des Akzelerators dar, und zwar in umgekehrte Richtung mit fallendem Ausstoß und negativen Nettoinvestitionen. Ein anderer potentiell explosiver Zyklus beginnt, geht durch einen Aufschwung und vielleicht durch einen oder mehrere vollständige Zyklen, bevor er wieder an den Plafond stößt. Ein anderer Spitzenausstoß Y_2 wird erreicht (wobei der Azelerator wieder außer Funktion ist) der einen neuen Anfangswert für einen anderen potentiell explosiven Zyklus abgibt.

Das Ergebnis ist, daß die Amplitude des Zyklus beschränkt wird und daß sich sein Zeitprofil verändert. Die Amplitude ist nicht länger mehr von einem historisch entfernten Anfangswert abhängig, sondern wird bei jedem Abschwung von neuem festgesetzt. Der Zyklus kann sich um einen steigenden Trend bewegen, entsprechend dem, was über das autonome Wachstum der autonomen Ausgaben und der Kapazität angenommen wird. Das stellt einen anderen Aspekt des zyklischen Wachstums dar; das Wachstum ist nach wie vor von exogenen Faktoren abhängig. Nicht klar ist jedoch, ob eine solche Theorie des Konjunkturzyklus die überlangen Schwingungsperioden, die der Multiplikator-Akzelerator bei wahrscheinlichen Parameterwerten ergibt, auf die in der Praxis für Ausstoßzyklen von Spitze zu Spitze gefundenen Intervalle reduzieren kann.

In einer Theorie dieser Art besteht kein offensichtliches Bedürfnis nach Einführung eines ‚Bodens' oder eines ‚Plafonds' für den Ausstoß. Das Hinzufügen eines ‚Bodens' würde kaum mehr als ein Schnörkel für die Theorie bedeuten. Aber ‚Böden' existieren und der Ausstoß kann sie zeitweise erreichen, entweder weil der Ausstoß zu tief oder weil er zu schnell sinkt. Der Multiplikator-Akzelerator schließt formal weder Null-Ausstoß oder sogar negativen Ausstoß aus, noch setzt er den durch fallenden Ausstoß induzierten negativen Nettoinvestitionen irgendeine Grenze. Negative Investition tritt durch das Verschrotten von Ausrüstung und durch Senken der Lager ein, und es gibt in der Praxis für das Ausmaß, bis zu dem das getan werden kann, eine Grenze, die einen Boden für den Ausstoß sowie für die Rate seines Abfallens liefert und einen weiteren Punkt, bei dem der Akzelerator zu funktionieren aufhört. Es kann nur gesagt werden, daß die Konjunkturtheorie, die hier skizziert wurde, Obergrenze und Untergrenze nicht dieselbe Bedeutung beimißt.

Zu erforschen, wie die Kapazitätsobergrenze $\bar{Y}$ gesetzt wird, würde uns weit weg führen, und die Frage wird hier nicht weiter verfolgt. Bevor wir weitergehen, können wir festhalten, daß die Frage nicht nur mit der Arbeitskraft zusammenhängt, sondern auch mit dem Kapitalbestand und mit der Kapazität der Kapitalgüterindustrie. Es gibt viele Aspekte des Problems, die meist im Lichte der Zwei-Sektoren-Modelle betrachtet werden. Aber besondere Entwicklungen der Theorie stimmen mit unserem Hauptzweck überein, und eine davon, die Betrachtung der Investitionsverzögerung in ihrer doppelten Form, nämlich der Ausgaben für und der Lieferungen von Kapitalausrüstung, wird unten behandelt. Eine andere Angelegenheit von Bedeutung ist die Auswirkung der Vernachlässigung der impliziten Annahme, daß die autonomen Ausgaben keine Investitionen beinhalten, die zu einem Wachstum des Kapitalbestandes führen (siehe Übung 19.1).

19.3 Ein gemischtes Differenzen-Differential-Modell

Wir haben gesehen (5.7 oben), daß die Investitionsverzögerung in ihrer Wirkung recht kompliziert sein kann und daß es zusätzlich zu einem Unterschied im Zeitablauf zwischen Investitionsausgaben, die die Nachfrage erhöhen, und den Ausrüstungslieferungen, die den Kapitalbestand erhöhen, kommen kann. Es lohnt sich, die Auswirkung dieser Schwierigkeiten zu untersuchen, die weitgehend durch die Annahmen im Multiplikator-Akzelerator-Modell, das wir verwendet haben, übergangen wurden. In der folgenden Formulierung, die auf früheren Arbeiten Kaleckis[3] beruht, lassen wir eine Mischung fester und verteilter Verzögerungen in den Investitionen zu. Das Modell ist jedoch noch immer in linearer Form. Wir müssen daher erwarten, daß wir Schwingungen in regelmäßiger Cosinus-Form erhalten — und wir erhalten sie auch.

Die verzögerte Investitionsfunktion wird in zwei Teilen wie in 5.7 oben angeschrieben, und zwar durch Verwendung des Zwischenkonzepts der Investitionsentscheidung. Zuerst wird der Betrag der Investitionen, für die man sich zu irgendeiner Zeit t entscheidet, als ein Anteil λ des Fehlbetrages zwischen tatsächlichem Kapitalbestand K und dem gewünschten Niveau, das mit vY durch den laufenden Ausstoß festgesetzt wird, angenommen:

$$B(t) = \lambda\,[vY(t) - K(t)] \quad (0 < \lambda < 1)\ . \tag{1}$$

Dann nehmen wir an, daß die Investitionsausgaben, die der Investitionsentscheidung zur Zeit τ folgen, über eine Periode von ϑ Zeiteinheiten

[3] M. *Kalecki*, „A Macrodynamic Theory of Business Cycles", Econometrica (Juli 1935).

in die Zukunft verteilt sind, wobei ϑ recht groß sein kann[4]. Wir können das als eine Reihe von Zahlungen entsprechend dem Arbeitsfortschritt an zur Zeit τ bestelltem Kapital auffassen. Wenn die Zahlungen einheitlich sind, dann hängt die Ausgabe zur Zeit t, wie in 5.7, von den Investitionsentscheidungen $B(\tau)$ zu allen Zeiten der Vergangenheit von $t-\vartheta$ bis t ab:

$$I(t) = \frac{1}{\vartheta} \int_{t-\vartheta}^{t} B(\tau)\, d\tau \,, \tag{2}$$

was eine einheitlich verteilte aber verstümmelte Verzögerung darstellt. Schließlich wird angenommen, daß die Ausrüstung am Ende der Vorauszahlungen geliefert wird, so daß die tatsächliche Erhöhung des Kapitalbestandes zur Zeit t

$$DK(t) = B(t-\vartheta) \tag{3}$$

ist. Der ganze Investitionsprozeß besteht aus den Beziehungen (1), (2) und (3). Um seine kombinierte Wirkung zu sehen, können wir den (Grenz-)Fall untersuchen, wo $\vartheta = 0$. Dann ist:

$$I = \lambda(vY - K) \quad \text{und} \quad DK = I\,.$$

Die Investitionsfunktion folgt dann dem **Kapitalbestandsanpassungsprinzip** und (wie in Übung 5.8 oben) erscheint als eine verzögerte Version des Akzelerators:

$$DI = \lambda vDY - \lambda DK = \lambda vDY - \lambda I\,,$$

d. i.

$$I = \frac{\lambda}{D + \lambda}\, vDY\,,$$

was den Akzelerator mit einer einfachen exponentiellen Verzögerung und einer Zeitkonstanten von $1/\lambda$ darstellt. Der kombinierte Investitionsprozeß von (1), (2) und (3) ist daher ein verzögerter Akzelerator mit einer einfachen exponentiellen Verzögerung der Länge $1/\lambda$, der auf komplizierte Art von einer festen Periodenverzögerung der Länge ϑ überlagert wurde.

Da die Investitionsverzögerung kompliziert genug ist, vollenden wir das Modell in der einfachsten möglichen Art, indem wir eine proportionale Konsumfunktion ohne Verzögerung und keine Verzögerung zwischen Nachfrage Z und Ausstoß Y annehmen. Die Gleichungen des Modells sind:

[4] ϑ kann bis zu drei Jahren oder mehr betragen; es ist das die durchschnittliche Länge der Produktionsperiode für Kapitalgüter, die von einer Reihe von Ökonomen auf Grund wirklicher Daten gefunden wurde.

$$\left.\begin{aligned} &Y(t) = C(t) + I(t), \quad \text{wobei} \quad C(t) = cY(t) \quad \text{und} \quad I(t) = \frac{1}{\vartheta}\int\limits_{t-\vartheta}^{t} B(\tau)\,d\tau \\ &\text{und wobei} \\ &\qquad B(t) = \lambda\,[vY(t) - K(t)] \quad \text{und} \quad DK(t) = B(t-\vartheta)\,. \end{aligned}\right\} \quad (4)$$

Wegen der Verzögerung ϑ müssen die Variablen in den Gleichungen (4) alle sorgfältig datiert werden. Das Block-Diagramm des Modells ist komplizierter als das des Multiplikator-Akzelerator-Modells, von dem es eine Variante ist. Sowohl I als auch K scheinen auf und als ein Ergebnis gibt es im Diagramm eine zusätzliche Rückkoppelung, wie sie in Fig. 19.3 gezeigt wird.

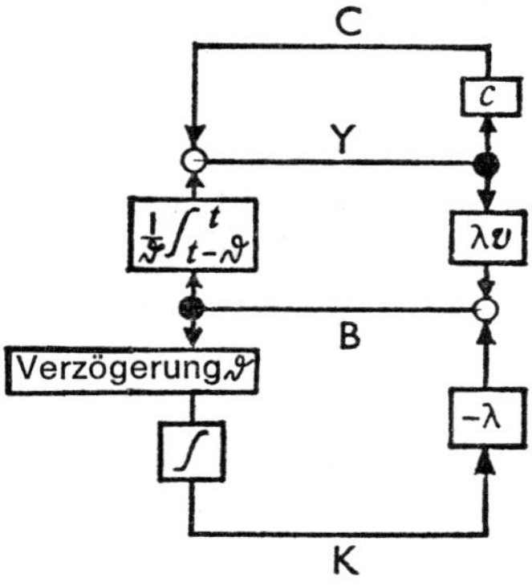

Fig. 19.3

Die Gleichungen (4) reduzieren sich weder zu einer Differenzen- noch zu einer Differentialgleichung, sondern eher zu einer Gleichung in gemischter Form in einer der Variablen. Die Reduktion kann am bequemsten im Kapitalbestand $K(t)$ ausgedrückt werden. Wenn wir das machen, wählen wir die Einheit so, daß $\vartheta = 1$, da wir bisher noch keine besondere Zeiteinheit ausgewählt haben. Aus der Bedingung für DK in (4) haben wir dann $B(\tau) = DK(\tau + 1)$ und so ist:

$$I(t) = \int\limits_{t-1}^{t} DK(\tau + 1)\,d\tau = \int\limits_{t}^{t+1} DK(x)\,dx \quad (\text{wobei} \quad x = \tau + 1)\,,$$

d. i.

$$I(t) = K(t+1) - K(t)\,.$$

Da es keine Konsum- oder Ausstoßverzögerung gibt, ergibt (4) Sparen = Investieren:

$$sY(t) = I(t) = K(t+1) - K(t)\,. \qquad (5)$$

Verwendet man schließlich die Investitionsentscheidungsfunktion von (4) mit der DK-Bedingung, dann gilt:

$$DK(t) = B(t-1) = \lambda v Y(t-1) - \lambda K(t-1)$$
$$= \lambda \frac{v}{s} [K(t) - K(t-1)] - \lambda K(t-1) \quad \text{aus (5).}$$

Wir haben nun unsere gemischte Gleichung in K:

$$DK(t) = \lambda \frac{v}{s} K(t) - \lambda \left(\frac{v}{s} + 1 \right) K(t-1) \ . \tag{6}$$

Wir schlagen vor, (6) für den Pfad $K(t)$ des Kapitalbestandes in der Zeit zu lösen. Die Pfade anderer Variabler folgen, wenn einmal (6) gelöst ist. Es ist tatsächlich ganz leicht zu zeigen (Übung 19.2), daß $Y(t)$ die gleiche Gleichung (6) wie $K(t)$ befriedigt. Wenn die Lösung oszillatorisch ist, haben daher sowohl $Y(t)$ als auch $K(t)$ einen Zyklus gleicher Periode und Dämpfung.

Eine besondere Beziehung zwischen den Variablen erhält man aus der Bedingung (5), die die Gleichheit von geplantem Sparen und Investieren ausdrückt:

$$Y(t) = \frac{K(t+1) - K(t)}{s} = \frac{1}{s} I(t) \ . \tag{7}$$

Die Form von (7) ist interessant. Sie bedeutet, daß $Y(t)$ ein Vielfaches $1/s$ — wie beim Multiplikator — der ersten Differenzen der Werte von $K(t)$, über Einheitsperioden gebildet, auf dem Pfad von $K(t)$ ist. Diese ersten Differenzen sind ihrerseits die Investitionsausgaben zur Zeit t. Der Multiplikator, von den Investitionen zum Einkommen, wirkt in der bekannten Weise.

19.4 Die Lösung des Modells

Die zu lösende Gleichung für den Pfad des Kapitalbestandes $K(t)$ ist (6) von 19.3; sie kann geschrieben werden als:

$$\left.\begin{aligned} &DK(t) = aK(t) - bK(t-1) \ , \\ \text{wobei} \quad &a = \lambda \frac{v}{s} \quad \text{und} \quad b = \lambda \left(\frac{v}{s} + 1 \right) \ (0 < \lambda < 1) \end{aligned}\right\} \tag{1}$$

Der Pfad des Ausstoßes $Y(t)$ folgt aus derselben Gleichung. Die Zeiteinheit wird als festes Intervall zwischen Aufträgen und Lieferungen von Kapitalgütern gewählt, d. h. das Intervall, in dem Vorauszahlungen gemacht werden. Dieses Intervall kann ziemlich lang sein, so daß bei einer langen Zeiteinheit der Wert v recht klein sein kann, vielleicht wenig größer als die Sparneigung s. Wir können daher annehmen:

$$0 < a < 1 \quad b = a + \lambda > a \ . \tag{2}$$

Für eine Lösung von (1) versuchen wir $K = e^{\varrho t}$, wobei ϱ eine reelle oder komplexe Konstante ist. Substituiert man K und $DK = \varrho e^{\varrho t}$ in (1), so erhält man die algebraische Gleichung für ϱ:

$$\varrho + be^{-\varrho} = a \ . \tag{3}$$

Wenn die Wurzeln von (3) als ϱ_1, ϱ_2, ϱ_3, ... gefunden werden können, ist die allgemeine Lösung von (1):

$$K = A_1 e^{\varrho_1 t} + A_2 e^{\varrho_2 t} + A_3 e^{\varrho_3 t} + \dots \ , \tag{4}$$

wobei A_1, A_2, A_3 ... durch Anfangsbedingungen gegeben sein sollen. Wir haben die Lösung von (1) und daher die des Modells von 19.3 auf ein Problem der Algebra[5] reduziert.

Die Möglichkeit reeller Wurzeln von (3) und daher von exponentiellen Gliedern in (4) wird zuerst untersucht. Wir schreiben $x = \varrho + be^{-\varrho}$, so daß $dx/d\varrho = 1 - be^{-\varrho}$ und $d^2x/d\varrho^2 = be^{-\varrho}$. Daher hat x bei $\varrho = \log b$ den einzigen Minimumwert $\log b + 1$. Wenn $\log b + 1 > a$, dann ist (3) für keinen reellen Wert von ϱ erfüllt. Die Bedingung ist $b > e^{-(1-a)} = a + [(1-a)^2/2!] - [(1-a)^3/3!] + \dots$, welche eher strenger ist als $b > a$. Wir nehmen an, daß die Bedingung erfüllt ist, so daß wir (2) durch die strengeren Bedingungen

$$0 < a < 1 \quad \text{und} \quad b = a + \lambda > e^{-(1-a)} \tag{5}$$

ersetzen.

Es gibt dann keine reellen Wurzeln von (3).

Wenn (3) eine konjugierte Wurzel $\alpha + i\omega$ hat, dann ist:

$$\alpha + i\omega + be^{-\alpha} e^{-i\omega} = a \ ,$$

d. i.

$$\alpha + i\omega + be^{-\alpha} (\cos \omega - i \sin \omega) = a \ .$$

Daher ist: $\alpha + be^{-\alpha} \cos \omega = \alpha$ und $\omega - be^{-\alpha} \sin \omega = 0$. (6)

Wir stellen fest, daß, wenn $\alpha + i\omega$ (6) befriedigt, dann tut es auch $\alpha - i\omega$, d. h. komplexe Wurzeln von (3) treten in konjugierten Paaren $\alpha \pm i\omega$ auf. Zwei Glieder der Lösung (4) können dann kombiniert werden zu:

$$K = Be^{\alpha t} \cos (\omega t - \varepsilon) \ , \tag{7}$$

[5] Die Lösungsmethode stützt sich auf die von R. *Frisch* und H. *Holme*, „The Characteristic Solutions of Mixed Difference and Differential Equations", Econometrica (April 1935).

wobei die Amplitude (B) und die Phase (ε) der Schwingung durch die Anfangsbedingungen gegeben sind, während die Dämpfung (α) und die Periode oder Frequenz (ω) aus (6) kommen.

Wir müssen noch α und ω aus (6) finden. Zuerst kann α durch ω ausgedrückt werden, indem man die zweite Gleichung von (6) verwendet, um $e^{\alpha} = b \sin \omega / \omega$ zu erhalten, d. h.

$$\alpha = \log b + \log \frac{\sin \omega}{\omega} . \tag{8}$$

Wir substituieren dann das in die erste Gleichung von (6), um

$$\log b + \log \frac{\sin \omega}{\omega} + \frac{\omega}{\tan \omega} = a$$

zu erhalten. Wir schreiben

$$f(\omega) = \log \frac{\sin \omega}{\omega} + \frac{\omega}{\tan \omega} \quad \text{und} \quad A = a - \log b < 1$$

auf Grund der Bedingung (5). ω wird daher aus der trigonometrischen Gleichung $f(\omega) = A$, wobei A eine Konstante kleiner als eins ist, gefunden. Die graphische Darstellung[6] der Funktion $f(\omega)$ zeigt, daß es eine Reihe von Werten von ω gibt, die hintereinander in den Intervallen

$$[0, \pi] , \quad [2\pi, 3\pi] , \quad [4\pi, 5\pi] , \ \ldots$$

liegen. Die gesuchte Lösung für $K(t)$ ist daher eine Reihe von Ausdrükken, jeder in der Form von (7). Das dominierende Glied ist das mit der niedersten Frequenz (längsten Periode) wie es im Intervall ($0 < \omega < \pi$) gegeben ist. Die Periode ist $2\pi/\omega > 2$ Zeiteinheiten. Die Dämpfung wird dann durch (8) gegeben, so daß wir dann $\alpha < \log b$ haben, da $0 < \sin \omega < \omega$ für $0 < \omega < \pi$. Auf Grund der Bedingungen (5) kann der Wert von b nicht weit über eins liegen, d. h. α ist entweder negativ oder ein kleiner positiver Wert. Wenn die Schwingung (7) nicht gedämpft ist, ist sie zumindest nicht mehr als schwach explosiv.

Das ist nur das dominierende Glied in der Lösung. Es gibt eine Reihe von Gliedern, jedes in der Form (7), aber mit höheren Frequenzen ω in den Intervallen $2\pi < \omega < 3\pi$, $4\pi < \omega < 5\pi, \ldots$ Die Perioden dieser Schwingungen sind wegen $2\pi/\omega$ alle kleiner als eins, d. h. die Schwingungen vollenden alle ihre Zyklen innerhalb einer einzigen Zeiteinheit. Weiters, nach (8), wird α negativ und sinkt mit steigendem ω; die Schwingungen werden zunehmend gedämpft.

---

[6] Siehe *Frisch* and *Holme*, op. cit., S. 230.

Die Schlußfolgerung aus der Lösung des Modells von 19.3 ist, daß $K(t)$ oszillatorisch ist, vorausgesetzt, daß nur $0 < \lambda (v/s) < 1$ und $\lambda [(v/s) + 1] > \exp \{-[1 - \lambda (v/s)]\}$. Es gibt einen ganzen Bereich von Hochfrequenzschwingungen, die zunehmend gedämpft werden, wenn die Frequenz größer wird und die alle ihre Zyklen *innerhalb* des festgesetzten Intervalls vollenden, das zwischen Aufträgen für die Ausrüstung und ihrer Lieferung angenommen wird. Abgesehen davon gibt es einen einzigen Zyklus mit niedriger Frequenz, der schwach explosiv sein kann, aber nicht muß, und der eine Periodenlänge hat, die mehr als zweimal so lang ist wie das Intervall zwischen Aufträgen und Lieferung. Schlimmstenfalls hat der Kapitalbestand einen schwach explosiven Zyklus von etwas längerer Periode; in der Regel ist der Zyklus gedämpft und von mäßiger Periodenlänge.

19.5 Ein nicht-linearer Akzelerator

Wir schlagen nun vor, den Gedanken zu entwickeln, daß der Akzelerator nicht-linear sein muß, wenn ein realistischer Zyklus im Ausstoß und in anderen Variablen durch das Modell selbst ohne die Hilfe exogener Einflüsse erzeugt werden soll. Um das Wirken eines solchen Akzelerationsprinzips aufzuzeigen, vereinfachen wir den Rest des Modells des Gütermarktes, indem wir eine unverzögerte Konsumfunktion ($C = cY$) und keine Verzögerung zwischen Nachfrage und Ausstoß annehmen. Welche Investitionen I auch gemacht werden, wir haben immer:

$$Y = C + I, \quad \text{wobei} \quad C = cY \ ,$$

was zu jeder Zeit t die Spar/Investitionsgleichheit: $sY = I$ ergibt. Für jede autonome Investition A, die konstant ist (keine induzierten Investitionen), erhalten wir das durch den Multiplikator gegebene stationäre Niveau $Y = A/s$. Indem wir für den Augenblick die Konstante A vernachlässigen, nehmen wir Y um $Y = 0$ als ein stationäres Niveau an und gehen ähnlich für den Kapitalbestand K vor.

Es dreht sich alles um die Spezifikation der Investitionsfunktion. Wir nehmen den gewünschten Kapitalbestand $K^* = vY$ oder einen konstanten Kapitalkoeffizienten v an. Die tatsächlichen Investitionen $I = DK$ seien durch zwei gegebene konstante Werte begrenzt: die Verschrottungsrate M der bestehenden Kapitalausrüstung und die Nettokapazität L (über M hinaus) der Kapitalgüterindustrie. Unsere einfache Investitionsfunktion ist $DK = L$, wann immer $K < K^*$, $DK = 0$, wann immer $K = K^*$ und $DK = -M$, wann immer $K > K^*$. Das ist nicht-linear.

Das vollständige Modell für den Ausstoß Y ist:

Investition = Sparen $DK = sY$ (1)

$$\text{Investitionsfunktion}\quad \left.\begin{array}{ll} DK = L & \text{für } K < K^* \\ DK = 0 & \text{für } K = K^* \\ DK = -M & \text{für } K > K^* \end{array}\right\} \text{wobei}\quad K^* = vY\ . \qquad (2)$$

Es handelt sich um ein Ungleichgewichtsmodell, da keine Bedingung, daß die Kapazität erreicht wird, $K = K^*$, angenommen wird.

Wir müssen **drei Phasen** in der Variation von K, K^* und Y in der Zeit unterscheiden. Aus (1) und (2) sind die Phasen:

Phase	DK	Y	K^*
(1) $K < K^*$	L	L/s	vL/s
(2) $K = K^*$	0	0	0
(3) $K > K^*$	$-M$	$-M/s$	$-vM/s$

Die sich ergebenden Pfade der Variablen können am leichtesten aus dem Phasendiagramm der Fig. 19.5 A ersehen werden, das DK und $K-K^*$ als Koordinaten hat. Nehmen wir an, wir beginnen in der Phase (1) bei einem Punkt zwischen A und B:

$$K = K_0 \quad \text{kleiner als} \quad K^* = vL/s\ .$$

Dann ist DK eine Konstante L, K steigt stetig von K_0 auf vL/s, wenn $K = K^*$, d. h. entlang AB nach B. Wir treten dann in die Phase (2) ein und K^* fällt auf Null. Aber das ist instabil (transitorisch), da schon $K = vL/s > K^* = 0$. Wir gehen daher sogleich zu Phase (3) in Punkt C über:

$$K = vL/s \quad \text{größer als} \quad K^* = -vM/s\ .$$

Dann ist DK eine Konstante $-M$, K fällt stetig von vL/s auf $-vM/s$, wenn $K = K^*$, d. h. entlang CD nach D. Wieder gehen wir unmittelbar durch die Phase (2) zur Phase (1) in Punkt A zurück, wo

$$K = -vM/s < K^* = vL/s\ .$$

Der Zyklus $ABCDA$ ... wiederholt sich.

Im Verlauf des Zyklus ist AB der Boom und CD die Depression. Die Zeitpfade von K und K^* von dem willkürlichen $K = 0$ an werden in Fig. 19.5 B gezeigt. Der Zeitpfad von Y ist der von K^*, mit einem Vielfachen $1/v$: $Y = (1/v) K^*$. Im Boom steigt K von $-v/Ms$ auf vL/s, $K^* = vL/s$ und $Y = L/s$. In der Depression sinkt K von vL/s auf

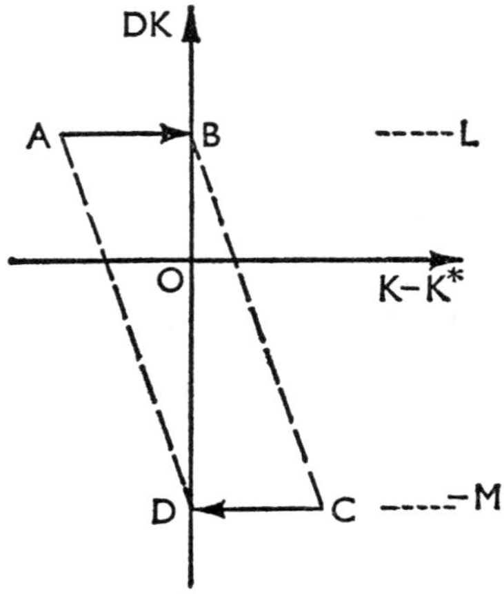

Fig. 19.5 A

$-vM/s$, K^* springt auf $-vM/s$ und Y auf $-M/s$ herunter. Die Investitionen sind $DK = L$ im Boom und $DK = -M$ in der Depression. Da im Boom K auf Grund von $(v/s)\,(L + M)$ mit der Rate L steigt, beträgt die benötigte Zeit:

$$T_1 = \frac{v}{s} \frac{L + M}{L} .$$

Ähnlich sinkt in der Depression K um den gleichen Betrag, aber mit der Rate M, d. h. die Dauer der Depression ist:

$$T_2 = \frac{v}{s} \frac{L + M}{M} .$$

Wenn nicht durch Zufall $L = M$ ist, haben Boom und Depression ungleiche Längen. Das Verhältnis $T_1 : T_2$ ist gleich dem Verhältnis $M : L$. Der illustrierte Fall hat $M > L$ und daher $T_1 > T_2$. Allgemein steigt die Länge des Booms relativ zu jener der Depression, je größer die Verschrottungsrate im Verhältnis zum Kapazitätsausstoß der Kapitalgüter ist.

Die Lösung des Modells ist eine Schwingung mit unregelmäßigem Zeitprofil im Kapitalbestand K. Die Variation von K in der Zeit ist kontinuierlich, wie sie sein muß, aber sie verändert die Richtung an den Wendepunkten des Zyklus diskontinuierlich. Auf der anderen Seite alternieren sowohl Investitionen ($I = DK$) als auch der Ausstoß $[Y = (1/v)\,K^*]$ in der Zeit, wobei sie einen Wert im Boom und einen anderen in der Depression annehmen. I schwankt zwischen L und $-M$ und Y zwischen L/s und $-M/s$.

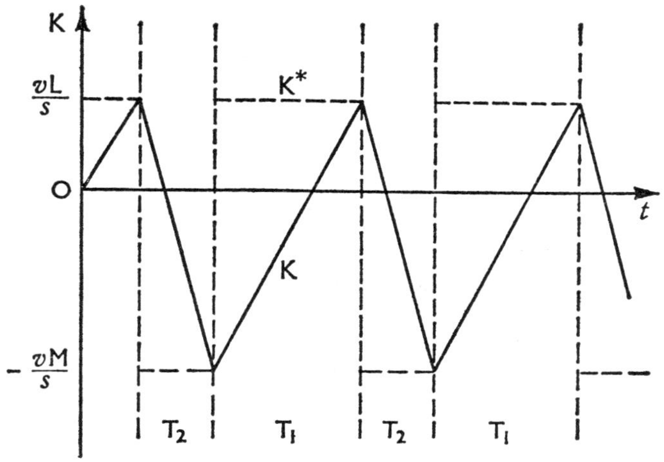

Fig. 19.5 B

Das Modell ist viel zu sehr vereinfacht, aber selbst so hat es zwei Eigenschaften, die für die Konjunkturtheorie viel besser passen als irgendein lineares Modell. Erstens haben das Wechseln von Y und die Schwingung von K als eingebautes Merkmal des Modells konstante Amplitude, und zwar um die instabilen stationären Niveaus $Y = A/s$ und $K = vA/s$ (in ursprünglichen Einheiten) herum. Zweitens haben Boom und Depression ungleiche Länge und hängen von der Verschrottungsrate im Verhältnis zur Kapazität der Kapitalgüterindustrie ab.

Goodwin meinte, daß in diesem einfachen Modell auf grobe Art auch der technische Fortschritt berücksichtigt werden kann. Wie für jedes nachfrageorientierte Modell, hat der arbeitsvermehrende technische Fortschritt, z. B. von Harrod-neutralem Typ, keinen Einfluß auf den Ausstoß und den Kapitalbestand; seine einzige Wirkung ist auf die Nachfrage nach Arbeit, die in Effizienzeinheiten konstant ist, in Arbeitern ausgedrückt jedoch sinkt. Formen des kapitalvermehrenden technischen Fortschritts können in das Modell eingebaut werden. Anstatt $Y = K^*/v$ als Verhältnis zwischen Ausstoß und (gewünschtem) Kapitalbestand können wir $Y = e^{mt} K^*/v$ schreiben, wenn Solow-neutraler technischer Fortschritt vorliegt. Die ‚grobe Berücksichtigung technischen Fortschritts', die von Goodwin vorgeschlagen wurde, wird als $Y = (K^* + mt)/v$ geschrieben, wobei m eine Konstante (positiv oder negativ) ist. Die obige Analyse wird dann verändert, indem $K^* = vY - mt$ für $K^* = vY$ substituiert wird. In der Darstellungsweise der Fig. 19.5 B gibt es dann einen Trend mit der Neigung m (steigend, wenn $m < 0$) in K und K^* in der Zeit.

19.6 Goodwins nicht-lineares Modell

Zumindest zwei Erweiterungen des vereinfachten Modells von 19.5 ‚müssen betrachtet werden, um der Wirklichkeit näher zu kommen', wie es Goodwin[7] vorgeschlagen hat. Die von Goodwin in seinem allgemeinsten Modell gemachten Erweiterungen sind erstens eine verallgemeinerte Form des nicht-linearen Akzelerators und zweitens die Einführung von Verzögerungen bei den Investitionen und beim Ausstoß.

Die Konsumfunktion wird wieder als unverzögert angenommen: $C = cY$; eine Verzögerung wird jedoch zwischen Nachfrage und Ausstoß eingeführt und in einfacher exponentieller Form mit einer Zeitkonstanten T_0 geschrieben. Obwohl die Konsumnachfrage in bezug auf das Einkommen nicht verzögert ist, hat also der Ausstoß von Konsumgütern eine Verzögerung, die genügt, um das Wirken des Multiplikators dynamisch zu machen. Die zweite Verzögerung des Modells, die wieder in einfacher exponentieller Form angenommen ist, liegt in der Investitionsfunktion. Diese Funktion besteht wieder aus zwei Stufen; die Investitionen I (sowohl Ausgaben als auch Lieferungen) hängen vom Betrag B der Investitionen, für die man sich entschieden hat, ab und die Investitionsentscheidung hängt von der Veränderungsrate des Ausstoßes ab. Die Verzögerung wird in die erste der beiden Stufen eingeführt und folgendermaßen geschrieben: $I = [1/(T_i D + 1)] B$, wobei die Länge der Verzögerung mit T_i angenommen wird. Goodwin selbst wählte eine feste Verzögerung und erschwerte damit die Sache, indem er eine gemischte Differenzen-Differentialgleichung anstelle einer Differentialgleichung erhielt (siehe Übung 19.8).

Die Verallgemeinerung des nicht-linearen Elementes im Akzelerator erscheint in der Beziehung von B, der Investitionsentscheidung zu jeder Zeit, zur bestimmenden Variablen vDY, wobei v ein konstanter Kapitalkoeffizient ist. Die Beziehung wird in Form einer allgemeinen Funktion φ geschrieben:

$$B = \varphi\,(vDY)$$

und ist den Beschränkungen:

$$B = 0, \text{ wenn } DY = 0;\ B \rightarrow L, \text{ wenn } DY \rightarrow \infty;\ B \rightarrow -\mathrm{M}, \text{ wenn } DY \rightarrow -\infty$$

unterworfen. L und M sind hier Konstante: M die Verschrottungsrate der Kapitalausrüstung und L die Nettokapazität der Kapitalgüterindustrie. Eine typische Form von φ wird in Fig. 19.6 A gezeigt, und zwar eine, die die einfache lineare Beziehung $B = vDY$ und die grobe nicht-lineare Form von 19.5 kombiniert und erweitert. Wenn DY klein ist, ist bei dieser Form von φ B annähernd vDY; ist DY groß, dann ist die nicht-lineare Form von 19.5 die Annäherung.

[7] R. M. *Goodwin,* „The Nonlinear Accelerator and the Persistence of Business Cycles", Econometrica (Jänner 1951) SS. 11 - 17.

Lassen wir die autonomen Ausgaben A unbeachtet, indem wir Y vom stationären Niveau A/s aus messen, das durch den Multiplikator (A konstant) gegeben ist, dann schreiben wir die Bedingungen des Modells folgendermaßen an:

$$\left.\begin{array}{lll} \text{Nachfrage} & Z = C + I, & \text{wobei } C = cY,\ I = \dfrac{1}{T_i D + 1} B \\ & & \text{und } B = \varphi(vDY) \\ \text{Ausstoß} & Y = \dfrac{1}{T_0 D + 1} Z & \end{array}\right\} \quad (1)$$

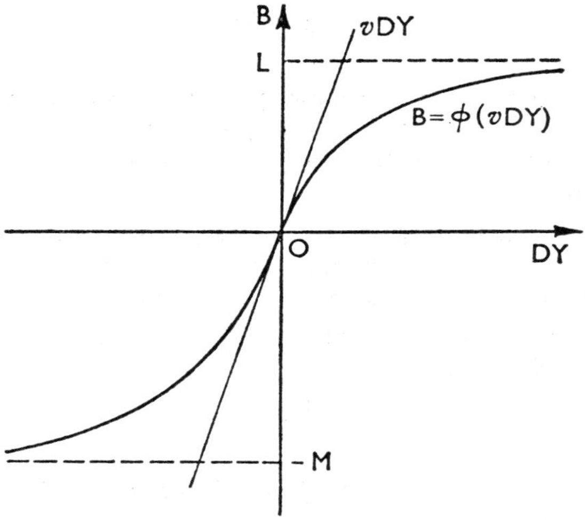

Fig. 19.6 A

Das Blockdiagramm für die beiden Rückkoppelungen des Modells wird in Fig. 19.6 B gezeigt. Die Parameter sind v und $s = 1 - c$, wie üblich, gemeinsam mit den Längen T_0 und T_i der zwei Verzögerungen. Die Ähnlichkeit zwischen dieser Version des Goodwin-Modells und dem von Phillips' (17.5 oben) wird aus dem Blockdiagramm klar. Der einzige wesentliche Unterschied liegt im nicht-linearen Element φ.

Die Bedingungen (1) reduzieren sich auf eine Differentialgleichung in Y:

$$(T_0 D + 1)\, Y = cY + \frac{1}{T_i D + 1} \varphi(vDY) \;,$$

d. i. $$(T_0 D + 1)(T_i D + 1)\, Y = c\,(T_i D + 1)\, Y + \varphi(vDY) \;.$$

So ist: $$T_0 T_i D^2 Y - \varphi(vDY) + (sT_i + T_0)\, DY + sY = 0 \;. \quad (2)$$

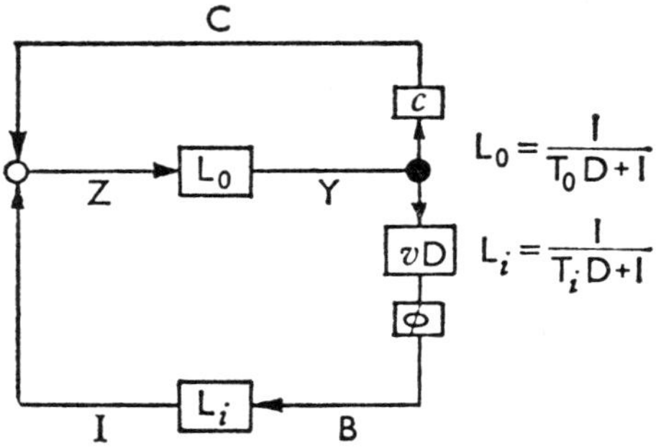

Fig. 19.6 B

Das stationäre Niveau $Y = 0$ befriedigt die Gleichung. $Y(t)$, der Pfad des Ausstoßes als allgemeine Lösung von (2), liegt daher um ein stationäres Niveau (A/s, wenn die konstanten autonomen Ausgaben A einbezogen sind).

Um die Wirkung des verallgemeinerten nicht-linearen Bestandteiles und der Verzögerungen der Reihe nach zu sehen, können wir (2) in zwei speziellen Fällen untersuchen. Erstens nehmen wir keine Verzögerungen an und konzentrieren uns auf das nicht-lineare Element. Wir schreiben $T_0 = T_i = 0$ in (2):

$$Y = \frac{1}{s} \varphi(vDY) \ . \tag{3}$$

Es kann ein Vergleich zwischen (3) und dem Ergebnis im einfachen Fall von 19.5 angestellt werden:

$$Y = \frac{1}{s} DY \ , \quad \text{wobei} \quad DY = L \text{ (Boom) und } DY = -M \text{ (Depression) ist.}$$

Eine Lösung von (3) braucht eine Spezifikation der Form von φ. Ein geeigneter Fall, der die in Fig. 19.6 A dargestellten Beschränkungen für φ befriedigt, wird wie folgt in den Parametern v, L und M angeschrieben:

$$\varphi = M \left\{ \frac{L + M}{Le^{-vDY} + M} - 1 \right\} .$$

Nach Umformung wird die Differentialgleichung (3) in diesem Falle zu:

$$\left(1 + s\frac{Y}{M}\right) e^{-vDY} = 1 - s\frac{Y}{L} ,$$

d. i.
$$DY = \frac{1}{v} \left\{ \log\left(1 + s\frac{Y}{M}\right) - \log\left(1 - s\frac{Y}{L}\right) \right\} .$$

Die Lösung hat die Form:

$$\int \left\{ dY \Big/ \left[\log\left(1 + s\frac{Y}{M}\right) - \log\left(1 - s\frac{Y}{L}\right) \right] \right\} = A + \frac{1}{v}\,t \quad (A \text{ willkürlich}),$$

die für Y nur im Bereich $-M/s < Y < L/s$ geschrieben werden kann. Der Ausstoß $Y(t)$ liegt daher zwischen den gleichen Grenzen wie vorher, schwingt aber nun (er wechselt nicht) zwischen ihnen.

Als nächstes führen wir eine Investitionsverzögerung mit der Länge T, aber keine Ausstoßverzögerung ein. Wir schreiben $T_0 = 0$ und $T_i = T$ in (2):

$$Y = \frac{\varphi\,(vDY) - sTDY}{s}. \tag{4}$$

Wir nehmen an, daß φ graphisch spezifiziert wird und die Form von Fig. 19.6 A innerhalb der gezeigten Grenzen $-M$ und L annimmt. In Fig. 19.6 C wird die Kurve $Z = \varphi\,(vDY)$ mit der Gleichung $Z = sTDY$ der Geraden mit der Neigung sT gegenübergestellt. Auf Grund von (4) ist die Beziehung von Y zu DY so, daß Y $1/s$-mal der vertikale Abstand zwischen der Kurve und der Geraden in Fig. 19.6 C ist. Solange die Investitionsverzögerung nicht zu lange ist (Übung 19.5), sehen wir also daß Y ein (positives) Maximum bei P hat, wobei $DY = OR$, und das Maximum kleiner ist als L/s. Ähnlich hat Y ein (negatives) Minimum bei Q, wobei $DY = -OS$ und das Minimum ist größer als $-M/s$.

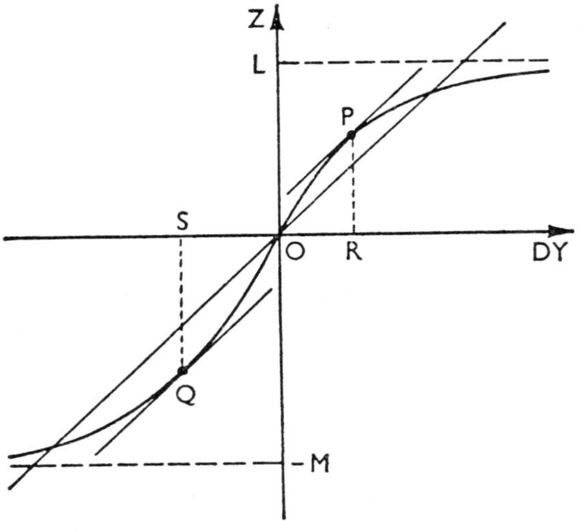

Fig. 19.6 C

Die Beziehung von Y zu DY, die durch (4) gegeben ist, wird auf das Phasendiagramm von Fig. 19.6 D übertragen. Y hat ein Maximum (kleiner als L/s) in B, wo DY den positiven Wert OR hat; es hat ein Minimum (größer als $-M/s$) in D, wo DY einen negativen Wert $-OS$ hat. Ausgehend von einer Anfangsposition A_0, in der $Y = Y_0$ und $DY > 0$ ist, haben wir steigendes Y (da DY positiv ist). Wir folgen daher dem Bogen AB bis B erreicht ist. In B ist dann Y bei einem Maximum und DY fällt auf 0. Die Situation ist nun instabil, da auf Grund von (4) der einzige Wert von Y, der mit $DY = 0$ konsistent ist, $Y = 0$ ist, während in B $Y > 0$ ist. Der Abfall von DY setzt sich also bei gegebenem $Y > 0$ wie in B fort, bis der Punkt C im Phasendiagramm erreicht ist. Dann ist DY negativ, so daß Y sinkt und wir uns entlang des Bogens CD nach D bewegen. Hier ist Y ein Minimum, DY muß über Null ansteigen (wieder instabil) und nach A im Phasendiagramm springen. Der Zyklus $ABCDA \ldots$ wiederholt sich dann. Der sich ergebende Pfad von $Y(t)$ wird in Fig. 19.6 D gezeigt. Das ist gegenüber dem diskontinuierlichen Wechsel des einfacheren Modells von 19.5 eine große Verbesserung, da $Y(t)$ nunmehr kontinuierlich ist und zwischen engeren Grenzen als $(-M/s, L/s)$ schwingt.

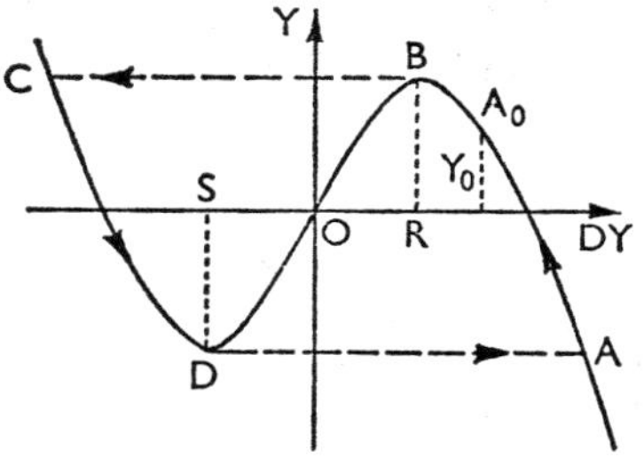

Phasendiagramm

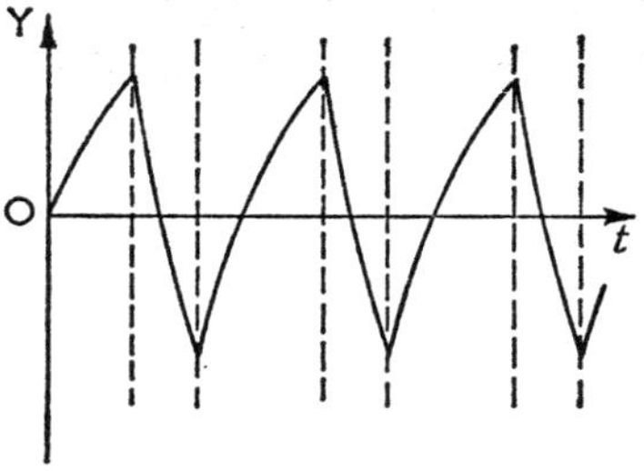

Zeitpfad von Y

Fig. 19.6 D

Schließlich führt die Einführung einer Ausstoßverzögerung in Ergänzung zur Investitionsverzögerung zur Differentialgleichung zweiter Ordnung. In (2) oben setzen wir auf Grund der Wahl der Zeiteinheit $T_i = 1$ und schreiben T_0 als T:

$$TD^2 Y - \varphi(vDY) + (s + T) DY + sY = 0 \quad . \tag{5}$$

Das ist eine offensichtliche Erweiterung der Differentialgleichung des Phillips-Modells von 17.5 oben und reduziert sich auf diese, wenn $\varphi(vDY)$ als vDY genommen wird.

In seiner eigenen Version führt Goodwin eine feste Verzögerung bei den Investitionen anstatt einer einfachen exponentiellen Verzögerung ein. Es gibt dann anstatt (5) eine gemischte Differenzen-Differentialgleichung, beinahe wie in 19.3 oben. Die Lösung von (5) oder von Goodwins gemischter Form erfolgt durch die eine oder andere der praktischen Methoden der Analogrechnung, die für Probleme entwickelt wurden (z. B. in der Elektrotechnik), bei denen ähnliche Gleichungen auftreten. Die Lösung von (5) ist oszillatorisch und neigt mit fortschreitender Zeit einem Grenzzyklus zu. Die Lösung von Goodwins gemischter Gleichung hat ebenfalls einen dominanten Grenzzyklus, gemeinsam mit einem Bereich von Hochfrequenzschwingungen, die alle rasch schwächer werden, wie in 19.4 oben. Das Hauptergebnis in diesem nicht-linearen Modell ist, im Gegensatz zu den linearen Systemen unserer früheren Analysen, daß der dominante Grenzzyklus konstante Amplitude und nicht die symmetrische Form der Cosinuskurve hat. Im besonderen ist der Aufschwung (Boom) vom Abschwung (Depression) verschieden und im allgemeinen länger. Das Modell bringt aus sich selbst, abgesehen von Hochfrequenzschwingungen innerhalb jeder angenommenen festen Verzögerung, einen einzigen Zyklus mit regelmäßiger Amplitude aber unregelmäßigem Zeitprofil hervor.

Übungen

19.1 Wenn die autonomen Ausgaben konstant sind, hat das Multiplikator-Akzelerator-Modell mit oszillatorischer Lösung (1) von 19.1 oben den stationären Zustand: $Y = A/s$, $I = 0$ und K ist optimal. Zeigen Sie, wenn A keine Investitionen beinhaltet, daß das optimale $K = A/g$. Wie verändert sich die Analyse, wenn ein Teil a von A Investitionen sind, so daß, abgesehen von Verzögerungen, $DK = I = vDY + a$? Zeigen Sie, daß die Lösung für Y um das Niveau A/s herum nicht beeinflußt wird, daß aber im stationären Zustand $I = a$ und $K = (A/s) + at$ gilt. Kann das als steigender Trend der Kapazität in Fig. 19.2 interpretiert werden?

19.2 Schreiben Sie aus (7) von 19.3 $DY(t)$ als Funktion von $DK(t+1)$ und $DK(t)$, substituieren Sie dann aus (6) und verwenden Sie erneut (7), um zu zeigen, daß $Y(t)$ die gleiche Differenzen-Differentialgleichung wie $K(t)$ befriedigt. Schließen Sie daraus, daß sich die Pfade von $Y(t)$ und $K(t)$ nur in den angenommenen Anfangsbedingungen unterscheiden.

19.3 Nehmen Sie für die Parameter des Modells von 19.3 folgende Werte an: $s = 0{,}4$, $\lambda = 0{,}6$, $v = 2$ für Jahresdaten; die Investitionsverzögerung sei 6 Jahre (die Zeiteinheit). Zeigen Sie, daß $a = 0{,}5$, $b = 1{,}1$ und $A = a - \log b < 1$. Leiten Sie mittels graphischer Methoden ab, daß die dominierende Wurzel von $f(\omega) = A$ annähernd $\omega = \pi/3$ ist. Schließen Sie daher, daß die Niedrigfrequenzschwingung des Modells gedämpft ist (α ist annähernd $-0{,}1$) und eine Periode von rund 36 Jahren hat. Für einen anderen Fall nehmen Sie $s = 0{,}25$, $\lambda = 0{,}2$, $v = 2$ für Jahresdaten und eine Investitionsverzögerung von 3,2 Jahren an und zeigen Sie, daß der dominante Zyklus weiter eine lange Periode hat, jedoch stärker gedämpft ist. Kommentieren Sie das.

19.4 Erklären Sie, warum der vereinfachte nicht-lineare Akzelerator von 19.5 einen Wechsel in Y ergibt, der von den Anfangsbedingungen unabhängig ist. Veranschaulichen Sie das, indem Sie das Phasendiagramm von Fig. 19.5 A verwenden, um die Lösung von einem Anfangs-$K_0 > K^* = -vM/s$ an zu zeichnen.

19.5 Wenn Goodwins nicht-lineares Modell eine Investitionsverzögerung T, jedoch keine Ausstoßverzögerung hat, hängt die Existenz von Maximum- und Minimumwerten von Y von der Geraden ab, die die Kurve in Fig. 19.6 C schneidet. Zeigen Sie, daß das auf Grund der für φ angenommenen Form dann und nur dann so ist, wenn die Gerade weniger steil ist als die Tangente an φ in 0, d. h. dann und nur dann, wenn $T < v/s$. Veranschaulichen Sie das, indem Sie $s = 0{,}25$ und $v = 2$ für Jahresdaten annehmen.

19.6 Zeigen Sie, daß die Lösung von Goodwins nicht-linearem Modell, wenn eine Ausstoßverzögerung der Länge Ts (keine Investitionsverzögerung) vorliegt, die gleiche ist, wie wenn die Investitionsverzögerung die Länge T (keine Ausstoßverzögerung) hat.

19.7 Erklären Sie, wie der Pfad der Investition ($I = DK$) und daher der des Kapitalbestandes in Goodwins nicht-linearem Modell verläuft, wenn der Ausstoßpfad gegeben ist. Zeigen Sie im allgemeinen, daß $I = [1/(TD + 1)]\, \varphi\, (vDY)$, was man aus der Kurve φ erhält, wenn die Investitionsverzögerung die Länge T hat. Zeigen Sie auf der anderen Seite, daß bei Fehlen einer Ausstoßverzögerung sich die Ableitung zu $I = sY$ vereinfacht, unabhängig von der Art der Investitionsverzögerung. Warum ist das so?

19.8 Behalten Sie die exponentielle Verzögerung der Länge T im Ausstoß des nicht-linearen Goodwin-Modells bei, ersetzen Sie jedoch die Investitionsverzögerung in exponentieller Form durch eine feste Verzögerung der Länge ϑ. Zeigen Sie, daß die Gleichung für Y gemischte Differenzen-Differential-Form erhält:

$$TDY\,(t) - \varphi\,[vDY\,(t-\vartheta)] + sY\,(t) = 0 \quad \text{(stationäres Niveau } Y = 0) \;.$$

Zeigen Sie, wenn $\vartheta = 0$, daß die Lösung jene ist, die in Fig. 19.6 D für eine Ausstoßverzögerung mit gegebener Länge gezeigt wird. Wenn $\vartheta \neq 0$, wählen Sie die Zeiteinheit so, daß $\vartheta = 1$ und zeigen Sie, daß für $T = 0$ die Beziehungen für $Y\,(t)$ und $I\,(t) = DK\,(t)$ folgende sind:

$$Y\,(t) = \frac{1}{s}\,\varphi\,[vDY\,(t-1)] \quad \text{und} \quad I\,(t) = \varphi\,\left\{\frac{v}{s}\,DI\,(t-1)\right\}.$$

Betrachten Sie die Schwierigkeiten bei der Konstruktion eines Phasendiagramms, das Y und DY verbindet, selbst bei Fehlen einer Ausstoßverzögerung.

Kapitel 20

Modelle zyklischen Wachstums

20.1 Konjunkturzyklen und Wachstum

Wir kommen zu unserem letzten wichtigen Problem, nämlich Ungleichgewichtsmodelle an die Realität anzupassen, in der Konjunkturzyklen und Wachstum zusammen auftreten. Das einfache Multiplikator-Akzelerator-Modell des Gütermarktes kann entweder Wachstum oder Schwingungen, aber nicht beides gleichzeitig hervorbringen. Die Schwingungen sind, wenn sie auftreten, idealisiert und haben die Form einer Cosinuskurve, eine konstante Periode und eine regelmäßig gedämpfte oder explodierende Amplitude. Solche unrealistischen Merkmale wurden durch Einführung nicht-linearer Elemente behoben.

Wir sind bei zyklischem Ausstoßwachstum soweit gekommen, daß zu einem schwingenden System ein erzwungenes Wachstum hinzugefügt werden kann, indem man autonome Ausgaben annimmt, die mit einer gegebenen exogenen Rate wachsen und die (wenn wir wollen) durch ein ähnliches Wachstum des Kapazitätsausstoßes ergänzt werden. Der daraus folgende Zeitpfad des Ausstoßes ist der in Fig. 18.1 B gezeigte, oder für eine nicht-lineare Schwingung jener in Fig. 19.2. Ein ähnliches Ergebnis kann erzielt werden, jedoch mit geringerer praktischer Rechtfertigung, wenn zu einem Multiplikator-Akzelerator-Wachstumsmodell eine erzwungene Schwingung durch eine gegebene zyklische Variation der autonomen Ausgaben hinzugefügt wird.

Das mag für viele Zwecke genügen. Wir können uns damit zufrieden geben, im dynamischen System keine Erklärung zu geben, wie es dazu kommt, daß autonome Ausgaben oder der Kapazitätsausstoß mit einer bestimmten Rate in der Zeit wachsen. Das ist eine Frage des Umfanges an Erklärungskraft, den unser System haben soll. Es muß etwas Autonomes geben, das sich nur durch die Wirkung exogener Faktoren verändern kann. Die Frage ist: Wie weit soll die Erklärung durch exogene Faktoren im Modell gehen? Wenn wir es akzeptieren, daß das Wachstum der autonomen Ausgaben oder des Kapazitätsausstoßes für unsere Erklärung der Schwingungen unwesentlich ist, dann entsprechen die bereits entwickelten Zyklusmodelle dem Zweck und wir sind fertig. Aber es ist zumindest von Interesse und vielleicht vom Standpunkt z. B.

ökonometrischer Arbeiten wichtig zu sehen, ob wir die Grenze weiter hinausschieben und eine Erklärung sowohl der Zyklen als auch des Wachstums in das dynamische System hineinbringen können.

Es scheint, daß wir für zyklisches Wachstum ein Modell von ganz beträchtlicher Komplexität brauchen. Unsere vorhandenen Modelle sind auf die Analyse des Güter-(und Arbeits-)Marktes in realen Größen beschränkt. Auf der anderen Seite reicht das keynesianische System des kurzfristigen Gleichgewichts weiter und umfaßt reale und monetäre Einflüsse. Der Vorschlag ist: In der Erwartung, zyklisches Wachstum, zu erhalten, erweitern wir unser dynamisches System so, daß es Preisniveau, Lohnsatz und Geld einschließt. Wir trachten, alle realen Faktoren in das erklärende System zu bringen und die Grenze exogener Erklärung in den monetären Sektor hinauszuschieben, wo sie realistischerweise hingehört, und zwar bis zum Niveau des Geldangebots. Wie in der keynesianischen Analyse würde dann unser exogener Faktor das Geldangebot sein, wie es durch die Währungsbehörde entweder fixiert oder verändert wird, und unser dynamisches Modell würde den umfassenden Charakter des keynesianischen Systems haben. Und so geschieht es auch; zyklisches Wachstum wird in einem Modell erklärt, das zumindest die Geldpreise einbezieht und das das Geldangebot als autonomen Faktor beläßt. Damit ist der Kunstgriff gelungen.

Jede Form des Harrod-Domar-Modells des Güter-(und Arbeits-)Marktes gibt eine Basis für ein breiteres Modell in realen und nominellen Größen, wenn entsprechende Verzögerungen eingefügt werden. Wenn wir aber irgendwie weiter kommen wollen, muß das Grundmodell so einfach wie möglich sein; Verfeinerungen sind ein Luxus, den wir uns am Anfang nicht leisten können. Wir entscheiden uns hier zur Vereinfachung, indem wir feste Koeffizienten in der Produktion annehmen, so daß der Kapitalkoeffizient (v) konstant ist; indem wir technischen Fortschritt in Harrod-neutralem Sinne annehmen, so daß nur die Nachfrage nach Arbeit beeinflußt wird; indem wir eine proportionale Sparfunktion annehmen, so daß die Sparneigung (s) konstant ist und indem wir nur für die Investitionen eine Verzögerung annehmen, so daß bei Fehlen von Verzögerungen im Konsum und Ausstoß die Strombedingung des Gütermarktes die Gleichheit von geplantem Sparen und Investieren ist. Die befriedigende Wachstumsrate im Zustand stetigen Wachstums ist dann $g = s/v$ und die Ungleichgewichtssituation erhält man durch Ersatz der Vollkapazitätsbedingung durch eine verzögerte Investitionsfunktion. Schließlich erfolgt die Formulierung in linearer und kontinuierlicher Form (so daß die Schwingungen wieder idealisiert sind) und muß (wie in Kapitel 19) durch die Einführung nicht-linearer Elemente ergänzt weden.

Zwei in naher Beziehung stehende Versionen eines solchen zyklischen Wachstumsmodells werden hier untersucht; sie wurden hauptsächlich gewählt, weil sie von den bekannten Arbeiten Phillips' und Bergstroms[1] abgeleitet wurden. Eine Version (Phillips) stammt aus dem einfachsten Typ des Harrod-Domar-Modells; die andere (Bergstrom) ist eine Weiterentwicklung des einfachsten oder Clay-Clay-Falles der Vintage-Modelle. Wir haben nun im Umgang mit einer großen Zahl von Variablen und Parametern Notationsschwierigkeiten. Während wir der Notation von Phillips und Bergstroms soweit wie möglich folgen, bringen wir einige Veränderungen an, deren man sich bewußt sein muß, wenn man auf die ursprünglichen Arbeiten Bezug nimmt. Im besonderen können wir nicht immer (der sonst angenehmen) Gepflogenheit folgen, einen Kleinbuchstaben für die proportionale Veränderungsrate einer Variablen, die mit Großbuchstaben bezeichnet ist, zu schreiben, z. B. y für $(1/Y)\,DY = D \log Y$. Eine andere Bezeichnung, die Verwirrung stiften kann, ist das Symbol für den technischen Fortschritt. Der Buchstabe m ist für die autonome Veränderungsrate des Geldangebotes M vergeben und die Rate technischen Fortschritts wird dafür mit ϱ bezeichnet, nicht zu verwechseln mit der Gewinnrate oder mit dem Diskontsatz.

Da wir es wieder mit Wachstum zu tun haben, versuchen wir zuerst die Lösung für eine Variable Wachstumsrate und wir wählen $D \log K$ $[= (1/K)\,DK]$, die Wachstumsrate des tatsächlichen Kapitalbestandes im Gegensatz zum gewünschten Kapitalbestand $K^* = vY$, der dem Ausstoß Y entspricht. In Gleichgewichtswachstumsmodellen und als besondere Fälle der vorliegenden Modelle erhält man die Variable durch Lösung einer algebraischen Gleichung; wir suchen nun eine Differentialgleichung. Auf jeden Fall ist das Gleichgewichtsniveau von $D \log K$ (bei stetigem Wachstum) $g = s/v$, die befriedigende Wachstumsrate.

Solange wir annehmen (wie wir es hier tun), daß keine Verzögerungen vorliegen, ausgenommen in den Investitionen, d. h. solange wir die Strombedingung des Gütermarktes als Gleichheit von geplantem Investieren und Sparen ($DK = sY$) schreiben, gibt es jedoch eine alternative und gleichwertige Variable. Anstatt $K^* = vY$ für den gewünschten Kapitalbestand zu schreiben, nehmen wir $Y^* = (1/v)\,K$ als Kapazitätsausstoß, der dem laufenden Kapitalbestand K entspricht. Das Verhältnis von tatsächlichem Ausstoß zum Kapazitätsausstoß ist dann:

---

[1] A. W. *Phillips*, „A Simple Model of Employment, Money and Prices in a Growing Economy", Economica (November 1961) und A. R. *Bergstrom*, „A Model of Technical Progress, the Production Function and Cyclical Growth", Economica (November 1962). Phillips bemerkt, daß sein Modell einfach gehalten wurde, da es zum Ziele hat, eine Synthese realer und monetärer Größen und von Zyklen und Wachstum in einem einzigen System zu liefern. Eine einfache Synthese dieser Art hat, so glaube ich, sowohl für die Lehre als auch in der Unterstützung der Ordnung der Gedanken über ökonomische Zustände und Maßnahmen einigen Wert'(op. cit. S. 369).

$$\frac{Y}{Y^*} = v\frac{Y}{K} = \frac{v}{s}\frac{sY}{K} = \frac{1}{g}\frac{DK}{K} = \frac{1}{g}D \log K \ ,$$

d. h. Y/Y^* ist ein konstantes Vielfaches der Variable $D \log K$ und ihr Gleichgewichtsniveau bei stetigem Wachstum ist eins. So gilt:

In Modellen zyklischen Wachstums erhält man die Lösung, indem man eine Differentialgleichung in der Variable Wachstumsrate D log K löst, die für stetiges Wachstum g ergibt. Bei Fehlen von anderen als Investitionsverzögerungen kann die Variable mit Y/Y* angenommen werden; sie ist gleich (1/g) D log K und hat bei stetigem Wachstum den Wert eins.

In diesem Kapitel wird als Variable Y/Y^* im Phillips-Modell und $D \log K$ im Bergstrom-Modell verwendet. Sie unterscheiden sich nur durch einen Faktor, da beide Modelle nur eine Verzögerung in den Investitionen annehmen. Die Entscheidung hat den Vorteil, daß sie mit den ursprünglichen Arbeiten über die zwei Modelle in der Wahl der Variablen übereinstimmt.

20.2 Das Phillips-Modell: Der Gütermarkt

Das Modell des Gütermarktes ist nachfrageorientiert und hat nur zwei Variablen: Einkommen (Ausstoß) Y und den Kapitalbestand K. Die Nachfrage L nach Arbeit folgt dann als fester Anteil von Y. Die Strombedingung ist die Gleichheit von geplantem Investieren und Sparen:

$$DK = sY \quad \text{für alle } t \ . \tag{1}$$

Es wird nicht angenommen, daß K bis zur Kapazität ausgenützt wird und daß Y in (1) der Kapazitätsausstoß ist. Dafür schreiben wir den Kapazitätsausstoß: $Y^* = (1/v)\,K$. Allgemein ist $Y < Y^*$ für Situationen der Kapazitätsunterauslastung, aber es ist auch $Y > Y^*$ möglich, d. h. zumindest kurzfristige Überauslastung des Kapitals[2]. Die Variable des Modells ist Y/Y^*, die auf Grund des Ergebnisses von 20.1 $(1/g)\,D \log K$ gleich ist. Aus $Y^* = (1/v)\,K$ haben wir auch $D \log Y^* = D \log K$. Wir schreiben dann die Variable als x:

$$x = Y/Y^*, \quad \text{wobei} \quad Y^* = (1/v)\,K \tag{2}$$

und

$$D \log K = D \log Y^* = gx\,, \quad \text{wobei} \quad g = s/v \ , \tag{3}$$

d. h. die Wachstumsraten von K und Y^* folgen, wenn x gegeben ist.

---

[2] *Bergstrom* (op. cit., S. 358) beschreibt Y^* als den ‚maximalen Nettoausstoß', der produziert werden kann (in seinem Fall von einer Maschine eines gegebenen Jahrganges), aber *Phillips* (op. cit., S. 361) verwendet Y^*, oder Y_n in seiner Bezeichnungsweise, als den ‚normalen Kapazitätsausstoß'.

Um die Ungleichgewichtsbedingung des Modells zu spezifizieren, führen wir eine Investitionsfunktion und eine (verzögerte) Fehleranpassungsbedingung ein. Die grundlegende (unverzögerte) Investitionsfunktion ist vom Kapitalbestand K, von den Unternehmererwartungen y über die Rate der Ausstoßveränderung und vom Zinssatz r abhängig:

$$DK = K\,[\alpha y + \gamma\,(c-r)] \quad (0 < \alpha < 1,\ \gamma > 0)\ ;$$

c ist das Grenzprodukt des Kapitals, das gleich $1/v$ bei Kapazitätsausnutzung ist. Die Investitionen steigen mit größeren Erwartungen hinsichtlich der Ausstoßveränderungen und mit niedrigeren Zinssätzen. Der Koeffizient α mißt den Grad der Gewißheit der Erwartungen.

Eine Fehleranpassung wird auf zwei Arten eingeführt. Erstens wird die Erwartung y in bezug auf die tatsächliche Veränderungsrate $D \log Y$ verzögert; die Verzögerung hat einfache exponentielle Form mit einer gegebenen Reaktionsgeschwindigkeit η:

$$y = \frac{\eta}{D+\eta} D \log Y\ .$$

Die Verzögerung wird mit steigendem η kürzer und verschwindet, wenn $\eta \to \infty$. Auf der anderen Seite können wir der Einfachheit halber $\eta \to 0$ annehmen, so daß $(D + \eta)\, y = \eta\, D \log Y$ zu $Dy = 0$ strebt, d. h. y ist ein konstanter Erwartungswert, der überhaupt nicht von Y abhängt. Zweitens wird ein weiterer Ausdruck für die Unternehmerreaktionen auf Unterkapazitätsausnutzung in der Investitionsfunktion berücksichtigt: die proportionalen Investitionen werden um $(1/T)\,(1-x)$ reduziert, wobei $1-x = (Y^*-Y)/Y^*$ der Anteil der nicht genützten Kapazität ist. T ist hier, wie in 10.6, als fixes Zeitintervall, in dem die Herabsetzung der Kapazität auf das laufende Ausstoßniveau geplant wird, zu interpretieren.

Schließlich sind die tatsächlichen Investitionen gegenüber dem Betrag, der durch die Investitionsfunktion angegeben ist, gemäß einer einfachen exponentiellen Verzögerung mit einer Reaktionsgeschwindigkeit λ verzögert. Wenn wir daher die proportionalen Investitionen $(1/K)\, DK = D \log K$ schreiben, haben wir:

$$D \log K = \frac{\lambda}{D+\lambda} \left\{ \alpha \frac{\eta}{D+\eta} D \log Y + \gamma\,(c-r) - \frac{1}{T}\,(1-x) \right\}. \tag{4}$$

Die Bedingungen des Modells sind (1), (2) und (4). Die ersten zwei sind in (3) zusammengefaßt und wir haben weiters:

$$D \log Y = D \log xY^* = D \log x + D \log Y^* = \frac{1}{x} Dx + gx\ .$$

Nach Substitution in (4) erhalten wir die Differentialgleichung des Modells:

$$gx = \frac{\lambda}{D+\lambda}\left\{\alpha \frac{\eta}{D+\eta}\left(\frac{1}{x}\, Dx + gx\right) + \gamma\,(c-r) - \frac{1}{T}\,(1-x)\right\}. \tag{5}$$

Wenn x aus (5) gefunden wird und r gegeben ist, dann gibt (3) die Wachstumsrate von K und Y^* und die Rate von Y folgt aus (2).

Beschränken wir uns auf das reale System (Gütermarkt), dann nehmen wir den **Zinssatz** in bezug auf ein konstantes Grenzprodukt des Kapitals (c) als **gegeben** an. (5) ist dann eine Differentialgleichung in x mit gegebenen Parametern. Das Anschreiben der Lösung als Zeitpfad von x ist bloß mit praktischen Schwierigkeiten verbunden. Hier wird ein **Spezialfall** untersucht, in dem $\eta \to 0$ und y konstant ist und der eine einfache Lösung gibt. Ein vernünftiger Wert für y ist g, die stetige Wachstumsrate von Y. Die Differentialgleichung (5) wird im Spezialfall zu:

$$g\,(D+\lambda)\,x = \lambda\left\{\alpha g + \gamma\,(c-r) - \frac{1}{T}\,(1-x)\right\}\;;$$

sie ist von erster Ordnung mit konstanten Koeffizienten:

$$Dx + \lambda\left(1 - \frac{1}{gT}\right)x = \frac{\lambda}{g}\left\{\alpha g - \frac{1}{T} + \gamma\,(c-r)\right\}. \tag{6}$$

Eine **Lösung für stetiges Wachstum** von (6) ist das partikuläre Integral $x = x_s$ (konstant), das man erhält, wenn man Dx in (6) gleich 0 setzt, und das entsteht, wenn zu Beginn $x_0 = x_s$ ist:

$$\lambda\left(1 - \frac{1}{gT}\right)x_s = \frac{\lambda}{g}\left\{\alpha g - \frac{1}{T} + \gamma\,(c-r)\right\},$$

d. i.

$$x_s = \frac{\alpha g T - 1 + \gamma T\,(c-r)}{gT-1} \qquad \left(T \neq \frac{1}{g}\right). \tag{7}$$

Es gibt ein eindeutiges stetiges Wachstum, bei dem auf Grund von (3) K und Y^* mit der konstanten Rate gx_s wachsen und bei dem auf Grund von (2) Y ein konstanter Anteil x_s der Kapazität Y^* ist. Der Wert x_s von (7) hängt von den Parametern (α, γ und T) und vom gegebenen r ab.

Die **allgemeine Lösung** von (6) folgt aus jedem $x_0 \neq x_s$ zu Beginn:

$$x = x_s + (x_0 - x_s)\, e^{-\lambda[1-(1/gT)]t}\;. \tag{8}$$

Die Variation von x um x_s wird in der Zeit durch das Zeitglied von (8) gegeben. Es folgt, daß die Wachstumsrate (gx) von K und Y^* in der Zeit variiert und daß es einen veränderlichen Anteil (x) der eingesetzten

Kapazität gibt. Es sind zwei Fälle gemäß dem Vorzeichen des Exponenten von e in (8) zu unterscheiden[3].

Der Fall: $T > 1/g$. Hier geht x stetig nach x_s, wenn $t \to \infty$.

In diesem Fall ist das Modell **stabil** im Sinne Harrods: die Wachstumsrate von K und Y^* konvergiert zur Rate stetigen Wachstums gx_s. Darüber hinaus haben wir auf Grund von (7), wenn der Gleichgewichtszinsfuß ($r = c$) herrscht:

$$x_s = \frac{\alpha g T - 1}{g T - 1} < 1 \qquad (0 < \alpha < 1) \ .$$

In dem Grenzfall (stetiges Wachstum) liegt Unterausnützung der Kapazität vor. K und Y^* neigen zu einem Wachstum mit einer konstanten Rate, die kleiner als die befriedigende Rate g ist, und der tatsächliche Ausstoß Y strebt zu einem konstanten Anteil von Y^*.

Der Fall: $T < 1/g$. Hier bewegt sich x stetig von x_s weg, wenn $t \to \infty$. Das Modell ist nun **instabil** im Sinne Harrods. Die instabile Rate stetigen Wachstums tritt auf, wenn $x_0 = x_s$. Wenn $r = c$, haben wir:

$$x_s = \frac{1 - \alpha g T}{1 - g T} > 1 \qquad (0 < \alpha < 1) \ .$$

Das entspricht in jedem Fall einer vorübergehenden Überausnutzung der Kapazität.

Diese Ergebnisse bestätigen die von 10.6 oben. Der Stabilitätsfall ist eher unwahrscheinlich (10.8 oben); selbst wenn s 0,25 ist und $v = 2$ für Jahresdaten, brauchen wir für Stabilität $T > 8$ Jahre. Sogar dann hängt das Ergebnis vom Spezialfall $\eta \to 0$ ab, und es kann gezeigt werden[4], daß Stabilität weniger wahrscheinlich ist, wenn $\eta \neq 0$. Das Fehlen von Stabilität braucht jedoch nichts auszumachen, wenn wir dieses Partialmodell des Gütermarktes zu einer vollständigen Synthese der realen und monetären Faktoren ausdehnen.

20.3 Güter- und Geldmarkt

Wir behalten die Bedingungen des **Gütermarktes** für den Spezialfall $\eta \to 0$ bei; die Differentialgleichung in $x = Y/Y^*$ sei (6) von 20.2. Das beruht auf (1) und (4) von 20.2, wobei in letzterer αg für das erste Glied der rechten Seite substituiert ist (siehe die untenstehende Tabelle). Wir müssen die monetären Bedingungen hinzufügen, d. h. sowohl die LM- als

---

[3] $T = 1/g$ ist ein spezieller und zufälliger Fall. (6) wird zu $Dx =$ konstant und x steigt oder fällt linear in der Zeit.

[4] *Phillips*, op. cit., S. 364.

auch die *IS*-Kurve berücksichtigen; das wird in der keynesianischen Weise von 7.3 oben gemacht.

Am **Geldmarkt** wird angenommen, daß das autonome Geldangebot mit einer gegebenen proportionalen Rate m wächst: $D \log M = m$. Die Nachfrage nach Kassa wird allgemein als $L(PY, r)$ geschrieben, sie steigt mit dem Geldeinkommen PY (wobei P das Preisniveau ist) und sinkt mit steigendem Zinsfuß r. Im keynesianischen System ist es üblich, die Funktion additiv aufzuspalten: $L(PY, r) = L_1(PY) + L_2(r)$, wobei $L_1(PY) = \bar{k}PY$ eine gute Annäherung für die Transaktionsnachfrage ist ($\bar{k}$ hängt invers von der Geldumlaufsgeschwindigkeit ab) und wobei $L_2(r)$ eine fallende Funktion für die spekulative Nachfrage ist. Hier nehmen wir an, daß die Aufspaltung multiplikativ ist:

$$L(PY, r) = L_1(PY) \times L_2(r)$$

und wir nehmen $L_1(PY) = \bar{k}PY$ und $L_2(r) = (k/\bar{k})\, e^{-\delta r}$, $(k > \bar{k}, \delta > 0)$ an. Die Gleichheit von Nachfrage und Angebot ist dann:

$$kPYe^{-\delta r} = M \quad ;$$

das ist eine *LM*-Kurve mit etwas anderer Gestalt als die in der keynesianischen Analyse angenommene (Übung 20.3). Bei gegebenen P und M zeigt die Gleichung Y als eine steigende Funktion von r oder umgekehrt:

$$Y = \frac{M}{kP} e^{\delta r} \quad \text{oder} \quad r = \frac{1}{\delta} \log k + \frac{1}{\delta} \log \frac{PY}{M} .$$

Wir schreiben $\varkappa = (1/\delta) \log k$ und $\mu = 1/\delta$ und verwenden die zweite Form:

$$r = \varkappa + \mu \log \frac{PY}{M}, \quad \text{wobei} \quad \varkappa > 0, \mu > 0 \quad \text{und} \quad D \log M = m > 0 \ . \qquad (1)$$

Nimmt man P als gegeben an, dann ergeben (6) von 20.2 und (1) hier zwei Gleichungen, aus denen die Variablen Y und r zu finden sind.

Die noch benötigte Bedingung des Modells ist eine Preisbedingung, ein dynamischer Mechanismus für die Bestimmung des Preisniveaus P. Es wird angenommen, daß die Bewegung von P mit Veränderungen der Lohnsätze in Verbindung steht, die aber um die Produktivität korrigiert werden. PY^* schließt jedoch sowohl Preise als auch Produktivität ein, und $D \log PY^*$ ist daher mit der proportionalen Veränderung der Lohnsätze in Verbindung zu setzen, die ihrerseits invers mit dem Anteil $1-x = (Y^*-Y)/Y^*$ der nicht ausgenutzten Kapazität verbunden ist. Wir schreiben die Beziehung in linearer Form:

$$D \log PY^* = b - \beta(1-x) \qquad (b > 0, \ \beta > 0) \ ,$$

wobei b die Preiserhöhungsrate anzeigt, wenn der Ausstoß die Kapazität ($x = 1$) erreicht, und β mißt die Preissenkungsrate, wenn es ungenützte Kapazität gibt. Auf Grund von (3) in 20.2 haben wir nun $D \log PY^* = D \log P + gx$, und die Preisbedingung ist dann:

$$D \log P = b - \beta (1-x) - gx, \quad \text{wobei} \quad b > 0,\ \beta > 0 \quad \text{und} \quad g = s/v \ . \qquad (2)$$

Das Modell des Güter- und Geldmarktes hat nun vier Variablen: Y, K, r und P zusammen mit $Y^* = (1/v)\,K$. Es gibt vier Bedingungen: (1) und (4) aus 20.2, die zu (6) von 20.2 am Gütermarkt führen, (1) oben für den Geldmarkt und die Preisbedingung (2) oben. Das Modell ist für den Spezialfall formuliert ($\eta \to 0$), wo die Unternehmer erwarten, daß die proportionale Ausstoßveränderung $g = s/v$ ist, wie bei stetigem Wachstum mit der befriedigenden Rate, und unabhängig von der tatsächlichen Veränderung in Y. Es gibt genug Bedingungen für die vier Variablen und sie können bequem in einer Tabelle zusammengefaßt werden:

Markt	Gleichungen	Beschränkungen
Güter:		
Investition = Sparen	1. $DK = sY$	$0 < s < 1$
Investitionsfunktion	2. $D \log K = [\lambda/(D + \lambda)] \times \{\alpha g + \gamma (c - r) - (1/T) [1 - (Y/Y^*)]\}$	$\lambda > 0$, $0 < \alpha < 1$, $\gamma > 0$, $T > 0$ und $Y^* = (1/v)\,K$
Geld:		
Kassenhaltung	3. $r = \varkappa + \mu \log (PY/M)$	$\varkappa > 0$, $\mu > 0$ $D \log M = m > 0$
Preisgleichung	4. $D \log P = b - \beta [1 - (Y/Y^*)] - g (Y/Y^*)$	$b > 0$, $\beta > 0$

Das Modell hängt wesentlich von der Verwendung des Zinssatzes als Variable ab. Die Bedingung (3.) kommt von der Berücksichtigung einer spekulativen Nachfrage nach Kassa. Es kann eingewendet werden, daß das Liquiditätselement in der Geldnachfrage ein kurzfristiger Effekt ist, der für die vorliegende mittelfristige Analyse nicht geeignet ist. Nimmt man diesen Standpunkt ein, dann besteht die Geldnachfrage einzig in der Transaktionsnachfrage und die Bedingung (3.) reduziert sich auf die Quantitätsgleichung: $kPY = M$; die Veränderung von M in der Zeit ist gegeben. Das Ergebnis (Übung 20.4 unten) ist, daß Y und K durch die realen Bedingungen des Gütermarktes bestimmt sind, wie in 20.2, und die Quantitätsgleichung zur Bestimmung des Preisniveaus P dient. Der Zinssatz ist exogen und man braucht keine dynamische Preisgleichung (4.). Das ist eher eine klassische als eine keynesianische Schlußfolgerung. Das vorliegende Modell hängt daher von der Erweiterung des kurzfristigen Liquiditätskonzepts zumindest für eine mittelfristige Anwendung ab.

Wie ausgeführt, ist das System nachfrageorientiert und die Nachfrage nach Arbeit folgt, wenn einmal der Ausstoß bestimmt ist: $\bar{L} = uY$ in Effizienzeinheiten und $L = ue^{-\varrho t}\,Y$ in natürlichen Einheiten. u ist hier ein fester Koeffizient der Produktionsfunktion und ϱ ist die Rate des Harrod-neutralen technischen Fortschritts[5].

Es ist jedoch möglich, das Modell durch Hinzufügen von **Arbeitsmarktbedingungen** zu vervollständigen. Die betroffenen Variablen werden dann ganz unabhängig von denen des Güter- und Geldmarktes festgelegt, und zwar in der gleichen Weise wie der Zinssatz in der klassischen Theorie (6.4 oben) festgesetzt wird. Da es im Modell kein Vollbeschäftigungserfordernis gibt, ist die Nachfrage nach Arbeit L auch die Beschäftigung. Für den Arbeitsmarkt werden dann zwei Bedingungen gebraucht. Eine ist eine Angebotsfunktion von keynesianischem Typ, die der Bestimmung der Arbeitslosigkeit als Differenz zwischen Angebot und Beschäftigung dient (siehe 20.6 und 20.8 unten). Die andere ist eine Lohngleichung, der Preisgleichung (4.) oben entsprechend, und diese kann zu einer Form vereinfacht werden, in welcher Lohnveränderungen über die Verhandlungen (Bargaining) zwischen den beiden Marktteilnehmern vom Niveau der Beschäftigung L abhängen:

$$D \log W = \beta' \log (L/L^*), \quad \text{wobei} \quad \beta' > 0 \, .$$

L^* kann hier als Mindestarbeitsangebot interpretiert werden.

Das einzige zusätzliche Merkmal des vollständigen Modells, das wir beachten müssen, ist die Gewinnrate als Rate des Kapitalertrages:

$$\frac{PY - WL}{K} \, .$$

Das reale und monetäre System liefert alle benötigten Variablen, ausgenommen den Lohnsatz, und der ist nun durch die Bedingungen des Arbeitsmarktes gegeben.

20.4 Die Lösung: Stetiges Wachstum

Die realen Variablen, Einkommen (Ausstoß) Y, Kapitalbestand K und Kapazitätsausstoß $Y^* = (1/v)\,K$ sind in einer Variablen zusammengefaßt:

$$x = Y/Y^*, \quad \text{der Anteil der genutzten Kapazität.} \tag{1}$$

[5] *Phillips*, op. cit., S. 362 beruft sich in anderer Weise auch auf den technischen Fortschritt, indem er sagt, daß ‚die Annahme einer konstanten Grenzproduktivität des Kapitals wie die Annahme einer konstanten Kapitalproduktivität mit sinkenden Kapitalerträgen konsistent ist, vorausgesetzt, daß sich technischer Fortschritt mit der geeigneten Rate entwickelt‘.

Die monetären Variablen sind der Zinssatz r und das Preisniveau P. Die Bedingungen des Modells sind die in der Tabelle von 20.3 verzeichneten (1.) - (4.).

Die Bedingung (1.) gibt die Rate der Veränderung von K und Y^* an:

$$D \log K = D \log Y^* = gx \quad (g = s/v) \quad . \tag{2}$$

Die Bedingung (2.) ergibt eine Differentialgleichung in x, die r wie in (6) von 20.2 einschließt:

$$Dx + \lambda\left(1 - \frac{1}{gT}\right)x = \frac{\lambda}{g}\left\{\alpha g - \frac{1}{T} + \gamma\,(c - r)\right\}. \tag{3}$$

Wir brauchen nun eine *Annäherung*. Wir nehmen an, der Ausstoß sei nahe der Kapazität und x nahe bei eins. Wenn $x-1$ klein (und gewöhnlich negativ) ist, erhalten wir aus (1.) näherungsweise:

$$\log Y - \log Y^* = \log x = \log\,[1 + (x-1)] = (x-1) + \frac{(x-1)^2}{2} + \ldots ,$$

d. i. annähernd $\log Y = \log Y^* + (x-1)$.

Daher ist: $D \log Y = D \log Y^* + Dx$.

Und so ist auf Grund von (2):

$$D \log Y = gx + Dx \ . \tag{4}$$

Wir differenzieren Bedingung (3.) nach r; dann verwenden wir $D \log P$ aus der Bedingung (4.) in Tabelle 20.3 und die Näherung (4), um

$$\frac{1}{\mu} Dr = D \log P + D \log Y - D \log M = [b - \beta\,(1-x) - gx] + (gx + Dx) - m \ ,$$

d. i. $Dr = \mu\,[(b-m) - \beta\,(1-x) + Dx]$

zu erhalten. Wir differenzieren (3) und substituieren für Dr:

$$D^2 x + \lambda\left(1 - \frac{1}{gT}\right)Dx = -\frac{\lambda\mu\gamma}{g}\,[(b-m) - \beta\,(1-x) + Dx] \ ,$$

d. i. $$D^2 x + \lambda\left(1 - \frac{1}{gT} + \frac{\mu\gamma}{g}\right)Dx + \frac{\lambda\mu\beta\gamma}{g}\,x = \frac{\lambda\mu\gamma}{g}\,(m - b + \beta) \ .$$

Einige der Parameter können zusammengefaßt werden, indem wir schreiben:

$$\pi = \mu\gamma \quad \text{und} \quad a = \frac{1}{T} - g \, .$$

Die Differentialgleichung des vollständigen Modells ist dann:

$$D^2 x + \frac{\lambda}{g}(\pi - a)\, Dx + \frac{\lambda \pi \beta}{g}\, x = \frac{\lambda \pi}{g}(m - b + \beta)\ . \tag{5}$$

Die Differentialgleichung (5) wird wieder nicht in den ursprünglichen Variablen (Y, K und Y^*), sondern im Verhältnis $x = Y/Y^*$ ausgedrückt. Sie ist von zweiter Ordnung, während das auf den Gütermarkt beschränkte Modell die Gleichung erster Ordnung (6) von 20.2 oben ergibt. Das macht den ganzen Unterschied in der Lösung aus. Die Gleichung zweiter Ordnung gestattet Pfade, die um das stetige Wachstum oszillieren, d. h. zyklisches Wachstum, während die Gleichung erster Ordnung nur eine stetige Bewegung zum oder vom Pfad stetigen Wachstums ergibt.

Zunächst wird die **Lösung für stetiges Wachstum** des Modells untersucht. Sie ergibt sich durch das partikuläre Integral $x = x_s$ (konstant), das man erhält, indem man $Dx = D^2 x = 0$ in (5) setzt, und das durch die entsprechenden Anfangsbedingungen

$$x_s = 1 + \frac{m - b}{\beta}$$

hervorgebracht wird. Es gibt daher ein eindeutiges stetiges Wachstum, das durch ein konstantes Verhältnis der genützten Kapazität, nämlich dem Anteil x_s, charakterisiert ist. Um den expliziten Ausdruck für das Wachstum zu bekommen, schreiben wir

$$g^* = g x_s = g\left(1 + \frac{m - b}{\beta}\right), \tag{6}$$

so daß wir aus (1) und (2) zuerst $D \log K = g x_s = g^* =$ konstant erhalten, mit dem Pfad stetigen Wachstums als Lösung:

$$K = K_0\, e^{g^* t}\ ,$$

und dann $Y^* = (1/v)\, K$ und $Y = x_s\, Y^* = (g^*/g)\, Y^* = (g^*/s)\, K$ mit den Pfaden stetigen Wachstums:

$$Y^* = \frac{1}{v} K_0\, e^{g^* t} \quad \text{und} \quad Y = \frac{g^*}{s} K_0\, e^{g^* t}\ .$$

Weiters wird der entsprechende Pfad des Preisniveaus aus der Bedingung (4.) gefunden:

$$D \log P = b - \beta\,(1 - x_s) - g x_s = b - \beta\, \frac{b - m}{\beta} - g^*\ ,$$

d. i.

$$D \log P = m - g^*, \quad \text{das ergibt} \quad P = P_0\, e^{(m - g^*) t}\ . \tag{7}$$

Die Hauptcharakteristika der Lösung für stetiges Wachstum können wie folgt zusammengefaßt werden:

Das Phillips-Modell des realen und monetären Systems, wie es hier angenähert wird, ist mit stetigem Wachstum des Kapitalbestandes K und des Kapazitätsausstoßes Y* mit einer konstanten Rate g* konsistent; g* ist das Produkt der befriedigenden Rate g = s/v und eines Faktors, der von der Wachstumsrate m des Geldangebots abhängt. Der tatsächliche Ausstoß Y ist ein konstanter Anteil (g*/g) an der Kapazität. Das Preisniveau hat ebenfalls stetiges Wachstum mit der konstanten Rate (m−g*).

Die *Näherungen*, von denen das Ergebnis abhängt, sind von zweierlei Art. Erstens gilt es genau nur für den Spezialfall $\eta \rightarrow 0$ und daher nur annähernd, wenn η klein ist und die Unternehmererwartungen bezüglich der Ausstoßveränderungen nur wenig um die konstante Rate g, d. i. die befriedigende Wachstumsrate, variieren. Zweitens hängt es vom Ausstoß, der nahe der Kapazität liegt, ab, so daß $\log Y$ und $D \log Y$ durch $x = Y/Y^*$ angenähert werden können.

Das Ergebnis (7) für das Preisniveau bei stetigem Wachstum stimmt mit der klassischen Theorie überein. Die Preise steigen mit dem Geldangebot, werden jedoch um die Rate stetigen Wachstums im System verringert. Es gibt daher einen Preisanstieg, im Gegensatz zu einer Senkung, dann und nur dann, wenn die Wachstumsrate des Geldangebots die Wachstumsrate des Systems übersteigt.

Die interessanteste Frage ist: unter welchen Bedingungen gibt es Vollkapazitätswachstum und/oder ein konstantes Preisniveau? Die Antwort erhält man aus (6) und (7), weil wir Bedingungen für $g^* = g$ und/oder für $D \log P = 0$ suchen. Abgesehen von der befriedigenden Wachstumsrate $g = s/v$ und der autonomen Rate m des Wachstums des Geldangebots, sind es die zwei Parameter b und β aus der Preisgleichung, die wir betrachten müssen und die die Einflüsse der Vollkapazität (b) und der Unterkapazität (β) auf die Preise darstellen.

Wenn β groß ist, so daß die Preise sehr durch Veränderungen des Ausstoßes und der Beschäftigung beeinflußt werden (über oder unter der Kapazität), dann ist zunächst auf Grund von (6) g^* nahe bei g. Ein flexibles Preissystem ermöglicht stetiges Wachstum mit einer Rate, die der befriedigenden Rate g nahe kommt, und mit einem Ausstoß, der fast die Kapazität erreicht.

Ferner gibt es als genaues Ergebnis aus (6) die befriedigende Wachstumsrate bei Vollkapazität ($g^* = g$) dann und nur dann, wenn $m = b$. Das bedeutet, daß das Geldangebot mit den Preiserhöhungen, die infolge des Druckes für Lohnerhöhungen bei Vollkapazität eintreten, genau Schritt halten muß. Auf der anderen Seite ist das Preisniveau auf Grund von (7) dann und nur dann konstant, wenn $m = g^*$. Das heißt, daß das autonome Wachstum des Geldangebotes genau gleich der Wachstumsrate der Wirtschaft sein muß. Damit diese beiden (wünschenswerten) Ergebnisse gelten, d. h. Vollkapazitätswachstum mit einem konstanten Preisniveau, müssen wir

$$m = b = s/v = g$$

haben, das ist die „zufällige" Übereinstimmung der Parameter des Modells, die wir zuvor gehabt haben. Wenn tatsächlich die Parameter so *sind*, daß $b = s/v$, dann kann eine allwissende Währungsbehörde sichern, daß m den richtigen Wert hat, um den zweifachen Zweck zu erreichen. Es gibt aber keinen Grund zu erwarten, daß die Parameter übereinstimmen.

Bis jetzt wurde nichts über den Zinssatz r bei stetigem Wachstum gesagt, der ganz leicht durch die Bedingung (2.) für die Investitionsfunktion gegeben ist:

$$D \log K = \frac{\lambda}{D + \lambda} \left\{ \alpha g + \gamma (c - r) - \frac{1}{T} (1 - x_s) \right\}.$$

Substituieren wir $g^* = g x_s$ und $D \log K = g^*$ (konstant), so daß

$$(D + \lambda) D \log K = \lambda g^* .$$

Dann ist:
$$g^* = \alpha g + \gamma (c - r) - \frac{1}{T} \left(1 - \frac{g^*}{g}\right),$$

d. i.
$$r = c - \frac{1}{\gamma} \left\{ g^* - \alpha g + \frac{1}{T} \left(1 - \frac{g^*}{g}\right) \right\}.$$

Wenn die Unternehmer bestimmt erwarten ($\alpha = 1$), daß der Ausstoß mit der Rate g wächst, haben wir:

$$r = c - \frac{a}{\gamma} \left(1 - \frac{g^*}{g}\right), \quad \text{wobei} \quad \frac{g^*}{g} = 1 + \frac{m - b}{\beta}.$$

Es folgt, daß der Zinssatz nicht vom Niveau des Geldangebotes abhängt, sondern von der Wachstumsrate m des Angebots. Der Zinssatz ist dem Grenzprodukt des Kapitals dann und nur dann gleich, wenn das System im stetigen Wachstum mit voller Kapazität ($g^* = g$) läuft[6].

---

[6] Wir vernachlässigen den zufälligen Fall, wo $a = 0$, d. h. $T = 1/g$ (siehe 20.2 oben).

20.5 Zyklisches Wachstum

Wir kehren zur Differentialgleichung des Modells (5) von 20.4 oben zurück und suchen nun eine allgemeine Lösung für x. Das stationäre Niveau $x = x_s$ wurde schon gefunden und als eine Lösung für stetiges Wachstum identifiziert. Die komplementäre Funktion gibt die Variation von x um x_s und kommt aus der homogenen Form:

$$D^2 x + \frac{\lambda}{g} (\pi - a) Dx + \frac{\lambda \pi \beta}{g} x = 0 \ .$$

Sie kann allgemein geschrieben werden:

$$x = B_1 e^{p_1 t} + B_2 e^{p_2 t} \ , \tag{1}$$

wobei B_1 und B_2 durch Anfangsbedingungen und p_1 und p_2 als Wurzeln von

$$p^2 + \frac{\lambda}{g} (\pi - a) p + \frac{\lambda \pi \beta}{g} = 0 \tag{2}$$

gegeben sind. (1) ist hier die Variation von x um das stationäre Niveau $x_s = 1 + [(m - b)/\beta)]$.

Es muß uns von Anfang an klar sein, wonach wir suchen. Wir nehmen an, p_1 und p_2 sind konjugiert komplex, so daß die Variation (1) eine Schwingung ist. Dann oszilliert x um ein konstantes (stationäres) Niveau x_s. Wir müssen noch mit Hilfe der Variablen (K, Y und Y^*) des Modells interpretieren. Zuerst können wir feststellen, daß sowohl das **Kapazitätsverhältnis** $x = Y/Y^*$ wie auch die **Wachstumsrate** $gx = D \log K$ um ein konstantes (stationäres) Niveau oszillieren. Dann müssen wir zum Zeitpfad des Niveaus von K, dem tatsächlichen Kapitalbestand, zurückkehren. Da $D \log K$ um das Niveau stetigen Wachstums $g^* = gx_s = g \{1 + [(m - b)/\beta]\}$ oszilliert, folgt, daß K um den Pfad stetigen Wachstums $K = K_0 \, e^{g^* t}$ oszilliert. Es gibt daher **zyklisches Wachstum** in K. Das gleiche gilt für $Y^* = (1/v) K$, für den Kapazitätsausstoß. Es gilt auch für $Y = xY^* = (x/v) K$, für den tatsächlichen Ausstoß, und zwar in einem zweifachen Sinne. Da K um einen Wachstumspfad oszilliert und da x selbst oszilliert, ist der Pfad von Y eine Schwingung über einer Schwingung um ein stetiges Wachstum.

Es dreht sich also alles um den Bereich der Lösungen (1), die durch die quadratische Gleichung (2) geliefert werden. Abgesehen von $g = s/v$ spielen fünf Parameter mit, die alle positiv sind. Zwei stellen Unternehmerreaktionen dar: λ für die Verzögerung und T für eine Fehleranpassung in den Investitionen; letztere ist in $a = (1/T) - g$ eingebaut. Sie können auf Grund technischer Erwägungen als gegeben angesehen werden. Ein dritter (β) stellt die Auswirkung von Unterkapazitätsausnützung auf Preiserhöhungen dar. Die zwei verbleibenden zeigen den Einfluß monetärer Faktoren: γ für die Wirkung des Zinssatzes r auf die Investitionen und μ für die Reaktion zwischen r und dem Geldangebot M. Diese wirken zusammen und ihr gemeinsamer Einfluß wird durch $\pi = \mu\gamma$ gegeben, wobei π die Stärke des Einflusses des Geldangebotes (über die Zinssätze) auf die Investitionen anzeigt.

Halten wir zuerst fest, daß (2) $p_1 p_2 = \lambda\pi\beta/g > 0$ ergibt. Sind sie reell, dann haben also p_1 und p_2 dasselbe Vorzeichen, d. h. (1) ist entweder stetige Zunahme (positives Vorzeichen) oder ein stetiges Schrumpfen (negatives Vorzeichen). Weiters sind konjugiert komplexe Werte von p_1 und p_2 möglich. Aus (2) sind p_1 und p_2 dann und nur dann reell (stetige Zunahme oder stetige Abnahme in x), wenn

$$\lambda^2 (\pi - a)^2 > 4\,\lambda\pi\beta g\,,$$

d. i.
$$0 < \beta < \frac{1}{4}\,\frac{\lambda}{g}\,\frac{(\pi - a)^2}{\pi}\,.$$

Ähnlich ist für komplexes p_1 und p_2 (Schwingungen in x):

$$\beta > \frac{1}{4}\,\frac{\lambda}{g}\,\frac{(\pi - a)^2}{\pi}\,.$$

Ferner tritt eine gedämpfte Veränderung (stetiger Abfall oder gedämpfte Schwingungen) dann und nur dann auf, wenn p_1 und p_2 (oder ihre reellen Teile) negativ sind:

$$p_1 + p_2 = -\frac{\lambda\,(\pi - a)}{g} < 0\,.$$

Die Bedingung für die Dämpfung ist einfach: $\pi > a$. Ähnlich haben wir für den Fall ohne Dämpfung im Sinne stetige Zunahme oder explosiver Schwingungen $\pi < a$.

Wenn wir β für die Preiseffekte und π für den Einfluß des Geldangebots als kritische Parameter nehmen, dann sind unsere vier Fälle:

Pfad von x	Gedämpft	Explosiv
Stetig	A: $\pi > a,\ \beta < \frac{1}{4}\,(\lambda/g)\ [(\pi - a)^2/\pi]$	D: $\pi < a,\ \beta < \frac{1}{4}\,(\lambda/g)\ [(\pi - a)^2/\pi]$
Oszillierend	B: $\pi > a,\ \beta > \frac{1}{4}\,(\lambda/g)\ [(\pi - a)^2/\pi]$	C: $\pi < a,\ \beta > \frac{1}{4}\,(\lambda/g)\ [(\pi - a)^2/\pi]$

Um die Frage der **Stabilität** (im Sinne Harrods) zu verfolgen, müssen wir eine Unterscheidung vornehmen, die wir bereits verwendet haben (in 20.2 oben):

Der Fall: T > 1/g. Hier ist in allen Fällen $a < 0$ und $\pi > a$. Der Pfad von x wird zum stationären Niveau x_s gedämpft. Das stetige Wachstum in K und Y^* mit der Rate $g^* = gx_s$ ist in allen Fällen stabil.

Der Fall: T < 1/g. Hier ist $a > 0$ und der Pfad von x kann gedämpft sein ($\pi > a$) oder nicht ($\pi < a$). Der Pfad stetigen Wachstums ist stabil, wenn $\pi > a$, und instabil, wenn $\pi < a$.

Das ist eine erhebliche Verbesserung gegenüber den Teilergebnissen von 20.2. Im erweiterten Modell gilt:

Stetiges Wachstum mit der Rate g* ist stabil im Sinne Harrods entweder, wenn die Planungsperiode lang ist (T > 1/g), oder wenn, obwohl sie kurz ist (T < 1/g), der Einfluß des Geldangebotes stark ist (π > a).

Wenden wir uns den Möglichkeiten einer oszillierenden Lösung und daher **zyklischen Wachstums** in K, Y und Y^* zu, dann konzentrieren wir uns auf den Wert von β (für die Preiseffekte) im Verhältnis zur Stärke π der monetären Einflüsse. Aus obiger Tabelle können die vier Bereiche in Fig. 20.5 für die zwei Fälle $T > 1/g$ und $T < 1/g$ dargestellt werden. Die gezeigte Kurve, die die Bereiche trennt, hat die Gleichung: $\beta = \frac{1}{4} (\lambda/g) [(\pi - a)^2/\pi]$.

Wenn β und π in den Bereich A fallen, haben wir die bekannte Stabilitätssituation; das Modell erzeugt eine stetige Konvergenz zur Rate stetigen Wachstums. Ähnlich haben wir das schlechtest mögliche Ergebnis, eine stetige Divergenz, wenn sie in den Bereich D fallen. Wenn β und π in die Bereiche B und C fallen, haben wir den Fall, an dem wir nun in erster Linie interessiert sind, nämlich zyklisches Wachstum. Die Zyklen können gedämpft (Bereich B) oder explosiv (Bereich C) sein. In jedem Fall haben sie die bekannte Cosinusform. Die Lösung (1) reduziert sich auf:

$$x = Be^{\alpha t} \cos (\omega t - \varepsilon) ,$$

wenn die Wurzeln von (2) $p = \alpha \pm i\omega$ sind. Die Dämpfung (α) und die Periode (ω) werden durch das Modell bestimmt, die Amplitude (B) und die Phase (ε) durch die Anfangsbedingungen. Daher gilt:

Zyklisches Wachstum tritt ein, wenn der Druck der Lohnerhöhungen auf die Preise (angegeben durch β) im Verhältnis zu den monetären Einflüssen (gezeigt durch π) stark ist, d. h. wenn

$$\beta > \frac{1}{4} \frac{\lambda}{g} \frac{(\pi - a)^2}{\pi} .$$

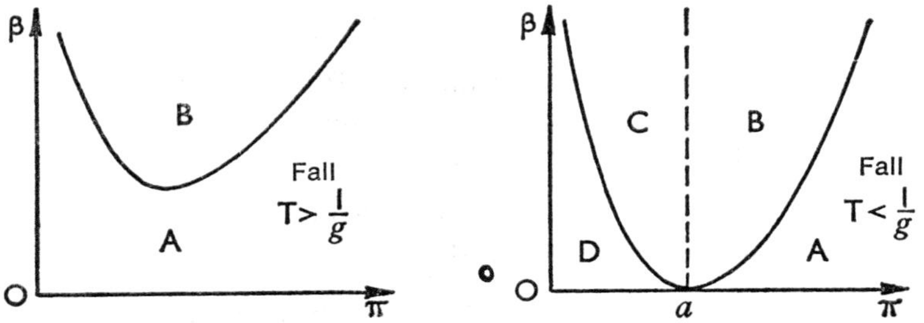

A: Stetige Schrumpfung
B: Gedämpfte Schwingung
C: Explosive Schwingung
D: Stetige Zunahme

Fig. 20.5

Wenn die monetären Einflüsse im (wahrscheinlicheren) Fall $T < 1/g$ verhältnismäßig schwach sind, dann braucht der Preiseffekt (β) nur mäßig stark sein, um zyklisches Wachstum von zumindest schwach explosiver Form zu erzeugen. Auf der anderen Seite führen starke monetäre Einflüsse verbunden mit starken Preiseffekten zu zyklischem Wachstum mit gedämpften Schwingungen.

Als numerische Illustration nehmen wir an $s = 0{,}1$, $v = 4$ und $T = 10$ Jahre. Dann ist $g = 0{,}025$ (befriedigendes Wachstum mit $2\frac{1}{2}$ %/o im Jahr) und $T < 1/g$. Weiters nehmen wir an $\lambda = 1$ (Investitionsverzögerung von 1 Jahr). Die Kurve von Fig. 20.5 ist dann:

$$\beta = 10\,(\pi - 0{,}075)^2/\pi \ . \tag{3}$$

Wenn $\pi > 0{,}075$, herrscht Stabilität (Bereiche A und B). Zyklisches Wachstum liegt vor, wenn β den durch (3) gegebenen Wert (als Funktion von π) übersteigt. Wenn also $\pi = \frac{1}{10}$, dann genügt $\beta > \frac{1}{16}$ für (gedämpftes) zyklisches Wachstum. Wenn jedoch $\pi = \frac{1}{5}$ dann muß β $\frac{25}{32}$ übersteigen, wenn es zu (gedämpftem) zyklischem Wachstum kommen soll.

20.6 Das Bergstrom-Modell

Das zweite Modell, das wir betrachten, beruht auf einer Vintage-Analyse des Gütermarktes in der einfachsten Form mit festen Koeffizienten, sowohl *ex ante* als auch *ex post* (15.8 oben). Wir nehmen an, es gäbe Harrod-neutralen technischen Fortschritt mit der Rate ϱ und keine Entwertung. Maschinen aufeinanderfolgender Jahrgänge werden einfach akkumuliert (obwohl nicht alle zu jeder Zeit benutzt werden) und der Kapitalbestand wird mit historischen Kosten bewertet. Für jeden Ausstoß Y werden Maschinen aller Jahrgänge benützt, die bis zu T Jahre alt sind. T sei als Funktion von Y gegeben; ältere Maschinen werden in Reserve gehalten. Das Modell des Gütermarktes (15.8 oben) hat eine Lösung für stetiges Wachstum mit der Rate ϱ des technischen Fortschritts, vorausgesetzt, daß $\varrho \leqslant g = s/v$.

Die **technischen Bedingungen** auf dem Gütermarkt werden in Form einer Quasi-Produktionsfunktion angeschrieben:

$$Y = \frac{1}{v} K (1 - e^{-\bar{L}/K}) , \quad \text{wobei} \quad \bar{L} = vLe^{\varrho t} .$$

Hier wird der feste Arbeitskoeffizient (u in 15.8) durch geeignete Wahl der Einheiten für die Beschäftigung L mit eins angenommen, während $\bar{L}$ die Beschäftigung in Effizienzeinheiten mißt. Die Annäherung gilt für kleine Abweichungen von $D \log K$, der Wachstumsrate von K, vom Niveau stetigen Wachstums ϱ. Wir können die Variable L herauslösen:

$$1 - v \frac{Y}{K} = e^{-\bar{L}/K}, \quad \text{d. i.} \quad \log \left(1 - v \frac{Y}{K}\right) = -\frac{\bar{L}}{K} = -v \frac{L}{K} e^{\varrho t} .$$

Wir schreiben daher die Produktionsfunktion:

$$K \log \left(1 - v \frac{Y}{K}\right) + vLe^{\varrho t} = 0 . \qquad (1)$$

Der **Gütermarkt** ist den Bedingungen von 20.2 unterworfen mit Ausnahme des Fehleranpassungsgliedes in der Investitionsfunktion. So wird

$$DK = sY \qquad (2)$$

wie vorher zusammen mit einer Investitionsfunktion für den Spezialfall angeschrieben, in dem die Unternehmer erwarten, daß der Ausstoß mit der Rate stetigen Wachstums ϱ wächst:

$$D \log K = \frac{\lambda}{D + \lambda} \left\{ \alpha\varrho + \gamma \left(\frac{\partial Y}{\partial K} - r \right) \right\}, \text{wobei} \quad 0 < \alpha < 1 \quad \text{und} \quad \gamma > 0 . \qquad (3)$$

Das Grenzprodukt des Kapitals wird hier $c = \partial Y/\partial K$ aus (1) geschrieben.

Der **Geldmarkt** hat eine Bedingung, die — genau wie in 20.3 oben — eine Form der keynesianischen LM-Kurve darstellt:

$$r = \varkappa + \mu \log \frac{PY}{M}, \quad \text{wobei} \quad \varkappa > 0, \ \mu > 0 \quad \text{und} \quad D \log M = m > 0 . \qquad (4)$$

Der **Arbeitsmarkt** wird nun im Modell selbst integriert, da eine Verbindung mit dem Gütermarkt durch das Grenzprodukt $\partial Y/\partial L$ der Arbeit aus der Produktionsfunktion (1) gegeben ist. Wenn die Unternehmer bei vollkommener Konkurrenz ihre Gewinne maximieren, ist die Nachfrage nach Arbeit L durch die Bedingung gegeben, daß der Ausstoß bis zu dem Punkt ausgeweitet wird, in dem das Wertgrenzprodukt dem Lohnsatz W gleich ist:

$$W = P \frac{\partial Y}{\partial L} . \tag{5}$$

Dieses Verbindungsglied zwischen den beiden Märkten, welches das Preisniveau P einschließt, macht es überflüssig, die Preisgleichung einzuführen, die im vorhergehenden Modell gebraucht wurde.

In dem Modell wird nicht Vollbeschäftigung verlangt, und es wird nichts über die gesamte Arbeitskraft ausgesagt; sie kann als konstant angenommen werden. Bei mit m wachsendem Geldangebot erwarten wir, daß der Geldlohnsatz mit der Rate m steigt. Wir nehmen eine Arbeitsangebotsfunktion keynesianischen Typs, die W als Funktion des Angebotes $L_s = L + U$ angibt, wobei U die Arbeitslosigkeit ist:

$$W - W_0 = b e^{mt} \log \left(\frac{L+U}{L^*} \right), \quad \text{wobei} \quad b > 0 . \tag{6}$$

Die Lohngleichung wird wieder geschrieben als:

$$D \log W = \beta \log (L/L^*) , \text{ wobei } \quad \beta > 0 . \tag{7}$$

Die Stärke des Einflusses des Beschäftigungsniveaus auf Lohnveränderungen wird durch den Parameter β gemessen.

Das Modell ist jetzt vollständig und umfaßt sieben Gleichungen, (1) - (7) oben, mit sieben Variablen: K, Y, L, r, P, W und U:

Markt	Gleichungen	Beschränkungen
Güter:		
Technische Beziehung	1. $K \log [1 - v (Y/K)] + v L e^{\varrho t} = 0$	$v > 0,\ \varrho > 0$
Investition = Sparen	2. $DK = sY$	$0 < s < 1$
Investitions-funktion	3. $D \log K = [\lambda/(D + \lambda)] \times \{\alpha\varrho + \gamma [(\partial Y/\partial K) - r]\}$	$\lambda > 0,\ 0 < \alpha < 1,\ \gamma > 0$
Geld:		
Kassen-haltung	4. $r = \varkappa + \mu \log (PY/M)$	$\varkappa > 0,\ \mu > 0$ $D \log M = m > 0$
Arbeit:		
Nachfrage	5. $W = P (\partial Y/\partial L)$	
Angebot	6. $W - W_0 = b e^{mt} \log [(L + U)/L^*]$	$b > 0$, W_0 und L^* gegeben
Lohn-gleichung	7. $D \log W = \beta \log (L/L^*)$	$\beta > 0$

20.7 Die Differentialgleichung des Modells

Die Bedingungen des Modells, auf die wir uns in der obigen Tabelle bezogen haben, müssen auf eine einzige Differentialgleichung in einer ausgewählten Variablen reduziert werden. Wie vorher wählen wir, um die Beschreibung zyklischen Wachstums zu erleichtern, eine passende Variable, die nun mit $x = D \log K$ angenommen wird. Wir schlagen also vor, die Variation der *Wachstumsrate* x des Kapitalbestandes zu untersuchen, und wir erwarten, Fälle zu finden, wo x um einen stationären Wert oszilliert und wo daher das *Niveau* des Kapitalbestandes um ein stetiges Wachstum oszilliert.

Die Produktionsfunktion (1.) ist eine Annäherung für $x = D \log K$, das ϱ nahe ist, und die Rate stetigen Wachstums ϱ des Grundmodells (15.8 oben) ist der Beschränkung $\varrho \leqslant g = s/v$ unterworfen. In unserem vollständigen Modell nehmen wir daher sowohl $x = D \log K$ als auch ϱ für jede im Modell zulässige Investition kleiner als g an. So ist: $0 < 1 - (x/g) < 1$. Um die (eher unangenehmen) Manipulationen der Bedingungen (1.) - (7.) zu vermindern, schreiben wir:

$$X = -\log\left(1 - \frac{x}{g}\right) > 0, \quad \text{wobei} \quad DX = \frac{Dx}{g-x} \quad \text{und} \quad D^2X = \frac{D^2x}{g-x} + \left(\frac{Dx}{g-x}\right)^2. \tag{1}$$

Gleichung (2) gibt:

$$x = D \log K = (1/K)\,DK = s\,(Y/K) = vg\,(Y/K)\;.$$

So ist:

$$\frac{Y}{K} = \frac{x}{s} \quad \text{oder} \quad v\,\frac{Y}{K} = \frac{x}{g}\,.$$

Die Differentiation von (1.) gibt die erforderlichen Grenzprodukte:

$$\log\left(1 - v\,\frac{Y}{K}\right) + vK\,\frac{Y - K\,(\partial Y/\partial K)}{K^2} \Big/ \left(1 - v\,\frac{Y}{K}\right) = 0$$

oder

$$v\,\frac{\partial Y}{\partial K} = v\,\frac{Y}{K} + \left(1 - v\,\frac{Y}{K}\right)\log\left(1 - v\,\frac{Y}{K}\right)$$

und

$$ve^{\varrho t} - K\,\frac{v}{K}\,\frac{\partial Y}{\partial L} \Big/ \left(1 - v\,\frac{Y}{K}\right) = 0 \quad \text{oder} \quad \frac{\partial Y}{\partial L} = \left(1 - v\,\frac{Y}{K}\right)e^{\varrho t}\;.$$

Einsetzen von x und X ergibt:

$$v\,\frac{\partial Y}{\partial K} = \frac{x}{g} - \left(1 - \frac{x}{g}\right)X \quad \text{und} \quad \frac{\partial Y}{\partial L} = \left(1 - \frac{x}{g}\right)e^{\varrho t}\;.$$

Diese Werte werden in die Bedingungen (3.) und (5.) substituiert. Um schließlich L sehr leicht aus der Produktionsfunktion zu erhalten, schreiben wir (1.) als: $L = (1/v)\,KXe^{-\varrho t}$.

Mit allen vorgenommenen Substitutionen werden die sieben Gleichungen zu:

1. $L = \frac{1}{v} KXe^{-\varrho t}$

2. $v \frac{Y}{K} = \frac{x}{g}$

3. $\frac{1}{\lambda} (D + \lambda)\, x = \alpha\varrho + \frac{\gamma}{v} \left\{ \frac{x}{g} - \left(1 - \frac{x}{g}\right) X \right\} - \gamma r$

4. $r = \varkappa + \mu \log \frac{PY}{M}$

5. $W = P \left(1 - \frac{x}{g}\right) e^{\varrho t}$

6. $W - W_0 = b e^{mt} \log \left(\frac{L + U}{L^*}\right)$

7. $D \log W = \beta \log (L/L^*)$.

Um eine Differentialgleichung in x allein zu erhalten, entwickeln wir diese Gleichungen, indem wir jeweils eine Variable ausschalten. Wir verwenden (7.) in Verbindung mit (1.), das ergibt:

$$D^2 \log W = \beta D \log L \ ,$$

wobei $D \log L = D \log K + D \log X - \varrho = x - \varrho + (DX/X)$, d. h.

$$D^2 \log W = \beta \left(x - \varrho + \frac{DX}{X}\right).$$

Gleichung (6.) kann vernachlässigt werden, abgesehen davon, daß sie die Arbeitslosigkeit U gibt, eine Variable, die in keiner anderen Gleichung aufscheint. Aus (5) erhalten wir dann

$$\log W = \log P - X + \varrho t$$

und so ist: $\log P = \log W + X - \varrho t, \quad D \log P = D \log W + DX - \varrho$

und $$D^2 \log P = D^2 \log W + D^2 X \ ,$$

d. i. $$D^2 \log P = \beta \left(x - \varrho + \frac{DX}{X}\right) + D^2 X \ .$$

Aus (4.) mit $D \log M = m > 0$ haben wir:

$$Dr = \mu \,(D \log P + D \log Y - m)$$

und $\frac{1}{\mu} D^2 r = D^2 \log P + D^2 \log Y = \beta \left(x - \varrho + \frac{DX}{X}\right) + D^2 X + D^2 \log Y$.

Aber aus (2.) ist: $Y = \frac{1}{s} xK, \; D \log Y = D \log x + D \log K$

und $$D^2 \log Y = D^2 \log x + D^2 \log K = \frac{D^2 x}{x} - \left(\frac{Dx}{x}\right)^2 + Dx \;.$$

Daher ist: $$\frac{1}{\mu} D^2 r = \beta (x - \varrho) + \frac{D^2 x}{x} + Dx - \left(\frac{Dx}{x}\right)^2 + D^2 X + \beta \frac{DX}{X}.$$

Wenn wir schließlich das in (3.) einsetzen und zweimal differenzieren, ergibt das die Differentialgleichung in x, die wir suchen:

$$\frac{1}{\lambda} D^3 x + D^2 x = \frac{\gamma}{s} D^2 x - \frac{\gamma}{v} D^2 X + \frac{\gamma}{s} D^2 (xX) - \gamma D^2 r$$

$$= \frac{\gamma}{s} D^2 x - \frac{\gamma}{v} D^2 X + \frac{\gamma}{s} (XD^2 x + 2\, DXDx + xD^2 X) - \mu\beta\gamma (x - \varrho)$$

$$- \mu\gamma \left\{\frac{D^2 x}{x} + Dx - \left(\frac{Dx}{x}\right)^2 + D^2 X + \beta \frac{DX}{X}\right\}.$$

Wir substituieren aus (1), ordnen die Glieder und schreiben $\pi = \mu\gamma$:

$$\left.\begin{aligned} &\frac{1}{\lambda} D^3 x + \left\{1 + \frac{\pi g}{x (g - x)} + \frac{\gamma}{s} \log \left(1 - \frac{x}{g}\right)\right\} D^2 x \\ &\quad + \pi \left\{1 - \left[\beta \Big/ (g - x) \log \left(1 - \frac{x}{g}\right)\right]\right\} Dx \\ &\quad + \left\{\frac{\pi}{(g - x)^2} - \frac{\pi}{x^2} - \frac{\gamma}{s (g - x)}\right\} (Dx)^2 + \pi\beta x = \pi\beta\varrho \end{aligned}\right\} \qquad (2)$$

Das ist unsere Differentialgleichung in $x = D \log K$. Sie ist dritter Ordnung, jedoch nicht-linear; die zusätzliche Schwierigkeit im Vergleich mit der linearen Gleichung zweiter Ordnung des Phillips-Modells ist auf die Verwendung der Produktionsfunktion, wodurch auch der Arbeitsmarkt in das Modell einbezogen wird, zurückzuführen.

Abgesehen von s und v (und $g = s/v$) enthält (2) vier Parameter. Der erste stellt die Unternehmerreaktion λ in der Investitionsverzögerung dar. Der zweite (β) gibt die Stärke des Einflusses der Beschäftigung auf Lohnveränderungen an. Die beiden anderen ergeben wie vorher $\pi = \mu\gamma$, den gemeinsamen Einfluß des Geldangebotes (über die Zinssätze) auf die Investitionen. Wir können λ als technisch gegeben annehmen und uns auf β im Verhältnis zu π konzentrieren.

20.8 Die Lösung: Wachstum und Zyklen

Die Differentialgleichung (nicht-linear und dritter Ordnung) kann nicht ganz allgemein gehandhabt werden. Aber wir können damit zwei Dinge machen. Das erste ist sehr leicht: Indem man $Dx = D^2 x = D^3 x = 0$ setzt, erhält man das partikuläre Integral. Das gibt die **Lösung für stetiges Wachstum** des Modells, und es ist eine, die wir erwarten: $x = \varrho$, eine Konstante, die durch die Rate des technischen Fortschritts gegeben wird. Um die tatsächlichen Wachstumspfade unserer Variablen bei stetigem Wachstum zu bekommen, schreiben wir daher $D \log K = \varrho$. So ist

$$K = K_0 \, e^{\varrho t} \quad \text{und} \quad Y = \frac{\varrho}{s} K_0 \, e^{\varrho t} \quad , \tag{1}$$

da (2.) $Y = (x/s) K$ ergibt. Aus (1) folgt, daß im stetigen Wachstum sowohl K als auch Y mit der konstanten Rate des technischen Fortschritts bei konstantem Kapitalkoeffizienten s/ϱ wachsen.

Die anderen Variablen bei stetigem Wachstum folgen aus den verschiedenen Bedingungen (1.) - (7.). Aus (3.) ist:

$$\varrho = \alpha\varrho + \gamma \frac{\varrho}{s} + \frac{\gamma g}{s}\left(1 - \frac{\varrho}{g}\right) \log \left(1 - \frac{\varrho}{g}\right) - \gamma r \quad ,$$

d. i.
$$r = \frac{\varrho}{s} + \frac{1}{s}(g - \varrho) \log \left(1 - \frac{\varrho}{g}\right) - \frac{1 - \alpha}{\gamma} \varrho$$

und der Zinssatz bei stetigem Wachstum ist konstant und hängt invers von der Sparneigung s ab. Aus (4.) haben wir nach Differentiation bei konstantem r und indem wir $D \log Y = \varrho$, $D \log M = m$ setzen:

$$0 = D \log P + D \log Y - D \log M = D \log P + \varrho - m \quad ,$$

d. i.
$$D \log P = m - \varrho \quad \text{oder} \quad P = P_0 \, e^{(m - \varrho)t} \; . \tag{2}$$

Aus (5.) haben wir:
$$W = \left(1 - \frac{\varrho}{g}\right) P_0 \, e^{mt} \; . \tag{3}$$

Im stetigen Wachstum mit der Rate ϱ wächst daher der Geldlohnsatz mit der konstanten Rate m, die durch das Geldangebot auf Grund von (3) gegeben ist, während das Preisniveau mit derselben Rate, aber unter Abzug der Wachstumsrate ϱ, auf Grund von (2) steigt. Das Modell ist so gebaut, daß die **Reallöhne** mit der gleichen Rate ϱ wie der Ausstoß und der technische Fortschritt steigen. Um die Preise konstant zu halten, ist nur nötig, daß die Währungsbehörden dem Geldangebot erlauben, mit der gleichen Rate wie der technische Fortschritt zu wachsen.

Die Hauptergebnisse für das stetige Wachstum sind:

Das Bergstrom-Modell des realen und monetären Systems, wie es hier angenähert wurde, ergibt ein stetiges Wachstum mit der Rate ϱ, das ist die des technischen Fortschritts, im Ausstoß, im Kapitalbestand und in den Reallöhnen. Die Geldlöhne steigen bei stetigem Wachstum mit der Rate m, die durch das autonome Geldangebot gesetzt wird, und die Preise steigen mit der Rate (m $-\, \varrho$).

Die *Näherungen,* von denen das Ergebnis abhängt, sind wieder zweifacher Art. Erstens wird wie vorhin angenommen, daß die Unternehmererwartungen bezüglich der Ausstoßveränderungen geringfügig um eine konstante Rate (hier ϱ) variieren. Zweitens gibt es eine Näherung in der Produktionsfunktion, die für Schwankungen im Kapitalbestand mit einer Rate nahe bei ϱ gilt (die Rate in der stetigen Lösung), wobei $\varrho < g = s/v$, d. i. die befriedigende Wachstumsrate.

Was die Beschäftigung und Arbeitslosigkeit betrifft, ist die Situation bei stetigem Wachstum einfach. Da auf Grund von (3) W und $W - W_0$ mit der konstanten Rate m wachsen, zeigen die Bedingungen (6.) und (7.), daß sowohl L als auch U in der Zeit konstant sind. Es gibt ein festes Niveau der Beschäftigung (und der Arbeitslosigkeit), während die Reallöhne mit der Rate, die durch den technischen Fortschritt gesetzt wird, steigen.

Das andere, das wir auf Grund der **allgemeinen Lösung** des Modells tun können ist, eine Theorie nicht-linearer Gleichungen zu verwenden[7], um zu sehen, unter welchen Bedingungen man für $x = D \log K$ eine oszillierende Lösung und daher ein zyklisches Wachstum in K erhält. Die Veränderung des Ausstoßes folgt aus der Bedingung (2.): $Y = (x/s)\,K$. Wenn hier K zyklisches Wachstum hat und x oszilliert, dann oszilliert der Ausstoß Y um ein zyklisches Wachstum.

Die Schwingungs- und Stabilitätseigenschaften der nicht-linearen Differentialgleichung sind die gleichen wie die der **linearen Näherung,** die man erhält, wenn man das Glied mit $(Dx)^2$ vernachlässigt und in den anderen Koeffizienten $x = \varrho$ setzt, und indem man in homogener Form schreibt:

$$\frac{1}{\lambda}\, D^3 x + \left\{1 + \frac{\pi g}{\varrho\,(g-\varrho)} + \frac{\gamma}{s} \log\left(1 - \frac{\varrho}{g}\right)\right\} D^2 x$$

$$+ \pi \left\{1 - \left[\beta \Big/ (g-\varrho) \log\left(1 - \frac{\varrho}{g}\right)\right]\right\} Dx + \pi\beta x = 0 \; . \qquad (4)$$

Die Lösung ist: $$x = B_1\, e^{p_1 t} + B_2\, e^{p_2 t} + B_3\, e^{p_3 t} \; , \qquad (5)$$

wobei x nun um den stetigen Wert ϱ gemessen wird, B_1, B_2 und B_3 durch die Anfangsbedingungen gegebene Konstante sind und wo p_1, p_2 und p_3 die Wurzeln der kubischen Gleichung in p mit den Koeffizienten aus (4) sind. Im besonderen ist:

$$p_1\, p_2\, p_3 = -\pi\beta < 0 \; . \qquad (6)$$

Eine oszillatorische Lösung ist daher **möglich,** wenn sie mit einer stetigen Abnahme in (5) kombiniert wird. Denn, wenn p_1 und $p_2\, q \pm i\omega$ sind,

---

[7] Siehe *Bergstrom,* Economica (November 1962), S. 368.

dann ist $p_1 p_2 = q^2 + \omega^2 > 0$, und wenn p_3 reell und negativ ist, ist die Bedingung (6) erfüllt. Weiters ist eine stabile Lösung möglich, da für eine stetige Abnahme (oder gedämpfte Schwingung) erforderlich ist, daß alle p_1, p_2 und p_3 negativ (oder die reellen Teile negativ) sind; das ist mit (6) konsistent.

Ein numerisches Beispiel veranschaulicht die Möglichkeiten. s sei 0,1, v sei 4 und ϱ sei 0,02 (technischer Fortschritt mit 2 % im Jahr), so daß die befriedigende Wachstumsrate $g = 0{,}025$ oder $2\frac{1}{2}$ % im Jahr beträgt, wobei $\varrho < g$. Als technische Daten nehmen wir ferner eine Verzögerung in den Investitionen von einem Jahr an ($\lambda = 1$) und $\gamma = 0{,}25$. Wir lassen die kritischen Parameter offen: β für den Einfluß der Beschäftigung auf die Lohnsätze und π für die monetären Faktoren. Dann gibt (4) die kubische Gleichung in p:

$$p^3 + \left(250\,\pi + 1 - \frac{5}{2}\log 5\right)p^2 + \pi\left(1 + \beta\,\frac{200}{\log 5}\right)p + \pi\beta = 0 \; .$$

Wir schreiben $\log 5 = 1{,}6094\ldots$, d. i. ungefähr 1,61, so daß:

$$p^3 + 250\,(\pi - 0{,}012)\,p^2 + \pi\,(1 + 125\,\beta)\,p + \pi\beta = 0 \; . \tag{7}$$

Wir behandeln den Einfluß von β zuerst. Wenn $\beta \to 0$, übt die Beschäftigung immer weniger Einfluß auf die Lohnsätze aus, und (7) wird zu:

$$p^3 + 250\,(\pi - 0{,}012)\,p^2 + \pi p = 0 \; ,$$

was $p = 0$ und zwei andere Wurzeln ergibt. Wenn π nahe bei 0,012 ist, sind die zwei anderen Wurzeln komplex, und es gibt Schwingungen in x, die von explosiv zu gedämpft überwechseln, wenn π über 0,012 hinausgeht (Übung 20.8). Wenn auf der anderen Seite π signifikant unter 0,012 liegt (schwache monetäre Einflüsse), sind die zwei von Null verschiedenen Werte von p reell und positiv, d. i. der instabile Fall. Wenn aber π signifikant über 0,012 liegt (starke monetäre Einflüsse), dann sind die Nicht-Null-Wurzeln reell und negativ, d. i. der Fall stetiger Konvergenz zur Lösung für stetiges Wachstum. Das beweist, daß der stetige Pfad stabil sein kann, und zwar bestimmt, wenn $\beta = 0$ und π in dieser numerischen Darstellung groß genug ist.

Wenn der Wert von β steigt und π über 0,012 bleibt, erhält man durch „Trial and Error" aus (7) die drei Wurzeln, die reell und negativ sind und wieder auf eine stetige Lösung hinweisen. Wenn β groß genug wird, werden von den Wurzeln von (7) eine reell, p und zwei konjugiert komplex, $q \pm i\omega$. π muß nun groß genug sein, um zu sichern, daß $p < 0$ und $q < 0$. In diesem Fall ist die allgemeine Lösung eine gedämpfte Schwingung kombiniert mit einem Ausdruck, der ständige Schrumpfung bedeutet. Es liegt zyklisches Wachstum im Ausstoß Y und Kapitalbestand K vor, und der Zyklus ist gedämpft.

Im allgemeinen tritt daher in diesem numerischen Fall Instabilität und besonders eine stetige Divergenz vom stetigen Wachstum für kleine Werte von π auf, wenn die monetären Einflüsse schwach sind. Eine nichtoszillatorische Lösung, ob stabil oder nicht, tritt auf, wenn β klein ist und die Lohnsätze wenig von der Beschäftigung beeinflußt sind. Der Fall zyklischen Wachstums und besonders einer mit gedämpfter Schwingung tritt ein, wenn π und β entsprechend groß sind, d. h. wenn sowohl monetäre Einflüsse und die Wirkung der Beschäftigung auf die Löhne genügend stark sind.

Wir haben nun unseren Modellbau in der Makro-Dynamik der positiven Ökonomie sowohl für Wachstum als auch für Zyklen durchgeführt, und zwar soweit wir in handlichen Ausdrücken gehen konnten. Wir haben gesehen, daß stetiges Wachstum in Ausstoß und Kapital in einer Vielfalt von Modellen auftreten kann, von denen nicht alle stabil sind. Wir erhielten ganz leicht Ungleichgewichtsmodelle vom Multiplikator-Akzelerator-Typ, die zyklische Veränderung in symmetrischer (oder Kosinus-)Form mit gedämpfter oder explosiver Amplitude darstellen. Mit größeren Schwierigkeiten haben wir, durch Verwendung nichtlinearer Elemente in Akzelerationsprinzip, die Schwingung den Erfordernissen des Konjunkturzyklus entsprechend angepaßt, und zwar durch eine unsymmetrische Schwingung mit regelmäßiger Amplitude. Schließlich haben wir in einem vollständigen System auf keynesianischer Grundlage komplexere Modelle mit endogenem zyklischem Wachstum gebaut, d. h. mit Schwingungen um ein stetiges Wachstum in Ausstoß und Kapital. Was bleibt ist, die Modelle in ökonometrische Form zu bringen und sie mit Hilfe moderner Simulationstechniken auf einem Computer auszuprobieren — und in Theorie und Ökonometrie von positiver Ökonomie zu Problemen der Planung und Optimierung überzugehen.

Übungen

20.1 Zeigen Sie, daß die Länge der Investitionsverzögerung ($1/\lambda$) nur die Geschwindigkeit der Konvergenz zum (oder der Divergenz vom) stetigen Pfad des Phillips-Modells des Gütermarktes beeinflußt. Zeigen Sie weiters, daß in Modellen zyklischen Wachstums λ nur den Wert von β, der für Schwingungen notwendig ist, beeinflußt; der benötigte Wert ist um so größer, je kürzer die Investitionsverzögerung ist.

20.2 Der Grad, zu dem Unternehmererwartungen über Ausstoßveränderungen gehegt werden, wird durch Phillips' Parameter α $(0 < \alpha < 1)$ dargestellt. Zeigen Sie, daß in der stetigen Lösung größere Werte für α zu einem höheren Anteil ausgenützter Kapazität auf dem Gütermarkt führen und daß die Bewegung um stetiges Wachstum nicht durch α beeinflußt wird. Leiten Sie ab, daß man sich — vorausgesetzt $r = c$ — der Vollkapazitätsausnutzung nähert, wenn $\alpha \to 1$. Was ist die Wirkung von α im vollständigen Phillips-Modell?

20.3 Vergleichen Sie und stellen Sie gegenüber: zuerst die spekulative Nachfrage $L_2(r)$ im keynesianischen System (Kapitel 7) und im Phillips-Modell hier und dann die entsprechenden *LM*-Kurven. Zeigen Sie, daß die Version Phillips' der *LM*-Kurve $Y = M/kP$ ergibt, wenn $r = 0$, und $Y \to \infty$, wenn $r \to \infty$, und daß r mit einer abnehmenden Rate steigt, wenn Y steigt. Würden Sie dem zustimmen, daß die Kurve als eine Annäherung für einen zentralen Bereich von Y-Werten gelten kann? (Siehe Phillips, Economica, November 1961 S. 365.)

20.4 Nehmen Sie im Phillips-Modell P als gegeben an und lassen Sie die Preisgleichung fallen. Interpretieren Sie dann das Modell als eine dynamische Version der keynesianischen Bestimmung von Y und r aus den *IS*- und *LM*-Kurven (7.3 oben), wobei der Kapitalbestand mittels der Beziehung $Y^* = (1/v)\,K$ und $DK = sY$ einbezogen wird. Zeigen Sie auf der anderen Seite, daß die Gütermarktbedingung im Phillips-Modell Y bestimmt und daß die Geldmarktbedingung, die auf die Quantitätsgleichung ($kPY = M$) reduziert wird, einfach P festlegt, wenn r mittelfristig als exogen behandelt wird. Ist das Phillips-Modell dann eine dynamische Version des klassischen Systems?

20.5 Betrachten Sie das Phillips-Modell vom Blickwinkel des Konjunkturzyklus (Kapitel 19), indem Sie nach einem schwach explosiven zyklischen Wachstum suchen, das durch nicht-lineare Elemente beschränkt wird. Zeigen Sie, daß die Erfordernisse im allgemeinen sind, daß T im Verhältnis zu $1/g$ kurz ist, daß π für die explosive Eigenschaft nicht zu groß ist (gerade unter $a = (1/T) - g$) und daß β für Schwingungen groß genug ist. Illustrieren Sie das mit dem Fall, (als eine Alternative zu dem am Ende von 20.5), wo $s = 0{,}25$, $v = 2$, $T = 2$ für Jahresdaten mit einer einjährigen Verzögerung bei den Investitionen, und zeigen Sie, daß für explosive Schwingungen π Werte bis zu 0.375 annehmen kann, ergänzt durch recht kleines β. Interpretieren Sie das.

20.6 Vergleichen Sie die Verwendung der Parameter (abgesehen von s und v) im Phillips- und im Bergstrom-Modell im Hinblick darauf, ob sie nebensächlich oder kritisch sind. Zeigen Sie, daß von den nebensächlichen Parametern α und γ das Gleichgewichtsniveau von r beeinflussen und daß λ Einfluß auf die Zyklen hat. Leiten Sie ab, daß schließlich jedes Modell kritisch von vier Parametern abhängt: zwei exogene Wachstumsraten (m und b oder ϱ), die den stetigen Pfad festlegen, und zwei Koeffizienten (π und β) für die zyklischen Eigenschaften.

20.7 Betrachten Sie die Gleichung (7) der numerischen Illustration des Bergstrom-Modells (20.8 oben) und zeigen Sie, daß, wenn $\pi = 0$, die Wurzeln 0, 0 und 3 sind. Zeigen Sie also, daß das Modell instabil ist (stetige Divergenz vom stationären Pfad), wenn $\pi = 0$, was immer auch der Wert von β sei.

20.8 Untersuchen Sie die Wurzeln von $p^2 + 250\,(\pi - 0{,}012)\,p + \pi = 0$ für verschiedene π. Zeigen Sie, daß Schwingungen in der numerischen Illustration (mit $\beta = 0$) des Modells von 20.8 nur auftreten, wenn π annähernd im Bereich von 0,011 bis 0,013 liegt; sie sind explosiv oder gedämpft je nach dem, ob π unter oder über 0,012 liegt. Was kann über den Fall gesagt werden, wenn $\pi = 0{,}012$? Zeigen Sie schließlich, daß die Wurzeln der quadratischen Gleichung reell und positiv sind, wenn $\pi < 0{,}011$, und reell und negativ, wenn $\pi > 0{,}013$, und interpretieren Sie das an Hand des Modells.

20.9 Betrachten Sie das Bergstrom-Modell in ähnlicher Weise wie das der Übung 20.5 oben, indem Sie das numerische Beispiel von 20.8 benützen. Können Sie sagen, daß gedämpfte oder schwach explosive Schwingungen am wahrscheinlichsten sind, wenn π und β entsprechend groß sind?

Lösungen einiger Übungen

Kapitel 1 (S. 15)

1.1 1) 4; 2) 2; 3) 0,4.

1.3 Dimension t.

1.4 Dimension von a ist t; b hat keine Zeitdimension.

1.5 kontinuierlich; $Y = C + A$, wobei $dC/dt = \lambda\,(cY - C)$. Es folgt: $(dY/dt) + s\lambda Y = \lambda A$ wie in (2) von 1.4.

1.7 Fall 1.: Y_t wächst mit der Rate g. Interpretieren Sie es als Ausstoßveränderung, die als Vielfaches $(1/v)$ der früheren Investition gegeben ist. Fall 2.: wenn $0 < g < 1$, wächst Y_t mit der Rate λ, wobei $1 + \lambda = 1/(1-g)$, d. h. $\lambda = g/(1-g)$. Wenn $g > 1$, springt Y_t: $Y_t = (-\gamma)^t Y_0$, wobei $\gamma = 1/(g-1)$. Der Sprung wird größer $(1 < g < 2)$, bleibt konstant $(g = 2)$, nimmt ab $(g > 2)$. Interpretieren Sie es als Investition, die ein Vielfaches (v) der früheren Ausstoßveränderung ist.

1.9 Es ist eine notwendige und hinreichende Bedingung dafür erforderlich, daß $f'(x)$ an der Stelle $x = x_0$ ein Extremwert ist, d. h. erste Ableitung ungleich Null von $f(x)$ bei $x = x_0$ ist von ungerader Ordnung.

Kapitel 2 (S. 34)

2.1 1) $c = aC_0\, e^{aY} \to \infty$; wenn $Y \to \infty$; 2) $c = abe^{-aY}$, wobei $0 < c < ab$ für $Y > 0$.

2.2 Gleichung: $e^{-aY} = (1 + A) - Y$. Wenn $A > 0$, gibt es nur einen einzigen Schnittpunkt von $Z = e^{-aY}$ und $Z = (1 + A) - Y$, für $Y > 0$ definiert.

2.3 Strombedingungen: Y verzögert in bezug auf $Z = Y - S + I$, wobei S und I verzögert sind. Wenn Y in bezug auf Z nicht verzögert ist: $S = I$, wobei S und I beide verzögert sein können.

2.4 Strombedingung ohne Ausstoßverzögerung: $Y_t = Z_t = Y_t - sY_{t-1} + A$. So gilt: $Y_t = A/s$ für alle t.

2.8 $Y_{3t} = c^t\, Y_0$, $Y_{3t+1} = c^t\, Y_1$ und $Y_{3t+2} = c^t\, Y_2$ für $t = 1, 2, 3, \ldots$.

2.9 Aus den Kubikwurzeln von eins ergeben sich die Wurzeln von $(p + 1)^3 = c$ als:

$$p + 1 = \gamma \quad \text{und} \quad \tfrac{1}{2}\gamma\,(-1 \pm i\sqrt{3})\,.$$

Wenn $c = 0{,}729$, ist γ 0,9 und die Schwingungsperiode ist $40\,\pi/9\,\sqrt{3}$ oder ungefähr 8 Jahre.

Kapitel 3 (S. 61)

3.3 Aus $w = \partial Q/\partial L = \frac{1}{2}\,(Q/L_2)$ erhält man $L = K/4\,w^2$. Im Gleichgewicht $(K = 4)$ ergeben sich w und L aus $L = 1/w^2 = 16\,w^2$ und Q aus $2\,\sqrt{L}$. Daher: $w = \frac{1}{2}$, $L = 4$, $Q = 4$.

3.4 Wenn $K = 8$: $w = 4/3$, $L = 1$, $Q = 4$.

3.6 Wenn $f'' < 0$ gilt für $R = (f - kf')/f'$: $dR/dk = -(ff''/f'^2) > 0$. Wenn man invertiert, erhält man k als wachsende Funktion von R mit $R/k . dk/dR = -[f' (f - kf')/kff''] = \sigma$.

Wenn $\sigma = 1$, $dk/k = dR/R$, so daß $k = AR$ (A konstant). Bei vollkommener Konkurrenz: $R = w/\varrho$. Da $k = K/L$, folgt: $\varrho K/wL = A$. Für $f(k) = k^\alpha$, $A = \alpha/(1-\alpha)$.

3.7 Die Funktion ist $q^{-1} = 1 + k^{-1}$, C.E.S.-Form mit $\beta = 1$ und $\sigma = \frac{1}{2}$, wie aus (3) von 3.6 ersehen werden kann. Aus $\partial q/\partial k = 1/(1+k)^2$ erhalten wir $\varrho = \partial q/\partial k$ und $w = q - k(\partial q/\partial k)$ bei vollkommener Konkurrenz, so daß $\varrho k/w = 1/k$, es nimmt mit zunehmendem k ab.

Kapitel 4 (S. 82)

4.2 Wenn $\alpha > 0$, sind die Wurzeln von $pr^2 - \beta r - \alpha = 0$ reell und haben entgegengesetzte Vorzeichen; der einzige positive Wert ist $r = (1/2\,p)\,[\beta + \sqrt{\beta^2 + 4\alpha p}]$.

4.3 Man schreibe annäherungsweise: $e^{-rT} = 1 - rT + \frac{1}{2} r^2 T^2 - \frac{1}{6} r^3 T^3$, wobei rT klein ist.

4.4 Die zweite Annäherung an A_n erhält man aus $e^{\bar{r}} = 1 + \bar{r}$ näherungsweise.

4.7 Schreiben Sie zuerst: $-I'(r) = (b/r^2)\,[1 - (1 + rT)\,e^{-rT}]$. Dann schreiben Sie die Ableitung nach T an und zeigen, daß $[1 - (1 + rT)\,e^{-rT}]$ von 0 weg zunimmt und nach 1 strebt, wenn T zunimmt.

Kapitel 5 (S. 111)

5.1 Die Tangente ist $Y = \lambda A t$ und $t = 1/\lambda$ wenn $Y = A$.

5.4 Linearer Fall hat die Differentialgleichung: $(dP/dt) + \lambda\,[(a + b)/a]\,P = \lambda\,[(\alpha - \beta)/(a + b)]$ mit der Lösung: $P = \bar{P} + (P_0 - \bar{P})\,e^{-\gamma T}$, wobei $\bar{P} = (\alpha - \beta)/(a + b)$ und $\gamma = (a + b)/a$.

5.5 Setzen Sie $\mu_1 = \mu_2 = 2\lambda$ für die doppelte exponentielle Verzögerung mit der Zeitkonstanten $(1/\mu_1) + (1/\mu_2) = 1/\lambda$.

Kapitel 6 (S. 125)

6.2 Wenn $f(w) = w^2 (w - w_0)$, gilt $f(w) = 0$ bei $w = 0$ und bei $w = w_0$; und $f(w)$ hat ein Maximum bei $w = 0$ und ein Minimum bei $w = \frac{2}{3} w_0$, also $f(w) = 1/4\,a > 0$ für ein eindeutiges reelles $w > w_0$.

6.3 $w = \frac{1}{2}$, $n = 1$, $y = 1$ und $P = M/k$.

6.4 Wenn $\alpha > w_0$, sind zwei Wurzeln des quadratischen Ausdrucks reell und haben entgegengesetztes Vorzeichen; daher eindeutige Lösung mit $n > 0$, $w > w_0$, $y > 0$. (Beachten: Fall, wo $\alpha = w_0$, Lösung $n = 0$, $w = w_0$). Wenn $\alpha < w_0$, sind zwei Wurzeln noch immer reell, aber beide negativ, d. h. keine Lösung.

6.5 D ist $w = \alpha/(1 + \alpha n)$ und $w = \alpha < w_0$, wenn $n = 0$.

6.6 Schreiben Sie $dn/d\alpha$ an und zeigen Sie, daß es positiv ist.

6.7 D in Fig. 6.3 ist hier eine negativ geneigte Gerade, die On bei $n = \alpha/2\beta$ (und $y' > 0$ nur für $n < \alpha/2\beta$) und Ow bei $w = \alpha$ schneidet. Also eindeutige Lösung, mit $y > 0$, $n > 0$, $w > w_0$ dann und nur dann, wenn $\alpha > w_0$.

Kapitel 7 (S. 150)

7.1 Die quadratische Gleichung hat reelle Wurzeln entgegengesetzten Vorzeichens und die einzige Lösung liegt im Bereich $0 < Y < A/(s-b)$.

7.5 Gleichgewicht: $r = (1/\beta)\,[A\,(k/s) - (M - L_0)]/[1 + (k/s)\,(\alpha/\beta)]$. P muß fallen.

7.7 Arbeitsangebot: $Py'(n) = W_0 + W(n)$ ergibt P als Funktion von n und dP/dm ist ein positives Vielfaches von dn/dm. Die Gleichungen für n und r sind:

$$i(r) = s\,[y(n)] \quad \text{und} \quad m = ky(n) + L(r)\,.$$

Die erste ergibt dr/dm als negatives Vielfaches von dn/dm; die zweite ergibt $dn/dm > 0$. Die Variablen verändern sich mit m, wie sie es (mit M) in dem Fall tun, der im Text gegeben ist.

Kapitel 8 (S. 172)

8.1 Entsprechendes $r = (1/\beta)\,\{(k/s)\,(A + G) - [(1-s)/s]kT - (M - L_0)\}/[1 + (k/s)\,(\alpha/\beta)]$. Zu bemerken ist, daß, wenn α/β klein ist, $Y = [(A + G)/s] - [(1-s)/s]\,T$, wie im Fall des linearen Multiplikators.

8.2 $$Y = \frac{1}{s}\left[A + sG + \frac{\alpha}{\beta}\,(M - L_0)\right] \Big/ \left(1 + \frac{k}{s}\,\frac{\alpha}{\beta}\right) \to \frac{A}{s} + G \quad \text{wenn} \quad \frac{\alpha}{\beta} \to 0.$$

$$T = \frac{A + G}{1-s} + \frac{\alpha}{\beta}\,\frac{M - L_0}{1-s} - \frac{s}{1-s}\left(1 + \frac{k}{s}\,\frac{\alpha}{\beta}\right) Y^* \to \frac{A + G}{1-s} - \frac{s}{1-s}\,Y^*,$$

$$\text{wenn} \quad \frac{\alpha}{\beta} \to 0.$$

8.3 Dieselben Ergebnisse wie in den vorangegangenen Übungen, außer daß r durch $-1/r$ ersetzt wird.

8.4 $$-\frac{1}{Y}\,\frac{dY}{dt} = -\frac{dY}{dT_0} = \frac{1-s}{s + (1-s)\,t} < \min\left(\frac{1-s}{s},\ \frac{1}{t}\right).$$

8.7 $$Y \to \frac{1}{s}(A + G_0) \Big/ \left(1 + \frac{1-s}{s}\,t\right), \quad \text{wenn} \quad \frac{\alpha}{\beta} \to 0\,.$$

8.8 Gleichungen für Y und t im ausgeglichenen Budget sind:

$$Y = \frac{G}{t} = \frac{1}{s}\left[A + G + \frac{\alpha}{\beta}\,(M - L_0)\right] \Big/ \left(1 + \frac{k}{s}\,\frac{\alpha}{\beta} + \frac{1-s}{s}\,t\right).$$

Nehmen Sie $L_0 = M$: $t = G\left(1 + \frac{k}{s}\,\frac{\alpha}{\beta}\right) \Big/ \left(\frac{A}{s} + G\right) \to G \Big/ \left(\frac{A}{s} + G\right)$

und $Y = \left(\frac{A}{s} + G\right) \Big/ \left(1 + \frac{k}{s}\,\frac{\alpha}{\beta}\right) \to \frac{A}{s} + G$, wenn $\frac{\alpha}{\beta} \to 0$.

Kapitel 9 (S. 191)

9.1 Die beiden Wurzeln sind $\frac{1}{2}\,c_1\,\{1 \pm [1 + (4\,c_2/c_1^2)]^{\frac{1}{2}}\}$. Wenn c_2 klein ist, gilt annähernd $[1 + (4\,c_2/c_1^2)]^{\frac{1}{2}} = 1 + 2\,(c_2/c_1)$. Die Wurzeln im numerischen Beispiel sind genau 0,8 und $-0{,}1$.

9.2 Gegeben Y_0 und Y_1: $Y_{2t} = c^t\,Y_0$ und $Y_{2t+1} = c^t\,Y_1$ für $t = 1, 2, 3 \ldots$

9.3 Fall zweier Verzögerungen: $Y = [\lambda/(D + \lambda)]^2\,cY$, d. h. doppelt exponentielle Verzögerung, Zeitkonstante $2/\lambda$. Aus der quadratischen Gleichung: $p_1, p_2 = -\lambda\,(1 \pm \sqrt{1-s})$. Daher $Y \to 0$ stetig.

9.5 Einperiodige Verzögerung: Gleichungen sind $Y_t = (\bar{K} - K_t) + cY_{t-1}$ und $K_{t+1} - K_t = sY_t$, was $Y_t - 2(1-s)Y_{t-1} + (1-s)Y_{t-2} = 0$ ergibt. Gedämpfter Lagerzyklus in allen Fällen. Verteilte Verzögerung: Differenzengleichung dritter Ordnung mit größerem Lösungsbereich.

9.7 Notwendige Bedingung für Schwingungen ist, daß das Produkt der Wurzeln der Hilfsgleichung $s\lambda/[1-(1-s)k] > 0$. Wenn $k > 1/(1-s)$ sind Schwingungen unmöglich.

9.8 Im Modell in 9.7, $\bar{K} = kC = k(1-s)Y$. Also $\bar{K} = vY$, wenn $k = v/(1-s)$.

Kapitel 10 (S. 217)

10.3 Wenn g klein ist, gilt annähernd $(1+4g)^{\frac{1}{2}} = 1 + 2g$ und $\lambda = g$.

10.4 Differenzengleichung ist $(v-s)Y_t = vY_{t-1}$, d. h. $Y_t = (1+\lambda)Y_{t-1}$, wobei $\lambda = g/(1-g)$. Für Wachtum, $\lambda > 0$ d. h. $0 < g < 1$. Aber $g = s/v > 1$ ist möglich, was Fälle ergibt, in denen $1 + \lambda = 1/(1-g) < 0$ und Y_t alterniert.

10.7 Differentialgleichung ist $Dy + \varkappa[1-(1/gT)]\,y = \varkappa[1-(1/gT)]$ mit der gezeigten Lösung.

10.8 Von den Bedingungen 1) in 10.7 hat die erste jetzt Y_{t-2} für Y_{t-1} und die zweite Y_{t-1} für Y_t. Die Differenzengleichung in x_t ist unverändert.

10.9 Die Investitionsfunktion allein genügt, um x zu finden. Dann ergibt die Strombedingung:

$$\frac{Y}{K} = \frac{1}{s}\frac{I}{K} = \frac{1}{v} - \frac{x}{sT} = \frac{1}{v} - \frac{x_0}{sT}e^{-t/T} \to \frac{1}{v}.$$

Kapitel 11 (S. 242)

11.3 Die Differenzengleichung ist $Y_t = [v/(v-s)]\,Y_{t-1}$, was $(Y_t - Y_{t-1})/Y_{t-1} = g/(1-g)$ ergibt, da die befriedigende Wachstumsrate der natürlichen Wachstumsrate n gleichgesetzt werden muß.

11.4 Allgemeines Ergebnis: $k = (s/n)^{1/(1-\alpha)}$ für stetiges Wachstum mit der Rate n:

$$Y = \left(\frac{s}{n}\right)^{\alpha/(1-\alpha)} L_0\,e^{nt} \quad \text{und} \quad K = \left(\frac{s}{n}\right)^{1/(1-\alpha)} L_0\,e^{nt}\ .$$

11.7 In diesem Fall ist $n > 0{,}05$ für stetiges Wachstum notwendig.

11.8 Bedingungen: $Y = K^{\alpha}L^{1-\alpha}$, $DK = \varrho K$ und $L = L_0\,e^{nt}$. Also $D \log K = \varrho$, $D \log L = n$ und $D \log Y = \alpha\varrho + (1-\alpha)\,n$; alle sind dann und nur dann gleich, wenn $\varrho = n$.

Kapitel 12 (S. 260)

12.1 Wenn $\mu = 1$, $w = (1/u_2)(1 - v_1\varrho)$ und $p = u_1/u_2 = v_1/v_2$ (konstant).

12.2 Die Mengengleichungen, wenn $\mu = 1$ sind $Q_1 : Q_2 : K : L = v_2 g : (1 - v_1 g) : v_2 : u_2$. So gilt $K/L = v_1/u_1 = v_2/u_2$ (konstant) und (da $p = v_1/v_2$) $Y/L = p(Q_1/L) + (Q_2/L) = 1/v_2$ (konstant).

12.5 Wenn $\mu > 1$, fällt Y/K, wenn ϱ zunimmt (12.4); wir sehen nun, daß es mit zunehmender Rate fällt.

12.8 Fall $s_p = 1$: kein Konsum und kein Ausstoß an Konsumgütern.

Kapitel 13 (S. 285)

13.1 Produktionsfunktion: $y = \alpha f(k)$ oder $\bar{y} = f(k)$, wobei $k = K/L$, $y = Y/L$ und $\bar{y} = (1/\alpha)\, y$. Verhältnis von $\partial Y/\partial k = \alpha f'(k)$ und $\partial Y/\partial L = \alpha\, [f(k) - kf'(k)]$ hängt nur von k ab.

13.4 Die Gleichgewichtspfade nehmen mit stetig wachsenden Raten zu, die durch

$$\log\left(\frac{Y}{Y_0}\right) = mt + \frac{g}{m}(e^{mt}-1) \quad \text{und} \quad \log\left(\frac{K}{K_0}\right) = \frac{g}{m}(e^{mt}-1)$$

gegeben sind.

13.5 Differentialgleichung ist $DK - gK = gmt$ mit der gezeigten Lösung. Zusätzlich zu einem Wachstumsausdruck hat I einen konstanten Ausdruck $(-m)$, der durch den Multiplikator zum stationären Niveau $(-m/s)$ von Y führt.

13.9 Wachstum in y und k mit der Rate (m) des technischen Fortschritts ist zulässig.

Kapitel 14 (S. 309)

14.2 Der numerische Fall hat $y = 3/10\, \mu$, $k = 9/100\, \mu^2$.

14.3 Differentialgleichung mit getrennten Variablen: $dK/K^\alpha = s\, L_0{}^\beta\, e^{\beta\mu t}\, dt$.

Lösung für ein beliebiges K_0 ist: $K^{1-\alpha} = K_0{}^{1-\alpha} + \frac{s}{\mu}\,\frac{1-\alpha}{\beta}\; L_0{}^\beta\, e^{\beta\mu t} - 1)$.

Im Grenzfall (wenn $t \to \infty$) ist der Verlauf:

$$K = \left(\frac{s}{\mu}\,\frac{1-\alpha}{\beta}\right)^{1(1-\alpha)} L_0{}^{\beta/(1-\alpha)}\, e^{[\beta/(1-\alpha)]\mu t},$$

und das ist der genaue Pfad, wenn K_0 wie angegeben ist. Dieselben Ergebnisse gelten für abnehmende Erträge, aber eine Wachstumsrate $< \mu$.

Kapitel 15 (S. 337)

15.5 Wenn μ bis g zunimmt, $T \to \infty$, sind alle Maschinen eingesetzt.

15.6 $T = (1/\mu)\, \log\, \{1/[1-(\mu\, v/s)]\}$ ist eine abnehmende Funktion von s; so steigt $\bar{x}$ mit steigendem T und fällt mit steigendem s.

Kapitel 16 (S. 355)

16.4 $P = (1/\beta)\, [(s/\mu) - v]\, K$, wobei $K = K_0 e^{\mu t}$ in der Lösung stetigen Wachstums. Die Bedingung $v > s/\mu$ ist nicht mehr nötig; an ihrer Stelle ist $v < s/\mu$ für $P > 0$ notwendig.

16.6 Im Fall (2) ist ϱ für stetiges Wachstum durch $\varrho\,(v + \beta\varrho) = 1$ gegeben, d. h. es gilt annähernd $\varrho = \frac{1}{2\beta}\,(\sqrt{v^2 + 4\,\beta} - v) = \frac{1}{v}$,

wenn β klein ist. Dann ist näherungsweise $\mu = s_p\, \varrho = s_p/v$.

16.7 Setzen Sie $x_3 = 0$ ($w = 0$, $T \to \infty$, $R = n$) und (7) ergibt: $x_1 = \mu/n$, $x_2 = s_p/n$, $h = s_p/\mu$.

Kapitel 17 (S. 379)

17.2 Die Kurve $x = p^2 + 9\,p + 27/p$ hat das Minimum 135/4 bei $p = 3/2$ und einen Wendepunkt (mit einer Tangentenneigung von Null) bei $p = -3$,

$x = -27$. Daher gibt es Schwingungen (zwei komplexe und ein negatives p), wenn $27\,[(v/s)-1] < \frac{135}{4}$, d. h. $v < \frac{9}{4}s$; sonst stetige Zunahme. Vgl. $v < 2\,s$ für Schwingungen im Fall doppelter Verzögerung.

17.3 Wenn $v < T$, sind nur stetige Abnahme und gedämpfte Schwingungen möglich.

17.7 Das Samuelson-Hicks-Modell hat die kleinste Schwingungsperiode von

$$2\,\pi\, v_a/(1-s)\ \cos^{-1}\sqrt{1-s}\quad \text{Jahren}$$

für eine Investitionsverzögerung (gleich der Modellperiode) von $v_a/(1-s)$ Jahren.

Kapitel 18 (S. 403)

18.6 Die Differentialgleichung ist $5\,D^3\,Y + 8\,D^2\,Y + 81\,DY + 90\,Y + 20\,(D+1)\,(D+2)\,A = 0$ unter den Bedingungen $Y = DY = D^2\,Y = 0$, wenn $t = 0$, mit der (mittels Laplace-Transformation) gezeigten Lösung.

18.7 Die Differentialgleichungen mit den üblichen Anfangsbedingungen sind:

(1) $D^2\,Y + 9\,DY + 72\,Y + 4\,(D+8)\,A = 0$

(2) $D^3\,Y + 9\,D^2\,Y + 24\,DY + 16\,Y + 4\,D\,(D+8)\,A = 0$

(3) $D^3\,Y + 11\,D^2\,Y + 66\,DY + 64\,Y + 4\,D\,(D+2)\,A = 0$

mit den (mittels Laplace-Transformation) gezeigten Lösungen.

18.8 Die Differentialgleichung ist im numerischen Beispiel, wobei A durch $(\tau D + 1)\,A$ für die Lösung mit Laplace-Transformation ersetzt ist, $D^3\,Y + 18\,D^2\,Y + 48\,DY + 288\,Y + 64\,(D+2)\,A = 0$ unter den Bedingungen $Y = DY = D^2\,Y = 0$, wenn $t = 0$; sie ergibt schwach gedämpfte Schwingungen ($\alpha = -0{,}935$) mit der Periode $2\,\pi/4{,}12$.

18.9 Die Differenzengleichung in Y_t ist: $Y_t - (v + c + 1 - \alpha)\,Y_{t-1} + [v + c\,(1-\alpha)]\,Y_{t-2} = 0$ mit einem Lösungsbereich, der von c, v und α abhängt. Wenn die Lösung Schwingungen ergibt, $Y_t = Br^t \cos(\vartheta t - \varepsilon)$, gilt $r^2 = v + c\,(1-\alpha)$ und r sinkt, wenn α zunimmt (für Dämpfung).

Kapitel 19 (S. 427)

19.3 $A = 0{,}5 - \log_e 1{,}1 = 0{,}405 < 1$; dann ergibt sich aus der Zeichnung annähernd $\omega = \pi/3$ und auch annähernd $\alpha = \log_e 1{,}1 - \log_e (2\pi/3\sqrt{3}) = -0{,}095 = -0{,}1$. Im zweiten Fall: annähernd $a = 0{,}5$, $b = 0{,}7$, $A = 0{,}857 < 1$, $\omega = \pi/6$ und $\alpha = \log_e 0{,}7 - \log_e (\pi/3) = -0{,}04$.

Kapitel 20 (S. 455)

20.2 Im vollständigen Modell muß α nahe bei 1 (für die Annäherung) sein und sein Wert beeinflußt dann r im stetigen Wachstum (r steigt mit α), aber nicht die Variation um das stetige Wachstum.

20.5 Im numerischen Beispiel explosive Schwingungen, wenn $\pi < 0{,}375$ und $\beta > (2/\pi)\,(\pi - 0{,}375)^2$, d. h. β klein, wenn π nahe bei 0,375.

20.8 $\pi = 0{,}012$ ergibt regelmäßige Schwingungen.

Stichwortverzeichnis

(Kursivzahlen beziehen sich auf Übungen)